Kohlhammer

Münchener philosophische Studien

Fortsetzung der »Pullacher Philosophischen Forschungen«
begründet von Walter Brugger S.J. und Johannes B. Lotz S.J.

In Verbindung mit den Professoren der Hochschule für Philosophie, München
(Philosophische Fakultät S.J.)

herausgegeben von

Gerd Haeffner S.J. und Friedo Ricken S.J.

Neue Folge
Band 25

Rainer Hohmann

Was heißt in der Geschichte stehen?

Eine Studie zum Verhältnis
von Geschichte und Menschsein

Verlag W. Kohlhammer

Irmtrud und Franz

Alle Rechte vorbehalten
© 2005 W. Kohlhammer GmbH Stuttgart
Umschlag: Gestaltungskonzept Peter Horlacher
Gesamtherstellung:
W. Kohlhammer Druckerei GmbH + Co. KG, Stuttgart
Printed in Germany

ISBN 3-17-018796-1

Inhalt

Vorwort 11

Einleitung: Was heißt in der Geschichte stehen? 13
  1 „In Geschichten verstrickt" oder „vor der Geschichte stehen" 13
  2 In der Geschichte stehen, nicht vor ihr: Nietzsches Kritik an einem Übermaß wissenschaftlicher Historie 18
  3 Anliegen und Aufriß der Abhandlung 27

Erster Teil: Konturen eines vorläufigen Begriffs von Geschichte 35

Kapitel I: Das Werden des neuzeitlichen Geschichtsbegriffs und Geschichtsverständnisses 37
  1 Historia – eine Wissensart 37
  2 Geschichte – Geschehnis und Geschehenszusammenhang 44
  3 Wechselseitige Kontamination von Historie und Geschichte zugunsten der Geschichte 46
  4 Die Entstehung der Geschichtsphilosophie im 18. Jahrhundert 50
  5 Der Kollektivsingular „die Geschichte" als neuer Wirklichkeitsbegriff 54
  6 Die Welt als Geschichte und der Stand des Menschen in ihr 60
      6.1 Die Geschichte: eigentätiges Subjekt, gleichwohl von Menschen gemacht 60
      6.2 Verselbständigung der Geschichtswissenschaft – Freilegung der Geschichtszeit 62
      6.3 Die Positionsbestimmung des Menschen in der Geschichte 63

Kapitel II: Geschichtsbewußtsein unter nachidealistischen Bedingungen 68
  1 In der Geschichte stehen, nicht mehr in der Natur 69
  2 Vergeschichtlichung der Vernunft: Historismus 77
  3 Halbherziges Zugeständnis: Die Vernunft ist in der Geschichte, nicht aber das „Reich der Werte" 81
  4 Vorläufiges Ergebnis und Ausblick 84

Kapitel III: „Geschäfte" oder wie dasjenige Geschehen beschaffen ist, das man später „Geschichte" nennt 86
  1 Handeln.. 86
  2 Handlungskontingenz 88

Kapitel IV: „Ereignis" und „Struktur" als moderne geschichtliche Grundbegriffe 96
    1   Geschichte und Tradition 96
    2   Ereignis- und Strukturgeschichte 100

Zweiter Teil: Einige zum Teil klassisch gewordene Lösungsversuche und ihre Grenzen 107

Kapitel I: Wilhelm Dilthey 109
    1   Diltheys lebensphilosophischer Ansatz: Sicherheit und Festigkeit für
        das Leben in Geschichte und Gesellschaft 110
        1.1   „Geschichtlichkeit" statt metaphysischer Geschichtsphilosophie 112
        1.2   „Innere Erfahrung" in einem positivistisch geprägten Umfeld 115
        1.3   Erkenntnisanthropologie als neue Grundwissenschaft 122
    2   Das Weltverhältnis des geschichtlichen Menschen: Diltheys Neuinterpretation
        des Bewußtseins 127
        2.1   Das reale Subjekt als Struktureinheit von Vorstellen, Fühlen und Wollen 128
        2.2   Die Einheit von Leben und Welt im Erlebnis 130
            *2.2.1 Im Erlebnis sind Akt und Inhalt eins, die Subjekt-Objekt-Spaltung ist
            abkünftig 132*
            2.2.2 Innere und äußere Erfahrung liegen im Bewußtsein zusammen vor 133
            2.2.3 Die Gleichursprünglichkeit von Selbst- und Weltbewußtsein 137
        2.3   Der anthropologische Strukturzusammenhang als Basis aller Geschichte 139
    3   Die geschichtliche Welt und das geisteswissenschaftliche Verstehen 142
        3.1.   Der Aufbau von fester Persönlichkeit und geschichtlicher Welt 143
        3.2   „Verstehen" als Nach-Erleben des Schaffensprozesses 146
        3.3   „Aufbau" der geschichtlichen Welt in den Geisteswissenschaften 150
    4   Wie steht der historisch aufgeklärte Philosoph in der Geschichte? 156
        4.1   Das Wesen der Philosophie: Weltanschauung 157
        4.2   Die Philosophie der Philosophie: Weltanschauungstypologie 164
        4.3   Freiheit als Abstand von der Geschichte 167
    5   Die Grenzen von Diltheys erlebnispsychologischer Hermeneutik 169
        5.1   Dilthey unterschiebt der Geschichte ein Subjekt des Erlebens 170
        5.2   Dilthey entgeht das einmalig Geschichtliche 173
            *5.2.1 Aneignung fremden Seelenlebens vom Standpunkt desengagierter
            Beobachtung 174*
            5.2.2 Individuation als singuläre Variation einer allgemeinen Struktur 176
        5.3   Dilthey kennt Zukunft nur als kontinuierliche Verlängerung der
            Vergangenheit 179

Kapitel II: Martin Heidegger **187**

1 Heideggers kritische Aneignung zentraler Intuitionen und Tendenzen der Diltheyschen Lebensphilosophie 188

    1.1 Die faktische Lebenserfahrung ist der Anfang aller Philosophie.................... 192

    1.2 Die Grundtendenz des Daseins: Sorge um das eigene Sein 195

    1.3 Alle Sorge ist geleitet von einem Seins-, Welt- und Existenzverständnis 200

    1.4 Aufgabe der Philosophie: Explikation des herrschenden Seinsverständnisses 203

    1.5 „In einer Denkgeschichte stehen": alles Denken hat eine Auslegungstradition im Rücken 206

2 Phänomenologische Ontologie als Grundwissenschaft.. 209

    2.1 Heideggers Radikalisierung der phänomenologischen Methode Husserls 210

        2.1.1 Auch Husserl vertraut blindlings dem Methodenideal „reiner Inblicknahme" 211

        2.1.2 Husserl repetiert die cartesische Scheidung von Seinsregionen in extensio und cogitatio 213

        2.1.3 Husserls vermeintlich reine Wissenschaft ist ein situierter Versuch der Auslegung 214

        2.1.4 Husserl ahnt nicht, wie tief die Tendenz zur Verdinglichung im Leben selbst wurzelt 216

    2.2 Der Bezug des Menschen zur Geschichte, artikuliert nach seinem Vollzugssinn 216

        2.2.1 „Ontische Erfahrung" (Gegenständlichkeit) versus „geschichtliches Existieren" 217

        2.2.2 Die Verfallenstendenz des Daseins... 219

3 Existentiale Geschichtlichkeit als Ursprung aller Geschichte 221

    3.1 Heideggers Kritik der wissenschaftlichen Historie 221

        3.1.1 Das historische Erklären: Vergegenständlichendes Vorstellen auf der Grundlage objektiver Zeit 221

        3.1.2 Wie ist Geschichte ursprünglich da? 224

    3.2 Existenziale Zeitlichkeit und Geschichtlichkeit.. 227

        3.2.1 Die zeitlich erstreckte Geschehensstruktur des Daseins 228

        3.2.2 Existenziale Zeitlichkeit als Grund der Geschichtlichkeit................... 231

    3.3 „In der Geschichte stehen": endliches Sein zum Tode 233

        3.3.1 Geschichte als das Sichüberliefern eigener Möglichkeiten 234

        3.3.2 Eigentliche Geschichtlichkeit als vorlaufende Entschlossenheit (zum endlichen Selbst) 237

        3.3.3 Die Selbständigkeit geschichtlichen Daseins: „existenzielle Ständigkeit" im Schicksal 240

        3.3.4 Uneigentliche Geschichtlichkeit als „Innerzeitigkeit"........................ 243

        3.3.5 Kritik.. 245

  3.4 Existenziale Interpretation der Historie als Wissenschaft 246
    3.4.1 Die Verwurzelung der Historie in der eigentlichen Geschichtlichkeit des Daseins 246
    3.4.2 Aufgabe der Historie: gewesenes Dasein in seinen eigensten Möglichkeiten zu Gesicht bringen 248
    3.4.3 Überwindung des Historismus: Geschichtlichkeit nicht nach dem Leitbild des ungeschichtlich Immerseienden denken 254
4 Der Heidegger der Seinsgeschichte 259
  4.1 Radikaleres Bedenken der Geworfenheit alles Denkens 259
  4.2 Der „Schritt zurück" in das in allem Denken ungedacht Gebliebene 262
  4.3 Das Seinsgeschick: Lichtung des Seienden bei gleichzeitiger Verbergung des Seins 264
  4.4 Verwindung der Metaphysik in ihren bislang unbedachten Ursprung 269
  4.5 Die Seinsgeschichte als Geschichte von Seins*vergessenheit* bzw. Seins*entzug* und Heideggers Stellung in ihr 271
  4.6 Ergebnis 278

Kapitel III: Odo Marquard 282
1 Marquards indirekte Auseinandersetzungen mit der Philosophie Heideggers 283
  1.1 Die Moderne als die bewahrenswerteste der uns historisch erreichbaren Welten 283
  1.2 Drei Marquardthemen: Endlichkeit, Kompensation, Theodizee 288
2 Marquard als Kritiker spekulativ-metaphysischen Geschichtsdenkens 291
  2.1 Marquards Inventur der nachidealistischen Metaphysikkritik 293
  2.2 Marquards Schwierigkeiten mit der spekulativen Geschichtsphilosophie 296
    2.2.1 Geschichtsphilosophie als Nachfolgegestalt der Theodizee 297
    2.2.2 Degeneration der Geschichtsphilosophie zur Gegenneuzeit 300
    2.2.3 „Schwundstufen" der Geschichtsphilosophie in der Gegenwart 303
3 Endlichkeitsphilosophie: Kompensation der Fortschrittsschäden durch Vertrautmachung der Herkunftswelten 306
  3.1 Mäßigung der Geschichtsphilosophie zur Position des historischen Sinns 306
  3.2 Rückgriff auf die Anthropologie als der zweiten neuzeitlichen Innovation...... 308
  3.3 Usualismus und Modernitätstraditionalismus 309
4 Marquards Geschichte der neuzeitlichen Philosophie 311
  4.1 Marquards Stellenäquivalenzmodell und sein Konzept der Kompensation...... 312
  4.2 Ergebnis und Kritik 316

Kapitel IV: Hans Michael Baumgartner 319
1 Die Vernunft ist in der Geschichte, aber anders als die historischen Gegenstände 319

2	Die grundsätzliche Retrospektivität des historischen Wissens	323
3	In-der-Geschichte-Sein nur noch als „Sein mit erzählten Geschichten"	325
3.1	Geschichte: Produkt einer narrativen, sinnverleihenden Reorganisation ausgewählter Ereignisse	326
3.2	Dantos Analyse der Erzählsätze	329
3.3	Geschichte: ein sekundäres Sinnkonstrukt über der Struktur der Lebenswelt	333
4	Ergebnis und Kritik	340

Kapitel V: Jörn Rüsen **345**

1	Das lebensweltliche Geschichtsbewußtsein hat seinen Ursprung im Handlungszusammenhang	346
1.1	Differenzerfahrung bringt Zeit zu Bewußtsein	347
1.2	Nur innerhalb eines vorausgerichteten Handlungsbewußtseins kann ein Bewußtsein von Geschichte entstehen	348
2	Geschichtliches Bewußtsein: Erfahrene Zeit (Naturzeit) wird in sinnvolle Handlungsorientierung (humane Zeit) transformiert	351
3	Historisches Bewußtsein: Handlungsorientierung und Identitätsvergewisserung mittels narrativ erzeugter historischer Kontinuität	354
3.1	Handlungsorientierung: Abgleichung von gehegter Erwartung mit gemachter Erfahrung	355
3.2	Historische Kontinuität durch Erzählen	358
3.3	Identitätsvergewisserung	359
4	Geschichtswissenschaft – methodisch geregelte Aufarbeitung und Kritik lebensweltlich schon gegebener historischer Orientierungsmuster	361
4.1	Die spezifische Wissenschaftlichkeit der Historie: durchgängig begründendes Erzählen	362
4.2	Wissenschaftliche Absicherung des Erfahrungs-, Bedeutungs- und Sinngehaltes von Geschichten	363
4.2.1	*Überprüfung des Erfahrungsgehaltes durch historische Forschung*	364
4.2.2	*Überprüfung des Normenbezugs durch Standpunktreflexion*	365
4.2.3	*Überprüfung des Sinngehalts von Geschichten in theoriegeleiteter Historiographie*	366
5	Ergebnis und Kritik	368

Kapitel VI: Ausblick auf die jüngste Phase des Geschichtsgedankens **373**

1	Neuentdeckung der Tiefenstrukturen der Geschichte	373
1.1	Vollständige Rückführung der Geschichtsstrukturen auf die Strukturen der Sprache	374
1.2	Geschichte als literarisches Artefakt	377

2	Postmoderne: Zersetzung der einen Geschichte zugunsten einer multifokalen Pluralität	379
3	Posthistoire: Gegenwart ohne echte Zukunft	382
4	Was können Geschichtskonstruktionen noch zur Gegenwartsorientierung beitragen?	383
5	Ergebnis und Kritik	386

Schluß **387**

Literaturverzeichnis **393**

Personenregister **413**

Sachregister **415**

Vorwort

Bei vorliegendem Buch handelt es sich um die leicht gekürzte und überarbeitete Fassung meiner im Sommer 2002 von der *Hochschule für Philosophie – Philosophie Fakultät SJ* in München unter dem Titel „Was heißt in der Geschichte stehen?" angenommenen Dissertationsschrift zur Erlangung des Doktorgrades (Dr. phil). Von Herzen dankbar bin ich meinem Lehrer Prof. Dr. Gerd Haeffner SJ. Auf seinen ermutigenden Anstoß hin habe ich mich an dieses Dissertationsprojekt gewagt, und dank seiner hochkompetenten und engagierten Begleitung, die er mir trotz eigener teils erheblicher gesundheitlicher Beeinträchtigung zu jeder Zeit gewährte, konnte es Schritt für Schritt reifen und zum Abschluß gelangen. Aufrichtiger Dank gilt sodann Prof. Dr. Friedo Ricken SJ für die Erstellung des Zweitgutachtens, für viele konkrete Hinweise im Blick auf die Drucklegung und die Aufnahme in die Reihe der „Münchener philosophischen Studien".

Dieses Buch ist Ergebnis eines mehrjährigen Studienaufenthaltes in München, für dessen Ermöglichung ich meinem damaligen Ordinarius, dem im Juli 2002 verstorbenen Paderborner Erzbischof Dr. Johannes Joachim Kardinal Degenhardt, zu besonderem Dank verpflichtet bin. Ebenso danke ich dem Erzbistum Paderborn für die Gewährung eines Druckkostenzuschusses. Dem Herzoglichen Georgianum München, namentlich seinem bisherigen Direktor, Prof. Dr. Reiner Kaczynski, weiß ich mich durch die freundliche Aufnahme während meiner Münchener Studienjahre verbunden, gleichermaßen auch den Don-Bosco-Schwestern in der Schwabinger Kaulbachstraße. Die Durchsicht und Korrektur des Typoskripts haben – unter Bedingungen knapper Zeit – Ulrike Hoffmann, Thomas Schmaus und Jörg Heinemann übernommen; sie und andere Kommiliton(inn)en, insbesondere Giovanna Butteri-Flatcher, Rita Butteri, Andreas Gröpl, Karin Hutflötz, Arnulf Müller, Pavel Rebernik, Kurt Schaller und Andreas Schönenberger haben manchen Gedankengang dieser Arbeit mit mir diskutiert.

Eine besondere Freude wurde mir seitens der Rottendorf-Stiftung zuteil, welche an der Hochschule für Philosophie das Forschungs- und Studienprojekt „Globale Solidarität – Schritte zu einer neuen Weltkultur" unterhält. Der wissenschaftliche Beirat der Stiftung verlieh mir in Anerkennung meiner Dissertation den Alfred-Delp-Preis 2002. Der unvergessene Jesuitenpater Alfred Delp, der von 1928-31 Student der Hochschule für Philosophie (damals noch in Pullach) war, trat zu einer bedrohlichen geschichtlichen Stunde unerschrocken für die Freiheit des Denkens und Glaubens – wozu wohl immer auch die Freiheit des Glaubenden gehört – ein und bezahlte diesen Einsatz mit dem Leben. Einen Preis entgegengenommen zu haben, der seinen Namen trägt, ist mir Ehre und Verpflichtung zugleich.

Paderborn, 2. Februar 2005   Rainer Hohmann

Einleitung: Was heißt in der Geschichte stehen?

„Denn bereits das Fragen selbst ist entscheidungshaft."[1]

1 „In Geschichten verstrickt" oder „vor der Geschichte stehen"

Wenn jemand kraftvoll im Hier und Jetzt lebt, sagt man: „Der steht mit beiden Beinen mitten im Leben!" Er hält der Wirklichkeit und ihren Herausforderungen stand. Er kann sich ihr hingeben und tatkräftig in ihr wirken. Weil er sich ihr gewachsen weiß, braucht er sie nicht auf Distanz zu bringen. Lebenshungrig kann er die Wogen des Lebens anbranden lassen, es wirft ihn so schnell nichts um. Er widersteht der Verlockung, die Grenzen seiner jeweiligen zeitlichen und räumlichen Situation zu durchbrechen, um in möglichen Welten des Gedankens und der Phantasie zu leben: anderswo und wann anders. Wer im Leben steht, lebt nicht in der Vergangenheit oder der Zukunft, sondern in der Gegenwart; er lebt nicht in der Phantasie oder im Denken, sondern primär in der Wahrnehmung und dem sich an ihr orientierenden Handeln. Das heißt freilich nicht, daß sich sein Stehen mitten im Leben phantasielos und ohne jedes Nachdenken vollzöge. Doch bleibt das Denken hier zumeist eingebunden in die Situation, die es trägt, und zeigt eher die Züge eines praktischen Sich-Auskennens und eines Sich-Verstehens-auf-etwas als die abstrakter Reflexion.

Was könnte es demgegenüber heißen, „in der Geschichte" zu stehen? Dies ist die Leitfrage der folgenden Untersuchung. Ist Geschichte hier einfach nur ein anderes Wort für „Leben", näherhin für den generationenübergreifenden Zusammenhang menschlichen Lebens, wie Wilhelm Dilthey meint?[2] Dann müßte man in der Geschichte stehen können genauso sprichwörtlich wie im Leben. Wer in der Geschichte steht, würde dann mit beiden Beinen ganz in der (Mit-)Welt stehen, die ihn augenblicklich umgibt, der sogenannten Realität, die ihn fordert, aber darin auch erfüllt. Wie uns das Leben von allen Seiten umfaßt und uns begegnet, so umgäbe uns dann auch die Geschichte und wäre uns nicht fern. Ist es das, was Dilthey sagen will? Sind also „im Leben stehen" und „in der Geschichte stehen" zwei austauschbare Ausdrucksweisen für ein und denselben Sachverhalt?[3]

Oder ist das Stehen in der Geschichte – anders als das Stehen im Leben – doch eher eine Variante des Lebens in der Phantasie und nicht der Wahrnehmung, speziell der reprodukti-

---

[1] HEIDEGGER GA 38, 121.

[2] Dilthey versteht unter Geschichte den (Generations-) Zusammenhang der Einzelleben. „Leben (...) ist seinem Stoffe nach eins mit der Geschichte (...). Geschichte ist nur das Leben, aufgefaßt unter dem Gesichtspunkt des Ganzen der Menschheit, das einen Zusammenhang bildet." (DILTHEY GS VII, 256).

[3] Dies scheint zumindest für Gerhard Krüger der Fall zu sein. Für ihn ist das Stehen in der Geschichte gleichbedeutend mit dem Stehen im stürmischen Wandel des Geschehens der Gegenwart, d.h. der „*Veränderung*, die mit dem *menschlichen Leben* vor sich geht". Krüger versteht Geschichte weniger von der Seite ihrer (nachträglichen) Darstellung aus, er nimmt Geschichte primär als Geschehenszusammenhang. Daher kann er sagen, daß heute „*besonders viel* Geschichte geschieht" (KRÜGER 1958, 71).

ven Phantasie, die Vergangenes vergegenwärtigend schon Abgelebtes bzw. Durchlebtes – erzählerisch – nachbildet? Davon scheinen die narrativistischen Geschichtstheorien auszugehen, als deren Vertreter im folgenden Arthur C. Danto, Hans Michael Baumgartner, Hermann Lübbe und Jörn Rüsen zu Wort kommen werden. Dann könnte ein Stehen in der Geschichte wohl niemals die Intensität und aktive Lebendigkeit eines „mitten im Leben" erreichen. Es hieße, aus dem gegenwärtigen Leben zu emigrieren in vergangenes, nun erzählerisch rekonstruiertes und reorganisiertes Leben, wollte man tatsächlich ganz und gar „in der Geschichte" stehen.

Welchen Hinweis gibt hier die alltägliche Rede? Für gewöhnlich sagen wir nicht, jemand stehe (mitten) „in einer Geschichte". Diese Redewendung ist nicht geläufig. In bezug auf die Geschichte weiß die Sprache des Alltags es anders. In eine Geschichte ist man entweder – wenn ein „Mittendrin" ausgesagt werden soll – verwickelt bzw. verstrickt, oder man steht – wenn das „Stehen" den Schwerpunkt der Aussage ausmachen soll – (schon fast) an ihrem Ende. „Ich bin da in eine Geschichte verstrickt", sagt, wer in einen Ereigniszusammenhang involviert ist, den er nur schwerlich zu überblicken und darum auch nur bedingt zu lenken weiß. Einen Stand darin gefunden zu haben, davon kann hier noch keine Rede sein. Wo indessen zum Ausdruck kommt, daß jemand in bezug auf eine Geschichte ins Stehen gefunden hat, da scheint häufig auch schon gesagt zu sein, daß sich hier der Bogen eines geschichtlichen Prozesses deutlich seinem Ende zuneigt und der Lauf der Geschehnisse ins Stocken geraten, wenn nicht gar zum Stillstand gekommen ist: „Ich stehe vor den Scherben meiner Beziehungsgeschichte." Wer in dieser Weise vor einer Geschichte steht, der hat sie hinter sich, weitgehend. „Da ist nichts mehr zu machen!", könnte er genauso gut sagen. Für diesen Zustand hat die deutsche Umgangssprache seit dem Rücktritt von Giovanni Trappatoni vom Amt des Fußballtrainers von Bayern-München im März 1998 den Ausdruck parat: „Ich habe fertig!"

Fast scheint es, als ob die Alltagssprache in bezug auf die Geschichte immer nur eine dieser beiden Verhaltensweisen kennte: entweder ein nur unmittelbares Verstricktsein *in* ein geschichtliches Geschehen, d.h. in eine in ihrem Ausgang völlig unvorhersehbare Geschichte, oder ein nur rückblickendes Stehen *vor* einer Geschichte als vor einer Wirklichkeit, die bereits durch eine Zäsur von der Gegenwart getrennt, unaufhaltsam und unwiederbringlich zur Vergangenheit wird, die man freilich als Erzählung vergegenwärtigen kann und die – oft genug – erst im Erzählen einigermaßen durchschaubar wird. So zumindest legt es der Befund ihrer Redewendungen nahe.[4] Anders als bei der Verhältnisbestimmung von Mensch und Leben, wo das „Stehen im Leben" der Intensität des Lebens keinerlei Abbruch zu tun scheint – im Gegenteil, man versteht darunter die intensivste Weise der Lebensführung – bringt dieselbe Haltung des Stehens in bezug auf die Geschichte offenbar unweiger-

---

[4] Die zwei Haltungen, *Verstricktsein-in* und *Stehen-vor*, lassen jeweils einen der im klassischen Geschichtsbegriff unterschiedenen zwei Sinngehalte in den Vordergrund treten: Das *Verstricktsein-in* läßt primär denken an Geschichte als Geschehen, als Ereignisfolge und Wirkzusammenhang („res gestae" bzw. auch „rem gerere"), das *Stehen-vor* führt bei sich eher die Geschichte als erinnernde Darstellung oder Erzählung des Geschehenen bzw. Berichterstattung über das Geschehene, Geschichte als Sinnzusammenhang („historia rerum gestarum").

lich einen Verlust an Unmittelbarkeit und Intensität mit sich: Wer sagt, daß er in bezug auf eine Geschichte ins Stehen gelangt ist, scheint nolens volens dabei zu sein, die mannigfachen Verstrickungen in die Geschichte abzustreifen und hinter sich zu lassen. Er scheint sich aus der Geschichte herauszulösen und ihr gewissermaßen gegenüberzutreten. Trotz oder vielleicht auch gerade wegen eines Zugewinns an Reflexivität steht er der Tendenz nach außerhalb ihrer, um sie als ganze – *post festum* – retrospektiv und nachdenkend zu übersehen und ggf. auch anderen davon zu erzählen. In den Wandel des geschichtlichen Geschehens ist er nicht mehr handelnd involviert. So wenigstens macht die Metaphorik der Alltagssprache glauben, die dem Verhältnis Mensch – Geschichte mit räumlichen Koordinaten (*Verstrickt-in* bzw. *Stehen-vor*) Ausdruck verleiht. Ob und inwiefern überhaupt (Menschen) möglich ist, was im Ausdruck „Stehen vor der Geschichte" metaphorisch unterstellt wird – nämlich sich aus der Geschichte herauszustellen, indem man sie als Ganze vor sich bringt, sie objektiviert –, kann hier zunächst offenbleiben.[5]

Was also heißt „in der Geschichte stehen"? Mit dieser umgangssprachlich nicht geläufigen Formulierung soll ein Unbehagen artikuliert werden bezüglich jener Verhältnisbestimmungen von Mensch und Geschichte, für die es – wie eben skizziert – nur ein Verstricktsein-in oder ein Stehen-vor der Geschichte zu geben scheint. Gibt es nicht weitere Möglichkeiten jenseits dieser Alternative? Und könnte nicht eine davon, die hier favorisierte, als *Stehen-in* der Geschichte treffend charakterisiert werden? Was über das *Verstricktsein-in* und das *Stehen-vor* hinausfragen macht, ist dabei weniger die Tatsache, daß Menschen im Verlauf einer konkreten Geschichte nicht Position halten, vielmehr wechselnde Standorte einnehmen oder durch den Gang des geschichtlichen Geschehens in solche manövriert werden. Ihrer jeweiligen lebensgeschichtlichen Situation entsprechend werden sie mal tief verstrickt sein in eine Geschichte, mal eher (heraus-)gelöst vor einer Geschichte stehen müssen; manchmal werden sie sogar willentlich einen Schlußstrich unter eine nicht mehr stimmige Geschichte setzen und einen Neuansatz wagen müssen, wollen sie ihr Leben gestaltend bewältigen. Der Mensch „muss die Kraft haben und von Zeit zu Zeit anwenden, eine Vergangenheit zu zerbrechen und aufzulösen, um leben zu können"[6], sagt in diesem Sinne Friedrich Nietzsche. Es geht hier auch nicht darum, bestimmten Positionen, die der Mensch in bezug auf konkrete Geschichten alltäglich bezieht, ihre Legitimität abzusprechen. Schon gar nicht soll umgangssprachlichen Redewendungen ein Ungenügen nachgerechnet werden, wie der Hinweis auf die Alltagssprache irreführend vielleicht denken machen könnte. Wenn bezüglich der bereits genannten Ausprägungen eines

---

[5] Daß wir uns aus einer konkreten Geschichte immer nur lösen, indem wir uns in eine andere, neue Geschichte verstricken, darauf macht Schapp aufmerksam. In welche Geschichte man auch immer verwickelt ist, das Faktum des Verstricktseins in Geschichten ist als solches unaufhebbar (SCHAPP 1985, 1. 125. 126). Unbeschadet dieses für den endlichen Menschen nie vollständig abstreifbaren Verstricktseins in Geschichte soll aber im folgenden versucht werden, einige zusätzliche Differenzierungen in Schapps Konzept des Verstricktseins einzutragen, nämlich das Stehen-in und das Stehen-vor der Geschichte als zwei unterschiedliche Weisen, in denen der Mensch sein fundamentales, nicht aufhebbares Verstricktsein in Geschichten vollziehen kann.

[6] NIETZSCHE KSA 1, 269.

menschenmöglichen Verhältnisses zur Geschichte, *Verstricktsein-in* und *Stehen-vor*, gefragt wird, ob ihnen nicht das *Stehen-in* als eine weitere Möglichkeit zur Seite gestellt werden sollte, so geschieht das vor allem in der Absicht, eine hinreichend weite Grundlage für die formale Bestimmung des Verhältnisses von Mensch und Geschichte überhaupt zu gewinnen. Die Positionen, die der Mensch in bezug auf die Geschichte faktisch immer wieder einnimmt und die Weise, wie er sich dieser innewird, sind hier also nur bis zu einem gewissen Grad Gegenstand der Diskussion. Im Zentrum des Interesses stehen ebensosehr einige teilweise fast klassisch gewordene geschichtstheoretische Ausformulierungen des Bezugs von Mensch und Geschichte, die freilich an den faktisch gelebten Bezügen zur Geschichte ihren Anhalt haben. Was es heißt, *in* je seiner Geschichte zu *stehen*, ist demnach eine Frage nicht bloß des Lebens, sondern gleichermaßen auch des Denkens.

Der Blick wird somit auf konkrete geschichtsphilosophische Entwürfe gelenkt.[7] Deren theoretische Verhältnisbestimmung von Mensch und Geschichte wird zurückgeführt auf die zugrundeliegenden vorwissenschaftlichen, d.h. alltäglichen Vollzugsweisen dieses Verhältnisses. Das läßt sogleich nachfragen: Ist hier aus der Bandbreite der möglichen Weisen, in denen der Mensch sein Verhältnis zur Geschichte vollziehen und um diesen Vollzug auch selbst wissen kann, womöglich eine Weise zur leitenden Perspektive des theoretischen Ansatzes von Mensch und Geschichte aufgerückt? Sind dadurch andere Möglichkeiten überdeckt oder gar verzeichnet worden? Und wenn sich die eine oder andere theoretische Bestimmung von Mensch und Geschichte tatsächlich an einem reduzierten Phänomenbereich orientiert haben sollte, welche Rückwirkungen könnte dies haben auf das alltägliche Selbstverständnis und somit auf die Praxis des gelebten Verhältnisses von Mensch und Geschichte, die sich durch diese ggf. zu schmale geschichtstheoretische Perspektive ihren Deuterahmen vorgeben ließe? Kommt es bei dieser Rückanwendung zu Ent- bzw. Verstellungen?

So zu fragen, erscheint um so dringlicher, wenn man bedenkt, daß es sich bei dem Verhältnis Mensch – Geschichte nicht um das Verhältnis des Menschen zu irgendeinem vorhandenen Objekt handelt, sondern um eine Art Selbstverstehen. Im Falle des verstehenden Sich-in-Beziehung-Setzens zur Geschichte hat der Mensch das Verstandene, die Geschichte, ja nicht schlechterdings außer sich. Infolgedessen wird hier – anders als bei einer statischen Objekterkenntnis – allein schon dadurch, daß der Mensch in einer bestimmten Weise seines Verhältnisses zur Geschichte innewird, dieses Verhältnis und damit auch die Geschichte selbst verändert.[8] Das unterscheidet die Geschichtserkenntnis von der Naturerkenntnis (im Sinne der klassischen Physik). Das Menschsein in Geschichte kann hier also nicht bloß in seinem *An-sich* interessieren, es geht vielmehr um das jeweilige *Für-sich*. Es geht darum, in welcher Weise der Mensch sein Sein in Geschichte jeweils für sich selber hat und wie er sich darüber mit sich selbst verständigt.

---

[7] Vgl. den zweiten Teil dieser Arbeit.

[8] Deshalb auch muß die Geschichtswissenschaft primär als Reflexionswissenschaft und nicht als empirische Wissenschaft verstanden werden. Erkenntnissubjekt und -objekt sind hier keine fixierten, voneinander vollständig zu unterscheidenden Größen. Jedes Wissen von Geschichte, auch das wissenschaftliche, ist demzufolge immer auch ein Faktor im geschichtlichen Geschehen selbst, es beeinflußt den Gang der Geschichte (vgl. GOERTZ 1998, 34).

Um sofort einige Geschichtsdenker zu benennen, die jeweils *eine* der oben angeführten Weisen, in denen sich das Verhältnis des Menschen zur Geschichte faktisch immer wieder ausprägt, favorisieren, seien vorab einige Namen erwähnt: Es sei zunächst hingewiesen auf zwei im ostfriesischen Aurich geborene Philosophen, die das Fragen nach der Geschichte zeitlebens beschäftigt hat, nämlich Wilhelm Schapp (1884-1965), einen Geschichtsphänomenologen aus Husserls Göttinger Schule und Zeitgenossen Heideggers, und Hermann Lübbe (*1927), Schüler Joachim Ritters, einer der Hauptvertreter der narrativistischen Geschichtstheorie deutscher Sprache und zugleich Herausgeber der Werke Schapps. Während Schapp, der eigentlich nur nebenberuflich Philosophie betrieb und hauptberuflich als Jurist tätig war, das Phänomen des grundsätzlichen *Verstricktseins-in* Geschichten in origineller Weise als anthropologische Grundform menschlicher Existenz herausgearbeitet hat,[9] orientiert sich Lübbes Narrativismus, dessen Geschichtsverständnis mit A. C. Dantos sprachanalytischer und H. M. Baumgartners transzendentaler Geschichtstheorie in weiten Teilen parallel geht, eher am Phänomen des *Stehens-vor* der Geschichte.[10] Freilich muß sofort angemerkt werden, daß Schapp und Lübbe unterschiedliche Auffassungen haben von dem, was mit dem Wort „Geschichte" vorrangig in Verbindung zu bringen ist. Zur Diskussion stehen daher ebenso sehr unterschiedliche Geschichtsbegriffe. Denn was „in der Geschichte stehen" heißt, hängt natürlich vor allem davon ab, was im vorhinein jeweils unter Geschichte verstanden wird – ob bspw. primär ein Ereignis- oder primär ein Erzählzusammenhang. Dies wird bei der Erörterung des restriktiv gefaßten und auf Retrospektivität verpflichteten Geschichtsbegriffs der narrativistischen Geschichtstheorien noch deutlicher zutage treten. Was „Geschichte" ist, wird dort allein im Ausgang von Geschichte als einem Erzählzusammenhang begriffen, ganz im Sinne des sogenannten „linguistic turn"[11] vieler Formen heutigen Philosophierens.

Welche Vorentscheidungen allerdings gefallen sind, wo der Bezug von Mensch und Geschichte allein vom Akt des „Geschichtenerzählens" aus erörtert wird, läßt ein Seitenblick auf beispielsweise Harald Weinrichs sprachwissenschaftliche Analysen erahnen. In einer viel beachteten Untersuchung zur Funktion der Tempus-Formen innerhalb des gesprochenen und geschriebenen Textes hat Weinrich aufgewiesen, daß zumindest innerhalb der

---

[9] Vgl. SCHAPP 1981 und SCHAPP 1985.

[10] Lübbe meint, was Geschichte primär leiste, sei *Identitätsrepräsentation*. Durch (eine) Geschichte werde dem einzelnen seine Geschichte zunächst nur präsent (er hat sie sozusagen „vor sich"), die er sich daraufhin, in einem von der Identitätsrepräsentation abhebbaren Vorgang, bereitwillig *zuschreibe* oder auch nicht, mit der er sich also identifizieren könne oder ggf. auch müsse. Durch Geschichte, gemeint ist die erzählende Vergegenwärtigung vergangenen Geschehens, *hat* also das Subjekt seine Identität, es ist aber in bezug auf diese Geschichte nicht deren Handlungssubjekt, sondern lediglich Referenzsubjekt der Erzählung dieser Geschichte (vgl. LÜBBE 1977, 69 ff. u. 154; zu Lübbe s.u. *Zweiter Teil*, Kapitel V, Jörn Rüsen, Abschn. 5).

[11] Vgl. TOEWS 1987 und HUNT 1998. Der genannte Aufsatz von Toews hat den Ausdruck „linguistic turn" zum Markenzeichen jener postmodernen bzw. poststrukturalistischen Bewegung werden lassen, die durch eine kritische Rückwendung der Philosophie auf das „Realität schaffende" Medium Sprache, nun auch die Geschichtswissenschaft zu erneuern unternimmt (weiteres s.u. Zweiter Teil, Kap. VI).

deutschen, französischen und spanischen Sprache zwei grundverschiedene Tempus-Gruppen unterscheidbar sind, nämlich (erstens) die Tempora der *besprochenen* und (zweitens) die der *erzählten* Welt. Ihnen liege jeweils eine spezifische „Sprechhaltung" zugrunde, nämlich entweder die des *gespannten* oder die des *entspannten* Redens. Weinrich meint also, daß durch die Verwendung bestimmter grammatikalischer Tempora im Zusammenhang eines Kommunikationsprozesses nicht primär Informationen über Zeitstufen weitergegeben werden, sondern dem Hörer vor allem eine bestimmte Sprechhaltung signalisiert wird, nämlich die Einstellung des Sprechers zur Welt, von der er spricht.[12] Wer die Tempora der *erzählten* Welt benutzt, signalisiere beispielsweise, daß in ihnen gerade „nicht die Umwelt gemeint ist, in der sich Sprecher und Hörer befinden"[13] und von der sie unmittelbar betroffen sind. Er gebe vielmehr zu verstehen, daß die Redesituation „nicht auch zugleich Schauplatz des Geschehens ist und daß Sprecher und Hörer für die Dauer der Erzählung mehr Zuschauer als agierende Personen im *theatrum mundi* sind – auch wenn sie sich selber zuschauen".[13] Mit anderen Worten: Geschichten*erzählen* distanziert. Es hält die alltägliche Situation, in die Sprecher und Hörer lebensweltlich eingebunden sind, außen vor. Deren konkrete Existenz kommt nicht ins Spiel. Beide, Sprecher wie Hörer stehen hier also, selbst wenn die Geschichte von ihnen selber handelt, *vor* der Geschichte, der sie eben deshalb um so „entspannter" folgen können; ganz im Unterschied zu den Tempora der *besprochenen* Welt, die zu einer Haltung der Gespanntheit aufrufen und kundtun: ‚Tua res agitur! Es geht hier um deine Welt, die Welt, in der du dich selber momentan befindest.' – Wo also Geschichte vor allem aus der Perspektive des Geschichtenerzählens thematisch wird, so darf jetzt im Blick auf die narrativistischen Geschichtstheorien vorweg gemutmaßt werden, wird das Verhältnis von Mensch und Geschichte wohl immer schon nach dem Muster des in der Erzählsprache dominierenden *Stehens vor der Geschichte* aufgefaßt sein.

2 In der Geschichte stehen, nicht vor ihr: Nietzsches Kritik an einem Übermaß wissenschaftlicher Historie

Nach dem kurzen Abstecher in die Literaturtheorie nun zurück zur Leitfrage dieser Untersuchung: Die Frage, was es heißen könne, *in* je seiner Geschichte zu *stehen*, ergab sich aus dem Eindruck der Unmöglichkeit solchen Stehens: Entweder ist man in seine Geschichte so „verstrickt", daß sie einen mitreißt und jeden Stand ausschließt, oder man steht zwar, aber

---

[12] Etwas im Vergangenheitstempus als Geschichte zu erzählen, bedeutet nicht eo ipso, sich auf etwas tatsächlich Vergangenes zu beziehen. Das in einer Erzählung übliche Vergangenheitstempus fungiert laut Weinrich weniger als Auskunft über die tatsächliche Zeitqualität des erzählten Geschehens denn als Indiz eines bestimmten Verhältnisses des Erzählers (Hörers, Lesers) zum Inhalt seiner Geschichte. Das Subjekt, das seine Geschichte narrativ-retrospektiv vergegenwärtigt, versucht gegenüber dem erzählten Geschehen eine Haltung einzunehmen, die es zu einem Überschaubaren, in bestimmtem Maß auch Verstehbaren und Deutbaren werden läßt. Als Ausdruck einer bestimmten (Sprech-)Haltung dem geschichtlichen Geschehen gegenüber verstehen sich auch die hier bevorzugten Ausdrücke „Verstricktsein-in", „Stehen-vor" und „Stehen-in".
[13] WEINRICH 1971, 46 f.

nicht in ihr, sondern vor ihr, der nachträglich zum Gegenstand Gewordenen. Es ist der Anschein dieser Unmöglichkeit, der zu prüfen reizt, ob es nicht doch eine Möglichkeit des *Stehens in* der Geschichte gibt, mindestens aber zu untersuchen, auf welchen Voraussetzungen das genannte Dilemma ruht und prinzipieller, das Verhältnis von Geschichte und Menschsein zu klären. Was aber läßt für diese Art des in der Geschichte Situiertseins plädieren? Ist es die dem Menschen aufgegebene? Was unterscheidet das Stehen-in von den anderen Weisen des Bezogenseins auf Geschichte, dem Verstricktsein-in und dem Stehen-vor?

Gefordert ist mit dem Stehen in der Geschichte jedenfalls ein möglichst bewußter, d.h. selbstdurchsichtiger Vollzug der geschichtlichen Bezüge, in die immer schon eingebunden sich der Mensch vorfindet. Das reicht über das bloße Hinnehmen eines faktisch je schon Verstricktseins hinaus. Eine Stellungnahme ist gefordert. Angespielt ist ferner auf eine selbstverantwortliche Ausgestaltung dieser Bezüge. Denn das Stehen in der Geschichte scheint nicht die normale und lebensweltlich erste Weise zu sein, in der wir uns in der Geschichte befinden. Der Stand muß wohl immer erst erarbeitet werden. Er ergibt sich nicht von selbst. Er ist Ergebnis einer Anstrengung, eines Handelns, Entscheidens oder auch Deutens, d.h. einer freien Auseinandersetzung mit dem, was im Raum der Geschichte und als Geschichte begegnet, wozu selbstverständlich auch die Wissenschaft ihren Beitrag leistet. Das Stehen in der Geschichte unterscheidet sich dadurch von einem bloßen Fortgerissensein vom Lauf der Dinge, aber auch von einem wie angewurzelt Dastehen, das, selber unberührt, alles Geschehen und alle Entwicklung an sich vorüberziehen läßt. Allerdings ist der Stand, einmal gewonnen, wohl kein bleibender Besitz. Er kann auch wieder verlorengehen und muß unter veränderten Bedingungen neu errungen werden.[14] Verstricktsein-in-Geschichten wird hier demnach – in anthropologischer Perspektive – als Kennzeichen der Ausgangslage des Menschen aufgefaßt, als Zeichen seiner ursprünglichen *conditio humana*. Es ist die Grundform des menschlichen Daseins; der Mensch findet sich als ein immer schon in mehr oder weniger bedeutungsvolle Geschichten verstrickter vor, noch bevor er sich dazu in ein bewußtes Verhältnis setzen könnte. Stehen-in-der-Geschichte will dagegen die Aufgabe anzeigen, die sich ergibt, wo diese Ausgangslage zu Bewußtheit gelangt, also zur Selbsterkenntnis geworden ist. Stehen-in-der-Geschichte benennt eine Hochform des Daseins. Es ist eine frei gewählte Haltung, somit Ertrag einer Anstrengung.

Das Sprechen von einem *Stehen* in der Geschichte weckt also Assoziationen, die in der aufgezeigten Richtung hinausweisen über ein nur faktisches *Verstricktsein* in die Geschichte. Wodurch unterscheidet sich aber nun das Stehen *in* der Geschichte von einem Stehen *vor* der Geschichte? Wie kein anderer hat Nietzsche die extreme Einseitigkeit eines bloß zuschauenden Vor-der-Geschichte-Stehens kritisiert, freilich unter anderem Namen.[15] Er sah

---

[14] Vgl. 1 Kor 10, 12.

[15] Für Nietzsche ist das „nicht-verstrickte", d.h. weltenthobene Stehen-vor-der-Geschichte *das* Kennzeichen der Historie als reiner Wissenschaft und der durch sie gewonnenen historischen Bildung: „Die Geschichte als reine Wissenschaft gedacht und souverän geworden, wäre eine Art Lebens-Abschluß und Abrechnung für die Menschheit" (NIETZSCHE KSA 1, 257), „nämlich Zurückschauen, Ueberrechnen, Abschließen, Trost suchen im Gewesen, durch Erinnerungen, kurz

darin das Grundübel der Geschichtswissenschaft seiner Zeit, ja mehr noch, es galt ihm als die „Krankheit"[16] seiner Epoche schlechthin, die in seinen Augen eindeutig krisenhafte Züge trug. Seine zweite unzeitgemäße Betrachtung *„Vom Nutzen und Nachteil der Historie für das Leben"* (1874)[17] ist diesem Thema gewidmet. Nietzsche kritisiert in dieser Schrift aus seiner frühen Schaffensperiode das Unwesen einer maßlosen historischen Objektivierung und Vergleichung von allem und jedem, also eine Form von Historie, die keinem wirklichen Lebensbedürfnis mehr dient, sondern reine, zwecklose Wissenschaft sein will und sich darauf kapriziert, möglichst viele historische Tatsachen quellenkritisch zu sichern und wahllos als abrufbaren Informationsbestand anzuhäufen. Äußerst fragwürdig an dieser Art von wissenschaftlicher Geschichtsschreibung, die nicht weiß, „was in dem Vergangenen wissens- und bewahrungswürdig und gross ist"[18] und was nicht, war für Nietzsche dabei zweierlei: zum einen, daß sie als Wissenschaft verlangt, die geschichtliche Wirklichkeit und damit auch sich selbst als geschichtlichen Menschen rückhaltlos im Lichte kühler Objektivität und damit interesseloser Außenbetrachtung zu sehen, ein Anspruch, der ihm schlechterdings nicht einlösbar und dessen Einlösung ihm auch gar nicht wünschenswert erschien, weil nämlich – zum anderen – Nietzsche schon im vorhinein das Ergebnis ahnte, dem diese Art des erkennenden Stehens vor der Geschichte, wo sie gelingt, zuarbeiten würde. Es werde sich nämlich – formal betrachtet – der verwissenschaftlichte Umgang mit der Geschichte, weil scheinbar unfehlbar, durchsetzen, alle anderen Umgangsformen mit der Geschichte marginalisieren, sich selbst dafür aber in Übersehung der Tatsache, daß alle Historie faktisch immer in einem Lebenszusammenhang steht, vom wirklich gelebten und noch zu lebenden Leben isolieren.[19] Inhaltlich werde der so gewonnene Erkenntnisfortschritt dann summa summarum immer auf folgende Einsicht hinauslaufen, die ja schon von vornherein vorgezeichnet war aufgrund des wissenschaftlich geforderten strikten Sich-selber-Raushaltens aus der Betrachtung geschichtlichen Lebens: Die ganze menschliche Wirklichkeit ist eine geschichtliche, in der alles geworden ist und darum auch wieder vergehen kann, nichts Bestand und schon gar nichts unbedingten, d.h. zeitunabhängigen Wert hat. Die das gegenwärtige Leben noch immer tragenden, unbedingten Überzeugungen, Maßstäbe und Sinnhorizonte seien durch diese historische Vergleichung und Außenbetrachtung unwieder-

---

historische Bildung" (KSA 1, 303), die ihren Besitzer nicht für die Herausforderungen der Gegenwart rüstet, sondern vor ihnen bewahrt.

[16] NIETZSCHE KSA 1, 329.

[17] In: NIETZSCHE KSA 1, 243-334.

[18] NIETZSCHE KSA 1, 294.

[19] Vgl.: „Und nun schnell einen Blick auf unsere Zeit! Wir erschrecken, wir fliehen zurück: wohin ist alle Klarheit, alle Nüchternheit und Reinheit jeder Beziehung von Leben und Historie (...). (...) hat sich wirklich die Constellation von Leben und Historie verändert, dadurch, dass ein mächtig feindseliges Gestirn zwischen sie getreten ist? (...) die Constellation ist wirklich verändert – **durch die Wissenschaft, durch die Forderung, dass die Historie Wissenschaft sein soll.** Jetzt regiert nicht mehr allein das Leben und bändigt das Wissen um die Vergangenheit: sondern (...) alles was einmal war, stürzt auf den Menschen zu. (...). Ein solches unüberschaubares Schauspiel sah noch kein Geschlecht, wie es jetzt die Wissenschaft des universalen Werdens, die Historie, zeigt." (NIETZSCHE KSA 1, 271 f.).

bringlich als schöner Schein entlarvt,[20] meint Nietzsche. Wie alles in der Welt geworden ist, um eines Tages wieder zu vergehen und anderem zu weichen, so wird es auch mit den vermeintlich unbedingt geltenden Überzeugungen sein, so wird es auch mit jedem individuellen, menschlichen Leben sein. Was dem jungen Nietzsche hier zu Bewußtsein kommt, ist der nihilistische Zug des nachidealistischen Geschichtsdenkens.

Bei dem massiven Einfluß, den die wissenschaftliche Historie längst auf die allgemeine Bildung nehme, werde sich diese Erfahrung geschichtlicher Hinfälligkeit und die damit gegebene Selbstrelativierung mehr und mehr auf das allgemeine Bewußtsein übertragen, prophezeit Nietzsche, und die Geschichtskultur verändern.[21] Wer sein Leben aus Anhänglichkeit oder Bequemlichkeit noch weiterhin auf die längst als nützliche Illusion durchschauten Sicherheiten, die kulturell und religiös wie selbstverständlich vorgegebenen Sinnhorizonte, baue, versuche nur, den sich schon ins Bewußtsein drängenden Nihilismus vor sich selbst zu verbergen. Die Folgen dieser Inkonsequenz seien die Verbreitung eines matten und kraftlosen Relativismus, der sich letztlich doch zu keinem tiefer reichenden Engagement, zu keiner „Mitarbeit an der Geschichte"[22] aufraffen könne, d.h. einer allgemeinen, öden Langeweile des „déjà vu", gepaart mit einem gleichzeitigen, unersättlichen Hunger nach ständig Neuem, kurzum „eine Art angeborener Grauhaarigkeit"[23]. Die langfristigen Folgen seien Zynismus[24] und Flucht aus einer scheinbar ja doch nur geschichtlich stets zum Scheitern verurteilten Außenwelt in die Egozentrik[25] der „Innerlichkeit"[26]. Darin sieht Nietzsche einen Verlust an kraftvollem, gestaltendem Leben, das kulturelle Neuschöpfung erhoffen ließe.[27]

---

[20] Die Triftigkeit von Nietzsches Diagnose auch für unsere Zeit wird allgemein anerkannt. Die Suche nach einer angemessenen Reaktion darauf ist allerdings noch nicht beendet; vgl.: „In einem Punkte sind Nietzsches unzeitgemäße Betrachtungen inzwischen ganz zeitgemäß geworden: Die Wissenschaft ist längst ins Zwielicht einer allgemeinen Skepsis geraten, und obgleich dies hauptsächlich für die Naturwissenschaften und ihre fragwürdigen Auswirkungen in moderner Technik und Industrie gilt, so sind doch auch die Geschichtswissenschaften davon betroffen, die ja der eigentliche Gegenstand von Nietzsches kritischer Betrachtung sind. Denn daß sie teilweise mitverantwortlich für den zunehmenden Verfall von geistigen Werten und Normen gemacht werden können, den er als Heraufkunft des Nihilismus geweissagt hat, ist heute kein Geheimnis mehr." (HÜBNER 1996, 28).

[21] Sehr schön beschreibt diesen Zustand KRÜGER 1958a, 56.

[22] NIETZSCHE KSA 1, 254.

[23] NIETZSCHE KSA 1, 303.

[24] Vgl. NIETZSCHE KSA 1, 279.

[25] Vgl. NIETZSCHE KSA 1, 321 f.

[26] Vgl. NIETZSCHE KSA 1, 272-278.

[27] Vgl. „»Es ist ja alles schon dagewesen« – der Satz wird zur Bestätigung der Unkraft einer Zeit; er gibt dem Wissen den Schein der Überlegenheit und verfestigt einen Zustand, den ich den Zustand der geschichtlichen Faulheit nennen möchte. Diese Faulheit erwächst gerade aus der größtmöglichen geschichtlichen Kenntnis. Es ist nicht der Zustand eines einzelnen, er lagert sich über ganze Zeitalter, gerade dann, wenn man die ganze Welt, die Geschichte aller Länder und Epochen, übersieht und beherrscht." (HEIDEGGER GA 38, 114; vgl. auch GA 16, 50).

"Die historische Bildung ist vielmehr nur im Gefolge einer mächtigen neuen Lebensströmung, einer werdenden Cultur zum Beispiel, etwas Heilsames und Zukunft-Verheissendes, also nur dann, wenn sie von einer höheren Kraft beherrscht und geführt wird und nicht selber herrscht und führt."[28]

Ein Zuviel an durch methodisch-kritische Forschung vergegenständlichter und somit neutralisierter Geschichte tötet also, darauf macht Nietzsche aufmerksam, die *Bedeutung*, welche eine erinnerte Vergangenheit für die Daseinsorientierung der Gegenwart und deren Ausrichtung auf die Zukunft haben könnte, und damit auch den *Sinn* der Geschichte im ganzen. Und haben die bislang immer noch lebenspraktisch wirksamen Erfahrungen von Geschichte erst einmal ihre Sinnqualitäten eingebüßt, ist also der Sinnzusammenhang zerschnitten, den eine Gegenwart zwischen erinnerter Vergangenheit und durch absichtsvolles Handeln zu gestaltender Zukunft stets aufrechtzuerhalten beabsichtigt, so erlahmt schließlich auch der "Bautrieb", der Wille, die Gegenwart tatkräftig zu gestalten. Der Blick wird vollständig in den Bann vergangenen Lebens gezogen; vergessen wird, daß es die Gegenwart ist, in der über das Leben und den Sinn entschieden wird.

"Der historische Sinn, wenn er u n g e b ä n d i g t waltet und alle seine Consequenzen zieht, entwurzelt die Zukunft (...). Wenn hinter dem historischen Triebe kein Bautrieb wirkt, wenn nicht zerstört und aufgeräumt wird, damit eine bereits in der Hoffnung lebendige Zukunft auf dem befreiten Boden ihr Haus baue, ... dann wird der schaffende Instinct entkräftet und entmuthigt. Eine Religion zum Beispiel, die in historisches Wissen ... umgesetzt werden soll, eine Religion, die durch und durch wissenschaftlich erkannt werden soll, ist am Ende dieses Weges zugleich vernichtet."[29]

Um hier Abhilfe zu schaffen, käme es also, Nietzsches frühem Hinweis folgend, vornehmlich darauf an, den menschlichen "Bautrieb" wieder freizulegen. Die Remedien, die der junge Nietzsche zu diesem Zweck empfiehlt, nämlich die unhistorische Kraft des Vergessens und die vermeintlich überhistorische Macht von Kunst und Religion[30], erscheinen allerdings recht fragwürdig. Denn Nietzsche will offenbar gar nicht dazu anleiten, die "Macht der Geschichte" konstruktiv zu bestehen, sondern sie zu überwinden und auszuhängen. Es soll wohl vor allem "diese unhistorische Atmosphäre" wiederhergestellt werden, "in der jedes grosse geschichtliche Ereignis entstanden ist"[31], wie Nietzsche überzeugt ist. Im weiteren Verfolg seines Denkens wird dann klarer, was er tatsächlich im Schilde führt. Nietzsche setzt der auf ihre Wissenschaftlichkeit stolzen historischen Bildung "zur bequemen Abkehr vom Leben und von der That"[32] nicht einfach eine kulturschaffende *Vita activa* "zugunsten einer kommenden Zeit"[33] gegenüber. So einfach verlaufen die Frontlinien seiner

---

[28] NIETZSCHE KSA 1, 257.

[29] NIETZSCHE KSA 1, 295 f.

[30] Daß Nietzsche die (christliche) Religion (zumindest) verzeichnet, wenn er sie als ungeschichtliches Bollwerk gegen "das Werden" in Anspruch nimmt, versucht im Ausgang vom geschichtlichen Wahrheitsverständnis der Bibel zu zeigen BERGER 1996, 89-107.

[31] NIETZSCHE KSA 1, 254.

[32] NIETZSCHE KSA 1, 245.

[33] NIETZSCHE KSA 1, 247.

„Gesundheitslehre des Lebens"³⁴ nur scheinbar. Die seiner Meinung nach nur im unhistorischen Milieu sich erneuernde Kraft des Handelns und instinktiven Machens wird die Morgenröte einer neuen Zeit alleine nicht herbeilocken, tut der älter gewordene Nietzsche in der *Fröhlichen Wissenschaft* unmißverständlicher kund. Es braucht vorab und richtungweisend auch eine andere Art des Denkens, eine neue Art von βίος θεωρητικός und die ihm eigene Kraft des (weltbildenden) „Machens". Was Nietzsche anvisiert, ist also – in einer gewissen Hinsicht durchaus aristotelisch – eine andere, höhere, ja gewissermaßen übermenschliche³⁵ Art des Tätigseins, die als *Denken* zugleich ein Schaffen und als *Vernehmen* zugleich ein Entwerfen ist. Erst wenn der historische Sinn durch die Kraft *dieser* Bautätigkeit gebändigt wäre, vermöchte er Zukunft zu verheißen, glaubt Nietzsche. Was es nach Nietzsche daher dringend braucht, sind die „eigentlichen Fortdichter des Lebens", die Übermenschen. Sie sind als vermeintlich bloß „Contemplative" in Wahrheit Zukunfts*macher*, sie sind als denkende Dichter Wert-Geber bzw. Wert-Setzer. In ihrem Windschatten erst, meint Nietzsche, werde auch die vita activa, gemeint ist die kreative, kulturschöpferische Kraft, regenerieren und zu neuer Blüte gelangen.

„Wahn der Contemplativen. – Die hohen Menschen unterscheiden sich von den niederen dadurch, dass sie unsäglich mehr sehen und hören und denkend sehen und hören – und eben diess unterscheidet den Menschen vom Thiere und die oberen Thiere von den unteren. Die Welt wird für Den immer voller, welcher in die Höhe der Menschlichkeit hinauf wächst; / es werden immer mehr Angelhaken der Interessen nach ihm ausgeworfen; die Menge seiner Reize ist beständig im Wachsen und ebenso die Menge seiner Arten von Lust und Unlust, – der höhere Mensch wird immer zugleich glücklicher und unglücklicher. Dabei aber bleibt ein W a h n sein beständiger Begleiter: er meint, als Z u s c h a u e r und Z u h ö r e r vor das große Schau- und Tonspiel gestellt zu sein, welches das Leben ist: er nennt seine Natur eine c o n t e m p l a t i v e und übersieht dabei, dass er selber auch der eigentliche Dichter und Fortdichter des Lebens ist, – dass er sich freilich vom S c h a u s p i e l e r dieses Drama's, dem sogenannten handelnden Menschen, sehr unterscheidet, aber noch mehr von einem bloßen Betrachter und Festgaste v o r der Bühne. Ihm, als dem Dichter, ist gewiß vis contemplativa und der Rückblick auf sein Werk eigen, aber zugleich und vorerst die vis creativa, welche dem handelnden Menschen f e h l t , was auch der Augenschein und der Allerweltsglaube sagen mag. Wir, die Denkend-Empfindenden, sind es, die wirklich und immerfort Etwas m a c h e n , das noch nicht da ist: die ganze ewig wachsende Welt von Schätzungen, Farben, Gewichten, Perspectiven, Stufenleitern, Bejahungen und Verneinungen. Diese von uns erfundene Dichtung wird fortwährend von den sogenannten practischen Menschen (unsern Schauspielern wie gesagt) eingelernt, eingeübt, in Fleisch und Wirklichkeit, ja Alltäglichkeit übersetzt. Was nur W e r t h hat in der jetzigen Welt, das hat ihn nicht an sich, seiner Natur nach, – die Natur ist immer werthlos: – sondern dem hat man einen Werth einmal gegeben, geschenkt, und w i r waren diese Gebenden und Schenkenden! Wir erst haben die Welt, d i e d e n M e n s c h e n E t w a s a n g e h t , geschaffen! – Gerade dieses Wissen aber fehlt uns, und wenn wir es einen Augenblick ein-

---

³⁴ NIETZSCHE KSA 1, 331.
³⁵ Vgl. ARISTOTELES, Nikomachische Ethik 1177b25-1178a12, ferner 1177a16 und Metaphysik 982b.

mal erhaschen, so haben wir es im nächsten wieder vergessen: wir verkennen unsere beste Kraft und schätzen uns, die Contemplativen, um einen Grad zu gering, – wir sind w e d e r   s o   s t o l z ,   n o c h   s o   g l ü c k l i c h , als wir sein könnten."[36] Lassen wir Nietzsches Therapievorschläge zur Freisetzung des offenbar gelähmten menschlichen Zukunftswillens beiseite, um uns erneut seiner frühen Diagnose eines Übermaßes an wissenschaftlicher Historie zuzuwenden. Das Wahrheitsideal, das sich in der neutralen, wissenschaftlichen Historie als „Stehen vor der Geschichte" ausspricht und sich als „Historismus"[37] in die Mitte der Kultur drängt, empfindet Nietzsche als eine ambivalente, ja höchst problematische und sogar lebenszerstörende Macht.[38] Hier wird übersehen, daß alle

---

[36] NIETZSCHE KSA 3, 539 f. (Die fröhliche Wissenschaft. Viertes Buch. Aphorismus 301). Wo Nietzsche noch recht traditionell, d.h. im Rahmen der neuzeitlichen Subjektphilosophie, vom Ineinander von kontemplativer und kreativer Kraft spricht, wird Martin Heidegger (im Kontext der Seinsgeschichte, noch deutlicher im Ereignisdenken) ähnliche Gedanken – nämlich das Zusammengehören von Er-eignen und Er-denken, von übereignetem Geschick und erdachten Entwurf – neu, und das heißt vor allem herausgedreht aus der im eigenen Bautrieb gefangenen neuzeitlichen Subjektivität, die keinen Platz läßt für ein Sich-selber-Zeigen des Seins, reformulieren. Daß Heidegger den Subjektivismus nicht wie Nietzsche auf das Maß des Übermenschen steigert, sondern bricht, indem er die Vorgängigkeit der Lichtung des Seins gegenüber dem Seinsentwurf des Daseins aufweist, macht das Eigentümliche der Heideggerschen Version der „Fortdichter des Lebens" aus: „Einzig west das Seyn in der Lichtung, die es selbst ist, welche Lichtung aber nur ausstehbar bleibt in einem Entwurf, der in ihr Offenes sich wirft und der Offenheit dieses Offenen sich übereignet und ihre Gründung wagt. Dieser gründende Entwurf er-denkt die Wahrheit des Seyns und wird dabei doch nur – so anders und gegenteilig dies scheinen mag – vom Seyn selbst er-eignet." (HEIDEGGER GA 66, 50). Oder noch einmal eingängiger: „Das Eigenste des Denkers jedoch ist nicht sein Besitztum, sondern das Eigentum des Seins, dessen Zuwurf das Denken in seine Entwürfe auffängt, welche Entwürfe aber nur die Befängnis im Zugeworfenen eingestehen." (HEIDEGGER GA 6.2, 443).

[37] Das Wort selbst fällt in Nietzsches unzeitgemäßer Betrachtung zwar nicht, doch werden hier erstmals die kritischen Tendenzen des Historismus problematisiert. Ernst Troeltsch und mit ihm viele andere versuchen das Positive des Historismus gegen Nietzsche zu verteidigen, indem sie einen neutralen Begriff des Historismus – z.B. die „grundsätzliche(n) Historisierung unseres Wissens und Denkens" – unterscheiden von „dem vielberufenen schlechten Historismus, der vielen mit dem historischen Denken überhaupt heute eins zu sein scheint, insofern er nämlich unbegrenzter Relativismus, spielerische Beschäftigung mit den Dingen, Lähmung des Willens und des eigenen Lebens ist ... [In diesem schlechten Historismus ist immerhin (r.h.)] das eigene Interesse des Betrachters und Darstellers nicht mehr völlig ausgeschlossen [wie es in der Historie als reiner Wissenschaft zunächst der Fall war (r.h.)], aber es wird zur Freude am Spiel der Erscheinungen, an der Mannigfaltigkeit des Wirklichen, zum Alles-Verstehen und Alles-Verzeihen, zum bloßen Bildungsinteresse oder gar zu Skepsis mit allen moralischen Wirkungen einer fein gebildeten Ironie, bei den harten Temperamenten zum Sarkasmus, bei den weichen und gütigen zum Humor." (TROELTSCH 1922, 9 und 68, ähnlich 102 u. 108). Angesichts der Vielfalt möglicher Historismusbegriffe soll hier eine Kurzcharakterisierung ausreichen: „Historismus ist eine Geisteshaltung, die alle kulturellen Phänomene als historische Phänomene sieht und erklärt." (SCHNÄDELBACH 1987, 26). Zu möglichen Historismusbegriffen vgl. SCHNÄDELBACH 1974, 19 ff. und SCHNÄDELBACH 1977, 62-72.

[38] Nietzsche wird darum das wissenschaftliche Objektivitätsideal, das er mit Hohn und Spott überzieht, einfach umprägen in einen „poietischen Objektivitätsbegriff" (*Schnädelbach 1983, 85*): „Es wäre eine Geschichtsschreibung zu denken, die keinen Tropfen der gemein empirischen Wahrheit in sich hat und doch im höchsten Grade auf das Prädicat Objektivität Anspruch machen dürfte."

Historie faktisch in einem Lebenszusammenhang steht, den sie entfalten und erhellen, den sie aber auch (zer-)stören kann. Die historischen Geisteswissenschaften waren an sich aus einem lebendigen Traditionsbewußtsein erwachsen, sie destruieren jedoch im Verlauf ihrer Entwicklung diese Unmittelbarkeit der Tradition, der sie sich verdanken. Indem sie Geschichte vergegenständlichen und zu einer musealen Welt gleichzeitiger, gleich-gültiger historischer Objekte distanzieren, die ohne direkte Relevanz für die Orientierungsprobleme der Gegenwart sind, lösen sie den Wirkungszusammenhang, in dem sie selbst stehen, auf und zerstören dadurch die Einheit von lebendigem Geschichtsbewußtsein und wissenschaftlicher Geschichtsschreibung. Oder, wie Alfred Heuß formuliert: „Geschichte als Wissenschaft" zerstört „Geschichte als Erinnerung", was letztendlich zum „Verlust der Geschichte"[39] führt. Nietzsche hat die Problematik der durch die historischen Wissenschaften selbstverursachten Geschichtslosigkeit deutlich vor Augen. Er weiß, daß ein lebendiges Bewußtsein von Geschichte allein durch die Aufnahme von historischen Kenntnissen nicht entsteht, sondern dem Menschen im Innern zuwachsen muß, bevor und während er sich wissenschaftlich mit der Geschichte beschäftigt.

(NIETZSCHE KSA 1, 290). In dieser künstlerisch konzipierten Objektivität würde sich dann nicht mehr der menschliche Wahrheits- bzw. Gerechtigkeitstrieb äußern, sondern der Kunsttrieb (KSA 1, 290), der sich – ganz im Sinne dessen, was Nietzsche „monumentalistische Geschichtsschreibung" nennt – einzig am Großen der Vergangenheit inspiriert und durch diesen Vergleich seine eigene „p l a s t i s c h e   K r a f t " (KSA 1, 251, auch 329) zu neuschöpferischer Tat aufstachelt: „alles [große (r.h.)] Vergangene, eigenes und fremdestes, würde sie an sich heran-, in sich hineinziehen und gleichsam zu Blut umschaffen. Das, was eine solche Natur nicht bezwingt, weiß sie zu vergessen; es ist nicht mehr da." (KSA 1, 251). Dieses äußerst lebensdienliche Kunststück, „aus dem Geschehenen wieder Geschichte zu machen." (KSA 1, 253) und das Übrige zu vergessen, kann der Historiker nur dadurch vollbringen, daß er „seine Begriffe (...) einem Ganzen unterschiebt" (KSA 1, 290). „In dieser Weise die Geschichte objektiv denken ist die stille Arbeit des Dramatikers; nämlich Alles aneinander denken, das Vereinzelte zum Ganzen weben: überall mit der Voraussetzung, dass eine Einheit des Planes in die Dinge gelegt werden müsse, wann sie nicht darinnen sei. So überspinnt der Mensch die Vergangenheit und bändigt sie, so äußert sich sein Kunsttrieb" (KSA 1, 290). Fraglich ist jedoch, gibt schon Nietzsche selbst zu bedenken, ob es „die Historie erträgt, zum Kunstwerk umgebildet, also reines Kunstgebilde zu werden" (KSA 1, 296), so sehr diese Art von Historie auch dem künftigen Leben zu dienen verspricht. Jedenfalls sind ihm die Historiker darin – zumindest bis zum Beginn der sog. Postmoderne – nicht gefolgt.

[39] HEUß 1959, bes. 56: „Dieses Verhältnis führt zu dem paradoxen Sachverhalt, daß Geschichte als Wissenschaft, indem sie die Erinnerung vernichtet, sich zwar in der Negation an ihre Stelle setzt, aber positiv sie weder ist noch ihre Funktion ausübt. Sie erzeugt in Wirklichkeit nur ein Vakuum und beläßt dieses zwischen sich und dem Menschen. Nur in dem einen flüchtigen Moment der Berührung konnten die beiden Sphären in einem flüchtigen Beieinander zusammengesehen werden und konnte darüber die Illusion entstehen, als ob die eine durch die andere ersetzt würde. Das war damals, als die Historisierung der Welt und die Auflösung der bisherigen geschichtlichen Tradition in der gebildeten Öffentlichkeit als ein intellektueller Genuß empfunden wurden und man sich mit Vergnügen von der Wissenschaft erzählen ließ, daß doch alles ganz anders war, als man bisher geglaubt hatte. Geschichte als Wissenschaft galt in dieser besonderen Situation mit einem gewissen Recht als eine Art »Bildungserlebnis«. (...) Die Maske, welche da von der nicht mehr verbindlichen Erinnerung geliehen war, trog jedoch, und der Betrogene mußte sich von Nietzsche sagen lassen, daß er ein Bildungsphilister sei."

Dürfen wir voraussetzen, die von Nietzsche diagnostizierte kulturelle Krankheit des 19. Jahrhunderts in unserer Zeit überwunden zu haben, oder müssen wir erkennen, daß viele problematische Züge von damals heute immer noch, ja erst recht mächtig sind – nicht zuletzt im Kontext der Theologie, wo sich der religionswissenschaftliche Umgang mit religiösen Phänomenen der Gegenwart und Vergangenheit, also das wissenschaftlich scheinbar gebotene völlig unbeteiligte Stehen vor und außerhalb der fraglichen Geschichten, mehr und mehr durchsetzt? Wenn und insofern letzteres gilt, wären wir aus der Perspektive des neutralen Zuschauers schon heraus- und in die Auseinandersetzung mit uns selbst und unserer Art des geschichtlichen Erfahrens und Erinnerns eingetreten. Genau hier will die Frage nach dem Stehen in der Geschichte ansetzen: Ist eine geschichtliche Orientierung, d.h. eine gewisse Übersicht und Standfestigkeit im Wandel des geschichtlichen Geschehens, nur als wissenschaftliche Historie möglich? Muß das Eingebundensein in die Geschichte und damit auch das Beheimatetsein in einer Geschichte, alias Tradition, unbedingt zugunsten eines neutralen Objektivismus aufgelöst werden? Stellen sich, wo dies geschieht, die von Nietzsche beklagten Folgen dann unweigerlich ein, so daß also langfristig, wie Nietzsche meint, das Leben „zerbröckelt und entartet ... und zuletzt auch wieder, durch diese Entartung, selbst die Historie"[40]? Erfragt ist also, in Nietzsches Diktion, ohne jedoch Nietzsches lebensphilosophische Prämissen[41] zu übernehmen, eine „lebensdienliche" Weise des Sich-Orientierens in Geschichte, die die geschichtliche Situiertheit des eigenen Existenz- und Denkvollzugs nicht aus dem Blick verliert.

Anders als bei Nietzsche darf freilich die Wissenschaft in ihrer Bedeutsamkeit für das Leben nicht derart abgewertet werden, daß einer wissenschaftlichen Beschäftigung mit der Geschichte kaum mehr Luft zum Atmen bleibt. Es dürfen aber die Grenzen des wissenschaftlichen Stehens vor der Geschichte auch nicht übersehen werden, insbesondere das häufige Unvermögen der Wissenschaft, die zu Wissenschaftszwecken herbeigeführte Verobjektivierung von Geschichte wieder in den alltäglichen Umgang mit Geschichte rückzuführen, d.h. lebensweltlich aufzuheben. Nietzsche würde hier vermutlich sagen: Ich suche die, „welche allein aus jener Historie wahrhaft, das heisst zum Leben hin, zu lernen und das Erlernte in eine erhöhte Praxis umzusetzen vermögen"[42]. Mit anderen Worten: Im Zentrum steht hier vor allem die Suche nach demjenigen Stand, der – mit Hilfe wissenschaftlichen Denkens, welches, im konkreten Lebensvollzug wurzelnd, dorthin zurückschlägt – *in* der je

---

[40] NIETZSCHE KSA 1, 257.

[41] Nietzsches Lebensbegriff setzt eine ganz bestimmte Konzeption gelingenden Lebens voraus, ein Leitbild, das Nietzsche vor dem Hintergrund einer individualistischen Ästhetik der schöpferischen Persönlichkeit (s.o. „Bautrieb") entwickelt: Die starke Persönlichkeit erträgt, macht und überlebt Geschichte. Unter Bedingungen handelnd, löst und befreit sie sich von ihnen, indem sie sich gegen sie stellt und behauptet. Die von Nietzsche angesichts des in und durch die Geschichte erfahrenen Nihilismus geforderte kreative Selbstbehauptung des schöpferischen Menschen verbindet allerdings das Ahistorische mit dem Asozialen; die starke, unhistorisch empfindende Persönlichkeit ist rücksichts-los im temporalen wie im sozialen Sinn des Wortes. Die Selbstbestimmung und Selbsterschaffung des freien Geistes ist bei Nietzsche immer zugleich auch rücksichtslose Selbstbehauptung. Vgl. dazu STRAUB 1997, 165-194.

[42] NIETZSCHE KSA 1, 263.

eigenen Geschichte gefunden werden kann, nicht aber nach der Standfestigkeit, die gänzlich *vor* bzw. *außerhalb* jeder Verwicklung in Geschichten, d.h. in lebensweltlich situierte Geschehenszusammenhänge, zu finden wäre.

3 Anliegen und Aufriß der Abhandlung

Was heißt „in der Geschichte stehen"? Inwieweit ist es menschenmöglich, in der Geschichte Stand zu gewinnen? Wo sind die Grenzen menschlicher Gestaltungskraft in bezug auf Geschichte, auf die eigene, persönliche Lebensgeschichte sowie die allgemeine Geschichte? Bis zu welchem Grad kann sich der Mensch aus der Geschichte herausstellen, wie es die Redewendung „Stehen vor der Geschichte" suggeriert? Inwiefern hat sich der Mensch immer schon aus der Geschichte herausgenommen, wo er Geschichte wissenschaftlich betreibt? All diese in einer philosophischen Anthropologie mit geschichtsphilosophischem Interesse beheimateten Fragen hängen, wie sich andeutete, mit der Beantwortung anderer, grundlegenderer Vorfragen zusammen: Was ist denn mit dem vieldeutigen Wort „Geschichte" überhaupt gemeint? Was für ein Seiendes ist eigentlich die Geschichte, und wie ist denkend ein Zugang zu ihr zu gewinnen?

In der Rückschau auf die bisherigen Überlegungen zeigt sich, daß das Wort „Geschichte" bereits eine ganze Reihe von Bedeutungen angenommen hat. Zunächst war mit „Geschichte" ein Geschehen gemeint, *in* das wir als Handelnde (rem gerere) aktuell *verstrickt* sind, das aber, indem es sich vollzieht, offenbar nach und nach in die Vergangenheit absinkt.[43] Zu diesem Geschehen, man könnte auch von einer Ereignisfolge bzw. einem Wirkzusammenhang sprechen, gehört also scheinbar ein Gerinnungsprozeß von der *res gerenda* zur *res gesta*. Alles Geschehende – Partizip Präsens – ist, indem es geschieht, offenbar bereits geschehen, Partizip Perfekt. Doch ist es damit nicht etwa schon ein Verlorenes, sondern vielmehr ein Aufbewahrtes. Alles Tun und Lassen ist im selben Moment Getanes oder Unterlassenes, im selben Moment aber auch im Gedächtnis Aufbewahrtes. Jede Gegenwartserfahrung trägt einen Hof erwarteter Zukunft und erinnerter Vergangenheit bei sich, weswegen der Gerinnungsprozeß von der *res gerenda* zur *res gesta* nicht eigens wahrgenommen wird. Demgegenüber scheint die Arretierung der Gegenwart zu einem punktuellen, alles andere ausgrenzenden Präsens etwas Nachträgliches und Künstliches zu sein.

Nun kann, wie sich gezeigt hat, ein Geschehen irgendwann endgültig aus dem Gegenwartshorizont herausfallen. Es ist vorbei. Das Wort „Geschichte" meinte im Bisherigen

---

[43] Dieser Geschichtsbegriff nimmt „Geschichte" als eine wegsinkende Reihe von Vorkommnissen; vgl.: „Vorkommnisse (...), die aufeinanderfolgend und aufeinander wirkend in der Zeit sich abspielen und gewisse Zeitabschnitte ausfüllen, daß diese so gekennzeichneten Vorkommnisse mit der Zeit vergehen, das heißt in die Vergangenheit eingehen und als das in die Vergangenheit Eingegangene der Geschichte angehören. »Geschichte« meint hier allemal die zeitliche Abfolge der in die Vergangenheit wegsinkenden Reihe von Vorkommnissen. Diese Abfolge bekommt im Vergehen eine Geschichte. Es ist dabei gleichgültig, in welchem Bereich von Vorkommnissen diese Abfolge sich abspielt. / Wenn wir »Geschichte« so nehmen, dann hat auch die Natur Geschichte. (...) Auch die Natur, die lebendige wie die nichtlebendige, hat ihre Geschichte." (HEIDEGGER GA 38, 82).

auch eine solche, ehemalige Gegenwart, *vor* der wir nun *stehen* (= Geschichte als vergangenes, menschliches Geschehen) und die, wenn sie nicht unwiderruflich ins Vergessen fällt, als wiedererinnerte da ist. Wo eine vergangene Gegenwart erzählend wieder vergegenwärtigt wird, ist der Gerinnungsprozeß von der *res gerenda* über die *res gesta* weiter fortgeschritten zur *historia rerum gestarum* (= Geschichte als „story", Erzählung bzw. Darstellung des vergangenen Geschehens[44]). Die lebensweltlichen Motive, die zur Wiedererinnerung vergangener Geschehnisse führen, sind offenbar vielfältig: Das Geschehene soll vor dem Vergessen bewahrt werden, teils um es im Rückblick besser zu verstehen, teils um es als das Vergangene von der Gegenwart zu distanzieren, teils um sich rückblickend für die Zukunft zu orientieren. Das Vergangene kann aber auch aus rein wissenschaftlichen Motiven wiedererinnert werden, nur damit es „gewußt" ist.

Ferner schien „Geschichte" so etwas wie einen Horizont zu meinen, einen Lebensraum („Welt als Geschichte"), innerhalb dessen sich menschliches Dasein als geschichtliches heutzutage generell abspielt.[45] Und schließlich wurde „Geschichte" verstanden auch im Sinne eines Traditionszusammenhangs, d.h. einer Überlieferung, in der man beheimatet oder auch gefangen ist, die anscheinend durch wissenschaftliche Verobjektivierung zu einem nicht unerheblichen Teil aufgelöst werden kann.

Aus der Vielheit des bisher mit dem Wort „Geschichte" Gemeinten ergeben sich direkte Konsequenzen für den zu gehenden Denkweg. So gilt es vor allem zu klären, wie die einzelnen Bedeutungen des Wortes „Geschichte" miteinander zusammenhängen und auseinander hervorgehen und in welchem Kontext sie jeweils geschöpft sind. Wie also ist die Geschichte lebensweltlich ursprünglich da? Die Frage nach dem Stehen in der Geschichte kann erst nach Klärung dieser Vorfragen eine Beantwortung erhoffen. Die andernorts ironisierte Metaphorik des „Stehens"[46] will in diesem Zusammenhang – darauf sei erneut hingewiesen – vor allem deutlich machen, daß nicht demjenigen Stand das alleinige Interesse gilt, der durch neutrale wissenschaftliche Erkenntnis bezüglich der Geschichte zu erringen wäre. Gerade dem *vor*wissenschaftlichen, d.h. *vor*theoretischen Sich-Befinden in der Geschichte soll hier nachgegangen werden. Stehen tut jeweils, wie Dilthey sagen würde, „der ganze Mensch", also das leiblich-geistige Wesen. Die wissenschaftliche Aufarbeitung der Geschichte ist dabei nur ein Element. Deshalb auch ist die Leitfrage „Was heißt in der Geschichte stehen?" absichtlich allgemein gehalten. Sie komprimiert, wie bereits deutlich wurde, eine ganze Reihe von Fragen, die sich auf unterschiedlichen Ebenen und in zum Teil entgegengesetzte Fragerichtung bewegen und faktisch, d.h. in der Geschichte der Philosophie, in unterschiedlichen Momenten eine Rolle gespielt haben. Dieser Komplex soll nun – nach Weise eines Aufrisses – in seinen Hauptlinien (a-c) entfaltet und in seinen historischen

---

[44] Geschichte als „erzählender Bericht über Weltvorkommnisse" (so formuliert HEIDEGGER GA 20, 228).

[45] Hier gewinnt eine räumliche Dimension innerhalb des Geschichtsbegriffs die Oberhand: „die Geschichte – das Feld der Veränderungen" (so MARQUARD 2000, 81).

[46] So bei SLOTERDIJK 1989, 181-208.

Kontext eingebunden werden, so daß der Fortgang der nachfolgenden Untersuchungen sowie die Auswahl der befragten Philosophen daraus verständlich wird.

Der Erarbeitung des modernen, d.h. spezifisch neuzeitlichen Geschichtsbegriffs sowie verwandter geschichtlicher Grundbegriffe (Handlungsgeschehen, Tradition, Ereignis, Struktur) wird sich der *Erste Teil* dieser Untersuchung widmen. Unter der Ägide des neuzeitlichen Geschichtsbegriffs tritt die Frage nach einem „Stehen in der Geschichte" erstmals auf den Plan, doch nicht sofort, sondern virulent und akut erst da, wo der neuzeitliche Geschichtsbegriff entidealisiert wird, wo also bloß noch Schwundstufen seiner selbst fortgeschrieben werden. Das systematische Anliegen dieses ersten Teils kommt daher nicht ohne historische Perspektive aus, die sich wie folgt zusammenfassen läßt:

- Im Rückgriff auf vorliegende begriffsgeschichtliche Untersuchungen wird zunächst das Werden des *neuzeitlichen* Geschichtsbegriffs aus seinen antiken und mittelalterlichen Äquivalenten nachgezeichnet. Er ist es, der die Philosophien der Aufklärung und des Deutschen Idealismus trägt, also die „klassische Geschichtsphilosophie", wie man für gewöhnlich sagt. Sodann wird erörtert, was es auf der Basis dieser spekulativen Geschichtsphilosophien heißt, in der Geschichte zu stehen, wobei die Beantwortung dieser Frage zu jener Zeit nicht problematisch, die Frage daher noch nicht akut gewesen war (siehe hierzu *Kapitel I* des ersten Teils).

- Mit dem Untergang der idealistischen Philosophie scheint nun für die noch immer junge Disziplin „Geschichtsphilosophie" eine gewisse Schwelle überschritten zu sein. Als Anfangszäsur des Erzählzusammenhangs der (Geschichts-)Philosophie der *neueren* Zeit wird jedenfalls üblicherweise der „Zusammenbruch" des Deutschen Idealismus angesetzt. Ob mit dem Ende der idealistischen Systeme wirklich etwas Neues innerhalb der Philosophie beginnt, ist strittig. Eindeutig ist jedenfalls, daß seither etwas Altes definitiv aufgehört hat, nämlich die seriöse, d.h. die Schul-Philosophie, gemeint ist die Scholastik als akademisch betriebene Philosophie mit dem Anspruch auf Fundamentalwissenschaft, den sie, wie gesagt, zuletzt in Gestalt der Geschichtsphilosophie einlöste. Das Ende dieser philosophischen Traditionslinie war schon mit Kants Wende zur Transzendentalphilosophie eingeleitet worden. Die deutschen Idealisten Fichte und Schelling führten die neue Grundmöglichkeit von Philosophie, die Kant eröffnet hatte, weiter, sie noch einmal in eine den neuen Voraussetzungen entsprechende Form von Metaphysik übersteigend, bis Hegel noch einmal auf Aristoteles zurückgriff und so, ehrgeizig genug, die klassische Metaphysik und die moderne Transzendentalphilosophie und darüber hinaus System und Geschichte in eine geschichtsphilosophische Synthese aufhob. Wie aber sollte es nun – nach Hegel – weitergehen? Die idealistischen Implikationen seines Geschichtssystemdenkens waren durchschaut und mußten zurückgewiesen werden. Es ist dies die Stelle, wo die Frage nach dem Stehen in der Geschichte innerphilosophisch erstmals virulent wird, denn die Fortführung der bisherigen Denktradition z.B. durch ihre nochmalige Übersteigung war ausgeschlossen.[47] Da die Geschichte über die letzte denkbare Form der Metaphysik, die Hegelsche Geschichtsmetaphysik, bereits hinweggegangen war, legte sich – als Ergebnis des absoluten Idealismus –

---

[47] Vgl. VOLKMANN-SCHLUCK 1998, bes. 140 ff.

zunächst eine gewisse Rückkehr zur Wissenschaft der Aufklärung nahe, die sich als empirische den Grenzen des bloß menschlichen Denkens noch nicht entzogen hatte, insbesondere bei Kant.[48]

- Eine der verbliebenen Möglichkeiten geschichtsphilosophischen Denkens, die dann tatsächlich zum Austrag gelangte – z.B. im Neukantianismus bei Rickert (siehe dazu *Erster Teil*, Kapitel II, 3) –, war daher die Reduktion der spekulativen Geschichtsphilosophie des Deutschen Idealismus zu einer kritischen Theorie des historischen Wissens und damit zur Basistheorie der geschichtlichen Wissenschaften, d.h. der Geisteswissenschaften. Hier wird im Rückgriff auf Kants transzendentale Vernunft versucht, zeitlose Möglichkeitsbedingungen des Erkennens von Geschichte sicherzustellen, indem die Konstitutionsleistungen der Subjektivität beim Zustandekommen des Gegenstandes „Geschichte" herausgearbeitet werden.[49] Die alles leitende Frage lautet dabei, wie ein *sicheres* Wissen vom *Gegenstand* „Geschichte" möglich sei (a)? Es handelt sich dabei um eine durchaus noch metaphysisch fragende Philosophie der Geschichte, die sich allerdings mehr und mehr eingestehen muß, daß auch ihr vermeintlich zeitloses Fundament, die transzendentale Vernunft, als etwas historisch Gewordenes und somit geschichtlich Veränderliches zu begreifen ist. Herbert Schnädelbachs Monographie über die „Geschichtsphilosophie nach Hegel. Die Probleme des Historismus"[50] zeichnet exemplarische Stationen des genannten geschichtsphilosophischen Ernüchterungsprozesses nach.
- Im *Zweiten Teil* dieser Untersuchung steht allerdings ein späterer Zeitraum geschichtsphilosophischen Denkens zur Debatte. Es geht um das *Geschichtsdenken nach Nietzsche*; von Geschichtsphilosophie im emphatischen, engeren Sinn des Wortes kann ja nun nicht mehr die Rede sein.[51] Auch geht es eher um die philosophischen Reaktionen auf den sogenannten Historismus[52] als um diesen selbst. Entscheidend jedoch ist, daß sich der zweite Teil, der Hauptteil dieser Untersuchung, mit Philosophen mehrheitlich des 20. Jahrhunderts beschäftigt, die allesamt antreten unter der längst selbstverständlich gewordenen Voraussetzung, daß Geschichte nicht bloß als „Gegenstand" dem (von der Geschichte unbehelligten) Denken gegenüber ist, wie noch bei Kant, sondern als Standortgebundenheit des Denkvoll-

---

[48] Vgl.: „Als mit dem Niedergang der Hegelschen Philosophie die Einzelwissenschaften sich aus der Bevormundung durch die Philosophie energisch losrissen und diese vollständig zu unterdrücken drohten (...), sah man die einzige Rettung in dem »Zurück zu Kant«. So atmet die Philosophie der Jetztzeit den Geist Kants." (HEIDEGGER GA 1, 3).

[49] Ähnliches geschieht unter der Voraussetzung des narrativistischen Paradigmas bei Baumgartner und Rüsen (siehe dazu Kapitel IV u. V des zweiten Teils).

[50] SCHNÄDELBACH 1974.

[51] Der Ausdruck „Geschichtsphilosophie" bezeichnet bzw. intendiert, und das ist im Grunde auch seine zentrale Bedeutung, „eine philosophische Theorie der Geschichte als Gesamtprozeß". In Theorien dieser Art wird unterstellt, man könne Einblick nehmen in das Wesen, in Ursprung, Ziel und Verlauf des Gesamtprozesses „Geschichte". Die philosophisch relevantesten und eindrucksvollsten Gesamttheorien dieses Typs finden sich in den geschichtsphilosophischen Konstruktionen des Deutschen Idealismus (vgl. BAUMGARTNER 1996, 152).

[52] Vgl. dazu auch BAUMGARTNER 1996, 151-172 und: NAGL-DOCEKAL 1996, 7-63; ferner: LÜBBE 1993 und MARQUARD 1973b.

zugs in den Kreis der Bedingungen des Denkens selbst aufgerückt ist, wobei die Standortgebundenheit nicht mehr – wie bei Hegel – in ein absolutes Wissen aufgehoben werden kann. So hatte es die volle, wissenschaftliche Erfassung des Erkenntnisgegenstandes Geschichte im Laufe des 19. Jahrhunderts ja gerade gezeigt, und sie hatte eben dadurch die Probleme des Historismus und Relativismus heraufgeführt. *Teil 2* wird in dieser Hinsicht einige ausgewählte philosophische bzw. geschichtstheoretische Positionen diskutieren, angefangen mit Wilhelm Dilthey und Martin Heidegger bis hin zu Odo Marquard, Hans Michael Baumgartner und Jörn Rüsen.

Ist durch die Auseinandersetzung mit dem Erkenntnisobjekt „Geschichte" also einmal die Einsicht in die grundsätzlich geschichtliche Verfaßtheit und Bedingtheit auch des Denkvollzugs und darüber hinaus des Menschseins überhaupt erfolgt, kann nicht länger vom Standpunkt eines seltsam welt- und ortlosen Denkens aus bloß das Objekt „Geschichte" in den Blick genommen werden, wie es Rickert noch versucht hatte. Ist Geschichte erst einmal transzendentalisiert und zur Geschichtlichkeit des menschlichen Daseins geworden – diese Schwelle ist mit Dilthey erreicht und zu einem guten Teil überschritten – kehrt sich die Fragerichtung um: Es muß von der Grundlage der Geschichtlichkeit und Standpunktgebundenheit des ganzen Menschseins aus neu nach dem Denken gefragt werden, nach seinem Sitz im faktischen Leben und insbesondere danach, wie auf solcher Basis im Denken und Handeln Stand zu finden ist (b). Während also die Frage nach der Geschichte als einem Erkenntnisobjekt noch ein primär erkenntnistheoretisch bearbeitbarer Problemkomplex gewesen war, so ist nun das Geschichtsdenken seit Dilthey deutlich anthropologisch interessiert und in der Vorgehensweise zum Teil phänomenologisch bewältigt worden. Für diese philosophische Linie stehen im zweiten Teil der Untersuchung beispielgebend Wilhelm Dilthey, Martin Heidegger und Odo Marquard.

Die Wendung in Richtung auf eine philosophische Anthropologie und die recht allgemeine Formulierung „Was heißt in der Geschichte stehen?" sollen jedoch nicht darüber hinwegtäuschen, daß hier eine gewisse Zuspitzung beabsichtigt ist. Nicht was es im allgemeinen bedeuten könnte, in der Geschichte zu stehen, ist letztes Ziel der Untersuchung. In Frage steht vielmehr, wie dies *im besonderen Fall* des Philosophen (und in gewisser Weise auch des Theologen) möglich ist (c). Gedacht ist dabei also an das Verhältnis des Philosophen zu seiner eigenen Denkgeschichte oder genauer: zu derjenigen Tradition des philosophischen Denkens, in der er faktisch immer schon steht und die zu erhellen bzw. weiterzuführen er sich bemüht oder auch nicht. Dabei gilt es jedoch zu berücksichtigen, daß diese letzte Frage nicht in gleicher Weise das Interesse der im *Zweiten Teil* zur Diskussion stehenden Autoren findet. Hier muß darum, einem Hinweis Martin Heideggers folgend, Sorge getragen werden, daß „...wir uns an das halten, woran sich eine philosophische Auseinandersetzung mit den Philosophen allein und in erster Linie halten muß, an das, was in der betreffenden Philosophie *geschieht*, nicht was sie aussagt."[53]

Eine weitere Überlegung schließt sich hier unmittelbar an: Im Zuge disziplinärer Ausdifferenzierung und Spezialisierung, die natürlich auch in der Philosophie und gerade im Zu-

---

[53] HEIDEGGER GA 28, 39.

sammenhang des Geschichtsproblems statthat, haben sich einzelne Themenbereiche längst ausgegliedert und institutionell verselbständigt. Grob gesprochen kann man davon ausgehen, daß die soeben katalogisierten Frageinteressen (a-c) zuletzt bei Dilthey und Nietzsche in einem Denkansatz vereinigt vorliegen. Dilthey beispielsweise, von seiner Herkunft her Theologe, dazu Historiker aus Leidenschaft, ist noch gleichermaßen interessiert an einerseits der historisch-hermeneutischen Reflexion auf das menschliche Sein, also der anthropologischen Frage nach dem rechten Stand in der (Denk-)Geschichte, der er im Hinblick auf große Denker – Theologen und Philosophen[54] – aber auch in seiner Weltanschauungsphilosophie nachgeht, und andererseits der erkenntnistheoretischen Grundlegung der Historie als Wissenschaft. Liegen also bei Dilthey und Nietzsche die genannten Frageinteressen (a-c) noch im Bund vor, gliedert sich spätestens dann die erkenntnistheoretische Begründung der Geschichte (a) aus, um unter der wissenschaftstheoretischen Fragestellung „Wie ist Geschichte als möglichst objektive Wissenschaft und zwar unabhängig von der Soziologie möglich?" bis in die Gegenwart separat weiter verhandelt zu werden. Dies geschieht in der Regel in transzendentalphilosophischer Tradition, wobei das Problem der Konstitution von Geschichte heute natürlich in sprachphilosophischer bzw. narrativistischer Wendung verhandelt wird (so z.B. bei Danto, Baumgartner, Lübbe, Rüsen). Wo nun im weiteren Verlauf unserer Untersuchung diese philosophische Selbstexplikation des Geschichtswissenschaftlers, also die Erkenntnis- und Wissenschaftstheorie der Geschichtswissenschaft, die heute unter den Namen „Historik"[55], „narrativistische Geschichtstheorie"[56] oder „strukturale Erzähltheorie" firmiert, thematisch wird (siehe *Zweiter Teil*, Kap. IV-VI), geschieht dies nicht allein um ihrer selbst willen, sondern um hinter der dort gegebenen Bestimmung des wissenschaftlichen Bezuges zur Geschichte unseren vor- bzw. nicht-wissenschaftlichen Bezug zu ihr freizulegen, von dem sich der wissenschaftliche ja erst herleitet. In der Reihe der Denker, die im zweiten Kapitel dieser Untersuchung defilieren, sind es Baumgartner und Rüsen, deren Denken paradigmatisch ist für diese transzendentalphilosophische Version einer rein formalen Philosophie der Geschichte, die sich in Fortsetzung des nachidealistischen „Zurück zu Kant" nicht nur, aber doch primär als Basistheorie der Geschichtswissenschaften versteht. –

Fassen wir den Gang der bisherigen Überlegungen zusammen: Wir fragten, ob es neben dem *Verstricktsein in* Geschichten und dem *Stehen vor* Geschichten nicht doch die Mög-

---

[54] Vgl. DILTHEY, *Die Jugendgeschichte Hegels* (GS IV) und: *Das Leben Schleiermachers* (GS XIII + XIV).

[55] Vgl. dazu bspw. Rüsens dreibändige Historik: RÜSEN 1983, RÜSEN 1986, RÜSEN 1989.

[56] Jaeger ist bemüht, zwischen Historik und Geschichtstheorie zu differenzieren. „Historik" sei zunächst nur die (Meta-)Theorie der Geschichtswissenschaft. Eine „Geschichtstheorie" würde demgegenüber mehr leisten. Sie beschränkte sich nicht allein auf die Reflexion der fachlichen und methodischen Verfahren der Historie und der historischen Erkenntnis, sondern erstreckte sich auch auf die lebensweltlichen Ursprünge des historischen Denkens sowie auf seine lebenspraktischen Funktionen der kulturellen Orientierung. Sie bezöge sich auf Geschichte als Erkenntnisvorgang und auf Geschichte als Geschehensprozeß. Sie besäße demzufolge einen erkenntnistheoretischen bzw. epistemologischen und einen gegenstandstheoretischen bzw. ontologischen Aspekt (vgl. JAEGER 1998, 724).

lichkeit eines In-der-Geschichte-Stehens geben könne. Das Verstricktsein in Geschichten ist offenbar Grundform menschlicher Existenz; das Stehen in der Geschichte verstünde sich hingegen als eine bewußt gewählte Haltung, zu deren Gelingen bzw. Mißlingen auch der wissenschaftliche Umgang mit Geschichte beiträgt. Weil die wissenschaftliche Historie seiner Zeit in einem nicht mehr lebensdienlichen Übermaß zum Stehen *vor* der Geschichte anleitete, wurde sie von Nietzsche scharf kritisiert. Seine Kritik hat zum Teil auch heute noch ihre Berechtigung. Was es heißen könnte, heute in der Geschichte zu stehen, soll im folgenden mittels Destruktion einiger zum Teil klassisch gewordener geschichtsphilosophischer Entwürfe auf das in ihnen vorausgesetzte lebensweltliche Grundverhältnis des Menschen zur Geschichte ausfindig gemacht werden, wobei die (positive) Vieldeutigkeit des Wortes „Geschichte" stets in Rechnung gestellt werden muß. Ein besonderes Augenmerk liegt auf der Art und Weise, wie die befragten Philosophen ihr Eingebundensein in die ihnen vorausliegenden Denktraditionen selber handhaben.

Erster Teil:

Konturen eines vorläufigen Begriffs von Geschichte

Kapitel I: Das Werden des neuzeitlichen Geschichtsbegriffs und Geschichtsverständnisses

Daß der uns heute gebräuchliche Ausdruck „Geschichte" seine eigene Geschichte hat, die ihn noch immer nachhaltig prägt, versteht sich von selbst. Das Werden des modernen Geschichtsbegriffs, über das zahlreiche Studien bereits vorliegen,[1] soll hier in der Perspektive einer historischen Semantik unter Berücksichtigung auch der griechischen und lateinischen Äquivalente des deutschen Wortes „Geschichte" gerafft dargelegt sein, insofern es für die Frage nach dem Stehen in der Geschichte von Bedeutung ist und sich aus den Spuren der Begriffsgeschichte die jeweils gängige Praxis der Geschichts*schreibung* und damit auch die Genese des heutigen Geschichts*bewußtseins* rekonstruieren läßt.

1 Historia – eine Wissensart

Der Begriff *Historie*, der das ganze Altertum und auch über weite Teile des Mittelalters hindurch gilt, beruht ursprünglich auf einer *Wissensart*. Das griechische Wort ἱστορία und das dazugehörige Verbum ἱστορεῖν (erkunden, forschen) leiten sich nämlich her von οἶδα, ἴσμεν („ich weiß"), welches verwandt ist mit dem lateinischen „video".[2] Historia geht also auf visuelle oder zumindest sinnliche Eigenerfahrung zurück. Sie ist eine durch eigene Anschauung erworbene Kenntnis. Gemeint ist das Wissen des Augenzeugen, der dabeigewesen ist und seine Erinnerung festgehalten hat. Wer sich an etwas erinnert, was er – in Autopsie – erlebt hat, vermag freilich auch davon zu erzählen und das Berichtete zu bezeugen. So überrascht es nicht, daß sich für ἱστορία neben der Bedeutung von Erkundung allmählich auch die von Erzählung herausbildet. Gebrauch von der Historia macht demnach vor allem der Erzähler, namentlich der öffentlich, d.h. im juristisch-politischen Kontext auftretende Rhetor. Dieser zweite Sinn wird im Lateinischen vorherrschend aufgrund von

---

[1] Siehe dazu vor allem den umfangreichen Artikel „Geschichte" im Historischen Lexikon zur politisch-sozialen Sprache in Deutschland (BRUNNER/CONZE/KOSELLECK 1972 ff., Bd. 2 (1975) 593-717).

[2] Neben dieser korrekten Etymologie existiert noch eine andere, ironisch gefärbte, die auf Platon zurückgeht. Platon unterstellt, daß ἱστορία ein Aufhalten und Festhalten der Erinnerung beabsichtige, nicht nur um aus der Geschichte Nutzen und Genuß zu ziehen, sondern um durch sie und in ihr einen „Besitz für immer" zu ergattern. Ἱστορία leitet sich nach Platons Meinung also her ἀπὸ τοῦ ἱστάσθαι τὴν τῆς μνήμης ῥύσιν, d.h. vom Festhalten des Erinnerungsflusses (GÜNTHER 1975, 646). Natürlich weiß Platon nur zu gut, wie schlecht sich veränderliche Tatbestände als Ausgangsstufen eignen, um zu ewigen Wahrheiten vorzudringen. Als Singularienerkenntnis ist Historie nicht verallgemeinerungs- und somit nicht wissenschaftsfähig. Deshalb auch hält Aristoteles in einem berühmten Vergleich, der noch die Aristoteles-Rezeption der Scholastik prägen wird, die Poesie für philosophischer als die Historie, weil die Wahrscheinlichkeit des (poetisch) Allgemeinen mehr gilt als die Wahrheit des (historisch) Besonderen.

Ciceros Definition der Historia als „narratio vel expositio rerum gestarum"; die Einbindung der Historia in die Rhetorik wird bis in die Neuzeit verbindlich bleiben.³

Daß bei der Verwendung des Wortes „Historia" ursprünglich nicht etwa ein bestimmter Gegenstandsbereich, sondern eine Wissensart den Ausschlag gegeben hat, zeigt die Tatsache, daß das in solchem Wissen Gewußte nicht nur das umfaßte, was man heute Geschichte nennt, sondern auch das naturkundliche Wissen von Pflanzen, Tieren, Meeren usw., also die *historia naturalis*, wie sie von Aristoteles bis zu Plinius d. Ä. bezeugt ist. Demzufolge war Historia anfangs neutral gegen jeden Inhalt, aber auch gegen dessen Zeitindex. Zum Feld der Historie gehörten nicht nur die menschlichen Handlungen (res gestae), sondern generell alle *res visae*. Ferner ist nicht nur das, was *war*, Gegenstand der Historia, sondern überhaupt *alles, was es gibt*. Entscheidend war, daß es sich dabei um ein Wissen aus eigener Wahrnehmung handelte oder um ein solches, das zumindest indirekt auf Augenschein zurückging, eine Welterkenntnis also, die im Gegensatz stand zu der eigentlichen Wissenschaft (ἐπιστήμη), welche vorbildlich durch Mathematik repräsentiert wurde, d.h. durch ein Wissen, welches abgeleitet und bewiesen war aus allgemeinen Gründen. Wo sich der Ausdruck auf den ausgezeichneten Bereich der Geschicke von Menschen und Völkern bezog, von den Lateinern später „res gestae" genannt, blieb er meist auf politisch-militärische Taten beschränkt. Da sich die Lebensbedingungen in der Antike nach den frühen, prägenden, aber historisch wenig bedeutsamen Zeiten relativ wenig gewandelt haben, gab es auch kaum tiefere Veränderungsprozesse jenseits des politisch-militärischen Bühnengeschehens, die größere Teile der Menschheit unabhängig von ihrer politischen Gliederung zum Thema oder Träger einer Geschichte hätten werden lassen können. Die Historia der *res gestae* konzentrierte sich also inhaltlich auf die politische Ereignisgeschichte und war in der Regel Zeitgeschichtsschreibung, also Chronik. Außerdem wurde das Wort meist im Plural gebraucht, bezog sich demnach auf einzelne Abläufe, auf Segmente, nicht aufs Ganze. Von einem Begreifen von Geschichte kann darum kaum die Rede sein, weil eben noch nicht die Einheit der Geschichte in den Blick geraten war, sondern immer nur die Einheit eines Stücks Geschichte, welches durch Historia nachvollzogen wurde.⁴

---

³ Die antike Rhetorik kannte „historia" nur als eine von drei Unterarten der „narratio", also desjenigen Teils der öffentlichen Rede, dem die Darlegung des verhandelten Sachverhalts oblag. Da es der Rhetor in der Regel mit menschlichen Handlungen, also zeitlich ausgedehnten Gegenständen zu tun hatte, konnte man wie selbstverständlich davon ausgehen, daß die sprachliche Abbildung dieser Sachverhalte die Form des Erzählens haben müsse, dem auf der Objektseite das Phänomen der „res gesta" korrespondiert. Die rhetorische Historia-Definition der Antike versteht sich also nur aus der vorausgesetzten Situation des Redners. Sie beabsichtigt nicht eigentlich eine Definition der Geschichtsschreibung, sondern bedient sich ihres Namens zu eigenen Zwecken. „Eine Abgrenzung der Redeform »narratio« gegen andere Formen der Wirklichkeitsbeschreibung, etwa philosophische, findet sich zwar gelegentlich angedeutet, lag aber im Grunde ebenso weit außerhalb des Interessehorizontes der Rhetorik, wie auf der anderen Seite die Ausgrenzung der Objektklasse »res gestae« aus dem Gesamtfeld der »res«. So hätte man allen Anlaß, über eine so mangelhafte Definition kurz hinwegzugehen, wenn es nicht zum Unglück die einzige wäre, die die Antike dem Mittelalter mit ihrer ganzen Autorität überlassen hat." (SEIFERT 1977, 231).

⁴ Vgl. MEIER 1975, 603.

Die Beschränkung der Historia auf Partikulargeschichten, die sich neben- und nacheinander vor dem Hintergrund der Welt-als-Natur abspielen, wurde erstmals aufgebrochen durch das Aufkommen des Christentums, welches in Fortschreibung des biblischen Geschichtsverständnisses die ganze irdische Geschichte als einheitlich und sinnvoll, wenngleich endlich unterstellen konnte, da sie als von Gott gelenkt galt. Damit konnte sich auch ein gewisser Fortschrittsglaube entwickeln, also die Annahme einer umfassenden Veränderung der irdischen Verhältnisse zum Guten. Außerdem konnte der Gesamtverlauf der Geschichte zwischen Schöpfung und Jüngstem Gericht als sinnvoll gelten; Unsinn und Sinnlosigkeit im Detail ließ sich durch die Ökonomie des Ganzen rechtfertigen. Aus dieser ersten Gesamtgeschichtsdeutung, die sich indes zunächst nur in eine theologische Geschichtsschreibung, die Kirchengeschichte, umsetzte, sollte auf Dauer ein neues Potential der Sinnvermutung in bezug auf die geschichtliche Wirklichkeit überhaupt resultieren und damit auch ein völlig neuartiges, eben das neuzeitliche Geschichtsbewußtsein.[5] Der mittelalterliche Gelehrte Joachim von Fiore spielte dabei eine entscheidende Vorreiterrolle, insofern er spätere Einsichten Hegels in die eine, epochal gegliederte Fortschrittsgeschichte, die für das neuzeitliche Selbstverständnis von so entscheidender Bedeutung sein sollte, vorwegzunehmen wußte.[6] Gleichwohl brauchte es noch Jahrhunderte, bis diese von der christlichen Glaubensbotschaft provozierten Sinnerwartungen gegenüber der Geschichte als ganzer freigesetzt, d.h. über den theologischen Rahmen hinaus in geschichtsphilosophische Theorie und in eine Gesamtdeutung der Wirklichkeit umgesetzt wurden. Erst im Verlauf dieses Vorgangs, der sogenannten Säkularisierung der Geschichtstheologie zur modernen Geschichtsphilosophie, wurde dann auch die antike, selbst im theologischen Kontext immer noch leitende Interpretation der Welt-als-Natur durch die Neudeutung der Welt-als-Geschichte abgelöst sowie das Korsett der rhetorischen Definition der Historia abgestreift.

Als ἱστορία im Zusammenhang des großen Prozesses der Ablehnung und Übernahme griechischen Denkens als Fremdwort in die lateinische Sprache eindrang, nahm es sein Bedeutungsspektrum unverändert mit, doch schliff sich die ursprüngliche Weite des Begriffs im Laufe der Zeit langsam ab: Unter Historia verstand man jetzt – im Mittelalter – die Erkenntnisweise vorrangig des *Vergangenen,* insbesondere der vergangenen *res gestae*, wobei an die Stelle der Augenzeugenschaft längst die mündliche Überlieferung und die Niederschrift der Vorfahren getreten war.[7] Es entschwindet also der Zuständigkeit der Historia tendenziell all das, was gegenwärtig und damit wahrnehmbar ist. Damit aber gleitet Historia fast unmerklich über von der Eigen- zur Fremderfahrung. Denn nicht mehr durch Augenschein, sondern durch Hörensagen, sprich durch schon geschriebene Historien und andere

---

[5] Vgl. MEIER 1975, 608-610.

[6] Vgl. LUBAC 1979.

[7] Bei Konrad von Hirsau ist Historia noch strikt auf Augenzeugenschaft verpflichtet: „historia est res visa, res gesta; historia enim grece latine visio dicitur, unde historiografus rei vise scriptor dicitur." (KONRAD von Hirsau, Dialogus super auctores, 17). Bei Isidor von Sevilla (ca. 560-633) hingegen ist historia ganz allgemein die Erkenntnisweise alles Vergangenen: „historia est narratio rei gestae (...) per quam ea, quae in praeterito facta sunt, dinoscuntur." (ISIDOR von Sevilla, Etymologiae 1, 41, 1).

Quellen speist sich ja nun das als Historia bezeichnete Wissen.[8] Anders gesagt: Historia ist jetzt weniger das Wissen des Rhetors als eines Zeitzeugen und Historien*verfassers*, als vielmehr das Wissen des nachgeborenen Nutznießers historiographischer Texte. Zukunftsweisend an dieser Entwicklung war, daß sich hier erstmals die Perspektive des Historien*lesers* Gehör verschaffte, der für alles Nichterlebte und Vorvergangene auf Informationsquellen angewiesen war und darum aus der Summe der ihm verfügbaren Wissensformen der Historia die Kompetenz speziell für die geschichtliche Vergangenheit, für die *absentia*, zuzuweisen bestrebt war. Sie soll jenen Teil der Gesamtinformation liefern, der durch die zentraleren Erkenntnisquellen Eigenwahrnehmung (*visio*) und Einsicht (*ratio*) nicht beigebracht werden kann. Es handelt sich hier also um eine wissenschaftstheoretisch durchaus überzeugende Weiterentwicklung und Schwerpunktverschiebung des antiken Ansatzes.[9] Doch bleibt sie leider unvollständig, weil sie den erkenntnistheoretischen Sprengstoff, der im Übergang von der Eigen- zur Fremderfahrung liegt, nicht zündet.

An sich hätte nämlich an dieser Stelle die ganze, später so virulent werdende Problematik der Glaubwürdigkeit historischer Quellen und ihrer Handhabung aufbrechen können. Denn der Blick rückte ja ab vom Historiographen hin zu den Fragen und Bedenken des Historienlesers, der in seinem Wissen um die Vergangenheit auf Gedeih und Verderb auf schon geschriebene Historien und andere historische Quellen angewiesen ist und wissen möchte, wie er mit ihnen und ihren Wahrheitsansprüchen umzugehen hat. Daß aber diese Problematik, hinter der sich letztendlich die (gegenwärtig viel diskutierte) Spannung von Geschichts*forschung* und Geschichts*schreibung* verbirgt,[10] damals so gut wie nicht ins Bewußtsein getreten ist, hat wohl vor allem zwei Gründe:

Es liegt zum einen daran, daß die mittelalterlichen Autoren in dem Übergang von der eigenen zur fremden Erfahrung keinen Schritt von erkenntnistheoretischer Tragweite zu

---

[8] Vgl. ENGELS 1975, 611.

[9] Es war Augustinus, der die Historia zum erstenmal als *Zeugnisnachricht*, die durch eigene Wahrnehmung und eigene Vernunfteinsicht nicht ersetzt werden kann, in den Blick nahm und ihr damit überhaupt erst erkenntnistheoretische Dignität angedeihen ließ. Natürlich war Augustinus aus einem theologischen Impuls heraus an der Dreigliederung der Erkenntnisquellen interessiert: Denn wenn zu *intellectus* und *sensus* die Historia als dritte legitime Erkenntnisquelle hinzutritt, darf sich zum Einsehen und Wahrnehmen getrost auch der Glaube hinzugesellen als dritter Erkenntnisweg. Wo Glauben sich trotz aller geistiger Anstrengung nicht in Einsicht überführen läßt und auch nicht eigensinnig verifiziert werden kann, gibt es nun immer noch die Historia, die von der *ratio* zwar auf ihre Glaubwürdigkeit überprüft, niemals aber gesehen oder eingesehen werden kann. Damit meint Augustinus die Situation des Christen charakterisiert zu haben, dem zur Ergänzung seiner natürlichen Erkenntnismittel die Historia gegeben ist.

[10] Während bis zur Neuzeit der Forschungsbezug der Geschichtsschreibung unterentwickelt geblieben war, hat sich das Verhältnis heute freilich ins Gegenteil verkehrt. Einer unüberschaubaren Fülle von Forschungsergebnissen steht eine wesentlich schwächer ausgebaute und verunsicherte Geschichtsschreibung gegenüber, als ob die Frage, wie historisches Detailwissen dargestellt, d.h. zu Zwecken der praktischen Lebensorientierung aufbereitet werden kann, kein wesentlicher Bestandteil der Geschichtswissenschaft mehr wäre. Dabei ist der Bedeutungsgehalt historischer Aussagen nicht weniger zentral als ihr Tatsachengehalt. Die Historie darf sich gerade nicht aufs (Gewesen-)Sein beschränken, sondern muß auf das (Lebens-)Bedeutsame abzielen, wie z.B. Nietzsche anmahnte.

sehen vermochten, ja ihn sogar terminologisch bagatellisierten: Das Hörensagen stand ihnen als „auditus" zwar minderrangig, aber unentbehrlich neben dem „visus", so als ob es sich dabei nicht um eine wesensmäßig andere, sondern nur um eine geringfügig weniger zuverlässige Art eigener Sinneswahrnehmung handelte.

Zum anderen war es die alte, im Horizont der Rhetorik aufgestellte Definition der Historia, welche die aus heutiger Perspektive schon zum Greifen nahe Diskussion von Forschungsmethoden niederhielt. Denn sie blieb – weil ihr Gegensatz zu den neu hinzugewonnenen Erkenntnissen über das (retrospektive) Wesen der Historia nicht schroff genug empfunden wurde – bis ins 18. Jahrhundert ohne Abstriche maßgebend. Ursprünglich, von der Etymologie wie vom Verständnisansatz der Rhetorik aus, war Historia ja, wie schon gesehen, Zeitgeschichtsschreibung, also Chronik gewesen und der Autopsie verpflichtet; sie war mit anderen Worten ganz aus der Perspektive des Rhetors als eines Zeitzeugen, Historien*autors* und -*darstellers* konzipiert. Und dieser ist naturgemäß an Fragen der Produktionslogik viel mehr interessiert als an den Problemen der Rezeptionslogik. Wie interessant auch immer die ursprünglich rhetorische Konzeption der Historia aus heutiger Sicht zu sein scheint, weil sie die Historie nicht vorab schon auf das vergangene, zum Gegenstand gewordene Geschehen festlegt, so unfruchtbar erwies sie sich doch gerade in diesem Punkt. Sie trägt ganz wesentlich die Verantwortung dafür, daß unter Historikern bis in die Neuzeit hinein mehr über Fragen des angemessenen Schreibstils, des würdigen Gegenstandes und der eigenen Aufrichtigkeit diskutiert wurde als über die Methodenproblematik der historiographischen Wahrheitsfindung, d.h. die Glaubwürdigkeit von „historiae" als Quellen. So erklärt es sich, daß bis zur Neuzeit die Historiographen, wo sie sich auf Quellen, d.h. schon geschriebene Historien, stützten, deren Wahrheit sie schlecht kontrollieren konnten, glaubten, diese auch nicht verantworten zu müssen.

> „Der Historiograph hatte für seine eigene Wahrhaftigkeit einzustehen, mehr verlangte ihm die rhetorische Theorie nicht ab; die Wahrheit der historiographischen »narratio« war sozusagen diejenige der »Darstellung«, nicht die der »Quelle«."[11]

Weil innerhalb der Historie über Jahrhunderte hinweg vorrangig aus der Perspektive der *historia scribenda* gedacht und das Autopsieprinzip hochgehalten wurde, obwohl es de facto längst schon durchbrochen war, kommt es erst relativ spät zu zentralen Einsichten in die formale Natur der Historie und damit zur Entwicklung einer schlüssigen Theorie der Geschichtswissenschaft. Im Grunde setzt sich erst im Laufe des 19. Jahrhunderts auf breiter Front die Einsicht durch: Die Historie bietet nicht die Gegenwart der Vergangenheit, wie sie *augenscheinlich*, *an sich* oder *eigentlich* war. In dieser Bedeutung ist die Geschichte vergangen und für uns unwiederbringlich verloren. Vergangenes Geschehen ist im Rahmen der Historia in anderer Form gegenwärtig: Was die Historia als Geschichte darbietet, ist die jeweils *gegenwärtige,* d.h. situationsbedingte, symbolisch vermittelte *Rekonstruktion* vergangenen Geschehens.

Daß noch gegen Ende des 18. Jahrhunderts beispielsweise Kant zwischen historischer und rationaler Erkenntnisweise unterscheiden und dabei „historisch" gegenstandsneutral im

---

[11] SEIFERT 1977, 240.

Sinne von „empirisch" verwenden konnte, zeigt, wie sehr sich die ursprüngliche, im Horizont der Rhetorik geprägte und auf Autopsie verpflichtete Gebrauchsweise des Wortes durchgehalten hatte.[12] Es geht daraus aber auch hervor, daß der Stellenwert der Historie im Gesamt des Wissenschaftsgebäudes seit den Tagen des Aristoteles bis ins 18. Jahrhundert unverändert gering geblieben war: Die Historie ist nur eine propädeutische Wissenschaft von minderer Wissenschaftlichkeit. Sie liefert einen Grundbestand an Welterkenntnis verschiedenster Art, ein Vorwissen, das es als empirische Voraussetzung allerdings braucht, um mit der Wissenschaft beginnen zu können.[13] Noch der Historiker Jacob Burckhardt nimmt Zuflucht bei dieser propädeutischen Funktion der Historie, obgleich er doch eigentlich einer Zeit angehört, in der sich die Geschichtswissenschaft längst emanzipiert hatte, zu einer Zentralwissenschaft geworden war und – seit Droysen – sogar über eine passable Geschichtstheorie verfügte. In Anbetracht von Nietzsches Frontalangriff auf die lebensfeindliche Faktenhuberei der Geschichtswissenschaft seiner Zeit, aber auch in Erinnerung an die Selbstüberschätzung der idealistischen Geschichtsphilosophie, die ihren Zenit zu dieser Zeit bereits wieder überschritten hatte, geht Burckhardt in Deckung, indem er sich auf das uralte Selbstverständnis der Historiker zurückzieht:

> „… ich habe die Geschichte nie um dessentwillen gelehrt was man pathetisch unter Weltgeschichte versteht, sondern wesentlich als propädeutisches Fach: ich mußte den Leuten dasjenige Gerüste beibringen das sie für ihre weitern Studien jeder Art nicht entbehren können, wenn nicht Alles in der Luft hängen soll."[14]

Über Jahrhunderte hinweg blieb also die Geschichtswissenschaft nachweislich in den Nebengleisen, die ihr am Beginn der abendländischen Wissenschaftstheorie zugewiesen worden waren. Einige wesentliche Neuerungen, deren volle Bedeutung indes erst sehr viel später zum Tragen kam, hatte allerdings die christliche Geschichtstheologie in das Verstehen von Geschichte einzutragen vermocht. Grundlegende Umgestaltungen konnten auch Humanismus und Renaissance nicht beibringen: Das Neue, was die frühe Neuzeit von der Geschichtsschreibung anderer Zeiten unterscheidet, liegt vor allem auf dem Gebiet des Epochenbewußtseins und damit auch der Abgrenzung und Qualifizierung einzelner Phasen innerhalb des Geschichtsverlaufs. Das Bewußtsein, eine Epochenschwelle überschritten zu haben, schärfte zunächst die Fähigkeit des zeitlichen Distanzierens, führte so aber auch zu einer perspektivischen Ansicht der Vergangenheit. So wurde in leidenschaftlich vorangetriebener, vermeintlicher Rekonstruktion die Antike als in sich geschlossene Welt nachgerade erst produziert, zu der sich dann die eigene Welt vergleichend in Beziehung setzen ließ. Diese „Antike" in ihrem zeitlichen Verlauf zu sehen, ihre Beispiele, Erfahrungen und Institutionen in oder gegen die eigene Zeit zu setzen und von daher deren Gestaltung zu

---

[12] Vgl. dazu auch SEIFERT 1976.

[13] Geschichte ist also eine „Vorstufe von Wissenschaft, die dem Habitus der Sinnlichkeit und der logischen Partikularität verhaftet, der intellektuellen Prinzipieneinsicht als Fundament zugrunde liegt" (SEIFERT 1977, 284).

[14] BURCKHARDT, An Friedrich Nietzsche (Brief 627 vom 25.2.1874). In: BURCKHARDT 1949 ff., Bd. 5 (1963), 222-223.

planen, bestimmte vorrangig das historische Denken der Neuzeit. Das Lernenwollen aus den Exempeln geschichtlicher Vergangenheit für die insbesondere politischen Aufgaben der Gegenwart stellte freilich nichts grundlegend Neues dar, es bestätigte nur die Gültigkeit der immer schon befolgten und von Cicero erstmals formulierten Maxime „historia (...) magistra vitae"[15]. Allerdings schufen Humanismus und Renaissance, antikem Denken darin so fern wie irgend möglich, aus faktischer Vergangenheit ein Ideal, das sie von ihrer Epoche vermeintlicher Erneuerung des Ideals abhoben durch eine dunkle Zwischenzeit (Mittelalter), die jetzt endlich hinter sich gebracht werden sollte. In diesem polemischen, parteilichen Sinne, wonach innerhalb der Geschichte helle gegen dunkle Zeiten ausgespielt wurden, scheint wohl auch erstmals außertheologisch von *der* Geschichte, d.h. von der Geschichte im Ganzen gesprochen worden zu sein.[16] Die aus theologischem Antrieb der Geschichte vorrangig durch Augustinus zugemutete Kontinuität und Universalität und der dem Gesamtverlauf der Geschichte theologisch unterstellte Sinn waren damit freilich erst einmal wieder verloren, so daß mittelfristig die Theodizeefrage aufbrechen mußte. Die Marginalisierung des universalen Geschichtsbildes theologischer Provenienz hatte aber auch ein nachhaltiges Ergebnis: Sie begründete nämlich die philologisch-historischen Wissenschaften und eine Zeit ausgedehntester historischer Forschungen, deren Ertrag freilich noch nicht das war, was später „die Geschichte" heißen wird. Das gesteigerte Bewußtsein zeitlicher Distanz und Relation ließ nur tastende Identifikations- und Vermittlungsversuche mit vergangenen Zeiten zu, so beispielsweise in den Stadtgeschichten der Bürgerhumanisten. Die Produktivität floß also vorrangig in die Geschichts*forschung* und in die Zeichnung des vergangenen individuellen Details, in dem man sich spiegeln konnte, und noch nicht in die großen, alles umgreifenden Geschichts*darstellungen*, eine Tendenz, die sich auch in dem Bestreben äußerte, möglichst vollständige Sammlungen von Staats- und Privataltertümern, von Überresten, Kunstschätzen und Quellen anzulegen.[17]

Was den Wandel des physikalischen Weltbildes im Laufe des 17. Jahrhunderts betrifft, gemeint sind die Neuerungen im Verständnis der Begriffe Materie, Bewegung, Zeit und Unendlichkeit und die Versuche einer generellen Verzeitlichung und Dynamisierung der Weltansicht, so haben diese Entwicklungen das Geschichtsverständnis jener Epoche eher irritiert als entwickelt. Typisch dafür ist die polemische Abwertung der Historia gegenüber der produktiven *scientia*. Die Geschichte kann als Wissenschaft im cartesischen Sinn schlechtweg nicht behandelt werden. Gleichwohl vermochte man sich der normativen Vorgabe des Begriffs der *scientia* nicht einfach zu entziehen. Darum auch verfaßte Vico (1725) statt einer Theorie der Geschichte eine *Scientia nuova*.[18]

Die wesentlichen Bedeutungs- und Verwendungshorizonte, innerhalb deren sich das Wort „Historie" bei allen Veränderungen im Detail durch Jahrhunderte erstaunlich dauer-

---

[15] CICERO, De oratore II, c. 9, 36 (1990, 245): „Historia vero testis temporum, lux veritatis, vita memoriae, magistra vitae, nuntia vetustatis, qua voce alia nisi oratoris immortalatati commendatur?"

[16] Vgl. GÜNTHER 1975, 626-628.

[17] Zum Geschichtsbewußtsein der Renaissance vgl. GÜNTHER 1975, 629 ff.

[18] Vgl. GÜNTHER 1975, 635-640.

haft gehalten hat, sind jetzt abgesteckt und damit auch der wissenschaftliche Rahmen, worin sich die Praxis der Geschichtsschreibung bewegte. Selbst die wissenschaftlichen Umwälzungen der Neuzeit führten zu keinen prinzipiellen Umgestaltungen. Erst im Laufe des 18. Jahrhunderts kommt es zu einschneidenden Neuerungen, die jedoch weniger durch das Wort „Historie", als vielmehr durch den Bedeutungswandel des deutschen Wortes „Geschichte" möglich wurden und in deren Folge es rasch zur Herausbildung des modernen Geschichtsverständnisses kommt, das sich freilich, indem es sich in der spekulativen Geschichtsphilosophie zu höchsten theoretischen Ansprüchen aufschwingt, sogleich in die Krise stürzt.

2 Geschichte – Geschehnis und Geschehenszusammenhang

Nachdem im 13. Jahrhundert das lateinische *historia* zu „Historie" (Historje) eingedeutscht worden war, so zuerst im »Tristan« von Gottfried von Straßburg,[19] mußte das Wort zwangsläufig den Wettbewerb aufnehmen mit dem deutschen Wort „Geschichte" und dessen Bedeutungsgehalt. Doch behielt es zunächst seine vom Wort „Geschichte" klar unterscheidbare Bedeutung. Dieses war nämlich anfangs ein reiner Gegenstandsbegriff, der allein das geschichtliche Ereignis meinte, wohingegen Historie ja primär eine Wissensart war, nämlich die Kunde und Erzählung bzw. die Wissenschaft von den Ereignissen und Ereigniszusammenhängen. Zunächst finden sich also beide Worte streng geschieden nebeneinander: Geschichte war das Ereignis und Historie war das Wissen davon. In der Folge wurden die zwei Worte von verschiedener Herkunft natürlich auch durcheinander gebraucht; auch konnten sie einander stellvertreten, Geschichte konnte also *Erzählung* bedeuten und ferner auch einen Geschehens*zusammenhang* meinen. Auf diese Weise eigneten sich beide Ausdrücke allmählich den Bedeutungsgehalt des jeweils anderen als Sekundärbedeutung an. Im 18. Jahrhundert kann dann auf einmal das Wort „Geschichte" sogar Name einer Wissenschaft sein.

Daß beim griechischen Wort ἱστορία auch der Erkenntnisgegenstand – das Geschehen – mit zum Begriffsinhalt gehörte, das Wort also auch als Gegenstandsbegriff Verwendung finden konnte, zeigte sich schon in der Antike, erstmals bei Polybios.[20] Historia war also nicht ausschließlich nur das Wissen bzw. die wahrheitsgetreue Erzählung von Taten, sondern mit Historia konnten auch die Taten selbst bezeichnet werden: „historia est res visa, res gesta".[21] Doch blieb dieser sekundäre Wortsinn immer nachgeordnet und abhängig vom primären: Weil Historie der Sammelbegriff war für alles, was die historische und das heißt narrative Literatur enthielt, also die Summe des Überlieferten, konnte das Wort in Übertragung eben auch das in diesem Wissen Gewußte, also die Summe der Geschehnisse sowie das Geschehnis selbst bezeichnen.

---

[19] Vgl. RUPP/KÖHLER 1951, 631 f.

[20] POLYBIOS, Historiae, Buch I, 3, 4; ebenso Buch VI, 58, 1; Buch VIII, 2 (4), 11; Buch XII, 25a, 3 (vgl. auch MEIER 1975, 599).

[21] KONRAD von Hirsau, Diaologus super auctores, 17; vgl. ENGELS 1975, 610 f.

Beim deutschen Wort „Geschichte" war dies freilich ganz anders. Als Femininbildung zu „geschehen" („plötzlich sich ereignen") war Geschichte im Althochdeutschen zunächst eindeutig und ausschließlich Gegenstandsbegriff. Geschichte war das momentane zufällige Ereignis. Bezeichnend ist, daß fast immer ganz konkrete, meist kurz vorhergegangene und scharf begrenzte Ereignisse gemeint waren – lateinische Äquivalente dazu waren *eventus* bzw. *casus*. Nirgends ist eine zusammenhängende Kette oder eine Summe von Geschehnissen gemeint, also eine Geschichte im heutigen Sinn. Erst im 16. Jahrhundert bezeichnet das Wort einen vereinzelten, regionalen oder auch umfassenderen Zusammenhang von Geschehnissen. Es fällt auch auf, daß das Wort zumeist das zufällige, blinde Geschehen meint, das dem sinnvollen Geschehen (in Gestalt der *ratio divina*) entgegensteht.

> „*Geschichte*, ahd. *diu giskiht*, ist eine Femininbildung aus dem starken Verbum *giskehan*, *geschehen*. In Glossen des 8. und 9. Jahrhunderts ist dieses *giskiht* zum erstenmal belegt, erwartungsgemäß nicht als Übersetzung für *historia*, *res gestae*, oder *acta annales*, sondern für *casus*, das Wort *anasciht* für *eventus*. Der Wortinhalt faßt so das momentane, zufällige Ereignis, den Ausgang irgendeines Geschehens. Und dieses Zufällige, Momentane haftet dem Wort auch in seiner weiteren Geschichte an."[22]

Die Herkunft von „Geschichte" weist also auf ein anderes Verhältnis zum Geschehen als die Herkunft von „Historia" und seinen Ableitungen. Wer im Althochdeutschen „Geschichte" sagte, wollte zum Ausdruck bringen, wie sich, wohl durch höhere, uneinsichtige Schickung, plötzlich etwas ereignet hatte, was von den Betroffenen mehr erlitten, denn selber in die Wege geleitet wurde. Erst für das Mittelhochdeutsche sind aktive Wortbedeutungen belegt. Geschichte kann dort neben Ereignis, Zufall und Hergang auch *Tat* und *Werk* meinen, besonders bekannt durch die Übersetzung der *Acta Apostolorum* mit „geschichte der apostel". Das Wort zieht mit diesem Bedeutungszuwachs dem lateinischen *res gestae* gleich.

> „Nicht der Gedanke an das Erforschen, Erkunden ist hier der Ausgangspunkt, sondern der an das Geschehen. Bei *historia* steht der Mensch als ein mehr oder weniger unabhängiger dem Geschehen objektiv gegenüber, bei *Geschichte* erleidet er das Geschehen als undurchsichtiges, zufälliges Spiel ihm unbekannter und unbegreiflicher Mächte."[23]

Diese Abstammung und die darin aufgehobene Weise des menschlichen Stehens bezüglich der Geschichte wird das Wort in seiner weiteren Entwicklung nie ganz vergessen. Dennoch gelingt es im 11. Jahrhundert Notker dem Deutschen († 1022), aus theologischer Motivation und im geschichtstheologischen Kontext eine entscheidende Bedeutungsverschiebung herbeizuführen. Für den Glaubenden ist, was ihm zunächst als rein zufälliges und unbegreifliches Ereignis zu widerfahren scheint, rückgebunden an einen Sinnzusammenhang, der, obgleich nur selten unmittelbar einsichtig, wiewohl göttlich verbürgt ist. Daher löst Notker nur folgerichtig *geskiht* aus dem Wortfeld von *casus* und *eventus* heraus und bezeichnet als *geskiht* fortan die Geschehnisse der Welt, insofern sie unter der *providentia Dei* stehen, also nach Notkers Ansicht gerade nicht zufällig sind, sondern im Gegenteil einem Sinnzusam-

---

[22] RUPP/KÖHLER 1951, 629.
[23] RUPP/KÖHLER 1951, 634.

menhang zugehören. Erstmalig meint hier das deutsche Wort „Geschichte" „das Weltgeschehen" oder sagen wir vorsichtiger: „die Weltgeschichten", also Ereigniszusammenhänge, abgesetzt vom Zufall und gestellt unter eine sinnstiftende Ordnung.[24] Damit sind im Prinzip die Voraussetzungen in der Begriffsgeschichte des Wortes „Geschichte" geschaffen, die eine spätere Säkularisierung dieser Geschichtstheologie haben möglich werden lassen. Gemeint ist, daß zu einem späteren Zeitpunkt, nämlich in der Geschichtsphilosophie der Aufklärung, die bei Notker noch göttlich verbürgte Sinnordnung der Geschichte *dieser selbst zugesprochen* werden wird, insofern die Geschichte die Sinnordnung – bei richtiger Beleuchtung – durch ihren Gang ja auch selbsttätig zu verwirklichen scheint, und zwar ohne Rekurs auf göttliche Vorsehung und Garantieleistung. Doch die neue Bedeutungsfähigkeit, die das Wort „Geschichte" bei Notker hinzugewonnen hat, und das darin enthaltene Sinnpotential blieben noch lange Zeit unentfaltet und verdeckt von anderen Inhalten, die unter dem Namen „Geschichte" abgehandelt wurden.

„Ein entscheidender Schritt in der Geschichte des Wortes *geskiht*, aber er gehört nur Notker an, wie so vieles andere. (...) Jahrhunderte später erringt man sich wieder, was Notker bereits besessen hatte."[25]

3 Wechselseitige Kontamination von Historie und Geschichte zugunsten der Geschichte

Ausgehend von diesem Befund aus dem 12. Jahrhundert läßt sich nun die Genese des modernen Geschichtsverständnisses anhand der weiteren Begriffsentwicklung von *geschicht* und *historje* leicht aufzeigen. In Fortführung alter Wortbedeutungen durchdringen sich allmählich, wie schon erwähnt, die Begriffe *Geschichte* als Ereignis(-zusammenhang) und *Historie* als Geschichtserzählung bzw. Geschichtswissenschaft wechselseitig, ein Vorgang, den Koselleck als „Kontamination von Historie und Geschichte"[26] bezeichnet. Der eine Ausdruck nimmt im Laufe der Jahrhunderte die Bedeutungen des jeweils anderen an. *Historia* konnte, wie gesagt, schon seit langem auch die Ereignisseite meinen. Für das Wort „Geschichte" läßt sich nachweisen, daß bereits Luther es in zweierlei Sinn verwendete: Geschichte als Begebenheit und als Erzählung.[27] Gleichwohl können noch bis ins 18. Jahrhundert hinein der »objektive« Ereignis- und Handlungsbereich und die »subjektive« Kenntnis, Erzählung oder Wissenschaft davon auch mit getrennter Terminologie erfaßt werden: »Historie ist die Wissenschaft der Geschichte bzw. Geschichten«, heißt es noch 1705 in der Vorrede zu einem geographischen Lexikon.[28] Folglich haben beide Begriffe ihre Ursprungsbedeutungen bis zu diesem Zeitpunkt behaupten können, denn sie werden hier offensichtlich noch nicht als Synonyme empfunden.

---

[24] NOTKER der Deutsche, Werke, 33.
[25] RUPP/KÖHLER 1951, 634.
[26] KOSELLECK 1975, 653; vgl. ebd. 653-658.
[27] Vgl. KOSELLECK 1975, 655.
[28] Vgl. KOSELLECK 1975, 654.

Es zeigt sich dann jedoch recht bald, daß das Wort „Geschichte" durch die lange Auseinandersetzung mit Historie mehr von der älteren Schwester Historie profitiert hat als umgekehrt. Denn als im weiteren Verlauf des 18. Jahrhunderts die Bedeutungsgehalte beider Worte nun endgültig fusionieren, geht das Wort „Geschichte", das ja ursprünglich reiner Gegenstandsbegriff gewesen war, als Gewinner aus dem Wettlauf hervor. Nachdem es nämlich die im hegelschen Sprachgebrauch „subjektive" Bedeutung (Geschichte als Erzählung, als gewußtes Geschehen, als Wissenschaft), die anfangs dem Wort Historie vorbehalten gewesen war, und die dazugehörige Denkform Historia zur Gänze in sich aufgesogen hatte, verdrängte es das (lateinisch-französische) Wort „Historie", welches „Geschichte" so nachhaltig beeinflußt hatte, fast vollständig aus der deutschen Wissenschaftssprache, nicht zuletzt durch die Arbeit der Sprachreiniger jener Zeit. Es war also nicht der Ausdruck „Historie", sondern „Geschichte", der beide Bedeutungsfelder – nämlich die Ereigniszusammenhänge und die Kenntnishabe bzw. die wissenschaftliche Ausarbeitung derselben – am erfolgreichsten ineinanderblendete, und zwar so sehr, daß seither aus dem bloßen Vorkommen des Wortes „Geschichte" nicht mehr abgeleitet werden kann, ob die Betonung auf dem erzählten Gegenstandsbereich oder auf der Darstellung bzw. dem Wissen davon liegt. Die drei Ebenen – der tatsächlich geschehene Sachverhalt, dessen Bewußtsein bzw. erzählerische Darstellung und die wissenschaftliche Bearbeitung beider – sind also gegen Ende des 18. Jahrhunderts als „Geschichte" auf einen einzigen gemeinsamen Begriff gebracht worden. Das Wort „Geschichte" kann seitdem neben seiner Ursprungsbedeutung *Ereignis(-zusammenhang)* nicht nur zusätzlich auch *Erzählung (Erzählzusammenhang)* meinen, sondern ist obendrein auch der Name einer *Wissenschaft*. Das Bedürfnis jener Zeit, für die *scientia nuova* endlich einen Namen zu haben, hat wohl dazu beigetragen.

Während Geschichte anfangs reiner Wirklichkeitsbegriff oder sagen wir unzweideutiger (insofern die Vergangenheit ja nur bedingt „Wirklichkeit" zu nennen ist) Gegenstandsbegriff gewesen war, findet sich die (wissenschaftliche) Reflexion auf diese Wirklichkeit jetzt mit in den Begriffsgehalt aufgenommen, was natürlich in der weiteren Entwicklung zu folgenreichen Ungenauigkeiten führen wird, insofern nämlich das tatsächlich Geschehene, also die „wirkliche" Geschichte begrifflich kaum noch vom gewußten Geschehen, also der als wirksam reflektierten, d.h. von der Gegenwart aus retrospektiv rekapitulierten Geschichte unterschieden werden kann. Für beide Ebenen kann ja jetzt dasselbe Wort „Geschichte" hergenommen werden; und wenn man „Geschichte" sagt, meint man offenbar die Synthese beider Ebenen. Dabei ist die entscheidende geschichtstheoretische Frage aber gerade, ob beide Ebenen, der Ereigniszusammenhang und der Erzählzusammenhang bzw. der Prozeß der Ereignisse und der Prozeß ihrer Bewußtmachung, welche das neue Wort „Geschichte" einfach konvergieren läßt, überhaupt deckungsgleich sind, und, wenn sie dies nicht ohne weiteres sind, wie sie gegebenenfalls zur Deckung gebracht werden können.

Aus der Mehrdeutigkeit des modernen Geschichtsbegriffs wird die idealistische Geschichtsphilosophie, die in diesen Jahrzehnten überhaupt erst entsteht, einen besonderen spekulativen Nutzen zu ziehen wissen. Ohne die in der Sprache selbst angelegte Möglichkeit, mit ein und demselben Wort „Geschichte" drei Sachverhalte gleichzeitig meinen und damit auch ineinanderblenden zu können – *die* vom Standpunkt der Gegenwart aus *reflek-*

tierten und interpretierten Geschehnisabläufe, mit wissenschaftlichem Anspruch (erzählerisch oder ggf. auch systematisch) *dargeboten, als tatsächlich* (und selbsttätig) *geschehene Geschichte* – hätte die Geschichtsphilosophie wohl niemals in der Weise erfolgreich sein können, wie sie es de facto gewesen ist. Denn die spekulative Geschichtsphilosophie lebt ja davon, daß sie die Differenz zwischen Interpretation (als gewußter Geschichte) und Gegenstand der Interpretation (als geschehener Geschichte) systematisch einziehen darf – wohl gemerkt: „systematisch einziehen", nicht „notorisch niederrennen" – also regelgeleitet und somit argumentativ nachvollziehbar.[29]

Das Kassieren dieser Grenze hat freilich, wo es um die Darstellung der Geschichte der Vernunft geht – und allein um diese Geschichte geht es letztlich der neuzeitlichen Geschichtsphilosophie, insofern sie die Weltgeschichte als eine Geschichte der Vernunft darzutun unternimmt –, seine Berechtigung. Im Falle der Geschichte der Vernunft, allerdings auch nur in diesem Fall, kann ja tatsächlich die faktische Entwicklungsgeschichte der Vernunft (als Sein/Gegenstand/wirkliche Geschichte) und die nachträglich reflektierte Geschichte der Vernunft (als Wissen/Interpretation/gewußte Geschichte) zur Deckung gebracht werden, insofern sich die Entwicklung der Vernunft als objektives Geschehen ja nicht in einem Seinsbereich gänzlich außerhalb der Reflexion und d.h. des Bewußtseins und seiner Gesetzmäßigkeiten vollzogen hat, sondern in einem Bereich, der immer schon der Reflexion und damit der Vernunft angehörte. Um diese Deckungsgleichheit überzeugend darlegen zu können, müssen natürlich alle jene Wirklichkeitsbereiche, in denen die Entwicklung und Durchsetzung der Vernunft durch die Jahrhunderte beispielhaft aufgezeigt werden soll, möglichst nach dem Muster der Reflexion und des Bewußtseins konzipiert werden. Das zeigt sich besonders in Fichtes Staats- und Rechtslehre und in Hegels Rechts- und Geschichtsphilosophie.

Mit andern Worten: Weil der Prozeß der Entfaltung und Durchsetzung der Vernunft im objektiven Bereich auf jeder Stufe seiner Entwicklung immer zugleich auch ein (subjektives) Sich-besser-Begreifen der Vernunft gewesen ist, läßt sich die Weltgeschichte, alias Geschichte der Vernunft, als eine systematische Selbstentfaltung menschlichen Wissens nach-denken, die schließlich – gemäß der spekulativen Konzeption eines absoluten Wissens – in die Identität von Objekt und Subjekt mündet bzw. zur Identität von geschehener und gewußter Geschichte der Vernunft führt. Letzter Dreh- und Angelpunkt dieser idealistischen Geschichtsphilosophie ist natürlich der Vernunftbegriff oder genauer: die Einheit der Vernunft. Sie ist zugleich Voraussetzung und Resultat der Geschichte: Sie gibt die Gesetzmäßigkeit ab, die, indem sie die Struktur der geschichtlichen Entwicklung vorzeichnet, auch als (Welt-)Geschichte erscheinen kann.

Was immer auch Geschichtsphilosophie nun im einzelnen als „wirkliche Geschichte" dargeboten hat, die Analyse der im modernen Geschichtsbegriff verwobenen Bedeutungsgehalte läßt nun je schon vermuten, daß es sich bei dem Dargebotenen um eine hochgradig reflektierte Wirklichkeit handelt, um eine Vergangenheit also, in die je schon die nachträgliche Reflexion auf sie mit eingegangen ist. Geschichte ist Reflexion der Gegenwart in be-

---

[29] Vgl. dazu MASUR 1929, 183-209, bes. 192 f.

zug auf vergangenes Geschehen und damit eine höchst voraussetzungsreiche Angelegenheit, das läßt sich fortan nicht mehr übersehen. Die Geschichtsphilosophie des Deutschen Idealismus war sich freilich dieses Sachverhaltes, nämlich der Vorgriffsproblematik, durchaus bewußt. Nur wer die Vernunft in Ansehung der Geschichte selbst mitbringt, wird auch sehen, daß es in der Geschichte vernünftig zugegangen ist, gibt beispielsweise Hegel gleich zu Beginn seiner Geschichtsphilosophie zu bedenken.[30] Daß aber nicht allein die Geschichtsphilosophie von Vorgriffen lebt, sondern zu einem nicht unerheblichen Teil auch die Historie, und zwar gerade da, wo sie sich als Historische Schule des 19. Jahrhunderts dezidiert von der Geschichtsphilosophie absetzte und beteuerte, nicht mehr zu konstruieren, sondern nur noch darzustellen, wie es wirklich gewesen ist, blieb zunächst verborgen.

Nach dem Zerbrechen der idealistischen Geschichtsphilosophie wurde energisch darauf hingewiesen, daß die im Wort „Geschichte" ineinander geblendeten Bedeutungsebenen – das vergangene Geschehen, das Wissen bzw. die Darstellung desselben und die Wissenschaft davon – fortwährend Mißverständnisse heraufführen. Insbesondere die Konvergenz von »Geschehen« und »reflektierter Darstellung des Geschehenen«, von Geschichte und Historie mußte als wissenschaftstheoretisches Ärgernis empfunden werden. Niebuhr[31] und nach ihm viele andere versuchten deshalb, die Bedeutungsgehalte zu entflechten und den Wortgebrauch wieder zu differenzieren. Die Vergeblichkeit dieser Bemühungen verweist jedoch darauf, daß „Geschichte" zu jener Zeit längst zu einem umfassenden, überwissenschaftlichen Begriff geworden war, zum Grundwort der sozialen und politischen Wirklichkeit, das sich der korrigierenden Einflußnahme der Wissenschaftler zu entziehen wußte.

Es hat daher noch Jahrzehnte gebraucht, bis die im Wort Geschichte konvergierenden Bedeutungsebenen wieder voneinander abgehoben, gegeneinander profiliert und in ihrem Zusammenspiel analysiert waren. Die sprachanalytisch geprägte, narrativistische Geschichtstheorie des späten 20. Jahrhunderts und insbesondere auch das sogenannte postmoderne Geschichtsdenken werden schließlich der nachidealistischen Geschichtstheorie vorzurechnen versuchen, in welchem Ausmaß auch sie von Vorgriffen lebt und obendrein von meist uneingestandenen. Was ihr »bloß sagen wollen, wie es eigentlich gewesen ist« darbiete, sei eine völlig vom Standpunkt und nach Interessen der jeweiligen Gegenwart *konstruierte* Vergangenheit, weswegen die nachidealistische Historie am Ende nicht wesentlich anders einzuschätzen sei als die spekulative Geschichtsphilosophie, deren konstruierende Denkart vermieden zu haben sie jedoch stets vermeinte.[32]

---

[30] HEGEL Bd 12, 20.

[31] NIEBUHR 1845, Bd. 1, 41. Vgl. KOSELLECK 1975, 658.

[32] So vor allem bei WHITE 1991. White lehnt es ab, die (spekulative) Geschichtsphilosophie und die (nachidealistische) Geschichtswissenschaft in der üblichen Weise gegenüberzustellen. Weil beide sich im Grunde allzu ähnlich seien, thematisiert er in seiner Studie Autoren aus beiden Disziplinen nebeneinander (s.u. *Zweiter Teil*, Kap. VI, 1.2).

4 Die Entstehung der Geschichtsphilosophie im 18. Jahrhundert

Kehren wir nach diesem Vorausblick auf die spekulative Geschichtsphilosophie und die in ihrem Geschichtsbegriff schon angelegten Folgeprobleme noch einmal zurück zur Begriffsgeschichte, um schrittweise zu verfolgen, wie durch die Kontamination der Worte *Historie* und *Geschichte* der Ausbau von Geschichte zu einem Reflexionsbegriff und in eins damit die Geschichtsphilosophie auf den Weg gebracht wird. Wo und wie ging die Annäherung der beiden Worte verschiedener Herkunft bei gleichzeitiger Abdrängung des Wortes Historie im einzelnen vonstatten? Sie vollzog sich in den zwei Anwendungsbereichen, in denen die Begriffe insbesondere beheimatet waren, also zum einen im literarisch-erzählenden Raum und wenig später auch im historiographisch-wissenschaftlichen Raum:

- *Im literarischen Raum*[33] verdrängt seit rund 1700 der Ausdruck „Geschichte" nachweislich die Überschrift „Roman", aber noch mehr „Historie" aus den Titeln deutscher Romane. Ein Trend steht dabei im Hintergrund: Man erwartet jetzt von einem guten Roman, daß er sich dem Postulat der geschichtlichen Tatsachentreue unterwirft. Es zieht also ein Stück historiographischen Ethos' in die Poetik ein. Die Romankunst wird zunehmend auf die geschichtliche Realität verpflichtet. Aus diesem Grund wechselten die Dichter rasch zur Überschrift „Geschichte", denn diese schien einen höheren Realitätsgehalt zu versprechen und war darum zugkräftiger. Während also das Wort „Geschichte" auf diese Weise den Touch des Wissenschaftlichen hinzugewann, konnte nun im Gegenzug der Titel „Historie" den Beigeschmack des bloß gut Erzählten haben, so wie ja noch heute das Wort als *Histörchen* in abschätziger und ironischer Weise in Gebrauch ist in bezug auf Geschichten, deren Unterhaltungswert groß, deren Wahrheitsgehalt jedoch gering ist. „Se non è vero, è ben trovato", sagt sinngemäß ein italienisches Sprichwort. Doch blieb das Wort „Historie" gegen diese Einfärbung durch Sinngehalte, die eigentlich zum Wort „Geschichte" (als Erzählung) gehörten, vergleichsweise immun.

- Mit etwas Verspätung vollzog sich auch *im historiographischen Raum*[34] eine Übertragung der Bedeutung von Historie auf Geschichte, gleichfalls unter Zurückdrängung des Wortes „Historie". Seit der Mitte des 18. Jahrhunderts ersetzt nämlich die Überschrift „Geschichte" mehr und mehr die bislang übliche „Historie" in den Titeln auch historischer Publikationen. Ein treffendes Beispiel dafür ist Winckelmanns *Geschichte der Kunst des Altertums*[35]. Auch hier steht wieder ein Trend im Hintergrund: Die Historie soll nicht bloß chronologische Reihen erzählen, sondern geheime Motive eruieren und dem zufälligen Geschehen eine innere Ordnung abgewinnen. Es ist das Selbstverständnis der Rhetorik, das sich in der Geschichtswissenschaft wieder mehr Gehör verschafft. Der Historie wird eine gesteigerte Darstellungskunst abverlangt. Doch dieser poetologische Auftrag, einen sinnvollen und tiefliegenden Zusammenhang darzubieten, der ja eigentlich an den Historiker ergeht, wird in der Fol-

---

[33] Vgl. KOSELLECK 1975, 655 ff. und KOSELLECK 1979, 52 f.
[34] Vgl. KOSELLECK 1975, 662 ff.
[35] WINCKELMANN 1825.

ge mehr und mehr – und genau das ist die Initialzündung der Geschichtsphilosophie – der „Geschichte selber" überantwortet. Sie selbst soll diesen einheitlichen Sinnzusammenhang darbieten, oder er soll doch zumindest an ihr selbst, kraft geschichtsphilosophischer Reflexion, aufweisbar werden. Eben deshalb ist der Titel „Geschichte" auch im historiographischen Raum zugkräftiger. Man sucht nach der Einheit der geschichtlichen Wirklichkeit selber bzw. dem Zusammenhang im Gang des geschichtlichen Geschehens und begnügt sich nicht mehr mit den schematischen und chronologischen Ordnungsrastern, die der Historiker mitbringt.

Im Wandel der beiden Gattungen Poesie und Historie läßt sich also nachzeichnen, wie durch eine Art gegenseitiger Osmose zunehmend die nur in der Reflexion zu gewinnende geschichtliche Wirklichkeit entdeckt wird. Denn nur durch die subjektive Deuteleistung des Historikers enthüllt sich jene Einheit der Geschichte, die dann auch in der geschichtlichen Wirklichkeit selbst auffindbar zu sein scheint. Die theologische Gewißheit der göttlichen Providenz tritt dabei ganz zurück. Mit ihr sollen Einheit und Sinnzusammenhang der Geschichte nicht mehr wissenschaftlich abgesichert werden.

Die neuen Sinnansprüche an die Geschichte selbst, d.h. die gesteigerten Erwartungen an ihre innere Einheit und ihren Zusammenhang, lassen also die Arbeit des Historikers wie von selbst in geschichtsphilosophische Reflexion übergleiten. Man sieht ein: Eine Geschichte zu denken, die über eine bloß chronologische Erzählung von Veränderungen hinausreicht, ist eine bewußte theoretische Leistung. Nur durch einen strukturierenden Vorgriff können die geschichtlichen Zusammenhänge aufgedeckt werden. Es kommt also alles auf den Plan des Historikers an und auf die Kategorien, mit denen die Geschichte erkannt und dargestellt werden soll. Nichtsdestotrotz darf natürlich der Geschichtsbetrachter die Form, welche die labyrinthisch verschlungenen Begebenheiten der Weltgeschichte ordnen soll, nicht einfach mitbringen und der Geschichte nach eigenem Gutdünken überstülpen – „ein Fehler, in welchen die sogenannte philosophische Geschichte leicht verfällt"[36], betont insbesondere Humboldt. Denn es soll ja der Zusammenhang der Geschichte selber aufgedeckt werden. Der Plan, dem der Historiker folgt, muß also an den Ereigniszusammenhang selber zurückgebunden sein. Damit dies gewährleistet ist, hat sich der Historiker, bevor er ans Werk geht, nach Art der produktiven Phantasie seine Gedanken zu machen, wie Begebenheiten zu entstehen pflegen, welchen Gesetzmäßigkeiten sie folgen und welche Motive dabei in der Regel leitend sind. Mit anderen Worten: Er muß vorab auf die Bedingungen möglicher Geschichte reflektieren; darin ist er ganz Philosoph. Kurzum, es geht darum, die Form nicht einfach mitzubringen, meint Humboldt, sondern sie von den Begebenheiten selbst abzuziehen. Das ist der eigentliche Clou. Der Zusammenhang darf nicht einfach nur nachträglich in die Geschichte eingetragen werden, sondern er muß in den Ereigniskomplexen der Geschichte selbst schon angelegt sein, so daß er durch die Reflexion aufgedeckt werden kann. Mit anderen Worten, die Geschichte muß als logifizierbar vorausgesetzt werden dürfen. Daß in diesem Zusammenspiel von subjektiv heuristischem Vorgriff und objektivem Gang der Geschichte kein absoluter Widerspruch liegt, ist für Humboldt insofern klar, als die

---

[36] HUMBOLDT 1946, 13; vgl. KOSELLECK 1975, 665.

Geschichte als Wirkungszusammenhang und als Erkenntnis ja einen gemeinsamen Grund hat. Denn alles, was in der Weltgeschichte wirksam ist (nach Hegels Auffassung sind dies vor allem „Vernunft" und „Geist", Humboldt selber spricht von „Kräften"), bewegt sich ja auch im Innern des Menschen, ist Humboldt überzeugt.[37] Vico hatte schon früher (1725) eine ganz ähnliche Hoffnung formuliert: Weil die Menschenwelt „Geschichte" von Menschen gemacht ist, werden die Menschen wohl auch deren Prinzipien und Gesetzmäßigkeiten, ohne die es kein Verstehen der Geschichte gibt, in sich selbst wiederzufinden in der Lage sein.[38] Es deutet sich hier also bereits die Wendung an, welche die Geschichtstheorie viel später (bei Dilthey) nehmen wird, nämlich die Fundierung der Geschichtserkenntnis in der Anthropologie (Stichwort „Geschichtlichkeit").

Der Vorgriff des Historikers wird demnach, wenn er richtig gewählt und dem Gegenstandsbereich angemessen ist, von der Geschichte selber erhärtet. Der Plan des Autors und die von der Geschichte selbst her aufweisbare innere Einheit kommen zur Deckung, indem sie sich wechselseitig stimulieren. Am Ende steht dann das Ergebnis, die Geschichte, von der nun mit Überzeugung angenommen wird, daß sie auch tatsächlich so verlaufen ist bzw. verläuft, wie sie mittels Reflexion aufgedeckt worden ist. Die Aufgaben der Darstellung des Geschehens sind hier also – vermöge geschichtsphilosophischer, genaugenommen transzendentaler Reflexion – mit dem inneren Zusammenhang der Ereignisse zur Einheit der Geschichte verschränkt. Möglich war dies natürlich nur aufgrund der im Wort „Geschichte" schon vorgezeichneten Fusion der Geschehensebene mit der Reflexionsebene.

Mit den skizzierten methodischen Neuerungen geht die Historiographie nun endlich einen entscheidenden Schritt über die bloße chronologische Reihung, die ja letztlich nach einem ungeschichtlichen, nämlich mathematischen Schema verläuft, hinaus und bemüht sich, den spezifischen Zusammenhang und die Rhythmik *der Geschichte selber* aufzudecken, also das, was man später die „Geschichtszeit" nennen wird.[39] –

Daß zunehmend kraft geschichtsphilosophischer Reflexion der Geschichte selber überantwortet und an der Geschichte selber nachgewiesen wird, was eigentlich dem Historiker zugehörte, läßt sich auch in einem zweiten zentralen Aufgabenbereich der Historie nachweisen. Der Historiker hatte ja seit altersher nicht nur die rhetorische und ästhetische Aufgabe, für eine ansprechende Darstellung der Geschichte zu sorgen, sondern auch die moralische Aufgabe, durch Urteile nicht nur zu belehren, sondern auch zu bessern. Zu diesem Zwecke mußten die tatsächlichen Geschichten moralischen Normen unterworfen werden,

---

[37] KOSELLECK 1975, 665. Im Hintergrund von Humboldts Auffassung steht dessen Absetzbewegung von der Geschichtsphilosophie der Aufklärung, namentlich eine Kontroverse mit Schiller. Humboldt kritisiert dessen und überhaupt alle finale Bestimmung der Geschichte: Es kann nicht angehen, der Geschichte wie eine fremde Zugabe ein Ziel voranzustellen. Nicht die Endursachen, sondern die bewegenden Ursachen, die in der Geschichte selbst wirkenden Kräfte, müssen aufgespürt werden. Ihnen verdanken vorangehende und nachfolgende Begebenheiten gleichermaßen ihren Ursprung. Freilich gründen die humboldtschen Kräfte letztlich ihrerseits wieder in den Ideen, also Zielvorstellungen.

[38] Vgl. VICO 1977, 231 f.

[39] Vgl. KOSELLECK 1975, 651 f.

was bislang immer zum Geschäft des Historikers als eines philosophischen Sachwalters gehörte. Jetzt aber, gegen Ende des 18. Jahrhunderts, geht auch diese Aufgabe an die Geschichte selber über. Die Beweislast für die Moralität der Geschichte wird ihr selbst anheimgestellt. Sie selber trägt jetzt dafür Sorge, daß sich die Moralität in der Geschichte durchsetzt, auch erteilt sie eigenhändig moralische Unterweisungen.[40]

Die wegweisende philosophische Ausformulierung dieser, wiederum nur aufgrund eines reflektierenden, oder jetzt präziser eines *transzendentalen* Vorgriffs zu gewinnenden Eigenschaft der Geschichte, nämlich ihrer Teleologie und Moralität, erzielte Kant durch die *Idee einer Weltgeschichte*, die gewissermaßen einem Leitfaden a priori folgt.[41] Diese Idee muß man in Ansehung der Geschichte schon mitbringen, meint Kant. Man betrachtet also die Geschichte der Menschengattung im großen und ganzen, als ob sich in ihr ein ebenso verborgener wie vernünftiger Plan der Natur vollzöge mit dem Ziel der friedlichen Vereinigung der Menschengattung. Worauf es jetzt für die menschliche Praxis ankommt, ist, durch eigene vernünftige Veranstaltung diese geheime Naturabsicht zu befördern, so daß die geforderte Zukunft vollkommenen bürgerlichen Friedens schneller als naturplanmäßig angelegt herbeigeführt wird. Höchst interessant ist an dieser Stelle natürlich der Rückschlag, den der philosophische Entwurf, die Geschichte konstituierend, auf die wirkliche Geschichte nimmt: Indem es der Philosophie durch transzendentale Reflexion gelingt, das planlose Aggregat menschlicher Handlungen durch die Idee einer teleologischen Weltgeschichte zumindest hypothetisch in ein System der Geschichte zu überführen, wachsen auch die Chancen, dieses System – gemeint ist die geheime Naturabsicht: die Idee des Guten – zu verwirklichen.

„Kants ganze Anstrengung als Geschichtsphilosoph zielte darauf, den verborgenen Naturplan, der die Menschheit auf die Bahnen eines unbegrenzten Fortschritts zu drängen schien, in einen bewußten Plan der vernunftbegabten Menschen zu überführen. (...) Mit seiner Frage nach der Geschichte apriori hat Kant das Modell ihrer Machbarkeit gesetzt."[42]

Durch die Arbeit der Geschichtsphilosophie wird, wie sich nun deutlich abgezeichnet hat, die Geschichte vor allem als eine *machbare* Geschichte freigelegt. Die Geschichtsphilosophie will die Geschichte, die bislang vorrangig durch göttliche Vorsehung bzw. blindes Schicksal gelenkt zu sein schien, in die Handlungsreichweite und Verfügungsgewalt des Menschen einrücken. Darin erweist sie sich als eine durch und durch praktische Philosophie in moralischer und emanzipatorischer Absicht. Sie will mehr leisten als nur die systematische Darstellung eines per se Unsystematischen mittels eines ästhetischen Plans. Sie will der menschlichen Praxis die Sicherheit geben, übereinzustimmen mit dem geheimen Plan, den die Natur von sich aus mit der Geschichte im Sinn hat. Denn Handeln in Geschichte verlangt mehr, als ein nur ästhetischer Plan zu geben wüßte. „Stehen in der Geschichte" heißt auf der Ebene der Geschichtsphilosophie der Aufklärung also vor allem dies: Sich in

---

[40] Vgl. KOSELLECK 1975, 666 f.
[41] Vgl. KOSELLECK 1975, 664.
[42] KOSELLECK 1979, 267.

Übereinstimmung zu wissen bzw. zu bringen mit der verborgenen Teleologie der geschichtlichen Veränderungsbewegung, die eine Wendung zum Besseren ist.

Schließlich wird mit der Beweislast für die Moralität der Geschichte auch noch das traditionelle Richteramt der Historie auf „die Geschichte selbst" übertragen. „Die Weltgeschichte ist das Weltgericht" heißt es in einem berühmten Halbvers bei Schiller im Jahre 1784.[43] Die Geschichte, als Gericht erfahren, vermochte nun den Historiker von seiner subjektiven Urteilsbildung, also der stets heiklen Aufgabe des moralischen Wertens, zu entlasten, wenngleich es seine empirische Arbeit nicht erübrigte. Durch diesen Überschritt von der moralischen Urteilsbildung der Historiker zum Prozeß als Weltgeschichte hatte sich die philosophische Geschichtsbetrachtung der Aufklärung nun endgültig zur Geschichtsphilosophie der Neuzeit verfestigt. Wenngleich sich die historische Schule später vehement gegen diese Überfrachtung der Geschichte wehrte, konnte sie doch nicht das einmal gefundene Erfahrungsraster sprengen. Der Topos einer durch die Geschichte sich vollziehenden Gerechtigkeit begleitet seitdem die neuzeitliche Geschichte, macht sie aber auch ideologisch instrumentalisierbar.[44] Es war wohl der Verzicht auf eine im Jenseits ausgleichende Gerechtigkeit, der zu deren Verzeitlichung führte.

„Vom Boden der Bewußtseinsphilosophie aus entwickelte nun der deutsche Idealismus Geschichtsphilosophien, die die bisher geschilderten Voraussetzungen der Aufklärungszeit in sich aufnahmen und aufeinander abstimmten. Die ästhetische Sinneinheit historischer Darstellung, die der Geschichte zugemutete oder abgewonnene Moral und endlich die vernunftsgemäße Konstruktion einer möglichen Geschichte – alle diese Faktoren wurden zusammengefügt zu einer Geschichtsphilosophie, die schließlich die »Geschichte selber« als vernünftig setzte und als vernünftig wiedererkannte. Was Kant noch als moralisches Postulat formuliert und hypothetisch entworfen hatte, das wurde jetzt [bei Fichte, Schelling und Hegel (r.h.)] als Emanzipation des Rechts oder des Geistes oder der Vernunft und ihrer Ideen im Prozeß der Geschichte begriffen."[45]

5 Der Kollektivsingular „die Geschichte" als neuer Wirklichkeitsbegriff

Die Verselbständigung der Geschichte zu einer eigenständigen und selbsttätigen Größe, was fast einer Hypostasierung gleichkommt, und der zeitgleiche Aufstieg der Geschichtsphilosophie zur Fundamentalphilosophie wären nicht möglich gewesen, wenn nicht zusätzlich eine grammatikalische Veränderung eingetreten wäre, nämlich die Entstehung des Kollektivsingulars „die Geschichte". In ihm findet der Vorgang der allmählichen Kontamination

---

[43] Angespielt ist auf ein Gedicht des jungen Friedrich Schiller mit dem Titel „Resignation" (1784): »Genieße, wer nicht glauben kann. Die Lehre/ Ist ewig wie die Welt. Wer glauben kann, entbehre./ Die Weltgeschichte ist das Weltgericht«.

[44] Noch Adolf Hitler, um nur eines der zahllosen Beispiele zu nennen, wird die Gerechtigkeit der Geschichte beschwören, wenn er sich 1924 gegen die Anklage des Hochverrats verteidigt: „Mögen sie uns tausendmal schuldig sprechen, die Göttin des ewigen Gerichts der Geschichte wird lächelnd den Antrag des Staatsanwalts und das Urteil des Gerichtes zerreißen; denn sie spricht uns frei." (vgl. KOSELLECK 1975, 668).

[45] KOSELLECK 1975, 671.

von Historie und Geschichte seinen Abschluß und seine Besiegelung. Die genannte Neuerung setzte sich nachweislich[46] binnen weniger Jahre im letzten Drittel des 18. Jahrhunderts auf breiter Front durch, und sie ist deshalb von so entscheidender Bedeutung, weil sich erst mit diesem Kollektivsingular die Geschichtsphilosophie ihr spezifisches Gegenstandsgebiet erschafft: „die Geschichte an und für sich". Es wundert daher nicht, daß die Erschließung des universalen Lebensraumes „die Geschichte" und die Wortbildung „Geschichtsphilosophie" völlig parallel verlaufen. Beide gehören zusammen. Die Freilegung der Geschichte überhaupt fällt zusammen mit der Entstehung der Geschichtsphilosophie, sie ist sozusagen deren erster denkerischer Erfolg.[47]

Was Genus und Numerus anbelangt, war das Wort Geschichte seit dem Mittelalter entweder als feminine Singularform verwendet worden – *„die Geschicht"* – oder im femininen Plural: *„die Geschichte"*. Um 1300 war dann zusätzlich das Neutrum Singular *„daz Geschicht"* hinzugetreten, welches sich schnell verbreitete und noch bei Luther mit den Bedeutungen »Begebenheit«, aber auch »Einteilung« und »Ordnung« die gewöhnliche Form ist. Der für uns heute gebräuchliche Wortkörper „die Geschichte" war also ursprünglich eine Pluralform, welche die Summe einzelner Geschichten benannte. Noch in der Mitte des 18. Jahrhunderts heißt es bei Baumgarten dementsprechend »die Geschichte *sind*«. Selbst Herder verwendete noch gelegentlich „die Geschichte" in ihrer additiven, pluralen Bedeutung. Im letzten Drittel des 18. Jahrhunderts wird nun jedoch innerhalb weniger Jahre der Wortkörper *„die Geschichte"* vom Plural konsequent in den (Kollektiv-)Singular überführt. Ab sofort heißt es also »die Geschichte *ist*«, was natürlich das Nachrücken einer anderen Pluralform[48] nötig werden läßt: »die Geschicht*en* sind«.[49] Mit der Entstehung dieser bis heute gebräuchlichen Wortformen bei gleichzeitigem Bühnenabtritt von Historie hatte das Wort „Geschichte" endlich die Alleinherrschaft im wissenschaftlichen Bereich errungen.

---

[46] Den Nachweis führt KOSELLECK 1975, 647-653.

[47] Vgl.: „Die große Zeit der Geschichtsphilosophie setzt mit der Aufklärung und den ihr nachfolgenden Philosophien ein. Es war Voltaire, der den Begriff »Geschichtsphilosophie« in den Sprachgebrauch einführte [1765 (r.h.)]; zugleich wurde in ebendiesem Zeitraum, wie Reinhart Koselleck zeigte, sprachlich der Kollektivsingular »die Geschichte« gebildet, mithin die Geschichte als Totalität und eigene Wirkmacht erstmalig gegen die Vielzahl aus dem Leben und für das Leben erzählter Geschichten abgegrenzt und zum Thema erhoben." BAUMGARTNER 1996, 165.

[48] Vgl. HENNIG 1938, 516.

[49] Im neuen Kollektivsingular „die Geschichte" verlaufen, wie oben schon erwähnt wurde, die unterschiedlichen Bedeutungsebenen des Wortes ineinander, so daß aus dem bloßen Vorkommen des Wortes nicht erschlossen werden kann, was genau eigentlich gemeint ist. „Die Geschichte" läßt immer an alles zugleich denken: die Einheit von Geschehen plus Fixierung desselben plus erzählende Mitteilung bzw. Wissenschaft davon. Die dem Kollektivsingular korrespondierende neue Pluralform hat jedoch erstaunlicherweise einen völlig eindeutigen Wortsinn. Wer „die Geschichten" sagt, denkt immer an „Erzählungen" (von Ereignissen). Nicht zuletzt in dieser Bedeutungsenge des neuen Plurals zeigt sich, wie sehr sich die kollektivsingularische Bedeutung von Geschichte als einem *alle* Einzelabläufe umgreifenden Gesamtprozeß durchgesetzt hat, von dem sinnvoll keine Mehrzahl vorgestellt werden kann. Vergegenwärtigt werden kann der Universalprozeß „die Geschichte" allerdings nur in der perspektivischen Detailansicht, eben in „Geschichten", d.h. Erzählungen.

Nun ist die Umbesetzung des Wortes „die Geschichte" nicht nur zufälliges Ergebnis einer Weiterentwicklung der Sprache, sondern es verbirgt sich dahinter, wie schon gesagt, eine bewußte theoretische Leistung. Es wird nämlich in und durch diese Veränderungen der spezifisch neuzeitliche Erfahrungs- und Wirklichkeitsraum „die Geschichte" überhaupt erst erschlossen. Begrifflich ließe sich der Übergang der Geschichte vom Plural in den Singular zunächst tatsächlich als eine bloße Variantenbildung lesen, wie sie im Rahmen einer lebendigen Sprachentwicklung nicht weiter ungewöhnlich ist. Ebenso könnte auch die Kontamination von Geschichte und Historie zunächst rein onomasiologisch gedeutet werden, daß halt der Bedeutungsraum eines Wortes (Historie) von einem anderen Wort (Geschichte) übernommen wird. Indes hat die Wortgeschichte gezeigt, daß solche Konvergenzen seit dem späten Mittelalter immer schon möglich und üblich waren. Auch hatte der Übergang vom Plural zum Kollektivsingular im Gebrauch des Lehnwortes *historia* schon im 16. Jahrhundert eingesetzt. Das läßt sich sehr schön zeigen an der Zitierweise eines Werks von Gregor von Tours. Bis 1560 heißt es in den Codices »Historiarum libri...«, dann auf einmal heißt dasselbe Werk »Historia ecclesiarum francorum«[50]. Wieso also gerade jetzt – *binnen weniger Jahrzehnte* – die *völlige* Verdrängung von Historie bei gleichzeitiger *konsequenter* Durchsetzung des neuen *deutschen* Kollektivsingulars?

Entscheidend war, daß im letzten Drittel des 18. Jahrhunderts – Latein war als Wissenschaftssprache jetzt aufgegeben – eine Schwelle im Verständnis der Geschichte und damit auch im Selbstverständnis der Neuzeit überschritten wurde, wobei die im deutschen Wort „Geschichte" angelegten und oben bereits mehrfach skizzierten Potentiale diesen Schritt nahelegten. Koselleck nennt diese Jahre kurz vor der Französischen Revolution darum die „Sattelzeit".[51] Sie markiert bezüglich des deutschen Sprachraums den Einsatz des modernen Geschichtsbewußtseins, das sich – *im Medium der Begriffsbildung* – „die Geschichte" als den typisch neuzeitlichen Erfahrungs-, Handlungs- und Reflexions*raum* erobert.[52] Geschichte wurde nun wie ein in sich strukturierter Raum konzipiert. So mußte man nicht immer nur – wie noch im Mittelalter – von »vergangenen« und »zukünftigen *Dingen*« sprechen, sondern konnte Vergangenheit, Gegenwart und Zukunft als Zeit*räume* auffassen, in denen einzelne Dinge ihren zeitlichen Ort haben.

„Die doppelte Doppeldeutigkeit des modernen Sprachgebrauchs von »Geschichte« und »Historie«, daß beide Ausdrücke sowohl den Ereigniszusammenhang wie dessen Darstellung bezeichnen können, wirft Fragen auf ... Die eigentümliche Bedeutung von Geschich-

---

[50] Vgl. HENNIG 1938, 517.

[51] So erstmals in KOSELLECK 1967, 82, 91, 95.

[52] Kosellecks Theorem der Sattelzeit impliziert folgende Selbstbeschränkung der Geschichtstheorie: Ein Sprechen von Geschichte, das auch das vorneuzeitliche oder nichteuropäische Geschichtsbewußtsein und deren Begriffe von Geschichte erfassen will, darf nicht den neuzeitlichen Geschichtsbegriff wie selbstverständlich voraussetzen. Es darf diesen Begriff auch nicht als Ziel und Sinn einer Begriffsgeschichte verstehen, denn das hieße, der (Begriffs-)Geschichte eine Teleologie zu unterstellen. Die konsequent zu Ende gedachte Geschichtlichkeit verlangt, die Geschichtlichkeit und damit die prinzipielle Überholbarkeit auch der eigenen, neuzeitlichen Auffassung von Geschichte in Betracht zu ziehen.

te, zugleich das Wissen ihrer selbst zu meinen, läßt sich einmal als generelle Formel für einen anthropologisch vorgegebenen Zirkel verstehen, der geschichtliche Erfahrung und ihre Erkenntnis auf einander verweist. Zum anderen aber ist die Konvergenz der beiden Bedeutungen ein historisch einmaliger Vorgang, der selber erst im 18. Jahrhundert stattgefunden hat. Es läßt sich zeigen, daß die Herausbildung des Kollektivsingulars »Geschichte« ein semantischer Vorgang ist, der unsere neuzeitliche Erfahrung erschließt. Mit dem Begriff »Geschichte schlechthin« wird die Geschichtsphilosophie freigesetzt, innerhalb derer die transzendentale Bedeutung von Geschichte als Bewußtseinsraum und von Geschichte als Handlungsraum kontaminiert wird."[53]

Was genau ist durch den neuen Kollektivsingular „die Geschichte" erschlossen, was in dieser Deutlichkeit zuvor noch nicht ins Bewußtsein getreten war? Gegenüber der prägenden griechischen und bis zur Sattelzeit gültigen Auffassung von Geschichte als einer Vielfalt von Taten- und Ereignisgeschichten, welche sich auf der Bühne der Natur abspielten und durch den alten Plural (»die Geschichte sind«) bestenfalls additiv zusammengerafft wurden, bildet sich wie gesagt – mittels gründlicher, durch spezifisch neuzeitliche Wandlungserfahrungen provozierter Reflexion auf dieses Aggregat von Partikulargeschichten, welche freilich an geschichts*theologische* Vorarbeiten in diese Richtung anknüpfen konnte – die Konzeption der *einen* Geschichte heraus. Sie wendet alle Einzelgeschichten in die eine, große, alles umfassende Weltgeschichte. „Die Geschichte" im Kollektivsingular ist Integral aller möglichen Einzelgeschichten. Diese liegen seitdem nicht mehr insularisch nebeneinander, sondern stehen als Differentiale der einen Geschichte in einem komplexen Zusammenhang. „Aber über den Geschichten ist die Geschichte"[54], heißt es später bei Droysen. Hinter den Geschichten zeichnet sich folglich jetzt weniger die sich in ihrer Rhythmik gleichbleibende Natur ab, sondern vor allem *die* Geschichte, in der sich alles bewegt, aber nichts wiederholt.

Allerdings lag der neue Wirklichkeitsraum „die Welt als Geschichte" nicht einfach offen zutage, sondern mußte – wie oben (Abschnitt 4) aufgezeigt – eigens errungen werden, teils durch die Arbeit des Historikers, teils durch die Reflexion des Geschichtsphilosophen, der bestimmte, was der Historiker in bezug auf die Geschichte zu leisten habe. Nur in der Reflexion über die einzelnen Geschichten wurde „die Geschichte" und die ihr eigentümliche Zeit freigelegt. Alles andere denn „ein an ihm selber Fertiges, dem gegenüber das Bewußtsein sich nur reproduktiv zu verhalten hätte"[55], war „die Geschichte" demnach eine nur in der bewußten Reflexion oder – anders gesagt – nur im denkerischen Entwurf zu gewinnende Wirklichkeit; darin glaubte man sie unterschieden von der Natur, die scheinbar von sich aus immer schon offenstand. Bei der Geschichte im Singular handelt es sich folglich um die Fusion des neuen Wirklichkeitsbegriffs von „Geschichte überhaupt" mit den Reflexionen, die diese Wirklichkeit und ihre innere Einheit überhaupt erst zu begreifen lehrten. Die entscheidende terminologische Voraussetzung dafür, nämlich die Mehrdeutigkeit des Geschichtsbegriffs, war durch die Kontamination von Historie und Geschichte bereitgestellt worden (s.o. Abschnitt 3). Erst dadurch konnte das tatsächliche Geschehen mit den Refle-

---

[53] KOSELLECK 1979, 130.
[54] DROYSEN 1977, 441.
[55] ANGEHRN 1985, 101.

xionen, die es begreifen lehrten, verschmelzen zu „der Geschichte". Durch diese Fusion wurde Geschichte zu einer Art transzendentaler Kategorie, die auf die Bedingung der Möglichkeit von (Einzel-)Geschichten zielt.[56] Vergangenheit und Zukunft gleichermaßen erfassend ist „die Geschichte" seither eine Art regulativer Begriff für alle gemachte und noch zu machende Erfahrung und somit auch für alle Partikulargeschichten.

Durch den Übergang zum Kollektivsingular vollendet sich also in der Sattelzeit die Interpretation der gesamten (Menschen-)Welt als Geschichte. Inhaltlich beschlossen liegt darin der *Verzicht auf jede außergeschichtliche Instanz*. Daß infolgedessen nicht bloß alle Einzelgeschichten, sondern schlechterdings *alles* in diese eine Geschichte integriert gedacht werden mußte – auch das Denken, kraft dessen die allumfassende Geschichte überhaupt erst freigelegt wurde –, gelangte zu diesem Zeitpunkt freilich noch nicht in seiner ganzen Tragweite zu Bewußtsein. Wenn aber selbst das Vernunftdenken seinen Ort innerhalb der Geschichte hat, unterliegt auch es geschichtlichen Veränderungsbewegungen. Geschichte hätte demnach als schlechthin letzter Horizont nicht nur allen Seins, sondern auch allen Denkens zu gelten, insbesondere allen Denkens von der Geschichte. Die Geschichte ist offenbar so universal, daß sie in ihrem Prozeßcharakter selbst ihre eigenen (sich im Gang der Geschichte erst herausbildenden) Deutungen als Geschichte noch umgreift und in den allgemeinen Strudel des Werdens und Vergehens hineinreißt. Wo es im Laufe der weiteren Entwicklung zu dieser Einsicht kommt, werden die Aporien des Historismus unabwendbar und relativistische Positionen attraktiv. Doch bleiben diese Folgeprobleme, welche sich im konsequenten Weiterdenken unvermeidlich ergeben, zunächst verdeckt, nicht zuletzt dank der idealistischen Geschichtsphilosophie, der es gelingt, die Veränderungsbewegung der Weltgeschichte am Leitfaden der Geschichte der Vernunft als einen gerichteten und gesetzmäßig verlaufenden Prozeß darzulegen. Wo in der Folge die Gewißheit, es mit einem vernünftigen und deshalb systematisierbaren Gang der Geschichte zu tun zu haben, schwindet und das Zufällige und Kontingente, das im deutschen Wort „Geschichte" immer schon enthalten war, wieder verschärft zu Bewußtsein gelangt, bricht der Historismus und damit auch die Frage, wie in der Geschichte Stand zu gewinnen ist, schließlich radikal auf (s.u. Kap. II).

Der Ausdruck „Geschichte" reicht nun weit über den Bereich bloßer Erzählung oder historischer Wissenschaft hinaus. In ihm artikuliert sich die Welterfahrung des neuzeitlichen Menschen schlechthin, namentlich die neuartigen Erfahrungen im Zeitalter der Französischen Revolution samt der dadurch geweckten Erwartungen eines allgemeinen Fortschritts. Weil der Werdeprozeß Geschichte inhaltlich immer schon positiv berechnet ist – als Wendung zum Besseren –, gilt an ihm mitzuarbeiten und sich ihm nicht entgegenzustellen als moralische Pflicht. Es ist ein Prozeß der Befreiung der Menschheit kraft der in immer mehr Wirklichkeitsbereichen sich durchsetzenden Vernunft.[57]

---

[56] Die Funktion, die im 18. Jh. „die Geschichte überhaupt" als Möglichkeitsbedingung von Partikulargeschichten innehatte, wird später – von Dilthey bis zur Existenzphilosophie – von der „Geschichtlichkeit" als anthropologischer Fundamentalkategorie übernommen.

[57] Vgl. BAUMGARTNER 1996, 168.

„Zuvor gab es eine Vielzahl von Geschichten, die grundsätzlich einander ähneln oder sich gar wiederholen mochten; Geschichten mit bestimmten handelnden oder leidenden Subjekten, oder, in der Erzählung, mit bestimmbaren Objekten. Seit dem 18. Jahrhundert gibt es eine »Geschichte schlechthin«, die ihr eigenes Subjekt und Objekt zu sein schien, ein System und kein Aggregat, wie man damals sagte. Ihr korrespondiert räumlich die eine Weltgeschichte. Zeitlich entspricht ihr die Einmaligkeit des Fortschritts, der erst mit der »Geschichte« zugleich auf seinen Begriff gebracht wurde – bevor sich beide Begriffe im 19. Jahrhundert mehr oder weniger auseinanderbewegten."[58]

Der Kollektivsingular „die Geschichte" *artikuliert* demnach nicht bloß die Erfahrungen der Neuzeit, er bezeugt auch, daß das, was als die *neue Zeit* in schlichter Erfahrung zunächst nur hingenommen werden konnte, jetzt auch grundsätzlich verstanden ist und damit in konkrete Zukunftsprojekte und Handlungsanweisungen umsetzbar wird. Darum sagt Koselleck, daß die Entstehung des Kollektivsingulars das Überschreiten einer Schwelle indiziere. Im Nachdenken über die gemachte Erfahrung einer unvergleichlich neuen Zeit, welche sich durch Einmaligkeit und positiv zu wertende Andersartigkeit gegenüber allem Bisherigen auszuzeichnen schien, hat sich jetzt nämlich die Einsicht in deren Grund eröffnet: die fundamentale Prozeßhaftigkeit der politisch-gesellschaftlichen Welt überhaupt, aus der nun die Erwartung einer Zukunft resultiert, die das bisher schon Erreichte noch überbietet. Dazu gesellt sich der Wille, das Kommen dieser noch besseren Zukunft durch eigenes Mittun zu beschleunigen. Das Werden der Neuzeit, das wird jetzt eingesehen, ist ein längerfristiger Vorgang, an dessen Anfang die Erfahrung des Neuartigen, also der Differenz stand, an dessen Ende jetzt zusätzlich auf die verstandene Erfahrung verwiesen werden kann, nämlich die Einsicht in den nach vorne offenen Werdeprozeß der Menschheit, eben die Entdeckung der *Geschichte überhaupt* als wesentliches Ergebnis der Aufklärung.

„Kritik und Depotenzierung der Religion, Naturalisierung der Vorsehung in die Gesetzmäßigkeit des natürlichen Prozesses der G. [= Geschichte (r.h.)], Aufstieg der moralisch-naturrechtlichen Idee der Menschheit und Vergeschichtlichung bzw. Verzeitlichung des Vernunftprinzips bilden den Grundriß einer nunmehr prinzipiell dem Thema G. zugewandten Philosophie, die vermöge ihres Prinzips, Vernunft = Freiheit, notwendig zugleich moralisch-politisches Programm der Freiheit wird. Die Welt in Natur und G. hat ihre Vorsehung nicht mehr außerhalb, sondern in dem ihr innewohnenden Selbstgestaltungsprinzip der Vernunft, die sich als Freiheit begreift und prozeßhaft hervorbringt ... Die Gph. [= Geschichtsphilosophie (r.h.)] ist bei allen Abweichungen im Detail, die sich aus der verschiedenen Besetzung und Interpretation des Vernunftprinzips durch organologische, technomorphe, transzendentale oder dialektische Modelle ergeben, eine im Grundriß einheitliche Theorie der *Welt-als-Geschichte*, deren Werdeprozeß als Prozeß der Befreiung der Menschheit von den einen bloß angeschaut, von anderen eingesehen, vorhergesagt und damit zuversichtlich erwartet oder tatkräftig befördert wird. Gph. ist, dem Idealtypus nach, charakterisiert durch das Pathos der Perfektibilität und durch das Pathos der Vollendung: sie ist ein machtvoller, nicht nur philosophischer Diskurs des Fortschritts."[59]

---

[58] KOSELLECK 1975, 594.
[59] BAUMGARTNER 1986, 927.

6 Die Welt als Geschichte und der Stand des Menschen in ihr

In der Sattelzeit wird das Geschehen der Vergangenheit mit Blick auf die Gegenwart und in Projektion einer Zukunft konsequent als die *eine* Geschichte verstanden, die die Menschheit als Gattung zusammenschließt und selbst Subjekt dieser Veränderungsbewegung ist. Von diesem Geschichtsbegriff geht noch die sogenannte Historische Schule des 19. Jahrhunderts aus; und wer immer sich seither mit dem neuzeitlichen Geschichtsverständnis kritisch auseinandersetzt, bezieht sich auf ihn. Die wesentlichen geschichtsspezifischen Errungenschaften der Sattelzeit, aber auch deren Problematik – insbesondere die geschichtstheologischen „Reste" in der Konzeption einer Weltgeschichte – seien nun noch einmal abschließend dargelegt, so daß ihre Bedeutung für die Frage nach dem Stehen in der Geschichte ersichtlich wird. Wie also wurde zu Beginn des 19. Jahrhunderts, kurz bevor die Historische Schule den neuzeitlichen Geschichtsbegriff zu sezieren begann, der Stand des Menschen in der Geschichte konzipiert?

6.1 Die Geschichte: eigentätiges Subjekt, gleichwohl von Menschen gemacht

Die Entdeckung der *Geschichte überhaupt* brachte für den alltäglichen Sprachgebrauch ungeahnte, neue Ausdrucksmöglichkeiten, die sich zum Teil bis in die Gegenwart durchgehalten haben: Grammatikalisch wird es jetzt möglich, die Geschichte auch als Subjekt ihrer selbst anzusprechen, also das Wort „Geschichte" zu gebrauchen ohne hinzuzufügen, um wessen Geschichte es sich handelt, d.h. ohne Genitivus subjectivus. Zwar wird de facto meist „die Menschheit" als Subjekt der Geschichte supponiert, rein grammatikalisch ist die Geschichte jedoch auch ohne diese Supposition vollgültiges Subjekt ihrer selbst. Wortgeschichtlich hat bei dieser Entwicklung natürlich abermals „Historie" Pate gestanden und Hilfestellung geleistet. Denn *Historia* konnte – als Wissensart und gehabtes Wissen – immer schon, bereits bei Cicero, reflexiv und ohne Beifügung eines Objekts verwendet werden, man denke nur an den alten Topos, wonach die Historie die Lehrmeisterin des Lebens ist. Eine vergleichbare Souveränität gewinnt der Terminus „Geschichte" erst jetzt, gegen Ende des 18. Jahrhunderts.[60]

Als Subjekt ihrer selbst muß die Geschichte nun nicht mehr wie noch in der Geschichtstheologie als Werk Gottes oder Fügung des Schicksals verstanden werden, sondern sie gilt fortan als ihr eigenes Werk. Die Geschichte ist ein eigentätiges Agens. So kann Hegel auch

---

[60] Vgl.: „»Geschichten« ... [waren (r.h.)] immer Erzählungen von dem, worum es in einer Geschichte ging. Es mag die Geschichte einer Schlacht sein, eines Rechtshandels, einer Reise oder eines Wunders, eines Königsmordes oder einer Liebe. Immer wird erzählt, von wem und worum es sich handelt. So lange ist der Ausdruck »eine Geschichte« kein Grundbegriff, sondern höchstens das, was als Summe einer Erzählung an deren Ende auf einen Begriff gebracht werden kann. Daß es in der Geschichte um »Geschichte selber« geht und nicht um eine Geschichte von etwas ist eine moderne, eine neuzeitliche Formulierung. Erst damit, kurz vor der Französischen Revolution, wird das alte Gebrauchswort zu einem zentralen Begriff der politischen und sozialen Sprache." (KOSELLECK 1975, 593 f.).

von der „Arbeit der Weltgeschichte"[61] sprechen, an der mitzuwirken die Menschen aufgefordert sind. Doch wie kann zur Konzeption einer selbsttätigen Geschichte auch die Überzeugung gehören, Geschichte sei Produkt menschlichen Handelns? Daß darin kein Widerspruch liegt, machte der Deutsche Idealismus klar, indem er – im Vernunftbegriff beide Agenten ineinander blendend – die Geschichte als einen Prozeß menschlicher Selbstverwirklichung entwarf. Die Geschichte, die sich früher ereignete und in gewisser Weise mit den Menschen geschah, konnte dadurch als Handlungsfeld, als machbar und als produzierbar erachtet werden. Zur Signatur der aufbrechenden bürgerlichen Welt gehört also nicht nur die Entdeckung *der* Geschichte, sondern auch die Freilegung einer ebenso *selbsttätigen* wie *machbaren* Geschichte. „In der Geschichte stehen" heißt folglich zu dieser Zeit, im eigenen Handeln überein zu kommen mit der Bewegungsrichtung der selbsttätigen Geschichte. Doch die Geschichte, im Deutschen weiterhin von einem Hauch göttlicher Vorsehung und zufälliger Schickung durchzogen, sollte sich nicht widerstandslos in den Bereich der Machbarkeit transponieren lassen. Das Überschuß- und Überraschungspotential, das alle Geschichte immer schon auszeichnete, wird allerdings erst nach dem Scheitern der Französischen Revolution und dem Abdanken des Hegelschen Systems wieder deutlicher ins Bewußtsein treten. Bis dahin mußte innerhalb der Geschichte das „Schicksal" erst einmal der Autonomie der machthabenden praktischen Vernunft weichen.

„Geschichte, die nur dann Geschichte ist, wenn und soweit sie erkannt wird, ist natürlich stärker an den Menschen zurückgebunden als eine Geschichte, die schicksalhaft den Menschen ereilt, indem sie sich ereignet. Erst der Reflexionsbegriff eröffnet einen Handlungsraum, in dem sich die Menschen genötigt sehen, Geschichte vorauszusehen, zu planen, *hervorzubringen* in Schellings Worten, und schließlich zu machen. Geschichte meint seitdem nicht mehr nur vergangene Ereigniszusammenhänge und deren Bericht. Ihre narrative Bedeutung wird vielmehr zurückgedrängt, und der Ausdruck erschließt seit dem Ende des 18. Jahrhunderts soziale und politische Planungshorizonte, die in die Zukunft weisen. Im Jahrzehnt vor der Französischen Revolution, dann durch die revolutionären Erschütterungen vorangetrieben, wurde Geschichte, wenn auch nicht ausschließlich, zu einem Handlungsbegriff."[62]

Das Erbe der spekulativen Geschichtsphilosophie, wonach der objektlose Kollektivsingular „die Geschichte" schließlich als sein eigenes Subjekt erscheinen kann, machte den Ausdruck „Geschichte" schlagwortfähig. Wo früher Mächte oder Gewalten, Gott oder Schicksal, Vorsehung oder Zufall, Recht oder Strafe beschworen werden mochten, konnte man sich seit dem Ende des 18. Jahrhunderts auf die Geschichte als transpersonales Geschehen berufen, sie aber freilich auch für die eigenen Zwecke einspannen und mißbrauchen.

„Indem die herbeizuführende Zukunft als Soll der objektiven Geschichte verkündet wird, gewinnt das eigene Vorhaben eine Schubkraft, die um so größer ist, als sie die Garantie der eigenen Unschuld gleich mitliefert. Die zukünftige Geschichte, deren Ergebnis vorausgeschaut wird, dient somit der Entlastung ... und als Legitimation, die ein gutes Gewissen zum Handeln verschafft. Genaugenommen wird eine derartig konstruierte Ge-

---

[61] HEGEL 1955, 182.
[62] KOSELLECK 1979, 265, vgl. auch 61.

schichte zum Willensverstärker, die geplante Zukunft um so schneller herbeizuführen, als sie sich ohnehin einstelle."[63]

Durch alle Lager hindurch versammelt die Geschichte als selbst schaffende nun ehedem göttliche Epitheta auf sich: Sie wird allmächtig, allgerecht, allweise; sie wird die Vollstreckerin menschlichen Schicksals oder des gesellschaftlichen Fortschritts. Schließlich wird man vor ihr und ihrem moralischen Gericht verantwortlich. Quasi ein Säkularisat, werden nun der Geschichte religiöse Bedeutungen zugemutet, die aus dem Begriff selber kaum ableitbar sind. Im Rückbezug auf sich selbst schwingt sich die Geschichte auf zu einer letzten, auch moralischen Instanz. Es liegt nahe, hinter dieser neuen Begrifflichkeit, wonach die Geschichte als Agens auf sich selbst zurückverweist, die versteckte oder verwandelte Vorsehung Gottes zu erblicken, was wirkungsgeschichtlich wohl auch richtig ist. Bedenklich ist jedoch, daß die Vorsehung, indem sie nur mehr inkognito auftritt, also mit dem faktischen Gang der Geschichte identisch wird, diesem unterderhand normative Verbindlichkeit verleiht und so zugleich dem bisherigen Ergebnis des Geschichtsganges, d.h. dem gegenwärtig Daseienden, dem *status quo*, den Charakter historischer Notwendigkeit.

Die Substantivierung und metaphorische Personifizierung der Geschichte als Ding, Lebewesen, Macht, Schicksal usf. führte das Nachdenken über Geschichte immer wieder neu in die Irre. Als schnell abrufbare Blindvokabel war der Ausdruck „Geschichte" anfällig für ideologischen Mißbrauch. Je nach politischer Intention ließ sich das Bedeutungsfeld des elastischen Allgemeinbegriffs verschieben. Der Begriff konnte ebenso gut als Kampfparole gegen die herrschenden Zustände wie gesellschaftlich integrierend eingesetzt werden, d.h. sozial dämpfend und beschwichtigend. Gesellschaftskritik und Selbstlegitimation, beide wußten sich auf die Geschichte zu berufen. Geschichtliche Beweisführungen gerieten, seit „Geschichte" zum Reflexionsbegriff geworden war, in einen Sog zur Mehrdeutigkeit. Es gab nun nichts mehr, was nicht in dem einen oder anderen Sinne auch geschichtlich wäre. Wegen seiner universalen Sinnzone und seiner allgemeinen Verwendbarkeit konnte der Begriff „Geschichte" rasch nichtssagend werden. Es erscheint daher willkürlich, wenn später die Vertreter der Historischen Schule glaubten, keines Beweises mehr zu bedürfen, sobald sie irgend etwas, das ihnen gerade in den Wurf kam, „geschichtlich" nannten.

6.2 Verselbständigung der Geschichtswissenschaft – Freilegung der Geschichtszeit

Infolge der Verzichtsleistung, nicht mehr auf Gott zurückverweisen zu müssen, kann der neue Begriff „Geschichte an und für sich" jetzt auch eine der Geschichte eigentümliche Zeit freilegen, die sich nicht mehr an der natürlichen Generationsabfolge der Herrscher, an den Umläufen der Gestirne oder der figuralen Zahlensymbolik des Christentums orientiert, sondern alle schematischen, nicht genuin geschichtlichen Strukturierungen beiseite läßt. Zäsuren und epochale Zusammenhänge, Beschleunigungen und Verlangsamungen – die ganze Binnenarchitektur der Geschichte wird nun ihrem Verlauf selbst entnommen.

---

[63] KOSELLECK 1979, 269.

Die Geschichtzeit umfaßt alle drei temporalen Erstreckungen, also auch die Zukunft. Gegenläufig zur christlichen Zukunftserwartung hat „die Geschichte" jedoch einen grundsätzlich unbegrenzten Horizont; sie verfolgt zwar ein Ziel, hat aber kein Ende. Darum kann Kant offen gegen den messianischen Geschichtsglauben polemisieren, der den Ablauf der Ereignisse nach einem *ordo temporum* deuten und begrenzen zu können meinte: „als ob sich nicht die Chronologie nach der Geschichte, sondern umgekehrt die Geschichte nach der Chronologie richten müßte"[64]. Durch die Freilegung einer genuin geschichtlichen Zeit im Begreifen der Geschichte wird die aristotelische Deklassierung der Historie, die ihr die bloße Addition chronologischer Fakten zugemutet hatte, endgültig verabschiedet.[65] Nun, wo ein besonderes Interesse *der Vernunft* an der Geschichte erwacht ist, welches in *der Geschichte überhaupt* den spezifischen Gegenstands- und Erfahrungsraum der Historie entdecken läßt, kann die Historie eine eigenständige Wissenschaft werden und mehr sein als nur Annalistik, Chronistik und Hofhistoriographie. Daß sie sich von der sie flankierenden Rhetorik und Moralphilosophie ablösen und aus der ihr übergeordneten Theologie und Jurisprudenz befreien konnte, verdankt die Historie demnach der Aufklärungsphilosophie und ihrer Aufdeckung der Geschichte an und für sich. In den folgenden Jahrzehnten des 19. Jahrhunderts wird die Historie die erfahrene Aufwertung nutzen, um zu einer zentralen Wissenschaft eigenen Rechts aufzusteigen. Bei der Ausarbeitung ihrer Methodik wird sie jedoch recht bald feststellen, daß ihr spezifisches Gegenstandsgebiet „die Geschichte" ein schwieriges Forschungsfeld ist, nicht zuletzt deswegen, weil die Seinsweise der Geschichte an ihr Bewußt-Sein zurückgebunden ist, also das tatsächliche Geschehen und das Wissen davon amalgamiert sind; „das Wissen von ihr ist sie selbst"[66], formuliert später Droysen.

6.3 Die Positionsbestimmung des Menschen in der Geschichte

Durch die Annahme eines universalen Werdeprozesses „Geschichte" verändert sich die Situation des Menschen grundlegend. Er ist nun gezwungen, nicht nur diesen Werdeprozeß und dessen inhärente Geschichtzeit zu bestimmen, sondern auch seine Position darin; kein Wunder also, daß die Geschichtswissenschaft zu einer zentralen Wissenschaft und die Geschichtsphilosophie zur Fundamentalphilosophie avanciert, wo der Ort des Menschen die „Welt als Geschichte" ist und man auf diesem, sich permanent verändernden Terrain Stand gewinnen muß. Um zur Erkenntnis und Bewältigung der eigenen Gegenwart zu gelangen, hatte man natürlich immer schon auf die Vergangenheit zurückgegriffen und in die Zukunft vorausgedacht. Die Umformung der Partikulargeschichten zur alles integrierenden Weltgeschichte läßt jedoch diese altbewährten Weisen geschichtlicher Orientierung unbrauchbar werden, denn die Stellung des Menschen zu Vergangenheit und Zukunft ist eine ganz andere, wo sich im Hintergrund nicht mehr die Ordnung des natürlichen Kosmos abzeichnet,

---

[64] So KANT Bd. 6, 50 [„Anthropologie in pragmatischer Hinsicht", BA 113]. Siehe auch KANT Bd. 6, 331 f. [„Der Streit der Fakultäten", A 99].

[65] ARISTOTELES, Poietik 1451b.

[66] DROYSEN 1977, 425, 397, 444.

sondern die eine, allumfassende und sich nicht wiederholende Veränderungsbewegung „Geschichte". Es wundert also nicht, wenn in der Sattelzeit das historische Wissen eine andere lebensweltliche Funktion bekommt. Der Vorgang, infolgedessen sich der pragmatische Wert der alten Historie gründlich verschiebt, läßt sich beschreiben als Übergang vom exemplarischen zum genetischen Erzählen[67] bzw. vom exemplarischen Lernen aus der Geschichte zu geschichtlicher Bildung, welche mittels geschichtlich-genetischen Denkens Selbstverständigung und Identitätsbildung bewirkt. Dies sei abschießend kurz skizziert:

Als Partikulargeschichten schlicht nur summiert wurden, konnte man noch davon ausgehen, daß sich vieles in der Geschichte wiederholt und zu unterschiedlichen Zeiten sich ähnliches zuträgt. Zudem konnte man, aufgrund theologischer Prämissen, davon ausgehen, daß sich vor dem Ende der Geschichte im Jüngsten Gericht nichts wesentlich Neues mehr einstellen würde, was über die durch Tod und Auferstehung Jesu gesetzte Zäsur hinausginge. Darum konnte man es sich leisten, von der Vergangenheit auf die Zukunft zu schließen. Das war die Basis für die Lehrbarkeit und Berechenbarkeit menschlichen, insbesondere politischen Handelns in der Geschichte. Indem aber im Laufe der Sattelzeit die Summe der Einzelgeschichten zur Einheit der Geschichte überhöht wurde, linearisierte und dynamisierte sich die Geschichte zu einer steten Einmaligkeit. Unter Geschichte versteht man seitdem einen gerichteten, irreversiblen (und, wie sich gezeigt hat, in gewisser Hinsicht auch selbstläufigen) Prozeß zeitlicher Veränderung, der den Horizont der Vergangenheit und Gegenwart ständig aufsprengt und transzendiert. „Die Geschichte" wiederholt sich nicht, sondern sie schreitet beharrlich voran; im Weitergehen ergeben sich auch keine aus der Vergangenheit schon bekannten, weil schon dagewesenen Konstellationen, sondern es werden immer neue, bislang unbekannte Phänomene heraufgeführt. Der Raum neuer Möglichkeiten ist endlos. Als Kollektivsingular aller Geschichten verliert die Geschichte demnach ihren vormaligen Status zeitenthobener Regelhaftigkeit. Sie ist jetzt schlechthin einmalig, jede geschichtliche Stunde ist einzigartig. Es waren die Erfahrungen der Französischen Revolution, die dies nachdrücklich zu Bewußtsein gebracht hatten. Vor dem sozialgeschichtlichen Erfahrungshintergrund eines beschleunigten Wandels der entstehenden bürgerlichen Gesellschaft in dieser Epoche mußte Geschichte als Fortschritt, als die permanente Entstehung neuer Formen menschlicher Lebenspraxis gedacht werden.[68] Der Begriff „Fortschritt" ist zu dieser Zeit deckungsgleich mit „Geschichte". In welcher Hinsicht bedingen diese Veränderungen nun aber einen Funktionswechsel des historischen Wissens?

Seit Jahrhunderten empfing die Historie ihre Daseinsberechtigung dadurch, daß sie über einen zu Handlungsregeln aufbereiteten Schatz gemachter Erfahrungen verfügte, mit dem die Gegenwart bewältigt werden konnte. Seit jeher war es Aufgabe der Historie, Erfahrungen zu exemplarischen Regeln aufzubereiten, um dann – bei natürlicher Wiederkehr gleicher Umstände – von früher auf heute dieselben Regeln zur Anwendung zu bringen. Noch bis ins 18. Jahrhundert konnte die Geschichte um dieses recht konkreten Zweckes willen betrieben werden. Man wollte Nutzen von ihr haben, und den glaubte man

---

[67] RÜSEN 1990, 216.
[68] JAEGER 1998, 726 f.

darin zu finden, daß sie die Erfahrungen anderer lehrt und für das eigene Handeln verwertbar macht. Historische Erkenntnis sollte und konnte auf diese Weise unmittelbar in Handlung umgesetzt werden.[69] Nach der Französischen Revolution sind aber Maximen des Handelns aus ihr nicht länger zu gewinnen, denn die Voraussetzungen dafür sind schlechterdings entfallen. Der Schluß von der bisherigen Geschichte auf die zu erwartende Zukunft bediente sich ja strukturell gleichbleibender Faktoren. Wer aber davon überzeugt ist, daß die Geschichte einmalig ist und sich nicht wiederholt, kann keine analogen Lagen in der Vergangenheit mehr aufweisen, aus denen für das Verhalten in der eigenen Zeit Schlüsse gezogen werden könnten. Die Zukunft, das hat die Revolution gezeigt, führt keine der Vergangenheit ähnlichen Situationen mehr herauf, sondern immer nur Neues und noch nie Dagewesenes. Zudem haben Wissenschaft und Technik einen unbegrenzten Raum neuer Möglichkeiten zu erschließen begonnen. Die Vernunft, sagt Kant, kennt keine Grenzen ihrer Entwürfe.[70] Es muß jetzt damit gerechnet werden, daß die hereinbrechende Zukunft den Horizont schon gemachter Erfahrungen grundsätzlich überschreitet und stets aufs Neue hinter sich läßt.[71] Der Radius der Zukunftserwartungen ist also mit dem Raum gemachter Erfahrungen nicht mehr ohne weiteres zur Deckung zu bringen. Aufgrund dieses, wie Koselleck formuliert, Auseinanderdriftens von Erfahrungsraum und Erwartungshorizont[72] wird natürlich die überkommene Aufgabe der Historie, Lehrerin des Lebens und speziell Lehrmeisterin der Mächtigen zu sein, fraglich. Der Vergangenheit mustergültige Exempel entnehmen zu wollen, mittels deren man eine Gegenwart zu bestehen glauben kann, welche immer aufs Neue und immer schneller aus der Kontinuität einer früheren Zeitweise ausbricht, muß jetzt als ein von vornherein aussichtsloses Unterfangen erscheinen.

Wenn also unter der Voraussetzung einer unvordenklichen, nicht altbekannte Muster nur wiederholenden Zukunft das prognostische Potential, das bislang den alten Historien eignete, seine Relevanz verliert, ist die Historie gezwungen, ihre Lehrtätigkeit umzubauen. Sie kann einer die Vergangenheit diskontinuierenden Gegenwart nicht mehr wie bisher altbewährte Handlungsregeln andienen. Aber sie muß die im Bewußtsein der Menschen entstandene Differenz zwischen Erfahrung und Erwartung, zwischen dem schon Erlebten und der Zukunft, auch nicht bloß unvermittelt aufklaffen lassen. Der Abstand zwischen altbekannter

---

[69] Ein Musterbeispiel für diese Art pragmatischer Geschichtsschreibung sind Machiavellis *Discorsi*, wo aus Livius' historischer Darstellung Regeln der Politik generiert werden.

[70] So KANT Bd. 6, 35 [„Idee zu einer allgemeinen Geschichte in weltbürgerlicher Absicht", A 389].

[71] Freilich ist diese Art von Zukunftserwartung nichts *grundlegend* Neues. Im Kontext christlicher Eschatologie wurde Zukunft schon seit jeher auf diese Weise verstanden, allerdings erst für das Ende der Welt erwartet bzw. mit dem ersten Kommen Jesu als schon begonnen gedeutet. Im Zusammenhang der Historie als Wissenschaft setzt sich eine ähnliche Konzeption von – allerdings rein innerweltlicher – Zukunft jetzt erst durch.

[72] Unter Erfahrungsraum versteht Koselleck das gesamte Erbe der Vergangenheit, dessen sedimentierte Spuren gewissermaßen den Boden bereiten, auf dem unsere Prognosen und Pläne, Wünsche und Befürchtungen, kurz: unsere Antizipationen von Zukunft sich gründen. Einen Erfahrungsraum gibt es somit immer als Gegenpol zu einem Erwartungshorizont. Der Austausch zwischen beiden vollzieht sich innerhalb der lebendigen Gegenwart einer Kultur.

Vergangenheit und sich stets neu gebärdender und als neu und fortschrittlich zu erwartender Gegenwart läßt sich nämlich – und das ist ja gerade die Entdeckung der Sattelzeit – zu einem Prozeß verzeitlichen, eben zu „der Geschichte" im Singular. Mit anderen Worten: Die Historie kann keine exemplarischen Geschichten mehr erzählen, die ja nur da Sinn machen, wo es im Heute Situationen gibt, die den gestrigen Handlungsumständen analog sind; statt dessen soll sie nun solche Geschichten erzählen, welche die Vergangenheit erinnern als eine Veränderungsbewegung, die zu der gegenwärtigen, ganz neuen Situation geführt hat. Genau das tun genetische Geschichten. Sie dynamisieren und prozessualisieren die Vergangenheit, so daß sie nicht als das ganz Andere zur Gegenwart erscheinen muß, sondern als das Werden, als die allmähliche Genese der Gegenwart zur Geltung kommen kann, m.a.W. als „Fortschritt in Richtung Gegenwart". Auf diese Weise läßt sich der Bruch zwischen Vergangenheit und Gegenwart bzw. Zukunft glätten und geschichtliche Kontinuität und somit lebensweltliche Orientierung erzielen.

Für die Lehrfunktion der Historie bedeutet dies: *Exemplarisch* kann aus der zur steten Einmaligkeit verzeitlichten Geschichte sicherlich nicht mehr gelernt werden, doch kann statt dessen durch die Aufarbeitung der Vergangenheit ein langfristig fortschreitender *Prozeß der Bildung* angestoßen werden. Es kommt jetzt darauf an, die Geschichte insgesamt zu erkennen, ihren Verlauf und ihre Richtung, die eigene Position darin und deren Genese. Die Historie ist jetzt nicht mehr Beispielsammlung bewährter Fremderfahrungen unmittelbar praktischer Anwendbarkeit, sondern der unverzichtbare Weg zur wahren Erkenntnis des eigenen Zustandes. Das Bildende der Geschichte liegt nun nicht mehr in den Beispielen, die sie dem gegenwärtigen Handeln liefert, sondern in der „Arbeit des Geistes, wie er zur Erkenntnis dessen gekommen ist, was er ist"[73]. „Dieser Prozeß, dem Geistes zu seinem Selbst, zu seinem Begriffe zu verhelfen, ist die Geschichte"[74], beteuert Hegel.

„Was die Erfahrung aber und die Geschichte lehren, ist dieses, daß Völker und Regierungen niemals etwas aus der Geschichte gelernt und nach Lehren, die aus derselben zu ziehen gewesen wären, gehandelt haben. (...) Das Bildende der Geschichte ist etwas anderes als die daraus hergenommenen Reflexionen. Kein Fall ist dem anderen ganz ähnlich ..."[75]

Geschichte wird jetzt um des geschichtlichen Selbstbewußtseins willen betrieben, das auf Kontinuität angewiesen ist und sich durch genetisches Erzählen dieser vergewissert. Kontinuität im geschichtlichen Selbstbewußtsein des Geistes, das ist die Historie als „begriffene Geschichte"[76]. In das Leben greift dieses geschichtliche Wissen nicht mehr auf dem Wege direkter Handlungsregelung ein, sondern eher mittelbar auf dem Umweg geschichtlicher Identitätsbildung. Das Geschichtswissen hilft ein geschichtliches Selbstbewußtsein – das einzige jetzt mögliche – ausprägen, welches über das Werden der eigenen Gegenwart und damit über sich selbst informiert ist.

---

[73] HEGEL 1955, 183.
[74] HEGEL 1955, 72.
[75] HEGEL 1955, 19; ähnlich HEGEL Bd. 12, 17.
[76] HEGEL Bd. 3, 591.

„Damit erhält auch der Satz Historia vitae magistra einen höheren und zugleich bescheideneren Sinn. Wir wollen durch Erfahrung nicht sowohl klug (für ein andermal) als weise (für immer) werden."[77]

Indem später der Historismus des späten 19. Jahrhunderts erkennt, daß in diesem Projekt immer noch Reste des Idealismus stecken, von dem man sich absetzen will, begnügt er sich mit der Meinung, es sei schon genug, wenn irgendwelche Ereignisse der Vergangenheit gewußt würden *(ut sciantur)*, d.h. zu gegenständlichem Wissen kämen. So wird schließlich das historische Wissen vollends aus der Verpflichtung entlassen, handlungsrelevant zu sein und sei es auch nur auf dem Wege genetischen Erzählens. Geschichte wird hier ganz um ihrer selbst willen betrieben, und geschichtliches Wissen ist inhaltlich nicht mehr auf die Genese der *eigenen* Gegenwart verpflichtet. Der Historismus bedenkt dabei jedoch zu wenig, in welcher Weise dieser vermeintlich objektiv-neutrale Standpunkt vor der Geschichte selber wieder ein entscheidender Faktor im geschichtlichen Geschehen ist.[78] Zu keiner Zeit ist der Geschehensprozeß „Geschichte" gleichgültig gegenüber seiner Thematisierung und insbesondere der Art seiner Thematisierung. *Jedes* Wissen um Geschichte, so hatte ja die Geschichtsphilosophie der Aufklärung unmißverständlich deutlich gemacht, hat immer auch – und sei es auf Umwegen – Auswirkungen auf die Handlungsentwürfe der Menschen und damit auf den Gang der Geschichte; die Frage ist nur, welche?[79] Zur Sattelzeit prägte die Auseinandersetzung mit der Geschichte, wie sich gezeigt hat, primär das Selbstbewußtsein der Menschen. Nichtsdestotrotz forderte sie sekundär auch deren Handeln heraus und beeinflußte auf diese Weise den zukünftigen Gang der Geschichte. Daß auch die speziell historistische Art, Geschichte zu Bewußtsein zu bringen, das Handeln der Menschen und somit den Gang der Geschichte nachhaltig prägt – indem sie es lähmt –, hat kaum ein anderer so deutlich gesehen und gebrandmarkt wie der junge Nietzsche.

---

[77] BURCKHARDT 1978, 10.

[78] Vgl.: „Die Natur mag eine Geschichte haben, aber diese Geschichte betrifft die Natur in ihrem Sein nicht. Die Menschen haben eine Geschichte und sind von dieser Geschichte betroffen. Im Gegensatz zu natürlichen Dingen ändert das Haben von Geschichte das Sein der Menschen. Mithin gehört das Wissen um Geschichte zur Existenzweise des Menschen. Da das Haben von Geschichte das Wissen um Geschichte herausfordert, nimmt dieses Wissen auch wieder Einfluß auf das Sein der Menschen. Das gesteigerte Geschichtsbewußtsein wird selber ein Faktor im historischen Prozeß." (BUBNER 1984, 26).

[79] Wenn zum geschichtlichen Geschehen seine Thematisierung notwendig hinzukommt, muß dann nicht umgekehrt das Thematisieren von Geschichte immer auch als Moment des geschichtlichen Geschehens gedacht werden? Das würde bedeuten, daß jede Form von Geschichtsdenken auf ihren „Sitz im Leben" zu befragen, d.h. als eine Art Praxis in Anschlag zu bringen wäre. Geschichtenerzählen wäre als Erzählhandlung und die Erzählsituation als eine Handlungssituation zu verstehen. Dies versucht am radikalsten Heidegger, vgl. dazu *Zweiter Teil*, Kap. II.

Kapitel II: Geschichtsbewußtsein unter nachidealistischen Bedingungen

Die historische Semantik des lateinischen Wortes „historia" und des deutschen Wortes „Geschichte" (s.o. Kap. I) hat gezeigt: Von Geschichte kann im eigentlichen Sinn nur da gesprochen werden, wo es (Geschichts-)Bewußtsein[1] gibt. Zur Geschichte als Geschehen gehört immer jemand, der sie zur Kenntnis nimmt.[2] Diese Kenntnisnahme muß nicht auf Augenzeugenschaft beruhen. Es kann auch sein, daß ein vergangenes Geschehen aus geschichtlichen Quellen und Überresten der Vergangenheit bloß rekonstruiert wird. Selbst dann gehört zur Geschichte als Geschehenszusammenhang immer noch das Gewußtsein. Die Seinsweise der Geschichte ist also stets an ihr Bewußtsein zurückgebunden und damit an eine Form von Denken, von Geist bzw. Vernunft. Im Raum steht nun die Frage, wie sich das Geschichtsbewußtsein unter nachidealistischen Bedingungen gestaltet, wo der Geschichtsverlauf nicht ohne weiteres mehr in die Systematik einer sich durch die Jahrhunderte dialektisch selbst entfaltenden Vernunft aufgehoben werden kann? Welche Denkform wird hier zunächst prägend – im Alltag, aber mehr noch *im Verhältnis der Philosophie zu ihrer eigenen Denkgeschichte?*

Noch bis in die Neuzeit hinein hatte das philosophische Denken in der bleibenden Natur- und Wesensordnung des Kosmos sein festes Gegenüber. Von diesem sicheren Stand aus konnte es sich an das Begreifen von Geschichte machen. Seitdem aber in der Sattelzeit alle möglichen Einzelgeschichten in die *alles* umfassende Weltgeschichte – „die Geschichte" im Kollektivsingular – integriert sind, gerät die Natur in die Position einer bloßen Randbedingung der geschichtlichen Lebenswelt der Menschen und wird als solche zunehmend selbst geschichtlich verstanden; diesen Vorgang bedenkt im folgenden Abschnitt 1. Für die Philosophie bedeutet dies den Verlust ihres sicheren Haltes und – in der Konsequenz – sich selbst zu vergeschichtlichen. Die Philosophie kommt nicht umhin, ihr eigenes Fundament, die allgemeine Menschenvernunft, als etwas historisch Gewordenes und damit geschichtlich Veränderliches zu begreifen. Als Ergebnis dieses Prozesses zunehmender Vergeschichtlichung scheint, wo idealistische Positionen zurückgewiesen werden müssen, der Historismus unabwendbar. Doch wenn die systematische Philosophie abtreten muß zugunsten der Geschichte der Philosophie, wozu diese dann noch?, so fragt Abschnitt 2. Die Idee der philo-

---

[1] Hegel zieht den Kreis noch einmal enger: Geschichte beginnt seiner Ansicht nach erst da, wo es auch Geschichtsschreibung gibt, also erst bei den Hochkulturen mit Schriftlichkeit (vgl. HEGEL Bd. 12, 83 f.).

[2] Die Unterscheidung Geschichte-als-Geschehen (res gestae, Ereignis, Tat) ⇔ Geschichte-als-Erzählung (historia rerum gestarum, dargestelltes Geschehen) reflektiert die Doppelstruktur von Geschichte als Wirkungszusammenhang und Darstellung des Wirkungszusammenhangs (so SCHNÄDELBACH 1987, 136) bzw. als Wirkungs- und Sinnzusammenhang (so FABER 1975, 16). Seit Hegel hat sich dafür auch die Gegenüberstellung „objektive Geschichte" ⇔ „subjektive Geschichte" eingebürgert, die hier jedoch nicht übernommen werden soll. Arthur Danto unterscheidet analog zwischen „Geschichte-als-Wirklichkeit" und „Geschichte-als-Gedanke" (DANTO 1980, 189).

sophischen Wahrheit scheint sich aufzulösen. Es deuten sich zwei Richtungen an, in denen eine Lösung gesucht werden könnte und de facto auch gesucht wurde:
- Man könnte zurückkehren zu Kants Transzendentalphilosophie, d.h. zu den zeitlosen Möglichkeitsbedingungen des Erkennens überhaupt, um von daher der philosophischen Erkenntnis wieder Standfestigkeit zu verleihen. Dieser Weg wird, was die Zuspitzung auf die Geschichtserkenntnis betrifft, vom südwestdeutschen Neukantianismus (Rickert) am konsequentesten verfolgt. Ganz ähnlich wird später Hans Michael Baumgartner im Zurück zu den geschichtslosen Möglichkeitsbedingungen der Geschichtserkenntnis den einzig erfolgversprechenden Weg sehen, den Nachlaß des Idealismus – die Aporien des Historismus – zu überwinden. Er bewältigt dieses Pensum freilich mit den Denkmitteln der inzwischen entstandenen narrativistischen Geschichtstheorie (s.u. *Zweiter Teil*, Kap. IV). Im Vorausblick auf Baumgartner, aber auch auf Heidegger, der sich in jungen Jahren kritisch mit dem Neukantianismus und dessen Wertphilosophie auseinandergesetzt hat, erscheint es daher sinnvoll, einen ausführlicheren Seitenblick zu werfen auf Rickerts Versuch, dem Historismus die Stirn zu bieten (s.u. Abschn. 3).
- Als Alternative bietet sich an, nicht immer bloß die philosophische Erkenntnis gegen die Zeitlichkeit zu sichern zu suchen, sondern – radikaler – zu fragen, ob es nicht doch einen inneren Zusammenhang von Wahrheit – und damit von Philosophie – und Zeit geben könnte. Das wird später die Frage Heideggers sein (s.u. *Zweiter Teil*, Kap. II).

1 In der Geschichte stehen, nicht mehr in der Natur

Durch die Verknüpfung von geschichtlichem Geschehen und menschlichem Bewußtsein – d.h. Kenntnisnahme bzw. Kenntnisgabe an Dritte – scheint die Geschichte zwar nicht ausschließlich, aber doch primär *menschliche* Geschichte zu sein.[3] Geschichte ist nicht *irgendein* Geschehen, sondern ein solches, an dem der Mensch wesensmäßig beteiligt ist, und zwar so, daß er um sein Verstricktsein in dieses Geschehen auch weiß.[4] Nichtsdestotrotz besteht die prinzipielle Möglichkeit, auch denjenigen Subjekten Geschichte zuzuschreiben, die um ihre eigene Geschichte nicht wissen.

---

[3] Vgl.: „Die Natur hat kein Erinnern. Nur was Menschengeist und Menschenhand geprägt, geformt, berührt hat, nur die Menschenspur leuchtet wieder auf. Geschichte ist »überall«, wo der Mensch hinkommt mit seiner Qual«." (DROYSEN 1977, 397; ferner 444).

[4] Heidegger unterstreicht diesen Gedanken und treibt ihn auf die Spitze: Menschsein, so sagt er, ist wesenhaft geschichtliches Geschehen und das Wissen darum. „Geschichte besagt ein Geschehen, das wir selbst sind, wo wir dabei sind. Es besteht ein Unterschied zwischen Geschichte und Bewegung, z.B. der Gestirne. (...) Geschichte ist formal eine bestimmte Art der Bewegung. Sie ist solches Geschehen, das als Vergangenes noch da ist, um das wir in bestimmter Weise wissen, an dem wir tragen." (HEIDEGGER KV 174) Ferner: „[Es] muß gesagt werden, daß die Frage nach dem Wesen der Geschichte nichts anderes ist als unsere Leitfrage: »Was ist der Mensch?« Denn nur der Mensch hat Geschichte, weil nur er allein Geschichte sein kann, sofern er und je nachdem er ist." (HEIDEGGER GA 38, 78).

„Die Geschichtsbetrachtung hat es mit dem Menschen zu tun, zwar auch mit den Institutionen, mit Zuständen und überpersönlichen Mächten, aber auch darin immer mit dem Menschen."[5] Geschichte hat es, genauer gesagt, „mit der Lebenswelt des Menschen zu tun. Dies bedeutet jedoch nicht, daß Geschichten nur von menschlichen Subjekten und ihren Handlungen erzählend berichten. Vielmehr können alle Elemente dieser Lebenswelt, bis hin zu den allgemeinsten und komplexesten Formationen, Referenzsubjekte von Geschichten sein; freilich nur unter der Bedingung, daß sie sich eindeutig auf die Ebene raum-zeitlicher Ereignisse bzw. Ereignisfolgen, die allein als Substrat für Erzählungen dienen können, abbilden lassen."[6]

Wenn nicht allein der Mensch, sondern alle Elemente menschlicher Lebenswelt Referenzsubjekte von Geschichten sein können, macht folglich auch die Rede von einer Naturgeschichte[7] Sinn. Spätestens seit Darwin[8] ist klar, daß auch die vermeintlich gleichbleibenden Strukturen der Natur nichts Statisches sind, sondern sich, allerdings im Vergleich zur Menschengeschichte äußerst langsam, verändern. Auch die Natur hat demnach Geschichte, weil auch sie Prozeßcharakter[9] besitzt; aber sie weiß nichts von ihr. Die Reflexivität bzw. das vielfach auch „Dasein" genannte subjektive Selbstverhältnis ist das entscheidende Kriterium, um von Geschichte im Vollsinn des Wortes reden zu können.[10]

Die abendländische Tradition hat nun die Natur in der Regel auch gar nicht als solches verstanden, was auch Geschichte hätte, sondern immer als das, *worin* sich die Geschichte abspielt, nämlich die Geschichte der Menschen. Die Natur, aufgefaßt „als das, was unabhängig von der Vermittlung durch den Menschen rein von sich her anwest"[11], lieferte sozusagen den Bezugsrahmen, den Bereich oder, wie man heute gern sagt, die Bühne[12] für die Menschengeschichte, wobei freilich der Mensch nicht nur auf dieser Naturbühne agierte, sondern stets durch die ihm eigene Menschennatur in die Natur selbst ein- und rückgebunden vorgestellt war.[13] Anders formuliert: Die Geschichte ist in der philosophischen Traditi-

---

[5] WITTRAM 1968, 25.

[6] BAUMGARTNER 1976, 283.

[7] Die langfristig sich anbahnende Historisierung – modern gesprochen – der Natur, also ihre temporale Einstufung, durch welche Auffassung sie selber eine Geschichte bekommt, gelangt zum Durchbruch bei Kant: *„Man muß ... eine G e s c h i c h t e der Natur wagen, welche eine abgesonderte Wissenschaft ist, die wohl nach und nach von Meinungen zu Einsichten fortrücken könnte."* (KANT Bd. 6, 30 = „Von den verschiedenen Rassen der Menschen", B 164) Damit war der Weg frei für die Entwicklungstheorien des nachfolgenden Jahrhunderts, in denen sich Geschichte als Leitsektor auch der Naturforschung erweisen sollte. Vgl. dazu auch KOSELLECK 1975, 678-682; DROYSEN 1977, 470 ff.

[8] DARWIN 1859.

[9] Besonders die englische Naturphilosophie des 20. Jh. (bspw. Alfred North Whitehead) hat den Prozeßcharakter alles natürlichen Seins erwiesen; sie hat damit freilich den Gegensatz zwischen Natur und Geschichte abgeschwächt.

[10] Vgl. INWOOD 1999, 37.

[11] BRANDNER 1994, 17.

[12] SLOTERDIJK 1986.

[13] Vgl.: „Der Mensch, d.h. das als solches vergessene Subjektum, gehört in das Ganze des Seien-

on über lange Zeit hinweg nur als ein besonderes Geschehen innerhalb der als Naturzusammenhang und Naturgeschehen aufgefaßten Welt verstanden worden.

Es hat sich „aus dem allgemeinen Weltgeschehen dasjenige der menschlich-gesellschaftlichen Welt als ein eigener Gegenstand der Besinnung überhaupt erst abgehoben ..., als ein Werden, dessen Prinzipien sich nicht mit denen des Werdens der φύσις als einer γένεσις εἰς οὐσίαν decken. Die Antike hatte zwar eine Historie, aber nicht eine philosophische Theorie der Geschichte, weil in ihrer Metaphysik kein Raum war für einen Begriff vom Werden der menschlichen Geschichte im Unterschied zum Werden der Natur."[14]

Darum auch sind der Philosophie noch bis ins 19. Jahrhundert hinein Kosmologie, Physik und Ethik wichtiger gewesen als Geschichtsphilosophie. Erst recht ist umfassender die Ontologie bzw. Metaphysik. Die umfassendere Frage war stets die Frage nach den unwandelbaren bzw. übergeschichtlichen Größen. Alle Veränderungen in Sinn und Ordnung des menschlichen Lebens verstand man im Hinblick auf dieses Unwandelbare – den Kosmos als immergleiches, sinnvoll strukturiertes und somit bergendes Ganzes –, das ja selbst seine Rätsel hatte und daher ein weit dringlicheres Problem war als die Geschichte. In bezug auf die wandelbaren Größen schien der abendländischen Menschheit deshalb wichtiger als ihre Wandlungen stets ihr Sein, aufgefaßt als bleibendes Wesen[15], in bezug auf den Menschen also die Natur des Menschen, die ihrerseits nur als Glied im Ganzen der Natur als eines Kosmos zu haben war.[16]

„Welche Tragkraft immer dem Wort »Natur« in den verschiedenen Zeitaltern der abendländischen Geschichte zugemutet ist, jedesmal enthält es eine Auslegung des Seienden im Ganzen, dies auch dort, wo es scheinbar nur als Gegenbegriff gemeint ist. In all diesen Unterscheidungen ist die Natur nicht nur eine Gegenseite, sondern wesentlich in der Vorhand, sofern immer und zuerst gegen *sie* unterschieden und so das Unterschiedene *von ihr*

---

den im Sinne des »Objektiven« und ist innerhalb desselben nur ein flüchtiges Staubkorn" (HEIDEGGER GA 66, 160). Der späte Heidegger wird hinter dieser, für die abendländische Tradition bis zu Descartes üblichen Art, den Menschen zu verstehen, indem man ihn – objektgleich – in die Reihe der Naturdinge einstellte, einen, seiner Ansicht nach für die ganze abendländische Denkgeschichte charakteristischen Anthropomorphismus, d.h. Subjektivismus ausmachen und dies, obgleich hier doch noch lange kein neuzeitliches Subjekt in Sichtweite ist, sondern vorderhand eher vorkritischer Objektivismus zu regieren scheint. Heidegger meint jedoch, daß dieser vorneuzeitliche Objektivismus nur die Kehrseite eines Anthropomorphismus ist, der dann in der Neuzeit endlich als solcher, d.h. als Subjektivismus, ans Licht tritt: „Die Aufsteigerung des Menschen in das schrankenlose Machtwesen und die Auslieferung des Menschen an das unerkennbare Schicksal des Ablaufs des Seienden im Ganzen gehören zusammen, *sind* dasselbe. Die Unterschiede des antiken »Anthropomorphismus« und des neuzeitlichen verlaufen *innerhalb* der metaphysischen Grundstellung des bisherigen abendländischen Menschen." (ebd., 160) Durch das Herausarbeiten der Antike, Mittelalter und Neuzeit verbindenden, metaphysischen Grundstellung relativiert Heidegger natürlich den Bruch, der sich im Übergang vom Leitbegriff „Natur" zur Geschichte auftut und der Gegenstand dieses Kapitels ist.

[14] LANDGREBE 1967, 182.

[15] Deshalb nennt Heidegger diese Art von Ontologie *Wesens*philosophie.

[16] KRÜGER 1958, 99 f., 104.

her bestimmt wird. (...) Das Gefüge der jeweiligen Wahrheit »über« das Seiende i.G. heißt »Metaphysik«. (...) Meta-physik ist in einem ganz wesentlichen Sinne »Physik« – d.h. ein Wissen von der φύσις (ἐπιστήμη φυσική)."[17]

Wenn sich diese herkömmliche Zuordnung von Natur und Geschichte nun aber, da grundsätzlich fraglich geworden, fundamental änderte, was natürlich immer auch ontologische Implikationen hat, was dann? Die diesbezüglich entscheidende Wende wird durch naturwissenschaftlich experimentelle Forschungen am Beginn der Neuzeit eingeleitet, die zum Zerfall der Idee eines geordneten und sinnstiftenden Kosmos führen, der als Hintergrundgedanke alles Wissens und Handelns sowohl die griechische als auch die mittelalterliche Philosophie bestimmt hatte. An seine Stelle tritt mehr und mehr die Natur als bloß faktisches Resultat ihrer Evolution. Erst dadurch wurde der Mensch der Moderne ortlos und zu einer Sinnstiftung in eigener Regie genötigt, die ihn seinen Platz fortan in der Geschichte suchen und bestimmen ließ.

Ein weiteres Motiv für eine grundlegende Wende im Verhältnis von Natur und Geschichte ist im Abdanken der Metaphysik zu sehen, die *erkenntnistheoretisch* erstmals im Nominalismus, später auch *inhaltlich* im Scheitern der Theodizee in Mißkredit geriet. Mit letzterer beschäftigt sich vor allem Odo Marquard (s.u. *Zweiter Teil*, Kap. III). Er zeigt auf, daß die Frage, wie der Schöpfergott angesichts der unübersehbaren Übel in der Welt noch zu rechtfertigen sei, *neuzeitlich* nur dadurch gelöst werden konnte, daß der Mensch die Sinnstiftung seines Erfahrungs-, Lebens- und Handlungsraumes, nämlich der Geschichte, in die eigene Verantwortung übernahm, sich also *autonom* verstand. Weil ab sofort der Mensch die Geschichte selbst macht, hat er natürlich auch für die Übel in der Geschichte verantwortlich zu zeichnen. Die Geschichte gerät ihm auf diese Weise zum absoluten Horizont, zum Horizont von Sinnstiftung schlechthin.[18]

Die skizzierten neuzeitlichen Entwicklungen führen allesamt dazu, daß sich das Zueinander von Menschengeschichte und Natur in neuer Weise einrichtet, jetzt ins Gegenteil gewendet. Nun ist nicht mehr die Natur, sondern die Geschichte die umfassendste Dimension menschlichen Seins und damit auch des menschlichen Denkens.[19] Und während noch zuvor gefragt wurde nach dem Menschen als einem Wesen, das zur Welt als Natur bzw. Kosmos gehörte, so wird jetzt nach der Welt gefragt, die als geschichtlicher Lebensraum unhintergehbar zum Menschen gehört. Doch dabei gibt es nun keinen Standpunkt außerhalb der Geschichte mehr, von dem aus man ohne weiteres auf die Welt und ihre Geschichte objektiv herabschauen könnte, sondern jeder im Denken bezogene Standpunkt ist zunächst *innergeschichtlich*, also ein in sich geschichtlich bedingtes Erzeugnis und damit höchst relativ.

---

[17] HEIDEGGER GA 9, 240 f.

[18] Vgl. MARQUARD 1973, 68 u. 70.

[19] Der Umschwung von der Natur zur Geschichte geschieht freilich über Zwischenstufen. Die Historisierung erfolgte im 18. Jh. als Reaktion auf die vorangegangene Mathematisierung des Denkens. Der neue Leitbegriff „Geschichte" befreit daher unmittelbar von einem mathematisch-mechanischen Naturbegriff und der dazugehörigen mechanistischen Weltinterpretation, nur mittelbar vom Leitbegriff „Natur" überhaupt; vgl. dazu SCHNÄDELBACH 1987, 27-32.

„Wenn die Ordnung der Natur nicht mehr der Hintergrund sein kann, von dem her sich alles bestimmen und begreifen läßt, wenn der allmächtige Gott nicht mehr als gründender Horizont vorhanden ist und der Schöpfungsgedanke keine Verbindlichkeit mehr besitzt, dann werden gleichsam zwangsläufig Substitute gesucht: Substitute für den Ausfall der Natur und den Ausfall Gottes. Als ein solches Substitut bietet sich in der in Rede stehenden Zeit der Gedanke »Geschichte« an, weil just in ihr der Mensch sich in seiner Autonomie, ja in seiner Absolutheit, in – wie es scheint – angemessener Weise begreifen kann. Eben damit aber ist sowohl ein Perspektivenwechsel wie auch ein Stilwandel des Denkens vollzogen: Die Geschichte wird nun zum Leitbegriff, der an die Stelle sowohl des göttlichen Kosmos wie des absoluten Gottes treten kann; indem sie diese Stelle besetzt, wird sie zum neuen Erlösungssymbol der Menschheit."[20]

Mit diesen Überlegungen über die Verhältnisneubestimmung von Natur und Geschichte ist der *terminus a quo* erreicht, an dem die Fragestellung „Was heißt in der Geschichte stehen?" erstmals aufkommen kann, dann aber auch aufkommen muß. Die Formulierung als solche spielt darauf indirekt schon an: „Was heißt eigentlich in der Geschichte stehen?" Mitgesagt ist dabei nämlich: „in der Geschichte stehen, nicht in der Natur". Die Geschichte, um die es hier geht, ist also aufgefaßt als unüberholbarer Horizont, innerhalb dessen sich Menschsein in *all* seinen Dimensionen vollzieht, zu dem es also zunächst einmal kein Außen gibt (auch das Denken ist in die Geschichte eingelassen) und offenbar auch kein Gegenüber. Der Geschichtsbegriff hat den Naturbegriff beerbt und Bedeutungen übernommen, die jenem zuerst angehörten. Jetzt ist die Geschichte der letzte Horizont, vor dem sich das menschliche Leben abspielt.

Philosophiegeschichtlich tritt dies – d.h. die offenkundige Unmöglichkeit, die Geschichte wie bisher durch Physik bzw. Metaphysik zu unterfangen – in der Philosophie des späteren 19. Jahrhunderts zutage, in der nachhegelschen Philosophie, in dem Problemkreis, den man für gewöhnlich als „die Probleme der Geschichtsphilosophie"[21] bzw. „d a s   P r o b l e m   d e s   s o g e n a n n t e n   H i s t o r i s m u s "[22] bezeichnet. Gemeint sind Geschichtsdenker wie Leopold von Ranke, Jacob Burckhardt, Gustav Droysen und auch Wilhelm Dilthey. Der Hintergrund dieses Problemkomplexes ist ein doppelter: Einerseits beginnt sich hier die Geschichtskunde erstmals als wissenschaftliche Forschung zu konstituieren unter dezidierter Ablehnung aller geschichtsphilosophischen Spekulation und Geschichtsmetaphysik. Der allgemeine Kontext ist also der „einer restriktiven Kritik an der

---

[20] BAUMGARTNER 1996, 166 f.

[21] Vgl.: „Sucht man für diese ganze Problemgruppe einen Namen, so wird man sie nur als die Probleme der G e s c h i c h t s p h i l o s o p h i e bezeichnen können, ganz ähnlich wie man ja auch die analogen Probleme der Naturwissenschaften als Naturphilosophie zu bezeichnen pflegt. Freilich sind beide Worte für bestimmte konkrete Problemlösungen, für die Schellingsche Naturphilosophie und ihre Abkömmlinge einerseits, für die Hegelsche Geschichtsphilosophie und ihre Verwandten andrerseits dereinst einseitig festgelegt worden und sind sie daher vielen noch heute verdächtig. Allein will man sich nicht der unentbehrlichsten Worte berauben lassen, so darf man jene beiden Worte nicht einseitig auf jenen vergangenen Problemlösungen sitzen lassen. Denn jene Problemlösungen bedeuten nur eine Möglichkeit der Lösung unter vielen und sind heute beide in dieser Weise nicht entfernt mehr möglich." (TROELTSCH 1922, 7).

[22] TROELTSCH 1922, 9.

Vernunftspekulation des Idealismus"[23]. Das Aufrücken der Geschichte in den Rang einer Wissenschaft hat andererseits zur Folge, daß alle Wissenschaften vom Menschen, die nun als Geistes- oder Kulturwissenschaften zusammengefaßt werden, grundlegend historisiert werden. Damit ist gemeint, daß nun die Repräsentanten dieser Disziplinen und die von ihnen beigebrachten wissenschaftlichen Erkenntnisse *historisch situiert* und von daher, also aus ihrem historischen Kontext heraus, bewertet werden. Langfristig entsteht so die Aufgabe, die scheinbar universale Bedeutung früherer Ergebnisse und Problemstellungen auf eine regionale einzuschränken – sie haben Gültigkeit und Plausibilität nur noch in einem umgrenzten lokalen und epochalen Horizont – und, wo es sich machen läßt, von einem neuen, aktuellen Problemzentrum aus umzudeuten.

Auch die Philosophie, bislang als *philosophia perennis* konzipiert, entgeht diesem Schicksal der Historisierung[24] nicht. „Nachdem die Philosophie einmal die Geschichte systematisiert hatte, konnte diese Geschichte auf die Philosophie zurückwirken und sie geschichtlich begreifen."[25]

„Für die Vernunft bedeutet dies, daß die historische Vernunft nur als jemandes Vernunft, als Vernunft eines identifizierbaren Individuums oder Kollektivs identifiziert werden kann. Die so identifizierte Vernunft wird zudem situationsabhängig sein ..."[26]

Die philosophische Vernunft rückt in die Geschichte ein und unterliegt nun ihrerseits dem geschichtlichen Gestaltwandel. Was seit der Antike scheinbar unumstößlich in Geltung war – die Überzeugung, der Vernunft könnten Zeit und Geschichte nichts anhaben –, ist nun erschüttert. Der Ort der Vernunft kann nicht länger *vor* der Geschichte ausgemacht werden, sondern muß immer wieder neu *mitten in ihr* gesucht werden. Die Vernunft ist geschichtlich bedingt. Eigentlich zeigt sich hier nur, was schon längst zu erwarten gewesen war. Weil ja die Vernunft als Korrelat der unveränderlichen Ordnung der Natur als Kosmos angesetzt worden war, mußte mit der Konzeption des Kosmos zwangsläufig auch sein gnoseologisches Gegenüber fallen, die außergeschichtliche Vernunft. Friedrich Meinecke faßt diesen Sachverhalt sehr schön zusammen:

„Es war insbesondere die von der Antike her herrschende naturrechtliche Denkweise, die den Glauben an die Stabilität der menschlichen Natur, voran der menschlichen Vernunft, einprägte. Die Aussagen der Vernunft können, so hieß es danach, wohl getrübt werden durch Leidenschaften und Unwissenheit, aber wo sie von diesen Trübungen sich freimacht, sagt sie zu allen Zeiten dasselbe aus, ist sie fähig, zeitlose, absolut gültige Wahrheiten, die der im Weltall im ganzen herrschenden Vernunft entsprechen, zu finden. Dieser naturrechtliche Glaube hat sich durch die Anpassungen, die Ernst Troeltsch gezeigt

---

[23] ANACKER/BAUMGARTNER 1973, 552.

[24] Historisierung bzw. Vergeschichtlichung meint hier ganz allgemein, etwas als historisch Gewordenes und damit als geschichtlich Veränderliches zu begreifen lernen. Eine Entfaltung des Begriffs bringt SCHNÄDELBACH 1987, 48-50.

[25] KOSELLECK 1975, 671. Dafür steht paradigmatisch Diltheys Projekt, durch die „Anwendung des geschichtlichen Bewußtseins auf die Philosophie und ihre Geschichte" (DILTHEY GS VIII, 7) aus dem „Irrtum" Metaphysik eine richtige Erkenntnis des Wirklichen herauszufiltern.

[26] SCHNÄDELBACH 1987, 50.

hat, auch mit dem Christentum verbinden können. Es ist nicht auszudenken, was dieses Naturrecht, sei es in seiner christlichen, sei es in seiner seit der Renaissance wieder durchbrechenden profanen Form für die abendländische Menschheit von fast zwei Jahrtausenden bedeutet hat. Es war ein fester Polarstern inmitten aller Stürme der Weltgeschichte. Es gab dem denkenden Menschen einen absoluten Halt im Leben, einen um so stärkeren, wenn er dabei von dem christlichen Offenbarungsglauben überhöht wurde. Es konnte gebraucht werden für die mannigfachsten, sehr unter sich streitenden Ideologien. Die als ewig und zeitlos angenommene menschliche Vernunft konnte sie alle rechtfertigen, ohne daß man es bemerkte, daß diese Vernunft dabei selbst ihren zeitlosen Charakter verlor und sich als das erwies, was sie war, eine geschichtlich wandelbare, sich immer wieder neu individualisierende Kraft."[27]

Die Vernunft selbst scheint nun durch und durch historisch in dem Sinn, daß ihr Gebrauch eine Geschichte hat, die sie entscheidend prägt. Durch die Aufdeckung des Eingebundenseins auch des philosophischen Denkens in die Geschichte können die klassischen Themen der Philosophie – *Welt, Natur, Sein, Gott* – ab sofort nicht mehr *vor* der Geschichte zum Problem werden, weil stets die kritische Vorfrage nach dem geschichtlichen Standort solchen Fragens, d.h. nach der Relativität der jeweiligen Auffassung von Welt, Natur, Sein und Gott in den Weg tritt. Daher löst sich die Philosophie in der weiteren Entwicklung nur konsequent von der Naturwissenschaft ab, ordnet sich den geschichtlichen Geisteswissenschaften zu und sieht nun in vielen ihrer Spielarten ihre wesentliche Aufgabe darin, sich – rückwärtsgewandt – als Geschichte der Philosophie zu etablieren, um vorrangig ihre lange Vergangenheit zu sichten und aufzuarbeiten. Es werden die überlieferten Textzeugnisse, in denen die Problemstellungen und -lösungen der Vergangenheit aufbewahrt liegen, philologisch und hermeneutisch immer versierter gesichtet und brauchbare Stücke aus der Überlieferung durch Akkomodation an die Gegenwart aktualisiert.[28] Und Ähnliches trifft wohl *mutatis mutandis* auch für viele Formen von Theologie zu, die auf ihre Weise in dieses Fahrwasser gerät.[29] Geradeheraus bezeichnet Ernst Troeltsch diese Epoche daher als eine Zeit, wo

„... von Philosophie überhaupt kaum mehr die Rede war und diese sich nur mehr als Geschichte der Philosophie die Krankheitsgeschichte und den Totenschein schrieb ... Die Geschichtsforschung arbeitete ungeheuer eifrig, ausgedehnt und ertragreich, aber ohne jedes philosophische Steuer und Ziel."[30]

In Anbetracht der Historisierung und Philologisierung von Philosophie und Theologie sei schon jetzt vorwegnehmend und gewollt pauschalisierend gefragt: Was ist denn überhaupt Philosophiegeschichte, wenn man die Philosophie selbst, gemeint ist das (systematische)

---

[27] MEINECKE 1936, 3.

[28] Vgl.: „Many classically trained German academics sought to resolve philosophy's generational identity crisis by bringing their historical-hermeneutical skills to bear on a philological critique of selected primary texts or on the history of philosophical systems." (BAMBACH 1995, 24).

[29] Vgl. SCHNÄDELBACH 1987, 279-284.

[30] TROELTSCH 1922, 21.

Philosophieren, abgeschafft hat?³¹ In Analogie dazu ließe sich hier mit Blick auf die Theologie eine provokante Frage Erik Petersons wiedergeben, die dieser einmal angesichts eines ähnlich gelagerten theologischen Problemkomplexes an Adolf Harnack richtete: Darf man ernsthaft auf ein Interesse für die Theologiegeschichte rechnen, wenn man die Theologie selbst, gemeint ist das theologische Denken als Dogmatik oder besser die Dogmatik als systematische Denkform, zu einem nur mehr historisch zu betrachtenden Phänomen hinabgedrückt und damit faktisch ausgesetzt hat?³²

---

³¹ „Wer keine Fragen an die Tradition zu stellen hat, die Sachen betreffen, soll sie auf sich beruhen lassen oder Philologe werden", so SCHNÄDELBACH 1987, 284. Zum Verhältnis, das die Philosophen Dilthey, Heidegger und Marquard jeweils zur Geschichte ihrer Disziplin einnehmen, s.u. *Zweiter Teil*: Kap. I. 5, Kap. II. 4, Kap. III. 4.

³² Der hier behauptete Zusammenhang zwischen philosophischen und theologischen Problemkomplexen erschließt sich nur mittelbar und scheint darum erst einmal weit hergeholt. Harnack und Peterson erörtern zunächst nur, inwiefern so etwas wie eine Glaubenslehre – institutionell vertreten durch eine wie auch immer beschaffene Autorität eines kirchlichen Lehramtes – zum Erhalt des wesentlich Christlichen, d.h. eines authentischen christlichen Glaubenslebens vonnöten ist. Harnack meint, daß lebendige Glaubenserfahrung nicht zu einer verbindlichen Glaubenslehre exteriorisiert und ausbuchstabiert zu werden braucht. Peterson ist hier skeptischer, er befürchtet, daß der Verzicht auf Lehre der Authentizität des aktuellen Glaubensvollzugs keinen Gewinn bringen, sondern nur der Vergangenheitslastigkeit der Theologie Vorschub leisten würde, da diese dann nämlich mit ihren zentralen dogmatischen Gehalten einer Jahrhunderte währenden Dogmengeschichte nicht mehr auf einen aktuellen, konkreten Glaubensvollzug verwiesen und ihn zu erhellen verpflichtet wäre, sondern die dogmatischen Aussagen als Ausdruck vergangenen Glaubens getrost historisch verhandeln könnte. Peterson vermutet also, daß die Entkoppelung von Glaubensleben und Glaubenslehre nicht etwa die Freiheit des Christenmenschen zum Zuge bringt, sondern nur die Vergangenheit an die Macht. Es stellt sich also auch im theologischen Problemzusammenhang die schon im philosophischen Kontext virulente Frage nach Grenze und Aufgabe des historischen Denkens. Die entsprechende Passage des Briefwechsels Harnack – Peterson lautet: „A.H.: »[Man meint, daß] keine religiöse Gemeinschaft ohne die Voraussetzung sei es des Katholizismus, sei es des Altprotestantismus möglich wäre, d.h. ... [daß] eine *absolute formale* Autorität jeder kirchlichen Gemeinschaft nötig wäre. Ich bestreite das, bin vielmehr der Meinung, daß wirkliche religiöse Gemeinschaft in der Christenheit zu allen Zeiten ausschließlich durch die „Unverbindlichkeit einer moralischen Paränese" zu Stande gekommen ist, d.h. durch das Erfahrungs- und Glaubenszeugnis erweckter Personen, das Resonanz und Licht in andern Personen hervorruft. (...) Der Protestantismus muß rund bekennen, daß er eine Kirche wie die katholische nicht sein will und nicht sein kann, daß er alle formalen Autoritäten ablehnt ... Die Schwierigkeit liegt in der Katechismuslehre; denn auch die Universitätsdogmatik ist nichts anderes als Katechismuslehre ...« E.P.: »Würde man Ihre These ernst nehmen, so müßten die Theologischen Fakultäten abgeschafft werden. Daß man den Katechismusunterricht abgeschafft hat, ist mir aus dem Rheinland bekannt. Es wäre also nur konsequent, auch die Universitätsdogmatik als »Katechismuslehre« abzuschaffen. Sie beklagten kürzlich nicht ohne Grund die Verachtung der Vernunft und der Wissenschaft in der neuesten Theologie. Aber darf man auf Interesse für die Dogmengeschichte rechnen, wenn man die Dogmatik gestrichen hat; wenn man das »formal Autoritäre« des Dogmas in der Kirche beseitigt hat? Welch ein Interesse kann man noch an der Geschichte der Kirche haben, wenn es keine Kirche mehr gibt?«" (PETERSON 1994, 179-181).

2 Vergeschichtlichung der Vernunft: Historismus

Der Prozeß der „grundsätzlichen Historisierung alles unseres Denkens über den Menschen, seine Kultur und seine Werte"[33], also die Historisierung unseres ganzen Wissens und Empfindens der geistigen Welt, wie sie sich im 19. Jahrhundert durchgesetzt hat, und in eins damit die Auflösung der Vorstellung von der einen, allgemeinen Menschennatur bzw. -vernunft bringen als solche nicht eo ipso schon die Abschaffung der Philosophie bzw. das Ende der Theologie als Dogmatik. Das wäre voreilig geschlossen. Die Historisierung ist als Kampfansage gegen alles unhistorische Denken über die Welt und über das Denken zunächst einmal ein *Beitrag* zur Aufklärung, also alles andere denn eine „relativistische Sabotage der Aufklärung"[34]. Und als solches, d.h. als eine Fortschreibung der Aufklärung, ist der Historismus ja auch gefeiert worden, wiewohl er gesellschaftspolitisch zumeist konservative Züge trug.[35] Für Dilthey ist das historische Bewußtsein „der letzte Schritt zur Befreiung des Menschen"; der Geist wird endlich „souverän allen Spinneweben dogmatischen Denkens gegenüber".[36] Karl Mannheim sieht im Historismus gar *die* Weltanschauung der Gegenwart,[37] die alle „Überzeitlichkeitsphilosophie" und die ihr entsprechende „statische Lebenshaltung"[38] zur Revision zwingt. Friedrich Meinecke lobt mit unüberhörbar nationalistischen Untertönen im Historismus eine großartige, spezifisch deutsche Errungenschaft des Denkens, „eine der größten geistigen Revolutionen, die das abendländische Denken erlebt hat"[39], die hinter der Französischen Revolution der Gesellschaft nicht zurücksteht, kurzum „die höchste bisher erreichte Stufe in dem Verständnis menschlicher Dinge"[40]. Deshalb noch einmal zusammenfassend eine systematische Herleitung der Geburtsstunde des Historismus, die diese Verbindungslinie von der Aufklärung zum Historismus offenlegt:

---

[33] TROELTSCH 1922, 102.

[34] SCHNÄDELBACH 1987, 23. „Wer von historistischer Aufklärung spricht, scheint Unvereinbares miteinander vereinbaren zu wollen." (ebd., 23) So nimmt es nicht Wunder, daß Meinecke anfangs den Vernunftidealismus der Aufklärung und den Historismus noch als Gegensätze begriffen hat (vgl. dazu LÜBBE 1977, 309). Trotzdem gehört der Historismus in die Tradition der Aufklärung.

[35] Wie tief der Historismus in der Aufklärung verwurzelt ist, zeigen BLANKE/RÜSEN 1984 auf; ganz im Gegensatz zur ersten Generation von Historismus-Forschern (Troeltsch und Meinecke), die von einem tiefwurzelnden Gegensatz zwischen Aufklärung und historischem Denken ausgingen, den in gewisser Weise auch Dilthey empfand: Weil ihm die durch die Aufklärung angestoßene politisch-gesellschaftliche Revolution so eng mit der Idee eines Naturrechts verbunden schien (vgl. DILTHEY GS I, 15 f.), ließ ihn der Nachweis der Unwahrheit dieser Idee durch das historische Bewußtsein dieses zugleich (positiv) als gegenrevolutionäre Instanz sehen. Vgl. dazu auch BAMBACH 1995, 12 f.

[36] DILTHEY GS VII, 290 f.

[37] Vgl. MANNHEIM 1964, 246 f.

[38] MANNHEIM 1964, 276.

[39] MEINECKE 1936, 1. Analog dazu kennt Troeltsch eine spezifisch deutsche Denkweise über Staat und Gesellschaft im Unterschied zu den vom Naturrecht geprägten Auffassungen der westlichen Länder (TROELTSCH 1922, 19 f.).

[40] MEINECKE 1936, 4.

"Der Gegensatz von Natur- und Geisteswissenschaften, der noch die wissenschaftstheoretische Diskussion der Gegenwart bestimmt, hat also seine Wurzeln in der Aufklärungsphilosophie des 18. Jahrhunderts. Sie hat sich selbst die historisch-soziale Welt als Operationsfeld »erobert«, und sie hat von Anfang an wesentlich historische Aufklärung praktiziert. Der Übergang zum Historismus war freilich damit noch nicht vollzogen. Die historische Aufklärung bleibt so lange diesseits der Grenze zum Historismus, wie sie ihr eigenes kognitives und normatives Fundament – die Natur des Menschen oder die allgemeine Menschenvernunft – noch als etwas Ahistorisches und Unveränderliches interpretiert. Die Historisierung dieses Aufklärungsfundamentes erst bringt den Historismus auf den Weg, und ... [man kann (r.h.)] zeigen, daß auch dieser Prozeß aus Aufklärungstraditionen resultiert und daß wir ihn zumindest deswegen als historische Aufklärung bestimmen müssen."[41]

Die Aufklärung selbst bringt den Historismus hervor, und dies allein dadurch, daß sie ihren eigenen Prämissen folgt. Der Historismus ist also nicht bloßes Gegenteil, sondern Fortsetzung der historischen Aufklärung, insofern er aus der Aufklärung dadurch entspringt, daß diese in Kehrtwendung ihr eigenes Fundament affiziert, d.h. die allgemein verbindliche Menschenvernunft als etwas historisch Gewordenes und damit als geschichtlich Veränderliches zu begreifen lehrt. Kennzeichnend für ihn ist die Ansicht, daß nun ausnahmslos alles, selbst das, was bislang als einer solchen Behandlungsart entzogen galt, aus einem geschichtlichen Blickwinkel betrachtet werden muß. Der Name „Historismus" zeigt daher zuerst eine Ausweitung der historischen Methode an, d.h. die grundsätzliche Entschränkung ihres Objektbereichs. Alles und jedes scheint jetzt als Objekt dieser Verfahrensweise zur Verfügung zu stehen; und jeder diesbezügliche Vorbehalt steht fortan unter dem Verdacht, Aufklärung zu verweigern und somit schlechte Dogmatik betreiben zu wollen.

Aber die geschichtliche Interpretation des Aufklärungsfundaments, der allgemeinen Menschennatur, hat als „Aufklärung der Aufklärung über sich selbst"[42] und somit Reflexivwerden der Aufklärung auch mißliebige Konsequenzen, die als „Dialektik der Aufklärung" offenbar nicht zu vermeiden sind. Durchaus unklar ist nämlich seither, in welcher Weise und bis zu welcher Tiefe die bislang normativ geglaubte Natur und vor allem die darin beschlossen liegende menschliche Vernunft in den geschichtlichen Wandel eingelassen sind. Daß *Menschsein* als solches dem Wandel unterliegt, beunruhigt nicht, solange dies durch die Vernunft abgefangen werden kann. Hier geht es jedoch nicht um den Menschen, sondern um die Vernunft selbst, das sich selbst reflektierende, vom Menschsein abgelöste Denken, das Organ der Wissenschaft und der Philosophie, die autonom sind und von sich aus bestimmen, was als gewiß, also als wahr, gelten kann. Wenn nicht genau angegeben werden kann, bis zu welchem Grad dieses Denken von der Geschichte behelligt wird, trübt sich nicht nur der Kompaß, vermöge dessen sich das Menschsein im geschichtlichen Wandel orientiert, sondern das Problem der Geschichte scheint auf wissenschaftlichem Wege überhaupt unlösbar. Denn in dem Augenblick, da die Vernunft rückhaltlos vergeschichtlicht, also zu einem Moment des geschichtlichen Geschehens geworden ist, kann sie nicht

---

[41] SCHNÄDELBACH 1987, 31 f.
[42] SCHNÄDELBACH 1987, 25.

mehr als ein der Geschichte gegenüberstehendes (transzendentales) Bezugssystem zur Verfügung stehen, kraft dessen man der Geschichte ohne allzu große Umstände wissenschaftlich fundiert beikommen könnte. Die Hoffnung auf eine abgesicherte, d.h. in diesem Fall transzendental-apriorische Behandlungsart der Geschichte müßten die historischen Disziplinen konsequenterweise aufgeben. Noch bevor nämlich die Vernunft als Fundament des historischen Denkens amtieren könnte, wäre sie je schon dessen Objekt. Als Fundament wäre sie untauglich. Sie stünde nicht mehr als der logische Ort zur Verfügung, von dem aus der Blick auf die Geschichte Stabilität gewinnen könnte. Für die Philosophie hieße dies, *horribile dictu*, daß „die Preisgabe auch des transzendentalen Apriorismus"[43] fällig wäre.

Doch es käme noch schlimmer: Im Namen des historischen Bewußtseins wird ja nicht nur gegen eine spezielle philosophische Reflexion Einspruch erhoben. Mit der universellen Behauptung historischer Relativität ist die Wahrheit philosophischer Erkenntnis überhaupt in Frage gestellt. Es wird also eine Krise heraufgeführt, die den philosophischen Gedanken in seiner grundsätzlichen Möglichkeit tangiert. Die Position der Philosophie im Gesamt der Wissenschaften wird infolgedessen prekär. Vermag nämlich das philosophische Denken das Problem, das ihm die Geschichte in bezug auf es selbst und seine Stellung in der Geschichte aufgibt, nicht zu lösen, kann es seinen Fundierungsanspruch gegenüber den Fachwissenschaften nicht aufrechterhalten. Es müßte seine privilegierte Stellung räumen. Am Problem der Geschichte scheint sich somit das Schicksal der Philosophie generell zu entscheiden. Wenn die philosophische Vernunft das, was sie bisher leistete, nämlich gesichertes Wissen beizubringen, nicht mehr zu bewerkstelligen vermag, fällt sie unter das Niveau der Einzelwissenschaften, die Traditionslinie droht abzureißen. Es stellt sich unausweichlich die Fra-

---

[43] DUX 1990/91, 52. An der Preisgabe des transzendentalen Denkens führt in der Geschichtstheorie kein Weg vorbei, meint Dux. Jede Befassung mit der Geschichte, die sie vom Paradigma der Subjekt- oder auch der Handlungslogik zu verstehen sucht, werde sich in erkenntnistheoretische Probleme verstricken. Überwunden würden diese nur, wenn dem Geschichtsverständnis eine andere Logik zugrundegelegt wird. „In einer Philosophie, die sich gegen das Absolute ausspricht, es aber verdeckt strukturlogisch noch beibehält, führt es in Selbstwidersprüche." (ebd., 63) Die herkömmliche Subjektlogik und die dazugehörige „absolutistische(n) Begründungslogik" (ebd., 44) müßten abgelöst werden durch eine Prozeßlogik, die ihren Ausgang nimmt im Gedanken vom Vorrang der Natur, aus der sich alles Weitere und Höhere erst schrittweise herausentwickelt (vgl. DUX 1989, 58 ff.). Dux Naturalisierung des Geistes operiert mit einer Art biomorphen Geschichtsmodells, das einfach davon ausgeht, daß bestimmte, für uns heute gängige (Struktur-)Begriffe auch in ihrer Anwendung auf vorneuzeitliche und nicht-abendländische geschichtliche Welten einen gegenständlich ausweisbaren Gehalt haben, was Kosellecks Theorem der »Sattelzeit« gerade bestreitet. Die Universalgeschichte schematisiert sich bei Dux so zu einer linearen Prozessualität im homogenen Milieu, die als die Genese der Gegenwart vorgestellt wird. Die Homogenität des Milieus wird durch die einfach vorausgesetzte Strukturgleichheit aller Welten, also das statische Verständnis von Strukturbegriffen erzeugt. Dabei begegnen geschichtliche Welten wohl eher als Differentiale eines formal zu konzipierenden In-der-Welt-Seins (vgl. BRANDNER 1994, 183). Koselleck belegt dies begriffsgeschichtlich: Erst seit ca. 1750, der Sattelzeit, haben die zentralen geschichtlich-sozialen Grund- und Strukturbegriffe (Staat, Geschichte etc.) den für uns heute gängigen Gehalt. In der Anwendung auf frühere Zeiten bedarf es einer Übersetzung. So erstmals ausgesagt in KOSELLECK 1967, 82, 91, 95; dann auch in KOSELLECK 1979, 50; ferner KOSELLECK 1972, XV; KOSELLECK 1975, 647 ff.

ge, was Philosophie augenblicklich ist, was sie eigentlich sein sollte und was sie zukünftig wird sein können. Wir werden hernach sehen, wie Dilthey, Heidegger und auch Marquard mit dieser „Identitätskrise" der Philosophie umgehen (s.u. *Zweiter Teil*).

„Wir sahen: wenn sich das Denken selbst in der Geschichte ändert, dann wankt offenbar der Boden, auf den wir uns stellen müßten. Wenn auch der Philosoph der Geschichte nur als Kind seiner Zeit nachdenken kann, dann besteht die Gefahr, daß seine ganze Ansicht vom geschichtlichen Geschehen im Laufe der Zeit auch wieder hinfällig wird. Wenn wir mitten im reißenden Strome der Geschichte schwimmen, dann verlieren wir den festen Grund, das bleibende vernünftige Wesen des Menschen unter den Füßen. (...) Wir können nach der Geschichte nur fragen, indem wir mitten in ihr stehen. Wir suchen die bleibende Wahrheit über die Geschichte, aber wir selbst, mitsamt unserem ganzen Denken, sind offenbar nichts Bleibendes."[44]

Aus der für den Beginn der Aufklärung charakteristischen Freiheit des systematischen Denkens gegenüber der innerweltlichen Begrenzung des Denkenden haben sich jetzt im Zusammenhang des Fragens nach der Geschichte – das wird mit dem Etikett „Historismus" angezeigt – Schwierigkeiten ergeben, die zu einer kritischen Überprüfung des gegangenen Denkweges, wenn nicht gar des ganzen Ansatzes Anlaß geben. Dabei zeichnen sich grob gesehen zwei Richtungen ab, in denen eine mögliche Revision vonstatten gehen könnte:

Man könnte *erstens* in einem erneuten Durchlauf die bisherige Entwicklung des Geschichtsdenkens von den Anfängen in der frühen Aufklärung bis zu ihrer Mündung in den Historismus kritisch rekapitulieren, um so – sensibilisiert durch die Kenntnis des Resultats dieses Entwicklungsbogens – den Punkt zu eruieren, wo sich in der Generationenfolge der Philosophie die Weichen definitiv in Richtung auf den historistischen Relativismus stellten. Hier müßte dann für eine andere, weniger problematische Weichenstellung gesorgt werden. Die Tradition der Transzendentalphilosophie würde bei solchen Revisionsversuchen nicht verlassen, sondern korrigiert fortgeschrieben Dem relativistischen Angriff auf die Möglichkeit von Philosophie als wahrer Erkenntnis würde hier Paroli geboten durch die philosophisch-kritische Reflexion auf die übergeschichtlichen Möglichkeitsbedingungen historischen Erkennens. Wo die Philosophie sich im Neukantianismus zur Erkenntnistheorie der historischen Wissenschaften wendet (s.u. Abschn. 3) und bei Dilthey zur Kritik des historischen Verstehens, geht sie diesen Weg. Auch Hans Michael Baumgartner wird versuchen, mit einem radikalisierten Konzept transzendentalphilosophischer Vernunft den Historismus unschädlich zu machen.

Alternativ dazu könnte *zweitens* – fundamentaler – die Infragestellung des philosophischen Gedankens als eines solchen zum Anlaß genommen werden, den Ausgangspunkt der bisherigen philosophischen Theoriebildung insgesamt (nicht nur der neuzeitlichen) kritisch zu hinterfragen in der Hoffnung, nicht nur das Geschichtsproblem auf anderer Basis und mit veränderter Problemstellung erneut aufrollen zu können, sondern auch neue Klarheit darüber zu gewinnen, was Philosophie eigentlich ist und vor allem, in welchem Verhältnis sie zur Zeit steht. Diesen Weg wird Martin Heidegger gehen (s.u. *Zweiter Teil*, Kap. II).

---

[44] KRÜGER 1958a, 49.

3 Halbherziges Zugeständnis: Die Vernunft ist in der Geschichte, nicht aber das „Reich der Werte"

Es bietet sich also zunächst an, wie dies im Zuge einer Rückkehr zu Kant und zur voridealistischen Aufklärungsphilosophie auch tatsächlich geschehen ist, über den Historismus und Hegel hinweg auf die Anfänge des transzendentalphilosophischen Denkens zurückzugreifen, um von dort aufzuzeigen, daß die genannten begründungslogischen Aporien und der darin heraufziehende Relativismus nur dann vermieden werden können, wenn die Vernunft *nicht* als radikal in die Geschichte eingelassen angenommen wird (Neukantianismus). Einen der ersten Versuche, den Historismus von seiten einer erneuerten Erkenntnistheorie aus zu überwinden, unternimmt die noch rein *formale* Wertphilosophie der südwestdeutschen Schule des Neukantianismus, gegen die im zweiten Jahrzehnt des 20. Jahrhunderts Max Scheler im Namen einer *materialen* Wertethik Front gemacht hat.[45] Um dem drohenden Relativismus zu entgehen und zumindest *einen* sicheren transzendentalen Reduktionspunkt noch zu finden, wird hier, da man das Prinzip des Allwerdens, den Kern des historischen Denkens, bereits in sich aufgenommen hat, bei der Lehre von der Absolutheit der *formalen* Bestimmungen der Vernunft Zuflucht genommen. Im Zusammenhang des Geschichtsproblems fungieren als solche, vom Werden unabhängige, formale Vernunftbestimmungen die sogenannten „Werte". Der Bezug auf die Werte, heißt es, konstituiere die Gegenstände der Geisteswissenschaft, mache folglich eine Tatsache, sprich ein Ereignis der Vergangenheit, zu einer *historischen* Tatsache, d.h. zu einem Gegenstand auch der Historie und nicht nur der Naturwissenschaft. Die Gegenstände der Historie sind also aus der Gesamtheit der Wirklichkeit dadurch herausgehoben, daß Werte an ihnen haften, oder anders formuliert, daß ihnen eine Schicht von Bedeutung und Sinn anhängt. Der Historiker erscheint in dieser Sicht als Konstrukteur historischer, d.h. individueller Gegenstände *unter gültigen Werten*, die zu den formalen Bestimmungen seiner Vernunft gehören. Man gibt hier freilich zu, daß jede konkrete, *material erfüllte* Stellungnahme, jedes konkrete, praktische Werten, zeitlich bedingt ist und in diesem Sinne relativ sein kann; man besteht aber doch auf dem Postulat, daß die prinzipielle Absolutheit, d.h. vor allem Unwandelbarkeit der *Werte an sich* voraussetzbar und durch die Struktur der Vernunft garantiert sei. Und vor allem: Die Historie wertet selber nicht, sie versteht nur im nachhinein faktisch vollzogene Wertbezüge. Sie ist und bleibt eine theoretische Wissenschaft.

> „Das w e r t b e z i e h e n d e Verfahren, von dem wir sprechen, ist also, wenn es das Wesen der Geschichte als einer theoretischen Wissenschaft zum Ausdruck bringen soll, auf das schärfste vom w e r t e n d e n Verfahren zu trennen, und das heißt: für die Geschichte kommen die Werte nur insofern in Betracht, als sie f a k t i s c h von Subjekten gewertet und daher f a k t i s c h gewisse Objekte als Güter betrachtet werden. Auch wenn die Geschichte es also mit Werten zu tun hat, so ist sie doch k e i n e w e r t e n d e W i s s e n s c h a f t . (...) Die theoretische W e r t b e z i e h u n g bleibt im Gebiet der T a t s a c h e n f e s t s t e l l u n g, die praktische Wertung dagegen nicht."[46]

---

[45] Vgl. SCHELER 1921.
[46] RICKERT 1926, 87. Durch die Wertbezogenheit der historischen Gegenstände ist also auf den

Damit meint man, das geschichtliche Wissen vor dem Relativismus in Sicherheit gebracht zu haben. Im Rückzug auf die immerwährenden Werte als den formalen Bestimmungen der Vernunft scheint die Objektivität historischen Wissens gesichert. Die Historie wird in dieser Perspektive freilich zur Anschauung einer bloß fixierte Werte verwirklichenden Geschichte. Deshalb läßt sich hier kritisch nachfragen, inwieweit die wirkliche Geschichte so überhaupt gesichtet wird und nicht vielmehr nur das an der Geschichte, was sich in einen Bereich unwandelbarer Geltung erheben läßt. Die Wertphilosophie gelangt offensichtlich über eine statische Auffassung der historischen Wirklichkeit nicht hinaus. Wer jedoch – wie Heidegger – die Dynamik der geschichtlichen Wirklichkeit als eine lebendige, den Verstehenden mit umfassende Bewegtheit versteht, muß mit Rickerts Werttheorie unzufrieden sein.

Da ferner die ideal an sich seienden Werte hier weniger als Zwecke menschlichen Handelns in den Blick kommen denn als Normen, die gleichgültig dagegen sind, ob sie durch zweckgerichtetes menschliches Handeln realisiert werden oder nicht – sie gelten ja rein an sich, unabhängig vom jeweiligen Stand der Geschichte –, erscheint infolgedessen die Frage nach der geschichtlichen Verwirklichung und materialen Realisierung dieser formalen Werte zu einer unphilosophischen, zu einer bloßen Tatsachenfrage degradiert.[47] Rickerts Versuch, das Problem des Historismus durch eine philosophische Werttheorie zu lösen, die ein systematisch geordnetes und hierarchisch gegliedertes Wertsystem als Grundlage aller geschichtsphilosophischen Betrachtung zu etablieren trachtet, kann aber nicht nur deshalb nicht befriedigen. Auch die Einsicht in die Relativität der als allgemeingültig vorausgesetzten „Werte" und der problematische ontologische Status eines „Reiches des Geltens"[48] las-

---

ersten Blick eine nicht-theoretische, d.h. praktische Dimension in die Theorie des historischen Wissens und der Geschichte eingeführt. Doch ist sie keineswegs fundamental angesetzt, sondern wird nur insoweit zugelassen, als sie zur Absicherung der Objektivität des theoretischen Wissens von der Geschichte vonnöten ist. Daß historisches Verstehen selbst ein Werten sein könnte, gerät hier noch nicht in den Blick, vielleicht deshalb nicht, weil nicht eigentlich der konkrete Historiker als konstitutiver, subjektiver Bestandteil des historischen Wissens erachtet wird, sondern ein letztlich nur transzendental-logisches Subjekt. Die praktische Dimension bleibt damit nach wie vor dem theoretischen Erkennen untergeordnet.

[47] So kritisiert MARQUARD 1973, 45 f. und 162, Fn. 42.

[48] Heidegger legt den Cartesianismus hinter der Wertphilosophie, der formalen wie der materialen, frei. Hier wird das Umweltding aus einzelnen Schichten aufgebaut: Das Umweltding wird zunächst nur als vorhandenes, quantifizierbares Objekt genommen, wird dann mit Sinnesprädikaten und abschließend mit Wertprädikaten aufgeladen. Diese Auffassungsart ist nicht ursprünglich. Hier ist das Sein der Welt mit Rücksicht auf ein bestimmtes Erkenntnisideal gefaßt, nämlich das Dingerfassen: „Allein, auch die sinnliche Wahrnehmung ist ein theoretisches Dingerfassen (...) Wenn wir (...) zu den sinnlichen Qualitäten noch gewisse Wertprädikate hinzunehmen, dann dürfte vollends das *praktische* Ding, d.h. das Ding, wie es in der Welt zunächst vorfindlich wird, von uns bestimmt sein. Es ist ein Naturding mit der Fundamentalschicht Materialität, aber zugleich behaftet mit Wertprädikaten. So sucht man auch heute in der Phänomenologie zunächst das Umweltding in seinem Sein zu bestimmen. (...) Auch hier ist als Objekt des Betrachtens und Wahrnehmens ein Ding angesetzt, und das Wahrnehmen ist, wie charakteristischerweise gesagt wird, durch ein Wertnehmen noch ergänzt. Wie wir sehen werden, ist das eigentliche umweltliche Sein des Dinges ebenso übersprungen wie bei der cartesischen extremen Fixierung der res corporea als res extensa" (HEIDEGGER GA 20, 247).

sen diesen Weg als theoretisch unmöglich erscheinen. Für Karl Mannheim ist die formale Wertphilosophie deshalb nichts weiter als eine Neuauflage des generell überzeitlich sich verstehenden Vernunftdenkens der Aufklärung:

„Unter Aufklärungsphilosophie wollen wir hierbei jene Systeme verstehen, die in irgendeiner Form *eine Lehre von der Überzeitlichkeit der Vernunft* enthalten. Alle die Widerlegungen, die von dieser Seite kommen, laufen letzten Endes auf den Vorwurf des *Relativismus*, der angeblich im Historismus enthalten sei, hinaus, und man meint mit diesem Schlagworte ohne weiteres den neuen Gegner vernichtet zu haben. In Deutschland gewährt vornehmlich der Kantianismus einen solchen Boden für die Widerlegung des Historismus. Der Gedanke von der Identität, der ewigen Selbstgleichheit und Apriorität der formalen Bestimmungen der Vernunft ist jener aufklärerische Kern, mit dem man der historistischen Lehre, soweit sie bereits entwickelt ist, entgegentritt. Wie aber, wenn es sich zeigen läßt [was Dilthey zu tun versucht hat und was Heideggers Destruktion auf ihre Weise fortsetzt (r.h.)], daß auch die allgemeinsten Bestimmungen, Kategorien der Vernunft, sich verändern und – genau so, wie ein jeder Begriff in seinem Inhalt sich wandelt – im Laufe der Geistesgeschichte einen »Bedeutungswandel« durchmachen. Form und Inhalt sind überhaupt eine äußerst problematische Unterscheidung, und es bleibt immer fraglich, wie weit der besondere Inhalt, der doch unbedingt historisch ist, die Formstruktur in ihrer Besonderheit bedingt."[49]

Der Rückzug der transzendentalen Philosophie aufs rein Formale hinterfragt also die eigene Voraussetzung, die geschichtsenthobene transzendentale Vernunft, nur selten. Als Revisionsversuch angesichts des Relativismus greift diese Philosophie nicht weit genug zurück und erweckt daher den Verdacht, daß hier „gemauert" und der transzendentale Apriorismus um jeden Preis gerettet werden soll, wie schon Mannheim 1924 zu bedenken gab.

„Dies ist, wie auf den ersten Blick durchsichtig, keine Überwindung des Historismus, sondern nur ein nachträgliches Einverleiben des neu hinzutretenden Grunderlebnisses der Dynamis in einen, dem Wesen nach, auch weiter statisch verbleibenden Rahmen einer formalen Vernunftphilosophie. Hier ist die aus den neuen Tatsachen auftauchende neue Problematik nicht, von einem umfassenderen Standpunkte aus, überwunden, sondern in das alte System nachträglich hineingearbeitet."[50]

Einen zweiten, *zeitgenössischen* Versuch, dem Historismus mit streng transzendentalphilosophischen Denkmitteln beizukommen, wird Hans Michael Baumgartner[51] vorlegen. Die Vernunft, so wird Baumgartner ohne weiteres zugestehen, ist selbst im Bereich ihrer *formalen* Strukturen in die Geschichte (gemeint ist: in den geschichtlichen Wandel) eingelassen, doch ist sie dies *nicht in derselben Weise* wie ihre Erkenntnisgegenstände (siehe dazu *Zweiter Teil*, Kap. IV).

---

[49] MANNHEIM 1964, 254.
[50] MANNHEIM 1964, 300.
[51] BAUMGARTNER 1972.

4 Vorläufiges Ergebnis und Ausblick

Fassen wir den bisherigen Gang zusammen: Die Fragestellung „Was heißt in der Geschichte stehen?" tritt erstmals da auf den Plan, wo die Idee des Kosmos als einer immergleichen, sinnvoll strukturierten und bergenden Natur- und Wesensordnung zerfällt und dem philosophischen Denken keinen Halt mehr bieten kann. Als Ersatz wird von der Philosophie der Aufklärung und des Deutschen Idealismus die Geschichte zum letzten, unhintergehbaren Horizont – zur Welt-als-Geschichte – ausgebaut. Aufgrund idealistischer Prämissen kann auch diese zunächst durchaus als sinnvoll strukturiert, d.h. als „Wendung zum Besseren", als Fortschrittsgeschichte gelten. Wo allerdings in Zurückweisung des Idealismus diese Voraussetzung entfällt und in Fortschreibung der Aufklärung nun auch das Aufklärungsfundament – die allgemeine Menschenvernunft – ihren überzeitlichen Status verliert und als geschichtlich wandelbar erscheint, verstrickt sich die Philosophie in die Aporien des Relativismus und Historismus. Wenn die Vernunft tatsächlich bloß faktisches Produkt der Geschichte ist, gerät das bisherige Selbstverständnis der Philosophie und ihr Wahrheitsanspruch ins Wanken. Die Philosophie hätte sich zur Inventur ihrer Vergangenheit, zur Philosophiegeschichte zu reduzieren. Eine Möglichkeit, sich und ihren Anspruch zu behaupten, ergreift die Philosophie da, wo sie nun umgekehrt die Geschichte als (retrospektives) Konstitutionsprodukt transzendentaler Vernunft nachweist; so geschehen anfänglich bei Droysen, von dem hier immer nur beiläufig die Rede ist, dann in Rickerts Wertphilosophie und – konsequenter und radikaler, wie sich noch zeigen wird – in Baumgartners narrativistischem Konstruktivismus. –

Zur Geschichte, so hieß es nun mehrfach, gehört nie bloß das Geschehen, sondern stets auch die Kenntnisnahme desselben, das Gewußtsein des Geschehenen, das Geschichtsbewußtsein. In welchen Etappen sich dieses innerhalb der Philosophie – sei es in bezug auf das Realgeschehen, sei es in bezug auf die Geschichte des philosophischen Denkens selbst – über die Sattelzeit bis in die nachidealistische Zeit hinein entfaltete, wurde in den beiden vorangehenden Kapiteln dargelegt. Was noch aussteht, ist die Erörterung des Geschichtsbegriffs nach seiner anderen Seite hin: Es muß neu aufgerollt werden, wie unter nachidealistischen Bedingungen der Begriff des Geschehens zu verstehen ist, der insbesondere der Erzählung zugrunde liegen muß. Erst dann ist unser Versuch, nebenbei auch ein aktuelles geschichtstheoretisches Instrumentarium zu erarbeiten, vollständig.

Dazu wird in Kapitel III zunächst eine Handlungstheorie skizziert. Geschichte als Geschehen besteht ja wesentlich aus menschlichen Handlungen, wenngleich nicht ausschließlich: Stets treten nicht voraussehbare Widerfahrnisse hinzu. Nur in begrenztem Umfang sind die Menschen daher als Täter des Geschehens anzusehen; sie sind bestenfalls dessen „Referenzsubjekte". Die Suche nach einem Subjekt der einen Geschichte gestaltet sich also schwierig: Die göttliche Vorsehung kommt nicht mehr in Frage. „Die" Menschheit oder „die Vernunft", die als Subjekt des geschichtlichen Geschehens hätten fungieren können, sind nicht auszumachen. Auch die Tradition kann es nicht sein, denn wo – wie man sagt – besonders viel geschieht, verliert gerade die Tradition ihre tragende Kraft. So wendet sich der Blick des Geschichtstheoretikers auf der Suche nach einer Selbigkeit, die sich im geschichtlichen Wandel durchträgt, von der Oberfläche mehr und mehr in die Tiefe: Geschichte waltet überall, doch nicht überall mit derselben Geschwindigkeit. Unter den Geschehnissen und Ereignissen lassen sich Strukturen ausmachen, die sich zwar auch wandeln („Tiefengeschichte"), aber sehr viel langsamer. Dieser Entdeckung geht – im Vorausblick auf Kap. IV-VI des Zweiten Teils) Kapitel IV nach. Zwischen Ereignissen und Strukturen bestehen sodann Wechselwirkungen: Strukturen wandeln sich, weil sie von Ereignissen abhängig sind; und die Ereignisse werden relativiert durch die Trägheit der Strukturen. Geschichte läßt sich daher als das Zusammenspiel von Ereignis- und Strukturgeschichte begreifen.

Kapitel III: „Geschäfte" oder wie dasjenige Geschehen beschaffen ist, das man später „Geschichte" nennt

Es war Droysen, der erstmals nachdrücklich die Frage aufwarf, wie aus menschlichen Handlungen, aus „Geschäften", wie Droysen zu sagen pflegte, „Geschichte" wird, d.h. ein dargestelltes Geschehen. Seine Frage setzt voraus, daß das lebensweltliche Geschehen nur infolge einer bestimmten (historischen) „Auffassungsart" von seiten des Subjekts zu Geschichte würde. Diese (transzendentale) Auffassungsart, durch welche sich das Geschehen zur Geschichte transformiert, wollte er analysieren.[1] Heidegger hingegen ist der Überzeugung, wie wir noch sehen werden, daß wir nicht erst aufgrund einer speziellen historischen Auffassungsart, also sekundär, in eine Beziehung zur Geschichte treten, sondern diesen Bezug lebensweltlich immer schon haben. Folglich versteht er *sein* Philosophieren als einen „Beitrag zu der Aufgabe, einen philosophischen Begriff von dem Geschehen zu gewinnen, das wir als Geschichte erfahren"[2]. Es kann an dieser Stelle nicht darum gehen zu erörtern, inwiefern es tatsächlich ein „geschichtliches Geschehen" gibt, das der expliziten Transformation von Geschäften zu Geschichte noch voraus liegt.[3] Wohl aber scheint schon jetzt ein Blick auf die Eigenart menschlichen Handelns, seine Grundstrukturen und sein Umfeld angezeigt. Denn der Handlungszusammenhang des Alltags ist wohl derjenige Kontext, in dem Geschichte zuerst begegnet, und Handlungsinterferenzen und ihre Folgen machen – als *res gestae* – wiederum einen wesentlichen Inhalt späterer Geschichte(n) aus. Blenden wir also die Frage aus, ob und inwiefern im „Handlungskontext" immer schon so etwas wie Geschichte begegnet und da ist, um etwas über das Handeln und seine Kontingenz in Erfahrung zu bringen.

1 Handeln

„Handeln" (griech. πρᾶξις, lat. actio) ist allgemein gefaßt jene Form weltverändernder Aktivität, die reflektiert, planmäßig und zielstrebig erfolgt. Eine Handlung ist demzufolge immer ein bewußtes und absichtsvolles (intentionales) Tun. In der Regel bezeichnet man heute als Handlung meist nur das freiwillig erfolgende (voluntarium), zweckrationale, strategische

---

[1] Droysen zufolge werden die zeitlichen Abläufe der Handlungswelt erst dadurch zu „Geschichte", daß sie *rückblickend* in bestimmter Weise *neu geordnet* werden: „Das, was heute Politik ist, gehört morgen der Geschichte an; was heut ein Geschäft ist, gilt, wenn es wichtig genug war, nach einem Menschenalter für ein Stück Geschichte. Wie wird aus den Geschäften Geschichte? wo [sic!] ist das Maß dafür, daß sie Geschichte werden?" (DROYSEN 1977, 418). Die sich hier erhebende Frage nach den Prinzipien, die diesen *gestaltenden Zugriff* auf die Vergangenheit leiten, beantwortet Droysen mittels der Kategorie „Bedeutung": Unser Zugang zur Vergangenheit wird bestimmt von der Art und Weise, wie wir die eigene Gegenwart beurteilen und was uns in ihr als relevant erscheint. Baumgartner wird analog von „praktischen Interessen" sprechen (s.u. *Zweiter Teil*, Kap. IV).
[2] LANDGREBE 1967, 183.
[3] Siehe dazu unten: *Zweiter Teil*, Kap. II, 3.

Verhalten von Personen, nicht auch von Tieren. Dessen Ergebnis wird *Tat* genannt. Zum Handeln gehört folglich immer auch ein Denken, ein planerisches Entwerfen, in dem die Ausführung der Tat vorausschauend vorweggenommen und gedanklich durchgespielt wird, um sie mit der verfolgten Absicht in Einklang zu bringen. Das vorausschauende Denken kann dabei mehr oder weniger ausführlich ausfallen, es kann der Handlung zeitlich vorausliegen (vorausgehende Absicht) oder im Fall von Spontanhandlungen mit dieser zusammenfallen (Handlungsabsicht). Handeln (bzw. Handlungskausalität) unterscheidet sich aufgrund dieser Merkmale vom bloßen *Geschehen*, das ja auch eine Weltveränderung zur Folge hat (Ereigniskausalität), aber auch von unabsichtlichen Körperbewegungen und unwillkürlichen körperlichen Reaktionen. Auch der mit dem Handlungsbegriff stets konkurrierende Begriff des *Verhaltens* greift in dieser entscheidenden Hinsicht zu kurz. Vom sozialwissenschaftlich beschreibbaren Verhalten (behavior) unterscheidet sich nämlich das Handeln dadurch, daß es so, wie es in der Außenperspektive beschrieben wird, auch von einer Person in seinem Ablauf beabsichtigt oder in Kauf genommen wird. Nicht alle beschreibbaren Verhaltensaspekte einer Person können daher als Handlungen verstanden werden, entscheidend ist die Binnenperspektive des Handelnden selber. Eine Veränderung kann jemandem nur dann als Handlung zugeschrieben werden, wenn der Übergang von einem Anfangszustand in einen Endzustand auf einer Absicht dieser Person beruht und ohne diese Absicht *nicht* bzw. *anders* zustande gekommen wäre. Daß ein bestimmtes Verhalten auch ein intentionales Handeln gewesen ist, läßt sich darum oftmals an der ausgeschlagenen Alternative erkennen. Der Aspekt der Intentionalität und Zweckrationalität einer Handlung, das strategische Geplantsein zur Erreichung eines bestimmten Zwecks, darf freilich nicht verabsolutiert werden; schließlich gibt es auch Ausdruckshandlungen und Spielhandlungen. Was das Ziel des Handelns betrifft, so kann es im Handeln selbst liegen (selbstzweckliches Handeln) oder – die neuere Philosophie scheidet oft nicht mehr streng aristotelisch Produktion (τεχνή) von Praxis (πρᾶξις) – in beabsichtigten Folgen oder Wirkungen.

> „Wir haben gesehen, daß Praxis im Unterschied zur Produktion nicht durch Verweis auf ein objektives Resultat, sondern ganz aus sich als Realisierung einer Zwecksetzung im Akt selber bestimmt werden muß. Handlungsziel und Handlungsvollzug sind wechselseitig auseinander zu erläutern. Die Handlung gilt der Verwirklichung des gesetzten Ziels und tritt um dessentwillen überhaupt nur ein. Von Ziel kann im Ernst nur gesprochen werden als demjenigen, worauf Handlung sich richtet. Die Struktur der Wechselbeziehung war »Worumwillen« genannt worden. Handlung geschieht umwillen eines Zieles, das als solches die Bedeutung des Worumwillen der jeweils bestimmten Handlung hat."[4]

Der Handlungsbegriff ist nach wie vor ein kontroverser Begriff.[5] In der neuzeitlichen Philosophie wurde er stiefmütterlich behandelt, meistenteils galt er als humanes Analogon zu naturphilosophischen Vorstellungen der Körperbewegungen. Erst in der Soziologie wurde er neu entdeckt und zum Hauptbegriff der soziologischen Kategorienlehre. Dabei ist in der Regel der Sinnbegriff der Schlüssel des Handelns. Handeln ist menschliches Verhalten,

---

[4] BUBNER 1982, 96.

[5] Einen kurzen historischen Überblick über die wichtigsten Varianten von Handlungstheorie bietet auf der Suche nach einem eigenen, linguistischen Handlungsbegriff WEINRICH 1976, 21–44.

insofern es für mindestens eine Person (d.h. wenigstens für den Handelnden selbst) mit einem Sinn verbunden ist, definiert Max Weber.[6] Daß mit einer menschlichen Aktivität Sinn verbunden ist, läßt erkennen, ob ein Verhalten tatsächlich eine Handlung gewesen ist. Da der Sinn einer Handlung zunächst ein rein subjektiver sein kann, zieht Weber die methodische Folgerung, daß die Soziologie grundsätzlich auf eine *verstehende* Deutung angewiesen ist und nicht einfach aus Gesetzen erklärt. Indes ist der Sinn einer Handlung in der Regel wohl nicht bloß subjektiv motiviert, sondern meist auch intersubjektiv gültig. Handeln ist, soziologisch gesehen, also eine sinnhaft *verständliche* Orientierung des eigenen Verhaltens, ein Phänomen, das es folglich als Verhalten nur einer oder mehrerer einzelner Personen geben kann.

Geschichte, so hieß es oben, hat menschliche Handlungen und Handlungsfolgen wesentlich zum Inhalt. Von entscheidender Bedeutung für das Verständnis auch von Geschichte ist darum folgende handlungstheoretisch relevante Unterscheidung: Was eine Person *ex ante*, also vor dem Vollzug oder im Vollzug des Handelns beabsichtigte, darf nicht verwechselt werden mit der Ex-post-Perspektive, die – nach erfolgtem Handeln – die tatsächlichen Konsequenzen menschlicher Tätigkeiten, seien sie beabsichtigt, in Kauf genommen oder keines von beiden, mit in den Blick nimmt. Die Unterscheidung der Ex-ante- von der Ex-post-Perspektive berücksichtigt im Grunde nur die Tatsache, daß sich menschliches Handeln und überhaupt „Leben" nie im luftleeren Raum vollzieht, so daß es sich „ungestört" entfalten könnte, sondern immer situiert, d.h. in eine konkrete lebensweltliche Situation eingebunden ist, die es umweltlichen Interferenzen aussetzt. Am Ende kann dann „unter Umständen" etwas ganz anderes stehen, als anfangs beabsichtigt war. Ist also beim Handeln immer von seiner finalen Prozeßstrukturierung auszugehen – Handeln will Zwecke erreichen –, so ist nicht minder davon auszugehen, daß es diese Zwecke in der Regel nicht ungestört verfolgen kann, weil Unvorhergesehenes oder Unvorhersehbares aus Um- und Mitwelt dazwischenkommt. Zur vollständigen Beschreibung der Handlungssituation gehört demnach immer auch die Berücksichtigung der Handlungskontingenz.

2 Handlungskontingenz

„Erstens kommt es anders und zweitens als man denkt", so sagen wir sprichwörtlich immer dann, wenn wir erfahren, daß die Dinge ganz anders kommen, als sie eigentlich geplant waren. Unvorhersehbare Ereignisse treten überraschend ein und durchkreuzen auf einmal den gewohnten und absehbaren Gang des Lebens. Manchmal werden dann unsere Vorhaben und Pläne von der neuen Wirklichkeit zunichte gemacht. Im Extremfall können auf diese Weise sogar wesentliche Teile eines bisherigen Lebensentwurfs ins Wanken geraten, so daß eine Neuorientierung fällig wird. In der Regel wird es aber wohl weniger dramatisch zugehen, wenn etwas unabsehbar Neues widerfährt. Wir gewinnen beispielsweise unvermittelt neue Erkenntnisse, die uns das Bisherige überdenken und in einem anderen Licht sehen lassen; oder es tun sich uns auf einmal Entwicklungsmöglichkeiten auf, die uns bisher ver-

---

[6] Vgl. WEBER 1922, 9.

schlossen waren bzw. es verschließt sich, was bisher als Möglichkeit gegeben war; oft sind es auch Menschen, die in unser Leben treten, deren Gegenwart uns herausfordert und uns über uns selbst hinauswachsen läßt. Kurzum: Neues und aus dem Gehabten nicht direkt Ableitbares bricht immer wieder in den gewohnten Gang des Lebens ein. Manchmal stellen wir uns in unseren Plänen sogar wie von selbst und ohne große Mühen auf die veränderten Verhältnisse ein. Es kommt dann oft gar nicht zu Bewußtsein, daß sich unterderhand eine neue Situation ergeben hat. Wenn wir beispielsweise einmal im Rückblick einen gelebten Tag ausdrücklich daraufhin befragten, was uns in dessen Verlauf alles an Erfreulichem oder auch Unerfreulichem „dazwischengekommen" ist, wie man so sagt, so wären wir vermutlich erstaunt nicht nur über die Menge dessen, was da im einzelnen zu benennen wäre, sondern vor allem auch darüber, wie wenig wir von dem, was da binnen eines Tages an Unvorhergesehenem über den Weg gelaufen ist, überhaupt ausdrücklich wahrgenommen haben. Wir hatten uns einfach, ohne lange darüber nachzudenken, darauf eingestellt und eingelassen. Es war uns gelungen, das Widerfahrene in unsere Handlungsstrategie zu integrieren, ohne gleich den gesamten Handlungsentwurf revidieren zu müssen.

Handlungen vollziehen sich niemals im luftleeren Raum, sondern werden stets in eine konkrete (Handlungs-)Welt gesetzt, auf die der Handelnde zwar durch sein freies Tun und Lassen Einfluß ausübt, die er jedoch niemals ganz in seiner Verfügungsgewalt hat und in ihrem Verhalten auch nur bedingt ausrechnen kann. Weil die Handlungswelt sich dem Tun des Handelnden widersetzt und sogar ihrerseits auf den Handelnden ein- und zurückwirkt, muß jeder Handelnde bei der Ausführung seiner Pläne mit Interferenzen rechnen. Handlungen verschiedener Subjekte können sich durchkreuzen und überlagern, oder auch ein vorderhand subjektloses Geschehen kann dazwischenkommen. Ein Wesensmerkmal menschlichen Handelns – und damit natürlich auch der Geschichte, die ja aus Handlungen hervorgeht – ist demzufolge das *Auseinandertreten von Voraussicht und Durchführung*.

> „Geschichte zeichnet sich dadurch aus, daß menschliche Voraussicht, menschliche Pläne und ihre Durchführung im Ablauf der Zeit immer auseinandertreten. Damit riskiere ich eine Strukturaussage oder formuliere eine Einsicht, die älter ist als das 18. Jahrhundert. Aber ich darf eine Aussage hinzufügen, die erst das Ergebnis der Aufklärung ist: »Geschichte an und für sich« vollzieht sich immer im Vorgriff auf Unvollkommenheit und hat deshalb eine offene Zukunft. Das jedenfalls lehrt die bisherige Geschichte, und wer das Gegenteil behaupten will, trägt die Beweislast."[7]

Dem Handeln entgegen stehen die großen und kleinen Widerfahrnisse, sie treten dazwischen, zwischen Absicht und Ergebnis. Handeln muß sich aber nicht nur auf solche Interventionen einstellen, es sollte auch darum wissen, daß es selber eine Intervention ist. Zum Interventionshintergrund des Handelns gehört demnach auch diejenige Kontingenz, die darin besteht, daß ein Handeln anderer abläuft, an dem ich nicht beteiligt bin und in das ich durch mein eigenes Handeln – u.U. störend oder unwissentlich – eingreife. Handeln interveniert also selber auch, es kann dabei Interventionen heilen oder auch stören, d.h. in Interventionen intervenieren. Es übernimmt in Form von Zielsetzungen beispielsweise das als

---

[7] KOSELLECK 1979, 272.

Sinn, was vielleicht nicht von selbst geschehen wäre. Es kann aber selbst das noch als Zielsetzung in die Handlungsorientierung übernehmen, was auch und vielleicht besser von selbst geschehen wäre; dann ist es eine überflüssige Intervention und kontraproduktiv obendrein.

„Gerade diese Einstellung überflüssiger Interventionen kennzeichnet den planerischen Übermut als Erblast der fünfziger und sechziger Jahre, daß selbst dort gehandelt werden sollte, wo es nichts zu tun gab, wo Rationalisierung fehl am Platze ist, weil subrationale Vorgänge, Gewohnheiten, Sitten, Maximen die Lebenszusammenhänge ausreichend bestimmen."[8]

Ferner „entäußert" sich der Handelnde stets in seinem Tun. Er setzt sein Tun den äußerlichen Mächten aus, die damit unter Umständen noch einmal etwas ganz anderes anfangen können als der Täter selbst.[9] Eine Tat kann so unbeabsichtigte und nicht vorhersehbare Folgen haben, für die der Handelnde oft nichtsdestotrotz verantwortlich zeichnen muß. Zur Handlungskontingenz gehört also auch das Sicheinlassen in geschichtliche und gesellschaftliche Zusammenhänge, die nicht unter der Kontrolle des Handelnden verbleiben, sondern von diesem freigelassen werden und sozusagen autonom einen Sinn des Geschehens konstituieren, der erst im nachhinein festgestellt werden kann. Bei aller Zukunftsplanung ist der Handelnde demnach gut beraten, die „Nichtmachbarkeit" des Kommenden und damit auch der Geschichte zu berücksichtigen.

„Wir sollten uns davor hüten, die moderne Redewendung von der Machbarkeit der Geschichte pauschal zu verwerfen. Die Menschen sind für ihre Geschichten, in die sie verstrickt sind, verantwortlich, gleich ob sie schuldig sind an den Folgen ihres Tuns oder nicht. Es ist die Inkommensurabilität zwischen Absicht und Ergebnis, für die die Menschen einstehen müssen, und das verleiht dem Diktum vom Machen der Geschichte einen hintergründig wahren Sinn."[10]

Mithin geschieht vieles, was der Handelnde nicht vollkommen in der Hand hat; und das, was er selber handelnd auf den Weg bringt, entgleitet seiner Verfügungsgewalt. Durch allerlei Interferenzen – man spricht von einem „Handlungs-" bzw. „Wirkungsknäuel"[11] – kann so am Ende aus dem Tun der Menschen etwas herauskommen, was anfänglich eigentlich ganz anders bezweckt und beabsichtigt gewesen war. Die ursprüngliche Handlungsraison, d.h. der Sinnzusammenhang von Absicht, Handlungsziel, Mittel und Umständen ist

---

[8] RÖTTGERS 1993, 239 f.

[9] In Hegels *Ästhetik* kann man nachlesen, wie der Handlungsbegriff (in für Hegel so typisch dialektischer Manier) im Hinblick auf die (Konflikt-)Situation definiert werden kann, der eine Handlung stets begegnet: Nach der Auffassung der Situation von seiten der die Handlung entwerfenden Subjektivität und der Ausführung erfolgt die prompte Reaktion von seiten der Objektivität, durch welche der Kampf und schließlich die Auflösung der Differenz zum Vorschein kommt. Auch der Leser der *Leiden des jungen Werthers* wird auf subtile Art in die inneren Verhältnisse des Handelns eingewiesen.

[10] KOSELLECK 1979, 276.

[11] Vgl. LÜBBE 1977, 61 f.

dann durchbrochen. Einzig technisches Handeln – das methodisch geleitete Herstellen von irgendwelchen Produkten – ist in hohem Maße interferenzfrei.

Unter den Bedingungen der Handlungskontingenz zu leben, heißt folglich immer ein Doppeltes: Einerseits – aktiv und absichtsvoll – das Leben tätig durch freies Handeln nach eigenem denkerischen Entwurf zu gestalten, andererseits darum zu wissen und auch zu reagieren auf das, was nicht auf das eigene Konto geht, was vielmehr von seiten des Nicht-Ich widerfährt. Beide Parteien, das Ich und seine Pläne sowie die Um- und Mitwelt, sind natürlich anfänglich schon im der Handlung vorausliegenden Handlungsentwurf miteinander vermittelt, da ja bereits in der Planungsphase die Eigenart der Handlungswelt Berücksichtigung findet.

Was nun über den Charakter der Handlungssituation gesagt wurde, lassen die Geschichtstheoretiker, z.B. Bubner, Lübbe und Rüsen, ohne Abstriche auch für die Geschichte gelten: „Geschichte" als das schlechthin menschliche Geschehen läßt sich ja geradezu definieren als „das Zusammenspiel von Handlungen und Widerfahrnissen"[12], die der Täter nicht in seiner Hand hatte und auch nicht denkerisch in der Möglichkeit ihres Eintreffens errechnen und damit per Antizipation im Handlungsentwurf berücksichtigen konnte. Die Inkongruenz dessen, was tatsächlich geschieht, mit den Absichten derer, die es bewirken, konstituiert letzthin das Geschehen, das später Geschichte genannt wird. Wenn wir unsere Geschichte erzählen, so erzählen wir nämlich, wieso es anders kam, als wir dachten. Dieses, „daß es anders kam", macht (unsere je eigene) Geschichte wesentlich aus, und dadurch vor allem wird sie zu einer erzählenswerten und für den Zuhörer spannenden Geschichte.[13] Handlungen werden also gerade durch Widerfahrnisse zu höchst individuellen und unverwechselbaren (Lebens-)Geschichten.

„Die Besonderheit der erinnernswerten Prozesse versteht nur, wer das Geschehen als ein Zusammenwirken von Taten und beiherspielender Kontingenz bestimmen kann. Die Mittel dazu liefert der Handlungsbegriff, auf dem eine philosophische Theorie aufzubauen hat, die Geschichte nicht unbesehen den Erkenntnisintentionen von Wissenschaft opfert. Geschichtsphilosophie gehört also in den Umkreis der praktischen Philosophie."[14]

Leider hat das Wort „Widerfahrnis" nicht nur einen altertümlichen Klang, sondern gibt auch zu verstehen, daß es sich bei dem, was von seiten des Nicht-Ich meine Handlungslogik durchbricht, um etwas handelt, das mir widerstrebt, ja mir in meinen Plänen vielleicht sogar zuwider ist. Vielleicht ist darum das bedeutungsschwere Wort „Zukunft" als Ausdruck für dieselbe Sache geeigneter. In Frage steht hier nämlich mein Verhältnis zu dem, was *nicht ich allein* handelnd in die Wege geleitet habe, sondern *was von sich aus* auf mich *zukommt*, was mich von sich her betrifft. Es geht um mein Verhältnis zu dem mir Unverfügbaren und zwar ebenso positiv wie negativ. Denn es könnte ja durchaus sein, daß das, was mir in die Quere kommt, etwas höchst Erfreuliches, ja geradezu eine glückliche Fügung ist, alles andere denn ein Schicksalsschlag. Im ursprünglichsten Sinn ist Zukunft demnach ganz allge-

---

[12] Vgl. KAMLAH 1972, 34-40: § 3.

[13] Vgl. LÜBBE 1977, 54 ff.

[14] BUBNER 1984, 7.

mein das, was dem Handeln zukommt und zustößt; also gerade nicht die gradlinige Fortschreibung der Handlungsgegenwart ins Futur. Zukunft in dem so verstandenen Sinn wäre also das, was aus alltäglichen und nicht nennenswerten Handlungsabläufen Geschichte macht.

Die Frage, was im konkreten Einzelfall eine jeweilige Zukunft *inhaltlich* bedeuten kann, läßt sich mit dem Hinweis auf den alltäglichen Sprachgebrauch beantworten: Handelt es sich bei dem Widerfahrnis, das unsere Handlungslogik unterbricht, um ein unerfreuliches Geschehen, das uns keine persönlichen Entwicklungsmöglichkeiten eröffnet, sondern diese vielmehr einschränkt oder gar zunichte macht, so sprechen wir für gewöhnlich von „Pech", von „Schicksal" oder noch deutlicher von einem „Schicksalsschlag". Ein Schicksalsschlag ist etwas Negatives, was (zunächst) keinen Sinn macht, indes vorhandenen Sinn zerstört, unsere Freiheit einschränkt und unseren Spielraum einengt. Es gelingt uns nicht, in dem unerfreulichen Widerfahrnis Daseinsmöglichkeiten aufzuspüren, die wir als Aufgabe und Herausforderung annehmen könnten. Ein Schicksal ist etwas, womit man sich abzufinden hat, womit man fertig werden muß, worein man sich zu schicken hat; etwas, was sich nur mit Mühe in das eigene Leben integrieren läßt.

Handelt es sich jedoch bei dem uns Widerfahrenden um etwas Erfreuliches, was sich in unsere Handlungslogik „fügt", indem es uns entweder brauchbare Mittel zuspielt, die wir allein nie zur Verfügung gehabt hätten, oder indem es uns einem Ziel zutreibt, das im Grunde noch viel erstrebenswerter ist als das von uns selbst zunächst anvisierte, so zögern wir nicht, von Glück im Sinne von *bonne chance* zu sprechen, von einer „glücklichen Fügung", welche unverhoffte Erfüllung langgehegter Wünsche bringt. Ein religiös veranlagter Mensch wird vielleicht sogar sagen: „Das hätte ich mir selber nicht besser ausdenken können! Das kann doch kein Zufall gewesen sein, das war Vorsehung!"[15] Hier hat dann kein blindes Schicksal etwas Sinnloses zugeschickt, sondern hier muß offenbar eine weitsichtige, gütige Macht vorausgeahnt haben, wessen genau es in diesem Augenblick bedurfte, damit unser Leben eine gute Wendung nimmt. Je nachdem also, wie sich ein Widerfahrnis in unseren Lebens- und Sinnzusammenhang einfügt, neigen wir dazu, es entweder als Pech bzw. Schicksalsschlag oder als Glück, als Fügung bzw. Vorsehung zu bezeichnen. Freilich wird sich die Bewertung eines Widerfahrnisses und damit auch die Bedeutung der Vergangenheit im Laufe der Zeit mehrfach wandeln können.[16] Etwas, was uns zunächst wie ein sinnloser Schicksalsschlag vorkam, kann sich später, in der Retrospektive, als geradezu „providenziell" herausstellen. Vielleicht sind wir dadurch ja erst aus unserer Oberflächlichkeit in die Tiefe und zu uns selbst gelangt und haben in der Bewältigung persönliches Profil und Kontur gewonnen oder sind vor Hochmut bewahrt geblieben. Aber auch das Umgekehrte ist

---

[15] Vgl.: „Des Menschen Herz plant seinen Weg, doch der Herr lenkt seinen Schritt." (Spr 16,9).

[16] Darum auch muß die Geschichte mit dem Fortgang der Zeit immer wieder neu geschrieben werden und auf Sinn und Sinnlosigkeit hin durchbuchstabiert werden. Sie ist nie ein für allemal gültig. Auf diese Weise kann sich dann immer wieder neu ein Sinnzusammenhang ergeben, der die einzelnen Etappen wie ein roter Faden zusammenhält. Eine letztgültige Bewertung ist allerdings nur vom Ende der Geschichte aus möglich.

möglich: Was uns anfangs wie der Glückstreffer unseres Lebens vorkam, kann sich in der Folge als nicht besonders förderlich oder als Beginn einer Schuldgeschichte herausschälen.

Die Analyse der Handlungskontingenz hat nun etwas von der Beschaffenheit desjenigen Geschehens deutlich werden lassen, das wir Geschichte nennen. Wenn von seinem Ursprung her das deutsche Wort „Geschichte" so viel wie Geschehnis oder Ereignis bedeutete, muß jetzt hinzugefügt werden, daß Geschichte stets mehr ist als nur die Erzählung von Ereignissen. *Bloße* Ereignisse haben, genau besehen, sogar sekundären Charakter, insofern sie immer Handlungszusammenhänge – oder sagen wir mit Heidegger präziser: eine schon bedeutungsvoll erfahrene Welt – voraussetzen und nur durch den Bezug auf sie als auf ihren Hintergrund zu *geschichtlichen* Ereignissen werden. Auch Naturereignisse erlangen ja nur dann Relevanz und kommen in Geschichten vor, wenn und insofern sie sich – im Sinne von Widerfahrnissen – auf Handlungszusammenhänge auswirken, siehe das Erdbeben von Lissabon, das durch Voltaire zum geschichtsphilosophischen Schlüsselerlebnis und Paradigma geworden ist.

Für das Verständnis von Geschichte ist das Fingerspitzengefühl für die Handlungskontingenz von so zentraler Bedeutung, daß ein Mißverstehen der Geschichte in der Regel auf Nichtbeachtung der Handlungskontingenz rückführbar ist, oder, was dasselbe ist, auf eine unkritische Übertragung der Ex-post-Perspektive auf die Situation *ante*. Genau hier, in der nachträglichen Rationalisierung, liegen die Gefahren einer historischen Rekonstruktion vergangenen Geschehens. Das Geschichtsgeschehen kann ja aus der Ex-post-Perspektive tatsächlich quasi-gesetzmäßig bestimmt werden, und in der Retrospektive wandelt sich das Kontingente oft wie von selbst zum Sinnvollen. Die klassische Geschichtsphilosophie mitsamt ihren Folgen in der methodisch orientierten Historie beispielsweise war so überwiegend am *Verstehen* des Vergangenen interessiert, daß sie durch planmäßige Intellektualisierung das konstitutive Moment der Kontingenz und damit alles Unverständliche aus dem Geschichtsverlauf vertrieb oder doch zumindest – vermittels der makroskopischen Reduktion der Geschichte auf ihr Wesentliches, nämlich „die Vernunft" – ungebührlich marginalisierte.[17] Hier haben die historischen Erzähler und Geschichtsforscher ihrer Neigung, den im Zusammenhang wiederzugebenden Ereignissen eine Logik zu unterlegen, um auf diese Weise die Eingängigkeit und Überzeugungskraft ihrer Erzählung zu steigern, freien Lauf gelassen. In einer ähnlichen Gefahr stehen auf ihre Weise auch die Sozialwissenschaften, indem sie ähnliche menschliche Verhaltensweisen mit ähnlichen Konsequenzen in eine generalisierende Beziehung bringen und nach Gesetzmäßigkeiten erklären. Unhaltbar ist in beiden Fällen stets der Kurzschluß der Ex-post-Perspektive mit der Situation *ante*. Beide im Bereich geschichtlichen Wissens approbierten Denkoperationen, das *Verstehen* sowie das *Erklären*, haben je auf ihre Weise die Tendenz, die für Geschichte konstitutive Handlungskontingenz zu eliminieren. Sie müssen sich deshalb hüten, dieser Tendenz, die in letzter Konsequenz zu einem historischen Determinismus führen würde, nachzugeben.

Für die *Sozialwissenschaft* heißt dies konkret: Die *tatsächlichen* Konsequenzen menschlichen Verhaltens sind keineswegs identisch mit den beabsichtigten bzw. in Kauf genom-

---

[17] Vgl. MASUR 1929, 193 ff.

menen Folgen individuellen Handelns. Von den Konsequenzen können darum nicht zwingend die vorausliegenden Absichten der handelnden Personen abgeleitet werden, wie ja auch umgekehrt die Absichten nicht schon vollständigen Aufschluß über die späteren Konsequenzen geben. Fehlschlüsse von den Verhaltenskonsequenzen auf die Absichten von Personen liegen vor allem den behavioristischen Theorien zugrunde. Ein adäquater philosophischer Begriff des Handelns bringt beide Perspektiven in Verbindung, ohne sie kurzzuschließen. Die Absichtlichkeit (Intentionalität) ist der entscheidende Anteil beider.

Für die *Geschichtswissenschaft* und *Geschichtsphilosophie* könnte die geforderte Scheidung der Perspektiven und die gebotene Rücksichtnahme auf die Handlungskontingenz die Aufgabe mit sich bringen, an die Erzähltradition pragmatischer Historiographie anzuknüpfen und den starken Begründungsgängen des Erklärens gegenüber die auch im Erklären nicht hintergehbare, grundsätzliche Verpflichtung der Geschichte auf Narrativität herauszustreichen, denn – wie Lübbe immer wieder neu beteuert[18] – Kontingentes läßt sich *nur erzählen*, nicht jedoch ableiten oder erklären. Lübbes Plädoyer für mehr Narrativität in der Geschichtswissenschaft motiviert sich also aus der besonderen Beschaffenheit desjenigen Geschehens, das als Geschichte dargestellt werden soll. Die narrativistische Geschichtstheorie versucht dem ihrerseits Rechnung zu tragen, indem sie – innerhalb eines gegebenen Erzähltextes – zwei verschiedene Arten von Sinnzusammenhang differenziert und aufeinander bezieht, ohne sie zu identifizieren: den *Erzählzusammenhang* (narrative Einheit) einerseits und den *Ereigniszusammenhang* andererseits, der in der Ex-post-Perspektive des Erzählzusammenhangs überhaupt nur zugänglich ist als mehr oder weniger schlüssige Sinneinheit des tatsächlich Geschehenen. Es bleibt demzufolge trotz aller Konzentration auf den Erzählzusammenhang auch im Narrativismus die zentrale Frage der Geschichtstheorie die nach dem spezifischen Charakter und Sinnanspruch des geschichtlich genannten *Geschehens*, die sich hier allerdings verbirgt in der Suche nach der im Erzähltext ausgetragenen Spannung von Ereignis- und Erzählzusammenhang, von Geschehen und Geschichte.

„Das Wissen der Späteren entgeht den historischen Akteuren notgedrungen. Sonst träte insgeheim Theorie an die Stelle der Praxis. (...) Wenn vergangene Ereignisse ... stets nur in Erzählungen objektiviert werden können, so dürfen diese Erzählungen das konstitutive Moment der Kontingenz, das historischen Ereignissen anhaftet, nicht zugunsten vollkommener Erklärung eliminieren. Daraus ergibt sich, daß Geschichtsschreibung bis zu dem Grade *Erzählung* bleiben muß, der die Nachzeichnung der besonderen Einzelheiten garantiert, auf deren Vergegenwärtigung das historische Interesse zielt. Die Beseitigung des Erzählerischen, das den Zugang zur Konkretion der Vergangenheit offenhält, tendiert dazu, das typisch Wiederkehrende und Regelmäßige an die Stelle des Einmaligen und Besonderen zu rücken. Die Ersetzung der erzählenden Geschichtsschreibung durch die zwingende Erklärung genügt zwar dem Bedürfnis nach Wissenschaftlichkeit, das seit dem Beginn des 19. Jahrhunderts die Bastion der alten Geschichtsschreibung erobert hat. Selten wird aber die Gefahr des Verlustes der gemeinten Gegenstände im Namen verbesserter Methode gesehen. Die natürliche Intention aller Theorie treibt dazu, auch der Rätsel der Geschichte Herr zu werden. Vor allem rätselhaft und theoretisch anstößig erscheint das konstitutive Moment der Kontingenz, dem nur historisches Erzählen gerecht zu wer-

---

[18] Vgl. LÜBBE 1977, 28.

den vermag. Der Antrieb, besser oder gar vollkommen zu verstehen, befriedigt sich in der Elimination der Kontingenz. In diesem Punkte sind sich Philosophen und Historiker allen Differenzen zum Trotz meist einig gewesen."[19]

Das geschärfte Bewußtsein dafür, daß Geschichte aus dem Zusammenspiel menschlicher Handlungen mit kontingenten Ereignissen und Widerfahrnissen besteht, hat längst schon Auswirkungen für den *Theoriegebrauch* innerhalb der Geschichtswissenschaft gezeitigt: Wenn Geschichten wesentlich (aber natürlich nicht allein) von menschlichen Handlungen und somit von *Freiheit* erzählen, dann werden aus dem Bereich der Naturwissenschaften entlehnte nomologische Erklärungsverfahren nicht hinreichen, um die spezifisch *geschichtlichen* Geschehenszusammenhänge verständlich zu machen. Es genügt nicht, *historische Gesetze* aufzustellen, es braucht auch Erklärungsverfahren, die auf die *Absichten handelnder Menschen* rekurrieren („intentionales Erklären"). Da aber in der Geschichtswissenschaft das Erklären immer im Kontext von Geschichten, sprich narrativen Aussagezusammenhängen erfolgt, reichen auch intentionale Erklärungsformen allein noch nicht aus. Arthur Danto hat darum einen dritten Erklärungstyp, das „narrative Erklären", als die eigentlich historische Erklärungsart expliziert: Das *bloße Erzählen* einer Geschichte ist in sich selber schon ein Vorgang des Erklärens, betont Danto; Baumgartner und Rüsen schließen sich ihm an. Jede Geschichte *erklärt den Vorgang einer zeitlichen Veränderung*. Das tut sie, indem sie erzählt, wie aus einem Anfangszustand (A) der Endzustand (B) wird und zwar dadurch, daß dies oder jenes (C) passiert. (C) ist hier das Explanans, welches erklärt, wie aus dem Anfangszustand (A) der Endzustand (B) resultiert. Spezifisch historische Erklärungen sind also *vorrangig narrative* und erst sekundär auch intentionale und nomologische Erklärungen.[20]

---

[19] BUBNER 1984, 46 f.
[20] Vgl. RÜSEN 1986, 22-46.

Kapitel IV: „Ereignis" und „Struktur" als moderne geschichtliche Grundbegriffe

Geschichte, so hieß es oben (s.o. Kap. III, 2), ist das Zusammenspiel von menschlichen Taten und beiherspielender Kontingenz, wobei mit „beiherspielender Kontingenz" jene unableitbaren Widerfahrnisse gemeint waren, welche die menschliche Handlungsraison durchkreuzen. Inhalt der Geschichte ist deshalb nicht allein das, was der Mensch selber tut, sondern wenigstens ebenso sehr das, was ihm dabei widerfährt. Nur in recht begrenztem Umfang ist der Mensch selbst „Täter" der Geschichte. Er kann daher nicht als ihr Handlungssubjekt, sondern bestenfalls als ihr *Referenzsubjekt* aufgefaßt werden. Wenn es „seine" Geschichte ist, dann deshalb, weil sie erzählt, was ihm bei seinem Handeln widerfuhr. Nicht immer zeigten Historie und Geschichtsphilosophie das notwendige Gespür dafür, daß Geschichtssubjekte bloß Referenzsubjekte sind. Zu bedenkenlos wurden vielfach menschliche Individuen, soziale Gruppen und gesellschaftliche Institutionen als Handlungssubjekte, oder wie in der Geschichtsphilosophie der Aufklärung, schlicht „die Vernunft" oder „die" Menschheit als Geschichtssubjekte eingesetzt. Wichtig ist, daß ein Referenzsubjekt, dessen geschichtlicher Wandel zur Debatte steht, in allem Wandel wiedererkennbar „es selber" bleibt. Diese in allem geschichtlichen Wandel sich durchhaltende Selbigkeit wurde herkömmlich unter dem Decknamen „Tradition" verhandelt und in der Regel metaphysisch-substantialistisch aufgefaßt (s.u. Abschn. 1). In der modernen, nachmetaphysischen Geschichtstheorie wird diese Funktion übernommen von den sogenannten Tiefenstrukturen der Geschichte, die sich unter der Oberfläche der bewegten Ereignisgeschichte meist längerfristig durchhalten (s.u. Abschn. 2).

1 Geschichte und Tradition

In der Alltagssprache scheinen die Wortbedeutungen von „Geschichte" und „Tradition" zunächst gar nicht weit auseinander zu liegen. Wenn jemand von Geschichte oder Tradition spricht, so scheint er beide Male die Vergangenheit hochzuhalten, aus der sich gegenwärtiges Leben herleitet und von der es sich – für die einen zum Glück, für die anderen zum Unglück – immer noch bestimmen läßt. Genauer betrachtet, sind nun aber durch den neuzeitlich beschleunigten und zum Teil sogar revolutionären Wandel der menschlichen Lebensverhältnisse Geschichte und Tradition in eine Spannungseinheit geraten, ja fast zu Gegenbegriffen geworden. Die Geschichte als die Veränderung, die mit dem menschlichen Leben vor sich geht, kann seither nicht bedacht werden, ohne des schwindenden Zusammenhangs der Gegenwart mit der Vergangenheit, das heißt der *Auflösung der Tradition*, zu gedenken. Wo die Geschichte besonders heftig wütet, wird die Tradition dünn. Sie wird erodiert durch eine forcierte Erfahrung von Zeitlichkeit und Veränderlichkeit, d.h. durch „mächtiges Walten der Geschichte". Gegenwärtig scheint es – oberflächlich – nur noch wenig Tradition zu geben, am wenigsten in Technik und Wirtschaft, wo das Erfinden und Unternehmen immer revolutionärer zugeht, eher noch in Kunst und Wissenschaft, am meisten wohl noch in der Religion. Auf der Tradition beruht letztendlich die Identität des Seienden, dessen Wandlung wir „unsere" Geschichte nennen. Geschichte Deutschlands, Geschichte des Abendlands, Geschichte der Philosophie – davon kann offenbar nur die Rede sein, wenn Deutschland, die abendländische Wissenschaft, die Philosophie jeweils etwas sind, das auch beim einschneidendsten Wechsel seiner Zustände noch im Grunde dasselbe bleibt, und wenn die Selbigkeit in der Folge der Generationen auch erkennbar zutage tritt. Gäbe es in aller Veränderung nichts Identifizierbares mehr, dann zerbräche auch die Geschichte. Ohne eine beharrliche Selbigkeit kann nicht mehr von der Geschichte als von der Einheit eines Veränderungsprozesses gesprochen werden. Veränderungen lassen sich nur an Identischem ablesen. Ein radikaler Historismus, der alles Statische in der Menschenwelt in ein sich Veränderndes auflöst, hebt sich als Position selbst auf. Ist alles grundsätzlich veränderlich, so gibt es nichts Identifizierbares mehr, was sich verändert. Universal geworden, zerstört sich der Aspekt Veränderung selbst.

Es setzt also Geschichte als Zusammenhang einer Veränderungsbewegung eine in aller Veränderung sich durchhaltende Selbigkeit voraus. Der Prozeß solchen Dauerns, das Beharren und Fortleben einer Selbigkeit in allem Wandel, ist mit dem alten Namen „Tradition" wohl immer noch am adäquatesten gekennzeichnet, wenngleich die Bedeutungsfülle der Worte „Tradition" bzw. „Überlieferung" damit längst nicht erschöpfend ausformuliert ist.[1] Bricht die Tradition irgendwo völlig ab, dann beginnt eine ganz andere Geschichte. Gesetzt aber den Fall, es könnte dieser Neuansatz doch noch irgendwie aus dem Vorangegangenen verstanden werden und im Augenblick des Umbruchs wären es ein und dieselben Menschen, die zuerst in der alten, dann in der ganz neuen, neu angefangenen Geschichte lebten – selbst dann wäre es nicht möglich, nach der Geschichte zu fragen, ohne sich gleichzeitig auch nach der Tradition zu erkundigen. Denn das Problem der Tradition käme auf einer anderen Stufe der Betrachtung und des Daseins wieder, indem nämlich jetzt gefragt werden müßte nach dem Seienden, dem dieser tiefe Bruch widerfährt, und danach, wie es sich über diesen Bruch hinweg als sich gleichbleibende Identität erhält. Alle Philosophie der Geschichte ist darum immer auch Philosophie der Tradition. Freilich findet die Tradition in der Regel weniger Aufmerksamkeit und Verständnis als die Geschichte.[2]

Wenn nun Geschichte als Geschehen der Oberfläche in der Tiefe immer Tradition als Dauerhaftigkeit bei sich führt, stellt sich die Frage, wodurch solche Permanenz garantiert wird. Wie ist die in allem Wandel sich durchhaltende Selbigkeit zu denken? Herkömmlich

---

[1] Mit „Παράδοσις" bzw. „Traditio" ist ursprünglich, entsprechend der Herkunft des Wortes aus dem antiken Depositalrecht und der theologischen Reflexion, immer eine bewußt geleistete, oftmals in einem öffentlichen, feierlichen Akt vollzogene und mutuelle Verpflichtung implizierende Weitergabe bzw. Übernahme eines treuhänderisch zu verwahrenden Gutes oder auch eines Erbgutes gemeint. Tradition meint erst sekundär, sozusagen als Schwundstufe, den selbstläufigen Prozeß einer unverbindlichen Weitergabe kultureller Dispositionen bzw. das Eingebundensein in überlieferte, unreflektierte, rational oft nicht analysierbare Gefühlslagen und Verhaltensweisen; vgl. dazu WIEDENHOFER 1990, 607-650; auch MAGAß 1982, 110-120 und RANFT 1955; ferner GEISELMANN 1962 und RATZINGER 1957.
[2] Vgl. KRÜGER 1958, 71-96.

machte sich die Philosophie die den geschichtlichen Wandel tragende Dauer einsichtig durch den Verweis auf gewisse „substantielle" Grundzüge des sich Wandelnden selber. Man sprach von dem in allem Wandel gleichbleibenden „Wesen" des geschichtlich sich Wandelnden.

„Von Veränderung sprechen heißt, implizit eine kontinuierliche Identität im Subjekt der Veränderung unterstellen. In der philosophischen Tradition wurde es für eine metaphysische Notwendigkeit ausgegeben, daß irgendeine unveränderliche Substanz sich in der Veränderung erhält, so daß man, verhielte es sich anders, überhaupt nicht von Veränderung sprechen könnte und sich in der Benennung vergriffen haben würde."[3]

Weil es im metaphysischen Substanzdenken noch beheimatet war, konnte sich das Zeitalter der Aufklärung den Zusammenhang der geistigen Entwicklung der Menschheit dadurch begreiflich machen, daß es das Subjekt nur mit einer bestimmten und ausgezeichneten Funktion, nämlich der Funktion des vernünftigen Denkens, in Anspruch nahm. Denn in der Vernunft war man sicher, das in allem geschichtlichen Wandel substanziell sich Durchhaltende, mithin das sich in allem Wandel gleichbleibende Wesen, das eigentliche *Sub*-jekt der Geschichte gefunden zu haben. In ihr und nur in ihr glaubte man die Epochen und einzelne Individuen zusammenbindende Kraft erkennen zu können; dies freilich nur, weil man den Vernunftgehalt für alle Vernunftsubjekte ohne Unterschied identisch annahm. Tradition mußte in dieser Perspektive als ein Prozeß fortschreitender Anreicherung erscheinen, als eine „Fortschrittsgeschichte". Von Generation zu Generation, meinte man, werde ein sich stetig mehrender Schatz von Vernunfteinsichten weitergereicht, so daß keine Generation mit der Vernunftbemühung ganz von vorne anfangen müsse, infolgedessen der Erfolg dieser Bemühung über das in der Spanne eines Menschenlebens Erreichbare problemlos hinauslangen könne. Wie selbstverständlich ging man davon aus, daß das *Was* des Vernunftgehalts im Übergang von dieser zu jener Generation dasselbe bleibe.[4]

„Daß es den die Geschlechter verbindenden Zusammenhang gibt, den wir »Tradition« nennen, das beruht [nach Meinung der Aufklärung (r.h.)] letzten Grundes darauf, daß allen Menschen dieselbe »Natur« und, als deren höchster Ausdruck, dieselbe »Vernunft« eingeboren ist. Alles, was Menschen in einem tieferen Sinne miteinander verknüpft, hat an dieser jedem Einzelnen mitgegebenen Ausstattung sein tragendes Fundament und seine unwiderlegliche Beglaubigung. Das Vernünftige ist das der Gesamtheit der Menschen »Gemeinsame«. Auch jene in der Abfolge der Generationen sich herstellende Verbindung, die wir »Tradition« nennen, hat ihre Seele an diesem Gemeinsamen. Natürlich hat die Aufklärung nicht daran vorbeigesehen, daß die Tradition auch vieles mit sich schleppt und weitergibt, was der gemeinsamen Menschenvernunft widerstreitet. Allein darin liegt gerade die immanente Weisheit der von der Tradition getragenen Entwicklung, daß die

---

[3] DANTO 1980, 375.

[4] Wie Hegel diesen rationalistisch verdünnten Traditionsbegriff, wo Vernunfteinsichten wie fertige Werkstücke einfach nur weitergereicht werden, neugestaltet und mit dem Begriff der Individuation zusammendenkt – denn das Überlieferte will ja nicht bloß übernommen und unverändert reproduziert werden, sondern als *angeeignetes* in neuer Gestalt auferstehen – und wie Hegel ferner das Subjekt mit der Ganzheit seiner Funktionen, also nicht nur der des Denkens, in den Prozeß der Verwirklichung des Geistes einsetzt, stellt dar LITT 1951, 311-321.

Vernunft ... immer mehr Boden gewinnt ... So kann es nicht anders sein, als daß im Erbgang der Tradition die Nebel des Widervernünftigen sich mehr und mehr verflüchtigen und der Kern des gemeinsamen Vernunftbesitzes immer klarer hervortritt. Wir finden den in diesen Überlegungen enthaltenen Begriff der Tradition besonders prägnant ausgedrückt in *Kants* geschichtsphilosophischem Entwurf."[5]

Baumgartner nennt diese Art, den geschichtlichen Zusammenhang zu denken, den „ratiomorphen Modelltyp", denn hier gibt die der Vernunft eigentümliche Struktur das Modell auch für die Struktur der Geschichte ab.[6] Ferner zeigt er auf, daß bei allen – auch den sogenannten „biomorphen" – Modellen Projektionen und Übertragungen im Spiel sind:

„Zunächst wird ein fundamentum inconcussum gesucht, das als Grundlage unseres Wissens behauptet und ausgewiesen werden kann (z.B. Vernunft oder Leben); danach wird es in sich, in seine Binnengliederung, differenziert, zu einem Verlaufsmodell entwickelt und schließlich auf Geschichte projiziert. Die Übertragung des Modells auf alle Prozesse des Werdens erscheint dann als Wesenseinsicht in den Geschichtsverlauf. (...) Geschichtsphilosophien dieser Art sind immun gegen Kritik: sie sind nicht widerlegbar, eben deshalb aber problematisch."[7]

Wie gesehen (s.o. Kap. II. 2), drängte sich jedoch spätestens historistisch – durch die Herausbildung einer dynamischen Sicht der Wirklichkeit im ganzen – die Einsicht auf, daß die Vernunft, welche bislang die Unverbrüchlichkeit der Tradition verbürgte, selber einem geschichtlichen Wandel unterliegt, der sich freilich nur längerfristig bemerkbar macht.[8] Man erkannte jetzt: Die Geschichte waltet *überall*, allerdings nicht auf jeder Ebene mit derselben Geschwindigkeit. Es wurde dadurch die herkömmliche Konzeption von Geschichte als einem Veränderungsgeschehen der Oberfläche, das durch eine unbewegliche Tiefenstatik zusammengehalten wird, revisionsbedürftig. Die die Oberflächengeschichte in der Tiefe zusammenhaltende Permanenz, das Geschichtssubjekt, mußte nun ebenfalls *dynamisch*, d.h. als Geschichte aufgefaßt werden. Konkret beinhaltete dies die Aufgabe, die Vernunft als Prozeß zu denken. Hegel konnte sich die Wandlungsbewegung der Vernunft noch als *systematischen* Prozeß und vor allem als ein Fortschreiten zu jeweils höheren Erscheinungs- und Realisationsformen von Vernunft denken. Aber nach der Diskreditierung der Hegelschen Synthese von Geschichtlichem und Systematischem war dies nicht länger möglich.

---

[5] LITT 1951, 312.

[6] Zu diesem Typ rechnet Baumgartner nicht nur Kant, Schelling, Fichte und Hegel, sondern auch die Versuche von Piaget, Kohlberg und Habermas, die ontogenetische Entwicklungslogik des moralischen Bewußtseins auf die phylogenetische Ebene zu transponieren; vgl. BAUMGARTNER 1996, 160.

[7] BAUMGARTNER 1996, 161.

[8] Parallel dazu kam es – politisch – zu der Erfahrung, daß auch die einst als quasi-immobil aufgefaßten gesellschaftlichen Strukturen geschichtlich veränderlich sind und – revolutionär – umgestaltet werden können – eine letztlich bestürzende Erfahrung. Denn gerade in dem Moment, da Geschichte endgültig in die Reichweite menschlicher Verfügungsgewalt zu rücken schien, erwies sie sich im Scheitern der Französischen Revolution als höchst ambivalentes Geschehen, was zum endgültigen Aus des Fortschrittsoptimismus führte.

„Nach der Historisierung der Geschichte ist alle geschichtliche Systematik nur das Resultat unserer Systematisierung, und das bedeutet, daß die Geschichte der Vernunft an sich selbst kein System bildet, in dem sich die auf Systematizität festgelegte Vernunft wiedererkennen kann."[9]

Die neue Einsicht in den *alles* umfassenden Charakter der Geschichte verlangte, daß man Geschichte fortan nicht bloß als Oberflächengeschichte, d.h. als *Ereignisgeschichte* dachte, sondern stets auch die sich vergleichsweise eher langsam wandelnde *Tiefengeschichte* in Betracht zog. Das für das Geschichtsdenken der Aufklärung charakteristische Verfahren, das Geschichtssubjekt und seine Kultur- und Handlungsformen ahistorisch aufzufassen und zu anthropologisieren, naturrechtlich zu normieren und sodann im Begriff der „Vernunftnatur" des Menschen verbindlich festzuschreiben, mußte also abgelegt oder doch zumindest stark aufgeweicht werden.

2 Ereignis- und Strukturgeschichte

Nun waren unterdessen im Zuge der Auflösung der Metaphysik die von ihr beigebrachten Entitäten, so beispielsweise die Menschennatur und die Vernunftsubstanz, als metaphysische Unterstellungen unattraktiv geworden. Überhaupt geriet die natürliche Vorstellung, wonach jede Geschichte, da sie Geschichte stets „von etwas" ist, auf irgendeiner Stufe der Ereignisseite sich durchhaltende Identitäten vorzuweisen haben müsse, ins Wanken. So ergab es sich, daß zum Verständnis der Tiefendimension der Geschichte (d.h. der ihr zugrundeliegenden relativen, nicht absoluten Permanenz) nicht mehr auf die Vorstellung des allen Menschen gemeinsamen vernünftigen Wesens, das sich durch die Reihe geschichtlicher Erscheinungen verwirklicht, zurückgegriffen wurde, sondern erst einmal der *Strukturbegriff* Karriere machte. Es interessierte nun nicht mehr die Geschichte und ihr Subjekt, sondern die Struktur. Mit dem Strukturbegriff erschloß sich das historische Denken eine neue, vor allem *soziale* Tiefendimension der historischen Erfahrung.[10] Der historische Blick rückte weg von den durch absichtsvolles menschliches Handeln bewegten historischen Ereignissen und richtete sich auf die Konstellation von Handlungsbedingungen und deren systematische Zusammenhänge, wie sie sich über längere Zeitläufe hinweg verändern. Die Frage nach den Antagonismen konkurrierender Geschichtssubjekte verflüchtigte sich so zur Frage nach strukturellen Oppositionen, wobei freilich die Gefahr bestand, daß der für das 19. Jahrhundert noch prägende Denkstil der Persönlichkeit als geschichtsformender Macht verdrängt würde von der in den Sozialwissenschaften vorherrschenden Überzeugung von der ereignisbestimmenden Kraft überindividueller Ordnungen und Strukturen.[11] Baumgartner beschreibt den Übergang vom metaphysischen Wesens- zum modernen Strukturdenken wie folgt:

---

[9] SCHNÄDELBACH 1987, 49.

[10] In der deutschen Geschichtswissenschaft wird diese geschichtstheoretische Wende schon rein äußerlich deutlich im Erscheinen einer neuen Zeitschrift, nämlich *Geschichte und Gesellschaft* (vgl. RÜSEN 1990, 64-68).

[11] Die Historiker versuchen auf diese Gefahr zu reagieren, indem sie nicht nur das analytisch

„In diesem Zusammenhang erscheint mir die Vermutung plausibel, daß die Konjunktur des Strukturbegriffes in einem größeren geistesgeschichtlichen Zusammenhang steht: Seine zugleich positive wie negative Beziehung auf Geschichte antwortet auf die Historisierung des Denkens durch den Historismus des 19. Jahrhunderts. Wird Wirklichkeit grundsätzlich als geschichtlicher Prozeß verstanden, dann bedarf es einerseits solcher Kategorien, die geschichtliche Wandelbarkeit und Entwicklung zum Ausdruck bringen können; andererseits aber müssen es zugleich Kategorien sein, die noch die Erklärbarkeit und Erkennbarkeit des geschichtlichen Wandels garantieren. In eben diesem Sinne scheint mir die Strukturkategorie auf Wirklichkeit als geschichtlichen Prozeß beziehbar zu sein. Strukturen sind je nach Anwendungsgebiet mehr oder weniger konstante Bedingungsgefüge von Prozeßfaktoren, Konstellationen von Bedingungen, durch die Prozesse beschreibbar und erkennbar bzw. erklärbar werden. (...) Der Begriff der Struktur hat unter dem Druck des Historismus und seiner Probleme den Begriff des Wesens ersetzt."[12]

Bevor der Ausdruck „Struktur" in der Geschichtswissenschaft und Geschichtsphilosophie Konjunktur machte, erfreute er sich schon in anderen Wissenschaften, zuerst der Psychologie,[13] dann vor allem in Soziologie und Linguistik, ausgesprochener Beliebtheit und bot sich der Geschichtstheorie als Ersatz für die ausgefallenen substanzontologischen Kategorien geradezu an.[14] Als dynamische Kategorie war er dem statisch verstandenen Wesensbegriff sogar überlegen. Der Strukturbegriff konnte Wandelbarkeit und Entwicklung zum Ausdruck bringen und durfte darum als eine echt *geschichtliche* Kategorie gelten. Gemeinsam mit der korrelierenden Kategorie „Ereignis", in welcher sich das Oberflächengeschehen sammelte, konnte er mühelos die Nachfolge der alten ontologischen Reflexionsbegriffe „Form" und „Materie", „Wesen" und „Existenz", „Wesen" und „Erscheinung" antreten.

„»Historisierung« (...) Einmal bezieht sich dieser Ausdruck auf die Vorstellung vom Wandel der Geschichte, der so lange nicht wirklich als historischer Wandel vorgestellt ist, wie er noch nach dem Modell wesentlich ahistorischer Strukturen aufgefaßt wird: »δύναμις – ἐνέργεια«, »Ansich-Anundfürsich«, »Fortschritt«, »Verfall«, »ewige Wiederkehr des Gleichen« sind solche Strukturen. Sie sind ahistorisch, weil sie mit deskriptiven oder narrativen Mitteln allein der Historie nicht entnommen werden können; sie gehören zum Apriori der Historie, was so lange kein Einwand ist, wie man nicht behauptet, daß dieses Apriori das in objektiver Blickrichtung konstatierbare Wesen der historischen Ob-

---

produzierte Wissen um Strukturen im Sinne objektiver Handlungsbedingungen als ein hermeneutisch wirksames *Instrument zur kulturellen Orientierung* des menschlichen Handelns offensiv zur Geltung bringen, sondern auch umgekehrt sich bemühen, menschliches Handeln als die *einzig mögliche Quelle* von strukturellen Handlungsbedingungen in Anschlag zu bringen. Denn nur so können die Strukturen ihren Status einer *zwanghaft vorgegebenen Realität* verlieren und als Herausforderungen begriffen werden, die handelnd und interpretierend bewältigt werden müssen; vgl. RÜSEN 1987, 135-147 u. JAEGER 1998, 730.

[12] BAUMGARTNER 1982, 178 f.

[13] So schon bei DILTHEY GS VII, 96 f., 157, 166.

[14] Zur historiographischen Rezeption des Strukturbegriffs, die zuerst in der französischen Historikerschule erfolgte, die man nach ihrem Organ, den „Annales d'histoire économique et sociale", die Schule der „Annales" nennt, und die dann von Werner Conze und Otto Brunner in Deutschland weitergeführt wurde, siehe FABER 1982, 100-108; zur theologischen Rezeption siehe SCHEFFCZYK 1982, 187-212.

jektivität selbst repräsentiere. Der historisierte historische Wandel ist demgegenüber nur ex post konstatierbar und bestenfalls bedingt prognostizierbar."[15]

Heute wird Geschichte in der Regel mehrdimensional als *Zusammenspiel von Ereignis- und Strukturgeschichte* aufgefaßt.[16] Als *Ereignisse* gelten einschneidende Vorkommnisse der Lebenswelt in Raum und Zeit, die sich von dem ansonsten eher diffusen Geschehen abheben. Sie werden von bestimmbaren Subjekten ausgelöst oder zumindest erlitten. Sie schließen sich in der Regel in einen nur sehr kurzen Zeitablauf ein, sind als solche jedoch immer bezogen auf grundlegende *Tiefenstrukturen*. Diese sind freilich oft genug so anhaltend, daß sie durch ein einzelnes Ereignis nicht in Bewegung gebracht werden. Oft entziehen sie sich sogar dem Erfahrungswissen der Betroffenen, wenn ihre zeitlichen Konstanten über den chronologisch registrierbaren Erfahrungsraum der an einem Ereignis Beteiligten hinausreichen. Die Strukturen bleiben dann im Unbewußten oder Ungewußten der an einem Ereignis Beteiligten aufgehoben, ihr Wandel wird erst längerfristig bemerkt. Freilich kann man nicht sagen, daß der strukturelle Wandel *grundsätzlich* der Ereignisgeschichte hinterherhinke. Gerade gegenwärtig scheint in manchen Bereichen der Wandel von Strukturen, die jahrhundertelang stabil waren, so gründlich und zügig zu erfolgen, daß die Ereignisgeschichte (so beispielsweise politische Entscheidungen und Maßnahmen) von der Strukturgeschichte überrollt wird. Festzuhalten bleibt jedoch, daß im Erfahrungsraum geschichtlicher Bewegung Ereignisse und Strukturen in der Regel verschiedene zeitliche Erstreckungen haben, was dazu führt, daß Strukturen meistenteils *beschrieben*, demgegenüber Ereignisse *erzählt* werden.[17]

„Unter Strukturen werden im Hinblick auf ihre Zeitlichkeit solche Zusammenhänge erfaßt, die nicht in der strikten Abfolge von erfahrenen Ereignissen aufgehen. Damit werden – temporal gesprochen – die Kategorien der relativen Dauer, der Mittel- oder Langfristigkeit, werden die alten »Zustände« wieder in die Untersuchungen einbezogen. Der räumliche, zum Statischen tendierende Bedeutungsstreifen im Wort »Geschichte« wird

---

[15] SCHNÄDELBACH 1987, 48 f.

[16] Daran anschließend versucht Baumgartner, die Prozeßkategorien Ereignis und Struktur, die ihren kometenhaften Aufstieg der umfassenden Historisierung des Denkens verdanken, auch auf die Vernunft zu beziehen, d.h. die Vernunft sowohl als Struktur als auch als Ereignis zu denken. Dabei handele es sich keineswegs um eine äußerliche Anwendung, vielmehr komme dadurch das Kernproblem der Vernunft selbst zur Sprache: Ob und in welchem Sinne nämlich Vernunft als eine geschichtliche Größe aufzufassen sei, und in welchem Sinne sie eine Geschichte habe; vgl. BAUMGARTNER 1982, 184 ff.

[17] Die Unterscheidung von Struktur- und Ereignisgeschichte nimmt in Abwandlung Nietzsches Unterscheidung von antiquarischer und monumentaler Geschichtsschreibung wieder auf. In der Perspektive der langfristigen Entwicklungen nehmen sich die Ereignisse, also das Augenblickhafte, Explosionsartige, Außerordentliche und Übermäßige, die „schallende Neuigkeit", wie man im 16. Jh. sagte, wie Störungen und Einbrüche der Entwicklung aus. Und doch sind diese Ereignisse mit ihrer das ganze Geschehen in sich sammelnden Umwälzungsmacht immer noch das *eigentlich Geschichtliche* (meint HEIDEGGER GA 38, 159 f.).

durch die Verdoppelung zur »Strukturgeschichte« metaphorisch in Erinnerung gerufen."[18]

Die moderne Geschichtswissenschaft ist also keineswegs auf das Studium der Ereignisse zu beschränken, ihr Hauptinteresse sollte vielmehr darauf gerichtet sein, Strukturen aufzuspüren. Dies meinte zuerst Fernand Braudel, der als erster in einem berühmt gewordenen Aufsatz in den *Annales* den Strukturbegriff in die Geschichtswissenschaft einführte:

„Unter Struktur verstehen die Beobachter des Sozialen ein Ordnungsgefüge, einen Zusammenhang, hinreichend feste Beziehungen zwischen Realität und sozialen Kollektivkräften. Für uns Historiker ist eine Struktur zweifellos ein Zusammenspiel, ein Gefüge, aber mehr noch eine Realität, die von der Zeit wenig abgenutzt und sehr lange fortbewegt wird. Einige langlebige Strukturen werden zu stabilen Elementen einer unendlichen Kette von Generationen: Sie blockieren die Geschichte, indem sie sie einengen, also den Ablauf bestimmen. Andere zerfallen wesentlich schneller. Aber alle sind gleichzeitig Stützen und Hindernisse. (...) Die Denkverfassungen selber sind Gefangene der langen Zeitabläufe."[19]

Als verständlichstes Beispiel für eine Struktur im geschichtstheoretischen Sinn gibt Braudel die „geographischen Zwangsläufigkeiten" an:

„Der Mensch ist seit je total abhängig vom Klima, von der Vegetation, vom Tierbestand, von der Kultur, von einem langsam hergestellten Gleichgewicht, dem er sich nicht entziehen kann, ohne alles in Frage zu stellen. Man braucht nur die Bedeutung des Almauftriebs beim Leben in den Bergen zu betrachten, die Stetigkeit gewisser Bereiche des Lebens an der See, das in bevorzugten Küstenlagen begründet ist; man sehe sich nur das dauerhafte Gewachsensein der Städte, die Beständigkeit der Straßen- und Verkehrslage, die überraschende Unbeweglichkeit des geographischen Rahmens der Zivilisation an. Dieselbe Dauerhaftigkeit, dasselbe Fortleben gibt es im weiten kulturellen Bereich."[20]

Strukturen sind also überindividuell und intersubjektiv. Sie lassen sich nicht auf einzelne Personen reduzieren und fordern deshalb funktionale Bestimmungen heraus. Damit werden sie jedoch nicht schon zu *außerzeitlichen* Größen, sie gewinnen vielmehr prozessualen Charakter. Letztlich lassen sich beide Ebenen, die der Ereignisse und die der Strukturen, nicht voneinander trennen. Sie bleiben aufeinander verwiesen. Das Ereignishafte gibt es nur im Rahmen strukturaler Bedingungen, durch die es in seinem Verlauf ermöglicht ist; das Strukturelle ist greifbar nur im Medium von Ereignissen:

„Ein arbeitsrechtlicher Prozeß etwa kann eine dramatische Geschichte im Sinne eines »Ereignisses« sein – zugleich aber auch Indikator für soziale, rechtliche oder wirtschaftliche Vorgegebenheiten langfristiger Art. Je nach der Fragestellung verschiebt sich der Stellenwert der erzählten Geschichte und die Art ihrer Wiedergabe ... Entweder wird das spannende Vorher und Nachher des Vorfalls, des Prozesses und seines Ausgangs samt Folgen thematisiert, oder die Geschichte wird in ihre Elemente zerlegt und erhält Hinweischarakter für diejenigen gesellschaftlichen Bedingungen, die den Ablauf des Ereignisses einsichtig machen. Die Beschreibung solcher Strukturen kann dann »dramatischer« sein als die Erzählung des arbeitsrechtlichen Prozesses. (...) Der Prozeßcharakter

---

[18] KOSELLECK 1973, 562.
[19] BRAUDEL 1958, 725-753; deutsch als BRAUDEL 1976, 189-215, Zitat dort auf S. 194 f.
[20] BRAUDEL 1972, 195.

der neuzeitlichen Geschichte ist gar nicht anders erfaßbar, als durch die wechselseitige Erklärung von Ereignissen durch Strukturen und umgekehrt."[21]

Fassen wir zusammen: Unter „Struktur" versteht man im *geschichtstheoretischen* Kontext eine Konstellation mittel- bzw. langfristig gegebener Faktoren, die als Bedingungen sich ereignender historischer Prozesse fungieren und damit ihrer Erklärbarkeit bzw. Prognostizierbarkeit zugrunde liegen. Etwas anschaulicher ließe sich das Verfahren des Historikers wie folgt beschreiben, dabei wird zugleich eine Funktionsäquivalenz von *Typus-* und *Struktur*begriff deutlich: Aus urkundlich nachgewiesenen, aber vereinzelten geschichtlichen Ereignissen und Handlungsgefügen präpariert der Historiker geschichtliche Strukturen – besser gesagt: „Motiviationszusammenhänge", die das damalige Handeln bestimmten – heraus, denen innerhalb des aus den gleichen Quellen festzustellenden zeitlichen und örtlichen Rahmens *Allgemeingültigkeit* zukommt. Sie berechtigen nämlich zu der Behauptung, daß die Menschen in einer Vielzahl von urkundlich nicht bezeugten Fällen unter gleichen Umständen das gleiche Handlungsgefüge produziert haben wie in den wenigen urkundlich bezeugten Fällen. Mittels geschichtlicher Strukturen kann also etwas ausgesagt werden über das Handeln von ansonsten für die Historie mangels urkundlicher Bezeugung nicht faßbaren Menschen, deren individuelle Existenz also nicht nachweisbar ist. Die Motivationsketten können dann in der Folge zu größeren Strukturzusammenhängen verflochten werden, so daß sich ganze *Motivationshorizonte*, ja epochale Signaturen abzeichnen. Strukturzusammenhänge bilden dann die Kettfäden des historischen Gemäldes, in die der Historiker die Florfäden des historischen Details einknüpfen kann.[22]

Strukturen laufen nicht aneinander vorbei, sondern bilden ein Gefüge von aufeinander bezogenen Strukturfaktoren, so daß die Veränderung eines von ihnen die Veränderung aller übrigen nach sich zieht. Obwohl die einzelnen Strukturen auf das Gesamtgebilde hingeordnet sind und ein geregeltes Funktionsganzes, also ein System, ausmachen, ist dennoch ihre grundsätzliche Offenheit und Wandelbarkeit dadurch gewährleistet, daß alle *historischen* Strukturen im „Schnittpunkt Mensch" konvergieren und aufeinander einwirken, zumal sie selbst Schöpfungen des Menschen sind. So bleibt das Dynamische im Strukturellen wider jeden Systemzwang erhalten.

„Aus der Tatsache, daß alle historischen Strukturen als Schöpfungen des Menschen mehr oder weniger rationale Gebilde sind, deren potentiellem oder faktischem Systemzwang nicht nur die Schöpfer selbst, sondern auch die in sie hineingeborenen oder versetzten Menschen unterworfen werden, ergibt sich die Tendenz zur Stabilität oder Passivität, wenn man so will: zur Verhärtung der Strukturen. Da aber kein Mensch völlig in einer Struktur aufgeht, besteht immer die Möglichkeit zum Strukturwandel auf evolutionärem oder revolutionärem Weg."[23]

---

[21] KOSELLECK 1973, 565.
[22] So erklärt PITZ 1964, 265-305, bes. 265-289.
[23] FABER 1982, 106; zum Verhältnis von menschlicher Freiheit angesichts struktureller Vorgaben vgl. auch RÜSEN 1990, 84 u. WÜSTEMEYER 1980, 126.

Auf einen speziellen Gewinn, der sich seiner Meinung nach aus der Übernahme des Strukturbegriffs in die Wissenschaftssprache der Historie ergibt, macht Karl-Georg Faber aufmerksam. Faber legt dar, wie innerhalb der Historie der Strukturbegriff die Nachfolge des Typus-Begriffs antritt,[24] diesem gegenüber aber folgenden entscheidenden Vorteil habe: Während man noch bezüglich des Typus die Auffassung hegen konnte, daß er als Begriffskonstruktion ein bloßes *Gedankengebilde* wäre, könne der Realitätscharakter der Strukturen nicht eigentlich angezweifelt werden. Denn es würden ja – anders als es beim Typus der Fall ist – bei einer Struktur nicht nur die sie konstituierenden Elemente, sondern *auch deren Wirkungszusammenhang* der *Realität* entnommen. Nicht umsonst sage man ja, daß den geschichtlichen Strukturen geschichtliche Ereignisse *und Handlungsgefüge* zugrunde lägen, die mit Hilfe der historischen Grundwissenschaften sichtbar gemacht würden.[25] Und nicht zufällig gehe der Sprachgebrauch davon aus, daß ein Gebilde eine Struktur „hat", aber einem Typus „angehört". Es machen also Ereignisse oder – allgemeiner – *Tatbestände und ihre Zusammenhänge* das Grundgerüst der geschichtlichen Strukturen aus, eindeutiger noch, als dies beim Typus der Fall war, davon ist Faber überzeugt.[26] Die Historiker der Annales-Schule, die noch keine „Strukturalisten" sind und deshalb die Existenz und Bedeutung von Individuen, Ereignissen, Zufällen und ihrer Verkettung in der Geschichte nicht kleinreden, sahen dies im Grunde genauso. Sie setzen zwar den Akzent auf die nicht singulären, überindividuellen Phänomene, die Strukturen, bestreiten aber im Ergebnis nicht den lebendigen Wirkungszusammenhang, den Strukturzusammenhang. Er gilt ihnen als *Faktum* neuen Typs.[27] Eben diese (im Grunde aristotelische[28]) Hoffnung, daß Strukturen und Ereignisse der Historie *vorgegeben* sind und „die Ordnung der geschichtlichen Wirklichkeit selbst"[29] ausmachen oder doch wenigstens mit dieser in irgendeiner Weise zu tun haben, wird jedoch in der weiteren Entwicklung des Geschichtsdenkens zunichte. Wir werden sehen, wie sprachanalytische (s.u. *Zweiter Teil*, Kap. IV u. V) und strukturalistische (s.u. *Zweiter Teil*, Kap. VI) Geschichtstheorien die Geschichtsstrukturen *vollständig* auf die Strukturen der Sprache zurückführen.

---

[24] FABER 1982, 89-108. Trotz der theoretischen Zurückhaltung des Historismus gegenüber philosophischen Systemen und soziologischen Begriffen haben schon Ranke und Burckhardt insgeheim mit dem Typusbegriff gearbeitet, von Dilthey und Max Weber nicht zu reden, die um die Notwendigkeit vergleichender und klassifizierender Untersuchungen wußten und diese auch stets anstellten, wenngleich sie sie nicht als typisch historiographisches Procedere zulassen wollten.

[25] So PITZ 1964, 291 ff.

[26] Vgl. FABER 1982, 103.

[27] Vgl. WÜSTEMEYER 1980, 125 f.

[28] Siehe dazu SUKALE 1991, 6 f.

[29] PITZ 1964, 291.

Zweiter Teil:

Einige zum Teil klassisch gewordene Lösungsversuche und ihre Grenzen

Auf der Suche nach einem schlüssigen Begriff von Geschichte und einem aktuellen geschichtstheoretischen Instrumentarium haben sich die vorangegangenen Überlegungen über die Geschichtsphilosophie der Aufklärung und des Deutschen Idealismus vorgearbeitet bis in die fachwissenschaftlich verfaßte historische Denkweise, die das Erbe des Deutschen Idealismus antrat und sich im weiteren Verlauf des 19. Jahrhunderts auf breiter Front durchsetzte. Die Leitfrage unserer Untersuchung „Was heißt in der Geschichte stehen?" versteht sich jedoch, das wurde eingangs betont, recht weit. Es geht ihr nicht bloß darum zu erkunden, was es heißt *wissenschaftlich* historisch zu denken und mittels dessen dann auch lebensweltlich in der Geschichte Stand zu gewinnen. Das Interesse gilt ebensosehr den vorwissenschaftlichen, alltäglichen, oft recht diffusen, sich jedenfalls nicht systematisch gebärdenden Lebensvorgängen, durch die sich vorab – also vor aller Wissenschaft – so etwas wie ein Stehen in der Geschichte ausbildet. Wissenschaftliche Tätigkeiten sind stets in lebensweltlichen Tätigkeiten fundiert, betont Husserl, und nur zum Schaden ihrer selbst können sie dieser sie konstituierenden Basis entraten. Wenn jetzt untersucht wird, in welcher Weise die leitende Frage bei ausgewählten Denkern des 20. Jahrhunderts gestellt und beantwortet wird, soll deshalb das Augenmerk stets darauf gerichtet sein, wie die Denker *jene allgemeinen und elementaren lebensweltlichen Phänomene* des historischen Denkens oder, wenn „Denken" schon zu wissenschaftsspezifisch sein sollte, *des Sich-Verhaltens zur Geschichte* zu würdigen wissen. Es handelt sich dabei also um Phänomene, die das wissenschaftlich historische Denken mit dem Geschichtsdenken, wie es von allen Menschen praktiziert wird, gemeinsam hat. Wissenschaftliches Denken bereitet ja immer nur lebensweltlich schon gegebene Funktionen auf, und nur im Ausgang von ihnen läßt sich der Zusammenhang klären, in dem beide – Lebenspraxis und Wissenschaft – zueinander stehen.

Kapitel I: Wilhelm Dilthey

„In der Geschichte stehen" – wie mag das gehen? Wer begreifen will, warum sich diese Frage für Wilhelm Dilthey lebensweltlich wie wissenschaftlich gleichermaßen stellte und wie er sie für sich zu beantworten versuchte, muß nur einen Blick auf die Philosophie seiner Zeit werfen. Die Wege, die andere Denker vorgezeichnet hatten und die darum in seinem zeitgeschichtlichen Umfeld schon bereit lagen, taugen nicht, um mit dem Problem der Geschichte zu Rande zu kommen – diese Einsicht prägte Diltheys Philosophieren von Beginn an. Ein Panorama denkerischer Fehlanzeigen sah er vor sich ausgebreitet (s.u. Abschn. 1): Der spekulative Idealismus Hegels gehörte dazu. Dilthey hält es nicht mehr für möglich, den Geschichtsverlauf von den zeitlosen Gesetzen der Dialektik her zu konstruieren. Was jetzt zählt, ist das empirisch Gegebene. Gleichermaßen unzufrieden hinterließ ihn aber auch der abstrakte Positivismus der Naturwissenschaften, der sich in den empirisch-historischen Humanwissenschaften ungebrochen fortsetzte, besonders in der neuen Gruppe der Sozialwissenschaften, die sich nach dem Verfahren der Naturwissenschaften zu organisieren versuchten, aber auch in den historisch-philologischen Disziplinen, die eine Fülle von Einzelerkenntnissen über den Menschen und seine Herkunft produzierten. Wie Nietzsche erkennt auch Dilthey, daß man nicht leben kann von der Flut der neuen wissenschaftlichen Erkenntnisse. Und wie es in Zukunft *mit* ihnen gelingen soll, ist nicht auszumachen. Daher sympathisiert er mit Nietzsches lebensphilosophischer Tendenz, die sich dem Positivismus als oppositionelle Reaktion entgegenstellte. Hier wurde wieder der „ganze Mensch" in den Mittelpunkt des philosophischen Interesses gerückt und von dessen geschichtlicher Existenz aus gedacht. Doch kam Nietzsche aus der oppositionellen Rolle gegenüber den Wissenschaften nicht heraus und verfehlte auf seine Weise das Geschichtliche[1] an der Geschichte.

Auf all diesen Denkwegen würde es nicht gelingen, die rechte „Festigkeit" für das Leben des Menschen und der Gesellschaft zu finden, war Dilthey nur allzu klar. Doch durch das Einfühlen in die berechtigten Anliegen jeder dieser Denkströmungen, im Festhalten am Ideal strenger Wissenschaftlichkeit sowie der klassischen Aufgabe der Philosophie, Grundwissenschaft zu sein, fand Dilthey schließlich zu seinem eigenen Weg: „Ich suche ... ein Fundament und einen Zusammenhang, unabhängig von der Metaphysik, in der Erfahrung."[2] In der inneren Selbsterfahrung des Menschen als eines geschichtlichen Wesens – von Dilthey „geschichtliches Bewußtsein" genannt – meinte er, festen Boden gefunden zu haben (s.u. Abschn. 2). Von hier aus wollte er in Verbindung bringen, was sich mittlerweile verselbständigt hatte: Wissenschaft und Lebenserfahrung, die philosophisch-wissenschaftliche

---

[1] Das Wort „geschichtlich" zielt nicht bloß auf das Vergangene, wenn es auch die Geschichtswissenschaft und die Philologien vorzugsweise mit dem Vergangenen zu tun haben. Aber auch wo die Geisteswissenschaften das Gegenwärtige erforschen, verstehen sie es in seinem geschichtlichen Zusammenhang. Durch die Gemeinsamkeit des Gegenstandes der Geisteswissenschaften, die geschichtlich-gesellschaftliche Wirklichkeit, ist das Gemeinsame ihres Verfahrens bestimmt. Dilthey bezeichnet es als *Verstehen* (vgl. LANDGREBE 1967, 34 f.).
[2] DILTHEY GS V, 11.

Beschäftigung mit der Geschichte sowie die Reflexion auf das eigene Geschichtlichsein. Im Unterschied zum Positivismus der reinen Faktenhistoriker seiner Zeit (Ranke u.a.) verfolgt Dilthey daher von Anfang an ein doppeltes Projekt: einerseits die Geschichte von Wirtschaft, Recht, Religion, Kunst und Wissenschaft „aus dem lebendigen Zusammenhang der Menschenseele", aus dem sie hervorgegangen sind, zu verstehen und andererseits die so entstehenden Geisteswissenschaften darauf zu verpflichten, feste Zwecke für das Selbstverständnis und die Lebensführung des Menschen in der Gesellschaft zu liefern. „Nachmetaphysische Sicherung des historischen Denkens in einer philosophischen Anthropologie", so wäre Diltheys wegweisendes Projekt zu bezeichnen. Die geschichtliche Erinnerung ließ ihn Schritt für Schritt in ein freieres Verhältnis gelangen zu den Denkströmungen, die ihn anfangs undurchschaut trugen und bestimmten. Gleichwohl blieb er am Ende dem, was er als unbrauchbar aussortiert und wogegen er sich gewandt hatte, verpflichtet, mehr als ihm lieb sein konnte (s.u. Abschn. 3 bis 5).

1 Diltheys lebensphilosophischer Ansatz: Sicherheit und Festigkeit für das Leben in Geschichte und Gesellschaft

Dilthey ist zunächst ganz Vertreter der sogenannten *Historischen Schule*, also jener geistigen Strömung des 19. Jahrhunderts, die im Anschluß an, aber auch im Gegenzug zu Hegel die Geschichte als die eigentliche Dimension des menschlichen Seins herausstellt, Geschichte gewissermaßen zum Prinzip, zur Grundbestimmung schlechthin erhebt, sowohl in bezug auf das welthafte Geschehen als auch auf Wissenschaft und Philosophie. Wie schon bei Hegel soll das gesamte Geistesleben als geschichtliches Phänomen betrachtet werden. Von Hegels konstruktiver Systematik der Geschichte jedoch kehrt sich die Historische Schule und mit ihr Dilthey rigoros ab, sie gilt ihr als idealistische Entwirklichung der Geschichte. Statt dessen soll nun die geschichtliche Wirklichkeit aus einem erfahrungswissenschaftlichen, nicht mehr übermenschlich absoluten Blickwinkel betrachtet und begründet werden. Es ist die Tendenz auf das empirisch Gegebene, die Tatsachen, die in der Ablehnung von philosophischer Spekulation und Konstruktion lebendig ist; diese sollen in ihrer ganzen Breite unverstellt, d.h. nicht als Bestandteile eines vorgängig konstruierten Systems, zur Erfahrung gebracht werden: In der Naturwissenschaft versteht man darunter das Wägund Meßbare, das im exakten Experiment Bestimmbare; dem entsprechen in der Historie die puren Geschehnisse. Für die Philosophie zeitigte der Blick auf das, was in ihrer Geschichte tatsächlich geschehen war, allerdings eine herbe Enttäuschung: Es gibt dort nämlich nur eine grenzenlose Vielfalt philosophischer Systeme, die sich gegenseitig bekämpfen, ohne dabei jemals eine Entscheidung herbeizuführen, wem nun die Wahrheit zukäme, ernüchternde Fakten also.

„... der ganze Reichtum der Geschichte europäischen Philosophierens hat uns überraschend wenig an – wenn auch noch so bescheidenen – gesicherten Wahrheiten zurückgelassen. Ärmer, als man denken sollte, an reellem, festem Besitz sind wir aus den Eroberungszügen der vergangenen Jahrhunderte hervorgegangen."[3]

Es wundert deshalb nicht, daß die Historische Schule mal mehr, mal weniger deutlich einen relativistischen *Historismus*[4] bei sich führt: Wenn die „philosophischen Systeme wechseln wie die Sitten, die Religionen und die Verfassungen"[5] und sich darin als durchgängig „geschichtlich bedingte Erzeugnisse"[5] erweisen, dann kann auch die Vernunft selbst wohl nicht anders denn geschichtlich verstanden werden.[6] Ihre Ergebnisse sind keinesfalls absolut, sondern zeitbedingt und somit äußerst relativ. Skepsis ist geboten, das scheint die einzig noch sichere Erkenntnis in Anbetracht des Panoramas philosophischer Fehlanzeigen zu sein.

„Eine Philosophie, welche das Bewußtsein ihrer Relativität hat, welche das Gesetz der Endlichkeit und Subjektivität, unter dem sie steht, erkennt, ... erfüllt ihre Funktion nicht mehr ..."[7]

Insofern Diltheys Zeit über diesen Sachverhalt nicht mehr hinwegsehen kann, steht sie „ratloser"[8] da als alle früheren Zeiten, die noch die Illusion des absoluten Wissens und Geltens hatten. Der Bezug zur jeweiligen Gegenwart ist fortan gebrochen durch das ausdrückliche oder geheime Wissen um die Übermacht und Größe der geschichtlichen Zeiten und die Relativität der eigenen Gegenwart darin. Das ist die Erfahrung, die im Niedergang des Hegelschen Systems den Historismus provoziert und trägt. Es ist Diltheys philosophische Ausgangsposition. Der Glaube an die Unbedingtheit der Vernunft und an das Dasein einer absoluten Philosophie ist zerstört; es bleibt die Vielfalt und der Zwiespalt der Systeme.[9]

„Sie häuften Hypothesen, die in dem Unzulänglichen, Unerfahrbaren keinen festen Grund, aber auch keinen Widerstand fanden. Ein Hypothesenkomplex war hier ebenso möglich als der andere. Wie hätte diese Metaphysik die Aufgabe erfüllen können, in den großen Krisen des Jahrhunderts dem Leben des Einzelnen und der Gesellschaft Sicherheit und Festigkeit zu geben!"[10]

Angesichts „der historischen Anarchie dieser Systeme"[11] und der resultierenden Haltlosigkeit des Denkens verbietet sich Dilthey die Ausflucht in eines von diesen oder den positivistischen Wissenschaftsbetrieb, um die Flucht nach vorn anzutreten. Er übernimmt einen Standpunkt strikter Immanenz:[12] Die Vernunft selbst ist durch und durch historisch in dem

---

[3] DILTHEY GS XIX, 39.

[4] Zu einem differenzierteren Gebrauch des Etiketts „Historismus" vgl. SCHNÄDELBACH 1974, 19-30; SCHULZ 1972, 492 ff.; WITTKAU 1992, HERZBERG 1982, 273-276.

[5] DILTHEY GS VIII, 6.

[6] Vgl. DILTHEY GS VIII, 194.

[7] DILTHEY GS VIII, 13.

[8] DILTHEY GS VIII, 193.

[9] Vgl. HEIDEGGER GA 17, 88.

[10] DILTHEY GS V, 356.

[11] DILTHEY GS VIII, 78.

[12] Vgl. DILTHEY GS VII, 277 f.

Sinn, daß ihr Gebrauch eine Geschichte hat, die sie entscheidend prägt und bedingt. Sie unterliegt ihrerseits dem geschichtlichen Wandel, und zwar in einem Maße, daß es offenbar kein Außen geben kann, von dem aus die Leistungsfähigkeit historischer Vernunft beurteilt werden könnte.[13] Diese Einsicht verbindet Dilthey mit dem Historismus. Für seine Person erfährt Dilthey die sich im verschärften historischen Bewußtsein[14] vollendende Aufklärung als eine Befreiung speziell zum Erlebnis.

> „Das *historische Bewußtsein* von der *Endlichkeit* jeder geschichtlichen Erscheinung, jedes menschlichen oder gesellschaftlichen Zustandes, von der Relativität jeder Art von Glauben ist der letzte Schritt zur Befreiung des Menschen. Mit ihm erreicht der Mensch eine Souveränität, jedem Erlebnis seinen Gehalt abzugewinnen, sich ihm ganz hinzugeben, unbefangen, als wäre kein System von Philosophie oder Glauben, das Menschen binden könnte. Das Leben wird frei vom Erkennen durch Begriffe; der Geist wird souverän allen Spinneweben dogmatischen Denkens gegenüber."[15]

Obgleich er die Abkehr von der Metaphysik vorbehaltlos befürwortet, nimmt Dilthey, anders als andere, den Abbruch der metaphysischen Tradition nicht einfach hin. Im Bewußtsein einer epochalen Krise sieht er nämlich die Voraussetzungen und Fundamente der Philosophie in der modernen Gesellschaft und im Gefüge der Wissenschaften auf dem Spiel und mit ihnen auch die Hoffnung auf „Festigkeit und Sicherheit für das Leben des einzelnen und der Gesellschaft". Darum schaut er aus nach möglichen, mit dem historischen Bewußtsein kompatiblen philosophischen Formationen, die nun jene Funktionen übernähmen, die ehemals die Metaphysik erfüllte.

1.1 „Geschichtlichkeit" statt metaphysischer Geschichtsphilosophie

Für einen Zeitraum von einigen Jahrzehnten, von 1750 bis ca. 1850, vermochte die Geschichtsphilosophie als eine der Nachfolgeformen scholastischer Metaphysik die Rolle einer Fundamentalphilosophie auszufüllen.[16] In ihr entfaltete sich ein philosophisches Geschichtsbewußtsein in dem Sinne, daß nun erstmals alle zentralen philosophischen Fragen konsequent im Horizont der Geschichte durchbuchstabiert und systematisiert wurden. Da sie jedoch noch zuinnerst metaphysisch dachte, gelangte die klassische Geschichtsphiloso-

---

[13] Vgl. DILTHEY GS VIII, 240.

[14] Vgl. GADAMER 1986, 204 f.

[15] DILTHEY GS VII, 290 f.

[16] Die Zeit der Geschichtsphilosophie als Fundamentalphilosophie ist in geistesgeschichtlicher Perspektive das „Zeitalter der Kritik", das mit Descartes, Hobbes, Spinoza, Vico und Voltaire begann und mit den spekulativen Konzeptionen der Geschichtsphilosophie des Idealismus (Schelling, Fichte, Hegel) und des Naturalismus (Comte, Marx) seinen Abschluß findet. Eigentliche Gründungsurkunden der Geschichtsphilosophie sind *Vicos* „Scienza Nuova" (1725) und *Voltaires* „Essai sur les mœurs et l'esprit des nations" (1756). Weil Geschichtsphilosophie kein ewiges Thema der Philosophie ist, sondern das Denkprodukt einer bestimmten Konstellation von innerphilosophischer Entwicklung, historischer Erfahrung und gesellschaftlich-geschichtlichem Geschehen, hat sie eine Vor- und Nachgeschichte (so BAUMGARTNER 1986, 925).

phie über ein unhistorisches Bewußtsein von der Geschichte nicht hinaus.[17] Die Einsicht in diesen Sachverhalt trug wesentlich dazu bei, daß mit dem Ende des Hegelschen Systems auch die historische Formation „Geschichtsphilosophie" als noch amtierende Fundamentaldisziplin abdankte und disziplinär neutralisiert wurde zu einer Bindestrich-Philosophie unter zahlreichen anderen.[18] Die Idee einer *Weltgeschichte* wird für Dilthey damit freilich zu einer unlösbaren Frage. Wenn es keinen Maßstab mehr gibt, unter dem die Mannigfaltigkeit geschichtlicher Erscheinungen und Ereignisse auf eine Einheit hin bezogen werden kann, dann fällt die Weltgeschichte auseinander. Es gibt keinen wie auch immer gearteten, in der Geschichte sich durchsetzenden Sinn, über den der Philosoph sich informiert glauben dürfte. Das ist es, was Dilthey im Scheitern der Geschichtsmetaphysik verloren weiß. Wenn aber der Geschichte auch kein Gesamtsinn mehr unterlegt werden darf, so bleibt doch als Ausweg, sie aus dem „Wesen des Menschen" zu deuten. „*Geschichtlichkeit*" heißt die Kategorie, die Dilthey sich dafür eigens schafft. Seit den 90er Jahren ist es zweifelsohne „die entscheidende Kategorie, das höchste begriffliche Symbol, in dem er seine Überzeugungen formuliert"[19]. „Die [Geschichts- (r.h.)] Philosophie muß nicht in der Welt, sondern in dem Menschen den inneren Zusammenhang ihrer Erkenntnisse suchen",[20] so lautet fortan Diltheys leitende Idee. Wie der Hegelbiograph Rudolf Haym vollzieht also auch Dilthey die Abkehr von der durch Hegel noch lebendig gebliebenen idealistischen Konzeption einer vernünftigen Weltordnung, um statt dessen die Erkenntnis der Geschichte und mit ihr die ganze Philosophie – ausgehend von Humboldts und Hayms Überzeugungen, daß der „ganze Mensch" in seiner Totalität theoretisch erfaßt werden muß – anthropologisch zu fundieren, und zwar im Ausgang von der inneren Wahrnehmung, was besonders zur Aufwertung der Rolle des Gefühls und des Willens gegenüber dem erkennenden Verstand führen wird. An die Stelle von Hegels Vernunft als Grundbestimmung der Geschichte tritt so bei Dilthey der Lebensbegriff, in welchen gleichermaßen Vernunft, Wille und Gefühl integriert sind.[21] Von der Realität des Lebens, das sich in der Geschichte entfaltet und in der inneren Erfahrung als Erlebnis zugänglich ist, ist auszugehen.

> „Wir müssen heute von der Realität des Lebens ausgehen; im Leben ist die Totalität des seelischen Zusammenhanges wirksam. Hegel konstruiert metaphysisch; wir analysieren das Gegebene."[22]

---

[17] Marquard hat dafür den Ausdruck „geschichtsferne Geschichtsphilosophie" geprägt (siehe MARQUARD 1987, 100).

[18] So BAUMGARTNER 1996, 168 f.

[19] RENTHE-FINK 1964, 106.

[20] DILTHEY GS VIII, 78.

[21] Wenn Dilthey von „Leben" spricht, dann handelt es sich nur um den Menschen, nicht um außermenschliches Leben (vgl. DILTHEY GS VII, 228). Gemeint ist auch nicht Leben in einem biologischen Sinn, sondern die typisch menschliche Existenzweise, jene schöpferische Potenz im Menschen, geistige Gebilde hervorzubringen und sich eine Lebenswelt aufzubauen (DILTHEY GS VIII, 78 f.).

[22] DILTHEY GS VII, 150.

Vorrangige Aufgabe der Philosophie ist es jetzt, die „Innerlichkeit zu erfassen"[23] und erst von da aus die Geschichte. Da die geschichtlichen Phänomene einst aus der Lebendigkeit des Menschen hervorgegangen sind, werden sie wohl auch, hofft Dilthey, von daher – als seelische Manifestationen sozusagen – verstanden werden können.

Der Gedanke, den Ansatz der (Geschichts-)Philosophie nicht von der Vernunft aus zu setzen, sondern im Ausgang vom menschlichen (Er-)Leben erfahrungswissenschaftlich zu bewähren, zwingt sich Dilthey, wie gesehen, auf, weil die Hegelsche Lösung als schlechte Metaphysik unbrauchbar geworden ist: Sie richtet sich nicht nach der Sache, sondern konstruiert über das Gegebene hinweg. Überhaupt kann jetzt die Philosophie, wenn sie sich als Lehre vom Ganzen der Dinge und der Geschichte versteht, als „Metaphysik", wie der alte Name lautet, nicht mehr Wissenschaft sein, die sich nach ihrer Sache richtet, sondern nur noch Ausdruck eines bestimmten Menschentums und eines bestimmten Zeitalters. Metaphysik ist nichts anderes mehr als eine Weltanschauung unter möglichen anderen, meint Dilthey in Übereinstimmung mit dem Historismus und Positivismus. Sie ist nur eine Art von Bekenntnis, in dem sich der Mensch und seine Zeit über Sinn und Welt aussprechen; und sofern sie dieses Bekenntnis in einer eindrucksvollen geschlossenen und repräsentativen Form ablegt, könnte man die Metaphysik gegebenenfalls der Kunst, insbesondere der Dichtung verwandt glauben. Sie wäre dann Kunst nicht im Medium der Anschauung, sondern als „Begriffsdichtung".[24] Den Auflösungsprozeß der Metaphysik will Dilthey beschleunigen, indem er das zweite Buch seiner „Einleitung in die Geisteswissenschaften" (1883) als ihre Euthanasie-Geschichte konzipiert: „Metaphysik als Grundlage der Geisteswissenschaften. Ihre Herrschaft und ihr Verfall", so lautet der Titel.[25] Dort heißt es, wie schon bei Comte oder Feuerbach, daß der Mensch in aller Metaphysik immer nur sich selbst und seine Zeit ausgesprochen habe und deshalb auch nur sich selbst darin finden könne.[26]

Doch nicht nur die Metaphysik, sondern ausnahmslos alle Gestalten des geistigen Lebens will Dilthey auf ihren Ursprung im menschlichen Leben – in der menschlichen Geschichtlichkeit – zurückgeführt und von da aus begriffen wissen.

> „Ich will beweisen, daß auch die philosophischen Systeme, so gut als die Religionen oder die Kunstwerke, eine Lebens- und Weltansicht enthalten, welche nicht im begrifflichen Denken, sondern in der Lebendigkeit der Personen, welche sie hervorbrachten, gegründet ist. Dies zeigt sich, sooft ein System entwicklungsgeschichtlich betrachtet wird. Es muß aber zugleich eine universelle Betrachtungsweise eingeführt werden, welche für die ganze philosophische Systematik allgemein diesen Beweis liefert. (...) Selbst der Positivismus enthält nicht nur naturwissenschaftliche Erkenntnisse ..."[27]

---

[23] DILTHEY GS IV, 168.
[24] So heißt es bei dem wichtigsten Vordenker des Neukantianismus, *Friedrich Albert Lange* (1866).
[25] DILTHEY GS I, 121-408.
[26] Vgl.: „Dies ist in der Tat das letzte Wort aller Metaphysik, und man kann sagen, nachdem dasselbe in den letzten Jahrhunderten in allen Sprachen ... ausgesprochen ist, scheint es, daß die Metaphysik auch in dieser Rücksicht nichts Erhebliches mehr zu sagen habe." (DILTHEY GS I, 406).
[27] DILTHEY GS VIII, 30.

Was seine Einstellung zum Verhältnis von Denken und Leben betrifft, ist Dilthey also ganz Historist und Positivst. Er teilt deren Überzeugung von der historischen, vortheoretischen Bedingtheit der klassischen Lehre von der Autonomie der Theorie. Denken ist in *allen* seinen Erscheinungsformen an die „Lebensunterlage" gebunden und von daher aufzuschlüsseln. An die immanente Geschlossenheit der Theorie darf man nicht mehr glauben. Vielmehr ist der jeweils aktuelle Weltzustand als die Grundlage jeder über ihm sich aufbauenden Theorie anzusehen.[28] Daß der Historismus die letzthinnige Verbundenheit der jeweiligen theoretischen Axiomatik mit der Gesamtstruktur der jeweiligen Lebens- und Kulturtotalität aufdeckt, hat freilich durchaus sein Gutes. Durch die Rückführung aller Theorie auf die Lebendigkeit, welche sie hervorgebracht hat, wird nämlich der allgemein herrschenden Tendenz auf Spezialisierung und Separation entgegengearbeitet. Der Historismus bemüht sich nach Kräften, die einzelnen Kulturgebilde zusammenzubinden und die Sphären, die sich seit der Renaissance emanzipiert hatten und als einzelne Sinngebiete nur noch abgetrennt voneinander durchforscht wurden – Hegel spricht diesbezüglich von der Entzweiung des Geistes –, wieder einer Gesamtdeutung zuzuführen. Damit liegt er durchaus im Trend: Die Erfassung des Komplexen, der „Totalität", soll als etwas Primäres und Unableitbares ausgewiesen werden, das sich nicht aus Elementen zusammenstücken läßt (vgl. bspw. die Rolle der Gestaltwahrnehmung im Denken jener Zeit, aber auch die Intentionen der späteren Phänomenologie).

1.2 „Innere Erfahrung" in einem positivistisch geprägten Umfeld

Zum Verfall der klassischen Geschichtsmetaphysik gehört als Gegenbewegung der Aufstieg der empirisch-historischen Humanwissenschaften, in deren Gefolge aber auch das Aufkommen der Erkenntnis- und Wissenschaftstheorie der *Geistes*wissenschaften, als welche Dilthey jene Wissenschaften vereinigte, die allesamt mit der geschichtlich-gesellschaftlichen Wirklichkeit befaßt sind.[29] Auf diesem erkenntnistheoretischen Feld hatten vor Dilthey bereits Ranke und Droysen Pionierarbeit geleistet. Die positivistische Grundhaltung, welche die wissenschaftliche Landschaft des späten 19. Jahrhunderts generell beherrschte, bereitete Dilthey aber auch Sorgen. Anfänglich bloß als Forschungsgrundsatz gemeint, enthielt die im faktischen Wissenschaftsbetrieb leitende positivistische Tendenz doch eine bestimmte philosophische Haltung in sich, die schließlich von Auguste

---

[28] Vgl.: „Derart ist die Grundeinstellung, die schließlich in der wahrhaft positiven Philosophie vorherrschen soll ...: alle unsere Theorien sind als Erzeugnisse unserer Intelligenz aufzufassen, die dazu bestimmt sind, unsere verschiedenen Grundbedürfnisse zu befriedigen, indem sie sich stets nur vom Menschen entfernen, um (um so) besser auf ihn zurückzukommen." (COMTE, *Rede über den Geist des Positivismus*, 53).

[29] In einer vorläufigen Begriffsbestimmung faßt Dilthey die Geisteswissenschaften als „die Wissenschaften [des Menschen (r.h.)], welche die geschichtlich-gesellschaftliche Wirklichkeit zu ihrem Gegenstand haben" (DILTHEY GS I, 4). Zu den Geisteswissenschaften zählt Dilthey Psychologie, Geschichte, Pädagogik, Philologie, Sprachwissenschaft, Soziologie, Wirtschaftslehre, Jurisprudenz, Staatswissenschaften, Ethik, Theologie, Ästhetik usw. (DILTHEY GS V, 250).

Comte u.a. zu einer philosophischen Theorie ausgebaut wurde. Worin bestand das Positivistische des allgemeinen Wissenschaftsbetriebs, das schon länger, doch seit dem Abdanken der idealistischen Metaphysik um so mächtiger vorwaltete, und zwar unverhohlen seither nicht nur in den Naturwissenschaften, unter denen neuerdings der Biologie die Rolle der Leitwissenschaft zufiel, sondern auch im Bereich der historisch-empirischen Humanwissenschaften? Fast hätte man meinen können, in diesen naturalistisch eingefärbten, auf Empirie verpflichteten, gleichwohl häufig zu Weltanschauungen ausgeweiteten Entwürfen sei das einstmalige Pathos der Geschichtsphilosophie – ihr enzyklopädischer Anspruch des Alles-Erklärens – wieder auferstanden: so in den Sozialutopien (Comte, Marx) oder der neuen Identitätsphilosophie der Evolution (Spencer); dazu gesellte sich später dann die neue Mythologie des Mythos „Leben".

Obgleich die cartesianische Tradition eigentlich einen Parallelismus von Geist und Materie gesetzt hatte, glichen nichtsdestotrotz die Geisteswissenschaften bis in Diltheys Zeit hinein eher Theorien, die den Menschen auf der Basis der Naturwissenschaften generalisierend zu behandeln versuchten. Introspektive Daten wurden im allgemeinen innerhalb des mechanistischen Rahmens der Naturwissenschaften interpretiert, selbst bei Kant. So war die Welt zerfallen in physikalische Objekte einerseits und subjektive Zutaten zu diesen Objekten andererseits. Für den klassischen medizinischen Materialisten des 19. Jahrhunderts beispielsweise war das Subjekt ein anatomisch-physiologisches Tatsachenbündel einerseits und ein Vermögen musischer Empfindungen andererseits. Die Wissenschaft hatte also aus ihrer Welt der objektiven Tatsachen den Menschen als Subjekt keineswegs ausgeklammert, sondern umgekehrt, ihn physiologisch-chemisch, anatomisch, zoologisch-selektionstheoretisch oder wie immer sonst erklärend, in die Welt der Tatsachen einbezogen. Der Mensch, anstatt alle Tatsachen als Moment in seiner Lebenswelt unterzubringen, wird vielmehr selbst auch bei den Tatsachen untergebracht, darin gipfelt der Positivismus. Und als objektive Tatsache unter anderen wird der Mensch – mit großem Erfolg – gründlich erforscht. Gleichwohl vermochte dieser positivistische Blick auf sich selbst nie das subjektive Selbst- und Weltverhältnis des Menschen einzuholen.

> „Aber diese Rationalisierung des Universums bedeutete zugleich eine Verarmung des menschlichen Geistes. Das Individuum in seiner lebendigen Totalität ist mehr, als in diesen abstrakten Verfahrensweisen zu methodischem Bewußtsein gelangt."[30]

Das machte die Frage nötig, wie sich die Lebenswelt des Menschen, in der es insbesondere auf Geschichte(n) ankommt, zu jener anderen verhält, die scheinbar alles abdeckt und von der in der Wissenschaft die Rede ist, die nämlich, wie sie sich seit Aristoteles selbst versteht, gerade keine Geschichten erzählt, sondern Sachverhalte feststellt. In dieser Frage liegt schon das Problem aller späteren phänomenologischen Analytik der Lebenswelt beschlossen. Weil Diltheys Problembewußtsein durch lebensphilosophisches Denken sensibilisiert ist, wird er auf sie aufmerksam, kann ihr jedoch nicht anders als mit den Denkmitteln seiner Zeit nachgehen. Die Richtung, in welcher anfänglich bei Dilthey und später ganz resolut bei Heidegger eine Lösung erfolgt, läßt sich wie folgt anzeigen: Wenn die phänomenale Welt

---

[30] DILTHEY GS VIII, 202.

der Geschichte(n) der Tatsachenwelt gegenüber trotz allem die primäre und ursprünglichere sein soll, so kann dieser Primat nur den geschichtlichen Sinn haben, daß man die Subsumtion des Menschen unter die Welt der Sachverhalte, wie die Wissenschaft sie betreibt, nun selber als einen geschichtlichen, ja epochalen Vorgang begreift, dessen geschichtlich-praktischer Ort der Beobachtungsstand, das Labor, nicht aber das volle Leben ist.[31]

Diltheys Lebensphilosophie greift also die Frage auf, wo eigentlich das Subjekt unverkürzter Erfahrung mit seiner geschichtlichen Existenzperspektive unterzubringen ist, wenn es in der Objektwelt der physikalischen Theorie und Empirie nicht mehr vorkommt. Er will dem Subjekt einen neuen theoretischen Ort verschaffen, nämlich „die Geschichte". Und von den Geisteswissenschaften verspricht er sich, wenn sie erst einmal von der Überformung durch naturwissenschaftliche Erkenntnisideale und -methoden befreit sind, einen Beitrag zur Erhellung dieser geschichtlich-gesellschaftlichen Welt des *ganzen* Menschen, von der er vermutet, daß sie sich als die Grundlage sogar der naturwissenschaftlichen Laborwelt des bloß vorstellenden Menschen erweisen werde. Wenn dem tatsächlich so wäre, würden die Geisteswissenschaften nicht nur auf dem Boden der modernen Gesellschaft und ihrer Wissenschaften die für diese offenbar konstitutive Geschichtslosigkeit ausgleichen. Sie würden nicht nur die Defizite der wissenschaftlichen Welt *kompensieren*,[32] sondern die fundamentalere, die ursprüngliche Welt, das Korrelat „unverstümmelter Erfahrung"[33], von der die wissenschaftlich interpretierte Welt „abgeleitet" ist, offenlegen und freihalten. Doch der Nachweis der Ableitung verlangt, daß man zuvor mit Präzision dasjenige bestimmt, *wovon* abgeleitet wird, gibt Dilthey zu bedenken,[34] also die geschichtliche Welt unverkürzter Erfahrung, mit der sich die Geisteswissenschaften so fruchtbringend befassen. Dilthey ahnt, daß sie im Ausgang vom geschichtslosen, bloß vorstellenden, transzendentalen Ich Kants philosophisch gar nicht richtig gedacht werden kann:

„... die Naturwissenschaft schafft durch ihre Kategorien eine Welt, die Geisteswissenschaft eine andere. Unmöglich kann der Geist in ihrer Dualität verharren. Die philosophischen Systeme versuchen sie zu überwinden, vergebens! ihr [sic! r.h.] Wesen liegt eben darin, daß sie entweder wie seit Descartes die Natur konstruieren und von ihr aus das Wesen des Geistes bestimmen. (...) Der Geist ist aber ein geschichtliches Wesen ... Oder wir gehen von uns aus, seit Kant als einem Ich usw. Und auch da kommen wir nicht zu dem geschichtlichen Wesen Mensch ... Diese Systeme nützen nichts. Was wir brauchen ist, die innere Beziehung dieser beiden Welten in uns zu erfassen."[35]

In Diltheys weit nach vorne weisendem Denkprojekt zeigt sich, welcher universalwissenschaftliche Anspruch, wie viel aber auch vom Geiste Hegels noch immer lebendig ist. Der Philosophie wird die Versöhnung der auseinander driftenden Gegensätze – des objektiven Blicks auf Mensch und Welt und der subjektiven Existenzperspektive – abverlangt und

---

[31] Vgl. LÜBBE 1960/61, 242.

[32] Davon geht RITTER 1974, 105-140 aus: „Die Aufgabe der Geisteswissenschaften in der modernen Gesellschaft" (1963).

[33] Vgl. DILTHEY GS VIII, 171.

[34] Vgl. DILTHEY GS VIII, 175.

[35] DILTHEY GS VII, 276 f.

wohl auch zugetraut. Allerdings will Dilthey – anders als Hegel – die Gegensätze nicht mehr dialektisch vermitteln und auf zukünftige Aufhebung hin dynamisieren, sondern in Richtung auf ihre gemeinsame Grundlage – als welche er die ganze, unverkürzte Erfahrung in Anschlag bringen will – unterwandern. Was Dilthey demnach mehr noch als Hegel Sorge bereitet, ist der „allgemein um sich greifende(n) Dualismus in der Kultur der neueren Geschichte"[36], die Entzweiung der Vernunft in Objektivität und Subjektivität, in Wissenschaft und Existenzperspektive, in gesicherte einzelwissenschaftliche Forschungspraxis und prinzipielle Unsicherheit bezüglich letzter Grundannahmen, welche nicht zuletzt daraus resultiert, daß das Subjekt immer nur nach Maßgabe der Objektwelt in den Blick gerät.[37]

> „Das metaphysische Band der Welt, der Reif um die Stirn des modernen Denkers wird immer lockerer, zugleich aber bohren sich die naturwissenschaftlichen Forschungen immer tiefer in den Menschen ein."[38] „Vielleicht sind niemals in solchem Grade die letzten Voraussetzungen menschlichen Lebens und Handelns der Zersetzung ausgesetzt gewesen."[39]

Schelling und Hegel vermochten an der Schwelle des 19. Jahrhunderts die Entzweiung noch als die Form zu begreifen, in der sich die Einheit des Gegensätzlichen erhält, mittlerweile jedoch hat sie Dimensionen angenommen, die eine solche Deutung nicht nur problematisch, sondern unmöglich machen. Dilthey sieht, daß sich die Gegensätze nicht mehr zusammenhalten lassen. Dem subjektiven Bewußtsein bleibt bei der Suche nach lebenstragenden Überzeugungen nur noch die „Wahl zwischen voller Nacht und einer zufällig vom Himmel gefallenen Glaubenswelt"[40], zwischen totaler Skepsis und blinder Unterwerfung unter nicht begründbare, aber Geborgenheit spendende Weltbilder, was letzten Endes nur „das Spiel der Triebe regieren"[40] macht. Hinsichtlich dieser Alternative, der sich nach Diltheys schonungsloser Diagnose die eigene Zeit und Gegenwart gegenübersieht, versagen die „Rettungsmittel"[41] der Hegelschen Dialektik. Weil nicht mehr vernünftig vermittelt werden kann, bleibt bei der Suche nach tragenden Überzeugungen nur der Irrationalismus purer Entscheidung oder die Flucht in die Beliebigkeit von Weltanschauungen, die sich über den positiven Wissenschaften und der sich offenbar nach mechanischen Gesetzen fortentwickelnden Gesellschaft wie ein bergender Horizont erheben und dem Gemüt der sich ansonsten selbst überlassenen Subjektivität Heimat zu gewähren scheinen. Die nachhegelsche Philosophie befindet sich demzufolge auf der Stätte des nicht mehr nur entzweiten, sondern schon zerrissenen Bewußtseins, das sich wohl subjektiv zu befriedigen, aber nicht mehr objektiv zu versöhnen weiß,[42] oder wie Nietzsche formuliert: das zwar enorme wissen-

---

[36] HEGEL Bd. 2, 184.
[37] Vgl. DILTHEY GS VIII, 193 f.
[38] DILTHEY GS VIII, 179.
[39] DILTHEY GS X, 14.
[40] DILTHEY GS X, 16.
[41] HEGEL Bd. 2, 185.
[42] Vgl. RIEDEL 1981, 16 f.

schaftliche Erkenntnisse vorzuweisen hat, aber *von* ihnen und *mit* ihnen nicht mehr sinnvoll leben kann und daher nach Surrogaten sucht.

Dilthey spürt, daß die Philosophie in irgendeiner Weise den Sinnesverlust rückgängig machen oder kompensieren muß, den die Lebensbezüge des einzelnen durch ihre naturwissenschaftliche bzw. materialistische Interpretation erfahren haben. Die allgegenwärtige „sentimentalische(n) Stimmung", der Wille, „die für immer verlorene Befriedigung des Gemüts durch die Wissenschaft sehnsüchtig zurückzurufen"[43], ist ihm nur zu gut bekannt. Um so mehr drückt ihn das Unvermögen der Philosophie seiner Zeit: ihr Mangel an existentiellem Gewicht, ihre beruhigtes Hinnehmen der ihr von den Einzelwissenschaften zugeschobenen Aufgabe einer bloßen Wissenschaftstheorie, in der sie ihre Daseinsberechtigung meint gefunden zu haben, ihre Blendung durch die gerade herrschende Idee der Wissenschaft, als deren Folge sie sich von einer naturalistischen Psychologie unkritisch das Fundament zur Deutung des Subjekts bereitstellen läßt. Dilthey erkennt, daß die Philosophie in diesem Zustand auf das von ihren linkshegelianischen Kritikern längst geweissagte Ende zusteuert; und vermutlich wäre sie als Theorie auch tatsächlich am Ende, ist Dilthey überzeugt, wenn nicht dieselbe Gesellschaft, die im Prozeß der sozialen und wissenschaftlichen Revolution alle überlieferten Lebens- und Denkformen als Vergangenheit von sich abgetrennt hatte, in ihrem Innern die Geisteswissenschaften ausgebildet hätte, deren Verhältnis zur menschlichen Subjektivität und deren Orientierungsbedürfnissen „ein ganz anderes ist und die Hoffnung auf Erneuerung einer energischen Betätigung der eigentlichen Funktionen der Philosophie herbeiführte"[44]. In den Geisteswissenschaften erhofft sich Dilthey das Rettungsmittel des zerrissenen Bewußtseins und der Philosophie zumal. Deswegen ist er so erpicht,

> „gegenüber dem Übergewicht der Naturwissenschaften innerhalb der philosophischen Gedankenbildung die Selbständigkeit der Geisteswissenschaften und die Tragweite der in ihnen enthaltenen Erkenntnis für die Philosophie zur Geltung zu bringen."[45]

Es ist also der versteckte Nihilismus seiner Zeit, den Dilthey nicht ertragen kann, die Bequemlichkeit eines Denkens, das die Zerrissenheit des Geistes einfach hinnimmt, als wäre sie unausweichliche Folge der Befreiung von systematischer Metaphysik, und sich in diesem Zustand einrichtet: Im Bereich der Theorie werden mißtrauisch alle philosophischen Grundannahmen über die Welt und die Geschichte suspendiert und alle lebenstragenden Sicherheiten aufgelöst, die Philosophie verschließt sich im Bewußtsein, bezweifelt die Erkennbarkeit der äußeren Welt und kreist skeptisch um sich selbst; – im Bereich der positiven Wissenschaften, insbesondere der technischen Vernunft herrschen blinde Fortschrittsgläubigkeit und Zuversicht aufgrund unbestreitbarer Erfolge, wobei der Ursprung der modernen Wissenschaften in der erlebten Wirklichkeit völlig aus dem Blick gerät, sowie das unausrottbare metaphysische Interesse an umfassenden Zusammenhängen; – was aber die Existenzperspektive des einzelnen und dessen Suche nach der Bedeutung des Ganzen

---

[43] DILTHEY GS I, XVII.
[44] DILTHEY GS VIII, 179.
[45] DILTHEY GS VIII, 176.

und nach sicherem Halt betrifft, so regiert dort (und dies gilt, wie sich später zeigen wird, in gewisser Weise auch für Diltheys Weltanschauungslehre) Beliebigkeit und Dezisionismus.

„Ein neues Geschlecht von Sophisten hat sich erhoben, welches das theoretische Verneinen und praktische Geltenlassen aller Realität, in der wir leben, virtuos betreibt. Ihnen gegenüber ist der Nihilist eine geschlossene Natur, die Respekt einflößt. Das philosophische Nachdenken wird so zu einem schlechten Spaß. Sie bestehen auf ihrem: »Nur im Bewußtsein« ... Während so der Skeptizismus an den Pforten der Erkenntnis steht, rigoros jeden Satz über eine Realität abweisend, haben inzwischen die positiven Wissenschaften freies Spiel: anstatt ihre Waffen jeden Morgen neu auf ihre Leistungsfähigkeit zu untersuchen, haben sie mit ihnen die Welt zu erobern begonnen, mit einer Gleichgültigkeit rücksichtlich ihrer ersten Prämissen, die den Charakter der Größe durch den Erfolg hat."[46]

Mit ähnlichen Erwartungen, doch weniger an der Existenzperspektive als an erkenntnistheoretischen Fragestellungen interessiert, blickte vor Dilthey schon Droysen auf die Geisteswissenschaften. Den sie bedrängenden Positivismus hatte er dadurch zu überwinden versucht, daß er Hegels Gegenüberstellung von Natur und Geschichte bzw. Geist einfach festschrieb, ohne wie Dilthey nach der gemeinsamen Erfahrungsgrundlage zu fragen. Droysen, auf den sich Dilthey merkwürdigerweise so gut wie nie bezieht, begnügte sich mit einer Parallelisierung von Naturwissenschaften und historischen Wissenschaften. Nur so glaubte er den Einfluß der Physik, die seit dem 17. Jahrhundert auch die Idee der Wissenschaft vom menschlichen Geist beherrschte, zurückdrängen zu können. Es ist letztlich die systematische Leistung der kritischen Philosophie Kants, die Droysen fruchtbar macht. Kants Begrenzung der Kausalität und überhaupt des Kategoriengebrauchs auf „Gegenstände möglicher Erfahrung" entsprach ja als Gewinn die Freigabe des Denkens in Freiheitsbegriffen. Diesen Dualismus von Kausalität aus Natur und aus Freiheit und den dahinter stehenden Cartesianismus versuchte Droysen über Hegel hinweg zu aktualisieren, um so das historische Denken wenigstens gegen die Überformung durch naturwissenschaftliche Erkenntnisideale und Denkmethoden, wie sie sich ihm beispielhaft im darwinistisch denkenden Evolutionismus Herbert Spencers zeigten, zu schützen. Daß Kants Theorieansatz dem naturalistischen Objektivismus und Materialismus, welcher sich nach dem Zusammenbruch der idealistischen Systemphilosophie erst recht breitgemacht hatte, Paroli bieten werde, erhoffte ja auch der Neukantianismus, der in der zweiten Hälfte des 19. Jahrhunderts einsetzte.

Desgleichen sieht nun auch Dilthey dem Emporkommen der naturalistischen Sozialwissenschaften nicht tatenlos zu, namentlich der „sozialen Physik" Auguste Comtes, die von der *Naturgesetzlichkeit* historischer und soziologischer Prozesse ausgeht. Doch ist seine Meinung diesbezüglich etwas differenzierter: Er weiß um die Wiederkehr der Idee der Natur,[47] die sich im Raum des Historischen in je unterschiedlichen Modifikationen allmählich als wirkungsmächtiger neuer Gegenbegriff zur Geschichte etabliert, gerade auch in Comtes sozialphilosophischer Metaphysik der Evolution. Doch ist es gar nicht mal der Naturalis-

---

[46] DILTHEY GS XIX, 40 auch 55, 65.
[47] Vgl. MARQUARD 1987, 145 ff.

mus, der Dilthey an Comte und Spencer stört, als vielmehr die Tatsache, daß sie – wie einstmals die metaphysische Geschichtsphilosophie – meinen, den faktisch erfolgten Emanzipations- und Differenzierungsprozeß der historisch-gesellschaftlichen Einzelwissenschaften überspringen oder gar zurücknehmen zu können. Dilthey durchschaut, daß Comte, Spencer und J. St. Mill im Grunde nur die naturalistische Variante der Geschichtsphilosophie bieten, die Selbständigkeit der Einzelwissenschaften also ebenso ignorieren wie jene. Statt endlich das uneingelöste Versprechen des Positivismus, alles Wissen von der Gesellschaft und Geschichte auf erfahrungswissenschaftliche Grundlagen zu stellen, einzulösen, verbreiten sie nur den altbekannten „metaphysischen Nebel".[48] Diltheys Bewußtsein ist in dieser Hinsicht scharf ausgeprägt. An der Akzeptanz der faktisch vollzogenen Emanzipation der Erfahrungswissenschaften von der Philosophie und der Anerkenntnis ihrer Ergebnisse führt für ihn kein Weg vorbei. Weil Dilthey aber zudem weiß, daß eine philosophische Wissenschaft, die Mensch und Gesellschaft in ihrer geschichtlichen Dimension einheitlich erfassen will, sich nicht auf die einzelnen Erfahrungswissenschaften und ihre Ergebnisse stützen darf, weil sonst ihr Resultat genauso disparat wäre wie diese selber,[49] setzt er sein eigenes Ideal wie folgt an: Vornehmste Aufgabe der Philosophie kann nicht, wie Comtes positivistische Funktionsanalyse vorgibt, die nachhinkende enzyklopädische Zusammenfassung und Klassifizierung der Einzelwissenschaften sein, sondern deren philosophische Grundlegung und Absicherung. Und Grundlegungen dürfen sich nicht schon stützen auf das, was sie allererst begründen wollen. Dilthey erkennt: Die Idee einer Einheit des geschichtlichen Geistes muß jenseits ihrer idealistischen und positivistischen Fassung festgehalten werden und sich *erfahrungswissenschaftlich* – hier zeigt sich, daß Dilthey dem eigentlichen Anliegen des Positivismus mit einer gewissen Faszination zugetan ist[50] – bewähren. Nur auf diesem Weg kann man der Zerstückelung menschlicher Erfahrung erfolgreich entgegensteuern, und was Dilthey „philosophische Grundlegung der Geisteswissenschaften" nennt, dient diesem Ziel. Alles andere ist unredlich und wiederholt unter dem Deckmantel scheinbarer Erfahrungswissenschaft nur die einstmalige metaphysische Bevormundung der Wissenschaften.[51]

Der Philosophie, meint Dilthey, stellt sich in der gegenwärtigen Stunde also vor allem folgende Aufgabe: Auf das empirische Bewußtsein, sprich die „innere Erfahrung"[52] verpflichtet, hat sie die Grundstruktur der geschichtlichen Selbstbesinnung, wie sie sich in allen Geisteswissenschaften faktisch vollzieht, zu erschließen und dadurch die Bedingungen freizulegen und zu sichern, die das Selbstverständnis des geschichtlichen Menschen, auch

---

[48] Vgl. DILTHEY GS I, 105–112; GS V, 42–58; dazu auch GANDER 1988.
[49] Vgl. DILTHEY GS VIII, 195 f.
[50] Vgl. DILTHEY GS V, 4.
[51] Vgl. KRÜGER 1958a, 149.
[52] Dilthey ist – anders als Comte – der Meinung, daß eine auf *innere* Erfahrung gegründete Psychologie sehr wohl den erfahrungswissenschaftlichen Standards genüge. Comte hingegen hegte grundsätzliches Mißtrauen gegenüber der, wie er sich ausdrückt, psychologischen *Introspektion*. Daher hatte er die Psychologie aus dem Kreis der positivistischen Wissenschaften verbannt.

des (natur-)wissenschaftlich denkenden, tragen. Wohlgemerkt: „Philosophie analysiert, aber produziert nicht."⁵³ Sie konstruiert nicht etwa den besagten, die Einheit des Lebens garantierenden anthropologischen Strukturzusammenhang, sondern „erwirkt" ihn, gemeint ist: Sie „findet die in der Totalität unseres Selbst erzeugte Artikulation vor"⁵³, führt sie zu Bewußtsein und baut sie aus.

> „Der einheitliche Mensch wirkt sich nach seiner Struktur in den verschiedenen Lebenssphären aus; (...) Wissenschaften schließen sich an das mannigfache Tun, aber das Bewußtsein, das in diesen Beziehungen steht, muß mitten darin seinen Zusammenhang festhalten. Eben die Erhebung unserer Totalität, aus deren Dunkelheit alle großen geistigen Manifestationen hervorgegangen sind, zum Bewußtsein ihrer Einheit und damit des Zusammenhangs aller ihrer Äußerungen ist Philosophie. (...) Ihr erstes Merkmal ist sonach das Erwirken dieses Zusammenhangs und damit einer bewußten Einheit des Lebens."⁵⁴

1.3 Erkenntnisanthropologie als neue Grundwissenschaft

Als Dilthey 1883 mit der Veröffentlichung seiner „Einleitung in die Geisteswissenschaften" in die Diskussion um die „Humanities" eingriff, geschah dies also in der Absicht, der Philosophie aufzuhelfen. Die Entwicklung und Verselbständigung der einzelnen Wissenschaften hatte er immer als willkommenen Prozeß der Befreiung von systematischer Metaphysik betrachtet. Daß ihr Ergebnis in einer Zerstückelung menschlicher Erfahrung bestand, war ihm nicht entgangen. Verantwortlich für diesen Mißstand zeichnete seiner Meinung nach allerdings die Philosophie, die ihrer Aufgabe, nämlich der wissenschaftstheoretischen Grundlegung, welche insbesondere die gemeinsame Quelle der Einzelwissenschaften in der *erlebten* Wirklichkeit aufzuzeigen hätte, wohl aus Überforderung nicht gebührend nachkam. Eben darum fielen die einzelnen Wissensgebiete in Ermangelung eines inneren Zusammenhangs und geklärter Bezüge zur Lebenspraxis auseinander und hinterließen den Menschen in Geschichte und Gesellschaft orientierungslos. An dieses Versäumnis will er die Philosophie nun erinnern.

> „Kein Zeitalter hat so viel als das gegenwärtige philosophiert. Auch ist es nicht der Wille der Personen, sondern der Gang der Wissenschaften selber, welcher sie philosophisch macht. (...) insbesondere in den Wissenschaften des Geistes ist ein offenbares Mißverhältnis zwischen dem, was die positiven Wissenschaften desselben bedürfen von Philosophie, und dem, was die philosophischen Wissenschaften bisher leisten."⁵⁵

Unter der methodischen Sicherheit des geisteswissenschaftlichen Betriebes diagnostiziert Dilthey demnach eine philosophische Wachstumskrise: Weniger die Grundlage dieser oder jener Wissenschaft brennt ihm unter den Nägeln (die ruhen in einer methodisch geleiteten und eingeübten Forschungspraxis), sondern die Möglichkeit von Wissenschaft und Erkenntnisbegründung überhaupt und damit auch die Möglichkeit eines *rational verantworteten* und *gesicherten* lebensbedeutsamen Wissens um letzte Zusammenhänge, Prinzipien und

---

53 DILTHEY GS VIII, 172.
54 DILTHEY GS VIII, 176.
55 DILTHEY GS XIX, 39; vgl. DILTHEY GS I, 4.

Zwecke. Auf dem Spiel sieht er, wie gesagt, das Wesen der Philosophie.[56] Dilthey begreift, wie dringlich die Repristinierung der höchsten Aufgabe der Philosophie ist: Es muß eine Grundwissenschaft ausgestaltet und begründet werden, „an deren Aufbau alle wahren Philosophen seit Sokrates arbeiten"[57]. Dem empirisch Gegebenen verpflichtet, optiert Dilthey daher für eine „Begründung der Geisteswissenschaften auf die Selbstbesinnung".[58]

Nicht in metaphysischen Vorgaben, sondern in Selbstbesinnung auf das ganze, reale, menschliche Leben, so wie es sich der vorwissenschaftlichen Selbsterfahrung – der „Selbstbeobachtung"[59] und dem „Innewerden"[59] – zeigt, sollen die Philosophie und mit ihr die Geisteswissenschaften, ja sogar die Naturwissenschaften sich gründen. Diltheys Projekt wird also geleitet durch die feste Überzeugung, „das Leben soll[e] aus ihm selber gedeutet werden"[60]. Doch bei aller Neuartigkeit des Unternehmens bleibt Diltheys Blick in die Selbsterfahrung des lebendigen Menschen – das reale Leben und seine Strukturen – letztlich doch dem für die philosophische Tradition der Neuzeit verbindlichen Ansatz beim Bewußtsein als der einzig zweifelsfreien Reduktions- und Rekonstruktionsbasis treu.[61] Denn was immer sich der Diltheyschen Selbstbesinnung auch darbieten sollte, fest steht für Dilthey, daß es sich in jedem Fall um eine „Tatsache des Bewußtseins" handeln wird.

„Der Gegenstand der Philosophie wird durch den Inbegriff der Tatsachen des Bewußtseins gebildet."[62]

Wie alle Philosophie seiner Zeit, die sich als wissenschaftlich versteht, kommt auch Diltheys neue Grundlagenwissenschaft nicht umhin, den Anspruch zu erheben, Lehre vom Bewußtsein zu sein. Es ist die cartesianische Idee der Philosophie als strenger Wissenschaft, an die Dilthey sich gebunden weiß. Wie Descartes sieht auch er die innere Erfahrung als das Feld evidenter Selbstgegebenheit. Doch weil Dilthey an ein zeitloses, ungeschichtliches Bewußtsein nicht länger glauben kann, kann auch das in der inneren Erfahrung evident Gegebene nicht mehr das reine, zeitenthobene Cogito Descartes und Kants sein, sondern nur das konkrete Selbstbewußtsein des realen Menschen. Dies ist fortan als das Fundament der Wissenschaft und auch der Philosophie anzusetzen und in seinen Strukturen zu explizieren.

---

[56] Vgl. TROELTSCH 1922, 4.

[57] DILTHEY GS VIII, 225.

[58] DILTHEY GS I, 125; vgl. GS VII, 7. Den Begriff „Selbstbesinnung" verwendet Dilthey im Sinne des aristotelischen Terminus φρόνησις, der theoretisches und praktisches Wissen in sich vereinigt (DILTHEY GS I, 178 u. 186). Zu Diltheys Begriff der Selbstbesinnung siehe PFAFFEROTT 1985, 351-380; ebenso PFAFFEROTT 1988, 27-35.

[59] DILTHEY GS XIX, 66.

[60] DILTHEY GS V, 370.

[61] Vgl. DILTHEY GS XIX, 44.

[62] DILTHEY GS XIX, 41. Leider versäumt es Dilthey, den Begriff „Bewußtseinstatsache" genauer zu hinterfragen. Nietzsche bspw. hat in einem einzigen Satz eine schlagende Kritik des Positivismus gegeben, die wohl auch Dilthey trifft: „Gegen den Positivismus, welcher bei dem Phänomen stehen bleibt, »es gibt nur Thatsachen«, würde ich sagen: nein, gerade Thatsachen giebt es nicht, nur Interpretationen." (NIETZSCHE KSA 12, 315 (= Frg. 7 [60])).

Rein formal schlägt Dilthey dabei den Weg einer transzendentalen Erkenntniskritik[63] ein, freilich in einer Abbiegung, die, wie gesagt, Kants Konzeption des transzendentalen Subjekts gewollt hinter sich läßt, sich damit allerdings auch von dessen Konzeption gesicherten Wissens weit entfernt: Indem nämlich Diltheys Selbstbesinnung den Rückgang in ein transzendentales Subjekt erfolgen läßt, welches zwischenzeitlich in „geschichtliches Bewußtsein", ja sogar in „reales Leben" umgedeutet worden ist, in dessen Adern also „wirkliches Blut"[64] rinnt, endet die Reflexion nicht mehr in der Explikation rein apriorischer, letztbedingender, aber selbst nicht weiter bedingter Denkformen, sondern woanders – nicht im „verdünnte(n) Saft von Vernunft als bloßer Denktätigkeit"[64], wie Dilthey polemisch formuliert, nicht in rein formalen, sondern in *realen Lebenszusammenhängen, in erlebten Beziehungen*; „auch die inhaltlichen psychischen Tatbestände"[65] gehören zu den Bedingungen des Bewußtseins, sagt Dilthey. Die strikte kantische Trennung von rein apriorischer Form und materialer Erfüllung – auf ihr beruhte die Selbstsicherheit der transzendentalen Vernunft – wird auf diese Weise geradezu ausgehebelt. Im Grunde stand das von vornherein zu erwarten, denn Diltheys Analyse des Bewußtseins stützt sich ja nach eigenem Beteuern auf innere *Erfahrung*, sie nimmt folglich je schon psychische und historische Erfahrungsdaten, d.h. „Inhalte", in die Konzeption der transzendentalen Vernunft auf, denkt deren Beschaffenheit also nicht mehr streng apriorisch im Sinne von „vorgängig zu jedweder Erfahrung". Dilthey bezeichnet seine Grundlegung deshalb konsequenterweise als „Kritik der *historischen* Vernunft". Der transzendentale Rückgang erfolgt hier in eine immer schon mit Erfahrungs*inhalten*, mit *realen* und d.h. geschichtlichen Kategorien ausgestattete Vernunft, in ein Apriori also, das Produkt kontingenter historischer Erfahrungen und Zwischenstation für weitere ist.

„Die Bedingungen des Bewußtseins müssen in ihrem ganzen Umfang aufgefaßt werden. Der Standpunkt der Erkenntnistheorie muß innerhalb einer wahrhaft deskriptiven Psychologie genommen werden, welche auch die inhaltlichen psychischen Tatbestände in sich schließt. Alsdann: die Bedingungen entwickeln sich aus dieser Inhaltlichkeit des Bewußtseins; eine solche Entwicklung, als geschichtliche erkannt, setzt natürlich die geschichtliche Mannigfaltigkeit der Individuen voraus ..."[66]

Diltheys Grundlegung beschreibt also nur noch nominell den Weg einer transzendentalen Erkenntniskritik, tatsächlich erfolgt sie im Horizont eines von Kant gänzlich abweichenden Vernunftbegriffs. Bei Dilthey haben wir es mit einer „nur" historischen, d.h. endlichen, von Zeit und Umständen, kurzum von Erfahrung und handlungsleitenden Interessen durch und

---

[63] Vgl. „Alle Wissenschaft ist Erfahrungswissenschaft, aber alle Erfahrung hat ihren ursprünglichen Zusammenhang und ihre hierdurch bestimmte Geltung in den Bedingungen unseres Bewußtseins, innerhalb dessen sie auftritt ... Wir bezeichnen diesen Standpunkt, der folgerecht die Unmöglichkeit einsieht, hinter diese Bedingungen zurückzugehen, gleichsam ohne Auge zu sehen oder [wie die Metaphysik (r.h.)] den Blick des Erkennens hinter das Auge selbst zu richten, als den erkenntnistheoretischen; die moderne Wissenschaft kann keinen anderen anerkennen." (DILTHEY GS I, XVII).

[64] DILTHEY GS I, XVIII.

[65] DILTHEY GS XIX, 51.

[66] DILTHEY GS XIX, 51, Parallelstelle 45.

durch abhängigen menschlichen Vernunft zu tun. Es versteht sich, daß ihre Prinzipien nicht mehr unbedingt gelten; man hat vielmehr davon auszugehen, daß sie im Prozeß der gesellschaftlich-geschichtlichen und wissenschaftlichen Erfahrung revidiert, verbessert und ergänzt werden. Die historische Vernunft besitzt – „hiervon hat die ganze Schule des 18. Jahrhunderts keine Ahnung"[67] – eine Geschichte, im Laufe deren sie „diese ihre eigenen Voraussetzungen aus der Vertiefung in die Dinge umgestaltet"[67]. Absolute Begründungsverhältnisse sind so freilich verunmöglicht; es gibt „keine voraussetzungslose Grundlegung der Wissenschaft"[68], sondern nur „eine allmähliche Aufklärung der Voraussetzungen, unter welchen das Denken arbeitet"[68]. Aufgrund ihrer Verankerung im geschichtlichen Bewußtsein rückt mit diesem auch Diltheys Erkenntniskritik in den geschichtlichen Wandel und die Sphäre nur relativer Gültigkeit ein. Der Kontingenz seiner *Kritik der historischen Vernunft* war sich Dilthey selbstverständlich bewußt.[69]

Daß Dilthey seine neue Grundlagenwissenschaft, die sich, wie schon gesehen, zunächst im Rahmen eines erweiterten transzendentalen Bewußtseinskatasters bewegt, als *Anthropologie und Psychologie*[70] bezeichnet, nimmt nicht Wunder, denn ihr Herzstück besteht ja aus der Erschließung des menschlichen, individuellen Seelenlebens und seines kategorial verstandenen Strukturzusammenhangs mittels einer beschreibenden und zergliedernden Psychologie – im Vergleich zur Transzendentalmetaphysik eine „bescheidenere und weniger diktatorische Lösung"[71], wie Dilthey sagt. Und weil dabei ausdrücklich die „Totalität des Seelenlebens", also der „ganze Mensch", Berücksichtigung findet, nicht nur das bloß vorstellende Subjekt Kants, rechtfertigt sich auch der Titel Anthropologie.[72] „Erkenntnisanthropologie"[73] könnte man Diltheys neue kategoriale Reflexion auf die Tota-

---

[67] DILTHEY GS XIX, 52.
[68] DILTHEY GS XIX, 36, auch 48 f.
[69] Vgl. DILTHEY GS XIX, 51.
[70] DILTHEY GS I, 32, ähnlich GS VI, 305; GS VII, 279. Man kann davon ausgehen, daß die Begriffe „Psychologie" und „Anthropologie" im Rahmen des Diltheyschen Programms im wesentlichen gleichbedeutend sind. Dilthey behandelt sie „im Grunde als Dioskurenpaar", auch wenn der Begriff „Anthropologie" allmählich eine immer tragendere Rolle spielt (vgl. LESSING 1984, 168; RODI 1986, 135 und GIAMMUSSO 1990/91, 124). Eine ausführliche Geschichte der empirischen Anthropologie bietet DILTHEY GS II, 416-492.
[71] DILTHEY GS V, 371.
[72] Vgl.: „Ich nenne die Grundlegung, welche die Philosophie zu vollziehen hat, Selbstbesinnung, nicht aber Erkenntnistheorie. Denn sie ist eine Grundlegung sowohl für das Denken und Erkennen, als für das Handeln." (DILTHEY GS XIX, 89).
[73] Auf der Suche nach einem angemessenen Namen für diese von Dilthey projektierte Grundwissenschaft – Dilthey selbst bezeichnet sie ja mit mehreren Namen (Anthropologie, Psychologie, beschreibende Psychologie usw.) – griffen die Herausgeber des XIX. Bandes seiner Gesammelten Werke auf einen Begriff Karl-Otto Apels zurück: Erkenntnisanthropologie. Damit soll vermutlich einerseits angezeigt sein, daß Diltheys Anthropologie nicht abzulösen ist von seiner Erkenntnistheorie und darum automatisch und ungefragt auch teilhat an deren privilegierter Position als einer philosophischen Grunddisziplin. Andererseits ist damit aber auch gesagt, daß Dilthey über den Rahmen einer bloßen Erkenntnistheorie hinausgeht (und deren strenge Begründungsverhältnisse sprengt),

lität des Lebens nennen – das Individuum in der Fülle seiner Wesenskräfte und die historisch-soziale Welt –, welche freilich nie abgeschlossen werden kann, weil ihr Gegenstand, der Mensch als geschichtliches Kulturwesen im Werden, sich einer endgültigen Betrachtung entzieht.

Die dominierende Rolle, welche die Psychologie in Diltheys Fundierung der Geisteswissenschaften einnimmt, versteht sich – außer vom bewußtseinstheoretischen Ansatz her – noch aus einem zweiten Grund, nämlich vor dem Hintergrund seiner Auffassung bezüglich des Ursprungs der „geistigen Welt". Dilthey ist nämlich der festen Überzeugung, daß „Wirtschaft, Recht, Religion, Kunst und Wissenschaft, wie die äußere Organisation der Gesellschaft in den Verbänden der Familie, der Gemeinden, der Kirche, des Staates aus dem lebendigen Zusammenhang der Menschenseele hervorgegangen sind"[74] und deshalb einzig dann plausibel zu machen sind, wenn sie als „seelische Manifestationen" begriffen werden, wenn sie also an die Psyche zurückgebunden werden, aus der sie hervorgegangen sind. Es wird sich jedoch zeigen, daß ausgerechnet Dilthey, der „Geschäftsträger des »historischen Bewußtseins«"[75], der wie kein anderer vor ihm das Geschichtliche philosophisch ernst genommen hat,[76] bei seiner Analyse der individuellen Psyche genau jene geschichtslosen Strukturen erhält, die er an der zeitgenössischen Lebensphilosophie so sehr kritisierte. Zudem wird sich herausstellen – was Dilthey selbst nicht klar war –, daß die von ihm konzipierte Psychologie als Grundwissenschaft für alle Gesellschaftswissenschaften anzunehmen nicht taugt: Denn sinnvoll wäre diese Annahme nur, wenn tatsächlich die menschliche Gesellschaft und ihre Geschichte aus den Gefühlen, Willensakten und Vorstellungen der Individuen vollständig erklärt werden könnte, was jedoch nicht der Fall ist.

In einer entscheidenden Hinsicht hat sich Dilthey jedoch nicht geirrt. Er war überzeugt davon, daß die geschichtlich-gesellschaftlichen Einzelwissenschaften, die ihre Emanzipation dem historischen Bewußtsein verdankten, ihre volle gesellschaftliche und politische Potenz so lange nicht zu entfalten vermöchten, als sie sich – bar einer philosophischen Begründung und im Sinne Nietzsches „antiquarisch" – lediglich in der liebevollen Vertiefung ins gesellschaftshistorisch Besondere und deshalb Verehrungswürdige erschöpften. So beschaffen würden sie nämlich den Zusammenhang und die Funktionsweise der modernen, arbeitsteilig differenzierten Gesellschaft niemals erhellen, geschweige denn befördern können. Selber bar jeglichen inneren Zusammenhangs und jeweils nur auf einen Ausschnitt der geschichtlich-gesellschaftlichen Welt konzentriert, würden sie wohl eher einem weiteren Sinnabbau und gesellschaftlicher Desintegration Vorschub leisten, was sich ohnehin schon abzeichnete.[77] Diltheys Versuch einer transzendentalen Grundlegung der historischen Disziplinen ist also weit davon entfernt, nur eine die geisteswissenschaftliche Theorie betref-

---

wenn er alle drei Komponenten des psychischen Lebens – Vorstellen, Wollen und Fühlen – in ihrem Zusammenhang erörtert und auch den Bezug des Selbstbewußtseins zur Außenwelt, den Menschen also als ein leibhaft engagiertes Wesen thematisiert (vgl. APEL 1973, Bd. 1, 30, Bd. 2, 96).

[74] DILTHEY GS V, 147.
[75] MARQUARD 1973, 132 f.
[76] So formuliert MARQUARD 1984, 132.
[77] Vgl. RIEDEL 1981, 13 f.

fende Aufgabe lösen zu wollen – die historischen Disziplinen waren in den Rang der Wissenschaften zu promovieren und die Philosophie wieder in ihr altes Recht einzusetzen, unverzichtbare Grundlage aller Wissenschaften zu sein. Dilthey beabsichtigt mehr als nur dies. Er will die historischen Wissenschaften, die ja allesamt die gesellschaftlich-geschichtliche Wirklichkeit zum Gegenstand haben, auch offiziell in die Pflicht nehmen und ihnen, was Nietzsche indirekt angemahnt hatte, eine praktische Aufgabe zuweisen, die sie ja de facto teils schon erfüllten: Sie sollen normierend und handlungsanleitend in das gesellschaftliche Leben einwirken und diesem dienen. Der Verwendungszusammenhang des geisteswissenschaftlichen Wissens ist für Dilthey zweifelsohne praktischer Natur: „feste Zwecke" „für die Lebensführung des einzelnen und die Leitung der Gesellschaft"[78], denn „nur in der Rückwirkung auf Leben und Gesellschaft erlangen die Geisteswissenschaften ihre höchste Bedeutung, und diese Bedeutung ist in beständiger Zunahme begriffen"[79]. Die Indienstnahme der Geisteswissenschaften für ein Stehen in der Geschichte birgt freilich auch Gefahren; deshalb fügt Dilthey sogleich hinzu: „Aber der Weg zu dieser Wirkung muß durch die Objektivität der wissenschaftlichen Erkenntnis gehen."[79].

2 Das Weltverhältnis des geschichtlichen Menschen: Diltheys Neuinterpretation des Bewußtseins

Dilthey begibt sich in den Rahmen der Bewußtseinsphilosophie, speziell der Transzendentalphilosophie Kants nur, um ihn sogleich wieder zu sprengen. Wie schon erwähnt, geht seine „erste Philosophie" nicht auf den Selbstbezug des transzendentalen Erkenntnissubjekts zurück, sondern in den „realen Lebensprozeß"[80] lebendiger geschichtlicher Individuen, den sogenannten „Lebenszusammenhang", der als Struktureinheit von Vorstellen, Fühlen und Wollen aufzufassen und als erlebter in innerer Erfahrung zugänglich ist (s.u. 2.1). Indem nun Dilthey diesen Strukturzusammenhang des (Bewußtseins-)Lebens freilegt und in seinen *realen* Kategorien ausbuchstabiert, entdeckt er einen ursprünglichen Zusammenhang von Selbst und Welt, von innerer und äußerer Erfahrung, der aller Subjekt-Objekt-Spaltung noch voraus liegt. So kommt es schließlich zu einer völligen Neuinterpretation des Bewußtseins, in deren Folge alte Theoreme der Bewußtseinsphilosophie hinfällig werden, insbesondere die kausale Theorie der Wahrnehmung (s.u. 2.2). Der strukturtheoretisch explizierte reale Lebenszusammenhang ist für Dilthey sodann die gesuchte „feste" Basis für den „Aufbau" und das (geisteswissenschaftliche) Verstehen der gesamten geschichtlichen Welt (s.u. 2.3).

---

[78] DILTHEY GS V, 11.

[79] DILTHEY GS VII, 138. Die funktionale Auffassung von Philosophie und Geisteswissenschaften verbindet Dilthey mit Comte. Sie relativiert die traditionelle Verpflichtung der Wissenschaften auf die Wahrheit um ihrer selbst willen. Reine Theorie, meint Comte, führe nur dazu, daß „der Geist fast stets seinem unwillkürlichen Hange nach müßigen und trügerischen Spekulationen folgen würde." (COMTE 1894, 17) Wo also der Geist an die Kette praktischer, gesellschaftlicher Bedürfnisse gelegt werde, geschehe dies zum Vorteil der Philosophie.

[80] DILTHEY GS I, XVIII.

2.1 Das reale Subjekt als Struktureinheit von Vorstellen, Fühlen und Wollen

Dilthey bringt als Ergebnis seiner Selbstbesinnung einen Bewußtseinsbegriff in Anschlag, der sich, anders als derjenige Kants, einer Isolierung seiner einzelnen Momente widersetzt. Das Bewußtsein kann nicht rein vorstellungshaft, es muß immer auch im Lichte des Gefühls- und Willenslebens gesehen werden, meint Dilthey. Der tatsächliche menschliche Lebensvollzug in Geschichte und Gesellschaft besteht selbst beim Erkennen stets aus mehr als nur dem Erkennen.[81] Isolierte Erkenntnisse ohne gefühlsmäßige Einfärbung und begleitende Willensimpulse gibt es nicht, sie sind völlige Abstraktionsprodukte.[82]

> „Die drei Elemente Vorstellung, Gefühl, Willensvorgang sind immer in einem Bewußtseinszustand enthalten. Vorstellung ist der intentionale Gehalt, das, worauf der Wille z.B. gerichtet ist. (...) Unter Gefühl muß auch das Billigen und Mißbilligen, das Gefallen und Mißfallen und das Interesse an etwas verstanden werden. Interesse ist der Anteil, der im Ich aus dem Milieu entspringt. (...) Durch das Überwiegen eines der drei Momente wird ein bestimmter Bewußtseinszustand als Vorstellung (Denken), Gefühl oder Willen gekennzeichnet. Aber der Unterschied liegt vor allem in einer wechselnden inneren Beziehung der Elemente untereinander."[83]

Keine der drei menschlichen Seelenkräfte – Vorstellen, Fühlen, Wollen – ist auf eine andere reduzierbar, noch sind sie vollständig voneinander ablösbar. Die Totalität des Seelenlebens, das Zusammenwirken aller psychischen Kräfte ist deshalb als Prinzip *„auch der Erklärung der Erkenntnis und ihrer Begriffe"*[84] anzusetzen. Darin vor allem unterscheidet sich Dilthey von Kants Erkenntniskritik, der das Erkennen allein im Rekurs auf das Vorstellungsvermögen meinte erklären zu können, d.h. das apriorische, zeitlos-gleichbleibende Vermögen des erkennenden Subjekts, in der Relation zu einem (gleichbleibenden) Gegenüber – der Natur – dessen Gegenständlichkeit zu denken. Auf der strikten Trennung von subjektivem Erkennen und objektivem Gegenstand, von apriorischen Denkformen und ihrer materialen Erfüllung beruhte dabei die Selbstsicherheit der transzendentalen Subjektivität.[85]

---

[81] DILTHEY GS XVIII, 178.
[82] Vgl. DILTHEY GS I, 15; ähnlich GS XX, 129.
[83] So, Dilthey referierend, HEIDEGGER GA 59, 158 f. Im Ausgang vom unauflöslichen Zusammenhang der seelischen Funktionen, die in jedem Bewußtseinszustand in irgendeinem Mischungsverhältnis vorhanden sind, verdeutlicht Dilthey an anderer Stelle auch den Gegensatz von *Verstehen* und *Erklären*, von beschreibender und erklärender Psychologie: „Wir erklären durch rein intellektuelle Prozesse, aber wir verstehen durch Zusammenwirken aller Gemütskräfte in der Auffassung, und wir gehen im Verstehen vom Zusammenhang des Ganzen, der uns lebendig gegeben ist, aus, um aus diesem das einzelne uns faßbar zu machen." (DILTHEY GS V, 172).
[84] DILTHEY GS I, XVIII.
[85] Kants Erkenntnistheorie, die *Kritik der reinen Vernunft*, verstand sich – darin gut metaphysisch – als Wissenschaft der im Erkenntnisvorgang nicht weiter bedingten allgemeinen und notwendigen Prinzipien. Insofern nun diese nicht nur als transzendentale Bedingungen des Erkennens, genauer des Erfahrens, sondern zugleich auch als Möglichkeitsbedingungen aller Gegenstände der Erfahrung anzusehen waren (vgl. KANT Bd. 2, 201 = KrV, A 158) – sozusagen als a priori gewußte Seinsbestimmungen, „als die Form einer möglichen Erfahrung überhaupt" (KANT Bd. 2, 275 = KrV, A 246) –, durfte die Objektivität des Erkennens als gesichert gelten. Das Subjekt konnte im Umgang

Freilich hatte Kant die nicht-vorstellungsmäßigen Bewußtseinsleistungen nicht geleugnet, doch hatte er sie aus der *Kritik der reinen Vernunft* und damit aus dem Raum strenger Wissenschaftlichkeit und Erkenntnisbegründung aus- und seinen beiden anderen Kritiken zugewiesen. Dagegen muß nun der Willens- und Gefühlsanteil rekonstruiert werden, der auch unserem Erkennen und der wissenschaftlichen Naturauffassung zugrunde liegt.

„Was wir in dieser Darlegung suchen, ist die Entstehung unserer Erkenntnis. Aber wir fänden sie nicht, wenn wir sie isolieren und demzufolge Elemente der Erkenntnis als solche und Verbindungen derselben als solche als Gegenstand der Untersuchung betrachten würden. Eine Erkenntnistheorie, die diesen Weg geht, findet eine Welt des theoretischen Verstandes, die mit der wirklichen in einem unlösbaren Gegensatz steht. *Eben die Aufhebung dieses Gegensatzes vermöge einer realen Auffassung des ganzen Tatbestandes ist die Bedingung, unter welcher allein für die Wissenschaften der Geschichte und der Gesellschaft ein Fundament gelegt werden kann.*"[86]

Hinter Kants zeitloser Vernunft und ihren Erkenntnisleistungen tut sich jetzt auf einmal der ganze Horizont der Handlungsbedingungen auf, unter denen auch die Erkenntnis immer schon steht, sowie der erkenntnisleitenden praktischen Interessen.[87] Dilthey hält diese Revision für unabdingbar, weil die wissenschaftliche Umwälzung der vorausgegangenen Jahrzehnte das traditionell-philosophische Verhältnis von Theorie und Praxis sowieso schon von Grund auf verändert hat. Die neuen – historischen – Wissenschaften vereinigen nämlich je schon theoretische und praktische Wissensformen in sich, so daß jener Fundamentalbegriff der Vernunft, der die einst getrennten Wissensformen und die ihnen entsprechende Architektonik des metaphysischen Systems zusammenhielt, hinfällig geworden ist.

Wie nun die im Erkenntnisvorgang involvierten Bewußtseinsleistungen vielfältiger anzunehmen sind, als von Kant veranschlagt, so ist natürlich auch deren Korrelat, die Erfahrungswelt, größer als die Welt purer Vorstellung. Weil er auf einem reduktiven Bewußt-

---

mit der Welt sicher sein, überall (nur) auf das zu treffen, was sein Vorstellen im vorhinein als den für es möglichen, weil mit Gewißheit erkennbaren Gegenstand zugelassen hatte. Das *Seiende an sich*, unabhängig von seinem Vorgestellt-Sein durch und für das Subjekt der Erkenntnis, geriet so freilich aus dem Blick. Ob der Mensch neben dem Vorstellen noch andere Weisen eines erkenntnismäßigen Weltzugangs vorweisen kann, wurde als Problem nicht weiter thematisiert bzw. negiert. Doch immerhin hatte durch Kants Restriktion des am außenweltlich Seienden zweifelsfrei Erkennbaren auf den Bereich der Erscheinung – des erfahrungsmäßig Gegebenen und gegenständlich Vorgestellten – die seit Descartes virulente Frage nach der Erkennbarkeit der Außenwelt eine Antwort gefunden. Gegen Kants Auffassung transzendentaler Gegenstandskonstitution wettert Dilthey vor allem auch darum, weil er weiß, daß für die geschichtswissenschaftliche Arbeit die Gesetzgeberolle des Subjekts gegenüber dem Objekt möglicher Erfahrung anders gedacht werden muß: Denn das erkennende Subjekt hat in der Geschichte, anders als in der Natur, mit seinesgleichen zu tun, mit Freiheit, Unverfügbarkeit und Selbst-Ständigkeit, die als solche zur Erfahrung gebracht sein wollen und nicht nach dem Vorstellungsdiktat des Erkenntnissubjekts.

[86] DILTHEY GS XIX, 174.

[87] Vgl.: „Eine Affektion des Gefühls begleitet jeden Wahrnehmungszustand, und von dem, was wir Dinge nennen, haben wir in Leid und Lust wechselnde Erfahrungen gehabt. (...) Was bloß für unsere Vorstellung da ist, hat bei aller Evidenz für uns nicht dieselbe volle Wirklichkeit, als was für unser ganzes erfülltes Leben da ist." (DILTHEY GS XIX, 21).

seinsbegriff gründet, ist auch der Erfahrungsbegriff der transzendentalphilosophischen Tradition zu eng, moniert Dilthey. Er läßt immer nur einen Teilinhalt der Erfahrung zu. Dilthey sucht deswegen nach der Welt unverkürzter Erfahrung, der tatsächlichen Lebenswelt: „Der *Grundgedanke meiner Philosophie* ist, daß bisher noch niemals die ganze volle, unverstümmelte Erfahrung dem Philosophieren zugrunde gelegt worden ist, mithin noch niemals die ganze und volle Wirklichkeit."[88] Diese *Tatsächlichkeit*, d.h. der Erfahrungsbefund „in seiner ganzen Breite, ohne Abzug"[89] soll zu Gesicht kommen, wenn Dilthey hinter das bloße Erkennen auf den Standpunkt des Lebens zurückgeht, auf das Gesamtbewußtsein, das einzig den Zugang zur Gesamtwirklichkeit verbürgen kann.

> „Der Inhalt des Bewußtseins wird nicht von den Wissenschaften ganz entwickelt. (...) Hievon ist die Folge, daß die W i s s e n s c h a f t   n i c h t   d i e   E r f a h r u n g   e r s c h ö p f t. Fragt sich, ob man diese Erfahrung als Gebiet des Glaubens oder doch auch [als (r.h.)] Erweiterung für [die (r.h.)] Wissenschaft anerkennt. (...) Von hier aus wird deutlich, daß sich Kant in lauter Abstraktionen bewegt, und [für (r.h.)] die ganze neu-kantische Philosophie ... [gilt dies (r.h.)] in steigendem Maße ..."[90]

Von Diltheys Versuch, hinter der dürren Vorstellungswelt der Wissenschaften die Gesamtwirklichkeit – den realen Lebenszusammenhang – zu erschließen, ließe sich nun leicht die Verbindungslinie zu Heideggers Analyse der Umwelt und zu Husserls Theorie der Lebenswelt ausziehen.[91] Das Verfahren von Diltheys Grundwissenschaft berührt sich tatsächlich mit Husserls phänomenologischer und Heideggers hermeneutischer Methode und mit deren Kritik am Objektivismus der modernen Wissenschaft.

2.2 Die Einheit von Leben und Welt im Erlebnis

Kants Beschränkung des menschlichen Erkenntnisvermögens auf das Muster einer vergegenständlichten und gleichbleibenden Erfahrungserkenntnis hinter sich lassend, fragt Dilthey jetzt nach der Möglichkeit einer ganz anderen, nämlich ungegenständlichen und geschichtlich wandelbaren Erfahrung, wie sie vor allem dem vorwissenschaftlichen In-der-Welt-Sein, aber auch den geschichtlichen Geisteswissenschaften eigentümlich ist. Diltheys Erlebnistheorie will genau diese Möglichkeit ausbauen: „Leben, nicht bloßes Vorstellen"[92]. Dazu muß sie aufzeigen, daß das Verhältnis des Bewußtseins zu seinem Inhalt auch anders als nach dem kantischen Muster eines strengen Auseinanders von apriorischen Denkformen und deren materialer Erfüllung gedacht werden kann. Denn wo Selbst und Welt, innere und äußere Erfahrung als grundsätzlich voneinander geschieden vorausgesetzt sind, muß nachträglich ihr Zusammenhang konstruiert werden. Diese Mühe erübrigt sich, meint Dilthey,

---

[88] DILTHEY GS VIII, 171; vgl. hierzu auch GS VIII, 218 ff.
[89] DILTHEY GS I, XVIII.
[90] DILTHEY GS XIX, 42 f.
[91] Beide Begriffe – Husserls „Lebenswelt" und Diltheys „Lebenszusammenhang" – üben eine ähnliche Funktion aus im Zusammenhang der Kritik von Metaphysik und Naturwissenschaft (vgl. MAKKREEL 1985, 382).
[92] DILTHEY GS I, XIX.

wenn sich nachweisen läßt, daß die mentalistische Philosophie der Neuzeit ihr unbezweifelbares Fundament – das Selbstbewußtsein – ganz unnötig völlig weltenthoben konzipierte.

> „Wie man sich auch wendet – es muß einen Punkt geben, an welchem der Inhalt des Bewußtseins und der Bewußtseinsakt selbst für das Bewußtsein nicht außereinander sind, d.h. sich nicht wie Subjekt und Objekt gegenüberstehen."[93]

Diesen Punkt meint Dilthey im Erlebnis gefunden zu haben. Mit Hilfe des Erlebnisbegriffs soll hinter das, was herkömmlich als Grundstruktur des Bewußtseins angenommen wurde – die Relation von Akt und Inhalt, von Vorstellen und Gegenstand – zurückgegangen werden auf die „ganze Menschennatur", den nicht um das Emotive und Volitionale gekürzten Bewußtseinszusammenhang, welcher, wie sich zeigen wird, immer schon in einem wechselseitigen Bedingungszusammenhang steht mit dem „realen Lebensprozeß"[94], d.h. mit der extramentalen geschichtlich-gesellschaftlichen Welt. Dilthey hält also an dem für die Erkenntniskritik konstitutiven Begriff des Selbstbewußtseins fest, stellt ihn aber in seiner Auseinandersetzung mit der idealistischen Transzendentalphilosophie auf die umfassendere Grundlage des Erlebnisses, von wo aus das Einssein von Bewußtseinsakt und -inhalt und in der Folge ein ursprüngliches Verschränktsein von Selbst- und Weltbewußtsein in den Blick gerät.[95]

> „Die Urzelle der geschichtlichen Welt ist das Erlebnis, in dem das Subjekt im Wirkungszusammenhang des Lebens zu seinem Milieu sich befindet. Dies Milieu wirkt auf das Subjekt und empfängt Wirkungen von ihm. Es ist zusammengesetzt aus der physischen und der geistigen Umgebung."[96]

Dilthey verfolgt mit anderen Worten folgende Strategie: Er zieht sich auf das Feld cartesianischer Evidenz – das Bewußtsein des Bewußtseins von sich selbst – zurück, welches er jedoch zuvor auf den ganzen Bereich innerer Wahrnehmung, auf das Gewahrsein nicht nur von Geist, sondern auch von Leib ausgedehnt hat. Sodann zeigt er auf, daß an dem im psychischen Erleben und als psychisches Erleben zweifelsfrei Gegebenen der (Wirkungs-)Zusammenhang von Innen- und Außenwahrnehmung und somit der Unterschied von Selbst und Welt sowie die Existenz der Außenwelt wie von selbst aufgeht.[97] Dieser Zusammenhang soll dann als „Struktur des Seelenlebens" expliziert und als allgemein anthropologisches Fundament zur Fundierung der Geisteswissenschaften fruchtbar gemacht werden. Nun Diltheys Argumentation im Detail:

---

[93] DILTHEY GS XIX, 155.

[94] DILTHEY GS I, XVIII.

[95] Dilthey kam noch nicht dazu, den Charakter des modernen Denkens überhaupt zu durchschauen und als die Ursache für die Unlösbarkeit der Probleme der Geschichtsphilosophie einzusehen. Doch verspürte er den dringenden Anlaß, auf die ersten Grundlagen des modernen Denkens kritisch zurückzugehen. Für Heidegger greift Diltheys Rückgang auf Kant noch viel zu kurz. Die Metaphysikgeschichte muß bis auf ihre antiken Grundlagen destruiert werden.

[96] DILTHEY GS VII, 161.

[97] Vgl. DILTHEY GS VIII, 182 f.

2.2.1 Im Erlebnis sind Akt und Inhalt eins, die Subjekt-Objekt-Spaltung ist abkünftig

Dilthey stellt zunächst einmal klar, daß im Erleben der Bewußtseinsakt, das Innesein, gar nicht vom Inhalt, dessen man im Erlebnis innewird, getrennt werden kann. Beide sind nicht nur nicht in Subjekt-Objekt- bzw. Form-Inhalt-Manier voneinander ablösbar, sie fallen sogar in eins.

> „Mit dem Wort Innewerden bezeichne ich eine Tatsache, welche meine Selbstbeobachtung immer von neuem darbietet. Es gibt ein Bewußtsein, welches nicht dem Subjekt des Bewußtseins einen Inhalt gegenüberstellt (vor-stellt), sondern in welchem ein Inhalt ohne jede Unterscheidung steht. In ihm sind dasjenige, welches seinen Inhalt bildet, und der Akt, in welchem das geschieht, gar nicht zweierlei. Das, was inne wird, ist nicht gesondert von dem, welches den Inhalt des Innewerdens ausmacht. Das, was den Inhalt des Bewußtseins bildet, ist von dem Bewußtsein selber nicht unterschieden. Es ist gleichsam ein Hell- und Lichtwerden dessen, was diesen Inhalt bildet."[98]

Im Gegensatz zur rein vorstellungsmäßigen Auffassung des Bewußtseins sind auf der vorreflexiven Ebene des Erlebnisses Erleben und Erlebnis identisch: Mein Erleben präsentiert mir ein Etwas, aber dieses Etwas, dessen ich mir innewerde, ist mein Erleben selber. Das „Erlebnis" als der Inhalt meines Erlebens ist da einzig im bzw. als Akt des Erlebens; und das Erleben als Bewußtseinsakt macht seinerseits schon den Gehalt des Erlebnisses aus.[99] Dilthey spricht deshalb, wenn er die Einheit von Akt und Inhalt benennen will, ganz allgemein von „Bewußtseinsvorgängen" oder „psychischen Akten", auch gebraucht er „Erleben" und „Erlebnis" ausdrücklich synonym.[100] Der Zusammenhang von Akt und Inhalt – das Für-mich-Gegebensein von Bewußtseinsinhalten, die „Immanenz der Bedeutung in dem, dessen Bedeutung es ist"[101] – ist für Dilthey der letzte, nicht weiter aufteilbare Erfahrungsbefund, das Proprium *aller* Bewußtseinstatsachen, das als solches hingenommen werden sollte. Im und als Erlebnis zeigt sich die unmittelbare und vorreflexive Gelichtetheit des seiner selbst inneseienden Lebens. Widerlegt ist damit, wovon die herkömmliche Reflexionsphilosophie noch wie selbstverständlich ausging, denn Dilthey zeigt: Um eines Vorgangs im Bewußtsein – eines Bewußtseinsaktes – innezuwerden, bedarf es überhaupt keines zweiten Akts, der sich den ersten zum Gegenstande machte und so fort in unendlicher Retorsion.

> „Die Existenz des psychischen Aktes und die Kenntnis von ihm sind gar nicht zweierlei. (...) Es handelt sich halt nur um diesen Akt, der ein Innewerden, ein Bewußtsein-haben von etwas ist, selbst. Dieser psychische Akt ist, weil ich ihn erlebe."[102]

Als Bewußtseinstatsachen haben alle Erfahrungen des Selbst zu gelten, sowohl kognitive als auch emotionale und wertbezogene Erfahrungen, die nie ganz rein, sondern immer in

---

[98] DILTHEY GS XIX, 66.
[99] Vgl.: „Im Erlebnis ist Innesein und der Inhalt, dessen ich inne bin, eins." (DILTHEY GS VII, 27).
[100] Vgl. DILTHEY GS VII, 231; GS V, 143 f., 152.
[101] DILTHEY GS VI, 319.
[102] DILTHEY GS XIX, 53.

einem bestimmten Mischungsverhältnis gegeben sind. Erst nachträglich, „im Denken", wird die reine Gehaltsseite bestimmter Erlebnisse isoliert und zu einem Vorgestellten vergegenständlicht, das nun scheinbar ganz unabhängig von seiner erlebnismäßigen Erschlossenheit da ist.[103] Gegenüber der unmittelbaren Präsentation aller Gehalte und der ihnen immanenten Bedeutsamkeit im Erlebnis ist die objektivierende Leistung des Denkens – das Fundament der Kantischen Kritik – eine sekundäre Funktion. Was Dilthey im Ausgang vom Erlebnis aufweist, hatte ähnlich schon Franz Brentano im Rückgriff auf das mittelalterliche Konzept der „Intentionalität" gezeigt, daß nämlich Bewußtseinsakte immer „auf etwas" bezogen sind, wobei dieses Etwas – nach den Hauptzuständen des Bewußtseins – sowohl Vorstellungs- wie Gefühls- oder Willensinhalte umfassen kann; diese Gehalte gehören dem Bewußtsein unmittelbar zu. Für Brentano jedoch mußten die Bewußtseinsinhalte noch *notwendig* Vorstellungen sein oder doch zumindest auf Vorstellungen beruhen; für Dilthey hingegen ist dies gerade nicht der Fall, deswegen auch sind ihm Akt und Inhalt, das Erleben und das erlebte Etwas ursprünglich eins.

2.2.2 Innere und äußere Erfahrung liegen im Bewußtsein zusammen vor

Diltheys genetisch-phänomenologische Rekonstruktion des Bewußtseins kann nicht bloß zeigen, daß auf der vorreflexiven Bewußtseinsebene des Erlebnisses Akt und Inhalt identisch sind. Sie kann sogar plausibel machen, daß im Erlebnis innere und äußere Erfahrung und somit Selbst- und Weltbewußtsein stets zusammen vorliegen und folglich Descartes die Unbezweifelbarkeit allein des Selbstbewußtseins ganz zu Unrecht behauptet hatte.

Obgleich mit Erlebnis zunächst ein psychischer Sachverhalt gemeint ist, hat das Wort bei Dilthey also nicht die Funktion eines bloß psychischen oder gar ästhetischen Begriffs. Dilthey versteht das Erlebnis vielmehr von Anfang an als einen *transzendentalen*, die ganze Breite der Erfahrung, also nicht nur die innere, sondern auch die äußere Erfahrung konstituierenden Begriff. Erlebt werden nicht nur Zustände und Vorgänge des Selbst, sondern auch Dinge der äußeren Welt. Erlebnis ist bei Dilthey wie schon zuvor bei Hermann Lotze die Grundbestimmung schlechthin von Bewußtsein und Selbstbewußtsein.[104] Daß auch das Außenweltliche und Gegenständliche, insofern es gegeben ist, als Bewußtseinsphänomen und somit als Erlebnis gegeben ist, leuchtet ein und wird von Dilthey in dem sogenannten „Satz der Phänomenalität"[105] ausformuliert. Erlebnis zu sein bzw. erlebt zu sein und mit anderen Erlebnissen in Relation zu stehen, ist für Dilthey das elementarste Gattungsmerkmal *aller* Bewußtseinstatsachen. Wessen auch immer man sich im Einzelfall bewußt ist, außenweltlicher Dinge oder Personen, eigener Zustände oder Gefühle, alles ist im Bewußt-

---

[103] Vgl. DILTHEY GS VI, 313; ähnlich GS VII, 27 f.

[104] Hinter Dilthey steht Hermann Lotzes Erlebnisbegriff, so CRAMER 1972. Erlebnis ist ein typisch nachhegelscher und zugleich den Anspruch der Naturwissenschaften des 19. Jahrhunderts kritisierender Begriff. Er hat Ersatzfunktion für die abgelebte idealistische Methode, das Gegenüber von Geist und Materie dialektisch zu konstruieren, und beansprucht, den Sinnverlust rückgängig machen zu können, den die Lebensbezüge des einzelnen durch ihre naturwissenschaftliche bzw. materialistische Interpretation erfahren haben.

[105] Vgl. DILTHEY GS XIX, 60, 66, 75, 178.

sein nebeneinander da als Erlebtes, als Bewußtes – beide Ausdrücke meinen dasselbe –, und jedes Erlebnis ist Bestandteil eines größeren Erlebniszusammenhangs.

"Das Wirkliche ist Gegenstand der Erfahrung. Als Erfahrung bezeichnen wir den Vorgang im Bewußtsein, durch welchen ein Wirkliches dem Bewußtsein aufgeht. Dieses Wirkliche kann äußeres Ding, ein äußerer Vorgang oder eine Tatsache des psychischen Lebens sein: gleichviel, als Tatsache ist dasselbe Gegenstand der Erfahrung."[106]

Wie aber ist es nun um die *Gewißheit* des Erlebens bzw. des Erlebten bestellt? Daß ein Etwas, insofern es erlebt ist, *im Bewußtsein* da ist, kann nicht sinnvoll bestritten werden, argumentiert Dilthey weiter, es ist aus innerer Erfahrung unmittelbar einsichtig. Daß ich dieses oder jenes Erlebnis habe, ist für mich „ohne jede Vermittlung gegeben"[107]. Von mir erlebt zu sein, als Etwas-in-meinem-Bewußtsein zu sein, sei sogar die evidenteste Art, auf die ein Etwas für mich Dasein beanspruchen kann, meint Dilthey, an der sich daher alle anderen Wirklichkeitserfahrungen zu messen haben.[108]

„So schreibt demnach der Satz der Phänomenalität allem, was für mich da ist, gleichviel ob es als Gegenstand oder Person oder Gefühl oder Idee da ist, implicite Existenz zu, nämlich die einer Tatsache des Bewußtseins ... Was Realität sei, kann schließlich nur an dieser Tatsache gemessen werden."[109]

Daß aber eine ganze Reihe der bewußt erlebten Tatsachen *mehr* sein könnten als nur Modifikationen des Subjektes, weil sie außerhalb (der räumlichen Grenzen des Trägers) des Bewußtseins existieren und somit unabhängig vom Bewußtsein als eigenständige Seiende da sind, bestreitet Dilthey nicht, ist es doch gerade sein dringlichstes Anliegen, die Bewußtseinsimmanenz des Ansatzes in der Folge auszudifferenzieren in Selbst und Welt. Unmittelbar gewiß jedoch ist zunächst allein das Dasein aller Sachverhalte im bzw. als Bewußtsein. Alles ist zunächst nur „ein Bestandteil meines Bewußtseins".[110] Auch was unabhängig vom Bewußtsein Sein hat, ist zunächst nur da als „mentale Inexistenz" oder „intentionales Sein", so würde Franz Brentano wohl das Sein derjenigen Bewußtseinstatsachen bezeichnen, die, obgleich Bestandteil des Bewußtseins, nicht dem Selbst zugehören.

„Hiernach besteht die blaue Farbe des Himmels oder die Tonfolge der Sinfonia eroica nicht anderswo als die Freude an dieser Farbe oder an diesen Tönen: sie existieren nur auf verschiedene Weise. Beide existieren nur in dem Bewußtsein; ihre Art dazusein ist nur, ein Bestandteil dieses Bewußtseins zu sein; aber in diesem ist der Ton als ein von dem Selbst verschiedener Bestandteil des Bewußtseins gegeben, das Hören selbst aber als mein Zustand."[111]

---

[106] DILTHEY GS XIX, 23, 52, 75.

[107] DILTHEY GS XIX, 55.

[108] Weil alles Außenweltliche nur als Bewußtseinsphänomen gegeben ist, weist Dilthey auch den klassischen Wahrheitsbegriff (*adaequatio intellectus et rei*) zurück.

[109] DILTHEY GS XIX, 61 f. Heidegger wird später nach dem Sein dieses Phänomenalen bzw. Intentionalen fragen und (Brentano vor allem) vorwerfen, daß das Sein des Intentionalen wie überhaupt der Sinn von Sein auch nicht annähernd geklärt ist.

[110] DILTHEY GS XIX, 52.

[111] DILTHEY GS XIX, 55; vgl. auch ebd., 53.; vgl. DILTHEY GS XIX, 74.

Auch die Gegenstände der Außenwelt sind zunächst „doch nur Zustände oder Akte in mir, vor allem Vorstellungen"[112], davon hätte man zumindest auszugehen. Nun sieht das Bewußtsein aber das eine Erlebnis – die Tonfolge bzw. blaue Himmelsfarbe – ganz spontan als Objekt der Außenwelt an, das andere Erlebnis hingegen – die Freude an jenen Tönen und Farben – betrachtet es unmittelbar als Bestandteil des eigenen Selbst. Mit welchem Recht erklärt das Bewußtsein ein Erlebnis zum Bewußtseins*inhalt* – Ton bzw. Farbe – und setzt es ab vom anderen Erlebnis als Bewußtseins*akt* – Freude –, in welchem jener Inhalt allererst gegeben ist? Mit welcher Sicherheit kann es das eine der Außenwelt, das andere indessen dem Selbst zuschlagen? Dilthey beginnt nun, innerhalb der Fülle des Erlebten Unterschiede auszumachen. Alles gehört mir als Bewußtseinstatsache unmittelbar zu, doch nicht immer in derselben Weise. Differenziert werden die Bewußtseinstatsachen nach dem Wie ihres Gegebenseins – darin weist Dilthey auf die phänomenologische Methode voraus. So wird deutlich: Erlebnisse können mehr sein als nur innere Erfahrung, mehr als nur Erfahrungen des Bewußtseins von sich selbst, sie können auch die objektive Referenz äußerer Erfahrung enthalten.[113]

> „Aber ein anderes ist das Spiel der Stimmungen, mit welchem ich die Sinfonia eroica begleite, ein anderes diese Tonreihe selbst. Die Art und Weise des Bewußtseins ist in bezug auf jene Stimmungen und auf diese Tonfolge gänzlich verschieden. Beide, der Ton und die Freude an ihm, sind Tatsachen des Bewußtseins, aber die Art, wie sie im Bewußtsein bestehen, ist eine verschiedene. Das Hören und die Freude am Ton werden als die Zustände des Subjektes selber, welches ihrer inne wird, erlebt. Dagegen der Ton tritt dem Bewußtsein als eine vom Selbst unterschiedene und von ihm unabhängige Tatsache auf; er steht ihm als sein Objekt gegenüber. So wird im Zusammenhang des psychischen Lebens das Hören und die Freude an ihm zu einem Bestandteil des Selbst, welches gewahr wird und erlebt, der Ton dagegen zu einem Bestandteil der Außenwelt, welche dem Subjekte des Hörens als ein von ihm Verschiedenes gegenübertritt. Ordnet man das weite Gebiet der Tatsachen des Bewußtseins gemäß diesem fundamentalen Unterschied der Art und Weise, in welcher in dem Bewußtsein die Inhalte gegeben sind, so zeigt sich eine Stufenfolge des Grades, in welchem sich der Inhalt von dem empfindenden Subjekte ablöst und ihm gegenüberstellt ..."[114]

Der Mensch sieht also bestimmte im Erlebnis- und Bewußtseinszusammenhang gegebene Erfahrungen immer schon als Erfahrungen nicht seiner selbst, sondern der Außenwelt an. Er vermag seinen Erlebniszusammenhang mit offenbar untrüglichem Gespür in zwei Bereiche, in innere und äußere Erfahrung, in Selbstbewußtsein und Weltbewußtsein zu sortieren, aufgrund wovon? Unmittelbar evident sind dem Subjekt allein seine psychischen Akte: daß dieses oder jenes *in seinem Bewußtsein*, d.h. als Erlebnis da ist – „das Reich der unmittelbaren Wirklichkeit"[115] ist die innere Wahrnehmung. Allerdings lassen sich nun innerhalb des Erlebniszusammenhangs bestimmte Erlebnisse ausmachen, aufgrund deren andere Erlebnis-

---

[112] DILTHEY GS XIX, 54.
[113] DILTHEY GS XIX, 66.
[114] DILTHEY GS XIX, 67.
[115] DILTHEY GS XIX, 55.

se eindeutig als Erfahrungen der *Außen*welt ausgrenzbar sind und vom Bewußtsein de facto immer schon als solche ausgegrenzt wurden. Dilthey verweist diesbezüglich auf die Erfahrung des Widerstands, welcher sich dem Tastsinn und darin dem Drängen des menschlichen Willens entgegenstellt. An ihm geht der Unterschied zwischen Innen und Außen, Selbst und Welt spontan auf: Was widersteht, wird als vom Selbst Unabhängiges und somit Außenweltliches erfahren.[116]

> „Daher ist mir ... die Außenwelt gerade so unmittelbar gegeben als irgendeine Gemütsstimmung oder eine Anspannung meines Willens. Daher ist auf dem Standpunkte des unbefangenen Erlebens das eine gerade so gewiß als das andere."[117]

Per Analogieschluß bekräftigt Dilthey schließlich auch den Glauben an die Existenz anderer Personen: Was ich an mir als durch Impuls und Widerstand erfahren habe, kann ich auch anderen Personen zusprechen, wenn sie sich wie ich selbst verhalten.[118] Mensch, Umwelt und Mitwelt sieht Dilthey also gleichursprünglich gegeben. „Mit unserer Lebenseinheit zugleich ist uns eine Außenwelt gegeben, sind andere Lebenseinheiten vorhanden."[119] Die Vergesellschaftung des Menschen ist für Dilthey demnach nichts Nachträgliches, sondern mit dem ursprünglich gegebenen Weltbezug ist zugleich auch der Bezug des Bewußtseins zu anderen Bewußtseinen gesetzt. So rückt bei Dilthey die *soziale* und *historische Situiertheit* des Menschen auf zum Referenzpunkt schlechthin für das Verstehen des Menschen. Diltheys zentrale anthropologische Stichworte lauten daher „*Geschichte*" und „*Gesellschaft*". Der Mensch kann nicht mehr als ein der Geschichte und Gesellschaft vorausliegendes Wesen konstruiert werden, vielmehr gilt: „Was der Mensch sei, sagt ihm nur seine Geschichte."[120] Überhaupt werden nun alle „atomistisch-konstruktivistischen Ansätze, in denen aus einfachsten, scheinbar exakt erfaßbaren Elementen komplexe Zusammenhänge aufgebaut werden, fragwürdig.[121] Dazu zählt vor allem die herkömmliche Kausaltheorie der Wahrnehmung (s.u. 2.2.3).

Daß Dilthey das Emotive und das Volitionale, mit Schopenhauer als triebhafter Drang aufgefaßt, in das Zentrum der Subjektivität hat aufrücken lassen, erweist sich letzten Endes als der entscheidende Schritt zur Überwindung des solipsistisch gedachten neuzeitlichen Erkenntnissubjekts. Hätte das Subjekt allein auf der Ebene bloßer Vorstellung auszumachen, ob das im Bewußtsein Gegebene auch tatsächlich existiert, würde ihm dies niemals gelingen. Im Wollen und Fühlen aber ist ihm die Existenz des Außenweltlichen immer schon gewiß. „Wir sind durch den Willen in Wechselwirkung, während der Intellekt nur

---

[116] Vgl. DILTHEY GS XIX, 176.

[117] DILTHEY GS XIX, 70.

[118] Vgl. DILTHEY GS VII, 205-220; vgl. auch GS XIX, 177.

[119] DILTHEY GS I, XIX. Diesen wichtigen Bausteinen seiner erkenntnistheoretischen Grundlegung der Geisteswissenschaften widmet Dilthey 1890 eigens die Kleinschrift: „Beiträge zur Lösung der Frage vom Ursprung unseres Glaubens an die Realität der Außenwelt und seinem Recht." In: GS V, 90-138, bes. 130 f.

[120] DILTHEY GS VIII, 224; vgl. auch GS IV, 529, GS I, 31 f.

[121] Vgl. RODI 1998, 203, 208.

Vorstellungen hat."[122] Die Realität der Außenwelt ist hier kein Produkt theoretischer Folgerung mehr, sondern ein Erlebnis, eine praktische Gewißheit, die sich in dem Gefühl des Widerstands direkt äußert.[123]

„Die Tatsache, welcher wir Wirklichkeit zuschreiben, besitzt eine Beziehung zu unserem handelnden Leben ... Während sie, als Vorstellung angesehen, ein Teil des in unserem vorstellenden Bewußtsein Enthaltenen ist, bildet sie, als den Willen einschränkend, ein Element, welches von ihm unterschieden ist."[124] „So erweitert sich der Horizont der Erfahrung, die zunächst nur von unseren eigenen inneren Zuständen Kunde zu geben schien."[125]

2.2.3 Die Gleichursprünglichkeit von Selbst- und Weltbewußtsein

Zu welchem Ergebnis hat nun Diltheys lebensphilosophische Analyse der Bewußtseinsbedingungen geführt? Anders als die Bewußtseinsphilosophie der Neuzeit kann Diltheys phänomenologische Erschließung des „ganzen" Bewußtseins zeigen, daß Selbst- und Weltbewußtsein nur zugleich und aneinander gegeben, also streng gleichursprünglich sind.[126] Das Erleben kann nämlich erst in dem Augenblick als ein *Selbst*erleben, das Bewußtsein-von-etwas erst in dem Augenblick als ein *Selbst*bewußtsein aufgefaßt werden, da – z.B. aufgrund einer Widerstandserfahrung – eindeutig ausgrenzbare Außenwahrnehmungen gemacht werden, die sich dem Selbsterleben entgegenstellen und es zu einem *Selbst*erleben bestimmen.

„Dies ist die kontinuierliche Tatsache, welche dem Selbstbewußtsein zugrunde liegt; ohne eine Welt hätten wir kein Selbstbewußtsein, und ohne dieses Selbstbewußtsein wäre für uns keine Welt vorhanden. Was in diesem Akte der Berührung sozusagen sich vollzieht, ist das Leben – nicht ein theoretischer Vorgang, sondern was in dem Ausdruck Erlebnis von uns bezeichnet wird, Druck und Gegendruck, Position den Dingen gegenüber, die selber Position sind, Lebensmacht in uns und um uns, ... welche beständig erfahren wird und da ist: nicht ein Zuschauer, das Ich, der vor der Bühne der Welt sitzt, sondern Handlung und Gegenhandlung selber ..."[127]

Es sind also „unser Selbst und die Wirklichkeit oder die Dinge, Selbstbewußtsein und Weltbewußtsein nur die beiden Seiten desselben Gesamtbewußtseins"[128]. Durch diesen Nachweis greift Dilthey zentrale Voraussetzungen der herkömmlichen Bewußtseinstheorie an: Das Bewußtsein als fundamentum inconcussum der Philosophie ist nicht in sich ver-

---

[122] DILTHEY GS XIX, 20 f.
[123] Vgl. DILTHEY GS I, XIX.
[124] DILTHEY GS XIX, 21.
[125] DILTHEY GS I, XIX.
[126] Vgl: „Selbstbewußtsein ist die Korrelattatsache der Außenwelt. Die eine kann nicht ohne die andere vorgestellt werden. Somit ist es ein Bewußtseinsakt, in welchem diese beiden Teile der Wirklichkeit aufgefaßt werden." (DILTHEY GS XIX, 178).
[127] DILTHEY GS XIX, 153.
[128] DILTHEY GS XIX, 153.

schlossen, nicht so von der Realität isoliert, daß zum Problem wird, wie der Kommerz zwischen beiden überhaupt möglich ist. Im Akt des Erlebnisses ist das Bewußtsein vielmehr von vornherein schon „bei" etwas anderem als es selber, immer schon bezogen auf die extramentale Welt und somit auch auf das geschichtlich-gesellschaftliche Leben. Das wollend-fühlend-vorstellende Subjekt ist, in „phänomenologischer Reinheit", d.h. als das betrachtet, als was es selber sich vorkommt, in seinen Wahrnehmungsakten per se auf etwas von ihm selbst Verschiedenes und in diesem Sinne Objektives bezogen. In den sich auf anderes richtenden, anderes meinenden „Erlebnissen" des Subjekts ist diesem das, was es nicht selbst ist, schlicht gegeben. Die Realität gehört *als Moment seiner Erlebnisakte* natürlich zum Subjekt selbst, liegt sozusagen *in ihm*, aber natürlich nicht in dem idealistischen Widersinn einer intramentalen Existenz, sondern *als die objektive Realität*, die in diesen Akten als solche gemeint ist. Diltheys Entdeckung des ganzen Subjekts ist insofern identisch mit der Entdeckung jener natürlichen Welt, auf die es bezogen ist.

Was Dilthey hier verabschiedet, ist jene Verdopplung der Welt in eine Innen- und Außenwelt, womit sich die neuzeitliche Philosophie seit Descartes in zunehmenden Maße von der Realitätserfahrung des natürlichen Bewußtseins entfernt und in Verruf gebracht hatte. Es ist nicht so, daß das wahrnehmende Bewußtsein in seiner Innenwelt verbleibt und sich auf das dort gegenwärtige „Abbild" der Außenwelt versteift, das dann als getreues Abbild der Außenwelt nachgewiesen werden müßte. Das Bewußtsein ist im Gegenteil stets bei der Sache außerhalb seiner selbst. Dilthey zieht die Verabschiedung der Abbildtheorie allerdings nicht konsequent durch. In manchen Passagen seiner Argumentation bleibt er merklich der herkömmlichen Auffassung verhaftet, die er doch gerade destruieren will. Im Ergebnis jedoch ist seine Argumentation eindeutig: Kraft der Entdeckung der Weltbezogenheit des phänomenologischen Subjekts und der Verabschiedung der Vorstellung, das Bewußtsein sei wie ein Raum oder ein Kasten, der sich nur dessen bewußt ist, was *in ihm* ist, in den folglich erst etwas – auf welchem Weg auch immer – hineingebracht werden muß, bleibt Dilthey erspart, was die herkömmliche (neukantianische) Erkenntnis- und Bewußtseinstheorie noch zu erklären hatte: wie nämlich ein Bewußtseinsinhalt ins Bewußtsein gelangen kann. Dies war stets eine rechte Verlegenheit gewesen, die freilich nur dadurch entstehen konnte, daß man das Bewußtsein als einen zunächst in sich verschlossenen Raum dachte und zudem das Bewußtseinsleben – typisch naturalistisch – nach Analogie physischer Dinge konzipierte, nämlich aus isolierten Elementen, die sich nachträglich zusammensetzen und deren Beziehungen man den gleichen physiologischen Gesetzen unterworfen glaubte wie die Vorgänge in der Natur. War erst einmal alle Wirklichkeit bis in Hirn und Herz hinein in materielle bzw. physiologische Prozesse aufgelöst, blieb ja einzig die Möglichkeit, das Zustandekommen von Bewußtseinsinhalten nach dem Modell der Kausalerklärung zu denken, im Grunde eine abstruse Angelegenheit. Das Erlebnis der Realität der Außenwelt, argumentiert er, enthält nichts von einer Aufstockung der durch äußere Gegenstände affizierten Sinnesempfindung zur Wahrnehmung und Vorstellung und deren Relation zu einem Selbstbewußtsein, das dann rückwärts zu diesen Gegenständen wieder in Beziehung gesetzt werden müßte. Die Annahme eines solchen Bewußtseins, das in mehrfach gebrochenem Verhältnis zur Außenwelt steht, widerspricht vielmehr dem Tatbestand der

Erfahrung. Es erscheint wie eine nachträgliche Rationalisierung eines an sich recht schlichten Sachverhalts, des Seins-bei-der-Sache, der jedoch aufgrund unbefragt hingenommener, aber höchst zweifelhafter Prämissen verstellt und künstlich kompliziert worden ist. Dilthey macht für die lange philosophische Tradition dieser Fehlinterpretation des Bewußtseins vor allem Fichte verantwortlich, der behauptet hatte, in aller Wahrnehmung nehme man zuerst sich selbst und den eigenen Zustand wahr. Genau das will Dilthey widerlegen. Das Bewußtsein nimmt nicht sich selbst wahr – also Sinneseindrücke, welche von extramentalen Dingen zwar ausgelöst wurden, aber letztlich doch dem Subjekt zugehören –, sondern es nimmt die Sachverhalte wahr, die außerhalb seiner selbst bestehen.[129] Dilthey knüpft übrigens an seine Kritik des Fichteschen *Satzes vom Grunde*[130] grundsätzliche Erwägungen zum Stellenwert der Logik und der logischen Denkgesetze innerhalb der Philosophie, was bekanntlich auf seine Weise später auch Martin Heidegger tut. Es kann nicht angehen, meint Dilthey, daß im Namen der Philosophie die „Unterordnung der Wirklichkeit unter das Gesetz des Erkennens"[131] gepredigt und Realität durch Anwendungen von a priori gültigen Denkgesetzen gewonnen wird. Demgegenüber will er umgekehrt „zeigen, daß die Formen wie die Gesetze des Denkens nur der Ausdruck des mit den psychischen Akten Gegebenen sind"[132], also Beschreibungen von tatsächlich vorhandenen Verhältnissen. Auch der Satz der Phänomenalität sei nicht etwa aus den logischen Operationen des Denkens geboren, sondern aus der realen Struktur des Lebens extrapoliert und somit eine Tatsache des Bewußtseins, längst bevor er zu einem Gesetz des Denkens wurde.[133]

2.3 Der anthropologische Strukturzusammenhang als Basis aller Geschichte

In Diltheys Transformation der Erkenntnistheorie in eine „Erkenntnisanthropologie" deutet sich die epochale Bedeutung des phänomenologischen Subjektbegriffs an. Hinter der bloßen Bewußtseinswelt, in die das neuzeitliche Subjekt eingeschlossen war, hinter der bloßen Vorstellungswelt, zu der es einzig sicheren Zugang hatte, wird jetzt auf einmal die Lebenswelt wie in einem Schattenriß sichtbar. In sie ist das zum „ganzen Menschen" ausgewachsene Subjekt immer schon verstrickt und bei ihr hält es sich auf; gemeint ist die geschichtlich-gesellschaftliche Wirklichkeit, unsere nächste Realität,[134] die „große[n] Tatsache"[135] des Lebens, von der alle Philosophie auszugehen hat. Die ursprünglich gegebene Korrelation von Selbst und (gemeinsamer Lebens-)Welt bezeichnet Dilthey auch als *Lebenszusammenhang*. Der Lebenszusammenhang ist eine letzte Wirklichkeit, die möglicherweise einer Interpretation bedarf, aber ansonsten unhintergehbar ist; „hinter das Leben kann das Erken-

---

[129] Zu Diltheys Fichte-Interpretation vgl. ZIMMERLI 1985.
[130] Vgl. DILTHEY GS XIX, 72 f.
[131] DILTHEY GS I, 125.
[132] DILTHEY GS XIX, 37.
[133] Vgl. DILTHEY GS XIX, 87.
[134] Vgl. DILTHEY GS I, 36; ähnlich GS V, 60 f.; GS VII, 147.
[135] DILTHEY GS I, 39.

nen nicht zurückgehen"[136]. Dilthey legt den Lebenszusammenhang ausdrücklich als die vergessene Matrix auch aller wissenschaftlichen Leistungen frei; in Husserlscher Diktion: Die Lebenswelt ist auch für die „wissenschaftlich wahre" Welt der gründende Boden.[137] Deutlich wurde, daß Diltheys beschreibende Zergliederung des Lebenszusammenhangs *strukturpsychologisch* vorging, darin unterscheidet sie sich von der späteren Phänomenologie. Was Dilthey versuchte, war, unsere Erfahrungen, Selbst- und Welterfahrungen, in Begriffen ihrer *inhärenten* und *erlebten* Zusammenhänge zu verstehen. Der Lebenszusammenhang sollte von innen, aus der Perspektive seines Erlebtseins – erfahrungswissenschaftlich sozusagen – auf seine Struktur hin freigelegt werden, fernab von jeder Deduktion aus transzendentaler Notwendigkeit. Zur erfahrbaren Strukturiertheit des seelisch-geistigen Lebenszusammenhangs gehört dabei nicht nur der „Kreislauf des psychischen Lebens"[138], gemeint ist das Zusammenspiel von kognitiven, emotiven und volitionalen Funktionen zu einem Ganzen, dessen innere Gliederung nicht mehr nach kausalmechanischen Verknüpfungsgesetzlichkeiten zu denken ist. Sondern auch mit der Außenwelt sind die drei Seiten des Psychischen je schon zu einem Funktionskreis, dem „Wirkungszusammenhang", verbunden. In ihn erfährt sich der Mensch immer schon eingebunden.

„W e c h s e l w i r k u n g   d e r   L e b e n s e i n h e i t   m i t   d e r   A u ß e n w e l t   i m   U m s a t z   v o n   E i n d r u c k , der aus der Außenwelt wirkend eintritt, und A n t r i e b , der auf sie zurückwirkt."[139] „Die Urzelle der geschichtlichen Welt ist das Erlebnis, in dem das Subjekt im Wirkungszusammenhang des Lebens zu seinem Milieu sich befindet. Dies Milieu wirkt auf das Subjekt und empfängt Wirkungen von ihm. Es ist zusammengesetzt aus der physischen und der geistigen Umgebung."[140]

Die Achse der Diltheyschen Grundwissenschaft bildet somit die Strukturalität des Lebenszusammenhangs, der gemäß dem Satz der Phänomenalität als *Bewußtseinszusammenhang* gegeben ist und von Dilthey zu einem *Wirkungszusammenhang* und – wie noch zu zeigen sein wird – zu einem *Zweck-* und *Sinnzusammenhang* erweitert und präzisiert wird. Die Funktionsstruktur der Selbst-Welt-Korrelation hat für Dilthey kategorialen Rang: Sie ist die in aller individuell-geschichtlichen Verschiedenheit identische Formalstruktur von „Leben überhaupt", somit *die* anthropologische Grundstruktur.[141] Was ist nun aber mit der Explikation der Lebensstruktur für die Verhältnisneubestimmung von Mensch und Geschichte gewonnen? Dilthey wollte doch die Möglichkeit echter geschichtlicher Erfahrung aufzeigen, die nicht nach dem Muster streng transzendentaler Gegenstandskonstitution und bloßen Vorstellens gedacht ist, gleichwohl den Standards wissenschaftlicher Begründung genügt.

---

[136] DILTHEY GS V, 5.
[137] DILTHEY GS XIX, 108 f. und MAKKREEL 1985, 388.
[138] DILTHEY GS XIX, 101.
[139] DILTHEY GS XIX, 100.
[140] DILTHEY GS VII, 161.
[141] Vgl. DILTHEY GS V, 200; vgl. LIEBER 1965, 718 f.

Nun, in der als „Leben" verstandenen *Selbst-Welt-Korrelation*[142] hat sich der Gedanke einer Dialektik von Bestimmtheit und Bestimmung ja bereits ausgesprochen. Die Relationen von Mensch und Welt oder „Milieu", wie Dilthey sagt, sind solche, die als Reaktionen des Selbst auf die Welt zugleich verändernde Aktionen sind. Mit anderen Worten: Die Diltheysche Seelen- oder Geiststruktur ist nicht „starr und tot"[143] wie das Apriori Kants; sie hält sich im Laufe des Lebens eines Individuums nicht in ihrer elementaren Schlichtheit *unverändert* durch, sondern gewinnt mit jeder gemachten Erfahrung an Komplexität, an inhaltlicher Fülle und Differenzierung.[144] Auch ist sie nur in ihren Grundbestandteilen für alles individuelle Leben identisch.

Diese, schon in der allgemeinen Funktionsstruktur des Lebens angelegte Wechselseitigkeit von Selbst und Welt prägt daher unmittelbar auch den Bereich geschichtlicher Erfahrung und Erkenntnis. Die geschichtliche Welt wird sich dem geschichtlichen Bewußtsein nicht als ein vorab konstituiertes, fertiges und homogenes Kontinuum präsentieren, sondern sich sukzessive öffnen und „aufbauen" im Wechselspiel von Selbst und Milieu, von Erfahrungen und Handlungen, von Erlebnissen und Entäußerungen.[145] Dilthey spricht diesbezüglich vom „erworbenen seelischen Zusammenhang"[146]. Die Struktur des Lebenszusammenhangs besitzt folglich nicht nur eine synchrone Dimension. Sie bildet auch, wie noch ausführlicher zu zeigen sein wird, einen diachronen Strang aus. Der Lebenszusammenhang erstreckt und entwickelt sich in der Zeit; Dilthey spricht diesbezüglich vom „realen Lebensprozeß"[147]. Es ist dies die konstitutive Genese der nunmehr durch und durch *geschichtlichen* Subjektivität, die sich als individuelle Variation der allgemeinen anthropologischen Grundstruktur schrittweise aufbaut im sukzessiven Wechsel von Erlebnissen und Entäußerungen, von gemachten Erfahrungen und vollzogenen Handlungen, kurzum: durch Wechselwirkungen mit ihrer Umwelt. Jetzt versteht sich auch, warum Dilthey sagen kann,

> „die wirklichen Bedingungen des Bewußtseins, wie ich sie begreife, sind lebendiger geschichtlicher Prozeß, sind Entwicklung, sie haben ihre Geschichte, und der Verlauf dieser Geschichte ist Anpassung an die immer genauer induktiv erkannte Mannigfaltigkeit der Erfahrungen."[143]

Für die psychologisch explizierte anthropologische Grundstruktur beansprucht Dilthey also auf allen Ebenen Gültigkeit. Sie bildet die permanente strukturelle Basis für alle Erfahrungen, alle Wissensformen und Wissenschaften. Sie bildet, wie sich noch zeigen wird, auch die Struktur der Geisteswissenschaften ab, deren Königsweg zu letztmöglicher objektiver Erkenntnis neben der synchron verfahrenden Erfassung der vollständigen Mannigfaltigkei-

---

[142] Vgl.: „D e n n   W e l t   a l s   e i n e   s e l b s t ä n d i g e   G r ö ß e   i s t   e i n e   b l o ß e   A b s t r a k t i o n ." Sie ist „nur in bezug auf das Subjekt, als dessen Korrelat"; zudem ist sie „nicht vermöge eines bloß vorstellenden Verhaltens für uns da" (DILTHEY GS VIII, 17).

[143] DILTHEY GS XIX, 51.

[144] Vgl. DILTHEY GS V, 213 ff.; GS VIII, 16.

[145] Vgl. PFAFFEROTT 1985, 360.

[146] DILTHEY GS V, 217.

[147] DILTHEY GS I, XVIII.

ten menschlicher Lebensäußerungen auch die diachrone Rückwendung auf die Geschichte darstellt, auf das, was sich an menschlichem Wissen, Fühlen und Wollen in den Objektivationen der Überlieferung niedergeschlagen hat (s.u. 3.2 und 3.3).

Es ist nun deutlich geworden, daß Diltheys lebensphilosophischer Ansatz mitnichten einem vernunftfeindlichen Irrationalismus das Wort redet. Zwar wird Hegels geschichtsphilosophischer Vernunftbegriff verabschiedet, ebenso auch der kantische Begriff der Einheit des apriorischen Verstandes. Das „Leben" fügt sich nicht der Konstruktion, nichtsdestotrotz bleibt es auch bei Dilthey etwas rational Begreifbares. Es ist der Begriff des „Strukturzusammenhangs des Seelenlebens", welcher die gemeinte Rationalität im psychisch-geistigen Lebensvollzug des Individuums und – überindividuell – in der geschichtlich-gesellschaftlichen Welt bezeichnet. An der Basis und am Ursprung von Geschichte und Geschichtserkenntnis steht demnach auch bei Dilthey immer noch eine Instanz rationaler Natur, nämlich „das Leben", verstanden als Struktureinheit von Vorstellen, Fühlen und Wollen, aber darüber hinaus als formales Schema des in der Polarität von Mensch und Natur sich abspielenden Lebensvollzugs, dessen Resultat die individuellen Gestaltungen der Geschichte sind.

Heidegger wird später anerkennen, daß Dilthey sich anschickt, Menschsein als In-der-Welt-Sein zu denken. Er sieht Dilthey auf dem Weg, den „Weltcharakter des Lebens"[148] zu entdecken.[149] Allerdings ist die als Selbst-Welt-Korrelation gefaßte Funktionsstruktur für Dilthey *kein Spezifikum menschlichen Lebens*, sondern Leben ist generell als Einheit von Impuls und Widerstand, von Reiz, Reaktion und Bewegung gekennzeichnet.[150] Diltheys Strukturzusammenhang ist also so konzipiert, daß er einheitlich die aufsteigende Reihe der Erscheinungsformen des Lebens vom tierischen Lebensvollzug bis zum menschlich-geschichtlichen prägt. Das Spezifische der menschlichen Struktur hebt sich nur auf der Basis solcher Lebensstruktur überhaupt ab.

„Das ganze System der tierischen und menschlichen Welt stellt sich als die Entfaltung dieser einfachen Grundstruktur des Seelenlebens in zunehmender Differenzierung, Verselbständigung der einzelnen Funktionen und Teile ... dar."[151]

3 Die geschichtliche Welt und das geisteswissenschaftliche Verstehen

Diltheys Programm einer Gründung der Philosophie auf „Selbstbesinnung" hat mit der Neuinterpretation des Bewußtseins, d.h. der Freilegung der fundamentalen Struktur des (Seelen-)Lebens, ihr erstes Etappenziel erreicht, das gesuchte strukturelle Fundament des geschichtlichen In-der-Welt-Seins. Die anthropologische Fundamentalstruktur hat freilich ihre Geschichte; sie baut sich auf durch die Wechselwirkungen von Selbst und Welt. Wie das im Detail vonstatten geht, wie der geschichtliche Lebenszusammenhang des einzelnen zustan-

---

[148] HEIDEGGER GA 58, 33.

[149] Vgl.: „Was ist der Kern, das Urelement des Wirkungszusammenhangs? Die eigentliche Urzelle ist das Individuum, die Lebenseinheit, sofern sie in ihrem Milieu lebt." (HEIDEGGER GA 59, 157).

[150] Vgl. DILTHEY GS V, 205 u. 211 f.

[151] DILTHEY GS V, 211.

de kommt und infolge multilateraler Wechselwirkungen zwischen den Individuen als letzten Einheiten auch die geschichtlich-gesellschaftliche Welt, welche von den Geisteswissenschaften (nachträglich) verstanden bzw. von der Historie ggf. hermeneutisch rekonstruiert wird, gilt es nun zu zeigen.

3.1 Der Aufbau von fester Persönlichkeit und geschichtlicher Welt

Die Geschichtlichkeit des Menschen, sein Werden im geschichtlichen Prozeß der Gesellschaft ist für Dilthey mehr als nur ein bloßes Sich-Entwickeln und Verändern. Geschichtlichkeit ist viel grundsätzlicher der Prozeß der Selbsterarbeitung des Menschen, die nicht Selbstproduktion *ex nihilo* ist, sondern im Medium der Naturbearbeitung[152] erfolgt und dabei stets auf Kontinuität und Gestalt zielt. Dilthey hält also durchgehend am Konzept der Naturgebundenheit oder -bezogenheit des menschlichen Geistes in der Geschichte fest. Damit verbunden ist bei Dilthey immer auch der Gedanke, daß sich dieser Schaffensprozeß in historisch-gesellschaftlichen Verfestigungen oder „Gestalten" verobjektiviert. Der Prozeß der Selbsterarbeitung läßt sich also als ein „Streben nach Festigkeit in einer gemeinsamen Kultur" umschreiben. Hier wirken die Hegelsche Arbeitstheorie und das Lehrstück vom objektiven Geist nach, welche Dilthey freilich aus dem spekulativen Rahmen der Philosophie Hegels herausgelöst hat. Gegenstand der Geisteswissenschaften werden später jene Verfestigungen (Objektivationen) sein, die den jeweiligen historischen Stand der Selbsterarbeitung des Menschen anzeigen. So ist die geisteswissenschaftliche Erkenntnis der Geschichte zugleich Medium der Selbsterkenntnis des Menschen als geschichtliches Produkt seiner selbst. Das ist der Grund, warum Dilthey von dem lebensnahen Verhältnis der Geisteswissenschaften zu ihrem Gegenstand spricht. Hier erfaßt sich nämlich historisches Leben selber.[153]

Nach welchen Gesetzen sich der Aufbau der (geistigen) Lebenswelt des Individuums und einer festen Persönlichkeit vollzieht, läßt sich wie folgt skizzieren: Das als Reiz der Umwelt Aufgefaßte provoziert im Subjekt abmessende Gefühle, also Wertungen, die ihrerseits ein Wollen und Handeln bewirken, das nun dem Reiz als Reaktion entspricht. Dem wertenden Gefühl kommt demzufolge – wie später der „Stimmung" bei Heidegger – eine zentrale Bedeutung im Wirkungszusammenhang zu. Es verleiht der Welt „Lebenswert"[154]. Seine Maßstäbe entnimmt das wertende Gefühl dem *Bedürfnis nach Selbsterhaltung* in der gemäß der Freund-Feind-, bzw. Lust-Unlust-Alternative erfaßten Welt. Die Welt ist also primär gefühlsmäßig erschlossen. Sie wird erlebt als lusthemmend bzw. luststeigernd.[155]

---

[152] Vgl. DILTHEY GS VII, 119 u. 146 f.; GS I, 17 f.; vgl. zum folgenden auch die Analysen von LIEBER 1965, 708 f. u. 719-722, der wir hier folgen.

[153] Vgl. DILTHEY GS VII, 136. Vgl. LIEBER 1965, 709.

[154] Vgl. DILTHEY GS V, 216 f.

[155] Vgl.: „Befriedigung der Triebe, Erreichen und Erhalten von Lust, von Lebenserfüllung und Steigerung des Daseins, Abwehr des Mindernden, Drückenden, Hemmenden: das ist es, was das Spiel unserer Wahrnehmungen und Gedanken mit unseren willkürlichen Handlungen zu einem Strukturzusammenhang verbindet." (DILTHEY GS V, 205 f.).

Resultat einer aus solcher Bewertung entspringenden Handlung kann dann nur sein: Die positiv bewerteten äußeren Lebensbedingungen müssen erhalten, was hingegen zu negativer Bewertung Anlaß gibt, muß verändert werden.[156] Dilthey nennt diese Art von auf gefühlsmäßiger Reaktion fußender Aktion *„Anpassung"*[157]. Lebenserhaltung des Selbst in einer nach dem Lust-Unlust-Prinzip bewerteten Umwelt durch Anpassung zwischen Selbst und Welt, das ist der Wirkungszusammenhang der Struktur, der damit zugleich als zweckmäßiger ausgewiesen ist. Allerdings handelt es sich dabei nicht um „objektive Zweckmäßigkeit", sondern um einen „subjektiv immanent teleologischen Charakter", also um *erfahrene* Zielstrebigkeit.[158]

> „Ein Zusammenhang, welcher Lebensfülle, Triebbefriedigung und Glück zu erwirken die Tendenz hat, ist ein Z w e c k z u s a m m e n h a n g . Sofern die Teile in der Struktur so miteinander verbunden sind, daß die Verbindung Triebbefriedigung und Glück hervorzurufen, Schmerzen abzuwehren geeignet ist, nennen wir ihn zweckmäßig."[159]

Geschichtliche Entwicklung wird von Dilthey als Vervollkommnung der anthropologischen Struktur aufgefaßt. Anpassung ist also kein einmaliger Vollzug, sie muß in den geschichtlich wechselnden Situationen immer neu errungen werden. Langfristig wächst so das Vermögen der Anpassung, die Struktur differenziert und artikuliert sich.[160] Das Resultat einer so verstandenen Entwicklung als Differenzierung und Artikulation[161] ist das sich fortlaufend erweiternde Wissen um anpassungsfördernde Verhaltensweisen, ein Wissen, das als „e r w o r b e n e r   Z u s a m m e n h a n g   d e s   S e e l e n l e b e n s "[162] oder „Lebenserfahrung" bezeichnet wird. Der in Wechselwirkung zwischen Selbst und Welt nach und nach sich ausprägende und stabilisierende Nexus ist, mit Husserl gesprochen, ein retentionales System, das frühere Erfahrungen zusammenfaßt und so gegenwärtige Erfahrung formt und durchdringt. Er ist sozusagen das, was aus früheren Erlebnissen an Erfahrung zurückbehalten wurde und als vorgegebener Hintergrund nun zukünftige Erlebnisse bzw. Bewußtseinsakte bedingt (dem entspricht wohl Husserls „passive Synthesis"). Wenn Dilthey vom Lebenszusammenhang spricht, schwingt dieser sedimentative Sinn stets mit.[163] Der Lebenszusammenhang verbürgt die Identität der Persönlichkeit durch die Zeit, die historische „Kontinuität"[164]. Mit wachsendem Alter wird dieser Zusammenhang stabiler, die Persön-

---

[156] Vgl: „Hieraus leiten wir nun den allgemeinen Satz ab, daß ... – Gefühle mit negativem Vorzeichen und Abwendungen – die Grundlage bilden für die Aktion, die von positiven Wertgefühlen, zu erstrebenden Zielen, Zweckbestimmungen getragen ist. Indem beide zusammenwirken, entstehen die großen Weltveränderungen. In dem Wirkungszusammenhang sind daher das eigentliche Agens die seelischen Zustände ..." (DILTHEY GS VII, 165 f.).
[157] Vgl. DILTHEY GS V, 212 u. 214.
[158] Vgl. DILTHEY GS VII, 8 u. 329 f.
[159] DILTHEY GS V, 207.
[160] Vgl. DILTHEY GS V, 217 und 215 f.
[161] Vgl. DILTHEY GS V, 219.
[162] DILTHEY GS V, 217.
[163] Vgl. MAKKREEL 1985, 398.
[164] DILTHEY GS V, 218.

lichkeit prägt sich immer mehr aus, eine „Festigung der Gestalt des seelischen Lebens bis ans Ende"[165].

> „Hieraus ergibt sich das große Gesetz, welches die Momente und Epochen der menschlichen Lebensentwicklung zu einem Ganzen verknüpft. Die Entwicklung im Menschen hat die Tendenz, einen festen Zusammenhang des Seelenlebens herbeizuführen, welcher mit den allgemeinen und besonderen Lebensbedingungen übereinstimmt. Alle Prozesse des Seelenlebens wirken zusammen, um einen solchen Zusammenhang in uns herbeizuführen."[166]

Mit dieser Theorie vom durch Artikulation und Differenzierung sich herstellenden Zusammenhang des Seelenlebens als Resultat jeder Entwicklung vermag Dilthey dann auch die menschliche Lebensstruktur von derjenigen tierischer Organismen abzugrenzen. Obwohl infolge der Gebundenheit an die Selbsterhaltung (Vitalwerte) mit tierischer Verhaltensstruktur grundsätzlich einig, grenzt sich menschliches Leben in der fortschreitenden Erzeugung von in Erinnerung geronnener Lebenserfahrung gegen diese ab. Indem menschliches Leben Entwicklung als Vervollkommnung seiner eigenen Möglichkeiten kennt, offenbart es in sich ein Element von Fortschritt, ist naturüberlegen und auch in seiner Geschichte etwas anderes als nur naturgeschichtliche Wiederholung oder Reproduktion des ewig Gleichen.[167] Menschliches Leben vervollkommnet sich aber nicht allein im individuellen Vollzug, sondern gerade auch in der Abfolge der Generationen, die einen Traditionszusammenhang ausbilden. Der von jeder Generation erarbeitete „erworbene Zusammenhang" als habituell gewordener Inbegriff des Wissens um lebenssteigernde und -fördernde Formen des Angepaßtseins, geht mit deren Ende also nicht verloren, sondern wird weitergegeben, und zwar durch das, was Dilthey „moralische Erziehung der Menschheit"[168] nennt; aber auch vermöge der Objektivierung jener Erfahrung in Systemen der Kultur und der äußeren Organisation der Gesellschaft.

Jetzt zeigt sich, daß die am Phänomen der Selbsterhaltung des Menschen in einer vorgegebenen Umwelt durch Anpassung erschlossene Teleologie der psychisch-geistigen Struktur für Dilthey die Basis nicht bloß des individuellen Lebens ist, sondern auch des kollektiven und somit auch des Werdens der Gesellschaft in ihrem Organisations- und Institutionsgefüge.[169] Die gesamte menschliche Welt begreift Dilthey als aufgebaut durch Aufstockungen und Überschichtungen von solchen Wirkungszusammenhängen, die angefangen vom psychischen Strukturzusammenhang des Individuums über die verschiedensten sozialen Gebilde und Systeme der Kultur bis zu den Nationen, zu den Epochen, ja schließlich zur Universalgeschichte reichen und sich im Laufe ihrer Entwicklung mehr und mehr

---

[165] DILTHEY GS V, 220.
[166] DILTHEY GS V, 220.
[167] Vgl. LIEBER 1965, 722.
[168] DILTHEY GS V, 209.
[169] Dazu zählt Dilthey „Erziehung, Wirtschaftsleben, Recht, politische Funktionen, Religion, Geselligkeit, Kunst, Philosophie, Wissenschaft" (DILTHEY GS VII, 166).

verfestigen.[170] Selbst die Philosophie wird von Dilthey innerhalb der auf Anpassung ausgerichteten Lebensstruktur verortet und von ihrer gesellschaftlichen Funktion her verstanden. In den äußeren Organisationen der Gesellschaft gewinnt der um Anpassung, Selbsterhaltung und Lebenssteigerung zentrierte Funktionsmechanismus der Struktur seine sichtbare Gestalt und vermag dem einzelnen Menschen gegenüber als Inbegriff normativer Verhaltensweisen zu funktionieren.

Indem der einzelne Mensch in ein geschichtlich gewordenes, in Generationen erarbeitetes Institutionsgefüge äußerer Organisationen der Gesellschaft immer schon hineingeboren wird, das seinerseits den nicht hintergehbaren objektivierten Stand des geschichtlich gewordenen Wissens um Lebenssicherheit und Lebenssteigerung darstellt, ist der einzelne Mensch zum Zwecke der eigenen Lebensgestaltung in einem höchst fundamentalen Sinne an diese Organisationen verwiesen. Im Zuge einer Verinnerlichung der in ihnen manifesten Verhaltensgebote und Sinnangebote wird er vom naturhaften Zwang zum Erwerb je eigener Lebenserfahrung entlastet und vermöge dieser Entlastung seitens der Institution freigesetzt zur Mitarbeit am Prozeß weiterer Differenzierung und Artikulation, also Mehrung und Steigerung der Lebenserfahrung. Die großen sittlichen Gemeinsamkeiten, in denen der Mensch sich vorfindet, stellen also ein Festes dar, auf das er sich gegenüber der fließenden Zufälligkeit seiner subjektiven Regungen versteht bzw. verstehen sollte. Im Aufgehen in der Tätigkeit für die Gemeinschaft, in der Hingabe an gemeinsame Zwecke vermag er jene Festigkeit zu gewinnen, nach der er angesichts allgemeiner Vergänglichkeit sucht, die er aber allein in der Unbeständigkeit seines eigenen (Er-)Lebens nicht finden würde. „In einer eigentümlichen, naturalistisch begründeten Variante wahrt hier die *Hegel*sche Theorie vom objektiven Geist als realisierter Sittlichkeit ihre Geltung"[171], kommentiert Lieber. Von hier ließen sich nun leicht die Linien ausziehen, die zu Arnold Gehlens Institutionenlehre führen sowie zu Joachim Ritters Verweis auf das „Anknüpfen-Müssen" („Hypolepsis"[172]) und Odo Marquards Lob des „Usualismus"[173].

3.2 „Verstehen" als Nach-Erleben des Schaffensprozesses

Die Tendenz auf ein „Stehen in der Geschichte", auf Kontinuität und Festigkeit angesichts von Wechsel und Vergänglichkeit, die Dilthey im individuellen und kollektiven Leben am Werk sieht – Dilthey spricht vom natürlichen „Streben nach Festigkeit"[174] –, legt er nun auch der geisteswissenschaftlichen Historie zugrunde. Ihre Aufgabe ist es, das vergangene Leben als Leben aus seinen Äußerungen zu „verstehen", um im Verstehen eine Festigkeit

---

[170] Vgl.: „Bewußtseinszustände drücken sich in Gebärden, Mienen, Worten beständig aus, und sie haben ihre Objektivität in Institutionen, Staaten, Kirchen, wissenschaftlichen Anstalten: eben in diesem Zusammenhang bewegt sich die Geschichte." (DILTHEY GS I, 80).

[171] LIEBER 1965, 723.

[172] Vgl. BIEN 1974; RITTER 1977, 64; MARQUARD 1981, 7 u. 78; MARQUARD 1984a, 40.

[173] Vgl. MARQUARD 1986, 7 f.

[174] DILTHEY GS VII, 347.

noch höherer Form zu erzielen. Wenn wir nun fragen, wie das Diltheysche „Verstehen" beschaffen ist, welches Verhältnis es seiner anthropologischen Grundkategorie „Erlebnis" gegenüber einnimmt, ergibt sich folgendes Bild:

Der Prozeß des *Entstehens* der geistigen Welt in der auf Stabilität ausgerichteten Selbsterarbeitung des Menschen wird getragen einzig von derjenigen Form von Bewußtheit, die Dilthey „Erlebnis" nennt: Aufbau und Ausweitung seines Lebenszusammenhanges werden vom Subjekt erlebt, es ist ihrer unmittelbar inne. Mit dem Leben ist ja neben der Tendenz auf Festigkeit immer auch schon ein „Erleben", also eine gewisse Selbstdurchsichtigkeit und elementare Form von Wissen gegeben. „Das Wissen ist da, es ist ohne Besinnung mit dem Erleben verbunden."[175] Man wäre geneigt, die unmittelbare und vorreflexive Gelichtetheit des Schaffensprozesses auch als ein „vorwissenschaftliches Verstehen" zu bezeichnen,[176] das ist auch nicht ganz falsch, übersieht jedoch, daß der Terminus „Verstehen" bei Dilthey reserviert bleibt für etwas ganz Bestimmtes. Das Verstehen ist für Dilthey – anders als für Heidegger – immer nur eine dem schaffenden Leben und Erleben gegenüber nachträgliche, „eine dem Zug des Lebens zur Idealität erst nachfolgende inverse Operation"[177]. Natürlich fällt auch das Verstehen, insofern es ein *seelischer Vorgang* ist, unter die Rubrik „Erlebnis". Dem ursprünglichen Erleben gegenüber trägt es jedoch eindeutig die Züge des Sekundären. Das Verstehen erfolgt nicht gleichzeitig mit dem Schaffensprozeß, der zum Aufbau der geistigen Welt führt, oder gar vorgängig zu ihm, sondern erlebt ihn bloß nach; das Verstehen ist kein Handlungslicht, es erhellt nicht das sich äußernde Leben im Moment des Sich-Äußerns, sondern bringt nur die Nachbildung dieses Vorgangs.[178] Für das schaffende Leben bedeutet dies, daß es sich bei Dilthey unreflektiert, ja wie im Dunkeln vollzieht. Es bleibt die Frage, ob Dilthey dadurch nicht gerade seiner eigentlichen Absicht, alle philosophische Reflexion im (Er-)Leben selbst zu gründen, den Grund entzieht.

Daß Dilthey das Verstehen (nur) als Nachbilden[179] konzipiert, geht zunächst auf eine ebenso schlüssige wie einfache Überlegung zurück: Wenn die geschichtlich-gesellschaftliche Wirklichkeit grundsätzlich Produkt der Selbsterarbeitung der Subjektivität ist, wird sie wohl am besten dadurch zu Verständnis gebracht werden, daß man den Prozeß der Hervorbringung dieses Produkts nacherlebt. So kann man jedwedes geistige Gebilde (als Objektivation eines Inneren) von jenen Funktionen her bestimmen, die bei seiner Genese im geschichtlichen Selbsterarbeitungsprozeß des Menschen tatsächlich zur Auswirkung

---

[175] DILTHEY GS VII, 18.

[176] Vgl.: „Das Erleben ist selbst eine Vorform des Verstehens (von der Art des historischen Verstehens). Die Geisteswissenschaften sind nur eine Ausformung der faktischen Lebenserfahrung. Das Leben hat von vornherein den Charakter eines Verstehens." (HEIDEGGER GA 59, 166).

[177] GADAMER 1986, 264.

[178] Zum Verhältnis von Erleben, Verstehen und Lebenserfahrung bei Dilthey vgl.: „Das Verstehen setzt das Erleben voraus, und das Erlebnis wird erst zu einer Lebenserfahrung dadurch, daß das Verstehen aus der Enge und Subjektivität des Erlebens hinausführt in die Region des Ganzen und des Allgemeinen." (DILTHEY GS VII, 143).

[179] Vgl.: „Im Erleben ist die Totalität unseres Wesens. Eben dieselbe bilden wir im Verstehen nach." (DILTHEY GS VII, 278).

kamen. Verstehen ist folglich Nachkonstruktion einer geistigen Objektivation. Es setzt – auch wenn es gilt, das eigene Leben zu verstehen – bei einem gegebenen Ausdruck an, denn im Ausdruck ist das Leben festgelegt, der Ausdruck „hält ... durch seine Festigkeit dem Verstehen stande"[180]. Dieser wird sodann auf diejenige Lebendigkeit zurückbezogen, die sich einst jenen Ausdruck verschafft hat. Verstehen ist demnach *in allen seinen Varianten* stets Rückübersetzung der sich unermeßlich ausbreitenden menschlich-geschichtlich-gesellschaftlichen äußeren Wirklichkeit in die geistige Lebendigkeit, aus der sie hervorgegangen ist.[181]

„So ist es zunächst und zu oberst die Tendenz, von der Menschheit, von dem durch sie realisierten objektiven Geiste zurückzugehen in das Schaffende, ... Sichausdrückende, Sichobjektivierende ..."[182]

Der Akt des Verstehens wiederholt also jene Bewegung explizit, die sich als Bildungsprozeß des Geistes in der sozialen Lebenswelt im Modus bloßen Erlebens vollzogen hatte. War das ursprüngliche Erleben ganz in den Schaffensprozeß eingebunden, hat demgegenüber das Verstehen einen gewissen Abstand zu seinem Objekt, dem schaffenden Leben; es erfolgt nachträglich und vollzieht die ursprüngliche Gelichtetheit des Schaffensprozesses nur nach. Aus der Bindung des Verstehens an den Ausdruck folgt für Dilthey die Indirektheit des Selbstverständnisses: Verstehen tut man – auch sich selbst – immer nur über einen „Umweg"[183], über den eigenen Lebensausdruck, durch den allein der individuelle Lebenszusammenhang diejenige Festigkeit und Dauer hat, deren es für ein echtes Verstehen Dilthey zufolge anscheinend bedarf. So ist Selbstverständnis immer Nach-Erleben: ein Wieder-Erleben des eigenen Lebens als anderes. Man muß seine eigenen im Ausdruck fixierten Äußerungen wie fremde auffassen. „Das Verstehen ist ein Wiederfinden des Ich im Du."[184] Dazu muß man freilich aus der Jagd nach Zielen heraustreten, erst im nachhinein geht die Bedeutung des eigenen Lebenszusammenhangs auf. „Verstehen" ist bei Dilthey also generell Ergebnis einer Abstandnahme, eines Heraustretens aus, eines *Stehens vor* der Geschichte. Gleichwohl – so betont Dilthey stets aufs Neue – tritt es in Realkontakt mit seinem Gegenstand, es erfaßt ihn, wie er von ihm selber her sich bildet und sich präsentiert, nicht wie er erst durch ein von außen aufgesetztes Begriffsraster bzw. nach a priori konstruierten Gesetzen erscheint. Das ist der Grund für die epistemologische Vorzugsstellung, die das Verstehen bei Dilthey genießt.

Was hat nun Dilthey daran gehindert, das Verstehen aufrücken zu lassen zum *ursprünglichen* Seinscharakter des menschlichen Lebens, so daß – wie später bei Heidegger – vom

---

[180] DILTHEY GS VII, 329.
[181] So DILTHEY GS VII, 119 f.; ähnlich: GS V, 265.
[182] DILTHEY GS VII, 87 f. Die Leistung, welche Dilthey zufolge das Verstehen zu erbringen hat, weist voraus auf das, was Heidegger später der „hermeneutischen Destruktion" abverlangt, nämlich den „a b b a u e n d e n   R ü c k g a n g zu den ursprünglichen Motivquellen." (HEIDEGGER AE, 249).
[183] DILTHEY GS VII, 87.
[184] DILTHEY GS VII, 191.

Verstehen als einem Existential gesprochen werden könnte?[185] Warum hat Dilthey nicht die schon im Handlungsvollzug gegebene Erschlossenheit von Selbst und Welt als eine Weise des Verstehens aufgefaßt? Es ist wohl der Entstehungskontext der geisteswissenschaftlichen Hermeneutik, dem Dilthey nachhaltig verhaftet bleibt und der ihn hinter der späteren Entwicklung bei Heidegger zurückbleiben läßt. Diltheys hermeneutische Verstehenslehre hatte ja bereits eine lange (theologische, juristische, philologische und durch Droysen auch geschichtsmethodische) Vorgeschichte, die freilich erst durch Dilthey kanonische Geltung gewann. Diese Vergangenheit bestimmte die Hermeneutik zu einer Art Umkehrung von Rhetorik und Poetik. Während diese mit der Produktion von Texten befaßt waren, fiel die Rezeption schriftlich oder mündlich fixierter Rede in den Aufgabenbereich der Hermeneutik, deren Herzstück eine philologische Methode der Textauslegung war. So kommt es, daß für Schleiermacher jeder Akt des Verstehens die *Umkehrung eines Redeaktes*[186] und für Dilthey das Verstehen (immer nur) „eine dem Wirkungsverlauf selber inverse Operation"[187] ist: Man versucht vom Lebensausdruck aus rückwärts zu dessen Ursprung zu gelangen, um von da aus in der Rekapitulation des Werdens des Ausdrucks diesen zu verstehen: „Sonach nennen wir Verstehen den Vorgang, in welchem wir aus sinnlich gegeben Zeichen ein Psychisches, dessen Äußerung sie sind, erkennen."[188] Durch die Bindung des Verstehens an den Ausdruck wird aber auch offenkundig, daß der Verstehensbegriff, mit dem Schleiermachers und Diltheys Hermeneutik operieren, nicht ursprünglich vom *Selbst*verstehen, von der Erfahrung eigener, sondern von der Erfahrung fremder Individualität her konstruiert ist. Denn ein Selbstverstehen könnte wohl auch ohne den Umweg über die Vergegenständlichung des Selbst zum Lebensausdruck gedacht werden. Indem also Dilthey die Hermeneutik auf die Historie und somit auf die Welt als Geschichte überträgt, übernimmt er auch die Grenzen ihres Verstehensbegriffs.[189] Zwar gelingt es ihm, Verstehen mehr sein zu lassen als nur Rede- bzw. Text-Verstehen. Die hermeneutische Theorie überwindet bei Dilthey erstmalig ihre Einschränkung auf das Verstehen sprachlicher Mitteilungen in Gespräch und Rede. Verstehen artikuliert jetzt generell die vielgestaltige Erfahrung fremder und eigener Individualität, für die der sprachliche Ausdruck nur ein kontingentes, wenn auch besonders

---

[185] Diltheys Verstehen ist – wie Heidegger formuliert, ohne jedoch Dilthey ausdrücklich zu erwähnen – stets nur ein „erkennendes Verhalten zu anderem Leben", seine Hermeneutik ist dementsprechend eine „künstlich ausgeheckte und dem Dasein aufgedrungene Weise neugierigen Zerlegens". Für Heidegger dagegen ist das Verstehen „überhaupt kein Sichverhalten zu ... (Intentionalität), sondern ein *Wie des Daseins* selbst, ... *das Wachsein* des Daseins für sich selbst" (HEIDEGGER GA 63, 15).

[186] So GADAMER 1986, 192.

[187] DILTHEY GS VII, 214.

[188] DILTHEY GS V, 318.

[189] Daß bei Dilthey das Verstehen nicht zur Grundverfassung des Menschen schlechthin aufrückt, sondern letztlich doch immer ein Akt neben dem Erkennen bleibt, liegt nach Landgrebe weniger an der Herkunft des Verstehensbegriffs aus der traditionellen Hermeneutik als vielmehr an dem erkenntnistheoretischen Rahmen, aus dem sich Diltheys Psychologie nie wirklich habe lösen können, vgl. LANDGREBE 1967, 38-40; siehe auch unten Abschn. 4.1.

geeignetes Medium ist.[190] Daß Diltheys Verstehensbegriff erstmals den Bereich der Sprachlichkeit überschreitet, ändert jedoch nichts daran, daß wie gehabt Vorrang stets die Hermeneutik im Sinne einer kunstmäßigen Interpretation des *sprachlichen* Ausdrucks hat.

„Daher hat die Kunst des Verstehens ihren Mittelpunkt in der Auslegung oder Interpretation der in der Schrift enthaltenen Reste menschlichen Daseins."[191]

Durch die Beschaffenheit seines Verstehensbegriffs entgeht Dilthey, daß auch das sich äußernde Leben selbst schon von einem Verstehen getragen ist, das freilich nicht methodisch ausgearbeitet ist, sondern vorwissenschaftlichen Charakter hat und zudem das Leben nicht verobjektiviert, sondern Züge eines praktischen Sich-Auskennens aufweist im Sinne von „Sich-auf-etwas-Verstehen", der aristotelischen φρόνεσις nicht unähnlich. Auch entgeht ihm, daß Verstehen nicht zuerst auf die Erfahrung fremder Individualität ausgerichtet, sondern primär Selbstverstehen ist. Heidegger erklärt Diltheys epistemologisches Verstehen deshalb für sekundär.[192] Diltheys Verstehen ist nur ein abgeleiteter Modus, abgeleitet insofern er im Hinblick auf die Hervorbringung von Ausdruck diesem nachfolgt. Zu zeigen, daß Verstehen viel mehr ist als nur ein methodischer Inversionsgang zur nachträglichen Plausibilisierung von Lebensausdrücken, ist Heideggers Anliegen.

Letztlich sind es Reste der idealistischen Reflexionsphilosophie, die hinter den Grenzen der Diltheyschen Hermeneutik aufscheinen. Dilthey entlehnt ja das Modell, das dem methodologischen Zusammenhang von Erleben, Ausdruck und Verstehen zugrunde liegt, der Reflexionsphilosophie: Es ist das Lebensgesetz des Geistes, sich in Objektivationen zu entäußern, um hernach, in der Reflexion seiner Lebensäußerungen, auf sich selbst zurückzukommen. Diesem Bildungsprozeß des Geistes ist die Geschichte der Menschengattung integriert. Deshalb wohl bewegt sich bei Dilthey die geschichtliche Existenz in demselben Verhältnis von Erleben, Ausdruck und nachträglichem Verstehen, das auch die Verfahrensweise der *Geistes*wissenschaften konstituiert.[193]

3.3 „Aufbau" der geschichtlichen Welt in den Geisteswissenschaften

Unter Geschichte versteht Dilthey zuallererst den Lebens- und Erlebenszusammenhang des konkreten Individuums, den er sodann – wie noch ausführlicher zu kritisieren Gelegenheit sein wird – über die Grenzen individuellen Erlebens hinaus ausweitet bis hin zum *weltgeschichtlichen* Zusammenhang.[194] Die geschichtliche Welt bleibt so auf der ganzen Breite des Diltheyschen Denkens mit der strukturpsychologischen Konzeption der (individuellen)

---

[190] Vgl. DILTHEY GS VII, 42 f.

[191] DILTHEY GS V, 319.

[192] Vgl. GRONDIN 1991, 122 ff.

[193] So HABERMAS 1968, 187 f.

[194] Diltheys Geschichtsbegriff ist infolge der Verklammerung mit dem (Er-)Lebensbegriff ganz auf Eigengeschichte zentriert. Deshalb übernimmt auch die Autobiographie Paradigmafunktion. Sie ist für ihn der klassische Fall von Verstehen, weil hier derjenige, der den Lebensverlauf versteht, identisch ist mit dem, der ihn hervorgebracht hat, was eine besondere Intimität des Verstehens ergebe; vgl. DILTHEY GS VII, 200 u. GS V, 225.

Subjektivität verklammert.[195] Dasselbe trifft nun auch für das wissenschaftliche Verstehen zu: Dilthey interpretiert es als Vervollkommnung des natürlichen Strebens nach Festigkeit und versucht auf diese Weise zugleich die Objektivität des geisteswissenschaftlichen Verfahrens zu begründen.

Da für Dilthey der Begriff Geschichte „abhängig ist von dem des Lebens"[196] und Erlebens, fragt er nicht weiter nach objektiv-realen Zusammenhängen, die als *(noch) nichterlebte* bzw. zu Bewußtsein gebrachte gleichwohl von Relevanz sein könnten für das, was mit Geschichte gemeint ist, weil menschliches Leben faktisch in sie eingebunden ist. Objektive Kausalbeziehungen, denen das besondere Interesse der Sozialwissenschaften gilt, erkennt Dilthey allein für den Bereich der Natur an. In der Geschichte gibt es nur subjektiv feststellbare, d.h. erlebte und somit bewußte Wirkungszusammenhänge. Deren Entwicklung basiert allein auf „Kontinuität"[197] als der Grundeigenschaft aller Entwicklung. Von Hegels Entwicklungsdenken bleibt bei Dilthey nicht viel mehr übrig als *erlebte* Kontinuität, der eine naturalistisch gedachte und letztlich ziellose Teleologie der Selbsterhaltung qua Streben nach Festigkeit zugrunde liegt.[198] „Härtere" Formen von Zusammenhang, die nicht nur dem Verstehen, sondern auch einem Erklären aus allgemeinen Gesetzen offenstünden, kennt Dilthey im Bereich der Geschichte nicht. Wenn also für Dilthey geschichtlicher Zusammenhang aus der Dynamik des individuellen Lebens sukzessive hervorgeht und als solcher immer auch „erlebter" Wirkungszusammenhang ist, welche Rolle spielt dann das nachträgliche Verstehen dieses Zusammenhangs, sei es das alltägliche, sei es das methodische der Geisteswissenschaften? Bildet es nur nach, oder hat es eine Funktion auch *für den Aufbau*, für das Zustandekommen, für die Konstitution von Geschichte und geschichtlicher Welt? Welchen Beitrag vor allem leistet das Verstehen zum allgemeinen Streben des Lebens nach Festigkeit?

Das geisteswissenschaftliche Verstehen bringt zu voller Bewußtheit, was sich im Schaffensprozeß dunkel und undurchsichtig ereignet hat und im vorwissenschaftlichen Verstehen anfänglich erhellt worden ist. Davon geht Dilthey zunächst einmal aus. Das hermeneutische Verstehen der Geisteswissenschaften ist also nichts dem Leben Fremdes, sondern „nur die methodisch ausgebildete Form der dumpfen Reflexivität oder halben Transparenz, in der sich das Leben vorwissenschaftlich kommunizierender und gesellschaftlich interagierender Menschen ohnehin vollzieht"[199]. Es erscheint somit als gradlinige Verlängerung der alltäglich schon gegebenen Selbstdurchsichtigkeit. Dementsprechend sieht Dilthey in der *Darstellung* von Geschichte (Geschichtserzählung) auch keinen Akt höherer Konstitutionsleistung, sondern nur die Präsentation desjenigen Zusammenhangs, den das Leben selbst schon ausgebildet hat. Im Verstehen und Erzählen von Geschichte werden nicht etwa Zusammenhänge *ab ovo* konstruiert, sondern lediglich Bezüge nachgezeichnet, die „im Leben

---

[195] Vgl. DILTHEY GS VII, 262.
[196] DILTHEY GS VII, 262.
[197] DILTHEY GS V, 218.
[198] Vgl. RENTHE-FINK 1964, 37.
[199] HABERMAS 1968, 187 f.

selber gebildet"[200] worden sind: „Da ist also das Geschäft historischer Darstellung schon durch das Leben selber halb getan."[201] Nicht Konstruktion, sondern Sicheinfühlen und Sichhineinversetzen sind Kennzeichen des Verstehens.[202] Dilthey ist überzeugt: Die einheitsstiftende Kraft liegt in den Lebenszusammenhängen, in der „objektiven" Geschichte selbst und muß nur nacherlebt werden.[203] Sie ist da, noch bevor der Historiker hinzutritt, was die spätere narrativistische Geschichtstheorie gerade verneinen wird. Sie wird davon ausgehen, daß historisches Verstehen und Wissen gerade nicht die bruchlose Fortsetzung des Erlebens sind, sondern sich einer „abständigen" Reflexion auf vergangenes Leben verdanken, durch welche dieses überhaupt erst zu einer einheitlichen und kontinuierlichen „Geschichte" reorganisiert wird.[204]

Weil aber für Dilthey Geschichte nichts anderes ist als der Verlauf des Lebens in der Zeit, kann er die aus der Zergliederung des realen Lebens gewonnenen psychologischen und anthropologischen Strukturkategorien – sie machen das Baugerüst des Lebens aus – ohne Abstriche auch zur Deutung der Geschichte verwenden. Die strukturellen Formen des Lebens, von Dilthey zur Abgrenzung von Kants formalen Kategorien „reale Kategorien"[205] genannt, sind demzufolge Strukturformen auch der Geschichte und somit auch die hermeneutischen Kategorien des Verständnisses und der Darstellung von Leben und Geschichte. Diltheys Lebenskategorien haben also eine eigentümliche Doppelstellung. Als im individuellen Lebensvollzug erscheinende strukturelle Formen der Selbstkonstitution sind sie zugleich die Formen der Selbstexplikation sowie die Formen des Verständnisses fremder Individualität und schließlich der geschichtlichen Welt überhaupt.

„Sie bilden sozusagen die „generative Grammatik" individuellen Lebens, nach deren Regeln sein Struktur- und Bedeutungszusammenhang erzeugt und verstanden wird."[206]

Indem Dilthey den Kategorienbegriff von einem *reinen* Verstandesbegriff zu einer aus dem geschichtlichen Leben selbst entstehenden dynamischen Struktur transformiert, gelingt es ihm, Geschichte als Geschehens- und Lebenszusammenhang und Geschichte als Darstellungszusammenhang (Erzählung) zur Deckung zu bringen. Hier wie da sind dieselben Strukturprinzipien maßgebend. Es kommen im geisteswissenschaftlichen Verstehen und in

---

[200] DILTHEY GS VII, 200.

[201] DILTHEY GS VII, 200.

[202] Vgl.: „Die Stellung die das höhere Verstehen seinem Gegenstande gegenüber einnimmt, ist bestimmt durch seine Aufgabe, einen Lebenszusammenhang im Gegebenen aufzufinden. Dies ist nur möglich, indem der Zusammenhang, der im eigenen Erleben besteht ... immer gegenwärtig und bereit ist. Diese in der Verständnisaufgabe gegebene Verfassung nennen wir ein Sichhineinversetzen, sei es in einen Menschen oder ein Werk. (...) die Übertragung des eigenen Selbst in einen gegebenen Inbegriff von Lebensäußerungen. Auf der Grundlage dieses Hineinversetzens, dieser Transposition entsteht nun aber die höchste Art, in welcher die Totalität des Seelenlebens im Verstehen wirksam ist – das Nachbilden oder Nacherleben." (DILTHEY GS VII, 213 f.).

[203] Vgl. ANGEHRN 1985, 131 f. und 102; auch HABERMAS 1976, 251 f.

[204] Vgl. BAUMGARTNER 1972, 253; ANGEHRN 1985, 102.

[205] DILTHEY GS VII, 192 ff., 197 ff.

[206] ANZ 1982, 69.

der historischen Darstellung nur solche Denkformen und Kategorien zur Anwendung, die das Leben selbst bereits ausgebildet hat. Es sind nicht zum Leben „hinzutretende Arten der Formung, sondern die strukturellen Formen des Lebens selbst in seinem zeitlichen Verlauf"[207]. Für sie gilt, daß sie „nicht a priori auf das Leben als ein ihm Fremdes angewandt werden, sondern daß sie im Wesen des Lebens selber liegen."[208] Die Applikation historischer Darstellungskategorien ist also kein Konstitutionsakt höherer Ordnung, sondern nur ein Rekapitulieren von realen Strukturverhältnissen, von Bezügen, die das Leben selber schon hergestellt hat.[209] Etwas anderes hätte Diltheys positivistisches Credo wohl auch nicht zugelassen, geht es ihm doch darum, die „Immanenz der Ordnung im Stoff sinnlicher Erfahrung"[210] nachzuweisen.

Eben das ist für Gadamer Grund, Diltheys Verstehensbegriff zu kritisieren.[211] Wenn Verstehen immer bloß *Nachbildung* des ursprünglichen Wirkungszusammenhangs sei, suggeriere dies für die Geisteswissenschaften die Aufgabe der bloßen „Wiederherstellung"[212] oder „Restauration"[212] vergangenen Lebens. Mit dem Titel „Der *Aufbau* der geschichtlichen Welt in den Geisteswissenschaften" habe sich Dilthey bei der Bezeichnung seiner Hermeneutik demnach vergriffen, er hätte vielmehr von „Wiederaufbau" sprechen sollen. Es lassen sich nun aber eine ganze Reihe von Belegstellen anführen, die beweisen, daß auch für Dilthey geisteswissenschaftliches Verstehen stets mehr leistet als nur die Nachbildung von im (fremden) Leben schon erzeugten, aber im Laufe der Zeit wieder untergegangenen Zusammenhängen. Dilthey spricht sogar von einer „Konstitution"[213] des geisteswissenschaftlichen Zusammenhangs. Offensichtlich will Dilthey beides: einerseits das Verstehen „allmählich aus der Erfahrung ableiten" und als Nacherleben auffassen, um es andererseits als schöpferischen Konstitutionsakt zu begreifen.[214] Nur oberflächlich betrachtet sieht es so aus, als ob Dilthey das Verstehen (fremder Individualität) als bloßes Nacherleben bestimmt habe, das „auf der Grundlage der allgemeinen Menschennatur"[215], also der in allen Individuen identischen anthropologischen Struktur, möglich wird. Bei genauerer Textanalyse zeigt sich, daß Dilthey durch das „Sichhineinversetzen" (Transposition), d.h. die „Übertragung des eigenen Selbst in einen gegebenen Inbegriff von Lebensäußerungen"[216], und das Nachbilden (Reproduktion) ein qualitativ Neues entstehen sieht. Dilthey sagt: Das Verste-

---

[207] DILTHEY GS VII, 203.
[208] DILTHEY GS VII, 232.
[209] Vgl.: „Die Bedeutsamkeit ... ist ein Lebensbezug und kein intellektuelles Verhältnis, kein Hineinlegen von Vernunft, von Gedanke in den Teil des Geschehnisses. Die Bedeutsamkeit ist aus dem Leben selbst herausgeholt." (DILTHEY GS VII, 240).
[210] DILTHEY GS VII, 129.
[211] OTTO 1984, 377.
[212] GADAMER 1986, 171.
[213] DILTHEY GS VII, 310.
[214] Vgl. DILTHEY GS VII, 191.
[215] DILTHEY GS V, 329.
[216] Vgl. DILTHEY GS VII, 214 f., 218; GS V, 276 ff.

hen, das an sich den umgekehrten Weg des realen Wirkungszusammenhangs geht, hebt in seiner höchsten Form, dem Nacherleben, diese Inversion auf und wird als „vollkommenes Miterleben" selber zum „Schaffen in der Linie des Geschehens"[217]. Das Verstehen ist als eine Leistung des erkennenden Subjekts für Dilthey demnach auch „eine in den Bedingungen des Erkennens gegründete, neue geistige Schöpfung"[218], die sich freilich von dem Schaffen desjenigen in die Wege geleitet weiß, in dessen Ausdrucksbewegung man sich zuvor hineinversetzt hatte.

Gleich allen übrigen geisteswissenschaftlichen Kategorien ist somit auch das Verstehen für Dilthey ein Energiebegriff und die Hermeneutik jenseits aller Restauration auch eine Konstruktionswissenschaft. Daß Dilthey Verstehen als ein Schaffen auffaßt, liefert beispielsweise die psychologische Begründung für den „kühne[n] Satz Schleiermachers, es gelte, einen Autor besser zu verstehen als er sich selbst verstand."[219] Der Schaffenscharakter des Verstehens zeigt sich am deutlichsten, wo das erkennende Subjekt aus den Überresten, Denkmälern und Quellen der Vergangenheit ein „historisches Weltbild" erst aufbaut, die sogenannte „geistige Welt". Diese ist der Natur überlegen, ist aber keine metaphysische Hinterwelt, sondern in der Welt der Erscheinungen, d.h. in einem historischen Verlauf allmählich entstanden.

„Wie Rohstoff in der Industrie mehreren Arten der Bearbeitung unterworfen wird, so werden auch die Reste der Vergangenheit durch verschiedene Prozeduren hindurch zum vollen geschichtlichen Verständnis erhoben. Kritik, Auslegung und das Verfahren, welches die Einheit in dem Verständnis eines historischen Vorgangs herbeiführt, greifen ineinander. (...) Eben dies Verhältnis hat nun aber zur Folge, daß die Begründung des geschichtlichen Zusammenhangs immer auf ein logisch nie vollständig darstellbares Ineinandergreifen von Leistungen angewiesen ist und daher niemals dem historischen Skeptizismus gegenüber durch unanfechtbare Beweise sich rechtfertigen kann."[220]

Im Verstehen tritt also „wirkende Energie" „an die Stelle von Substanz"[221], die sedimentierten Lebensäußerungen werden von innen heraus verlebendigt. Das ist mehr als bloß restaurative Wiederherstellung. Die historische Darstellung liefert keine „Kopie überlieferter Geschehnisse"[222], beteuert Dilthey. Und der geschichtliche „Zusammenhang kann weder abgelesen werden aus den überlieferten Resten des historischen Geschehens, noch dürfen

---

[217] DILTHEY GS VII, 214: „Das Verstehen ist an sich eine dem Wirkungsverlauf selber inverse Operation. Ein vollkommenes Mitleben ist daran gebunden, daß das Verständnis in der Linie des Geschehens selber fortgeht. Es rückt, beständig fortschreitend, mit dem Lebensverlauf selber vorwärts. So erweitert sich der Vorgang des Sichhineinversetzens, der Transposition. Nacherleben ist das Schaffen in der Linie des Geschehens. (...) Seine Vollendung erreicht es, wo das Geschehnis durch das Bewußtsein des Dichters, Künstlers oder Geschichtsschreibers hindurchgegangen ist und nun in einem Werk fixiert und dauernd vor uns liegt."
[218] DILTHEY GS VII, 307.
[219] DILTHEY GS VII, 217; vgl. GS V, 331; vgl. GADAMER 1986, 180 ff.
[220] DILTHEY GS VII, 161.
[221] DILTHEY GS VII, 280.
[222] DILTHEY GS VII, 307.

sogenannte geschichtsphilosophische Ideen in das Überlieferte hineingetragen werden".[223]
„Nicht in der Nachschrift ... liegt das historisch Sichere."[224]

> „So ist einerseits die geistige Welt die Schöpfung des auffassenden Subjektes, andererseits aber ist die Bewegung des Geistes darauf gerichtet, ein objektives Wissen in ihr zu erreichen."[225]

In diesen Sätzen deutet sich zweifelsohne schon der spätere geschichtstheoretische Konstruktivismus an. Dilthey will sich das Vergangene nicht wie ein Objekt vorstellen, das gleichsam latent immer noch da ist und nur darauf wartet, von einem historischen Subjekt erkannt zu werden. Dilthey mißtraut daher auch der Hegelschen Idee, daß für eine makroskopische Betrachtung des Geschehens alles in der Idee *präsent* sei. Vergangenheit ist kein stabiles historisches „Ding an sich", dem man ein nicht minder stabiles historisches „Ich an sich" gegenüberstellen dürfte, welches das Vergangene bloß widerspiegelte. Eins wie das andere ist fiktiv und macht die perspektivischen Umlagerungen und Selektionen übersehen, die ein vergangenes Geschehen erfährt, wenn es sich zur Geschichte wandelt bzw. zur Geschichte „aufgebaut" wird. Die argumentative Spitze von Diltheys Ausführungen liegt jedoch woanders. Ihm geht es nicht um den Nachweis der Geschichte als Produkt standortgebundener transzendentaler *Konstruktion ex post*, darum geht es erst dem Narrativismus des späten 20. Jahrhunderts. Diltheys Hauptaugenmerk liegt vielmehr darauf, die beiden Momente des Verstehens – *Erfahrung* und *Transzendentalität* – zur Deckung zu bringen, denn nur so kann er den transzendentalen Nachweis für die Allgemeingültigkeit des hermeneutischen Verstehens (und damit alles historischen Wissens) erbringen. Nur wenn man davon ausgehen darf, daß im verstehenden Nachvollzug des historischen Zusammenhangs das schöpferisch Produktive, das über eine bloße Rekonstruktion hinausweist, und das hermeneutisch Rezeptive zur Objektivität konvergieren, ist die Allgemeingültigkeit geisteswissenschaftlichen Verstehens gesichert.[226] Und wenn die Objektivität geisteswissenschaftlichen Verstehens sowie der wissenschaftlichen Geschichtsschreibung gesichert ist, so denkt Dilthey weiter, darf mit Fug und Recht behauptet werden, daß in ihnen die natürliche Tendenz des Lebens – das Streben nach Festigkeit – sich vollendet. In der Objektivität der geisteswissenschaftlichen Erkenntnis hätten wir demzufolge die Festigkeit *par excellence* vor uns, nämlich die Erhebung über die subjektive Zufälligkeit und Enge des eigenen Standortes.

> „Wie kann eine Individualität eine ihr sinnlich gegebene fremde individuelle Lebensäußerung zu allgemeingültigem objektivem Verständnis sich bringen? Die Bedingung, an welche diese Möglichkeit gebunden ist, liegt darin, daß in keiner fremden individuellen Äußerung etwas auftreten kann, das nicht auch in der auffassenden Lebendigkeit enthalten

---

[223] DILTHEY GS VII, 307.
[224] DILTHEY GS VII, 308.
[225] DILTHEY GS VII, 191.
[226] Ähnlich argumentiert ausführlicher OTTO 1982, 138, 147, 156 f., 163 f.

wäre. Dieselben Funktionen und Bestandteile sind in allen Individualitäten, und nur durch die Grade ihrer Stärke unterscheiden sich die Anlagen der verschiedenen Menschen."[227] Daß im hermeneutisch aufgefaßten historischen Bewußtsein Empirie und Transzendentalität, Rezeptivität und Spontaneität zur Objektivität konvergieren, weiß Dilthey garantiert durch die vorgängige „Gemeinschaftlichkeit der Menschen untereinander"[228]. Oder anders ausgedrückt: Allgemeingültiges Verstehen ist möglich „vermöge der Einheit des Bewußtseins"[229], oder anthropologisch-psychologisch formuliert: aufgrund der „Gleichartigkeit und Gleichförmigkeit der Menschennatur unter allen geschichtlichen Bedingungen"[230] bzw. aufgrund der „Selbigkeit des Geistes"[231]. Auf der Naturgrundlage der gleichen psychischen Struktur erscheinen nämlich alle individuellen Unterschiede nicht als qualitative Verschiedenheiten der Personen, sondern nur durch graduelle, *quantitative* Unterschiede ihrer Seelenvorgänge bedingt.[232] Somit ist von vornherein klargestellt: Welchen Konstruktionsbeitrag die verstehende Subjektivität in das Nacherleben fremder Lebensäußerungen auch immer einbringt, das Nacherleben erfolgt auf der Basis der gleichen Seelenstruktur wie der ursprüngliche Schaffensprozeß; mit anderen Worten: Das verstehende Nacherleben steht unter denselben Strukturbedingungen wie sein Gegenstand, das nacherlebte Leben. Die Objektivität des historischen Wissens beruht demzufolge auf der Tatsache, „daß der, welcher die Geschichte erforscht, derselbe ist, der die Geschichte macht. Die allgemeingültigen synthetischen Urteile der Geschichte sind möglich."[233]

4 Wie steht der historisch aufgeklärte Philosoph in der Geschichte?

Es bleibt zu fragen, wie der Philosoph Dilthey in der Geschichte steht? Dilthey unterscheidet zwischen (s)einer historisch aufgeklärten Philosophie als der gegenwärtig einzig noch möglichen Form von Philosophie („Philosophie der Philosophie") und den vielen historischen Gestalten weltanschaulich gebundenen Philosophierens, die sich selbst jeweils noch absolut nehmen. Dilthey will zeigen, daß sich all diese verstehen lassen als Variationen dreier, sich in allen Jahrhunderten durchhaltender Grundtypen. Was Philosophie überhaupt ist, erschließt sich Dilthey aus dem Gesamt seiner strukturtheoretischen Analyse des geschichtlich-gesellschaftlichen Lebens: Auch die Philosophie unterliegt der Tendenz auf Festigung und Steigerung des Lebens. Sie darf sogar als die Gegenmacht schlechthin gegen die Flüchtigkeit des Lebens in Anspruch genommen werden. Dies allerdings nur zu dem

---

[227] DILTHEY GS V, 334.
[228] DILTHEY GS V, 329.
[229] DILTHEY GS VII, 195.
[230] DILTHEY GS V, 259 ff., 225, 229, 242, 250 f., 268.
[231] DILTHEY GS VII, 235.
[232] Vgl. LIEBER 1965, 725 f.
[233] DILTHEY GS VII, 278. Die „Selbigkeit des Geistes" als Argument für die Objektivität des geschichtlichen Erkennens findet sich *mutatis mutandis* bereits in VICO 1977, 231 f. Zu Vico vgl. HABERMAS 1993, 271.

Preis eines Stehens vor der Geschichte, den der Geschichtsdenker Dilthey schlußendlich offenbar zu zahlen bereit ist.

4.1 Das Wesen der Philosophie: Weltanschauung

Wie alle anderen geistigen Gebilde auch ist Philosophie für Dilthey zunächst eine Äußerungsweise der in der Geschichte sich entfaltenden und verwirklichenden menschlichen Lebendigkeit. Philosophie ist „objektiver Geist"; und dieser ist nicht länger als Manifestation einer letztlich absoluten Vernunft anzusehen, sondern als ein spezifischer, menschlicher Lebensausdruck, der seinen Ursprung in den natürlichen Tendenzen des Lebens hat. Das Theorem von der Objektivation des geschichtlich-gesellschaftlichen Lebens in den Systemen der Kultur und den äußeren Organisationen der Gesellschaft gilt also auch für die Philosophie.[234] Die Hegelsche Absetzung des absoluten vom objektiven Geist lehnt Dilthey ab. Vom Begriff des Lebens aus fallen Hegels absoluter (Kunst, Religion, Philosophie) und objektiver Geist (Recht, Moralität, Sittlichkeit) gleichrangig unter den Aspekt der „Objektivationen des Lebens".[235] Philosophie ist für Dilthey eine Äußerungsweise des Lebens unter möglichen anderen, nicht höher als andere.[236] Ihre Abgrenzung gegen Einzelwissenschaft sowie Religion und Kunst versteht sich allein aus ihrer spezifischen Funktion im Zusammenhang der Kultur. Was Dilthey vorschwebt, ist eine historisch-soziologische Funktionsbestimmung der Philosophie, der Wissenssoziologie Mannheimscher Prägung nicht unähnlich. Mittels eines historischen Durchgangs durch geschichtliche Realisierungen von Philosophie soll deren (letztlich immer gleiche) Entstehung aus den natürlichen Tendenzen des geschichtlich-gesellschaftlichen Lebens, mit Diltheys Worten deren „genetische Gesetzlichkeit"[237] aufgezeigt werden. „Das Wesen der Philosophie"[238] wird so nicht länger von der Idee der Wahrheit her bestimmt, sondern die Philosophie wird aus ihrer Funktion in Geschichte und Gesellschaft und somit durch den Rückbezug auf die anthropologische Grundstruktur begriffen. Was Philosophie ist, erhellt sich für Dilthey aus dem spezifischen Beitrag, den sie im Zusammenhang der natürlichen Tendenz des Lebens auf Erhaltung und Steigerung seiner selbst leistet. Man ahnt schon, daß Dilthey auf diesem Weg keine ideologiekritische Analyse der Philosophie(n) erzielt, sondern nur eine philosophische Begründung dessen, daß es im Leben überhaupt Philosophie gibt. Es kann nur auf der Basis der Strukturkorrelation von Geist und Milieu die Entstehung und Entfaltung der Philosophie in der Geschichte aufgewiesen werden aus den je konkreten Bedingungen von Natur, Gesellschaft und Zeitgeist. Die strukturtheoretisch geführte Funktionsbestimmung der Philosophie

---

[234] Vgl.: „Die Philosophie kann jetzt bestimmt werden als eines dieser Kultursysteme der menschlichen Gesellschaft." (DILTHEY GS V, 376; ähnlich 414).

[235] Vgl. DILTHEY GS VII, 150 f.

[236] Vgl.: „Philosophischer Geist oder Philosophie ist nichts anderes als eine weitere Steigerung des wissenschaftlichen und hat demnach selber *Grade*." (DILTHEY GS XVIII, 2; vgl. auch 17).

[237] DILTHEY GS V, 344.

[238] Siehe Diltheys gleichnamige Schrift aus dem Jahr 1907, in welcher sein Jugendprogramm einer „Philosophie der Philosophie" wieder aufgegriffen wird (heute in DILTHEY GS V, 339 ff.).

hat allerdings, davon ist Dilthey überzeugt, einen entscheidenden Vorteil: Sie kann angesichts der historischen Anarchie der philosophischen Systeme plausibel machen, daß hinter der Namensgleichheit „Philosophie" tatsächlich ein einheitlicher Sachverhalt steckt, der sich in den einander widerstreitenden Phänomenen der Philosophie nur je verschieden äußert. Es ist die gemeinsame Funktion, durch welche Dilthey die vielfältigen geschichtlichen Gestalten von Philosophie zusammengehalten sieht.[239]

Auf der Suche nach der Funktion aller Philosophie gewinnt Dilthey eine erste Bestimmung, indem er das Pensum seiner neuen Grundwissenschaft – die „Selbstbesinnung"[240] – zur Grundbestimmung von Philosophie schlechthin erhebt: Philosophie ist die Verlängerung der mit dem Leben schon gegebenen Selbstbesinnung. Sie vollzieht auf der Höhe methodischen Bewußtseins, d.h. kritisch und systematisch, was im Alltag zufällig und partikular geschieht.[241] Die Zentrierung der Philosophie auf Selbstbesinnung bringt Dilthey einen Gewinn: Er kann nun problemlos die zum Wesen der Philosophie gehörende *systematische* Begründungsleistung und die *historische* Betrachtungsweise, die Philosophiegeschichte, integrieren: Was in allen historischen Gestalten von Philosophie faktisch jeweils vonstatten ging, kann als systematische und kritische Selbstbesinnung aufgefaßt werden.

„Faßt man die Philosophie historisch auf, so ist sie das sich entwickelnde Bewußtsein über das, was der Mensch denkend, bildend und handelnd tut. Dieses vollzieht sich sonst zufällig und partikulär, in der Philosophie aber absichtlich und allgemein. Philosophie ist daher Selbstbesinnung."[242]

Durch die Verklammerung der Selbstbesinnung mit der Idee der Philosophie als in sich begründetem System hätte Dilthey nun in der Selbstbesinnung an sich ein Kriterium zur Hand zur kritischen Sichtung des Erbes der Philosophie. Er hätte alle philosophischen Systeme daraufhin befragen können, inwiefern sie tatsächlich vom Standpunkt der jeweiligen Gegenwart aus die im Alltag immer schon geschehende Besinnung auf das Leben kraft methodischer Strenge zu allgemeingültiger Erkenntnis erhoben haben. Dilthey schöpft jedoch die Möglichkeit einer kritischen Destruktion traditioneller Formen von Philosophie auf die ihnen zugrundeliegende Lebenserfahrung nicht aus, im Gegensatz zu Heidegger. Er läßt

---

[239] Vgl.: „Wenn die Philosophie eine Funktion ist, die in der Gesellschaft eine bestimmte Leistung vollbringt, so setzt sie diejenigen, in denen dieser Zweck lebt, dadurch in ein inneres Verhältnis." (DILTHEY GS V, 366).

[240] Vgl. DILTHEY GS VIII, 179. Was Diltheys Konzeption der „Philosophie als Selbstbesinnung" beabsichtigt, ohne es wirklich zu erreichen – die Explikation des Lebens aus sich selbst – findet sich wieder in der Aufgabenstellung, die Heidegger für seine Fundamentalphilosophie, die „Hermeneutik der Faktizität", skizziert (vgl. HEIDEGGER AE, 238).

[241] Vgl.: „Überblickt man nun das Wirken der Philosophie, so ist philosophischer Geist überall, wo das Streben da ist, über das Verfahren, sich zum Bewußtsein vom Verfahren zu erheben, Wissenschaften zu verknüpfen, Zusammenhang des Wissens zu organisieren. (...) Die Besonnenheit, die all dies zum Bewußtsein erheben will, der Geist der Kritik, der daraus entsteht, die Prüfung der Voraussetzungen. Philosophie erweist sich sonach geschichtlich angesehen nicht als bestimmt durch einen Gegenstand oder eine Methode, sondern eben als diese Funktion, die in der menschlichen Geschichte überall wirksam ist." (DILTHEY GS VIII, 218 f.).

[242] DILTHEY GS VIII, 240.

vielmehr alle historischen Gestalten von Philosophie gleichwertig nebeneinander bestehen und beschränkt sich darauf, sich selbst von ihnen abzusetzen als die einzig *historisch aufgeklärte* Philosophie, die – anders als alle anderen – um ihre Standortgebundenheit weiß, welche durch den Ursprung der Philosophie im interessegeleiteten faktischen Leben notwendig und unaufhebbar gegeben ist. Im Gegensatz zur herkömmlichen Philosophie, der Metaphysik, die sich noch nicht durch das historische Bewußtsein reflektiert vollzieht, bezeichnet Dilthey seine Philosophie daher als „Philosophie der Philosophie"[243]. Gemeint ist zweierlei: einerseits eine Reflexion auf das, was faktisch in der herkömmlichen Philosophie jeweils (ohne echtes historisches Bewußtsein) geschehen ist, und zweitens ein philosophisches Schaffen im vollen geschichtlichen Bewußtsein darum, daß es nur Glied im historischen Zusammenhang ist und daher nur Bedingtes bewirken kann: „mit Bewußtsein ein Bedingtes erwirken"[244].

Lassen wir Diltheys Stellung zur Geschichte der Philosophie für einen Moment noch beiseite (weiteres s.u. Abschn. 4.2) und verfolgen wir, wie Dilthey die Funktionsbestimmung der als „systematisch-kritische Selbstbesinnung" veranschlagten Philosophie vorantreibt. Den systematischen Ort der Lebensäußerung „Philosophie" sieht Dilthey, so viel steht schon fest, innerhalb der Strukturbeziehung von Mensch und Welt. Aus diesen „Bedürfnissen der menschlichen Natur"[245], sprich der natürlichen Tendenz des Lebenszusammenhangs auf Selbsterhaltung und Selbsterweiterung mittels Anpassung sieht Dilthey das philosophische Denken fast wie von selbst entstehen.

„Dieser innere Zusammenhang lehrt, wie die empirisch festgestellte Funktion der Philosophie aus den Grundeigenschaften des Seelenlebens mit innerer Notwendigkeit hervorgegangen ist. (...) Philosophie ist in der Struktur des Menschen angelegt, jeder, an welcher Stelle er stehe, ist in irgendeiner Annäherung an sie begriffen, und jede menschliche Leistung tendiert, zur philosophischen Besinnung zu gelangen."[246]

Denken erklärt sich für Dilthey also „aus der inneren Notwendigkeit ..., in dem unsteten Wechsel der Sinneswahrnehmungen, Begierden und Gefühle ein Festes zu stabilisieren, das eine stete und einheitliche Lebensführung möglich macht".[247] So ist auch die Philosophie Produkt jener durch Endlichkeitserfahrungen mobilgemachten Kraft, welche in allen Individuen gleichermaßen die

„Vergänglichkeit der menschlichen Dinge ... durch den Aufbau eines festen Gerüstes ihrer Existenz zu überwinden [sucht (r.h.)] ... [angesichts (r.h.)] der Macht des Zufalls, der

---

[243] DILTHEY GS V, 346-371.

[244] DILTHEY GS V, 364; vgl. auch PFAFFEROTT 1985, 355 f.

[245] DILTHEY GS V, 415.

[246] DILTHEY GS V, 375.

[247] DILTHEY GS VII, 3; vgl. auch: „Die Grundeigenschaft in allen Funktionen der Philosophie ist sonach der Zug des Geistes, der über die Bindung an das bestimmte, endliche, eingeschränkte Interesse hinausschreitet und jede aus einem eingeschränkten Bedürfnis entstandene Theorie einer abschließenden Idee einzuordnen strebt. Dieser Zug des Denkens ... entspricht Bedürfnissen der menschlichen Natur, ... dem Bedürfnis einer letzten Festigkeit der Stellung des Menschen zur Welt." (DILTHEY GS V, 415).

Korruptibilität von allem, was wir besitzen, lieben oder auch hassen und fürchten, und ... der beständigen Gegenwart des Todes, der allgewaltig für jeden von uns Bedeutung und Sinn des Lebens bestimmt."[248]

Dilthey denkt also rein pragmatisch. Gleich allen anderen Objektivationen ist auch die Philosophie zunächst eine Weise des Zurechtkommens mit der Welt, die sich geschichtlich ausgebildet und sedimentiert hat und an spätere Generationen überliefert wird, in deren Lebensgeschichten sie sich bewahrheitet bzw. kritisch überprüft und präzisiert, so daß sie im Laufe der Zeit immer größere Genauigkeit gewinnt. Daß aber die in Gestalt der Philosophie aufbewahrte Lebensweisheit bei fortschreitender Tradierung „eben auf Grund des sich abschleifenden Besitzes immer wieder verloren geht"[249] und unter Umständen bis zur Unwahrheit degenerieren kann, wenn sie nicht immer wieder in einem mit der Kontinuität brechenden Neuansatz ursprünglich geschöpft bzw. angeeignet wird, beachtet Dilthey nicht weiter. Er geht davon aus, daß sich gleich der anthropologischen Struktur, die sich im Fortgang der Geschichte durch Anpassung differenziert und perfektioniert, auch die Philosophie kontinuierlich vervollkommnet, um sich so nach und nach bis zur gegenwärtig höchsten Form, der historisch aufgeklärten Philosophie, emporzuarbeiten. Heidegger wird später Diltheys Weltanschauungsphilosophien als „Gegenbilder, Karikaturen der Philosophie"[250] denunzieren, denn ihnen gehe es nicht primär um Wahrheit, sondern um Lebensbewältigung; sie seien im Grunde „technischen" Wesens.

Die Philosophie hat also vieles gemein mit anderen Weisen der Selbstbesinnung, insbesondere der vorwissenschaftlichen „*Lebenserfahrung*", die ihre Wurzel ebenfalls in der natürlichen Tendenz des Lebens auf Festigkeit hat, in ihren Grundzügen für alle Menschen gleich ist und in einem Erbgang weitergereicht wird. Doch anders als die Lebenserfahrung sucht die Philosophie Anpassung und Festigung menschlicher Existenz zu erreichen *im Medium des Wissens in seiner strengsten Form*, nämlich als Wissenschaft mit dem Anspruch auf Allgemeingültigkeit.[251] Die unmittelbare Gewißheit der alltäglichen, praxisgebundenen Lebenserfahrung reicht für Dilthey nicht aus, um in der Geschichte Stand zu finden. Nur von der Reflexion und von dem im (künstlich herbeigeführten) Zweifel gestählten Wissen verspricht er sich echte Festigung.

„Die Hauptarbeit des Lebens ist ... durch Illusionen hindurch zu der Erkenntnis dessen zu kommen, was uns wahrhaft wertvoll ist. Den Zusammenhang von Vorgängen, in dem wir die Lebenswerte und die Werte der Dinge erproben, nenne ich Lebenserfahrung. (...) Und auch auf diesem Gebiete kann unser Leben seine Sicherheit erst durch die Erhebung zu allgemeingültigem Wissen erlangen."[252]

---

[248] DILTHEY GS VIII, 79.

[249] HEIDEGGER GA 17, 98.

[250] HAEFFNER 1990, 449.

[251] Vgl.: „Philosophie bedeutet die Richtung auf das Wissen – Wissen in seiner strengsten Form als Wissenschaft. Allgemeingültigkeit, Bestimmtheit, Rückgang auf die Rechtsgründe aller Annahmen wurden hier [bei Platon und Sokrates (r.h.)] zuerst als Anforderung an jedes Wissen herausgehoben." (DILTHEY GS V, 348).

[252] DILTHEY GS V, 373 f. Vgl. auch: DILTHEY GS V, 374 f.; DILTHEY GS VII, 6.

Auch die Einzelwissenschaften streben eine Festigung des Lebens durch die Bereitstellung allgemeingültigen Wissens an. Von ihnen weiß Dilthey die Philosophie dadurch abgegrenzt, daß sie sich nicht mit Detailwissen zufrieden gibt, sondern stets nach Erkenntnis des Ganzen der Welt strebt. Die Philosophie sieht Dilthey – besonders in ihren großen Systemen – nie darauf beschränkt, nur die engen Grenzen des jeweiligen wissenschaftlichen Weltbildes abzusichern. Sie hat stets auch das unausrottbare metaphysische Bedürfnis bedient, welches nach einer vollständigen Erklärung der Realität als Ganzer verlangt, d.h. nach Einsicht in die letzten Lebensrätsel, selbst wenn dies die Grenzen der Wissenschaftswelt, d.h. des erfahrungswissenschaftlich Ausweisbaren zu überschreiten notwendig machte. Durch ihre Tendenz auf das (rätselhafte) Ganze der Wirklichkeit weiß Dilthey die Philosophie der vorwissenschaftlichen Lebenserfahrung, aber auch der Kunst und Religion näher,[253] als es die Einzelwissenschaften sind.

„Das Rätsel des Daseins blickt zu allen Zeiten den Menschen mit demselben geheimnisvollen Antlitz an ... Immer ist in diesem Rätsel ursprünglich miteinander verbunden das dieser Welt selber und die Frage, was ich in ihr soll, wozu ich in ihr bin, was in ihr mein Ende sein wird. Woher komme ich? Wozu bin ich da? Was werde ich sein? Dies ist von allen Fragen die allgemeinste und die mich am meisten angeht. Die Antwort auf diese Frage suchen gemeinsam das dichterische Genie, der Prophet und der Denker. Dieser unterscheidet sich dadurch, daß er die Antwort auf diese Frage in allgemeingültiger Erkenntnis sucht. In diesem Merkmal ist die philosophische Arbeit verbunden mit der des Einzelforschers. Und eben nur darin sondert er sich von diesem, daß immer vor ihm dies Rätsel des Lebens steht, immer sein Auge auf dieses Ganze, in sich Verschlungene, Geheimnisvolle gerichtet ist. Das ist in jedem Stadium der Philosophie dasselbe."[254]

Das Spezifische des philosophischen Versuchs, mit der Realität der Welt als ganzer zurechtzukommen, erschließt sich für Dilthey also aus der Tatsache, daß im Unterschied zu anderen Gestalten des Geisteslebens in der Philosophie die allgemeine Suche des geistigen Lebens nach Festigkeit als Konflikt zweier Seelentendenzen ausgetragen wird, die zwar beide auf Festigung und Absicherung der Existenz angelegt sind, gleichwohl nicht von sich aus schon konvergieren. In allen historischen Gestalten der Philosophie ringt, was Dilthey die positivistische Tendenz nennt, nämlich das Streben nach in höchstem Maße gewisser und allgemeingültiger Erkenntnis, mit dem metaphysischen Zug des Denkens nach Erkenntnis der Welt im Ganzen;[255] oder anders ausgedrückt: Mittels der Philosophie hofft das Leben immer wieder neu über die eng gesteckten Grenzen gesicherten und begründeten Einzelwissens hinausgreifen zu können, um im Bezirk der Lebensrätsel, d.h. der letzten Fragen nach der Bedeutung der Welt als Ganzer und des menschlichen Lebens in ihr, eine gewisse Eindeutigkeit zu erzielen, weil anders das Leben nicht mit sich und der Welt zurechtzukommen wüßte. Wie Nietzsche meint auch Dilthey: Das wissenschaftlich abgesicherte Wissen bezüglich vorletzter Fragen kann allein nicht garantieren, daß die nach dem

---

[253] Was Heidegger davon hält, das Wesen der Philosophie über einen Vergleich mit Religion und Kunst zu bestimmen, zeigt sich in HEIDEGGER GA 29/30, 3 f.
[254] DILTHEY, GS VIII, 206 f.; vgl. auch DILTHEY, GS V, 365; GS VIII, 206 f.
[255] Vgl. DILTHEY GS VIII, 217.

Prinzip der Selbsterhaltung, Luststeigerung und Unlustvermeidung organisierte Lebensführung ihr Ziel auf Dauer erreicht. Solange im Bereich der *letzten* lebenstragenden und -leitenden Überzeugungen alles im Rätselhaften verbleibt und der Mensch noch nicht vergessen hat, daß er mehr ist als nur eine *res cogitans*, wird ihn das natürliche Bedürfnis nach Sicherung seiner Existenz nicht loslassen. Erst wenn er – mit Hilfe der Philosophie – verbindlich und allgemeingültig wissen kann, woran er mit sich und der Welt im Ganzen ist, erst wenn er die widersprüchliche Mannigfaltigkeit seiner Erfahrungswelt durch Integration in leitende Ideen zu einem Sinnganzen harmonisiert hat, wird er sein Bedürfnis nach Festigung angesichts der Unbeständigkeit der Welt gestillt glauben.

Die Philosophie erfüllt also im Zweckzusammenhang der anthropologischen Struktur eine recht spezifische Funktion: Aufgabe des philosophischen Denkens ist es, über die immer nur begrenzte Stabilität, die das tätige Leben, die Lebenserfahrung sowie das einzelwissenschaftliche Wissen um die Beschaffenheit einzelner Seinsregionen der Seele zu bieten vermögen, hinauszugelangen in ein Wissen um die Welt als ganze, das zugleich der von Religion und Kunst bereitgestellten Weltauslegungen an Gewißheit und Allgemeingültigkeit überlegen ist, nichtsdestotrotz zur Lebensorientierung taugt. Die spezifisch philosophische Form von „Festigkeit" hieße bei Dilthey demnach „wissenschaftliche Weltanschauung". Philosophie integriert Erkenntnisse aller Art – Alltagswissen und einzelwissenschaftliche Erkenntnisleistungen – zur Einheit einer Weltanschauung und somit zur Gegenmacht gegen die Flüchtigkeit und Instabilität des Lebens. Im Unterschied zu Religion und Kunst ist Philosophie jene Form von Weltanschauung, welche die das Leben stabilisierende Anpassungsleistung an die Welt in der Dimension allgemeingültigen Wissens zu verwirklichen sucht.[256]

„Religion, Kunst und Philosophie haben eine gemeinsame Grundform, die in die Struktur des Seelenlebens zurückreicht. (...) So klärt sich jetzt auf, was unter Welt- und Lebensrätsel als dem gemeinsamen Gegenstand von Religion, Philosophie, Dichtung zu verstehen ist. In der Struktur der Weltanschauung ist immer eine innere Beziehung der Lebenserfahrung zum Weltbilde enthalten, eine Beziehung, aus der ein Lebensideal abgeleitet werden kann."[257]

Der philosophischen Weltanschauung mutet Dilthey etwas zu, was im Grunde gar nicht zu leisten ist, wie Dilthey am Ende selber einsieht. Sie soll die „Wände von Tatsächlichkeit ..., die wir nicht durchbrechen können"[258], doch noch irgendwie durchbrechen, ohne dabei den Raum der Wissenschaftlichkeit zu verlassen; sie soll umfassenden Sinn finden, wo offenkundig Sinnlosigkeit herrscht, Sicherheit und Festigkeit erzielen, wo es nur Unbeständigkeit und Fließen gibt. Sie soll Maßstab umfassender Sinnorientierung angesichts der Geschichte sein. Und all dies natürlich nicht im Medium tätiger Weltgestaltung und Weltveränderung,

---

[256] Vgl. DILTHEY GS V, 378, 399 ff. und GS VIII, 208 f.

[257] DILTHEY GS V, 378-380. Vgl.: „Hatte vielleicht Hegel darin recht, daß Religiosität und Kunst untergeordnete Formen der Wesensentfaltung der Philosophie seien: bestimmt, immer mehr in die höhere Bewußtseinsweise der philosophischen Weltanschauung sich umzusetzen?" (DILTHEY GS V, 400).

[258] DILTHEY GS V, 105.

sondern im Medium reiner Betrachtung der Welt als ganzer. Denn um Welt*anschauung* zu gewinnen, muß man sich ja aus der empfindend-handelnden Verstricktheit in Welt und Geschichte herausnehmen. Daß der Einzelne auch durch aktive Weltgestaltung, beispielsweise durch die Einformung in die Gesellschaft, seine Existenz festigen könnte, kommt Dilthey jetzt nur noch am Rande in den Sinn. Dilthey weiß zwar nach wie vor um die Notwendigkeit der weltbearbeitenden Praxis, sie resultierte ja unmittelbar aus dem anthropologischen Strukturzusammenhang. Eingespannt in die Selbst-Welt-Korrelation muß der Mensch handeln, er kann nicht anders. Doch indem er in der Unbeständigkeit der Welt handelnd Ziele zu verwirklichen strebt, bleibt er in das Tatsächliche verstrickt. Wo immer sich der Mensch tätig einläßt auf die Natur als seine Welt aufgrund der Strukturbeziehung von Impuls und Widerstand, Reiz-Reaktion und Anpassung, sieht ihn Dilthey noch an die Gegebenheit gebunden, ohne Festigkeit und voller Vergänglichkeit. Nur wer sich aus der Verstrickung in die äußere Welt und damit natürlich auch aus der Aufgabe der Weltgestaltung und Weltveränderung zurückzieht in die Dimension der Anschauung der Welt als ganzer, kann auf Dauer jenen sicheren Stand erringen, den die *vita activa* vermissen läßt. Dabei vor allem soll die Philosophie behilflich sein. Sie soll den Menschen befreien aus der konkreten Gegenständlichkeit einzelwissenschaftlichen Erkennens und aus den konkreten Zweckzusammenhängen gesellschaftlichen Handelns;[259] sie soll ihn erlösen aus dieser Art von Endlichkeit, ohne ihn dabei aus dem Bezirk sicheren Wissens zu entlassen.

„Die Einstellung des Blickes und Intention in das Gesonderte, nach Ort und Zeit Bestimmte würde die Ganzheit unseres Wesens ... auflösen: stünde dem Menschen nicht immer wieder das Reich der Religion, Poesie und Philosophie offen, in dem er von solcher Beschränktheit sich erlöst findet."[260]

Die Philosophie löst den Denkenden aus seiner konkreten Verstrickung in die Geschichte heraus – darin vor allem zeigt sich die Problematik von Diltheys Konzeption der Philosophie als Weltanschauung. Einen Stand gibt es für Dilthey niemals in, wohl aber *über* der Geschichte.[261] Gadamer diagnostiziert hier einen bleibenden Cartesianismus, der Diltheys lebensphilosophischen Ansatz konterkariere. Daß es, um Halt in der Geschichte zu gewinnen, den Standpunkt der weltenthobenen Reflexion und des Zweifels einzunehmen gilt und daß diese Arbeit vom wissenschaftlichen Nachdenken (und sonst nicht) vollbracht wird, ist in der Tat mit Diltheys lebensphilosophischen Einsichten in das Geflecht von Wissen und Leben kaum zu vereinbaren.[262] Hier scheint sich also ein Rückfall in einen schon überwunden geglaubten Objektivismus zu vollziehen. Dilthey will der Konsequenz seiner eigenen

---

[259] Vgl. DILTHEY GS V, 378.
[260] DILTHEY GS V, 377.
[261] Vgl.: „Diese Gemeinsamkeiten nun von Religion, Dichtung und Philosophie, durch die sie in sich verbunden und von anderen Lebensgebieten getrennt sind, beruhen schließlich darin, daß die Einspannung des Willens in begrenzte Zwecke hier aufgehoben ist: der Mensch löst sich aus dieser Gebundenheit an das Gegebene, Bestimmte ..." (DILTHEY GS V, 377).
[262] Vgl. GADAMER 1986, 242 ff.

Intuitionen und Entdeckungen nicht folgen.[263] Es ist das Ideal eines durch keine geschichtliche Relativität beeinträchtigten, zeitenthoben immergültigen Wissens, das für Dilthey ungebrochen leitend bleibt und als Maßstab im Hintergrund steht,[264] auch wenn es seine *Philosophie der Philosophie* – wie sich noch zeigen wird – für unerreichbar erklärt. Gadamer sieht in Diltheys persönlicher Lebensgeschichte den Grund dafür, warum dieser immer bloß nach Sicherheit frage und diese einzig in der Wissenschaft zu finden meine:

„... je mehr er in die moderne Wissenschaft hineinwuchs, desto stärker empfand er die Spannung zwischen der christlichen Tradition seiner Herkunft und den durch das moderne Leben freigesetzten geschichtlichen Mächten. Das Bedürfnis nach etwas Festem hat bei Dilthey den Charakter eines ausgesprochenen Schutzbedürfnisses gegenüber den furchtbaren Realitäten des Lebens. Aber er erwartet die Überwindung der Ungewißheit und Ungesichertheit des Lebens nicht so sehr von der Festigung, die die Einformung in die Gesellschaft und die Lebenserfahrung verleiht, als von der Wissenschaft. Die cartesianische Form, durch den Zweifel zum Sicheren zu gelangen, ist für Dilthey unmittelbar einleuchtend, sofern er ein Kind der Aufklärung ist. (...) Der privative Säkularisationsprozeß, der den Theologiestudenten Dilthey zur Philosophie führt, kommt dergestalt mit dem weltgeschichtlichen Vorgang der Entstehung der modernen Wissenschaften zur Deckung. Wie die moderne Naturforschung die Natur nicht als ein verständliches Ganzes sieht, sondern als ein ich-fremdes Geschehen, in dessen Ablauf sie ein begrenztes, aber zuverlässiges Licht bringt und dessen Beherrschung sie damit ermöglicht, so soll von dem menschlichen Geist, der sich um Schutz und Sicherheit bemüht, der »Unergründlichkeit« des Lebens, diesem »furchtbaren Antlitz«, die wissenschaftlich ausgebildete Fähigkeit des Verstehens entgegengesetzt werden. Sie soll das Leben in seiner gesellschaftlich-geschichtlichen Wirklichkeit so weit aufschließen, daß das Wissen trotz der Unergründlichkeit des Lebens Schutz und Sicherheit gewährt. *Die Aufklärung vollendet sich als historische Aufklärung.*"[265]

4.2 Die Philosophie der Philosophie: Weltanschauungstypologie

Hinter Diltheys Funktionsbestimmung der philosophischen Weltanschauungen wird nun doch eine Auffassung vom Leben als einem (wenn nicht Irrationalen, so aber doch) zutiefst Rätselhaften sichtbar, dem tätiges Sich-Einlassen schutzlos ausgesetzt bleibt. Der Rätselhaftigkeit der Welt und der Unsicherheit des Lebens in ihr kann man durch Handeln und Handlungswissen nicht beikommen, aber offenbar, so scheint Dilthey jetzt zu meinen, auch nicht durch die Anstrengung philosophischen Denkens. Diese Einsicht setzt sich mehr und mehr in seinem Denken durch. Daß sogar die philosophische Reflexion die Rätselhaftigkeit des Lebens nicht wirklich aufzulösen und die Wände der Tatsächlichkeit nicht zu sprengen vermag, sieht freilich erst die in der Gestalt des historischen Bewußtseins zu sich selbst

---

[263] So GADAMER 1986, 218 ff.

[264] Vgl.: „Jedes seelische Verhalten sucht nach einem der Relativität entnommenen festen Punkte. Diese allgemeine Funktion der Philosophie äußert sich nun unter den verschiedenen Bedingungen des geschichtlichen Lebens in all den Leistungen derselben (...)" (DILTHEY GS V, 415); vgl. DILTHEY GS VIII, 84 f.

[265] GADAMER 1986, 243 f.

gekommene Philosophie ein, die „Philosophie der Philosophie". Sie weiß nicht nur um die bleibende Ungesichertheit alles weltverbundenen Agierens, sie erkennt auch die Relativität alles philosophischen Denkens. Sie weiß, daß die philosophischen Weltanschauungen überholungsbedürftig sind und als Lösungsvorschlag von nur relativer Gültigkeit. Immer nur für eine kurze Frist, wenn überhaupt, können sie den Menschen der Unsicherheit entheben und in einem scheinbar schlüssigen Weltbild beruhigen. Über ihre nicht aufhebbare Perspektivität kann sich das historisch aufgeklärte Bewußtsein nicht länger hinwegtäuschen.

„Jede Lösung der philosophischen Probleme gehört, geschichtlich angesehen, einer Gegenwart und einer Lage in ihr an: der Mensch, dies Geschöpf der Zeit, hat, solange er in ihr wirkt, darin die Sicherheit seines Daseins, daß er, was er schafft, aus dem Fluß der Zeit heraushebt, als ein Dauerndes: in diesem Schein schafft er frohmütiger und kraftvoller. Hierin liegt der ewige Widerspruch zwischen den schaffenden Geistern und dem geschichtlichen Bewußtsein. (...) Dieser Widerspruch ist das eigenste still getragene Leiden der gegenwärtigen Philosophie."[266]

In der Rückschau auf die Geschichte ihrer Disziplin erkennt die *Philosophie der Philosophie* des weiteren, warum es zwangsläufig zum Streit der Weltanschauungen kommen mußte. Die herkömmliche Philosophie ist nämlich durch einen inneren Widerspruch gekennzeichnet. Sie ist zeitgebunden, strebt aber nach unbedingtem, absolutem Wissen. Der Streit zwischen den philosophischen Systemen war also vorprogrammiert.[267] So sind die philosophischen Weltanschauungen, die doch eigentlich Ruhe und Sicherheit im unruhigen Leben hätten gewährleisten sollen, selber zu Elementen von Unruhe im geschichtlichen Prozeß geworden, und ihr Streit ist noch in keinem Punkt zur Entscheidung gelangt. Philosophie erscheint darum als ein Kampf um unlösbare, aber persönlich bedeutsame Fragen. Da keine der philosophischen Weltanschauungen verabsolutiert werden darf (sie sind ja alle nur perspektivisch), sie aber auch nicht kritisch destruiert werden können, (das Leben läßt sie immer wieder aufs Neue entstehen, weil es ohne sie nicht auskommt),[268] da aber auch keine Einheit unter den divergierenden Meinungen herzustellen ist, weil sie die rätselhafte „Mehrseitigkeit der Lebendigkeit"[269] widerspiegeln, die aller Wahrscheinlichkeit nach gar nicht auf einen Nenner gebracht werden kann, bleibt der „Philosophie der Philosophie" nur eine Möglichkeit: Sie muß in vergleichender Methode das Bildungsgesetz[270] des philosophischen Geistes ausfindig machen in der Hoffnung, auf diesem Weg die Überfülle der jeweils immer nur eine Seite des Lebens abdeckenden Weltanschauungen wenigstens klassifizieren und katalogisieren zu können.

---

[266] DILTHEY GS V, 364.

[267] Vgl. DILTHEY GS VIII, 84 u. 161.

[268] Vgl.: „Keine Weltanschauung kann durch Metaphysik zu allgemeingültiger Wissenschaft erhoben werden. Ebensowenig können sie zerstört werden durch irgendeine Art von Kritik. Sie haben ihre Wurzel in einem Verhältnis, das weder dem Beweis noch der Widerlegung zugänglich ist; sie sind unvergänglich, vergänglich ist allein die Metaphysik." (DILTHEY GS VIII, 218).

[269] DILTHEY GS VIII, 8; vgl. ebd., 69 ff.

[270] Vgl. DILTHEY GS VIII, 161 und 218.

> „Alle Weltanschauungen enthalten, wenn sie eine vollständige Auflösung des Lebensrätsels zu geben unternehmen, regelmäßig dieselbe Struktur. Diese Struktur ist jedesmal ein Zusammenhang, in welchem auf der Grundlage eines Weltbildes die Fragen nach Bedeutung und Sinn der Welt entschieden und hieraus Ideal, höchstes Gut, oberste Grundsätze für die Lebensführung abgeleitet werden. Sie ist durch die psychische Gesetzlichkeit bestimmt ... (...) Und so sind auch die Weltanschauungen regelmäßige Gebilde, in welchen diese Struktur des Seelenlebens sich ausdrückt."[271]

Das Resultat von Diltheys Gang durch die Windungen des Ganzen der Philosophie ist freilich eher enttäuschend, es erschöpft sich in der Zuordnung aller Ausprägungen des philosophischen Gedankens zu den als generelle Denkstile verstandenen Typen:[272] Dilthey demonstriert, daß im stets erneuten Aufgreifen identischer philosophischer Probleme und ihrer singulären Behandlung das die Geschichte allgemein beherrschende Gesetz von Struktur und Variation wirksam ist, und zeigt ferner, daß die Variationsbreite, innerhalb deren sich Lösungsmöglichkeiten philosophischer Probleme finden lassen, begrenzt ist. Es kehren innerhalb der Geschichte der Philosophie bestimmte Typen weltanschaulicher Prägung immer wieder: „so wiederholen sich in ihr sowohl die Hauptprobleme als die Hauptrichtungen ihrer Lösung"[273]. Diltheys Analyse der „genetischen Gesetzlichkeit" der Philosophie bringt insgesamt drei Typen philosophischer Weltanschauung ans Tageslicht, in denen der heutige Betrachter kaum zufriedenstellend die Essenz der gesamten Philosophie erkannt zu sehen vermag. Sie heißen: „Materialismus" bzw. auf die Naturerkenntnis gegründeter „Positivismus", „objektiver Idealismus" und „Idealismus der Freiheit".[274] Es sind dies die drei möglichen Varianten einer Antwort auf die Frage aller Philosophie: „Im Unterschied von den Einzelwissenschaften sucht sie die Auflösung des Welt- und Lebensrätsels selbst."[275] Jeder der drei Typen erfüllt auf seine begrenzte Weise die aus der immanenten Zweckmäßigkeit der psychisch-geistigen Struktur sich herleitende Funktion, dem Leben und der Geschichte Dauer zu verleihen. Die Methode, die den Zugang zu diesen Typen philosophischer Weltanschauung bringt, nennt Dilthey „historische Induktion"[276]. Selbstbesinnung tritt hier in der vor Zweifel panzernden Rüstung induktiver Wissenschaft auf. Der Typologie räumt Dilthey zunächst nur heuristischen, vorläufigen Wert ein. Sie ist nur ein methodisches Hilfsmittel der Erkenntnis, ihr Ergebnis ist überholungsbedürftig.

> „Die Forschung muß hierbei gegenüber ihren Ergebnissen jede Möglichkeit einer Fortbildung sich fortdauernd offen halten. Jede Aufstellung ist nur vorläufig. Sie ist und bleibt nur ein Hilfsmittel, historisch tiefer zu sehen."[277]

Bei aller beteuerten Immanenz in den Regelmäßigkeiten der Sache selbst – des Ganzen der Philosophie – werden Diltheys Typen am Ende aber doch zu ontologischen Essenzen, wie

---

[271] DILTHEY GS VIII, 82 f.
[272] Vgl. DILTHEY GS VIII, 85 f.
[273] DILTHEY GS VIII, 135.
[274] Vgl. DILTHEY GS V, 402.
[275] DILTHEY GS V, 365 bzw. 404.
[276] DILTHEY GS V, 402. 371. 372.
[277] DILTHEY GS VIII, 86.

zu kritisieren noch Gelegenheit sein wird (s.u. 5.2.2). Die Geschichte der Philosophie gerinnt so zur Schematik des ewig Gleichen: Ihr Wesen besteht in der Hervorbringung und Reproduktion von drei Typen philosophischer Weltanschauung. Als Ausdruck der Mehrseitigkeit der Welt hat eine jede von ihnen ihre perspektivische Unwiderleglichkeit. Jede Weltanschauung hat auf ihre Weise recht und gilt für ihre Anhänger ganz. So herrscht der Relativismus nicht uferlos, sondern hat seine klaren Grenzen, glaubt Dilthey. Er gefährdet nicht die immanente Objektivität der Forschung.[278] Diltheys Projekt einer Kritik der historischen Vernunft, sein Befreiungsschlag gegen die Spinnweben dogmatischen Denkens verhallt „in der dürren Lehre einer die ewige Dreifaltigkeit des menschlichen Geistes bezeichnenden Typologie"[279]. Er flieht vor den Konsequenzen des eigenen Relativismus in den sicheren Hafen typologischer Soziologie.[280] „Der Geist ist nicht mehr bei sich, wohl aber aufgeräumt. Und die Philosophie weiß sich fortan in einer Welt, die zwar nicht in Ordnung, aber ersatzweise jedenfalls ordentlich ist"[281], pointiert Odo Marquard im Blick (nicht nur) auf Diltheys Weltanschauungstypologie.

4.3 Freiheit als Abstand von der Geschichte

Es leuchtet ein, daß sich die geschichtlich zum Selbstbewußtsein gelangte „Philosophie der Philosophie" auf keine der historisch aufgereihten konkreten Formen der Philosophie und des damit verknüpften weltanschaulichen Glaubens einlassen kann, denn sie weiß ja um deren grundsätzliche Perspektivität. Sie sieht, wie sich Philosophie, aber auch Religion und Kunst im Kreise drehen, „unentrinnbar wie der Kreis des Lebens selber"[282]. Doch aus diesem Wissen um die Relativität jeder Bedeutungsganzheit vermag sie noch einmal Kapital zu schlagen. Sie wendet den Relativismus ins Positive: Gerade weil das Ganze des geschichtlichen Zusammenhangs nicht und niemals eindeutig erschlossen werden kann, ist der Mensch nun endlich ganz frei. Er hat Distanz gewonnen gegenüber der bindenden Kraft konkreter Weltanschauungen, die der Illusion anhängen, zu einer Wahrheit gelangen zu können. Er kann „über ihnen allen seinen Standpunkt einnehmen. Dann vollendet sich in ihm die Geschichtlichkeit des Bewußtseins."[283] So weist die Philosophie der Philosophie sogleich den Weg zu einer „höheren" Lebensweisheit: Angesichts des ewigen Streits der weltanschaulich Gebundenen scheint die Position des lachenden Dritten angezeigt. Keine der Weltanschauungen ergreift das Ganze der Wirklichkeit, allerdings ist auch keine von

---

[278] Vgl. GADAMER 1993, 399.

[279] Renn 1992/93, 316.

[280] So ANTONI 1973, 49, 54, 56 (vgl. LIEBER 1965, 729). Zur Funktion typologischen Denkens vgl. auch OTTO 1982, 31 ff.

[281] MARQUARD 1973, 121.

[282] DILTHEY GS VIII, 135.

[283] DILTHEY GS V, 380. Dilthey übersieht, daß die Metaphysik damit keineswegs überwunden ist, sondern gleichsam als „negative" zurückkehrt. Per definitionem sind jetzt nämlich alle Weltanschauungen gleichermaßen wahrheitsträchtig, oder besser: gleich-gültig, sofern sie unter dem Aspekt ihrer Genesis alle gleiche Geltung beanspruchen können (vgl. ANZ 1982, 65).

ihnen ganz falsch. Nahe legt sich von daher eine Lebensmaxime, die den weltanschaulichen Streit zu entschärfen bzw. zu vergleichgültigen hilft und Pluralität als Reichtum entdecken läßt. „Leben und leben lassen" wäre eine dementsprechende Devise. Für lebensbedeutsame Fragen mehrere, gleich unbefriedigende Lösungen zu kennen, ist stets besser als gar keine, meint der Skeptiker Odo Marquard. Er streicht den Zugewinn an Liberalität und Toleranz heraus, der sich aus Diltheys Position ergibt und knüpft daran an.[284] So entschädigt die neu gewonnene Freiheit für die Wunden, die das historische Bewußtsein zuvor im Auflösen aller Sicherheiten und geschichtlichen Verwurzelungen geschlagen hat. Der geschichtlich heimatlos gewordene Mensch kann jetzt einen Standpunkt „besseren Wissens" außerhalb aller Weltanschauungen beziehen und gleichwohl den perspektivischen Wahrheitsgehalt einer jeden von ihnen anerkennen. Er kann allen möglichen Formen des Glaubens gegenüber tolerant sein und sich den verschiedenartigen Gestaltungen des menschlichen Geistes nachlebend öffnen, um in allem das Eine, Menschliche zu finden, es zu genießen und sich auf diese Weise zu bereichern.

„So bleibt von der ungeheuren Arbeit des metaphysischen Geistes das geschichtliche Bewußtsein zurück, das sie in sich wiederholt und so die unergründliche Tiefe der Welt an sich erfährt. Nicht die Relativität jeder Weltanschauung ist das letzte Wort des Geistes, der sie alle durchlaufen hat, sondern die Souveränität des Geistes gegenüber einer jeden einzelnen von ihnen und zugleich das positive Bewußtsein davon, wie in den verschiedenen Verhaltungsweisen des Geistes die reine Realität der Welt für uns da ist."[285]

Indem die Philosophie der Philosophie die sich durchhaltenden, aber einander widersprechenden Weltauslegungstypen erkennt und lehrt, daß es zwischen ihnen keine rational begründbare, sondern allenfalls eine existentielle Entscheidung gibt, sieht Dilthey die menschliche Freiheit zur Vollendung gelangen. Dilthey übersieht jedoch, daß eben darin sein eigenes Denkprojekt scheitert. Denn seine anfängliche Selbstbesinnung auf das konkrete Leben, das es immer nur in Geschichte und Gesellschaft gibt, degeneriert nun unter der Hand zu einer aus den konkreten Bindungen an Welt und Geschichte herauslösenden systematisch-historischen Reflexion.[286] Selbst lebt man jetzt weniger *in* der Geschichte als vielmehr ortlos *über* ihr, als unbeteiligter, aber alles verstehender Zuschauer des spectaculum mundi (s.u. 5.2.1). Damit verabschiedet der späte Dilthey seinen ursprünglichen Gedanken von der wesenhaften, d.h. unauflösbaren Geschichtlichkeit des Menschseins endgültig. Welcher „Enge" sich Diltheys Geschichtsdenken hier zu entledigen trachtet, ist hinreichend deutlich geworden. Das paradoxe Schicksal lädt dazu ein, an den Grundlagen dieses Denkens Kritik zu üben.

---

[284] Vgl. MARQUARD 1984, 128-139.
[285] DILTHEY GS V, 406.
[286] Vgl. DILTHEY GS V, 380.

5 Die Grenzen von Diltheys erlebnispsychologischer Hermeneutik

Über Jahrzehnte hatte sich in der Dilthey-Interpretation ein Schema etabliert, demzufolge Dilthey seinen frühen erkenntnistheoretischen und psychologistischen Standpunkt revidiert und unter dem Einfluß von Husserls Logischen Untersuchungen und Hegels Lehre vom objektiven Geist weiterentwickelt habe zu einer hermeneutischen Grundlegung der Geisteswissenschaften. Gewiß ist dieses gängige Interpretationsmuster, das auf Ludwig Landgrebe und Otto Friedrich Bollnow[287] zurückgeht und sich für Diltheys späte „Wende zur Hermeneutik" (in GS VII) sogar auf einige Bemerkungen der Herausgeber der *Gesammelten Schriften* Diltheys[288] stützen kann, nicht ganz falsch. Es wurde vor allem von Gadamer übernommen und nach dessen Intentionen mit dem Kampfruf „hermeneutische Erfahrung versus Erkenntnistheorie" weitergeführt.[289] Heute indes wird dieses alte Interpretationsschema als Klischee besonders durch Riedel und Rodi[290] zurückgewiesen. Sie versuchen zu zeigen, daß Diltheys erkenntniskritische und transzendentalphilosophische Absicht, die seinem frühen Programm einer Kritik der historischen Vernunft zugrunde liegt (GS I), auch seine spätere Grundlegung des hermeneutischen Verstehens (GS VII) trägt und daß umgekehrt Diltheys hermeneutisches Konzept der Teil-Ganzes-Beziehung bereits seine frühe erkenntniskritische Phase prägt. Als leitender Gesichtspunkt für den frühen wie den späten Dilthey hätte folglich die Idee der noch nicht vorhandenen philosophischen Grundwissenschaft zu gelten, deren Fundamente weder in der Metaphysik noch in den Naturwissenschaften liegen, sondern im geschichtlichen Bewußtsein. Diltheys Werk wäre also (das wurde hier versucht) durchgehend von seinem „Zentralbegriff der Kritik der historischen Vernunft"[291] aus zu interpretieren. Dilthey betreibe in allen Phasen seines Denkens eine Verstehenstheorie in transzendentalphilosophischer Absicht.[292] In dieser neuen Perspektive erscheine Diltheys Psychologismus wie ein Intermezzo, eine vorübergehende Abkehr vom erkenntnistheoretischen Weg, die – so meinen Riedel und Rodi – sich vornehmlich in der Abhandlung zur „Realität der Außenwelt" und in den „Ideen über eine beschreibende und zergliedernde Psychologie" (GS V) bekunde. Bedauerlicherweise habe Heidegger in der Phase seiner Auseinandersetzung mit Dilthey nur GS V gekannt und nicht auch das später veröffentlichte Werk GS VII, von daher verstehe sich seine Kritik an Dilthey.

---

[287] Vgl. LANDGREBE 1928 und BOLLNOW 1936.
[288] So Georg Misch (DILTHEY GS V, XLV) und Bernhard Groethuysen (DILTHEY GS VII, VI f.).
[289] Vgl. GADAMER 1986 und OTTO 1984, 376 f.
[290] Vgl. RIEDEL 1981, 54 ff. und RODI 1998, 201.
[291] Vgl. OTTO 1984, 382.
[292] Nach Riedel ist Dilthey in seiner Kritik der historischen Vernunft nicht etwa nur auf das Faktum der Geisteswissenschaften und ihrer Grundlegung konzentriert, sondern auch am Aufbau der geschichtlichen Welt als einer *Leistung des zu ihm gehörigen Subjekts*. Dilthey geht es laut Riedel darum, Historizität als Spontaneität erkenntnistheoretisch zu begründen und zu rechtfertigen. Dem geschichtlichen Geschehen tritt das erkennende Subjekt gegenüber, das aus den Überresten, Denkmälern und Quellen der Vergangenheit ein „historisches Weltbild" erst aufbaut. So wird Dilthey hier gleichsam zum Vordenker der späteren konstruktivistischen Geschichtstheorien.

So sehr die genannte Trendwende der Dilthey-Interpretation im einzelnen ihr Recht haben mag, als Ergebnis der hier vorgelegten Analysen muß gesagt werden, daß es kein vorübergehender, sondern wohl vor allem ein *durchgängiger* Psychologismus ist, der Dilthey zu schaffen macht, über den sein strukturtheoretisches Denken nicht hinauskommt und der sich in verschiedener Weise manifestiert:

5.1 Dilthey unterschiebt der Geschichte ein Subjekt des Erlebens

Da war zunächst die Frage, ob geschichtliches Verstehen nur in der Nachempfindung besteht oder ob es auch einen eigenen Sinn und eine eigene Einheit hat, die konstituiert werden muß (s.o. Abschn. 3.3). Dilthey votierte (zu Unrecht) für das Erste: Verstehen zielt immer nur auf das „Gegebene". Verstehen ist immer Nachvollzug der im Leben schon gebildeten Zusammenhänge. Diltheys positivistisches Credo kann die Konstruktion, die „metaphysische" Prinzipien braucht, nicht zulassen.

So kommt es, daß für Dilthey „Geschichte" nichts anderes als der bloße Verlauf des Lebens in der Zeit ist. Was Geschichte ist, versucht er sich zu erklären, indem er die ursprünglich nur im Leben und Erleben des Einzelnen gegebenen Kontinuitätsphänomene ausweitet und fortsetzt auch über das Individuum, die „Urzelle der geschichtlichen Welt", hinaus. Idealtypisch verkürzt läuft Diltheys Aufbau von Geschichte über die Etappen: Erleben – Lebensverlauf – Wirkungszusammenhänge – Wirkungszusammenhang aller Wirkungszusammenhänge = Geschichte.[293] Spätestens bei der Einbeziehung der Kategorie des geschichtlichen Gesamtprozesses, der Weltgeschichte, zeigt sich aber, daß Dilthey mit einem erstaunlich unproblematischen Geschichtsbegriff operiert. Mit dem Wort „Geschichte" assoziiert er nämlich einen (universal-)historischen Zusammenhang (diachrone Strukturalität), der als solcher sowohl objektiv vorliegt, in Objektivationen vergangenen Lebens, als auch von der erkennend verinnerlichenden Subjektivität distanzlos, unmittelbar erfaßt ist.[294]

Zur Erinnerung: Daß in den Lebenskategorien die innere Strukturiertheit des Wirklichen tatsächlich getroffen ist, stand für Dilthey außer Frage, eben deshalb nannte er sie ja „reale" Kategorien. Das (dem Erleben erst nachfolgende) Zusammenhang*verstehen*, das sich jener Kategorien bedient, weiß Dilthey deshalb auf die diachrone Strukturalität, die interne Schlüssigkeit der phänomenalen Wirklichkeit selber gerichtet und zwar ohne für diese nochmals eine logische Hinterwelt in Anspruch zu nehmen.[295] Nun ist allerdings Diltheys Übergang vom Aufbau des Lebenszusammenhangs des einzelnen zu dem geschichtlichen Zusammenhang, der von keinem einzelnen mehr erlebt und erfahren wird, höchst fragwür-

---

[293] Vgl. BAUMGARTNER 1972a, 258.

[294] Vgl. RENN 1992/93, 305.

[295] Das geeignetste Interpretament der *real gegebenen* Verweisungsstruktur („objektive" Geschichte) meinte Dilthey in der Bedeutungskategorie gefunden zu haben. In Anlehnung an Kant spricht Dilthey bezüglich des Bedeutungsverstehens deshalb auch von „reflektierender Urteilskraft", die im Gegensatz zur „bestimmenden Urteilskraft", Ordnung nicht deduziert, sondern entdeckt; vgl. MAKKREEL 1983, 72.

dig.²⁹⁶ Dürfen überhaupt die am Modell einer Lebensgeschichte als um eine Sinnmitte kreisenden *Erlebnis*zusammenhänge zu Strukturgesetzen auch *des Ganzen der Geschichte* ausgeweitet werden, die als solche gar nicht *erlebt* wird, und wenn ja mit welchem Recht?²⁹⁷ Zwischen dem Individuum und den sogenannten historischen Gebilden überindividueller Natur liegt ein Bruch, der nicht so leicht zu kitten ist. Weil Dilthey jedoch keinerlei Zweifel hat an der Reichweite individueller Selbstbesinnung – sei es in der Weise des Erlebens, sei es des nacherlebenden (und dabei Individuelles begreifenden) Verstehens –, hält er die supersubjektiven Einheiten des Lebens für genauso unmittelbar zugänglich wie das individuelle Leben. Um das Terrain der „objektiven Universalgeschichte" erreichen zu können, listet Dilthey in konzentrischer und strukturhomolog gemeinter Reihung auf: „Selbstbiographie, Biographie, Geschichte der Nationen, der Kultursysteme, der Organisationen"²⁹⁸. Das Erfassen des geschichtlichen Gesamtzusammenhangs ist für Dilthey also überhaupt nicht problematisch und schon gar kein Akt höherer Konstitutionsleistung. Er ergibt sich ganz harmonisch aus der Ausdehnung bzw. Ausweitung der individuellen Subjektivität bzw. der Ausdehnung des besonderen Status der inneren Wahrnehmung auch in bezug auf vorgestellte Superentitäten.

> „In der inneren Erfahrung ist diese Realität des Bewußtseins uns gegeben, und mit ihr die Möglichkeit, die Mannigfaltigkeit der Erzeugnisse des menschlichen Geistes, wie sie in den Geisteswissenschaften zur Erfassung gelangt, aus ihrem Ursprung tiefer zu erkennen."²⁹⁹

Es besteht nun aber ein wesensmäßiger Unterschied zwischen der inneren Erfahrung individueller Erlebniszusammenhänge und der Aneignung bloß vorgestellter, historisch kollektiver Entitäten. Diese Differenz ebnet Dilthey unerschrocken ein. Er unterstellt eine fraglos mögliche Innenperspektive auch für den Bereich der synthetisierten Körperschaften, indem er die Verhältnisse in der mit dem Wort „Geschichte" gemeinten Realität einfach als *subjektanalog* setzt. Das geschieht durch die Einbeziehung der spekulativ-metaphysischen Hilfskonstruktion der „Objektivation des Lebens", als welche alle überindividuellen Wirkungszusammenhänge laut Dilthey verstanden werden sollen. Wenn wir es in der geschichtlichen Welt sowieso nur mit Objektivationen individuellen Lebens zu tun haben, darf der Übergang von konkreten Subjekten zu ideellen, logischen Subjekten, mithin die Übertragbarkeit der Strukturen der individuellen Lebensgeschichte auf nicht individuelle, selbständige Wirkungszusammenhänge wohl als gerechtfertigt gelten, scheint Dilthey zu glauben. Im objektiven Geist amalgamieren sich wirkliche Subjektivitäten (die Individuen als Rezipienten von Erlebnissen, die den erkenntnistheoretischen Primat der inneren Wahrnehmung

---

²⁹⁶ Vgl. GADAMER 1986, 228

²⁹⁷ Vgl.: „Leben ... ist, was im Verstehen und Erleben gegeben ist. Leben erstreckt sich sonach auf den ganzen Umfang des objektiven Geistes, sofern er durch das Erleben zugänglich ist" (DILTHEY GS VII, 261) Oder: „Geschichte ist nur das Leben, aufgefaßt unter dem Gesichtspunkt des Ganzen der Menschheit, das einen Zusammenhang bildet." (DILTHEY GS VII, 256).

²⁹⁸ DILTHEY GS VII, 272.

²⁹⁹ DILTHEY GS V, 361.

gerechtfertigt erscheinen lassen) mit der ontologisierten logischen Subjektivität überindividueller, ja sogar universaler Einheit, kritisiert Hans Michael Baumgartner.

„Sind nämlich Kultursysteme, Nationen, Epochen als Objektivationen des Lebens begriffen, so eignet ihnen von vorneherein die Struktur des Erlebens, und mithin subjektanaloge Eigenschaften: man kann die Wirkungszusammenhänge nacherleben und verstehen. (...) So überspringt der Begriff des objektiven Geistes, gefaßt als Objektivation des Lebens, den Hiatus zwischen Individuum und sogenanntem historischen Gebilde, in dem er die Identität der Struktur des Erlebens für alle geschichtliche Wirklichkeit im Interesse der Möglichkeit objektiver historischer Erkenntnis postuliert und damit die Identität von Leben und Geschichte behauptet."[300]

Der Brückenschlag von der historischen Selbsterkenntnis, von der „Subjektivität des Erlebnisses", zum allgemeinen historischen Bewußtsein gelingt Dilthey also nur mit Hilfe fragwürdiger metaphysischer Präsuppositionen, in denen er sein eigenes antimetaphysisches Maß unterbietet. Dilthey kommt nicht umhin, auf einen letztlich nicht erlebbaren, gleichwohl nach dem Leitbild der Erlebnisstruktur konzipierten Kollektivsingular „die (Welt-) Geschichte" zu rekurrieren und zugleich auch auf den Kollektivsingular „die Menschheit", beides durch den phänomenologischen Anspruch, nur dem ausweislich Erscheinenden – in Diltheys Terminologie: dem tatsächlich „Erlebten" bzw. „Erlebbaren" – Seinscharakter zuzusprechen, höchst fragwürdige geschichtsphilosophische Konstrukte. Gadamer attestiert hier eine unplausible Erweiterung des wirklichen Subjekts zu für wirklich genommenen logischen Subjekten bei nicht widerrufener ausgezeichneter Stellung der inneren Wahrnehmung,[301] und sieht dahinter das „Problem des Übergangs von der *psychologischen* zur *hermeneutischen* Grundlegung der Geisteswissenschaften". Er moniert einen ungelösten „Zwiespalt von Wissenschaft und Lebensphilosophie in Diltheys Analyse des historischen Bewußtseins"[302]. Baumgartner macht allerdings darauf aufmerksam, daß nicht allein Dilthey, sondern alle nach dem Modell des Selbstbewußtseins entworfenen Geschichtsanschauungen (auch Kants Bildungsgeschichte der Menschengattung und Hegels Theorie einer geschichtlichen Selbstentfaltung des Geistes zur Freiheit) zu spekulativen Hilfskonstruktionen greifen müssen, um den Übergang vom Subjekt zum historischen Gesamtzusammenhang zu bewerkstelligen.[303]

In Diltheys Logik, die vom Ich zum historischen Gesamtzusammenhang bruchlose Einheit knüpft, offenbart sich demnach ein bleibender Hegelianismus. Wie alle Vertreter der Historischen Schule kommt offensichtlich auch Dilthey nicht ohne ein vorgängig unterstelltes, objektives Allgemeines – das reale Leben und seine Grundstrukturen – aus. Diesem Begriff geschichtlicher Totalität korrespondiert bei Dilthey auf der Subjektseite eine *innere* Unendlichkeit des Geistes: *das grenzenlose Erleben* bzw. *Nacherleben*.

---

[300] BAUMGARTNER 1972a, 259.
[301] Vgl. GADAMER 1986, 210 f.
[302] GADAMER 1986, 211; vgl. 218 ff.; BAUMGARTNER 1972, 109 ff.; HABERMAS 1968, 178 ff.
[303] Vgl. BAUMGARTNER 1972a, 257 ff.

„Seine [Diltheys (r.h.)] Kritik am Vernunftidealismus Hegels meinte lediglich den Apriorismus seiner Begriffsspekulation – die innere Unendlichkeit des Geistes hatte für ihn keine grundsätzliche Bedenklichkeit, sondern erfüllte sich positiv in dem Ideal einer historisch aufgeklärten Vernunft, die zum Genie des Allesverstehens herangereift wäre. Für Dilthey bedeutete das Bewußtsein der Endlichkeit keine Verendlichung des Bewußtseins und keine Beschränkung. (...) Das historische Verstehen breitet sich über alle geschichtlichen Gegebenheiten aus und ist wahrhaft universal, weil es in der Totalität und Unendlichkeit des Geistes seinen festen Grund hat."[304]

Diltheys Abgrenzung von den geschichtsontologischen Implikationen Hegelscher Weltgeistkonstruktion ist, daran besteht kein Zweifel, nur vordergründig. Obgleich die Geschichtsphilosophie – bei Droysen und Dilthey – eine erkenntnistheoretische Wende nimmt hin zu einer rein formalen Geschichtstheorie, die den Einheitsgrund der Historie einzig *in unserer Auffassungsart vom Historischen* aufsucht, bleibt sie nichtsdestotrotz geleitet und bestimmt von einem implizit mitvertretenen und letztendlich *materialen* Vorverständnis vom Gegenstand solcher Erkenntnis: Dilthey glaubt alle Gegenstände historischen Wissens strukturhomolog zum individuellen Leben und deshalb einem Erleben und Verstehen grundsätzlich zugänglich. In dieser halben Negation und halben Affirmation von Hegels Philosophie des Geistes zeigt sich die „heimliche Geschichtsmetaphysik jener Metatheoretiker des Geschichtlichen"[305], mit anderen Worten: Diltheys Psychologismus.

5.2 Dilthey entgeht das einmalig Geschichtliche

Diltheys inkonsequente Einstellung Hegel gegenüber resultiert wohl aus einer letzten Unentschlossenheit, das cartesianische Erbe, die Vorstellung absoluter, objektiver Wissenschaft aufzugeben, die doch in unauflöslichem Widerspruch steht zu der notwendig unabschließbar zu denkenden Idee des selbstaufgeklärten historischen Bewußtseins. Dilthey kann nicht umhin, der zeitgenössischen Forderung nach Letztbegründungsstrategien gerecht zu werden. Er will den Objektivitätsanspruch seines historischen Wissens auf jeden Fall einlösen. Deshalb führt er den Nachweis, daß im hermeneutisch aufgefaßten historischen Bewußtsein Empirie und Transzendentalität, Rezeptivität und Spontaneität tatsächlich zur Objektivität konvergieren (s.o. Abschn. 3.3), was freilich nur dadurch gelingen konnte, daß Dilthey im Vorhinein die Einheit des Bewußtseins, d.h. die Gleichartigkeit und Gleichförmigkeit der Menschenseele unter allen geschichtlichen Bedingungen unterstellte. Diese Art psychologisierender Hermeneutik läßt ihn *das einmalig Geschichtliche,* um das es ihm als Vertreter der Historischen Schule ja eigentlich zu tun ist, am Ende verfehlen. Um das Verstehen des Fremden, das nie als unmöglich in Frage kommt, als möglich erscheinen zu lassen, nimmt Dilthey an, daß alle menschlichen Wesenszüge in allen Menschen vertreten sind, wenngleich in verschiedener relativer Quantität. So wird geschichtliche Individualität schließlich doch noch ins Allgemeine aufgehoben (s.u. 5.2.1) und gerät zum ontologisch Akzidentellen (s.u. 5.2.2).

---

[304] GADAMER 1986, 236.
[305] SCHNÄDELBACH 1983, 70.

5.2.1 Aneignung fremden Seelenlebens vom Standpunkt desengagierter Beobachtung

Diltheys strukturtheoretisch argumentierende Einfühlungstheorie geht davon aus, daß in der einfühlenden Transposition in fremde Individualität die gleiche, nur graduell differierende Seelenstruktur wiedergefunden wird. Deshalb darf ihr das Individualerlebnis historischer Persönlichkeiten auch als prinzipiell nachvollziehbar, d.h. reproduzierbar gelten. Ergebnis der Reproduktion ist dann „ein Wissen von einem Einmaligen"[306]. Der seelische Zusammenhang des Verstehenden erfährt durch das verstehende Einleben in fremde Individualität zweifelsohne eine Erweiterung, d.h. er wird bereichert. Die Seelenverfassung der fremden Individualität jedoch, das ist die Kehrseite von Diltheys Verstehenstheorie, büßt in der Reproduktion ihre sowieso nur graduellen Unterschiede ein. Das Verstehen, so wie Dilthey es konzipiert, führt, indem es die Beschränkung des Individualerlebnisses aufhebt und es zu einem nachvollziehbaren Allgemeinen macht, letztlich zu dessen Beseitigung. Diltheys Verstehen fremder Individualität betreibt unterderhand deren Auflösung; sein verstehendes Subjekt ist ein Vampir. Was übrigbleibt, ist eine reproduzierbare seelische Erlebnismöglichkeit, der das spezifisch Geschichtliche – d.h. das Unwiederholbare, weil Situationsgebundene – abgeht.

Wie das im konkreten Fall aussieht, illustriert Dilthey an der Möglichkeit, religiöse Zustände erleben bzw. nacherleben zu können. Im Verstehen der Dokumente von Luthers Leben und Wirken und der Quellen der Reformationsgeschichte kann man „einen religiösen Vorgang von einer solchen eruptiven Gewalt" und Energie erleben, wie er für einen Menschen unserer Tage eigentlich „jenseits jeder Erlebnismöglichkeiten"[307] liegt, meint Dilthey. Gleichwohl können wir ihn nacherleben, da ja der Unterschied religiösen Gemütslebens zwischen Luther und seinen modernen Interpreten nur ein gradueller ist. Hier läßt sich Diltheys Vorgehensweise genau nachzeichnen: Der komplexe Vorgang der Geschichte (Reformation) wird – als wäre er Objektivation eines Inneren – auf ein Strukturmoment des Seelenlebens (Religiosität) hin zentriert und in der genialen Energie einer großen religiösen Natur (Luther) begründet. Der Verstehende kann an ihr partizipieren und darin sein individuelles Leben erweitern und steigern. Ein geschichtlicher Vorgang wird strukturiert, aber um den Preis, daß die in ihm verhandelte Sache in den Hintergrund tritt und aufgehoben wird in einen Modus „religiöser Lebendigkeit"[308], den der Verstehende nacherlebt. In einer konkreten Situation und einmaligen geschichtlichen Stunde zu glauben und mit konkreten Zeitgenossen um den Glauben zu streiten ist indes etwas ganz anderes, als „das Glauben" nachzuerleben.

Diltheys psychologisierende Hermeneutik meint, einen in Frage stehenden Sachverhalt verstanden zu haben, wenn es gelingt, ihn durch einen Blick „hinter die Kulissen", d.h. in die Seele und Interessenlage der an ihm beteiligten Personen, plausibel zu machen. Für ein geschichtliches Dokument hieße dies, daß seine Qualität nicht zuerst an der in ihm dokumentierten Sache zu messen wäre, sondern an seinem Autor, von dessen Persönlichkeit, von

---

[306] DILTHEY GS VII, 141.
[307] Vgl. DILTHEY GS VII, 215 f.
[308] DILTHEY GS VII, 29.

dessen Tiefsinn und Gestaltungskraft es zeugt. Was Diltheys Verfahren dabei entgeht, ist das Geschichtliche an der Geschichte: Wie „Leben" bei Dilthey eigentlich das ungeschichtliche Seelenleben eines abstrakt konzipierten Menschen meint, so versteht Dilthey unter „Geschichte" letztendlich *nur das Erleben* jenes historischen Individuums, das er von dessen gestaltgewordenen Äußerungen her rekonstruiert. Die historischen Ereignisse und Konstellationen, von denen das Erleben zeugt, interessieren nicht in ihrem Eigenwert, sondern nur insofern sie Anlaß gewesen sind, dem Seelenleben der beteiligten Individuen eine spezifische Note zu verleihen; diese gilt es nachzuerleben und sich anzueignen. Dilthey ist letztlich doch nur an einer Hermeneutik der Individualität interessiert: *An der Geschichte interessiert das, was rückführbar ist auf eine kreative und individuelle Lebendigkeit, durch deren Nachvollzug sich das eigene Leben bereichern läßt.*

Ludwig Landgrebe hat diesbezüglich gegen Dilthey protestiert und darauf hingewiesen, daß in den Geisteswissenschaften nicht etwa das Innenleben eines Menschen verstanden wird, sondern seine Welt.[309] Heidegger hatte diesen Sachverhalt erstmals zur Geltung gebracht, indem er hinwies auf den jeder einzelnen Objekterkenntnis schon voraus liegenden Weltentwurf, wodurch er zugleich die herkömmliche (neukantianische) Konzeption eines transzendentalen Aufbaus der Geschichte modifizierte. Das Transzendentale in der Geschichtskonstitution ist seither nicht mehr die Konstitution des geschichtlichen *Gegenstandes*, sondern der vorgängige Entwurf der jeweiligen geschichtlichen *Welt*, innerhalb deren erst dem Subjekt „innerweltliche" Gegenstände begegnen, die es theoretisch oder praktisch be-handeln kann. Diese Weltentwürfe gilt es zu verstehen, wenn man die „Geschichte" verstehen will. Bei aller Neuinterpretation des Bewußtseins bleibt also Dilthey, verglichen mit Heidegger, doch der neuzeitlichen Bewußtseinsphilosophie und ihrer Vorstellung eines in sich verschlossenen Subjekts verhaftet, das sich erst nachträglich in die Welt hinein entäußert und erst dann verstanden ist, wenn man sein Innenleben eingeholt hat.

Der Aufhebung des Sinngehaltes der geschichtlichen Ereignisse entspricht bei Dilthey eine Entwirklichung auch *des verstehenden Selbst*, das „in der Imagination viele andere Existenzen erleben kann"[310]. Das spezifisch Geschichtliche wird demnach nicht nur in Diltheys Geschichtstheorie, sondern auch in seiner Anthropologie verfehlt. Ihr entgeht die konkrete Geschichtlichkeit des menschlichen Daseins, das sich seiner Besonderheit und faktischen Situiertheit nicht einfach zugunsten einer „alles verstehenden" fiktiven Universalität entledigen kann, auch wenn Diltheys Strukturtheorie das als prinzipiell möglich voraussetzt. Diltheys Verstehen des fremden Daseins, an dem nicht dessen (ganz andere) ge-

---

[309] Vgl. LANDGREBE 1967, 42 f. Auch Paul Ricœur stört, daß es bei Dilthey zum Seelenkurzschluß von Leser und Autor kommt, ohne daß dabei die Welt (des Textes) eigens zur Kenntnis genommen würde: „Rien n'a fait plus de tort à la théorie de la compréhension que l'identification, centrale chez Dilthey, entre compréhension et compréhension d'*autrui*, comme s'il s'agissait toujours d'abord d'appréhender une vie psychologique étrangère derrière un texte. Ce qui est à comprendre dans un récit ce n'est pas d'abord celui qui parle derrière le texte, mais ce dont il est parlé, la *chose du texte*, à savoir la sorte de monde que l'œuvre déploie en quelque sorte en avant du texte." (RICŒUR 1977, 132).

[310] DILTHEY GS VII, 216.

schichtliche Welt interessiert, sondern bloß das abstrakt konzipierte seelische Innenleben, durch dessen Nachvollzug wir „uns universal unsere Innenwelt gestalten"[311], wirkt wie eine Flucht aus dem faktisch gelebten Leben – als ob das verstehende Subjekt mit dem Schicksal seiner eigenen, begrenzten Position in der Geschichte haderte. Mit Kierkegaard ließe sich sagen: Diltheys Individuum scheint vor der Endlichkeit seiner selbst in eine schlechte Unendlichkeit auszuweichen und sich durch sein verstehendes Nacherleben eher zu vermöglichen als zu verwirklichen. In seiner Hermeneutik des Ausdrucksverstehens feiert Dilthey ganz unbefangen den Triumph des historischen als eines *ästhetischen* Bewußtseins, meinen ganz ähnlich Graf Yorck von Wartenburg und Martin Heidegger.[312] Auch Gadamer und Habermas mißtrauen der Beobachterposition, die Diltheys verstehendes Subjekt für sich beansprucht: Ein Interpret kann den Horizont der eigenen Lebenspraxis nicht einfach überspringen. Er kann den partikularen Traditionszusammenhang, durch den seine Subjektivität gebildet ist, nicht suspendieren, „um in den subhistorischen Lebensstrom einzutauchen, der die genießende Identifikation aller mit allen erlaubt"[313]. Das positivistische Ideal reiner Empirie[314] läßt Dilthey das geschichtliche Verstehen auf das Muster desengagierter Beobachtung zurückführen, zu Unrecht. „Das auffassende Vermögen, welches in den Geisteswissenschaften wirkt"[315], ist bei Dilthey am Ende doch nicht der ganze, geschichtliche Mensch, sondern immer noch ein ortloses Subjekt, das weniger in als vielmehr über der Geschichte steht. Heidegger kritisiert treffend, hier zeige sich das „Phänomen des Nirgendsseins im Allessehenmüssen"[316].

5.2.2 Individuation als singuläre Variation einer allgemeinen Struktur

Diltheys Versuch, die Allgemeingültigkeit des geisteswissenschaftlichen Verstehens mittels einer erlebnispsychologischen Strukturtheorie nachzuweisen, führt noch in einem weiteren Punkt seines Denkens eine innere Widersprüchlichkeit herauf. Das einmalig Geschichtliche entgeht Dilthey nämlich nicht nur bei der Erklärung der erkenntnismäßigen Zugänglichkeit, sondern auch der *Entstehung* von Individualität.

Trotz gegenteiliger Beteuerungen ist Diltheys Hermeneutik der Individualität gar nicht auf das Individuelle und je Verschiedene ausgerichtet, sondern hat primär das Allgemeine und Identische in der Geschichte im Blick (die allgemeine anthropologische Lebensstruktur), als dessen Besonderung das Individuelle erscheint.

„Der gleichförmige Zusammenhang, welcher so in der Struktur und Entwicklungsgeschichte des Seelenlebens sich ausbreitet, enthält nun aber, tiefer durchschaut, in sich die Regeln, von welchen die Gestaltung der Individualitäten abhängig ist."[317]

---

[311] DILTHEY GS V, 281, Anm.
[312] Vgl. HEIDEGGER GA 2, 528.
[313] HABERMAS 1968, 227 f.
[314] Vgl. HABERMAS 1968, 224 f.; ähnlich GADAMER 1986, 218 ff.
[315] DILTHEY GS I, 38.
[316] HEIDEGGER GA 63, 54.
[317] DILTHEY GS V, 226.

Der Ansatz eines metaphysischen Individualitätsbegriffs, durch den Individualität „als nicht reduzierbare oder ableitbare, personale, psychisch-geistige Einheit sui generis"[318] hätte vorausgesetzt werden können, schied für Dilthey von vornherein aus. Dilthey hält durchgängig an der Ablehnung eines Begriffs menschlicher Individualität fest, worin diese als vorgeschichtliche Entität verstanden wäre. Individualität gibt es für ihn nur *in* Geschichte und *aufgrund* von Geschichte. Doch führt ihn sein Unterfangen, statt dessen in der Entwicklungsgeschichte einer allgemeinen Struktur als dynamischer Form von Leben überhaupt den Ursprung aller geschichtlich-gesellschaftlichen Differenzierungen und Singularisierungen zu erblicken, zu einer seltsam unhistorischen Sicht der Geschichte zurück. Streng genommen ist jetzt nämlich die Individualität jeder menschlich-geschichtlichen Gestalt nichts anderes mehr als eine singuläre Variation dieser allgemeinen Struktur und infolgedessen die Geschichte Medium bloßer Variation eines Allgemeinen.

Dilthey erklärt also das Phänomen der Individuation aus der gleichen Selbst-Welt-Korrelation, die ja schon als Struktur der Beziehung Mensch – Natur zugrunde liegt. Das heißt konkret: Individualität ist Ergebnis der aus dem singulären Milieu und der Anpassung an es resultierenden Konkretion der sich entwickelnden Struktur. Die naturhaften Milieubedingungen wie die geistig traditionalen Bedingungen und Vorgegebenheiten, die sich in äußeren Organisationen und Kultursystemen niedergeschlagen haben, erhalten demnach primäre Bedeutung für den Individuationsprozeß der allgemeinen Lebensstruktur. Sie stellen die „Umstände" dar, unter denen das Subjekt durch Anpassung seine spezifische Weise von Festigkeit zu erarbeiten, kurzum seine Individualität auszuprägen hat. Da nun aber die milieubedingte singuläre Ausprägung der allgemeinen Grundstruktur nach Diltheys Bekunden immer nur auf singulärer Kombination *quantitativer* Bestimmungen beruht, nie aber der Anpassungsprozeß *qualitativ* Neues und Eigenes bewirkt, fällt es schwer, in Diltheys Individualität mehr zu erblicken als nur eine akzidentell verschiedene Ausprägung der für alle Individuen identischen Lebensstruktur. Was Resultat entwicklungsgeschichtlich erfolgender Variation quantitativer Bestimmungen ist, kann dann zwar, gesteht Dilthey zu, aufgrund seiner Abgegrenztheit gegen andere Varianten als Qualität eigener Art erscheinen, ist es in Wirklichkeit aber nicht. Der Qualitätsbegriff fällt bei Dilthey ausnahmslos unter das antimetaphysische Verdikt.[319] Natürlich beteuert Dilthey auch weiterhin, daß die Erkenntnis der Geschichte keinesfalls auf die Erkenntnis des Gleichförmigen in ihr reduziert werden dürfe, vielmehr läßt er sie in der Polarität von Gleichförmigkeit und Individualität ihren eigenen Gegenstand finden, durch den sie von der Naturerkenntnis abgegrenzt sei. Faktisch jedoch ist hier Geschichte längst zum Medium bloßer Variation des Allgemeinen geworden und der Antimetaphysiker Dilthey in die Gleise einer metaphysischen Theorie der Geschichte als eines Variations- und Differenzierungsprozesses einer allgemeinen Menschennatur eingeschwenkt.

---

[318] LIEBER 1965, 725.
[319] Vgl. DILTHEY GS V, 229 f.

„Eine gemeinsame Menschennatur und eine Ordnung der Individuation steht in festen Lebensbezügen zur Wirklichkeit, und diese ist immer und überall dieselbe, das Leben zeigt immer dieselben Seiten."[320]

Wiederum bewirkt der strukturtheoretische Ansatz von Diltheys Geschichtstheorie, daß das eigentlich Geschichtliche an der Geschichte verfehlt wird. Geschichte ist jetzt nur noch die stets erneute Bewährung und Wiederholung des Identisch-Gleichförmigen in ihr. Ihre spezifische Differenz als Geschichte des Menschen gegenüber der Geschichte der Natur, zumal der Organismen, wird bloß akzidentell. Die Selbsterarbeitung des Menschen in der Geschichte verblaßt zur stets erneut zu leistenden Selbsterhaltung und Lebenssteigerung in der Anpassung von Selbst und Welt. Interessant ist Geschichtserkenntnis dann einzig noch, insofern sie die Bandbreite der Variationsmöglichkeiten der in ihr sichtbar gewordenen Anpassungsformen vorführt. Doch selbst dieses Geschichtsinteresse wird noch einmal reduziert dadurch, daß Dilthey seine Theorie der geschichtlichen Individuation in eine Theorie geschichtlicher Typen integriert. Jetzt werden nicht nur Individuation bzw. historisch singuläre Konkretion auf der Grundlage struktureller Gleichförmigkeit erfaßt, sondern es wird zudem die Variationsbreite der Struktur des Seelenlebens eingeschränkt auf einige typische Variationsmuster. Das hermeneutische Verstehen entledigt sich auf diese Weise der spezifischen Dialektik des Allgemeinen und des Individuellen zugunsten einer Klassifikation von Erscheinungen. Historische Konkretion kann jetzt kaum anders mehr verstanden werden als bloße Abweichung vom Typ. Es ist

„... der Individuation des Wirklichen wesentlich, daß gewisse Grundformen, welche wir hier zunächst als Typen bezeichnen wollen, in dem Spiel der Variationen immer wiederkehren. In einem solchen Typus sind mehrere Merkmale, Teile oder Funktionen regelmäßig miteinander verbunden. (...) Dies P r i n z i p   d e s   T y p u s kann als das zweite, welches die Individuation beherrscht, angesehen werden."[321]

Der von Dilthey zunächst wohl nur im Sinne eines heuristischen Prinzips konzipierte Typusbegriff[322] – ohne das methodische Hilfsmittel der Typologie ließe sich die unendliche Vielfalt von individuellen Strukturvarianten nicht erkenntnismäßig durchdringen – wird am Ende zweifelsohne hypostasiert. Die heuristisch konzipierte Typlogie schlägt ins Ontologische um, in ihr artikuliert sich das Bildungs- und Gestaltungsgesetz der Geschichte. Der Typus wird zum Individuationsprinzip, das in der Geschichte selbst real wirksam ist.[323] So bringt Dilthey sein Geschichts- und Gesellschaftsverständnis vollends um den eigenen Anspruch, das historisch Individuelle ohne vorgängige Wesenssystematik zu sichten. Individualität wird zum zwar faktisch Vorhandenen und in der Geschichte Entstandenen aber ontologisch Akzidentellen. Das Wesen der Geschichte liegt in der Hervorbringung und Reproduktion von einigen wenigen, immer gleichen Typen des Selbst-Welt-Verhältnisses. Geschichte und Gesellschaft erstarren in der permanenten Wiederholung von typischen

---

[320] DILTHEY GS VIII, 85.
[321] DILTHEY GS V, 270.
[322] Vgl. DILTHEY GS VII, 213.
[323] Vgl. LIEBER 1965, 728.

Ausprägungen der an Anpassung orientierten Selbst-Welt-Regulation. Die Geschichte des Menschen – durch die Rückbindung an die anthropologische Struktur schon zurechtgestutzt auf ein konkret bedürfnis- und triebgebundenes Geschehen – nähert sich noch einmal mehr der Naturgeschichte an.[324] Sie gerinnt zur Schematik des ewig Gleichen. Geschichts*erkenntnis* reduziert sich jetzt auf die beiden Aufgaben der Demonstration des Hervorgehens einer begrenzten Typenzahl aus der (zumindest logisch) vorhistorischen Struktur und der Abmessung des Individuellen als abweichenden Fall am Typus.

5.3 Dilthey kennt Zukunft nur als kontinuierliche Verlängerung der Vergangenheit

Daß Dilthey das spezifisch Geschichtliche in verschiedener Hinsicht entgeht, hat wohl vor allem damit zu tun, daß er die Zukunft immer nur als „vage, weite Dimension", als kontinuierliche Verlängerung der Vergangenheit kennt, nicht aber in ihrer eigenen Unableitbarkeit und Macht. Dies scheint sein proton pseudos zu sein. Dazu sei nun abschließend noch ein Blick auf Diltheys Interpretation der „Zeitlichkeit" als elementarer Strukturkategorien des (Er-)Lebens geworfen:

Mit dem Erleben ist für Dilthey immer auch die *„Zeitlichkeit"* als gleichermaßen fundamentale kategoriale Bestimmung gegeben.[325] Grundlegend ist die Zeit, weil sie in ihrer Dimensionalität die Gliederung der übrigen Lebenskategorien vorzeichnet;[326] aber sie ist es mehr noch durch ihren Charakter des „rastlosen Fortrücken[s]"[327]. Dadurch nämlich provoziert sie im schaffenden Leben das ständige Bemühen, der eigenen, zeitlichkeitsbedingten „Gebrechlichkeit"[328] entgegenzuwirken und zu einer sicheren und stabilen Ordnung zu gelangen. Zeitlichkeit ist für Dilthey also zunächst einmal gleichbedeutend mit „Korruptibilität"[329], mit der Hinfälligkeit und Endlichkeit menschlichen Lebens,[330] die Dilthey so oft als Fremdartigkeit, Dunkelheit und Rätselhaftigkeit beschwört.[331] Allerdings liegt im „Schmerz über die Endlichkeit" immer auch „die Tendenz seiner Aufhebung, Streben nach Realisation und Objektivierung", eine Tendenz, die Dilthey als den „immanent teleologischen" Charakter individuellen Lebens zu beschreiben versucht:[332] Freilich hat das Leben und infolgedessen auch die Geschichte kein außerhalb ihrer selbst gelegenes Telos, von dem her ihre Ge- bzw. Zerbrechlichkeit aufgehoben werden könnte. Die individuelle Lebenseinheit „realisiert nicht einen ihr durch die Natur oder Gott vorgeschriebenen Zweck; auch erwirkt der Strukturzusammenhang nicht ein bestimmtes Ziel: er [sic! r.h.] enthält nur Zielstrebig-

---

[324] Vgl. LIEBER 1965, 727.
[325] Vgl. DILTHEY GS VII, 192.
[326] Vgl. DILTHEY GS VII, 206, 236.
[327] DILTHEY GS VI, 315.
[328] DILTHEY GS VII, 159.
[329] DILTHEY GS VII, 229, 325; GS VIII, 140 f.
[330] Vgl. DILTHEY GS VII, 72, 229.
[331] Vgl. DILTHEY GS VII, 150; GS VIII, 80 f., 141 ff.
[332] Vgl. DILTHEY GS VII, 238, 150.

keit"³³³. Gleichwohl ist das Leben in sich selbst teleologisch. Es ist auf ein Ziel hin geordnet, das es aus sich selbst und für sich selbst zu erreichen sucht, nämlich sich in eine Ordnung zu bringen, die gegen die Hinfälligkeit seine Zielstrebigkeit als solche zu behaupten hilft.

„Sofern der Lebenszusammenhang dies vollzieht, bezeichnen wir ihn als Kraft."³³⁴

„*Kraft*" ist für Dilthey demnach eine weitere, in gewisser Hinsicht der als Korruptibilität interpretierten Zeitlichkeit entgegengesetzte Fundamentalkategorie des Lebens. Das Leben bemüht sich, das Fortrücken der Zeit zu parieren, indem es gegen das drohende Auseinanderfallen energisch Festigkeit ausbildet, sprich „einen Zusammenhang, der das zeitlich voneinander Getrennte in eine innere Verbindung setzt"³³⁵. Damit ist der schon oft erwähnte Lebenszusammenhang gemeint, der als übergreifende Ganzheit die Teilmomente des Erlebens umfängt und in dem natürlich wiederum Zeit die entscheidende Rolle spielt, diesmal freilich nicht (die natürliche) Zeit, verstanden als bloßes Fortrücken, sondern Zeit in Gestalt eines Sinnzusammenhangs, eines Bewußtseinszusammenhangs, als Einheit von Vergangenheit und Präsenz im Lebensverlauf.³³⁶ Zeit ist als konkret erlebte, als Zeitlichkeit des Lebens, für Dilthey demnach ein Doppeltes: Sie ist zum einen naturgegebene Korruptibilität und Endlichkeit, zum anderen ist sie ein der allgemeinen Vergänglichkeit abgerungener Zusammenhalt von Vergangenheit und Gegenwart, wozu als drittes Moment natürlich auch die Zukunft gehört. Dilthey anerkennt also durchaus die Dimension einer Zukunft als Konstituens jedes Geschichtsbewußtseins, doch scheint dies immer bloß diejenige Zukunft zu sein, die die Gegenwart – von Vergangenheit erfüllt – schon längst in sich trägt:

„... im Leben ... umschließt die Gegenwart die Vorstellung von der Vergangenheit in der Erinnerung und die von der Zukunft in der Phantasie, die ihren Möglichkeiten nachgeht, und in der Aktivität, welche unter diesen Möglichkeiten sich Zwecke setzt. So ist die Gegenwart von Vergangenheiten erfüllt und trägt die Zukunft in sich."³³⁷

Der Ursprung aller weiteren „realen" Strukturbestimmungen des Lebens liegt nun in der beschriebenen Polarität des temporalen und teleologischen Charakters individuellen Lebens beschlossen. So sieht Dilthey dem zeitlich sich entfaltenden Erleben die Kategorien „*Bedeutung*", „*Wert*" und „*Zweck*" entspringen, welche in ihrer triadischen Anordnung den Strukturen von Erinnerung, Gefühl und Wollen und somit Vergangenheit, Gegenwart und Zukunft entsprechen.

„Indem wir zurückblicken in der Erinnerung, erfassen wir den Zusammenhang der abgelaufenen Glieder des Lebensverlaufs unter der Kategorie der Bedeutung. Wenn wir in der Gegenwart leben, die von Realitäten erfüllt ist, erfahren wir im Gefühl ihren positiven

---

[333] DILTHEY GS VII, 329 f.
[334] DILTHEY GS VII, 203.
[335] DILTHEY GS VII, 325.
[336] Vgl. DILTHEY GS VII, 73.
[337] DILTHEY GS VII, 232.

oder negativen Wert, und wie wir uns der Zukunft entgegenstrecken, entsteht aus diesem Verhalten die Kategorie des Zweckes."[338]

Das zeitlich bestimmte Erleben hat also nicht nur einen spezifischen Bezug zur Gegenwart, sondern vereint in sich immer auch die Zeitdimensionen Vergangenheit und Zukunft. Sobald nun aber Dilthey nach dem Zusammenhang der eruierten Kategorien „Bedeutung", „Wert" und „Zweck" (und damit auch der Zeitdimensionen, denen die drei Kategorien ja parallelisiert sind) fragt, gerät er in Verlegenheit. Jede beansprucht nämlich gemäß ihrem Ordnungsgesichtspunkt jeweils das Ganze des Lebens zu erschließen.[339] Schließlich erhält dann aber die auf die *Vergangenheit* bezogene und in normativer Sicht bescheidenere Größe „*Bedeutung*" den ausgezeichneten Stellenwert im Hinblick auf die Geschichte zugewiesen. Denn nur sie ist in der Lage, eine Beziehung zwischen Teil und Ganzem herzustellen, die das Ganze (des Lebens bzw. der Geschichte) als Sinnzusammenhang verstehen ließe, ohne den Eigenwert des Teils oder Momentes zu unterschlagen, sondern diesen im Gegenteil erst zu erschließen.[340] Hinter Diltheys Verfahren erkennt man unschwer das alte hermeneutische Prinzip der Textinterpretation wieder, wonach die Explikation der Teile im Lichte eines diffus vorverstandenen Ganzen erfolgen muß und umgekehrt das Verständnis des Ganzen im Rückschein der schrittweise präzisierten Teile. Genau dies sieht Dilthey in der Kategorie der „Bedeutung" gewährleistet. Wenn Dilthey sich auf den Ganzheitsaspekt konzentriert, so rückt dies seine historische Auffassung wiederum in eine gewisse Nähe zur ästhetischen Apperzeption: Der Figur- oder Gestaltcharakter der vergegenwärtigten Ganzheit, ihre interne Schlüssigkeit oder Prägnanz, die Abgeschlossenheit einer erzählten Geschichte, all diese Bestimmungen geben eine Verwandtschaft der historischen Auffassung mit der Ästhetik zu erkennen.

Wenn nun einzig die Kategorie „Bedeutung" den Zusammenhang des Erlebens formuliert, ist damit zugleich gesagt, daß die Einheit eines Lebensverlaufs sich nur im Vergangenheitsbezug ausbildet. Das (Selbst-)Verstehen bleibt bei Dilthey somit generell auf Retrospektivität und damit in gewisser Weise auch auf ein Stehen vor der Geschichte verpflichtet.[341] Doch treibt es Dilthey immer wieder – aufgrund der Einsicht in den Zusammenhang von Vergangenheit, Gegenwart und Zukunft – dahin, das in die Zukunft Ent-

---

[338] DILTHEY GS VII, 201.

[339] Vgl. DILTHEY GS VII, 201, 236.

[340] Vgl.: „Die Werte stehen zusammenhanglos nebeneinander, d.h. die Kategorie des Wertes ist von sich aus nicht imstande, die Werte aufeinander zu beziehen. Die Zwecke sind einfach die Werte, in die Zukunft projiziert, und auch sie haben von sich aus keine Ordnung. «Es ist wie ein Chaos von Harmonien und Dissonanzen.» (GS VII, 202) Nur durch die Kategorie der Bedeutung ist aus diesem Chaos jene wohlgeformte Melodie zu machen, die nach Dilthey den Zusammenhang des Lebens ausmacht bzw. ausmachen soll (GS VII, 234f). (...) Damit ist der Vorrang der Vergangenheit angedeutet, denn die Bedeutung ist ... die Kategorie der Erinnerung, des Rückblicks. Es sollte uns vielleicht nicht überraschen, diese Meinung von Dilthey zu hören, dem Historiker und Biographen, ... denn er behauptet hier nichts anderes, als die Vorteile des retrospektiven historischen Verstehens." (CARR 1985, 425 f.).

[341] Vgl.: „Und wie Geschichte Erinnerung ist und dieser Erinnerung die Kategorie der Bedeutung angehört, so ist diese eben die eigenste Kategorie geschichtlichen Denkens" (DILTHEY GS VII, 202).

worfene anzuerkennen als Element der Bestimmung des in der Vergangenheit Bedeutsamen und in der Gegenwart Werthaften.[342] Allerdings ist die Zukunft, die Dilthey dann im Blick hat, nicht diejenige dessen, der im Licht der inhaltlichten Bestimmung dieser Zukunft die Bedeutung von Vergangenheit erkennt und sein gegenwärtiges Handeln daran ausrichtet, also die offene Zukunft des Verstehenden selbst. Sondern sie ist stets die schon vergangene Zukunft, die die historischen Gestalten einmal hatten und die dem Historiker längst schon so verfügbar ist wie deren Vergangenheit. Zwar entgeht Dilthey nicht, daß die konstitutive Bedeutung der Zukunft für die Geschichtserkenntnis eigentlich grundsätzlicher gefaßt werden müßte: „Was wir unserer Zukunft als Zweck setzen, bedingt die Bestimmung der Bedeutung des Vergangenen."[343] Aufgrund der Ausrichtung des Verstehens auf die Kategorie der Bedeutung, durch welche sich im Rückblick das Leben zu einem Ganzen schließt, gelangt die Zukunft (des Verstehenden) aber letztlich immer bloß als Störfaktor geschichtlicher Erkenntnis in den Blick. Solange noch Zukunft aussteht, ist nämlich die Erhebung der Bedeutung nie eindeutig, sondern immer unabgeschlossen vorläufig. Geschichtserkenntnis steht immer unter dem Vorbehalt der Überholungsbedürftigkeit, weil die Geschichte noch nicht zu Ende ist. Der Ausweg, mittels geschichtsabgelöster Werte, Zwecke und Normen der geschichtlichen Betrachtung einen unbedingten Maßstab zu sichern, bleibt dem Antimetaphysiker Dilthey ja versagt.[344]

> „Es ist eine Beziehung, die niemals ganz vollzogen wird. Man müßte das Ende des Lebenslaufes abwarten und könnte in der Todesstunde erst das Ganze überschauen, von dem aus die Beziehung seiner Teile feststellbar wäre. Man müßte das Ende der Geschichte erst abwarten, um für die Bestimmung ihrer Bedeutung das vollständige Material zu besitzen."[345]

Erst vom Tod her wird Geschichte als objektiver Zusammenhang erschließbar. Der Verweis auf den Tod als sicherstem Indiz für die Erfahrung der Endlichkeit hat bei Dilthey großen Stellenwert. Die Philosophie des Lebens, die sich frei wähnt von allen metaphysischen und religiösen Bindungen, erweist sich hier in der Bindung ans Leben auch an den Tod gebunden. Es sind zwei Seiten derselben Sache. Entgegen dem eigenen Anspruch zeigt sich hier aber auch die metaphysische Dimension dieser Philosophie: Der Tod ist hier ja mehr als Abschluß und zeitliches Ende. Er ist Herstellung von Ganzheit, Sinn und Zusammenhang, was ein bloßes zeitliches Ende nie leisten könnte: die Aufhebung aller relativen Bedeutungen in einer objektiven Bedeutung. Der Tod erhält bei Dilthey, darin Heidegger in gewisser Weise präludierend, Schlüsselcharakter für Bedeutung überhaupt.

Daß Dilthey infolge der Implikationen seines Verstehensbegriffs letztendlich doch der Retrospektivität den Vorrang im Zusammenhang der Geschichtserkenntnis wie auch der Selbsterkenntnis einräumt, obgleich seine erlebnispsychologische Geschichtstheorie im

---

[342] Vgl.: „Wir erfassen die Bedeutung eines Momentes der Vergangenheit. Er ist bedeutsam, sofern in ihm eine Bindung für die Zukunft ... sich vollzog." (DILTHEY GS VII, 233).
[343] DILTHEY GS VII, 233.
[344] Vgl. DILTHEY GS VII, 262.
[345] DILTHEY GS VII, 233.

Ansatz darauf nicht notwendig festgelegt war, weist allerdings voraus auf die konstruktivistische Geschichtstheorie. Diese wird Diltheys Ergebnis – den Vorrang der Retrospektivität im Zusammenhang aller Geschichtserkenntnis – gern akzeptieren, die fragwürdigen Prämissen des Diltheyschen Ansatzes jedoch zurückweisen, nämlich die Identifikation von Leben und Geschichte, die das „Leben" schon vorgängig zu seiner retrospektiven Reorganisation im Akt des Erzählens „Geschichte" sein läßt, das historische Wissen somit als gradlinige Verlängerung des Erlebens in den Blick bringt und nicht als Konstitutionsakt höherer Ordnung.[346]

Es läßt sich nicht leugnen: Auch Diltheys *Freiwerden zur Geschichte* ist noch getragen von einem *Freiwerden(wollen) von der Geschichte*,[347] oder anders formuliert: Noch immer kommen Geschichte und Zeitlichkeit und das Eingebundensein des Menschen in sie mehr als auszuschaltende Störfaktoren denn als die entscheidenden Ermöglichungsbedingungen menschlichen Lebens und Wissens in den Blick. Dies zeigte sich besonders deutlich in Diltheys Idealbild des philosophischen Existenzvollzugs: Die aus dem Wissen um die Relativität gewonnene Freiheit wird streng genommen nur dem zuteil, der als Zuschauer über der Geschichte *steht*, also die Geschichte als den Schauplatz des Geschehens nicht betritt und somit von ihr entlastet ist. Aufgabe der Philosophie ist es, in diese Position zu verhelfen: Freiheit als Überlegenheit gegenüber dem Tatsächlichen zu bewirken und auf Dauer zu stellen. Das gelingt nur durch Abstandnahme, durch Rückzug aus dem stets aufdringlichen, geschichtlichen Geschehen und den begrenzten lebensweltlichen Interessen in die Innerlichkeit der eigenen Seele, die sich „dem allem entgegensetzt". Offensichtlich hofft Dilthey, daß sich die Seele in Anschauung der immer unbefriedigenden Rätselhaftigkeit der Welt und im Wissen um deren Unauflöslichkeit mit ihr abfindet und in der Resignation zu der Seelenruhe gelangt, die dem Handelnden als Handelndem versagt bleibt. So wird das Philosophieren bei Dilthey zum Quietiv, es soll in der Anschauung des Ganzen die konkreten Wünsche verstummen machen.

„Wir suchen eine Lage unseres Lebensgefühls, welche auf irgendeine Art unsere Wünsche schweigen macht."[348]

Doch auch der historisch Aufgeklärte – das folgt aus der Struktur seines Seelenlebens – kommt nicht umhin zu handeln. Dilthey jedoch gibt ihm einen inhaltlich völlig unbestimmten Geschichtsbegriff mit auf den Weg, so daß er nicht wissen kann, was überhaupt in der Geschichte zu tun und was zu lassen ist. Ein Handlungswissen, das seine Sinn- und Zielvorgaben aus den herkömmlichen Weltanschauungen bezieht, scheidet ja von vornherein aus, es ist „naiv". Woher also Kriterien zum Entwurf eigenen weltgestaltenden und weltverantwortlichen Handelns nehmen? Was Dilthey der metaphysisch und geschichtlich ratlos gewordenen Existenz diesbezüglich als Ersatz anzubieten hat, nimmt sich erstaunlich dürftig aus: Dilthey scheint zu meinen, daß der nie ganz aufzulösende rätselhafte Zustand der

---

[346] Vgl. BAUMGARTNER 1972, 253.
[347] Vgl. LIEBER 1965, 740.
[348] DILTHEY GS V, 373 f.

Welt, das Wechselspiel von Erfüllung und Versagung, auf das der Relativismus systematisch aufmerksam macht, selber noch als Sinn, d.h. als (inhaltliches) Wesen der Geschichte akzeptiert werden muß. Gewiß, Geschichte wird von Dilthey immer nur rein formal als Differenzierung und Artikulation der Struktur bestimmt. Einen (gesellschaftlichen) Fortschritt kennt Dilthey bestenfalls als Perfektionierung der auf Bedürfnisbefriedigung angelegten Struktur. Inhaltlich läßt er die Geschichte also völlig unterbestimmt. Eben darin gewinnt sie aber zu guter Letzt doch noch eine inhaltliche Bestimmung: Geschichte ist ein ewiges Auf und Ab, das die Bedürfnisse mal befriedigt, mal enttäuscht; sie ist Bewegung, und diese ist als solche auch schon Glück: „Historie ist Bewegung. (...) Es liegt aber auch im Fortschreiten selbst ein Glück."[349] Diltheys Geschichte ist jetzt kaum anderes mehr als glückhaft erfahrene Dynamik, Bewegung, stets neu entstehende Spannung, die Kraft und Aktion gebiert. Ihr Inhalt ist letztlich gleichgültig geworden. Ihr Grund ist die „irrationale Faktizität"[350]. Dem historisch aufgeklärten Bewußtsein ein Ja zu geschichtlichem Engagement abzuringen, ist Dilthey also nur zu dem hohen Preis einer völligen Entleerung der Geschichte gelungen: Als konkret bedürfnis- und triebgebundenes Geschehen verblaßt sie zur bloßen „Bewegung".[351]

Doch die in solcher Hingebung an das bewegte Leben sich bekundende Freiheit versöhnt sich, genau besehen, weniger mit dem rätselhaften Zustand der Welt, als vielmehr *mit dem Historisch-Faktischen* in ihr. Was schon innerhalb der Geschichte der Gesellschaft und ihrer Objektivierung im Institutionsgefüge der äußeren Organisationen galt, gilt jetzt um so mehr bezüglich der Handlungsorientierung in der Geschichte: In Ermangelung eines Maßstabs zur Erschließung eines möglichen inhaltlichen Ziels der Geschichte, dem durch geschichtliches Engagement zugearbeitet und das zur Gegenwartskritik herangezogen werden könnte, wird das faktisch in der Geschichte Gewordene und Objektivierte zur unhintergehbaren Norm für die historische Selbsterfassung und Selbstgewinnung des Menschen. Zu solchem Geschichtsbewußtsein geläutert oder in ihm gefangen, ist dem Menschen jetzt um so mehr gestattet, den geschichtlich jeweils herrschenden Gewalten seine Reverenz zu erweisen.

„Von der Qual des Augenblicks und von der Flüchtigkeit jeder Freude befreit sich der Mensch nur durch die Hingabe an die großen objektiven Gewalten, welche die Geschichte erzeugt hat. Hingabe an sie, nicht die Subjektivität der Willkür und des Genusses ist die Versöhnung der souveränen Persönlichkeit mit dem Weltlauf."[352]

Diltheys Nein zu jeder inhaltlichen Festlegung der Geschichte hat noch eine weitere Konsequenz. Es führt dazu, daß Aktivität als zukunftsorientierte und geschichtsverantwortliche Praxis, zu der so geartetes Geschichtsbewußtsein ja befreien soll, letztlich nur mit Begriffen wie „Entscheidung", „Entschluß", „Tat" gedeutet werden kann, die trotz der ihnen anhaftenden Emphatik über ihre Inhaltslosigkeit kaum hinwegzutäuschen vermögen. Damit ist

---

[349] DILTHEY GS VII, 288.
[350] DILTHEY GS VII, 288.
[351] So LIEBER 1965, 733.
[352] DILTHEY GS VIII, 226; ähnlich DILTHEY GS V, 409.

für das historisch aufgeklärte Wissen Geschichte letztlich zukunftslos geworden. Es kennt keine inhaltlich bestimmbare Vollendung als mögliches Ziel der Geschichte, dem entgegenzuarbeiten sich lohnte. Und aus der bloßen Variation einer immer gleichen Struktur kann wohl auch kaum wirklich Neues entstehen. Geschichte verflüchtigt sich so zur Kategorie der Geschichtlichkeit. Praxis wird zu kaum mehr als purer Dezision, und was sie an Variation der immer gleichen Struktur zuwege bringt, nennt sich Zukunft. Dilthey läßt sich zugute halten, so resümiert Lieber, daß seine Begrifflichkeit noch ganz eingebunden ist in eine humanitäre Überzeugung von der zu verwirklichenden Idee des Menschen als Menschen. Doch werde Diltheys Beharren auf einer irrationalen Faktizität, der ein kaum weniger irrationaler Aktivismus korrespondiere, in dem Maße gefährlich, als ihm der humanitäre Impuls verlorengehe. Immerhin habe sich diejenige Reflexion von Geschichte und Gesellschaft, die an Diltheys Begrifflichkeit anknüpfte, als ohnmächtig erwiesen gegenüber dem realpolitischen Erfolg jener Bewegung, die durch Entscheidung, Entschlossenheit und Tat der faktischen Irrationalität der Geschichte gültigen Sinn, also Vollendung zu geben versprach. Die menschenverachtende und -vernichtende Konsequenz dieser „geschichtlichen Entscheidung" dürfe nicht unterschlagen werden. Für die Abdankung der Vernunft in der Geschichte, die hierin katastrophales Ereignis wurde, seien damit eben auch jene Ansätze verantwortlich, für die Diltheys Lebensphilosophie, entgegen ihrem eigenen Wollen, die Denkmittel bereitgestellt habe.[353]

Diltheys vermeintliches Freiwerden zur Geschichte läuft Gefahr, von der handfesten Realität der Geschichte als irrationaler gerade deshalb eingeholt zu werden, weil es über deren Wohin und Wozu keine wirkliche Auskunft mehr zu erteilen weiß. Dazu müßte der Geschichtsbegriff auch inhaltlich-material gefaßt werden, nur dann wäre Geschichte mehr als bloß ein die Menschen zu kompensierenden Stabilisierungsleistungen herausforderndes ewiges Auf und Ab. Selbstverständlich ist Dilthey zugute zu halten, daß nach dem Ende metaphysischer bzw. theologisch inspirierter Geschichtsphilosophie das „Wesen" der Geschichte, gemeint ist ihre inhaltliche Festlegung, in der Tat nicht mehr philosophisch a priori deduziert werden kann. Um eine bzw. *die* Geschichte zu verstehen, muß jetzt immer erst ihr reales Ende abgewartet werden. Nur retrospektiv, d.h. von ihrem faktischen Ende her kann Geschichte als Bedeutungs- und ganzheitlicher Sinnzusammenhang konstruiert werden. Da aber weder Geschichtsphilosophie noch der konkret in der Geschichte handelnde Mensch das reale Ende der Geschichte abwarten kann, muß eine inhaltliche Bestimmung der Geschichte auch vorab möglich sein. Könnte dazu nicht das Ende antizipiert, also Geschichte von der Vorwegnahme ihres Endes her konzipiert werden? Geschichte wäre dann unter dem Aspekt einer projektiert vollendeten Geschichte geschrieben und angeeignet. Hier wird deutlich, in welcher Weise die Zukunftsdimension ins Spiel kommt und wohl auch kommen müßte: Die betont konstitutive Funktion des Zukunftswollens für jede Geschichtserkenntnis meint im Grunde die Vision einer *sich vollendenden Geschichte*. An sich wäre hier der Weg frei für die Anerkennung des *inhaltlich Utopischen* in der Geschichte, des noch nicht Abgegoltenen und eingelösten Anspruchs. Hier könnte eine inhaltliche Ten-

---

[353] So LIEBER 1965, 740 f.

denz von Geschichte erschlossen werden wie auch die Möglichkeit geschichtsverantwortlicher Praxis.[354] Eine solche Möglichkeit weist Dilthey jedoch kategorisch zurück, weil er Geschichtsutopie und Zukunftswollen nicht anders denn unter dem Aspekt von Relativität, Unfertigkeit, ja objektiver Unentscheidbarkeit zu sehen und zu würdigen vermag. Alles Inhaltliche läßt sich aus der Geschichte nicht begründen. Darin sieht Dilthey immer nur Reste idealistischer Metaphysik, die er unter Verdacht stellt. Diltheys persönliches Engagement für die Traditionen humanitärer Philosophie wird philosophisch-methodisch nicht gesichert in einer verbindlichen, inhaltlich-utopischen Festlegung von Leben als Geschichte, die in der Zukunft sich vollendete und damit zugleich ein Maßstab für theoretisch-praktische Verarbeitung setzte. Zukunft und die in ihr angelegten Möglichkeiten bleiben für Dilthey deshalb immer „vage, weite Dimensionen"[355].

---

[354] Dies war ja gerade Kants Anliegen: Kants Kritik des Vermögens der theoretischen Vernunft ist die Basis für die Freisetzung der *Möglichkeit einer praktischen Vernunft* auch und gerade in der Geschichte und für die Geschichte bis hin zu praktisch-verantwortlichem, politischem Tun in ihr unter der regulativen Idee der Freiheit. Wenn Kant also jede ontologisch-metaphysische Fassung des Konzepts von der Verwirklichung der Vernunft in der Geschichte kritisch ablehnt, so tut er dies in der Absicht, die praktische Möglichkeit dieses Konzepts als regulative Idee im Rahmen der Bemächtigung der Geschichte durch den Menschen zu erschließen. Dilthey jedoch eignet sich Kants Transzendentalphilosophie vor allem als erkenntniskritische Grundlegung der Erfahrungserkenntnis an. Damit geht ihm aber gerade Kants kritische Philosophie der Geschichte und Gesellschaft verloren (vgl. LIEBER 1965, 712).

[355] DILTHEY GS VII, 140.

Kapitel II: Martin Heidegger

Gegen Dilthey, Husserl und die Neukantianer, die jeder für sich das Ideal einer metaphysiklosen wissenschaftlichen Fundamentalphilosophie verfolgen, betont Heidegger: Was Philosophie, was Geschichte und wie beider Verhältnis beschaffen ist, kann nicht vom unbefragt hingenommenen Phänomen „Wissenschaft" aus bestimmt werden, sondern die Philosophie hat vorab zu klären, was überhaupt Wissenschaft ist und ob diese sich nicht immer schon innerhalb eines jeweiligen geschichtlichen Wahrheitsbereichs (Offenbarkeit von Sein) aufhält, den sie selber unbefragt voraussetzt. Wenn sich die Philosophie nicht einfach an ein momentan gültiges Wissenschaftsideal anlehnen kann, muß sie sich ihres eigenen Wesens neu vergewissern. Das tut sie, indem sie sich selbst als einen geschichtlichen Lebens- bzw. Daseinsvollzug zu begreifen lernt. Von daher die primäre Frage nach dem spezifischen Sein des Menschen, dem geschichtlichen Dasein, und der faktischen Lebenserfahrung als dem Grund der Philosophie. In diese Richtung hat sich nach Heideggers Dafürhalten immerhin Diltheys lebensphilosophische Anthropologie vorgetastet (s.u. Abschn. 1). Die Philosophie darf allerdings der faktischen Lebenserfahrung und dem alltäglichen Selbstverständnis des Menschen gegenüber nicht – wie bei Dilthey – unkritisch bleiben, sondern muß sie überschreiten durch die ausdrückliche Suche nach der Wahrheit des geschichtlichen (Da-)Seins im Hier und Jetzt. Dabei kommt Heidegger zu Bewußtsein, wie sehr es dem Dasein beliebt, sich selbst mißzuverstehen und mit uneigentlichen oder mit überkommenen und nicht ausdrücklich angeeigneten Antworten zu begnügen, so daß es gerade da, wo es sich wissenschaftlich objektiv wähnt, im Bann einer ihm undurchschauten Vergangenheit (Tradition) verbleibt.

Das trifft nun insbesondere für den philosophischen Umgang mit dem Geschichtsproblem zu, der in der Krise des relativistischen Historismus endgültig in eine Sackgasse geraten zu sein scheint: Die Versuche, das Objektfeld „Geschichte" den Ansprüchen objektiver Wissenschaft gefügig machen, enden, wie es scheint, im Relativismus. So erkennt Heidegger, daß Szientismus und relativistischer Historismus zwei Seiten ein und derselben Medaille sind. Sie gehören zusammen, weil sie im objektivistischen Seinsverständnis der Metaphysik (Sein als Beständigkeit und Vorgestelltsein) ihr gemeinsames Fundament haben, das sie undurchschaut fortschreiben. Die Idee von Heideggers phänomenologischer Ontologie ist es nun, grundsätzlich alle in Frage stehenden Phänomene neu als Seinsprobleme verstehen zu lernen (s.u. Abschn. 2). Angesichts scheinbar realitätsnäherer Deutungen und Lösungen für das Problem der Geschichte (Nihilismus), meint Heidegger deshalb: Die Problematik der gegenwärtigen historischen Konstellation läßt sich nicht allein aus dem Zusammenhang der sozialen Lebensbereiche – Politik, Technik, Kultur usw. – erklären. Das hieße Symptome mit Ursachen zu verwechseln. Es reicht auch nicht, den historischen Disziplinen die Würde von Fachwissenschaften eigener Gesetzlichkeit anzudienen (Dilthey und Neukantianer). Es ist vielmehr eine noch tiefere Einsicht vonnöten, die die Ursachen der gegenwärtigen Probleme nicht an der Oberfläche, sondern in einer Tiefenschicht verortet, in den abstraktesten Prinzipien des menschlichen Selbstverständnisses, die gleichsam dessen implizite Ontologie bilden.¹ Verstehbar, intelligibel ist die Geschichte erst von den letzten Prämissen eines jeweiligen Selbst- und Weltverständnisses, von dem sie tragenden Seinsentwurf her. Es gilt, „die Wesentlichkeit des Geschichtlichen im Sein [zu (r.h.)] erkennen"², wozu Husserl nicht in der Lage gewesen ist. Dieser Verstehensversuch geschieht beim frühen Heidegger mittels Rückführung der Geschichte auf die subjektive *Geschichtlichkeit* (s.u. Abschn. 3); – beim Heidegger der Seinsgeschichte dann durch den Rückgriff auf das jeweilige „Wesen des Zeitalters": Daß bestimmte Ausprägungen des Seins realisiert werden und andere nicht, verdankt sich dann nicht mehr in erster Linie Setzungsakten von Subjekten, sondern ist im *Geschick des Seins* selbst begründet (s.u. Abschn. 4).

1 Heideggers kritische Aneignung zentraler Intuitionen und Tendenzen der Diltheyschen Lebensphilosophie

Um die Wende zum 20. Jahrhundert sieht man die deutsche Philosophie ein neues Selbstverständnis erringen, das ihr gegen den philosophischen Positivismus und in prinzipieller Selbstunterscheidung von den positiven Wissenschaften eine neue Selbständigkeit verschafft. Man entwickelt eine Philosophie, die sich zu den Einzelwissenschaften, den historischen zumal, in fundierender Stellung verhält und von der man annimmt, daß sie sich fernab von den alten Gleisen der Metaphysik bewege. Der *Neukantianismus* bestimmt als die vornehmste Aufgabe solcher Fundamentalphilosophie die kritische Analyse der transzendentalen Konstitution der Gegenständlichkeit in den methodisch verfahrenden Wissenschaften.³ Dilthey meint, daß die Philosophie am Ende ihrer in der Metaphysik zentrierten Geschichte diese Geschichte destruieren sollte durch eine Rückführung des geistigen Universums, d.h. der übervernünftigen Mannigfaltigkeit metaphysischer sowie religiöser Weltauslegungen, auf die Einheit des schöpferischen „Lebens", welches sie im Laufe der Geschichte als „Objektivationen" nach und nach hervorgebracht habe. Hinzu tritt schließlich die Phänomenologie Edmund Husserls, die das Sein des Subjekts aus jeglichem naturwissenschaftlich definierten Zusammenhang, d.h. aus allen Kausalverhältnissen löst und als Sein *sui generis* behauptet (genau dadurch aber die cartesianische Scheidung der Seinsregionen in extensio und cogitatio perpetuiert): „Bewußtsein ist Intentionalität!". Auf diesem Weg will Husserl das Problem der menschlichen Erkenntnis, d.h. die Beziehung von Intentio und Intentum, von konstituierendem Subjekt und konstituiertem Objekt endlich *rein*, d.h. im Verzicht auf jegliche heterogene Problematik psychologischer oder physiologischer Provenienz stellen, wie es sich für eine fundierende Wissenschaft gehört. Einig sind sich die drei genannten Schulen in der Gewißheit, daß die Zeit der Metaphysik vorbei ist. Dazu tritt positiv die Überzeugung von der Autonomie der Philosophie, die als Wissenschaft im über-

---

¹ Vgl. STRUBE 1994, 47.
² HEIDEGGER GA 9, 340.
³ Heidegger hält nicht viel vom Problemansatz des Neukantianismus: „Es ist die Frage, ob die angesetzte Aufgabe der Philosophie als allgemeine Bestimmung des Gegenständlichen sich prinzipiell halten läßt, – ob diese Aufgabenstellung dem ursprünglichen Motiv des Philosophierens entspringt." (HEIDEGGER GA 60, 64).

lieferten Sinne dieses Begriffs bedingungslos festgehalten und als Fundamentalwissenschaft neu zur Geltung gebracht werden soll. Mehr als andere fordert Husserl von der Philosophie die Objektivität echter Wissenschaftlichkeit. In alle Ewigkeit sollen weltanschaulich-metaphysisches Denken und Wissenschaft scharf getrennt sein, verlangt er in seinem Logos-Aufsatz.[4] Den Hunger nach Weltanschauung darf Philosophie nicht stillen wollen – es sei denn in der Weise einer *wissenschaftlichen* Weltanschauung, schwächt allerdings Dilthey Husserls strengwissenschaftlichen Rigorismus für sich wieder ab. Dilthey erkennt, daß das „metaphysische Bedürfnis" unausrottbar ist,[5] es daher immer wieder neu und nicht ohne Berechtigung zur „konkreten Weltanschauungsbildung im faktischen Leben"[6] kommen wird. Auch nach Husserls Verdikt wird das geistige Leben versuchen, sich und seine faktische Situation in der Welt im letzten und ganzen zu philosophischer Erhellung zu bringen. Weil Dilthey darin nicht einfach nur Subjektivismus, sondern eine genuine Aufgabe von Philosophie erkennt, nämlich das „Problem der praktischen Stellung des Menschen"[7], sucht er – unbeschadet der Forderung nach strenger Wissenschaftlichkeit – die ehemals weltanschauliche Aufgabe der Philosophie doch noch irgendwie einzuholen, und zwar in der Weise einer wissenschaftlichen Weltanschauungsphilosophie.[8]

„Die Trennung von wissenschaftlicher Philosophie und Weltanschauungsphilosophie läßt sich leicht überwinden in einer wissenschaftlichen Weltanschauungsphilosophie, die weder ein bloß persönliches, zufälliges Welt- und Lebensbild gibt, noch bei den auf Erkenntnisresultate und deren Vermehrung abgestellten Einzeluntersuchungen ohne letzte entscheidende Horizonte stehen bleibt, was im Grunde überhaupt keine Philosophie ist."[9]

Hinter Diltheys Spagat erkennt man unschwer eine philosophische Bekümmerung wieder, die auch schon Nietzsche (in seiner zweiten Schaffensperiode) bewegte: „Welches Maß an die tragenden Lebensüberzeugungen und die überlieferten kulturellen Horizonte zersetzender wissenschaftlicher Erkenntnis erträgt eigentlich ein Leben, ohne daß die Einheit der Subjektivität verlorengeht?" Doch obgleich sich Dilthey von der Spannung zwischen der wachsenden Fülle wissenschaftlich objektiven Wissens und dem ungestillten Bedarf an echter Existenzerhellung und Weltdeutung, die mehr sind als bloße Gemütsberuhigung, besonders herausgefordert weiß, folgert er daraus – wie auch Husserl und die Neukantianer – noch keineswegs die Notwendigkeit einer Kritik der modernen, religions- und vermeintlich auch metaphysiklosen, wissenschaftlichen Weltauslegung. Dies wird erst Heidegger tun, der ja nicht zuletzt auch durch die Besinnung auf das Phänomen „Wissenschaft" seinen eigenen philosophischen Weg findet.

---

[4] HUSSERL, Philosophie als strenge Wissenschaft. In: Logos 1 (1910/11) 284-311; jetzt in: Husserliana Bd. XXV, 3-62.

[5] Vgl. DILTHEY GS I, 386.

[6] HEIDEGGER GA 59, 9.

[7] HEIDEGGER KV, 150.

[8] Siehe dazu oben Wilhelm Dilthey, Kap. I, 4.

[9] HEIDEGGER GA 59, 11.

Schon in jungen Jahren erscheint es Heidegger höchst zweifelhaft, „ob überhaupt die beiden Phänomene »Wissenschaft« und »Weltanschauung« primär mit der Idee der Philosophie verknüpft werden dürfen"[10]. Bestimmt sich etwa, was Philosophie ist, vom womöglich fraglos hingenommenen Phänomen der (neuzeitlichen) Wissenschaft her? Hat nicht zuvor vielmehr umgekehrt die Philosophie zu sagen, was überhaupt Wissenschaft ist und was Weltanschauung?! So kommt es, daß Heidegger nicht nur Diltheys Vermittlungsversuch für oberflächlich hält, sondern die Alternative von Philosophie als Weltanschauung *oder* Wissenschaft grundsätzlich als „nicht ursprüngliche(r)[n] Problemansatz"[11] zurückweist, um statt dessen lieber Diltheys – wie Heidegger überzeugt ist – „eigentliche[r] Tendenz"[12] zu folgen, die er freilich auf seine Weise reformuliert: Philosophie muß, noch bevor sie gegebenenfalls als Wissenschaft (oder Weltanschauung) aufgefaßt werden kann, zunächst einmal „als unser eigenes, als menschliches Tun"[13] verstanden werden. Philosophie ist ein spezifischer Lebens*ausdruck* unter möglichen anderen, hatte Dilthey gesagt. Heidegger knüpft daran an, verschiebt allerdings die Akzente in entscheidender Hinsicht. Er spricht von Philosophie als einem Lebens- bzw. Daseins*vollzug*. „*Philosophie ist Philosophieren*"[14] und „Philosophieren heißt leben"[15] und Leben ist „die *Weise*, in der der Mensch *ist*"[16], „Leben = Dasein"[17]. Folglich ist auch Philosophie(ren) zunächst und vor allem weiteren eine spezielle *Weise (da) zu sein*, und zwar nicht irgendwo, sondern in einer konkreten Situation – im Hier und Jetzt –, die natürlich ihre Geschichte hat, d.h. durch eine Tradition geprägt ist. Philosophie ist kraft des Zusammenhangs mit dem geschichtlich-gesellschaftlichen Leben Zeichen der historischen Dimension des menschlichen Geistes, wie Dilthey ganz richtig gesehen hatte. Oder mit den Worten des Grafen Yorck van Wartenburg: Es gibt „kein wirkliches Philosophiren [sic!], welches nicht historisch wäre"[18], wobei „historisch" hier zu verstehen ist im Sinne von „lebensgeschichtlich". Wenn nun aber

---

[10] HEIDEGGER GA 59, 11.

[11] Vgl. HEIDEGGER GA 59, 12. Heidegger spricht in diesem Zusammenhang explizit von „Destruktion". F. Rodi betont, Heidegger habe in seinen Kasseler Vorträgen Diltheys Philosophie einen Platz jenseits der kritisierten Dichotomie von Philosophie als strenger Wissenschaft und bloßer Weltanschauungsphilosophie zugewiesen (RODI 1990, 110); Dilthey gehöre folglich „nicht zu denjenigen Philosophen, die – eingeordnet nach der einen oder der anderen Seite – zurückgelassen werden" (RODI 1990, 114). Das ist sicherlich richtig. Insofern Heidegger aber mit der genannten unfruchtbaren Dichotomie ausdrücklich auch alle Versuche ihrer Vermittlung zurückweist – ohne dabei freilich Dilthey explizit zu nennen (HEIDEGGER, GA 59, 11 f.), darf von einer radikalen Destruktion auch des Diltheyschen Problemansatzes wohl durchaus gesprochen werden. Die Relevanz der Diltheyschen Intuitionen für den jungen Heidegger wird dadurch sicherlich nicht geschmälert.

[12] HEIDEGGER GA 63, 42.

[13] HEIDEGGER GA 29/30, 6.

[14] HEIDEGGER GA 29/30, 6.

[15] So zitiert Heidegger zustimmend den Grafen Yorck van Wartenburg (vgl. HEIDEGGER GA 2, 531).

[16] HEIDEGGER GA 2, 526.

[17] Vgl. HEIDEGGER GA 61, 85.

[18] HEIDEGGER GA 2, 531.

Philosophie (sowie generell jedes erkennende Verhalten) zunächst ein Lebensvollzug, d.h. eine Daseinsweise der konkreten, situationsgebundenen Existenz (In-der-Welt-Sein) ist, kann man wohl nur dann erfolgreich klären wollen, was philosophieren heißt, wenn man zugleich mitbedenkt, was es überhaupt heißt, im Hier und Jetzt zu leben, d.h. geschichtlich zu sein.[19] Es liegt also der Frage nach der Philosophie als Wissenschaft eine andere, grundlegendere Frage noch voraus, nämlich „the prior question of what it means to »be historical« – as a philosopher and in one's own thinking"[20]. Oder anders ausgedrückt: Die Wahrheit der Philosophie ist „*wesenhaft die des menschlichen Daseins*"[21]. In diese Richtung sieht Heidegger Diltheys Philosophie unterwegs: Dilthey beginnt nach dem „rätselhaften Wesen" zu fragen, in dem „die Philosophie geschieht"[22], dem „historischen Sein", dem „Dasein". Heidegger sieht Dilthey in „elementare[r] Unruhe"[23] ob der Geschichtlich- und Endlichkeit der menschlichen Existenz, der „Bewegtheit des Daseins selbst"[24] und seiner (nicht nur) erkenntnismäßigen Vollzüge. Diltheys Denken gelange auf diesem Weg sogar in die Nähe der Frage nach dem Sein als solchem.[25]

> „Aus all dem entnehmen wir so viel, daß die Philosophie etwas Eigenständiges ist. Wir können sie weder als eine Wissenschaft unter anderen nehmen, noch aber als etwas, was wir nur finden, wenn wir etwa die Wissenschaften auf ihre Grundlagen befragen. Es gibt nicht Philosophie, weil es Wissenschaften gibt, sondern umgekehrt, es *kann* Wissenschaften geben, nur weil und nur wenn es Philosophie gibt. Aber die Begründung dieser, d.h. die Aufgabe, ihren Grund abzugeben, ist weder die einzige noch die vornehmlichste Aufgabe der Philosophie. Sie durchgreift vielmehr das Ganze des menschlichen Lebens (Daseins) auch dann, wenn es keine Wissenschaften gibt, und nicht nur so, daß sie das Leben (Dasein) als vorhandenes nachträglich lediglich begaffte und nach allgemeinen Begriffen ordnete und bestimmte. Vielmehr ist Philosophieren selbst eine Grundart des Da-seins.

---

[19] Heidegger wird für dieses fundamentalphilosophische Programm den Titel „Hermeneutik der Faktizität" prägen. Vgl. dazu Lebenserinnerungen Gadamers: „Die erste Vorlesung, die ich ... bei Heidegger gehört hatte, ... trug aber den Untertitel »Hermeneutik der Faktizität«. (...) Hermeneutik der Faktizität ist also ein *genitivus subjectivus*. Die Faktizität legt sich selbst in die Auslegung hinein. Faktizität, die sich selbst auslegt, trägt nicht auslegende Begriffe an sich heran, sondern ist eine Art des begrifflichen Sprechens, das seinen Ursprung und damit seinen eigenen Lebensatem festhalten will, wenn es in die Form der theoretischen Aussage übertragen wird." (GADAMER 1987, 421 f.) – Schon 1924, in seiner viel beachteten Zeit-Vorlesung vor der Marburger Theologenschaft, macht Heidegger als erstes Prinzip jeder Hermeneutik geltend, daß der Zugang zur Historie nur gelingen kann über die Suche danach, was es heißt „geschichtlich zu *sein*" (HEIDEGGER BZ, 26).
[20] Daß Heidegger diese grundlegende Frage vorrangig durch eine »Aneignung« von Diltheys Werk ausgearbeitet hat, betont SCHARFF 1997, 106.
[21] HEIDEGGER GA 29/30, 28.
[22] HEIDEGGER GA 29/30, 10.
[23] HEIDEGGER GA 2, 526.
[24] Vgl. HEIDEGGER GA 63, 65.
[25] Vgl. „*Husserl* kommt über *Dilthey* nicht hinaus, so überlegen seine Analysen im besonderen gewiß sind. Im Gegenteil, ich möchte mindestens nach meiner Auffassung von *Dilthey* vermuten, daß *Dilthey* zwar die Seinsfrage nicht stellte, auch die Mittel dazu nicht hatte, daß in ihm aber die Tendenz dazu lebte" (HEIDEGGER GA 20, 173; vgl. HEIDEGGER KV, 158).

Philosophie ist es, die im Verborgenen zumeist das Da-sein erst zu dem werden läßt, was es sein kann."[26]

Während also Husserl eine philosophische Revolution in Deutschland dadurch in die Wege zu leiten glaubt, daß er das Denken auf den rigorosen Pfad der Wissenschaft zwingt – weg von der Subjektivität der Weltanschauungen –, ist Heidegger zwar gleichermaßen unzufrieden mit den Weltanschauungstheorien, doch er erkennt, daß es gerade die Alternative „Weltanschauung versus Wissenschaft" ist, welche für die gegenwärtige Krise der Philosophie maßgeblich verantwortlich zeichnet. In seiner frühen Freiburger Vorlesung „Die Idee der Philosophie und das Weltanschauungsproblem" (Kriegsnotsemester 1919) plädiert Heidegger deshalb für eine Neufassung des Wesens der Philosophie, die er nun als „Urwissenschaft"[27] bezeichnet, denn sie ist ursprünglicher als bloße Wissenschaft. Philosophie ist also, vollzugsmäßig genommen, Philosophieren, und dies wiederum ist eine Grundart des geschichtlichen Daseins. Was Philosophie ist bzw. zur gegenwärtigen Stunde zu sein hätte, klärt sich demnach nur im Zusammenhang der Frage nach dem geschichtlichen Sein des Menschen also solchen.

„Die Möglichkeit einer historischen Weltanschauung gründet auf der erreichten Klarheit und Durchsichtigkeit des menschlichen Standes. Diese Bedingtheit müssen wir uns ganz klarmachen. Der Kampf um eine historische Weltanschauung spielt sich also nicht ab in den Auseinandersetzungen über das historische Weltbild, sondern über den Sinn des historischen Seins selbst."[28]

1.1 Die faktische Lebenserfahrung ist der Anfang aller Philosophie

Die bloße „Abschätzung der Philosophie an der Idee der Wissenschaft"[29] (Husserl) wie auch die Reduktion der Philosophie auf Wissenschaftstheorie[30] (Neukantianismus) oder bspw. „induktive Metaphysik"[31] (Comte) hält Heidegger für philosophisch unecht. Als Urwissenschaft muß sich die Philosophie aus sich selbst heraus bestimmen, ohne sich zuvor irgendwo abzustützen,[32] am wenigsten an einer ererbten Vorstellung von Wissenschaft.[33] Der erste Schritt dazu ist getan, wo die Philosophie zur Kenntnis nimmt, daß ihr eigentli-

---

[26] HEIDEGGER GA 29/30, 33.

[27] Vgl. HEIDEGGER GA 56/57, 13-17.

[28] HEIDEGGER KV, 147.

[29] HEIDEGGER GA 29/30, 3.

[30] Vgl. HEIDEGGER GA 32, 14 f.

[31] HEIDEGGER GA 56/57, 23-28.

[32] Zum Problem der in der Idee einer Urwissenschaft mitgegebenen Zirkelhaftigkeit des sich selbst Voraussetzens und Begründens vgl. HEIDEGGER GA 56/57, 15-17. Was Heidegger antreibt, ist also gar nicht die Husserlsche Suche nach „absoluter Voraussetzungslosigkeit" für das Philosophieren (vgl. *Husserl* Husserliana Bd. V, 160). Er weiß nur zu gut, daß Philosophie immer schon „ursprünglich in einer Voraushabe steht", nämlich „des Faktischen". Diese will er als *die Voraussetzung schlechthin* alles Denkens zu explizieren versuchen (vgl. HEIDEGGER GA 61, 2).

[33] Vgl.: „Alle Wissenschaften gründen in der Philosophie, aber nicht umgekehrt." (HEIDEGGER WhD, 90).

cher Grund nicht im transzendentalen Ich, sondern in der faktischen Lebenserfahrung eines konkreten Daseins besteht und zwar nicht irgendeines, sondern des je eigenen.[34] „Lebenserfahrung" ist für Heidegger dabei „mehr als bloß kenntnisnehmende Erfahrung, sie bedeutet die ganze aktive und passive Stellung des Menschen zur Welt."[35] Der Anfang der Philosophie liegt also nicht im voraussetzungslosen Raum oder wie bei Husserl in der Epoché, die sich der radikalen Notwendigkeit zu leben entzieht, sondern alles Denken gründet in und spricht aus einer direkt erlebten Situation, in die der „ganze Mensch" denkend wie handelnd jeweils verstrickt bzw. gestellt ist. Diese Überzeugung übernimmt Heidegger von Dilthey. Doch versteht er sie nicht in dem platten Sinne, daß nun jede Philosophie als „Gewächs ihrer faktischen geistigen Situation ... notwendig und von vornherein relativ"[36] wäre. Um hier nicht mißverstanden zu werden, präzisiert Heidegger sogleich:[37] Zu sagen „daß die Philosophie der faktischen Lebenserfahrung entspringt"[38] und jede Philosophie diesen Ursprung, „in irgendeinem Sinne – wenn auch ganz versteckt, unecht und stark theoretisiert – in ihrer Problematik vom Ansatz an mitschleppt"[39], so daß „die philosophische Problematik sich prinzipiell aus dem Historischen motiviert"[40], soll mitnichten den Wahrheitsanspruch von Philosophie untergraben. Vielmehr soll die Notwendigkeit vor Augen geführt werden, mit noch größerer Präzision erst einmal diejenigen (Struktur-)Bedingungen aufzudecken, unter denen sich philosophisches Denken heute immer schon vollzieht. Nur in Kenntnis der spezifischen Bedingtheit des Denkens kann dessen Verhältnis zur Wahrheit ernsthaft erörtert werden. Alles andere ist Augenwischerei und treibt nur aufs Neue die schon hinlänglich bekannte Alternative hervor: entweder völliger historischer Relativismus oder Flucht aus der Geschichte ins vermeintlich zeitlos Immerseiende, in eine absolute Vernunft. Mit dem Verweis auf die Verwurzelung alles (wissenschaftlichen) Denkens in der heutigen faktischen Lebenserfahrung will Heidegger demzufolge eine gründliche Strukturanalyse von geschichtlich situiertem Leben und philosophischem Denken in die Wege leiten, deren erste Ergebnisse sich folgendermaßen ausformulieren lassen:

Philosophie ist nichts Lebensfremdes oder dem geschichtlich-gesellschaftlichen Leben von außen Aufgesetztes, sondern „das explizite Ergreifen einer Grundbewegtheit des faktischen Lebens"[41] selbst, eines (im weitesten Sinne „denkenden") Verhaltens also, welches das Leben von sich aus schon an den Tag legt, wie Dilthey richtig gesehen hatte. Zu klären

---

[34] Vgl.: „In der Idee der Faktizität liegt es, daß je nur d i e e i g e n t l i c h e – im Wortsinne verstanden: die e i g e n e – die der eigenen Zeit und Generation der genuine Gegenstand der Forschung ist." (HEIDEGGER AE, 248) Oder: „Dasein ist jeweilig das eigene, das meinige, und dieser Charakter ist davon unabtrennbar. Das muß festgehalten werden, wenn der letzte Sinn des Daseins, die eigentliche Existenz gefunden werden soll." (HEIDEGGER KV, 165).

[35] HEIDEGGER GA 60, 11.

[36] HEIDEGGER GA 59, 38.

[37] So bspw. HEIDEGGER GA 2, § 6.

[38] HEIDEGGER GA 60, 8.

[39] HEIDEGGER GA 59, 38.

[40] HEIDEGGER GA 60, 31.

[41] HEIDEGGER AE, 238.

bleibt allerdings, worin *genau* diese Bewegtheit besteht, die im Philosophieren zu explizitem Vollzug gelangt und als Lebensboden das Philosophieren selber trägt. Für Dilthey war dies offensichtlich das fundamentale „Streben des Lebens nach denkmäßiger Sicherheit und Festigung". Hier glaubte er die Grundtendenz, den spezifisch menschlichen „Seinscharakter"[42], der (epocheninvariant) die Grundstellung des Menschen zur Welt ausmache, gefunden und formalisiert zu haben. Heidegger wird sich damit nicht zufriedengeben, wie sich schon bald zeigen wird. In seinen Augen schöpft Diltheys Anthropologie nicht ursprünglich genug, weil sie sich an eine neuzeitliche Vorstellung von dem, was der Mensch sei, halte, die sie – ohne historisches Gespür – für selbstverständlich nehme. Nichtsdestotrotz schließt sich Heidegger Dilthey an und bringt die Philosophie in Anschlag als spezifische Vollzugsweise einer vorwissenschaftlich, d.h. (er-)lebensmäßig schon gegebenen Tendenz, die als solche freilich „nicht ausdrücklich erfahren"[43] sein muß.

Jedes Philosophieren greift also zunächst nur explizit auf, was das Dasein auch von sich aus schon in irgendeiner Weise tut und im Schilde führt – nämlich sich selbst in seiner Situation in irgendeiner Weise zu Verständnis zu bringen, oder, wie Dilthey beteuert, sich „erkenntnismäßig zu sichern". Deshalb sollte die Philosophie „das faktische menschliche Dasein als solches"[44], d.h. das Dasein in seiner mutmaßlichen Grundtendenz, auch ausdrücklich zu ihrem ersten „Gegenstande" nehmen, argumentiert Heidegger weiter, dabei die Diltheyschen Intuitionen bezüglich einer möglichen Hermeneutik der Existenz zu Ende denkend. Man könnte dann zu Recht sagen, daß die Grundrichtung des philosophischen Fragens dem befragten „Gegenstand", dem faktischen Leben, nicht von außen implantiert wird, weil sie ja in diesem selbst als Tendenz bereits angelegt ist, noch bevor sie von der Philosophie explizit aufgegriffen und weitergeführt wird. Das war ja zumindest von der Intention her auch Diltheys Anliegen. Ein so gearteter philosophischer Ausblick auf das Leben[45] würde es nicht stillstellen und von außen nach Maßgabe eines Objekts (ästhetisch-gestalthaft) betrachten. Es würden auch keine lebensfremden Kategorien oder Fragerichtungen in die Daseinsanalyse eingetragen, sondern das (eigene) Leben wäre im „Mitgehen"[46] mit seiner (freilich zunächst nur hypothetisch vermuteten und formal angezeigten[47]) eigensten (Frage-)Tendenz, d.h. „aus sich selbst heraus" zu

---

[42] „*Faktizität* ist die Bezeichnung für den Seinscharakter »unseres« »eigenen« *Daseins.*" (HEIDEGGER GA 63, 6).

[43] HEIDEGGER GA 63, 31.

[44] HEIDEGGER AE, 239.

[45] Heidegger spricht diesbezüglich von „hermeneutischer Indikation" bzw. „Formalanzeige" (HEIDEGGER GA 59, 85; GA 60, 55. 63 f.; GA 21, 410; GA 9, 10 f.). Das in Frage stehende Phänomen, im vorliegenden Fall die gesuchte Grundbewegtheit des Daseins, soll nicht wie ein gegenständlich Vorhandenes aufgewiesen und theoretisch beschrieben werden, sondern lediglich „formal angezeigt" sein. Es geht also um eine erste, bloß „vorzeichnende Antastung des Faktischen", die, obgleich sie die Betrachtung im Sinne eines Vorgriffs leitet, noch nichts präjudiziert und vor allem keine vorgefaßte Meinung in die Probleme hineinbringt, vielmehr noch alles in der Schwebe hält.

[46] Vgl. HEIDEGGER GA 58, 23.

[47] Zur Vorgriffsproblematik vgl.: „dieses Voraus-setzen [hat (r.h.)] den Charakter des verstehen-

ursprünglichem Verständnis gebracht, d.h. *angeeignet*. Der Verstehende hätte – gut hermeneutisch – sich selbst mit in den Ansatz des Verstehens des Daseins eingebracht und seine verständnisleitenden Vorgriffe als diejenigen des Daseins selbst expliziert. Nur so leuchtet auch ein, warum Philosophie als eine Hochform menschlichen Lebensvollzugs behauptet werden kann, denn durch das explizite Aufgreifen der vermeinten Grundbewegtheit der Existenz trägt Philosophie in der Tat dazu bei, daß das Dasein zu dem wird, was es sein kann, von sich aus aber nicht unbedingt schon ist,[48] nämlich ein sich auf sich selbst und seine Grundtendenz hin durchsichtiges d.h. verständiges und diese Grundbewegtheit (auch mit Hilfe der Philosophie und vor allem im Philosophieren selbst) immer öfter bewußt vollziehendes Wesen.

„Wie kann man zum Selbstverständnis der Philosophie kommen? Offenbar ist ... von vornherein der Weg der wissenschaftlichen Deduktion abgeschnitten. Auch nicht durch Angabe des »Gegenstands« der Philosophie; vielleicht beschäftigt sich Philosophie gar nicht mit einem Objekt. Man darf vielleicht gar nicht nach ihrem Gegenstande fragen. (...) Der Ausgangspunkt des Weges zur Philosophie ist die *faktische Lebenserfahrung*."[49]

„Daher wird eine erste vorbereitende Abhebung des spezifischen Gegenstandscharakters des faktischen Lebens notwendig. Aber nicht allein deshalb, weil es G e g e n -
s t a n d der philosophischen Forschung ist, sondern weil diese selbst ein bestimmtes
W i e des faktischen Lebens ausmacht und als solches in ihrem Vollzuge das jeweilige konkrete Sein des Lebens an ihm selbst mitzeitigt, nicht erst in nachträglicher »Anwendung«. Die Möglichkeit solcher Mitzeitigung gründet darin, daß philosophische Forschung der explizite Vollzug einer Grundbewegtheit des faktischen Lebens ist und sich ständig innerhalb desselben hält."[50]

1.2 Die Grundtendenz des Daseins: Sorge um das eigene Sein

Auf der Suche nach dem Selbstverständnis der Philosophie ist also zuvorderst das faktische Dasein in seiner Alltäglichkeit in Frage zu stellen, nicht als Gegenstand, sondern so, wie es sich selbst nimmt und zur Durchsichtigkeit bringt, so wie es sich „in seiner (abfallenden) Weise *findet*, d.h. *in Besitz bringt*, d.h. aber sich selbst *sichert*"[51]. Das habe Dilthey im Prinzip erkannt, honoriert Heidegger.[52] Doch bei aller Anerkennung für Diltheys wegweisende Intuitionen legt Heidegger gleichwohl ein Veto ein. Er bezweifelt, daß Dilthey mit dem „Streben nach denkmäßiger Sicherung und Festigung" die Grundtendenz des faktischen

---

den Entwerfens, so zwar, daß die solches Verstehen ausbildende Interpretation das Auszulegende *gerade erst selbst zu Wort kommen läßt, damit es von sich aus entscheide, ob es als dieses Seiende die Seinsverfassung hergibt, auf welche es im Entwurf formalanzeigend erschlossen wurde.*"
(HEIDEGGER GA 2, 417).

[48] Vgl.: „Philosophie ist es, die im Verborgenen zumeist das Da-sein erst zu dem werden läßt, was es sein kann." (HEIDEGGER GA 29/30, 33).

[49] HEIDEGGER GA 60, 10.

[50] HEIDEGGER AE, 239.

[51] HEIDEGGER GA 63, 65.

[52] Vgl. HEIDEGGER GA 59, 156.

Daseins tatsächlich getroffen hat. Ihm scheint vielmehr, daß Dilthey hier eine partikulare inhaltliche Vorstellung von dem, was menschliches Leben sei, nämlich erstens ein „*Etwas*" und zweitens ein „*zu Sicherndes*", in die Analyse einträgt, eine „ontische Charakteristik des Menschen"[53] also, die er unbefragt aus der Tradition der Philosophie bzw. dem alltäglichen Selbstverständnis des Menschen übernommen hat, als Vorentscheidung sozusagen, die nicht weiter problematisiert wird, der Dilthey unbedacht „verfällt".[54] Hier muß zugunsten einer größeren, noch nichts präjudizierenden Formalisierung retourniert werden. In einer Art *ontologischer* Reformulierung des Diltheyschen Programms ersetzt Heidegger daher kurzerhand Diltheys „Streben nach denkmäßiger Sicherung" durch die „Sorge ums eigene Sein" bzw. Seinkönnen. Der Ausdruck „Sorge" will also gerade nicht als Beschreibung *existenziellen* menschlichen Verhaltens, als „weltanschaulich-ethische[n] Einschätzung des »menschlichen Lebens«"[55] verstanden werden, sondern als Bezeichnung für die *formale* Grundstruktur menschlichen Existenzgeschehens, die alles empirisch bzw. ontisch ausmachbare menschliche Verhalten erst trägt.

> „Der Gegenstand der philosophischen Forschung ist das menschliche Dasein als von ihr befragt auf seinen Seinscharakter. Diese Grundrichtung des philosophischen Fragens ist dem befragten Gegenstand, dem faktischen Leben, nicht von außen angesetzt und aufgeschraubt, sondern ist zu verstehen als das explizite Ergreifen einer Grundbewegtheit des faktischen Lebens, das in der Weise ist, daß es in der konkreten Zeitigung seines Seins um sein Sein besorgt ist, und das auch dort, wo es sich selbst aus dem Weg geht."[56]

Als Grundbewegtheit der menschlichen Existenz nimmt Heidegger demnach etwas ganz anderes an als zuvor Dilthey, einen inhaltlich und somit auch historisch weniger festgelegten, dafür aber, wie sich zeigen wird, in seiner Grundstruktur sehr viel komplexeren Sachverhalt, weil er in seiner ontologischen Formalität in Rechnung stellt, daß der Mensch die Grundbewegung seines Daseins *auf (ontisch) verschiedene Weise vollziehen* kann. Die alles bedingende formale Grundstruktur der Sorge[57] konkretisiert sich also auf verschiedenste Weise im existentiellen Verhalten, nämlich einmal *ursprünglich* und *ausdrücklich* als existenzielles Sich-Sorgen ums eigene Sein, ein andermal unter dem Deckmantel beispielsweise des „Strebens nach denkmäßiger Sicherung". Ebenso gut könnte sich die ontologische Grundstruktur der Sorge im existentiellen Verhalten der Nichtsorge äußern. Heideggers Ablösung von der Lebensphilosophie erfolgt also durch eine Uminterpretation des Lebensvollzugs, die zugleich ein vielfältiges „*Wie*" dieses Lebensvollzugs, sprich verschiedene „Vollzugsmodi", denkbar werden läßt. Deshalb auch kann Heidegger auf die Behaup-

---

[53] HEIDEGGER GA 3, 236.
[54] Vgl. HEIDEGGER GA 2, 411 u. 415. Heidegger weiß darum, daß vermutlich auch seine *ontologische* Interpretation der Existenz als „Sorge", oder mit anderen Worten: als „Transzendenz", von einem ontischen „Daseinsideal" geleitet ist, das er jedoch eigens explizieren und zu tieferem Verständnis führen will.
[55] HEIDEGGER GA 3, 236.
[56] HEIDEGGER AE, 238.
[57] Die Grundstruktur der Sorge ist für Heidegger letztlich die des (metaphysischen) „Transzendierens" (siehe Fußnote 73).

tung verzichten, das in Diltheys zergliedernder Psychologie herausgearbeitete Bewegungsphänomen sei völlig falsch. Er beteuert vielmehr das Gegenteil: In der von Dilthey herausgestellten „Tendenz auf denkmäßige Sicherung" zeige sich eine mögliche, ja sogar eine alltäglich weit verbreitete Vollzugsweise jener (fundamentalen) *Sorge des Daseins um sein Sein*. Allerdings sei sie oberflächlich und defizient, weil in ihr die genannte Grundbewegtheit nur noch „uneigentlich" zum Vollzug gelange, d.h. unter Vergessenheit des Seins, also ohne daß das Dasein sein (Wahr-)Sein und seine authentischen Seinsmöglichkeiten dabei eigens bedenken würde. Phänomenologisch reformuliert lautet derselbe Sachverhalt bei Heidegger schließlich wie folgt: Die „Sorge ist ontologisch »früher«"[58] und ursprünglicher, weil aus ihr als dem phänomenologisch reicheren Daseinsvollzug das von Dilthey aufgewiesene (ontische bzw. existentielle) Sich-Sichern (und zwar in der Gewißheit der Objekterkenntnis) erst durch Abdrängung und Ausblendung wesentlicher Daseinsmomente entspringt, was Heidegger immer wieder neu mit den Mitteln der Phänomenologie nachweist.[59]

Warum Heidegger anders als Dilthey großen Wert darauf legt, zwischen verschiedenen Vollzugsmodi der einen Grundbewegtheit des Daseins differenzieren zu können, um sie sogleich mit Hilfe der Phänomenologie nach *Ursprünglichkeit* und *Abkünftigkeit* bzw. im Blick auf die Durchsichtigkeit ihres Selbstbezugs nach *Eigentlichkeit* und *Uneigentlichkeit* zu sortieren, erhellt sich, wenn wir nun zum eingangs aufgeworfenen Problem der rechten Verhältnisbestimmung von historisch situiertem *Leben* und (philosophischem) *Denken* zurückkehren. Erst dabei tritt dann auch das zentrale Motiv zutage, welches Heidegger zu der skizzierten Korrektur des Diltheyschen Ansatzes zugunsten der Sorge ums eigene Sein bewegt hat:

Dilthey hat die Verwurzelung alles Denkens und somit auch der Philosophie im faktischen Leben und seinen natürlichen Tendenzen aufgedeckt, honoriert Heidegger. Er hat zu Bewußtsein gebracht, durch welche „Bedingungen" bzw. „Interessen" menschliches Denken je schon geprägt ist; beispielsweise durch das natürliche („ontische") Streben des Lebens nach Festigung seiner selbst. Doch während sich die Philosophie in Diltheys Augen offenbar nahtlos an das für gewöhnlich den Menschen bestimmende Sicherheitsstreben anschließt, dieses Anliegen also geradewegs zu dem ihrigen macht und fortführt, so daß Philosophie hier ganz im Dienste der Lebensbewältigung *verbleibt*, lebt für Heidegger im (philosophischen) Denken etwas anderes – etwas, was über den Horizont traditioneller Lebensinteressen *hinausgeht* und ihnen bisweilen auch zuwiderlaufen kann – und zwar das, was seiner Meinung nach auch den *eigentlichen* Daseinsvollzug konkreter, *geschichtlicher* Existenz motiviert und ausmacht: Philosophie geht es nicht primär um Sicherheit, sondern um *Wahrheit*, speziell um die Wahrheit des eigenen geschichtlichen (Da-)Seins im Hier und Jetzt. Eben darum sorge sich auch („vorontologisch"[60]) die geschichtliche Existenz, zumindest da, wo sie nicht vor sich selbst, d.h. vor der Frage nach dem eigenen Wahrsein ausweiche und sich zufriedengebe mit beispielsweise der Uneigentlichkeit einer fremdbestimmten

---

[58] HEIDEGGER, GA 2, 257.
[59] So z.B. in HEIDEGGER GA 2, 80-84: § 13.
[60] Vgl. HEIDEGGER GA 2, 16.

Existenz, der öffentlichen Meinung, dem oberflächlichen Geborgensein in einer Scheinwelt oder der fraglosen Selbstverständlichkeit einer alten, offenbar bewährten Tradition. Heidegger wundert sich, daß der historisch aufgeklärte Philosoph Dilthey für die Fehlformen geschichtlicher Existenz kein Gespür zeigt und nicht merkt, daß sie häufig genug dadurch zustande kommen, daß eine *ausdrückliche* Suche nach der Wahrheit des eigenen Seins sowie nach den eigensten Seinsmöglichkeiten im Hier und Jetzt ausgeblieben ist. Heidegger versteht nicht, wie Dilthey blauäugig davon ausgehen kann, jenes die faktische Lebenserfahrung leitende Streben nach Sicherheit sei, wo immer es sich denkmäßig vollziehe, auch schon deckungsgleich mit einer Suche nach Wahrheit, wo es doch allenfalls als defizitäre, d.h. uneigentliche Vollzugsform der Wahrheitssuche gelten dürfte, weil Wahrheit hier nicht als sie selbst, sondern nur zu dem Preis der Sicherheit und Lebensbewältigung gewollt ist.

Heidegger meldet demnach gehörige Zweifel an, ob das Denken von sich aus schon zur Wahrheit findet, wenn es nur den herkömmlichen Lebenstendenzen folgt, die sich in der faktischen Lebenserfahrung niederschlagen. Ihm scheint vielmehr, daß die Wahrheitssuche dem alltäglichen, wie Dilthey richtig gesehen hat, wohl primär auf Sicherheit angelegten Denkgefälle erst eigens abgerungen werden muß. Es ist die jahrelange Auseinandersetzung mit der bei Paulus, Augustinus und Luther überlieferten urchristlichen Lebenserfahrung gewesen, die Heideggers anthropologischen Blick in dieser Hinsicht geschärft und ihm die Augen dafür geöffnet hat, wie sehr es dem Dasein beliebt, sich im Horizont natürlicher Tendenzen, liebgewonnener Gewohnheiten und scheinbar bewährter Interpretationshorizonte zu halten, kurzum im Zwielicht von aus einer unbefragten Tradition übernommenen, aber nicht eigens geschöpften Überzeugungen, und wie gründlich es sich selbst dabei verfehlen kann.[61] Was Heidegger bei Dilthey letztendlich vermißt, ist die nötige Portion Skepsis gegenüber der tendenziösen faktischen Lebenserfahrung und dem Selbst- und Weltverständnis, das sie transportiert. Die faktische Lebenserfahrung ist zweifelsohne Anfang und somit Voraussetzung alles Philosophierens, kann aber in ihrer Oberflächlichkeit nicht dessen letzter Horizont bleiben, ist Heidegger überzeugt. Doch genau dies scheint bei Dilthey der Fall zu sein.

„Ist es denn so ausgemacht, daß menschliches Dasein um jeden Preis die Wahrheit kennenlernen will? Oder liegt nicht dem menschlichen Dasein daran, der Wahrheit aus dem Wege zu gehen und sich statt ihrer ein Phantom vorzumachen? (...) Nur in der Erforschung des Seins des menschlichen Daseins kann darüber etwas ausgemacht werden."[62]

Geschichtlich zu existieren bedeutet für Heidegger also nicht, dem naturgegebenen „Streben nach Sicherheit" angesichts der Ungesichertheit des Weltaufenthalts auch noch im philosophischen Denken freie Fahrt zu gewähren.[63] Wo die natürlichen Bedürfnisse sich ungebremst ausleben,[64] kommt es wohl eher zur Abschottung gegenüber manch unbequemer

---

[61] Vgl. HEIDEGGER AE, 247; GA 20, 210.
[62] HEIDEGGER GA 17, 97.
[63] Philosophie verläuft gegenläufig zur „Tendenz des faktischen Lebens zum Sichsleichtmachen" (HEIDEGGER AE, 238).
[64] Vgl. dazu SCHELER 1995, 55: „*der Mensch der «Nein-Sagenkönner»*".

Herausforderung der Geschichte und höchstens im Ausnahmefall zu einem eigentlichen Stehen in der Geschichte bzw. in der Wahrheit. Wer wie Dilthey das Denken nur als gradlinige Fortsetzung der natürlichen Lebenstendenzen kennt und ihm keinerlei Mittel einräumt, die faktische Lebenserfahrung gegebenenfalls auch der Unwahrheit bzw. Uneigentlichkeit überführen zu können, arbeitet wohl eher der Herrschaft des Scheins in die Hände, nicht aber der Wahrheit des Seins, argwöhnt Heidegger.[65] Jedenfalls steht von einem ganz auf Existenzsicherung angelegten Denken nicht zu erwarten, daß es kraftvoll Widerspruch einzulegen weiß, wo ein geschichtliches Existieren in die Unwahrheit abrutscht. Und daß es ursprünglich geschöpfte Seinsmöglichkeiten aufzeigen kann, die nicht nur das Gehabte, das Gewöhnliche und Altbekannte repetieren, erscheint ihm gleichermaßen unwahrscheinlich.

Kennzeichen der eigentlich geschichtlichen Existenz ist demnach die explizite „Sorge um die Wahrheit des eigenen Seins und Seinkönnens im Hier und Jetzt". Von dieser Sorge sieht Heidegger auch das philosophische Denken beseelt, so es sich selbst richtig versteht und nicht zum Handlanger und Epiphänomen der natürlichen Bedürfnisse des Menschen macht, vielmehr um eine kritische Distanz dem Leben und dessen alltäglichem Selbstverständnis gegenüber bemüht ist. Gerade hier sieht Heidegger Diltheys Lebensphilosophie jedoch versagen. Dilthey betone zwar zu Recht die Verwurzelung alles Denkens im faktischen Leben und seinen Tendenzen. Durch die Festlegung des (philosophischen) Denkens auf Existenzsicherung vergebe er sich jedoch von vornherein die Möglichkeit, auch eine gewisse Unabhängigkeit des (philosophischen) Denkens dem Leben, seinen Tendenzen und Traditionen gegenüber in Anschlag zu bringen. Das Denken gerate so in die Position eines hörigen Vollstreckers natürlicher Lebensimpulse und eingefahrener Gewohnheiten, für Heidegger eine grobe Verkennung seines eigentlichen Wesens. Es ratifiziere und überhöhe immer nur die faktische Lebenserfahrung und die sie leitende Auslegungstradition, ohne sie jemals kritisieren oder korrigieren zu können. Zudem rücke aufgrund der fehlenden Differenzierung verschiedener Weisen des Lebensvollzugs die momentan faktisch vorherrschende auch schon zum anthropologischen Ideal auf. Dieses, wohl auf einen antiidealistischen Affekt zurückgehende Versäumnis bewirke schließlich, daß es innerhalb der Diltheyschen Korrelation von Selbst, Welt und Geschichte zu einer völlig ungerechtfertigten Herrschaft des Faktischen und somit der Vergangenheit über die Gegenwart und Zukunft komme.[66] Geschichte (auch Philosophiegeschichte) gerate auf diese Weise zur Fortführung von Traditionen, die undurchschaut hingenommen und selbst da noch mitgeschleppt werden, wo man

---

[65] Vgl.: „Das in der Faktizität selbst zugängliche Sein des Lebens an ihm selbst ist solcher Art, daß es nur auf dem Umwege über die Gegenbewegung gegen das verfallende Sorgen sichtbar und erreichbar wird. Diese Gegenbewegung als Bekümmerung um das Nichtinverlustgeraten des Lebens ist die Weise, in der sich das mögliche ergriffene eigentliche Sein des Lebens zeitigt." (HEIDEGGER AE, 245).

[66] Vgl.: „Anzitutto, la connessione sé-mondo viene interpretata da Dilthey in maniera ambigua, ovvero, il semplice fatto di vivere in determinate condizioni storiche viene presentato come *l'indiscutibile diritto del passato e della tradizione di mantenere l'autorità sul presente*. L'origine di tale fraintendimento va individuata in quella incapacità di distinguere la connessione fondamentale col mondo dall'assunzione di un tipo d'uomo storicamente determinato." (PRANTEDA 1997, 93 f.).

sich erklärtermaßen von ihnen abgesetzt und einen Neuanfang gemacht zu haben meint. Im Rahmen der Daseinsanalyse von *Sein und Zeit* wird Heidegger diese Art des Geschichtlichseins „uneigentliche Geschichtlichkeit" nennen, im Vorgriff sei darauf jetzt schon hingewiesen.

Es reiche auch nicht, fügt Heidegger abschließend hinzu, als vornehmstes Anliegen der Philosophie die *Erkenntnis*sicherung auszugeben, die sich zwar vorgeblich in den Dienst der Wahrheitssuche stelle, de facto aber hauptsächlich der Lebensbewältigung im Sinne des „Willens zur Macht" diene, wie der spätere Heidegger nachzuweisen versucht. Solches Denken gehöre noch ganz und gar in den Wesensbereich der „Technik", wird Heidegger dann sagen, nicht aber der Wahrheit des Seins.[67]

1.3 Alle Sorge ist geleitet von einem Seins-, Welt- und Existenzverständnis

Mit welchem Recht Heidegger die Diltheysche Anthropologie sowie alle neuzeitlichen Erkenntnistheorien als Strategien der Lebensbewältigung (als ontisches Denken) deklassiziert, um dagegen die eigentliche Wahrheitssuche in aller Schärfe auszuspielen, wird freilich erst da verständlich, wo man im Hintergrund das frühgriechische, ursprünglich ontologisch geprägte Verständnis von Wahrheit als ἀλήθεια (als Unverborgenheit, Erschlossenheit und Entdecktheit des Seienden)[68] mitbedenkt, das Heidegger sich in der Zwischenzeit (wieder-)angeeignet hat und das die traditionelle Konzeption der Wahrheit als einer Eigenschaft primär der Aussage (und nicht als eine Angelegenheit im Zusammenhang des Sich-Zeigens von Seiendem) hinter sich läßt und in den Bereich des phänomenologisch Abkünftigen verweist. Heideggers „Übergang vom transzendentalen zum aletheologisch-eksistenzialen Wahrheitsbegriff"[69] detailliert auszuführen, ist hier nicht der Ort.[70] Doch ein entscheidendes Detail dieses neuen Wahrheitsverständnisses leuchtet auch hier schon ein:

Wie auch immer sich die Philosophie um die im eigentlichen Daseinsvollzug in Sorge stehende Wahrheit des Daseins bemühen mag, ihre Erschließung wird nur *in einem noch eigens zu bedenkenden Zusammenhang* mit der Wahrheit des nichtdaseinsmäßig Seienden sowie des Seins als solchem gelingen, also nur im Zusammenhang einer *„Auslegung" des Seins im ganzen*. Der spezifische Wahrheitsbereich des *Daseins* kann also nicht isoliert, sondern nur im Verbund mit den anderen Seinsregionen sowie der Frage nach dem Sein

---

[67] Vgl. HEIDEGGER GA 9, 322; GA 7, 78 f. u. 171.

[68] Vgl.: „Der Sinn des ἀληθές: als unverborgen da-sein, bzw. an ihm selbst vermeintsein ist in keiner Weise aus dem »Urteil« explikativ geschöpft und daher auch nicht ursprünglich da beheimatet und darauf bezogen. Ἀληθεύειν besagt nicht: »sich der Wahrheit bemächtigen«, sondern das je vermeinte und als solches vermeinte S e i e n d e als unverhülltes in Verwahrung nehmen" (HEIDEGGER AE, 256).

[69] HERRMANN 1964, 41.

[70] Vgl. HEIDEGGER GA 2, § 44; oder: „Die »Wahrheit« ist kein Merkmal des richtigen Satzes, der durch ein menschliches »Subjekt« von einem »Objekt« ausgesagt wird und dann irgendwo, man weiß nicht in welchem Bereich, »gilt«, sondern die Wahrheit ist die Entbergung des Seienden, durch die eine Offenheit west. In ihr Offenes ist alles menschliche Verhalten und seine Haltung ausgesetzt. Deshalb i s t der Mensch in der Weise der Ek-sistenz." (HEIDEGGER GA 9, 190).

überhaupt erörtert werden: Welchen Sinn hat überhaupt „Sein"? Und ist die herkömmliche Unterteilung in „Seins*regionen*" ihm entsprechend zugeschnitten?

Wenn es also eingangs hieß, die Wahrheit der Philosophie sei die Wahrheit des geschichtlichen, menschlichen Daseins,[71] muß jetzt hinzugefügt werden: Die Wahrheit des Daseins gibt es nicht ohne die Wahrheit des Seins. Aber letztere – darin besteht nun die wegweisende Entdeckung der Heideggerschen, sich mehr und mehr zu einer *Fundamentalontologie* auswachsenden Daseinshermeneutik – ergibt sich nicht erst, wie man (mit Husserl) meinen könnte, *nachträglich* in Folge der Addition einzelner, womöglich unbefragt hingenommener Seinsregionen bzw. nach und nach durchforschter Wahrheitsbereiche (z.B. „Natur" und „Geist" bzw. „Geschichte" oder „Sein" und „Bewußtsein"), sondern sie liegt ihnen allen als „Seinsentwurf", als *vorgängiger Entwurf der Seinsverfassung der fraglichen Seienden,*[72] je schon voraus.

In der Aufdeckung des *vorgängigen* Seinsentwurfs, in dem – nicht erst wissenschaftlichmetaphysisch, sondern *bereits lebensweltlich*[73] – alles Seiende immer schon *überstiegen* ist, liegt wohl der entscheidende Erkenntnisgewinn, den Heideggers Neuinterpretation des Lebensvollzugs als Sorge freisetzt: Als Vollzug des eigenen Daseins steht die Sorge in allen ihren Vollzugsarten *faktisch immer schon innerhalb einer bestimmten Auslegung des Seins im ganzen*, die zumeist nicht ausdrücklich „angeeignet" ist, sondern unbemerkt, d.h. „uneigentlich" herrscht. Heidegger spricht diesbezüglich von einem alle alltäglichen Daseinsvollzüge, d.h. die faktische Lebenserfahrung, und somit auch alles Philosophieren sowie die Wissenschaften *je schon leitenden Seinsverständnis*, das wie auch immer geartet sein mag und in der Regel qua Tradition unbesehen übernommen wird. Dieses vorgängige Seinsver-

---

[71] So HEIDEGGER GA 29/30, 28.

[72] Vgl. HEIDEGGER GA 2, 479.

[73] Die Fundamentaloperation der Metaphysik, *das Transzendieren* des Seienden in Richtung auf das Sein, um im Rückschlag das Seiende im Lichte des vorverstandenen Seins begegnen zu lassen, ist auch *das Grundgeschehen des Daseins als Sorge*, generalisiert Heidegger: „Metaphysik ist nichts, was von Menschen nur »geschaffen« wird in Systemen und Lehren, sondern das Seinsverständnis, sein Entwurf und seine Verwerfung, g e s c h i e h t im Dasein als solchem. Die »Metaphysik« ist das Grundgeschehen beim Einbruch in das Seiende, der mit der faktischen Existenz von so etwas wie Mensch überhaupt geschieht." (HEIDEGGER GA 3, 242) Das Dasein läßt sich Seiendes immer im Horizont eines zuvor entworfenen Seinsverständnisses, d.h. eines Entwurfs von „Welt" begegnen. Die im Transzendieren vollzogene ontologische Differenz von Seiendem und Sein hat also in den Augen des frühen Heidegger ihren Ermöglichungsgrund in der Verstehensstruktur des Daseins, näherhin in dessen ekstatisch-horizontaler Zeitlichkeit (vgl. HEIDEGGER GA 24, 423). Darin bleibt der frühe Heidegger letztlich dem transzendental-apriorischen Ansatz neuzeitlichen Denkens verhaftet. Diese „falsche, zu voreilige Gründlichkeit" verwirft Heidegger in der sogenannten „Kehre" vehement (so in HEIDEGGER GA 10, 67 f.; vgl. auch MÜLLER 1986, 229). Die Transzendenz (als Waltenlassen von Welt) wird hier also noch ganz so geschildert, als sei sie einzig ein *Akt*, ein *Vollzug des Menschen*, als verdanke sie sich ganz der *Spontaneität*, d.h. der *Freiheit* als dem ursprünglichen Wesenszug der Subjektivität. Davon rückt Heidegger in der Folge ab: Der Überstieg ist „auf den Weg seines Waltens gebracht, d.h. geschickt" (HEIDEGGER GA 9, 413). Daher gilt es „das Wesen der Metaphysik als das Geschick des Überstiegs" (HEIDEGGER GA 9, 414) zur Erfahrung zu bringen und weniger als Urhandlung der Subjektivität.

ständnis beinhaltet natürlich immer auch ein Vorverständnis der *Welt* (Weltentwurf) sowie der eigenen *Existenz* (Existenzentwurf).[74] Gerade weil es in der Regel nicht ausdrücklich expliziert wird, kann es alle Daseinsvollzüge unbemerkt prägen. Es schreibt sich fort und wird stets aufs Neue ratifiziert. Heidegger nennt dieses Seinsverständnis, eben weil es den Alltag leitet, ohne in einer expliziten philosophischen Ontologie eigens thematisiert worden zu sein, „vorontologisch".[75]

Zu jedem auch noch so alltäglichen Daseinsvollzug gehört für Heidegger demnach ein *vorgängiges* (und nicht wie in der Diltheyschen Hermeneutik ein der kreativen Ausdrucksbewegung immer nur nachfolgendes) *Verstehen*. (Seins- bzw. Daseins-)Verstehen ist für Heidegger eine Grundausstattung, eine Grundart des Daseins, ein *Existential* und nicht eine disponible Fähigkeit. Das Dasein kann nicht anders als verstehend sein. Selbst wenn es buchstäblich „nichts versteht", versteht es immerhin noch dies. Und weil Verstehen immer auch ein Auslegen bzw. Interpretieren ist, muß davon ausgegangen werden, daß dem Dasein *„Welt"* und *„Selbst"* immer nur *als schon gedeutete* gegeben sind, d.h. je schon im Licht eines wie auch immer gearteten Seinsentwurfs interpretiert sind.[76] Zwar meine man, stets „nur das »tatsächliche« Seiende zu erfahren", verkenne aber, „daß Seiendes nur dann »tatsächlich« erfahren werden kann, wenn das Sein schon verstanden, wenngleich nicht begriffen ist".[77] Für diese Art von erfahrungsleitender Tradition[78] will Heideggers aus der Daseinsanalytik hervorgegangene Fundamentalontologie nun endlich die Augen öffnen.

„Die existenziale Analytik ... soll zeigen, daß und wie allem Umgang mit dem Seienden, für den es gerade so aussieht, als gäbe es eben nur Seiendes, schon die Transzendenz des Daseins – das In-der-Welt-sein – zugrunde liegt. Mit ihr g e s c h i e h t der obzwar verborgene und zumeist unbestimmte E n t w u r f des Seins des Seienden überhaupt ... Dabei bleibt der U n t e r s c h i e d von Sein und Seiendem a l s s o l c h e r verborgen."[79]

Es ist die so bestimmte, also je schon durch eine Seins-, d.h. Welt- und Selbstauslegung getragene Sorge, die für Heidegger *die Grundbewegtheit schlechthin* des faktischen Lebens ausmacht. Sie bestimmt unbemerkt – im Sinne einer Denktradition – auch alle Wissenschaften, selbst da, wo sie meinen, sich nur mit „Tatsachen" zu beschäftigen, und zu weiten Teilen auch die Philosophie; bis diese schließlich (bei Heidegger) beginnt, das traditionelle

---

[74] Vgl. HEIDEGGER GA 2, 413.

[75] Die Rückführung des phänomenologischen Blicks von der Erfassung des Seienden auf das Verstehen des Seins dieses Seienden nennt Heidegger „phänomenologische Reduktion" (HEIDEGGER GA 24, 29).

[76] Vgl. HEIDEGGER GA 2, 417.

[77] HEIDEGGER GA 2, 417.

[78] Vgl.: „... das Dasein hat nicht nur die Geneigtheit, an seine Welt, in der es ist, zu verfallen und reluzent aus ihr her sich auszulegen, Dasein verfällt in eins damit auch seiner mehr oder minder ausdrücklich ergriffenen Tradition. Diese nimmt ihm die eigene Führung, das Fragen und Wählen ab. Das gilt nicht zuletzt von *dem* Verständnis und seiner Ausbildbarkeit, das im eigensten Sein des Daseins verwurzelt ist, dem ontologischen." (HEIDEGGER GA 2, 28 f.).

[79] HEIDEGGER GA 3, 235.

Seinsverständnis, in welches die Sorge immer schon „geworfen" ist, nicht länger blind zu vollstrecken (Verfallenheit), sondern als leitenden Interpretationshorizont, als subjektiven „Seinsentwurf" (bzw. beim späten Heidegger als „Seinsgeschick") zu thematisieren und nach seinem Seinssinn eigens zu befragen.

„Alle ontische Erfahrung von Seiendem, das umsichtige Berechnen des Zuhandenen sowohl wie das positiv wissenschaftliche Erkennen des Vorhandenen, gründen in jeweils mehr oder minder durchsichtigen Entwürfen des Seins des entsprechenden Seienden."[80]

1.4 Aufgabe der Philosophie: Explikation des herrschenden Seinsverständnisses

Nun hat sich auch schon abgezeichnet, worin nach Heidegger die dringlichste Aufgabe der Philosophie zur gegenwärtigen Stunde besteht: Sie hat das alle Lebensbereiche faktisch jeweils schon leitende Seinsverständnis (als „Geworfenheit" bzw. „geworfenen Entwurf"[81]) zu explizieren und auf seine Besonderheit bzw. Einseitigkeit hin zu überprüfen. Auf die Wissenschaften hin formuliert lautet dies: Jeder Wissenschaft liegt ein *vorgängiges Verständnis von der Beschaffenheit ihres Gegenstandsbereichs* zugrunde, ohne daß es mit jeweils ihren Mitteln eingeholt werden könnte; gemeint ist der Entwurfscharakter der impliziten Fundamente der institutionell organisierten Erkenntnis. Dieses erkenntnisleitende Vorverständnis hat die Philosophie für alle Wissens- und Lebensbereiche aufzudecken.[82]

Die ausdrückliche Sorge um das je schon das eigene Selbstverständnis sowie alle Weltauffassung prägende Seins*verstehen* halte sich freilich das geistige Leben in allen seinen Spielarten allzu gern vom Halse. Man hinterfrage nicht, sondern übernehme die Interpretationshorizonte einfach aus der Tradition (zumeist der Naturwissenschaften), wie ja auch Diltheys unbekümmerte Übernahme des geschichtlichen Daseins als „etwas zu Sicherndes" und des Historischen als „objektive Wirklichkeit" hinlänglich belege, wo doch gerade im Bereich des Historischen dringend zu überlegen wäre, was eigentlich dessen spezifischer Seinscharakter ist. Auch liebe es das Dasein, sich durch „Zerstreuung"[83] abzulenken, noch bevor es überhaupt die in der Seinssorge aufbrechende fundamentale „Beunruhigung"[84] über das Wie eines adäquaten Seinsverstehens wirklich an sich herangelassen habe. Eine Anspielung auf den zeitgeschichtlich aufbrechenden Nihilismus, in dem sich die Fragwürdigkeit des herkömmlichen Seins-, Selbst- und Weltverständnisses manifestiert, der jedoch meist durch Restaurierungsversuche des überlebten Verständnisses niedergehalten wird und

---

[80] HEIDEGGER GA 2, 429.

[81] Zur Faktizität als „Geworfenheit" vgl. HEIDEGGER GA 2, 233-239: § 38 u. S. 293; zum „geworfenen Entwurf" s.u. Abschn. 4.1.

[82] Gewisse Analogien zwischen Heideggers These vom vorgängigen „Seinsentwurf", der auch das wissenschaftliche Denken trägt, und dem, was Th. Kuhn als das eine Forschungspraxis jeweils leitende „Paradigma" bezeichnet, sind nicht von der Hand zu weisen.

[83] HEIDEGGER GA 2, 459.

[84] Was die Ausdrücke „Beunruhigung" und „Bekümmerung" als Vorläufer der in *Sein und Zeit* genannten „Sorge" als Grundcharakter der faktischen Lebenserfahrung betrifft, vgl. KISIEL 1993, 71-75.

gerade deshalb latent herrscht, darf durchaus mitgehört werden; auch Heideggers Philosophie motiviert sich ja aus dem Historischen.⁸⁵ Selbst Dilthey sei an dieser Stelle ausgewichen, meint Heidegger. Sein Philosophieren sei zwar durch und durch von der genannten Unruhe motiviert, Dilthey bemühe sich auch um ein Verständnis des gegenwärtig in seinem Sein mehr denn je beunruhigten Daseins, das dann aber leider hauptsächlich

> „… als sicherungsbedürftig gemeint ist, ohne daß diese Unruhe selbst zum Problem wird: Das Dasein ist [für Dilthey (r.h.)] etwas Selbstverständliches, was nicht mehr beachtet zu werden braucht, vielmehr ist es zu sichern. (…) Genügt diese Sicherung für das, was die Beunruhigung hervortreibt? Das, was beunruhigt ist, die Lebenswirklichkeit, das menschliche Dasein in seiner Bekümmerung um seine eigene Sicherung, wird nicht in sich selbst genommen, sondern als *Objekt* betrachtet und als Objekt in die historische *objektive* Wirklichkeit hineingestellt. Es wird auf die Bekümmerung nicht geantwortet, sondern sie wird sogleich objektiviert."⁸⁶

Gegen Ende seines nahezu zehnjährigen Aneignungsprozesses der Diltheyschen Intuitionen⁸⁷ mündet Heideggers Auseinandersetzung mit der Lebensphilosophie schließlich in den *Vorwurf eines objektivistischen Seinsverständnisses*, welches für das Verstehen des menschlichen Daseins sowie der Geschichte ziemlich ungeeignet sei: Das geschichtliche Leben, das wir selber sind, gerate auch bei Dilthey nur nach Maßgabe eines Objekts in den Blick, obschon Dilthey es anders beabsichtigt habe. Mit anderen Worten: Dilthey philosophiert zwar *über* den endlichen Standpunkt des Lebens und dessen Ungesichertheit, aber er denkt noch nicht *von ihm aus*, d.h. er vollzieht im Erschließen des faktischen Daseins dessen Grundbewegtheit nicht selber mit, sondern versucht immer noch, sie in von außen kommender, objektiver Betrachtung bzw. „Einstellung", d.h. „historisch-zuständlich"⁸⁸ einzufangen, obwohl doch die Grundbewegtheit nur als (aktuell) vollzogene eine wirkliche ist.⁸⁹ Weil er von „innerer Wahrnehmung" der „Tatsachen des Bewußtseins" ausgehe, meine Dilthey zwar, vom Standpunkt des Lebens und nicht vom konstruierten Standpunkt eines theoretischen Betrachters aus „das Leben" ursprünglich in den Blick gebracht zu haben. Darin irre er aber, so Heidegger. Diltheys *Standpunkt innerer Anschauung eines Erlebniszusammenhangs* sei immer noch weit entfernt von der Art, wie das Leben sich ursprünglich selbst erlebe und verstehe, nämlich *in seinen Vollzügen*, und zwar als ein Seiendes, das zunächst *ganz in* und *bei seiner schon ausgelegten Welt* ist (Weltverfallenheit, uneigentlicher Vollzug der Sorge, Alltäglichkeit), um sich dann in einem zweiten Schritt selbst einzuholen, in seinem Selbst- und Weltverhältnis zu bedenken und in seinen eigensten Möglichkeiten zu ergreifen (eigentlicher Vollzug der Sorge, eigentliche Existenz). Echte Selbsterfahrung „ist

---

⁸⁵ Vgl.: „Die gemeine Daseinsauslegung droht mit der Gefahr des Relativismus. Aber die Angst vor dem Relativismus ist die Angst vor dem Dasein." (HEIDEGGER BZ, 25).

⁸⁶ HEIDEGGER GA 60, 50 f.

⁸⁷ Schon als Student hat sich Heidegger mit Dilthey auseinandergesetzt. Spätestens seit 1909/10 hat er detaillierte Exzerpte von Diltheys Schriften angefertigt (so KISIEL 1993, 100, Fußnote 43).

⁸⁸ HEIDEGGER GA 59, 19.

⁸⁹ Vgl.: „Das eigene Dasein ist, was es ist, gerade und nur in seinem *jeweiligen »Da«*." (HEIDEGGER GA 63, 29; ähnlich 19).

nicht »innere Wahrnehmung« u.ä., sondern selbstweltliche Erfahrung, weil Erfahrung selbst einen weltlichen Charakter hat ..."[90] Die erfahrene Selbstwelt und die Umwelt fallen in eins, betont Heidegger. Durch das Beharren auf der inneren Wahrnehmung habe sich Dilthey, ohne es zu merken, den gesuchten Zugang zum Leben wieder theoretisch verstellt und das seelisch-geistige Leben – ganz im Sinne der herrschenden ontologischen Denktradition ‚Sein = Beständigkeit'[91] – zu einem Objekt theoretischer Betrachtung und ästhetisch gestalthafter Anschauung herabgedrückt.[92]

> „Sie [die überlieferte Ontologie (r.h.)] verlegt sich den Zugang zu dem innerhalb der philosophischen Problematik entscheidenden Seienden: Dem *Dasein*, aus dem und für das Philosophie »ist«."[93]

Diltheys ästhetische Grundstellung dem Leben gegenüber[94] halte sich auch da unverändert durch, wo der spätere Dilthey die deskriptive Psychologie zugunsten einer Analyse geschichtlicher Ausdrucksgestalten des Lebens zurücklasse. Statt vom einen Extrem (Bewußtsein) versuche er jetzt lediglich vom anderen Extrem (Objektivation des Bewußtseins) aus den Zugang zum Leben bzw. zur Geschichte zu finden.[95] Das faktische Ich, so wie es sich aus sich selbst heraus versteht, komme in Diltheys Lebensphilosophie hier wie da nicht eigentlich vor. Allerdings zeuge Diltheys Weltanschauungsphilosophie noch immer von dessen großem Gespür für das „Problem der praktischen Stellung des Menschen".

> „Das aktuelle Dasein wird nicht zum möglichen Problem. (...) (Obwohl darauf Dilthey immerhin gerichtet war.) Der Grund dafür liegt darin, daß das ursprüngliche Motiv der Philosophie vergessen wurde und es nicht mehr in die Aufgabe der Philosophie hineingenommen wird, stattdessen vielmehr ein Abgleiten in eine »Einstellung« stattfindet, eine Herausbildung bestimmter Erkenntnisaufgaben, eine Tendenz auf Erkenntnis (im theoretischen Sinn), auf letzte Erfassung. Sofern das philosophische Motiv nicht ganz vergessen wird, bleibt die Tendenz der Philosophie auf Weltanschauung."[96]

---

[90] HEIDEGGER GA 60, 13.

[91] Dilthey hat, mit Nietzsche gesprochen, ein Zuviel an „antiquarischer" Philosophiegeschichtsschreibung. Was ihm fehlt, ist die Möglichkeit „kritischer" Destruktion. Dilthey meint, bereits alle Metaphysik hinter sich gelassen zu haben, und läßt sich betören „von der verfallenden Öffentlichkeit des Heute", die sich nachmetaphysisch dünkt (vgl. HEIDEGGER GA 2, 524).

[92] „Dilthey sieht das Seelische auch nur von außen, wenn auch nicht vom Außen der Natur, sondern vom Außen der Geistesgeschichte, als eine *Gestalt*, zuständlich, »ästhetisch« (das Ideal der Harmonie). Von da aus deutet er die seelische Wirklichkeit, daher kommt sein Begriff des »Zusammenhangs«. Alles dies ist aus der ästhetischen, gestalthaften Erfassung des Lebens bestimmt." (HEIDEGGER GA 59, 167) Die Kritik an Diltheys ästhetisch humanistischer Grundstellung übernimmt Heidegger von Graf Yorck von Wartenburg (vgl. dazu HEIDEGGER GA 2, 527-533 u. GROßHEIM 1995).

[93] HEIDEGGER GA 63, 3.

[94] Vgl. HEIDEGGER GA 63, § 7 u. § 11.

[95] „Geschichte" kommt für Dilthey stets nur unter der „gegenständlichen Vorbestimmung des Vergangenen als Ausdruckseiendes" in den Blick. Geschichte ist für Dilthey letztlich doch bloß „vergangene Vorhandenheit" (HEIDEGGER GA 63, 53 f.).

[96] HEIDEGGER GA 59, 170.

1.5 „In einer Denkgeschichte stehen": Alles Denken hat eine Auslegungstradition im Rücken

Da nun aber die Aufdeckung massiver Objektivierungstendenzen innerhalb von Philosophie und Wissenschaft auf Heideggers kritische Aneignung der Phänomenologie Husserls zurückgeht, sich daher seine Kritik am Objektivismus nicht zuerst gegen Dilthey, sondern vor allem gegen eine Inkonsequenz in Husserls phänomenologischem Neubeginn der Philosophie richtet, sei der Argumentationsgang an dieser Stelle unterbrochen zugunsten einer Zusammenfassung des bisher Erreichten.

Dilthey ist (neben Husserl) der wichtigste zeitgenössische Inspirator Heideggers. Heidegger schätzt ihn weit mehr als die Neukantianer. Er sieht in Diltheys Konzeption der *Philosophie als Selbstbesinnung* eine ganz richtige Tendenz am Werk: Dilthey ringt um ein Verstehen des In-der-Welt-Seins,[97] der Einheit der Subjektivität und speziell der Geschichtlichkeit als der grundlegenden Seinsstruktur allen Lebens.[98] Aber in der Ausführung verfalle Dilthey dem undurchschauten metaphysischen Vorurteil, Sein als Beständigkeit zu deuten.[99] Das wirke sich aus einerseits in seinem Anschluß der Philosophie an das unkritisierte menschliche Streben nach Festigkeit (statt nach jeweiliger Wahrheit) und andererseits in der Tatsache, daß der Philosoph-Geisteswissenschaftler glaubt, sich möglichst aus der faktischen Existenz heraushalten zu sollen und auch zu können. Dilthey sieht die Philosophie nur als Ausdruck des (unergründlichen) Lebens; Heidegger hingegen sieht das Philosophieren als den ausdrücklichen Vollzug einer zum Dasein qua Sorge unausstreichbar gehörenden Grundtendenz auf Seinsverständnis und Wahrheit. Das vor allem ist die wesentliche Differenz, die Heidegger aufwirft zwischen der Diltheyschen Lebensphilosophie und seiner ins Ontologische zurückgehenden Daseinshermeneutik. Für Heidegger macht die durch ein vorgängiges „Verstehen" geleitete und somit auch durch einen spezifischen Seinsentwurf bestimmte *Sorge* ums eigene Sein die *eigentliche* Grundbewegtheit des faktischen Lebens und folglich auch aller Erkenntnis aus. Als solche wird sie von der Hermeneutik der Faktizität (erstmals) aufgedeckt und auf ihren zur gegenwärtigen geschichtlichen Stunde leitenden Seinssinn befragt, der offenbar im Begriff ist, unplausibel zu werden (Nihilismus). Aufgabe gegenwärtiger Philosophie kann es nach Heidegger daher nicht sein, dem Dasein die Seins-

---

[97] Der junge Heidegger sieht in Diltheys Lebens- und Weltanschauungsphilosophie das eigentliche Motiv aller Philosophie noch am Werke, nämlich „das Leben aus sich selbst heraus, ursprünglich zu deuten" (HEIDEGGER GA 59, 154). Das ist wohl eine der höchsten Anerkennungen, die Heidegger je ausgesprochen hat. Vgl. auch HEIDEGGER KV, 153.

[98] Vgl.: „*Dilthey* war der erste, der die Absichten der Phänomenologie verstand. Seine Arbeit, schon seit den sechziger Jahren, war auf eine Herausarbeitung einer neuen Psychologie gerichtet, ganz allgemein gesprochen, auf eine Wissenschaft vom Menschen, die den Menschen primär erfaßt, so wie er als Person, als handelnde Person in der Geschichte existiert. Diese Idee des Menschen hatte er im Blick und versuchte dieses Seiende selbst wissenschaftlich zu bestimmen." (HEIDEGGER GA 20, 163).

[99] Hinter Heideggers Kritik an Dilthey zeichnet sich schon seine Kritik der ganzen neuzeitlichen, wenn nicht gar abendländischen Philosophie ab.

sorge möglichst schnell wieder abzunehmen.[100] Was im Dasein als Beunruhigung (über den Sinn *seines* sowie *allen* Seins) aufbricht, darf die Philosophie nicht voreilig durch erkenntnismäßige Versicherungsleistungen beschwichtigen[101] oder gar, wie beim späten Dilthey, in eine resignative Kontemplation scheinbar unaufhebbarer Ungereimtheiten des Lebens überführen. Das tue das Dasein schon von sich aus; dazu (d.h. zum Rückzug aus der Geschichte) brauche es keine Philosophie, meint Heidegger. Vielmehr habe die Philosophie das Sorgen ums eigene geschichtliche Sein und Seinkönnen zu befördern, indem sie das die Sorge unbemerkt im Sinne einer Denktradition je schon tragende Seinsverständnis expliziert und auf seine Geschichte hin überprüft in der Hoffnung, die aus einem eventuell inadäquaten (Da-) Seinsverständnis und somit auch Geschichtsverständnis resultierenden Scheinprobleme oder auch trügerischen Beruhigungen als solche entlarven und fortträumen zu können.

> „Philosophie ist das Gegenteil aller Beruhigung und Versicherung. Sie ist der Wirbel, in den der Mensch hereingewirbelt wird, um so allein ohne Phantastik das Dasein zu begreifen."[102]

Anders als Dilthey vermag Heidegger nicht darüber hinwegzusehen, daß auch sein eigener philosophischer Neuanfang, die Daseinsanalyse, eine noch undurchschaute Tradition im Rücken haben könnte, und somit davon auszugehen ist, daß selbst die Hermeneutik der Faktizität zunächst unter dem Stern der Uneigentlichkeit steht.[103] Die Erkenntnis, daß *alles* Denken „historisch bedingt" ist, mündet bei Heidegger allerdings nie in die resignative Beteuerung, „es sei halt alles relativ". Heidegger bemüht sich vielmehr genau auszumachen, in welcher Hinsicht und in welchem Ausmaß dies gilt. Und vor allem zeigt er auf, wie sich das Denken seiner vermuteten Bedingtheit gegenüber verhalten könnte: In der detaillierten Anleitung zur „Destruktion"[104] herrschender Auslegungstendenzen schafft sich Heidegger ein Instrumentarium zum Abbau verdeckender Traditionen, um auf diese Weise Schritt für

---

[100] Vgl.: „Die heutige Generation meint, sie sei bei der Geschichte, sie sei sogar überlastet mit Geschichte. Sie jammert über den Historismus – lucus a non lucendo. Es wird etwas Geschichte genannt, was gar nicht Geschichte ist. Weil alles in Geschichte aufgehe, müsse man, so sagt die Gegenwart, wieder zum Übergeschichtlichen kommen. Nicht genug, daß das heutige Dasein sich in die gegenwärtige Pseudogeschichte verloren hat, es muß auch den letzten Rest ihrer Zeitlichkeit (d.i. des Daseins) dazu benutzen, um sich ganz aus der Zeit, dem Dasein, fortzustehlen. Und auf diesem phantastischen Wege zur Übergeschichtlichkeit soll die Weltanschauung gefunden werden. (Das ist die Unheimlichkeit, die die Zeit der Gegenwart ausmacht.)" (HEIDEGGER BZ, 25).

[101] Das tut in Heideggers Augen die traditionelle Metaphysik. Sie stützt das Dasein und seinen Weltbezug gegen jede Unsicherheit ab. Sie fundiert in der Neuzeit die Wissenschaft, das Forschen und damit das Nachstellen und Zustellen der Natur als verfügbaren und berechenbaren Bestand (vgl. SCHULZ 1994, 111 f.).

[102] HEIDEGGER GA 29/30, 28 f. N.B.: Allerdings ist „Wirbel" für Heidegger in *Sein und Zeit* Kennzeichen des Verfallens und des Absturzes von der Selbstheit in die uneigentliche Alltäglichkeit des Man (vgl. HEIDEGGER GA 2, 237).

[103] Vgl. HEIDEGGER AE, 238.

[104] Vgl.: „La fenomenologia, che non è affatto »una filosofia per tutti« (GA 58, 135), riconosce il primato del vivere rispetto ai metodi, ma pone come condizione di ogni autentico intendere la »distruzione« che si esercita sulle deformazioni di cui il vivere è portatore." (PRANTEDA 1997, 97).

Schritt den befragten Phänomenen, *so wie sie sich von sich selbst her zeigen,* auf die Spur zu kommen, im hier vorliegenden Fall also dem *geschichtlichen Dasein,* sprich der *faktischen Existenz.* Diese adäquat zu Verständnis gebracht zu haben, ist *Voraussetzung schlechthin* für alles weitere, insbesondere für jegliches Verstehenwollen von Geschichte.

> „Philosophische Forschung bedarf nicht weltanschaulichen Aufputzes und der übereilten Sorge des Nichtzuspät- und Nochmitkommens in den Wirrnissen der Gegenwart, sofern sie nur von ihrem ergriffenen Gegenstand [dem faktischen Leben (r.h.)] her verstanden hat, daß ihr mit diesem die ursprünglichen seinsmäßigen Bedingungen der Möglichkeit jeglicher Weltanschauung als zu befragende anvertraut sind, als etwas, das nur in der Strenge der Forschung sichtbar wird."[105]

Auf dem Wege rigoroser phänomenologischer Destruktion will Heidegger durch hartnäckige philosophische Auslegungstraditionen, die auch seinen eigenen Denkweg zunächst beherrschen, „zu den Sachen selbst"[106] gelangen, im vorliegenden Fall zu dem ursprünglichen (Selbst-)Verständnis menschlichen Seins in der Geschichte. Nicht den Philosophien, die bestimmte Ansichten über Sachverhalte und entsprechende Terminologien kolportieren und sich darin widersprechen, gilt also Heideggers Interesse, sondern den Sachen selbst. Nicht wie Dilthey Fußnoten zu faktisch vollzogenen Weisen des Philosophierens will Heidegger schreiben,[107] sondern aus dem ursprünglichen Existenzvollzug ein genuines Philosophieren neu erwirken, eine authentische Auslegung des geschichtlichen Daseins. Althergebrachte Selbst- und Weltauslegungen müssen dazu Schritt für Schritt abgebaut werden, sofern sie die Existenz für sich selbst verstellen und von der Notwendigkeit einer Selbstaneignung entbinden.[108]

Im folgenden wäre also darzulegen, wie Heidegger im Ausgang von der faktischen Lebenserfahrung „[s]eine echte Fundierung des totalen geistigen Lebens und Seins erarbeitet"[109] und darin auch der Geschichte, die in der schließlich *temporal* interpretierten Sorgestruktur des Daseins ihr Zentrum haben wird. Heidegger löst „diese Uraufgabe einer Analyse des Daseins"[110] mit aus der Husserlschen Phänomenologie gewonnenen Denkmitteln. Wenn schon eine Neubesinnung der Philosophie, so dachte Heidegger, dann mittels der Phänomenologie als neuer Grundwissenschaft.

---

[105] HEIDEGGER AE, 246.

[106] Vgl.: „Der Ruf »zur Sache selbst« richtet sich aber zugleich gegen den Historismus, der sich in die Verhandlungen über die Standpunkte der Philosophie und die Einteilung von Typen der philosophischen Weltanschauungen verliert. Dazu sagt Husserl in Sperrdruck ...: »*Nicht von den Philosophien sondern von den Sachen und Problemen muß der Antrieb der Forschung ausgehen.*«" (HEIDEGGER ZSD, 69).

[107] Vgl.: „Die Besinnung der Philosophie ... erschöpft sich auch nicht in einer nachgetragenen »Reflexion« der Philosophie auf sich selbst in der Gestalt einer »Philosophie der Philosophie«, die nur noch das Ende aller Möglichkeiten der Philosophie verzeichnet und historisch ihre vergangenen Gestalten in eine gleichgültige »Typologie« aufrechnet." (HEIDEGGER GA 66, 49 f.).

[108] Vgl. HEIDEGGER KV, 159.

[109] HEIDEGGER GA 59, 9.

[110] HEIDEGGER GA 20, 201.

2 Phänomenologische Ontologie als Grundwissenschaft

„Wie steht das faktische Leben *aus sich* zur Geschichte?"[111] Heidegger sucht nach der Weise, wie Geschichte ursprünglich, d.h. *vor* aller wissenschaftlichen Bearbeitung gegeben ist, und hält sich dabei an *die Geschichtlichkeit des Daseins*. Nicht im Ausgang von der Historie[112] als Wissenschaft klärt sich, was „Geschichte" ist, denn nicht der Historie entstammt die Geschichte, sondern dem geschichtlichen Dasein, genauer: der spezifischen *Zeitlichkeit* dieses Daseins. Sie gilt es, philosophisch zu Verständnis zu bringen (s.u. Abschn. 3). Weil demgegenüber der Neukantianismus als Erkenntnistheorie am *transzendentalen Ich* ausgerichtet ist und sich vorrangig für die *Gegenstandskonstitution* innerhalb der jeweiligen Wissensdisziplinen interessiert, lehnt Heidegger ihn ab. Erkenntnis ist für ihn keine Grundart des In-der-Welt-Seins[113] und Gegenstandsein nicht die ursprüngliche Weise, wie Seiendes begegnet, geschichtlich Seiendes zumal.[114] Fragwürdig erscheint ihm aus ähnlichen Gründen auch Diltheys in der „inneren Wahrnehmung" zentrierte, also psychologisch ausgerichtete Anthropologie. Auch sie beruht auf einer Vergegenständlichung. Gleichwohl greift Heidegger Diltheys Tendenz, den ganzen geschichtlich existierenden Menschen und sein Weltverhältnis in den Blick zu bringen, auf. Allerdings verfolgt er sie anders, als es die zumeist neukantianischen Nachfolger Diltheys taten, nämlich mittels der phänomenologischen Methode. Durch die Phänomenologie, die als „Ursprungswissenschaft"[115] zu den Sachen selbst – im vorliegenden Fall zum geschichtlichen Leben, so wie es sich selbst versteht – einen Zugang sucht, findet Heidegger erstmalig einen Boden für die Diltheyschen Intuitionen: Er erkennt, daß der Zugang zum geschichtlichen Leben nicht durch *ontisches Erfahren* (innerer oder äußerer Gegebenheiten) gefunden werden kann, sondern allein durch *geschichtliches Existieren*[116] (s.u. Abschn. 2.2). Im Kraftfeld von Husserls phänomenologischer Methode und Diltheys lebensphilosophischen Einsichten entsteht sodann Heideggers eigene Antwort auf die Frage, was es heißt, in der Geschichte zu stehen und Philosophie zu treiben, wobei freilich auch das Denken Husserls – der anders als Dilthey keinen Sinn für Geschichte hat, aber im wesentlichen Diltheys metaphysische Vorurteile teilt – einer kritischen Destruktion unterzogen wird (s.u. Abschn. 2.1).

---

[111] HEIDEGGER GA 60, 53.

[112] Vgl.: „In der ganzen Betrachtung spielt die Geschichte als Geschichtswissenschaft zunächst gar keine Rolle. Wissenschaftstheorie der Geschichte ist ein ganz sekundäres Problem innerhalb des Problems des Historischen selbst." (HEIDEGGER GA 60, 47; ebenso auch das Kriegsnotsemester: HEIDEGGER GA 56/57, 1-117).

[113] Vgl. HEIDEGGER GA 2, 82-84 und GA 20, 217-219: Erkennen ist nicht die Grundart des In-der-Welt-Seins, sondern eine fundierte Seinsart: Es vollzieht sich auf der Basis des „Schon-seins-in" einer Welt; es setzt an in einem Seienden, das je schon eine Welt „hat" und sich zum Innerweltlichen dieser Welt verhält („sein-bei"). Die Auffassung, das bloße Erkennen mache den ursprünglichen Weltbezug aus oder stifte ihn gar erst, erscheint demgegenüber irrig.

[114] HEIDEGGER GA 20, 215 ff.

[115] HEIDEGGER GA 58, 1 ff.

[116] Vgl.: „Der primäre Bezug zum Dasein ist nicht die Betrachtung, sondern das »es *sein*«." (HEIDEGGER BZ, 14).

2.1 Heideggers Radikalisierung der phänomenologischen Methode Husserls

Warum Heidegger auch der Husserlschen Phänomenologie gegenüber kritisch eingestellt bleibt, erklärt sich zunächst aus dem Anspruch der phänomenologischen Methode selbst: Husserls phänomenologische Maxime, keine philosophischen Ansichten und Begriffe gelten zu lassen, die sich nicht an den in Frage stehenden Phänomenen ausgewiesen haben, ist für Heidegger *das* philosophische Gebot der Stunde. Daraus resultiert freilich, daß Heidegger auch die Grundsätze der Husserlschen Phänomenologie nicht aufnehmen kann, ohne sie zuvor selbst noch einmal an den Sachen auszuweisen.[117] Heidegger kann also gar nicht anders, als sich mit demselben Pathos des Rückgangs auf verstellte Problemansätze *gegen Husserl* zu wenden, mit dem sich einst Husserl gegen den Physikalismus in der Erkenntnistheorie richtete.[118] Er muß überprüfen, ob Husserls große Entdeckung – die Intentionalität des Bewußtseins, die Korrelation von Intentio und Intentum als „Grundstruktur aller Erlebnisse"[119] – tatsächlich so, wie Husserl sie in vermeintlich „schlichter Beschreibung" vorführt, an den Sachverhalten ausweisbar ist. Denn nur dann könnte die Husserlsche Intentionalität als Fundament auch für die Frage nach der Geschichte herhalten, die ja, wie sich schon bei Dilthey zeigte, eng mit der Bewußtseinsproblematik verknüpft ist. Im Zuge dieser kritischen Aneignung der Husserlschen Phänomenologie merkt Heidegger nun, daß er bestenfalls die Phänomenologie als Forschungs*methode* übernehmen kann, auf keinen Fall aber ihr angestammtes Forschungs*feld*, das intentionale Bewußtsein, das in Husserls Augen eine *eigenständige Seinsregion* darstellt, von der Heidegger aber erkennt, daß Husserl sie als solche künstlich konstruiert bzw. *aus der Tradition ungeprüft übernommen*, nicht aber ursprünglich phänomenologisch aufgewiesen hat.[120] Heidegger akzeptiert daher die Phänomenologie nur als Methodenbegriff,[121] ihr faktisches Thema hingegen, das Bewußtsein als „intentionales Sein", lehnt er ab, wodurch sich nun im Rückschlag die phänomenologische Methode selbst transformiert. Sie wandelt sich von einer phänomenologischen Deskription vermeintlicher „Grundgegebenheiten" des Bewußtseins in eine Hermeneutik bzw. Ontologie der Faktizität. Wie diese Transformation im einzelnen vonstatten geht, hatte sich oben schon ansatzweise gezeigt im Zusammenhang von Heideggers kritischer Aneignung der *Diltheyschen* Intuitionen (s.o. Abschn. 1.1-5) und soll nun in bezug auf Heideggers kritische Rezeption der *Husserlschen* Philosophie noch einmal nachgereicht werden.

Bewußtsein ist immer „Bewußtsein von etwas". Jeder Bewußtseinsakt ist ein Sich-Richten-auf, Sich-Beziehen-auf, meinte Husserl. (Heidegger übernimmt diese Erkenntnis, er artikuliert analog jedes Sich-Richten-auf nach seinem *Bezugs-* und *Gehaltssinn*.) In der

---

[117] So HEIDEGGER GA 20, 192.

[118] Vgl.: „Es gibt kein iurare in verba magistri innerhalb der wissenschaftlichen Forschung, und das Wesen einer *echten* Forschergeneration und Generationsfolge liegt darin, daß sie sich nicht an die Randbezirke der Spezialfragen verliert, sondern neu und echt auf die Urquellen der Probleme zurückgeht und sie tiefer leitet." (HEIDEGGER GA 58, 6; vgl. ebd., 5).

[119] HEIDEGGER GA 20, 36.

[120] Vgl. HEIDEGGER GA 20, 178.

[121] Vgl. HEIDEGGER GA 20, 185.

Intentionalität des Bewußtseins ist die Beziehung des Subjekts auf ein Objekt also immer schon geleistet. Kraft dieser Entdeckung war Husserl auf einen Schlag die im Positivismus und Psychologismus als sinnesphysiologisches Problem diskutierte Frage, wie eine Sache „da draußen" „in" das Subjekt und sein Erkennen gelangen kann, los. Er war überzeugt, die Erkenntnis- und Bewußtseinsfrage endlich „rein", d.h. ohne Eintragung sachfremder Kategorien und Probleme gelöst zu haben. Husserls Entdeckung des durch Intentionalität geprägten phänomenologischen Subjekts ist dabei identisch mit der Entdeckung jener natürlichen Welt, auf die es immer schon bezogen ist. In dieselbe Richtung hatte sich ja auch Diltheys Strukturanalyse des Bewußtseins vorgearbeitet. Nun gelangt Heidegger aber zu der Überzeugung, daß sowohl Husserl als auch Dilthey, obwohl sie meinen, endlich dem geistigen Leben, so wie es sich ursprünglich selbst da hat, auf die Spur gekommen zu sein, das Bewußtseinsleben schon wieder durch Eintragung theoretischer Perspektiven verzeichnet, d.h. den Erlebniszusammenhang verobjektiviert haben. Für Dilthey wurde das oben bereits angedeutet, für Husserl nimmt sich die heikle Problematik wie folgt aus:

Heidegger macht darauf aufmerksam, daß in Husserls Konzeption der Intentionalität immer schon zwei Vorentscheidungen gefallen sind, die als solche höchst fragwürdig sind.

2.1.1 Auch Husserl vertraut blindlings dem Methodenideal „reiner Inblicknahme"

Erstens geht Husserl wie selbstverständlich davon aus, daß die Besinnung auf die Grundstruktur des Bewußtseins (sprich: die Bewußtseinsakte in ihrem Gerichtetsein-auf) qua *Anschauung* zu erfolgen hat. Mit anderen Worten: Husserl ist überzeugt, daß die Bewußtseinsakte nach einer Reihe von Reduktionen zugänglich werden als *Objekte* des Bewußtseinsaktes „Anschauung", also qua Evidenz. Sollte das tatsächlich die ursprüngliche Art sein, wie ein Bewußtseinsakt einen anderen Bewußtseinsakt da hat? In Husserls reiner Inblicknahme intentionaler Akte verhält sich das Phänomenologie treibende Subjekt den fraglichen Akten gegenüber wie ein rein theoretischer und interesseloser Zuschauer, der alle lebensweltliche Situiertheit im Laufe der Reduktionen abgestreift hat.[122] Ganz offensichtlich ist das eine sekundäre und nicht die ursprüngliche Weise, wie das Dasein seine eigenen Vollzüge da hat. Es ist wohl das wissenschaftliche Methodenideal reiner Inblicknahme gewesen, das Husserl den Zugang zu den Daseinsvollzügen wie selbstverständlich als ein theoretisches Sich-Richten-auf (Noesis) behaupten ließ. Ob es andere Weisen des Sich-Richtens-auf gibt, in denen die fraglichen Phänomene des Bewußtseinslebens vielleicht ursprünglicher noch gegeben sind, thematisiert Husserl nicht. Er geht wie selbstverständlich davon aus, daß sie in Gegenständlichkeit für ein theoretisches Anschauen ursprünglich da sind. Mit anderen Worten: Er differenziert das Sich-Richten-auf des Phänomenologen wohl nach seinem Bezugs- und Gehaltssinn, nicht aber nach seinem Vollzugssinn,[123] den setzt er

---

[122] Vgl.: „Nennen wir das natürlich in *die Welt* hineinerfahrende und sonstwie hineinlebende Ich an der Welt *interessiert*, so besteht die phänomenologisch geänderte und beständig so festgehaltene Einstellung darin, daß sich eine Ichspaltung vollzieht, indem sich über dem naiv interessierten Ich das phänomenologische als *uninteressierter Zuschauer* etabliert." (HUSSERL, Husserliana I, 73).

[123] Die „volle Intentionalität", gemeint ist der ganzheitliche Charakter der Grundbewegtheit des

211

als einen rein theoretischen Vollzug voraus, von dem er meint, daß er das Seiende nicht „bearbeitet", sondern so erfaßt, wie es wirklich ist: als Tatsache, als letzte Gegebenheit, als Urfaktum.

Demgegenüber stellt Heidegger nun die Frage, ob bei Husserl die Grundgegebenheiten des Bewußtseins durch die theoretische Einstellung, in der sie angezielt werden, nicht schon eine Deformation erfahren haben, so daß sie sich nicht mehr so zeigen, wie sie von sich aus, *vor* aller wissenschaftlichen Bearbeitung, sind.[124] Heidegger hat offensichtlich Zweifel, ob Husserls Phänomenologie das Grundverhältnis zu ihren Sachen richtig ansetzt.[125] Es sieht bei Husserl so aus, als könne das Korrelat des phänomenologischen Sich-Richtens-auf (die gesuchten Bewußtseins- bzw. Daseinsvollzüge) von vornherein stets nur etwas Objektartiges, etwas Zuständliches sein, weil zuvor aus der Fülle möglicher Weisen des Sich-Richtens-auf für den Phänomenologen nur die theoretische Anschauung[126] zugelassen worden ist, die ihrer Tendenz nach auf Fest-stellung der Bewegtheit der Lebensvollzüge abzielt. Was Husserl als letzte Gegebenheit des Bewußtseins ansetzt, zeigt sich ihm immer nur als Objekt einer ideativen Betrachtung. Oder umgekehrt: Was sich ihm als Objekt seiner ideativen Betrachtung zeigt, das vermeint Husserl als das Urfaktum, das Sein des Bewußtseins. Auch und gerade bei Husserl werden die in Frage stehenden Seienden, die Bewußtseinsvollzüge, demnach immer schon in die Fragerichtung der Wissenschaft gedrängt und – entsprechend dem alten metaphysischen Vorurteil: Sein = Beständigkeit – als Gegenständigkeit für ein reines Anschauen zum Stehen gebracht.[127]

Lebens, läßt sich, so Heidegger, nur erreichen, wenn man die Grundbewegtheit nach ihrem Gehalts-, Bezugs- *und* Vollzugssinn artikuliert (so HEIDEGGER AE, 247).

[124] Vgl.: „Die reine Wissenschaft, verkündet man, ist »zweckfrei«. Und dennoch: die moderne Wissenschaft ist als Theorie im Sinne des Be-trachtens eine unheimlich eingreifende Bearbeitung des Wirklichen." (HEIDEGGER GA 7, 49).

[125] Was Husserl als Urfaktum des Bewußtseins, als schlichte Gegebenheit angibt, die Intentionalität, ist also in Wahrheit kein factum brutum, sondern immer schon ein Faktum in einer bestimmten, nämlich theoretischen Beschreibung bzw. Auslegung. Husserls Urfaktum des Bewußtseins ergibt sich demnach erst als Konstitutions- oder besser Reduktionsprodukt seines theoretischen Verfahrens, durch welches das Sachfeld „Bewußtsein" so konzipiert bzw. ausgelegt wird, daß es als das Gegenstandsgebiet einer absoluten Methode, nämlich seiner phänomenologischen, die auf reine Anschauung von Grundgegebenheiten abhebt, sichergestellt ist; vgl. HEIDEGGER GA 17, 101.

[126] Wie selbstverständlich und noch ganz ohne Schwierigkeiten kann der frühe Heidegger das Husserlsche Wort „Anschauung" und das Diltheysche Wort „Verstehen" gleichwertig benutzen und sogar über eine „verstehende, die *hermeneutische Intuition*" (HEIDEGGER GA 56/57, 117) bzw. von „verstehende[r] Evidenz" (HEIDEGGER GA 56/57, 126) sprechen. Schon wenig später wird das (vermeintliche nur) Anschauen als ein Auslegen, d.h. als Interpretation überführt. Damit erweist es sich als abkünftig aus dem vortheoretischen Seinsverstehen des Daseins und muß den Platz des Sekundären einnehmen (vgl. KISIEL 1992, 109).

[127] Vgl.: Wir müssen „um das neuzeitliche Wesen der Vorgestelltheit voll zu fassen, aus dem abgenutzten Wort und Begriff »vorstellen« die ursprüngliche Nennkraft heraushören: das vor sich hin und zu sich her Stellen. Dadurch kommt das Seiende als Gegenstand zum Stehen und empfängt so erst das Siegel des Seins." (HEIDEGGER GA 5, 92). Vgl. auch HEIDEGGER GA 20, 146 u. 152; vgl. RIEDEL 1990, 70-95.

> „Sofern sich das [Husserlsche sowie grundsätzlich alles neuzeitliche (r.h.)] Philosophieren aus dem faktischen Erfahren heraushebt, ist es dadurch charakterisiert, daß es sich mit höheren und höchsten Objekten beschäftigt ... Auch im Subjekterfassen bleibt der Stil derselbe, auch dabei wird das Subjekt als Objekt betrachtet."[128]

Obwohl sich Husserls Phänomenologie als vortheoretische Urwissenschaft versteht, die die Wirklichkeit erschließen will, wie sie sich *vor* der wissenschaftlichen Befragung in „natürlicher Einstellung" zeigt, scheint ihm hier dennoch eine Dogmatisierung der Theoretisierung im phänomenologischen Zugang zu den Sachen selbst unterlaufen zu sein, kritisiert Heidegger.[129] Deshalb fragt er: Braucht es überhaupt eine phänomenologische Reduktion, durch welche das reflektierende Ich seine intentionalen Vollzüge erst von sich abspaltet und zu immanenten Gegenständen thematisiert, um sie dann (wissenschaftlich) zu betrachten und zu verstehen? Versteht das Dasein sich selbst in seinen Akten nicht vielmehr immer schon, wenngleich unthematisch, so daß es darauf ankäme, das zunächst nur implizit Verstandene hermeneutisch zu explizieren und zu begreifen? Könnte das nicht auch eine legitime Form von Wissenschaft sein, zwar keine absolute, dafür aber eine Ursprungswissenschaft, die nicht im Ausgang von einem bestimmten wissenschaftlichen Methodenideal den Zugang zu den Sachen *konstruiert* und die Sachen nur als *Gegenstände* der gesicherten Methode haben will, sondern bereit ist, sich von der zunächst nur vorläufig angesetzten Eigenart der Daseinsvollzüge die noch ursprünglichere Zugangsart zu ihnen im Mitvollzug vorzeichnen zu lassen, ein Zirkelverfahren also?[130] Es kommt Heidegger darauf an, die sich selbst verstehende Grundbewegtheit des Lebens nicht durch eine theoretische Inblicknahme von vornherein zu verstellen bzw. als Objekt stillzustellen, sondern sie mitzuvollziehen. Denn nur als *aktuell* vollzogene und realisierte, ist sie wirklich und nicht bloß vorgestellt.[131]

2.1.2 Husserl repetiert die cartesische Scheidung von Seinsregionen in extensio und cogitatio

Des weiteren behauptet Husserl in einer Art naivem Antinaturalismus, daß das intentionale Sein der Bewußtseinsakte eine eigenständige, in seinen Augen „absolute" Seinsregion ausmache, die vom positiven Sein des Natureienden abgegrenzt sei. Mit welchem Recht aber nimmt Husserl diese Scheidung zweier unabhängiger Seinsregionen vor, ohne nach deren vorgängiger Einheit zu fragen? Eine Begründung bleibt aus.[132] Und wo vor allem kommt innerhalb dieser Unterscheidung das konkrete, faktisch existierende Seiende „Mensch" zum Stehen? Doch wohl nicht auf seiten des intentional vergegenwärtigten Natureienden, wo-

---

[128] HEIDEGGER GA 60, 14 f.

[129] Daß Husserls „natürliche" Einstellung in Wahrheit eine theoretische und keine primäre Erfahrungsart ist, zeigt HEIDEGGER GA 20, 155-157 u. 162. Vgl. auch: „Jedes Sich-richten-auf, Furcht, Hoffnung, Liebe hat den Charakter des Sich-richten-auf, den *Husserl* als *Noesis* bezeichnet. Sofern νοεῖν aus der Sphäre des theoretischen Erkennens genommen wird, ergibt sich hier eine Deutung der praktischen Sphäre aus der theoretischen." (HEIDEGGER GA 20, 61).

[130] Vgl. dazu HEIDEGGER GA 2, 9-11 u. 416 ff.

[131] So HEIDEGGER GA 59, 63.

[132] Vgl. HEIDEGGER GA 20, 158.

möglich als „animal rationale"!?¹³³ Wie dem auch sei, das intentionale Sein ist gewiß nur ein Teilausschnitt aus der Fülle des Seienden, das in seiner Spezifizität nicht bestimmt werden kann, es sei denn, man begänne die Frage nach dem Sein im ganzen und seinen Differenzierungen neu aufzurollen. Das kann freilich sinnvoll nur geschehen im Ausgang von dem Sein, das wir faktisch selber sind, dem *Dasein*, welches Heidegger nicht einfach ansetzen will als „intentionales Sein" oder „Natursein" oder als Kombination von beidem, sondern phänomenologisch neu ausweisen will als *In-der-Welt-Sein*.¹³⁴ Heidegger erkennt also, daß grundlegende Korrekturen nötig sind: Das Subjekt ist so wesentlich „in-der-Welt" und „mit anderen"¹³⁵, daß gerade dieses ganze, mundane Subjekt als das im methodischen Sinne Konstituierende angesetzt werden muß, anders als bei Husserl, der vom reinen transzendentalen Subjekt, der Intentionalität, ausgeht.¹³⁶

Beim Versuch, die spezifische Seinsweise des Menschen als eines nicht weltlosen, sondern welthabenden, bewußt lebenden und wahrheitsfähigen Wesens zu bestimmen und als das primäre Forschungsfeld der Phänomenologie und Fundament der Geschichte zuzuschneiden, bricht demnach wie von selbst ein echtes ontologisches Fragen wieder auf,¹³⁷ das in der Folge die vormalig amtierenden Fundamentaldisziplinen Geschichtsphilosophie und Erkenntnistheorie zurückdrängen wird zugunsten einer phänomenologischen Ontologie, die freilich ihrerseits eine Vergeschichtlichung erfährt. Sie versteht sich nicht als Neuauflage einer zeitlos gültigen Seinsmetaphysik, sondern als die im Hier und Jetzt mögliche und aufgegebene Suche nach dem spezifischen Sein des Daseins (Geschichtlichkeit) wie auch des nichtdaseinsmäßigen Seienden und damit des Sinns von Seins überhaupt. Indem nun Heidegger in dieser Weise den Blick über Husserls angestammtes Forschungsfeld – das intentionale Sein – hinausführt,¹³⁸ bemerkt er ein weiteres Vorurteil, dem Husserl aufgesessen ist:

2.1.3 Husserls vermeintlich reine Wissenschaft ist ein situierter Versuch der Auslegung

Heidegger geht auf, daß Husserls phänomenologische Methode keineswegs die durch Evidenz ausgewiesene schlichte Beschreibung der Sachen selbst ist, wie Husserl vermeinte, sondern immer schon Auslegung, Interpretation und zwar bei Husserl insbesondere Inter-

---

¹³³ HEIDEGGER GA 20, 174.

¹³⁴ Vgl. den ersten Abschnitt des ersten Teils von „Sein und Zeit" (HEIDEGGER GA 2, §§ 9-44).

¹³⁵ Vgl. HEIDEGGER GA 2, 158 f.

¹³⁶ Vgl. HEIDEGGER GA 20, 185.

¹³⁷ Vgl. HEIDEGGER GA 20, 184.

¹³⁸ Vgl.: „Die Phänomenologie bestimmt *gegen* ihr eigenstes Prinzip ihre eigenste thematische Sache, nicht aus den Sachen selbst, sondern aus einer traditionellen, obzwar sehr selbstverständlich gewordenen Vormeinung ... Phänomenologie ist daher in der Grundaufgabe der Bestimmung ihres eigensten Feldes *unphänomenologisch!* – das heißt *vermeintlich phänomenologisch!* (...) *Nicht nur das Sein des Intentionalen*, also das Sein eines bestimmten Seienden, *bleibt unbestimmt, sondern es werden kategoriale Urscheidungen im Seienden gegeben* (Bewußtsein und Realität), *ohne daß die leitende Hinsicht*, das, wonach unterschieden wird, eben *das Sein, seinem Sinne nach geklärt oder auch nur nach ihm gefragt wäre.*" (HEIDEGGER GA 20, 178).

pretation aus der für Husserl maßgeblichen Sphäre des theoretischen Erkennens sowie eines objektivistischen Seinsverständnisses.[139] Husserl hat die Grundgegebenheiten des Bewußtseins also mitnichten bloß beschrieben, sondern immer schon interpretiert, und zwar so, wie sie innerhalb der Tradition des neuzeitlichen Denkens offenbar generell ausgelegt werden (auch bei Dilthey): als Gegenständlichkeit für ein theoretisches Anschauungsverfahren.[140] An sich käme es nun darauf an, hinter Husserls *Gegenstands*bestimmungen die ursprünglichen Seinsbestimmungen des Bewußtseins aufzudecken. Doch diesen Versuch und damit auch das Thema „Intentionalität" gibt Heidegger recht bald auf, denn ihm war ja schon von anderer Seite her – im Nachdenken über die Funktionsweise menschlichen Verstehens – zu Bewußtsein gekommen, daß nicht bloß Husserls, sondern wohl *jede* Form „bloßer" Beschreibung immer schon Auslegung bzw. Interpretation ist.[141] *Alle* Wissenschaft interpretiert, selbst und gerade da, wo sie vorgibt, sich als reine Wissenschaft einen absoluten Standpunkt verschafft zu haben. Immer wird ein Etwas „*als etwas*" aufgefaßt, also in einem bestimmten Verständnishorizont aufgefaßt, der zumeist aus dem alltäglichen Schon-Verstehen herrührt.[142] Kraft dieser Einsicht – daß alle Wissenschaft auf einem faktischen Schon-Verstehen aufruht und somit ein *situierter* Verstehensversuch ist – wandelt sich ihm nun vollends die Phänomenologie des Bewußtseins (und in eins mit ihr auch Diltheys deskriptiv-analytische Psychologie) zu einer ontologischen *Hermeneutik* der Faktizität, die sich fortan über ihre jeweils leitenden seinsbestimmenden Interpretationshorizonte, die als das „Ungedachte" alles Gedachte und deskriptiv Explizierte a priori bestimmen, unbedingt Rechenschaft abzulegen hat. Heideggers Hermeneutik der Faktizität ist damit noch immer eine Apriori-Analyse, indes begreift sie ihr Apriori nicht mehr als allgemeine und notwendige Prinzipien, sondern als Besonderes und Zufälliges, das gleichwohl den Charakter des Unumgänglichen hat, als ein faktisches Apriori also.[143]

---

[139] Vgl.: „Faktisch ist es auch so, daß unsere schlichtesten Wahrnehmungen und Verfassungen schon *ausgedrückte*, mehr noch, in bestimmter Weise *interpretierte* sind. Wir sehen nicht so sehr primär und ursprünglich die Gegenstände und Dinge, sondern zunächst sprechen wir darüber, genauer sprechen wir nicht das aus, was wir sehen, sondern umgekehrt, wir sehen, was man über die Sache spricht." (HEIDEGGER GA 20, 75).

[140] Husserl ist geleitet von der Überzeugung des „Vorrangs der Methode vor der Sache", darin erweist er sich typisch neuzeitlich, so Heidegger (vgl. HEIDEGGER ZSD, 69 f.).

[141] Vgl.: „Weiterhin wird mit der genaueren Bestimmung des thematischen Feldes die Erfassungsart angemessener faßbar, welche bisher nur als Deskription, deskriptive Beschreibung der schlicht erfaßten Sache selbst angesehen wurde. (...) So wird sich herausstellen, daß die Deskription den Charakter der *Interpretation* hat, weil das, was Thema der Beschreibung ist, zugänglich wird in einer spezifischen Art des *Auslegens*." (HEIDEGGER GA 20, 190).

[142] Es gibt keine ontische Erfahrung ohne ontologische Erfahrung. Was als vermeintliches „Faktum" wahrgenommen und als letzter Grund hingenommen wird, ist immer schon im Horizont eines bestimmten Vorverständnisses vom Sein (des Faktischen) wahrgenommen (vgl. HEIDEGGER GA 2, 429 f.).

[143] Vgl. LÜBBE 1960/61, 227.

2.1.4 Husserl ahnt nicht, wie tief die Tendenz zur Verdinglichung im Leben selbst wurzelt

Wie schon erwähnt, liegt Heidegger daran, jede Form von Erkenntnis und Wissenschaft zunächst als eine „geschehende Verhaltung des Daseins"[144], d.h. als ein Sich-Verhalten zu Seiendem verstanden zu wissen. Wissenschaft und Philosophie sollen nicht länger primär und ausschließlich als „Theorie" gelten, d.h. als Begründungszusammenhang von Sätzen und geregelte Anwendung von Methoden. Sie sollen vielmehr als Daseinsvollzüge in den Blick genommen werden, d.h. als unterschiedliche Weisen, wie ein konkretes Dasein sich auf Seiendes bezieht bzw. sich der Welt und sich selbst gegenüber verhält. In dieser Perspektive wird ersichtlich, daß die wissenschaftlichen Vollzüge auf alltäglichen, praktischen Verhaltensweisen aufruhen und ihnen gegenüber sekundär sind. Sie können also nicht verstanden werden ohne eine vorhergehende Untersuchung der kategorialen Strukturen des faktischen Lebens selbst. Das gilt natürlich auch für das Sich-Richten-auf des Phänomenologen. Es kann nicht einfach als „rein theoretische Anschauung" qualifiziert werden. Vielmehr muß zur Kenntnis genommen werden, daß es auf einer Form von (seinsverstehender) Praxis beruht, die im voraus ist. Genau dafür aber hat Husserl überhaupt kein Gespür, moniert Heidegger. Er konzipiert das Sein des Bewußtseins ohne Skrupel von seinem idealen Gegebensein für ein reines Anschauen her und ahnt nicht, daß er genau darin einer Tendenz zur Verdinglichung aufsitzt, die im Leben selbst verwurzelt ist und infolge deren es immer wieder zur Verdeckung des Lebens kommt (s.u. Abschn. 2.2.2). Husserl unterschätzt die Schwierigkeiten der Philosophie, zur Wahrheit durchzubrechen. Was Heidegger von Husserl übernehmen kann, ist daher bloß eine gewisse Methode des Denkens, nicht aber den Sachvorgriff. Es muß unbedingt vermieden werden, daß durch die phänomenologische Analyse des Lebens dieses stillgestellt wird; die Analyse soll die geschichtliche Bewegtheit vielmehr „mitgehen".

2.2 Der Bezug des Menschen zur Geschichte, artikuliert nach seinem Vollzugssinn

Auch der Bezug des Historikers zur Vergangenheit gründet demnach in einem Daseinsvollzug, der im voraus ist; aber nicht in irgendeinem, meint Heidegger, sondern *im Geschehen des Daseins als solchem*, in der Geschehensart, die das Dasein selbst ist: der Sorge. Sie macht für Heidegger „die eigentliche Geschichte" aus. Alles andere gilt ihm nur im abgeleiteten Sinn als Geschichte.[145] Für diese ureigne Seins- und Geschehensart des Daseins aber, so weitet Heidegger seine Kritik an Husserls und Diltheys Verdinglichung des Lebens aus, habe die Geschichtsphilosophie bislang kein Auge gehabt. Sie habe den Blick auf die Geschichte immer schon theoretisch verstellt und das Thema „Geschichte" nur als Methoden-

---

[144] HEIDEGGER GA 2, 518.

[145] Vgl.: „Die Bestimmung Geschichtlichkeit liegt vor dem, was man Geschichte (weltgeschichtliches Geschehen) nennt. Geschichtlichkeit meint die Seinsverfassung des »Geschehens« des Daseins als solchen, auf dessen Grunde allererst so etwas möglich ist wie »Weltgeschichte« und geschichtlich zur Weltgeschichte gehören." (HEIDEGGER GA 2, 27) Nur weil der Mensch in seinem Wesen geschichtlich „ist", kann er in der bzw. in einer Geschichte stehen, nicht umgekehrt!

problem der Geisteswissenschaften erörtert, die Geschichte also immer nur in wissenschaftlicher Vergegenständlichung, als Objekt für ein Erkennen, speziell als das „durch Erzählung und Erklärung vergegenständlichte Vergangene"[146] in den Blick gebracht. Die Frage ist aber, ob im Rahmen einer Verhältnisbestimmung von Erkennen und seinem Objekt („die Vergangenheit" bzw. „die historischen Gegenstände") der wesentliche Bezug des Menschen zur Geschichte auch nur annähernd ursprünglich in den Blick gerät. Eben das bezweifelt Heidegger gründlich. Eine Theorie der Geschichtlichkeit ist also unmöglich, ohne daß vorher die Idee der Geschichte kritisch hinterfragt wird.

„Ein geschichtlicher Bezug unseres geschichtlichen Daseins zur Geschichte kann Gegenstand und ausgebildeter Zustand eines Erkennens werden; aber er muß es nicht. Außerdem können nicht alle Bezüge zur Geschichte wissenschaftlich vergegenständlicht und wissenschaftlich zuständlich werden, und zwar gerade nicht die wesentlichen."[147]

2.2.1 „Ontische Erfahrung" (Gegenständlichkeit) versus „geschichtliches Existieren"

Indem also Heidegger sich anschickt, den Bezug des Menschen zu Seiendem und zu sich selbst nach seinen möglichen Vollzugsweisen wissenschaftlicher und vorwissenschaftlicher Art zu artikulieren, wird er auf eine fundamentale Differenz aufmerksam, die in der Philosophie bislang noch nicht bedacht worden war, auch bei Dilthey und Husserl nicht: Es ist nicht dasselbe, eine bestimmte Angelegenheit ontisch zu theoretisieren oder historisch zu existieren („Jemeinigkeit", „Unvertretbarkeit", „der ganze Mensch"). Zwischen diesen beiden Vollzugsweisen ein und desselben Bezugs besteht eine himmelweite Differenz.[148] Heidegger wird sie später nach einigen Abwandlungen „ontologische Differenz" nennen. Sie wurde bislang übersehen und vergessen. Heidegger liegt nun daran, die Philosophie dahin zu bringen, sich an dieser neuen Differenz auszurichten. Die alte Demarkationslinie (Bewußtsein, Immanenz, intentionales Sein *versus* Dingwelt, Transzendenz, Natursein), an der sich die neuzeitliche Philosophie bislang orientierte, auch Husserl und Dilthey, erscheint demgegenüber oberflächlich und hat ihren Orientierungswert zudem längst eingebüßt.[149] Sie ist ganz im Horizont nur *eines* Vollzugssinnes geschöpft, nämlich des theoretischen, der immer nur auf das Ontische abhebt und es als „objektiv Seiendes" für ein (ort- und weltloses) vorstellendes Subjekt begreift. Ob Bewußtsein oder Natursein, das eigene Ich oder die umgebende Welt, die Gegenwart oder die Vergangenheit (als „Geschichte") – im Licht der alten Differenz kommt alles nur als Objekt für ein vorstellendes Anschauen in den Blick. Im Gefolge dieser Erkenntnis-„Einstellung" faßt der Mensch sogar sein eigenes Sein, das Dasein, nur noch vergegenständlicht und nach Maßgabe der Dingwahrnehmung auf – als vor-

---

[146] HEIDEGGER GA 6.2, 349.
[147] HEIDEGGER GA 40, 47.
[148] Als Wegbereiter dieser Einsicht erwähnt Heidegger den Grafen Yorck von Wartenburg (vgl. HEIDEGGER GA 2, 527 f.), er hätte wohl auch auf Kierkegaard verweisen können.
[149] Für Heidegger ist diese ständig wiederkehrende und als selbstverständlich hingenommene Grundteilung ein philosophischer „Ladenhüter" (HEIDEGGER GA 58, 22).

handenes Weltding.[150] Die Bestimmung des Daseins als Substanz macht für Heidegger die ontologische Grundverfehlung des traditionellen Denkens aus. Ist der Mensch solchermaßen zu einem Vorhandenen degradiert, kann der Bezug des Daseins zu Seiendem bzw. zur Geschichte nur nach Art dinglichen Aufeinanderwirkens verstanden werden. Was geschichtlich zu existieren heißt, wird in solcher Perspektive erst gar nicht ersichtlich.

> „Die Betrachtung ... hat uns zu einer richtigen Einsicht geführt, daß im Hintergrund aller Fragen nach dem Intentionalen, Psychischen, nach Bewußtsein, Erlebnis, Mensch, Vernunft, Geist, Person, Ich, Subjekt die alte Definition des Menschen – animal rationale – steht. Ist diese Definition aber aus Erfahrungen geschöpft, die auf primäre Erfahrung des Seins des Menschen zielen, oder entspringt sie nicht der Erfahrung des Menschen als eines vorhandenen Weltdinges – animal –, das Vernunft bei sich hat – rationale?"[151]

In ihrer unhinterfragten Geltung überspielt die alte Differenz, moniert Heidegger, die notwendige Frage nach dem faktisch existierenden Subjekt, das ja in seinen Daseinsvollzügen Ursprung und „Ur-Sache" aller Philosophie ist. In welcher Weise ist es eigentlich selbst seiend? (Es *existiert* bzw. *ek-sistiert geschichtlich*, wird Heidegger antworten.) Das faktische Ich, das aktuelle Dasein als konkreter Mensch ist in der herkömmlichen Art von Philosophie, insbesondere in der Transzendentalphilosophie, also immer schon übersprungen. Dort wird der Ausgang vom welt- und geschichtslosen transzendentalen Ich genommen, das sich Objekte (z.B. „historische Gegenstände") gegenüberstellt und infolgedessen auch sich selbst immer nur als Objekt hat. Je mehr der konkrete Mensch aus dem philosophischen Problemansatz verschwindet, desto direkter allerdings wird er als Gegenstandsbereich (Ichobjekt) angezielt, bemerkt Heidegger. Wo die faktische Existenz nicht mehr Ursprung der Philosophie ist, wird sie um so mehr zu deren Objekt.[152] Auf diese Weise erklärt sich Heidegger die Konjunktur der Anthropologie. Doch niemals, prophezeit er, werde diese Art von Denken den Zugang zum (Selbst-)Verständnis der faktischen Existenz (als Geschichtlichkeit) finden.[153]

> „Bei der Destruktion ... hat sich ein negatives Resultat ergeben: daß ... die aktuelle Selbstwelt, das historisch vollzogene Dasein jedes Einzelnen als Einzelnen zum Verschwinden kommt, – daß das Selbst also in jeder Problematik sekundär ist ... Der aktuelle Selbstweltbezug spielt keine ursprüngliche Rolle. – Die Destruktion des Apriori-Problems ergab, daß die Transzendentalphilosophie unter dem Vergessen des unum necessarium, des aktuellen Daseins, ihren sicheren Gang geht."[154]

Die Erkenntnisse, die Heidegger in der Auseinandersetzung mit den Objektivierungstendenzen der Husserlschen Bewußtseinsanalyse und der Diltheyschen Zergliederung des Le-

---

[150] Vgl. HEIDEGGER GA 20, 174; GA 2, 16 ff.

[151] HEIDEGGER GA 20, 174.

[152] Zu Heideggers Kritik am nichtgeklärten anthropologischen Grundzug der Diltheyschen Philosophie, infolgedessen die traditionellen anthropologischen und psychologischen Grundbegriffe und Grundentscheidungen nicht nur in Kraft bleiben, sondern obendrein ästhetisch angeschaut werden, s.o. Abschn. 1. 4.

[153] Vgl. HEIDEGGER GA 60, 13 und HEIDEGGER GA 59, 87.

[154] HEIDEGGER GA 59, 169.

bens gewonnen hat, weitet er in der Folge aus zu einem Urteilsspruch über die gesamte Philosophie seiner Zeit. Es kommt zu einer umfassenden Kritik der neuzeitlichen Generalherrschaft des Theoretischen, insbesondere im Bereich des geschichtlichen und anthropologischen Denkens. Eine entscheidende und überraschende Wendung nimmt Heideggers Phänomenologie jedoch, als sie die Daseinsvergessenheit der bisherigen Philosophie, die zugleich eine Seinsvergessenheit ist, von einer tieferen Ursache her erläutert. Es handle sich dabei nicht um ein Versäumnis des Denkens oder gar einen Denkfehler einzelner Philosophen, sondern um eine Tendenz des Daseins selbst. Heidegger thematisiert sie unter den Stichworten „Uneigentlichkeit", „Verfallenheit", „Ruinanz":

2.2.2 Die Verfallenstendenz des Daseins

Heidegger erklärt sich die Daseinsvergessenheit des bisherigen Denkens aus der Weltverfallenheit des alltäglichen menschlichen Seins.[155] Es ist das faktische Leben selbst, das sich immer schon überspringt, um sich ganz „beim Nächstbesorgten der »Welt«"[156] aufzuhalten. Die Grundbewegtheit der Existenz, die „Sorge", hat offensichtlich die Eigenschaft, das Seiende, das wir je selbst sind, zu übergehen in Richtung auf die besorgten Weltdinge, infolgedessen dann der Mensch im Rückschlag auch sich selbst ganz „von der besorgten »Welt« her"[157] versteht, sich also nach Maßgabe der Weltdinge – nicht als Existenz, sondern als „Realität" – begreift.[158] Es macht demnach sein Daseinsgeschehen, d.h. seine Geschichte mit aus, von sich selbst abzufallen und sich bezüglich der Seinsart seiner selbst (und damit auch der Geschichte) zu versehen, eine Tendenz, die sich ungebrochen in den philosophischen Anthropologien, ja selbst noch bei Husserl auswirkt. Dieser Verfallenstendenz, infolge deren sich die faktische Lebenserfahrung die Leitlinien ihres Selbstverständnisses aus der Tradition der Dingwahrnehmung vorgeben läßt, muß die eigentliche und ursprüngliche Selbstauslegung des Daseins als Geschichte *erst eigens abgerungen* werden, meint Heidegger.[159]

---

[155] Vgl.: „*Versäumen* kann als *defizientes* Sorgen charakterisiert werden. (...) Das Versäumen also ist selbst eine Sorge und zwar eine *defiziente Sorge, so, daß die Sorge nicht zu dem kommen kann, was sie ihrem eigenen Sinne nach besorgt.* Die Sorge sorgt unter anderem dafür, daß sie etwas ausläßt. (...) Was ist nun das Versäumte? In dieser Sorge um die absolute Sicherung der Norm und zugleich um Ausbildung einer echten Gesetzlichkeit kommt es gar nicht zur Aufgabe der Betrachtung menschlichen Daseins selbst. Gerade das, was als solches gesichert werden soll, das kommt gar nicht in das Thema der Betrachtung. (...) *Das Versäumte ist das eigentlich Besorgte: menschliches Dasein.* Es wird nicht nach dem gefragt, was es ist, sondern die Idee der Menschheit und der Begriff des Menschen werden in einer durchschnittlichen Zufälligkeit gelassen." (HEIDEGGER GA 17, 90 f.).

[156] HEIDEGGER GA 2, 412.

[157] HEIDEGGER GA 2, 426.

[158] Vgl. HEIDEGGER GA 2, § 43 und S. 415.

[159] Vgl. HEIDEGGER GA 2, 412 f. Gegen die verdeckende vulgäre Auslegung die Grundstrukturen der eigentlichen Geschichtlichkeit des Daseins erst zu erobern, ist Aufgabe und gelingt nur einer „phänomenologischen Konstruktion", so Heidegger (vgl. HEIDEGGER GA 2, 496 f.), die dabei natürlich die herrschenden Anthropologien destruieren muß.

„Die beiden Versäumnisse: Erstens das Versäumnis der Frage nach dem Sein als solchem und zweitens das Versäumnis der Frage nach dem Sein des Intentionalen sind nicht zufällige Nachlässigkeiten der Philosophen, sondern in diesen Versäumnissen offenbart sich die *Geschichte unseres Daseins selbst* – Geschichte nicht als die Gesamtheit der öffentlichen Ereignisse verstanden, sondern Geschichte als die *Geschehensart des Daseins selbst*. Das bedeutet: Dasein in seiner Seinsart des *Verfallens*, der es selbst nicht entrinnt, kommt gerade darin erst zu seinem Sein, wenn es sich dagegen aufbäumt."[160]

Der Aufgabe, die Grundstruktur des eigentlichen, geschichtlichen Daseinsgeschehens unter den Verdeckungen durch die herkömmliche Selbst- und Weltauslegung konstruktiv herauszuarbeiten, stellt sich die existentiale Daseinsanalytik von *Sein und Zeit*, die sich dabei freilich auf zahlreiche Vorarbeiten Heideggers stützen kann. Sie unterzieht zunächst die *alltägliche* Form menschlicher Selbst- und Umwelterfahrung einer phänomenologischen Analyse, zeigt auf, inwiefern sie sich tatsächlich aus der Dingwahrnehmung, d.h. dem Vorverständnis des Seins als vorhandenem Gegenstand, speist, wie unmittelbar sich diese Verfallenstendenz in verschiedensten Philosophien fortschreibt und wie sehr das Dasein dabei sein eigenes geschichtliches Existieren, für das Heidegger die Strukturformel „In-der-Welt-Sein" prägt, mißversteht.

„Das vom faktischen Leben selbst vollzogene Ansprechen und Auslegen seiner selbst läßt sich Blickbahn und Spruchweise von dem welthaft Gegenständlichen vorgeben. Wo menschliches Leben, das Dasein, der Mensch Gegenstand des auslegend bestimmenden Fragens ist, steht diese Gegenständlichkeit in der Vorhabe als welthaftes Vorkommnis, als »Natur« (das Seelische wird verstanden als Natur, desgleichen Geist und Leben in der hierauf analogen kategorialen Artikulation)."[161]

Heideggers Daseinsanalytik macht deutlich, daß das lebensweltlich erste In-der-Welt-Seiende, die alltäglich-erste Subjektivität gerade nicht jenes isolierte Ich ist, auf das Husserls phänomenologische Reduktion zurückführt, sondern eine Art indifferenter Intersubjektivität, die Heidegger das „Man" nennt. Es ist eben jenes Ich, das sich in seiner Verfallenheit an die Welt ganz von jener her versteht. Aus dieser primären Weise menschlichen In-der-Welt-Seins schwingt sich der Einzelne erst nachträglich zu seinem Ich auf. Im Gegensatz zu Husserls *Ich* ist Heideggers *Dasein* als In-der-Welt-Sein demnach immer schon intersubjektiv. In der Weise des „Man" ist es Mit-Dasein mit anderen in einer gemeinsamen Welt (*uneigentliche Geschichtlichkeit*: Dasein in der Seinsart des Verfallens an das welthaft Gegenständliche und an das Man, Alltäglichkeit). Aus dieser alltäglich-ersten Subjektivität des „Jemand Beliebiges" ergibt sich erst im nachhinein das ausdifferenzierte und selbständige „Ich", das die Leitlinien seiner Selbst- und Seinsauslegung nicht mehr aus der Dingwahrnehmung schöpft oder aus dem, was traditionell üblich ist, sondern sich auf sein eigenstes Sein versteht. Es tut nicht einfach das, was „man" tut, was alle tun, sondern entwirft sich auf seine eigensten Möglichkeiten (*eigentliche Geschichtlichkeit*: Dasein als Existenz, Selbständigkeit).

---

[160] HEIDEGGER GA 20, 179 f.
[161] HEIDEGGER AE, 248.

„»Die Anderen« besagt nicht soviel wie: der ganze Rest der übrigen außer mir, aus dem sich das Ich heraushebt, die Anderen sind vielmehr die, von denen man selbst sich zumeist *nicht* unterscheidet, unter denen man auch ist. Dieses Auch-da-sein mit ihnen hat nicht den ontologischen Charakter eines »Mit«-Vorhandenseins innerhalb einer Welt. Das »Mit« ist ein Daseinsmäßiges ..."[162]

„Wenn wir die phänomenale Struktur der Welt, so wie sie sich im alltäglichen Umgang zeigt, noch genauer festhalten, ist zu beachten, daß es sich bei diesem Umgang mit der Welt nicht so sehr um eine jeweils eigene Welt handelt, sondern daß wir gerade im natürlichen Umgang mit der Welt uns in einer *gemeinsamen* Umgebungsganzheit bewegen. *»Man«* bewegt sich in einer Welt, die *»einem«* vertraut ist, ohne daß man dabei die jeweilige Umwelt des einzelnen kennt und sich darin zu bewegen vermag."[163]

3 Existentiale Geschichtlichkeit als Ursprung aller Geschichte

Nun gilt es, aus dem bislang Erörterten und unter Hinzuziehung der als bekannt vorausgesetzten Daseins- und Zeitanalyse von *Sein und Zeit* mit Heidegger die nötigen Konsequenzen für eine philosophische Neubestimmung des Verhältnisses von Mensch und Geschichte zu ziehen. Denn sein Angriff auf die Herrschaft des Theoretischen innerhalb der neuzeitlichen Philosophie und sein philosophischer Neuansatz bei einer Hermeneutik der Faktizität motivieren sich ja gerade aus der radikalen Suche nach einem ursprünglichen Verstehen von Geschichte als der spezifischen Seinsart des Menschen (Geschichtlichkeit).[164]

3.1 Heideggers Kritik der wissenschaftlichen Historie

3.1.1 Das historische Erklären: Vergegenständlichendes Vorstellen auf der Grundlage objektiver Zeit

Heidegger beabsichtigt, das Geschichtsproblem aus dem Rahmen theoretischer Philosophie und methodologischer Diskussionen herauszudrehen. Die klare Einsicht in den Grundcharakter der Geschichte kann nur aus der Erkenntnis des Seinscharakters des Daseins selbst gewonnen werden, beteuert er,[165] und nicht etwa wissenschaftstheoretisch am Objekt der Geschichtsbetrachtung, den historischen „Gegenständen", deren eigentümlicher Seinscharakter in der herkömmlichen Geschichtsphilosophie im Grunde ungeklärt geblieben ist: Einerseits ermangeln sie als „das Vergangene" der Wirklichkeit, andererseits sind sie, obgleich einer früheren Zeit angehörig, doch noch irgendwie vorhanden und nicht ohne Nachwirkung auf die Gegenwart.[166] Der ursprüngliche Ort des Geschichtsproblems liegt

---

[162] HEIDEGGER GA 2, 158.
[163] HEIDEGGER GA 20, 255.
[164] Vgl. HEIDEGGER GA 38, 81.
[165] Vgl. HEIDEGGER GA 2, 530.
[166] Vgl. HEIDEGGER GA 2, 499 f. Ähnliches ließe sich im Hinblick auf die Zukunft formulieren. Die Gegenwart als das allein Wirkliche scheint demnach nach ihren zwei Seiten, Zukunft und Vergangenheit, durch eine seltsame Halbwirklichkeit begrenzt zu sein (nicht-mehr- bzw. noch-nicht-

demzufolge nicht in der *Historie* als der Wissenschaft von der Geschichte bzw. den geschichtlichen Gegenständen. Die Historie beansprucht zwar, die maßgebliche Vorstellung von der Geschichte zu sein, verhandelt jedoch – ganz im Sinne des neuzeitlichen Primats der Methode vor der Sache – den Sachverhalt „Geschichte" immer nur als Methodenproblem der Geisteswissenschaften.[167] Gesucht wird immer nur nach der Objektivität historischen Erkennens. Gefragt wird immer nur: „Wie kann die Geschichte als Gegenstand strenger Erkenntnismethode sichergestellt werden?" Das Sachfeld „Geschichte", wie es vor der wissenschaftlichen Thematisierung (im ursprünglichen Selbstverständnis des Menschen) da ist, kommt so gar nicht erst in den Blick. Es ist gewiß anders beschaffen als der Gegenstandsbereich historischer Methodik, argwöhnt Heidegger, der durch die Auseinandersetzung mit Husserl in dieser Hinsicht sensibilisiert ist: Es hatte sich ja schon gezeigt, daß auch das Sachfeld „Bewußtsein" nicht identisch ist mit dem Gegenstandsgebiet von Husserls phänomenologischer Methode.

> „Es ist nicht gesagt, daß, wenn Geschichtswissenschaft von der Geschichte handelt, die Geschichte, so wie sie in der Wissenschaft verstanden ist, notwendig auch schon die eigentliche geschichtliche Wirklichkeit ist, vor allem ist nicht gesagt, ob die historische Erkenntnis der geschichtlichen Wirklichkeit die Geschichte in ihrer Geschichtlichkeit je zu sehen vermag. Es könnte sein, daß der möglichen wissenschaftlichen Erschließungsart eines Sachfeldes notwendig Wesentliches verschlossen bleibt ..."[168]

Doch es ist nicht allein die Vergegenständlichung, die Heidegger an dem herkömmlichen Umgang mit Geschichte – dem „historischen Vorstellen" – stört. Heideggers Kritik reicht tiefer. Sie erkennt, daß im vergegenständlichenden, historischen Vorstellen eine Art naturaler Zeitvorstellung involviert ist, die nicht die zeitliche Form dessen ausmacht, was wir lebensweltlich als Geschichte erfahren. Das historische Vorstellen beruht auf der Annahme einer objektiven Zeit, die sich wie ein leerer, endloser Rahmen[169] mit geschichtlichen Ereignissen anfüllt, die vom Jetztpunkt sogleich in die Vergangenheit abrutschen und dann vom Jetzt-Standpunkt einer späteren Gegenwart aus als „das Vergangene", aber gleichwohl noch „in der Zeit" irgendwie (zwar undinglich, doch nichtsdestotrotz nach Maßgabe der Dinge konzipierte) „Vorhandene" nachträglich miteinander in Bezug gesetzt oder, wie Heidegger sagt, „gegeneinander verrechnet" werden und – falls tatsächlich mehr als nur rein antiquarische Geschichte betrieben wird – auch schon mal mit der Gegenwart in einen be-

---

wirklich), deren ontologischer Status in der traditionellen Ontologie und Zeitmetaphysik nicht befriedigend geklärt ist, meint Heidegger, der hier mit dem Hinweis auf die „Möglichkeit" und die existentiale Zeitlichkeit weiter vorwärts zu kommen versucht.

[167] Vgl. HEIDEGGER GA 17, 88.

[168] HEIDEGGER GA 20, 1 f.; ähnlich HEIDEGGER GA 17, 91 und HEIDEGGER BZ, 26.

[169] Vgl.: „Das historische Vorstellen nimmt die Geschichte als einen Gegenstand, worin ein Geschehen abläuft, das in seiner Wandelbarkeit zugleich vergeht." (HEIDEGGER GA 7, 42) Ebenso: „Das Dasein existiert nicht als Summe der Momentanwirklichkeiten von nacheinanderankommenden und verschwindenden Erlebnissen. Dieses Nacheinander füllt auch nicht allmählich einen Rahmen auf. Denn wie soll dieser vorhanden sein, wo doch je nur das »aktuelle« Erlebnis »wirklich« ist und die Grenzen des Rahmens, Geburt und Tod, als Vergangenes und erst Ankommendes der Wirklichkeit ermangeln?" (HEIDEGGER GA 2, 494).

deutungsvollen Zusammenhang gebracht werden.[170] Gegenüber der hier implizierten abstrakten, aber weit verbreiteten Vorstellung von Zeit, die wir als „Verfließen" einer merkwürdigen Substanz oder als eine unendliche Folge von Jetztpunkten apriori vorstellen,[171] will Heidegger das ursprünglichere und komplexere Phänomen „Zeit" in Anschlag bringen, das sich immer da zeigt, wo ein Mensch eigentlich geschichtlich existiert. *Diese* Zeit des *Lebens* und der Geschichtserfahrung ist gerade nicht als eine bloße Reihe von Jetztpunkten in die Welt gekommen, meint Heidegger, sondern als Zeit des „entschlossenen" Daseins, das seine Gegenwart aus Zukunft empfängt, welche seine Gewesenheit je neu aktualisiert. Basis des Geschichtsproblems muß deshalb die Zeit des Lebens sein, d.h. die endliche, zeitlich begrenzte Existenz des faktischen Menschen, eingespannt in die Erstreckung zwischen Anfang und Ende, und nicht das unendliche Verfließen von Jetztpunkten (das sog. „vulgäre" Zeitbewußtsein). Damit ist sogleich die Aufgabe vorgezeichnet, die Heideggers phänomenologische Wissenschaft zu bewältigen hat: Sie muß *den Aspekt der Geschichte als eines Flusses*, in dem nichts Festes und Bleibendes ist, und in dem alle Kulturwelten als Lebenshorizonte der in ihnen Lebenden relativ erscheinen, *übersteigen* in einer Reflexion auf die im endlichen Dasein und seinem Seins- und Zeitverständnis angelegten Bedingungen der Möglichkeit dieser Relativität, innerhalb deren auch die objektive Wissenschaft mit ihrem Wahrheitsanspruch nur ein geschichtliches Gebilde unter anderen ist.[172]

> „Zeit erfahren wir nicht als gleichgültigen Rahmen, sondern als Macht, die unser eigenes Wesen trägt, als Überlieferung, die uns selbst nach vorne trägt in unsere Aufgabe. Dies ist auch der Grund, weshalb der Mensch seine Aufgabe verfehlen kann. Das wäre unmöglich, wenn sie ihm nicht kraft des Wesens der Zeit vorausgetragen wäre."[173]

Die nur im Horizont objektiv vorgestellter Zeit mögliche „Verrechnung des Vergangenen auf ein Gegenwärtiges"[174] macht für Heidegger die grundlegende Verfahrensweise aller historischen Forschung aus. In den dreißiger Jahren gilt Heidegger *das vorstellende Verrechnen* sogar als das Markenzeichen schlechthin des *Historismus*, welcher sich insbesondere in dieser Grundoperation als ein typisches Kind der Neuzeit enthüllt. Im vorstellenden

---

[170] Vgl. HEIDEGGER GA 38, 94 f.

[171] Vgl.: „Ist aber diese Vorstellung von Zeit [von Aristoteles bis Kant (r.h.)] zulänglich, um das zu begreifen, was die Zeit und die zeitliche Form, die Zeitlichkeit dessen ausmacht, was wir als Geschichte erfahren, die zeitliche Struktur also, die es ermöglicht, daß es für uns überhaupt so etwas wie »Geschichte« gibt? Ist es überhaupt möglich, Geschichte in ihrem Wesen zu begreifen, wenn ihre Gegebenheiten als ein Nacheinander in der Zeit vorgestellt werden?" (LANDGREBE 1967, 193).

[172] Der Überstieg soll gerade nicht erfolgen im Sinne eines Ausstiegs aus der Geschichte in ein übergeschichtliches Apriori, wie es in Abwehr eines historistischen Relativismus immer wieder neu und vorschnell geschieht, sondern als Ausstieg aus der theoretisch-abstrakten Zeitvorstellung in die ursprüngliche Zeiterfahrung des geschichtlichen Daseins. Vgl.: „Wir sagten: das da [innerhalb der wiss. Historie (r.h.)] mit Geschichte Gemeinte ist bezüglich seines Gegenstand-seins Korrelat einer theoretisch idealisierenden und abstrakten, von jeder konkreten Gegenwart absehenden Bestimmung. Genau in dieser theoretischen Fassung wird im Zusammenhang des Aprioriproblems das Geschichtliche – das Werden – dem übergeschichtlichen Apriori entgegengesetzt." (HEIDEGGER GA 59, 72).

[173] HEIDEGGER GA 38, 119.

[174] HEIDEGGER GA 66, 169.

Verrechnen wird für Heidegger offenkundig, daß auch die historische Forschung „technischen Wesens" ist und sich darin in nichts von den anderen Wissenschaften unterscheidet. Auch die Historie ist durch und durch geprägt vom herrschenden Weltbild der Neuzeit – dem Vorstellen des Seienden als Gegenstand, durch welches es als *verfügbarer Bestand für das Verbrauchen* des sich selbst mißverstehenden Menschen sichergestellt ist –, was für Heidegger im Zuge seiner Aufdeckung des nihilistischen Grundzuges der abendländischen Metaphysik mehr und mehr problematisch wird. Heidegger meint offensichtlich, daß sich mittels des historischen Verrechnens im Bereich des Geistes ein Vorgang abspielt, der parallel zur Prägung der Naturwissenschaften durch die Technik verläuft: Wie nämlich die Technik die Naturdinge in bereitliegende Wirkbestände verwandelt, deren Wirken beim Willen steht, so wird die gegenständlich vorgestellte Geschichte des Geistes gleichermaßen in verfügbare Bestände verwandelt, die je nach Bedarf zu einem Weltbild zusammengefügt werden, über welches die Menschen in ein einheitliches Wollen zusammengefaßt werden.[175]

„Das Erkennen als Forschung zieht das Seiende zur Rechenschaft darüber, wie es und wieweit es dem Vorstellen verfügbar zu machen ist. Die Forschung verfügt über das Seiende, wenn es dieses entweder in seinem künftigen Verlauf vorausberechnen oder als Vergangenes nachrechnen kann. In der Vorausberechnung wird die Natur, in der historischen Nachrechnung wird die Geschichte gleichsam gestellt. Natur und Geschichte werden zum Gegenstand des erklärenden Vorstellens. Dieses rechnet auf die Natur und rechnet mit der Geschichte. Nur was dergestalt Gegenstand wird, *ist*, gilt als seiend."[176]

3.1.2 Wie ist Geschichte ursprünglich da?

Fassen wir nun Heideggers Kritik der wissenschaftlichen Historie zusammen, so wird folgende Argumentationslinie deutlich: Die Grundoperation der Historie ist das historische Erklären – Vergangenes, doch innerzeitlich irgendwie noch Vorhandenes, wird nach dem Schema von Ursache und Wirkung gegeneinander verrechnet und auf ein Gegenwärtiges bezogen, das dann durch die Beibringung seiner Genesis als in seinem Zustandekommen „erklärt" gelten darf. So weit, so gut, möchte man meinen, sieht man einmal davon ab, daß nach dem Seinscharakter des Vergangenen, das als „Tatsächliches" bzw. „irgendwie noch Vorhandenes" genommen wird, nicht weiter gefragt wird[177] und die Zeitdimension „Zukunft" bei der Frage nach dem Wesen der Geschichte offenbar ausfällt.[178] Nun wird aber „diese *historische Erklärung* ... zugleich als die sachliche Entscheidung der Fragen angesehen und in Umlauf gebracht".[179] Es wird also wie selbstverständlich davon ausgegangen, daß mit der historischen Erklärung auch schon alles Wesentliche über die betreffenden Sachverhalte gesagt ist. Daß dadurch deren objektiv vorgestelltes So-und-nicht-anders-Gewordensein als Faktisches unterderhand normativen Gehalt gewinnt, wie bei Dilthey

---

[175] Vgl. VOLKMANN-SCHLUCK 1965, 79.
[176] HEIDEGGER GA 5, 86 f., vgl. auch 92.
[177] Vgl. HEIDEGGER GA 6.2, 349.
[178] Vgl. HEIDEGGER GA 38, 100.
[179] HEIDEGGER GA 59, 13.

gesehen, stört Heidegger nur nebenbei. Ärgerlicher findet er die Selbstgefälligkeit des distanzierten historischen Erklärens: Man meint immer schon zu wissen, was *das Geschichtliche* sei, nämlich *Gegenstand historischer Methode*, so daß sich alles weitere Fragen erübrigt. Auch weiß man, daß es als Gewordenes in den Augen einer aufgeklärten Gegenwart nur relativ sein kann. Um so viel mehr Freude scheint es zu bereiten, im sicheren Gang der Methodik das allseitige Werden akribisch bis in alle Details aufzudecken und für das Selbstverständnis der Gegenwart gewinnbringend auszuschlachten. Ans Licht gezerrt werden müssen die Voraussetzungen solchen Geschichtsdenkens, das mit dem Anspruch unbedingter Objektivität antritt, mit großem methodischen Aufwand „Tatsachen" gegeneinander verrechnet und historische Erklärungen beibringt, um sich dann am Ende doch – siehe Dilthey – einem allseitigen Relativismus zu ergeben: Alles Geschichtliche ist als Gewordenes relativ. Darin gipfelt für Heidegger der Historismus. Dagegen wird er später scharf wettern: „Der Historismus. (...) »Überwindung« nur durch Ausschaltung der Historie."[180] Einen ersten Schritt dazu sieht Heidegger getan, wo die Einseitigkeit dieses Denkens begriffen, wo erkannt wird, daß die Historie erstens mit einer ganz bestimmten Vorstellung von Zeit (unendlicher Zeitfluß) arbeitet, zweitens ihr Sachfeld „Geschichte" immer nur als ein (durch Erzählung bzw. Erklärung vergegenständlichtes) *Vergangenes* nimmt[181] und drittens dies tun muß, weil die Geschichte offenbar nur als solche *Gegenstand* (eines wissenschaftlichen, d.h. in seiner Objektivität gesicherten Erkennens) sein kann.[182]

Alles historische Erklären fußt auf einem vergegenständlichenden Vorstellen eines Vergangenen. Darin ist es eine Weise von Theorie und als solche wie alle theoretische Wissenschaft geprägt vom Vorrang der Methode vor der Sache. Was „Vergangen-Sein" unabhängig vom vergegenständlichenden Vorstellen bedeutet –, wie das Vergangene „ist", wenn es nicht bloß Gegenstand eines Vorstellens ist, kommt so gar nicht erst in den Blick. Heidegger stört an der Historie demnach die unkritische Verabsolutierung ihres Zugangs zur Geschichte, des „historisch-technische[n]"[183] Vorstellens, in welchem eine ganz bestimmte Vorstellung vom Sein alles Seienden (Vorhandenheit) sowie die Vorstellung einer objektiven Zeit maßgeblich vorausgesetzt sind.

Heidegger bezweifelt nun, daß der „»zeitliche« Abstand vom Jetzt und Heute"[184] *primär* konstitutive Bedeutung hat für das, was mit „Geschichte" eigentlich gemeint ist. Demgemäß lautet seine Frage, ob die Geschichte in unserem Leben nicht ursprünglich (vorwissenschaftlich) auf ganz andere Weise da ist; nämlich gerade nicht als „das Vergangene", und auch nicht als „das, was von der Vergangenheit her heute noch wirksam ist"[185], sondern als

---

[180] HEIDEGGER GA 66, 181.
[181] Vgl. HEIDEGGER GA 38, 106.
[182] Vgl. HEIDEGGER GA 38, 107.
[183] HEIDEGGER GA 79, 76.
[184] HEIDEGGER GA 2, 504; vgl. auch HEIDEGGER GA 38, 101.
[185] HEIDEGGER GA 38, 116.

Gegenwart (im Sinne eines „anwesenden Gewesen"[186]) oder genauer noch: als Zukunft, d.h. als das, was immer noch – und zwar zunächst unerkannt – uns überall entgegenkommt (zukommt) und – gerade weil es oftmals unerkannt *bleibt* – herrscht.[187] Weil er von der Richtigkeit dieser Vermutung überzeugt ist, übersteigt Heidegger die herkömmliche Geschichtsvorstellung, ihre Vorstellung von objektiver Zeit, dank deren Geschichte stets als das „Nicht-mehr-jetzt" bzw. das vom Nicht-mehr-jetzt noch Übriggebliebene angesetzt wurde, sowie die zugrundeliegende Auffassung vom Sein als Vorhandensein, um ganz neu danach zu fragen, wie Geschichte eigentlich da „ist", und zwar nicht für das transzendentale Subjekt der Wissenschaften, sondern für die faktische Existenz.[188]

Dazu stellt er zunächst die These auf, daß sich Zeit ursprünglich nicht als unendliche Jetztfolge zeitigt, sondern als *ekstatische Zeitlichkeit des Daseins*, worin Vergangenheit, Gegenwart und Zukunft immer schon einander zugehören (s.u. Kap. 2), was sofort zwei weitere Thesen auf den Plan ruft: daß nämlich wie die Zeit so auch die Geschichte immer zuerst Geschichte *des Daseins* (als In-der-Welt-Sein) ist (s.u. Kap. 3) und die Historie dementsprechend primär Wissenschaft von der Geschichte des *dagewesenen* Daseins und seiner Welt zu sein hätte (s.u. Kap. 4) und erst sekundär die Geschichte innerweltlicher, in der Zeit vergangener, aber irgendwie noch vorhandener, d.h. historischer Gegenstände. Heidegger will also mittels der Analyse existentialer Zeitlichkeit aufzeigen, daß Geschichte und Tradition dem Dasein viel unmittelbarer und enger zugehören, als die Historie glauben macht, wie ja auch die Welt dem Dasein viel direkter zugehört, als es die neuzeitliche Bewußtseinsphilosophie meinte. Mit anderen Worten: Das Historische ist primär ein Existenzphänomen, nicht etwas, wovon man Kenntnis hat und worüber es Bücher gibt.[189]

Deshalb auch sind die subjektiven Zugangsbedingungen zur Historie, Heidegger spricht von „selbstweltlichen Motivationen"[190], mehr als bloß eine garstige Schranke, die den her-

---

[186] Vgl.: „Und dennoch, auch dieses nicht-mehr-Gegenwärtige west in seinem Abwesen unmittelbar an, nämlich nach der Art des uns angehenden Gewesen. Dieses fällt nicht wie das bloß Vergangene aus dem vormaligen Jetzt weg. Das Gewesen west vielmehr an, jedoch auf seine eigene Weise. Im Gewesen wird Anwesen gereicht." (HEIDEGGER ZSD, 13).

[187] Diese Auffassung vom Wesen der Geschichte prägt dann auch Heideggers Stellungnahme zur abendländischen Metaphysik, die längst der Geschichte anzugehören scheint: Von der gegenwärtigen Philosophie (siehe Dilthey) zurückgewiesen und zur Vergangenheit erklärt, ist sie keineswegs vergangen. Sie bestimmt nach wie vor das Denken der Gegenwart, unerkannt zwar, aber deshalb um so ungezügelter. Sie ist allgegenwärtig, meint Heidegger. Der ständig wachsende zeitliche Abstand zu den letzten metaphysischen Systemen läßt diese also noch lange nicht, wie gewünscht, zur „Vergangenheit" werden. Dagegen entwirft Heidegger die Aufgabe des Abbaus der Metaphysik auf den Grund ihrer Möglichkeit, ihr Wesen, in Kenntnis dessen nur man die Metaphysik (gewesen) „sein lassen" kann.

[188] Vgl.: „Im Unterschied zu diesen zwei Bestimmungen, Vergangenheit und Gewordenheit, wurde eine dritte genannt, nämlich die *Gewesenheit*. (...) Das von früher her Wesende einer Geschichte wird aufgefaßt als das jeweilige Heute, als das, was heute wirklich ist und als wirksam gilt." (HEIDEGGER GA 38, 124).

[189] Vgl. HEIDEGGER GA 9, 33 f.

[190] Vgl. HEIDEGGER GA 59, 77.

kömmlichen Begriff von Wissenschaft und Methode als schwer applizierbar auf historische Erkenntnis erscheinen lassen. Setzt man sich einmal konstruktiv mit ihnen auseinander, ohne sie sofort zugunsten höherer Objektivität „ausschalten" zu wollen, erkennt man: Das Dasein hat einen viel ursprünglicheren Zugang zur und viel unmittelbareren Umgang mit der Geschichte, demgegenüber sich der im vergegenständlichenden Vorstellen der herkömmlichen Historie gewonnene Bezug zur Geschichte sekundär, nachträglich konstruiert und abstrakt ausnimmt, so daß eine Revision der wissenschaftlichen Historie höchst wünschenswert erscheint. Könnte die Historie auf die völlig unnötige Anstrengung verzichten, den ursprünglichen Bezug von Dasein und Geschichte theoretisch zu verstellen, wodurch er infolge des Einflusses, welchen die Historie in einem durch und durch wissenschaftlich geprägten Zeitalter auf das alltägliche Selbstverständnis des Menschen nimmt, langfristig in völlige Vergessenheit abzugleiten droht, erwiese sie dem Leben einen großen Dienst.

> „Geschichte besagt ein Geschehen, das wir selbst sind, wo wir dabei sind. Es besteht ein Unterschied zwischen Geschichte und Bewegung, z.B. der Gestirne. (...) Geschichte ist formal eine bestimmte Art der Bewegung. Sie ist solches Geschehen, das als Vergangenes noch da ist, um das wir in bestimmter Weise wissen, an dem wir tragen. In der Bestimmung »vergangen« zeigt sich das Moment der Zeit."[191] „Um diese Gegenwart der Geschichte zu erfahren, müssen wir uns aus der immer noch herrschenden historischen Vorstellung der Geschichte lösen."[192]

Die herkömmliche Geschichtsphilosophie macht demnach Heidegger zufolge drei zusammenhängende Fehler: Sie vernachlässigt die Verwebung der Vergangenheit mit der Gegenwart. Sie betrachtet die Vergangenheit bloß mit den Augen des Historikers und begreift Geschichte als durch die Geschichtswissenschaft vorstrukturiert. Das konkrete Dasein und seine innere Geschichtlichkeit und Zeitlichkeit hingegen läßt sie außer Betracht. Das einzelne Dasein wird sogar noch in eine Kultur (Rickert) oder in die allgemeine Humanität (Dilthey) aufgelöst. Dabei ist Geschichte ursprünglich doch immer die Geschichte *vergangenen Daseins* und seiner Welt und nicht die Geschichte anonymer Kulturen oder Perioden, die von unseren ganz verschieden sind.[193]

3.2 Existenziale Zeitlichkeit und Geschichtlichkeit

In der Fundamentaloperation des Vorstellens stellt der Mensch der Neuzeit alles Seiende auf sich – das Subjekt – zu als Gegenstand für sein Erkennen. Dies geschieht aus dem Willen, die Erkenntnis des Seienden zu sichern. Nachdem Heidegger einmal erkannt hat, daß sich auch die herkömmliche Geschichtsvorstellung und die in ihr vorausgesetzte „objektive" Welt einem (bislang nicht durchschauten) subjektiven Entwurf – dem Vorstellen des Seienden als Gegenstand – verdanken und sich die Welt als Geschichte dadurch auf die Struktur historischen Wissens reduziert, bleibt ihm kein anderer Weg: Er muß diese wissen-

---

[191] HEIDEGGER KV, 174.
[192] HEIDEGGER GA 7, 41 f.
[193] Vgl. INWOOD 1999, 113 f.

schaftliche Vorstellung zurücklassen. Was mit „Geschichte" gemeint ist, muß aus der theoretischen Einstellung überhaupt herausgelöst werden, weil in deren Rücken trotz gegenteiliger Beteuerungen nicht der „ganze Mensch", die faktische Existenz steht, sondern immer noch das zunächst geschichtslose, „standpunktsfrei[e]"[194], transzendentale Subjekt, das sich nachträglich einen Bezug zum Objekt „Geschichte" besorgt und sich dabei in der Subjekt-Objekt-Spaltung der Bewußtseinsphilosophie verfängt, da die Geschichte kein „Objekt" wie alle anderen ist. Ohnehin geht es Heidegger ja um „dieses vorwissenschaftliche, eigentliche philosophische Erschließen dieser Wirklichkeiten"[195], dazu zählt natürlich auch die Zeit. Auch die Zeit darf nicht zu einem Gegenstand verobjektiviert werden, weil sie aufgrund der ihr dann zuzusprechenden Eigenschaften zu einem seltsamen Seienden würde.[196] Die Zeit ist so wenig wie die Welt ein Behälter, in dem sich das Dasein befindet. Die Zeit ist auch nichts Vorhandenes oder Existierendes; vielmehr sind umgekehrt Vorhandenheit und Existieren als Seinsweisen verschiedene Zeitigungen von Zeit, die sich im je unterschiedlichen Daseinsvollzug ergeben. Die unterschiedlichen Weisen zu sein resultieren aus unterschiedlichen Zeitigungen von Zeit, die allesamt ihren Grund in der Zeitlichkeit des Daseins haben. Darauf läuft Heideggers Argumentation am Ende hinaus. Bei solch radikaler Subjektivierung der Zeit wird Heidegger natürlich erklären müssen, warum und in welcher Hinsicht dann am Ende doch wieder „alles" zeitlich bzw. geschichtlich ist. Es gibt neben oder besser *kraft* der Zeitlichkeit und Geschichtlichkeit des Daseins demnach auch das sogenannte „Innerzeitige" bzw. „sekundär Geschichtliche".

„Wir haben sprachlich und begrifflich streng zu unterscheiden zwischen dem *In-der-Zeit-Sein* von etwas und dem *Zeitlich-Sein*, das nur dem Menschen zukommt. Dieses In-der-Zeit-Sein, Meßbar-Sein durch die Zeit, nennen wir die *Innerzeitigkeit*."[197]

3.2.1 Die zeitlich erstreckte Geschehensstruktur des Daseins

Den vortheoretischen Ursprung der Geschichte findet Heidegger also im zeitlich bestimmten Geschehen des Daseins selbst. Demzufolge ist *primär* gar nicht die Zeit, sondern die *Zeitlichkeit des Daseins*.[198] Dies ist ein für Heidegger typischer Zug: Das ursprüngliche

---

[194] HEIDEGGER GA 38, 80

[195] Vgl. HEIDEGGER GA 20, 2.

[196] Der vulgäre Zeitbegriff deutet die Zeit „als eine Folge von ständig »vorhandenen«, zugleich vergehenden und ankommenden Jetzt. Die Zeit wird als ein Nacheinander verstanden, als »Fluß« der Jetzt, als »Lauf der Zeit«." (HEIDEGGER GA 2, 557) Versteht man aber die Zeit als ein vorhandenes Nacheinander, eine Jetztfolge, kommt sofort die Kalamität auf, daß man mit dem Jetzt nicht zu Rande kommt: "Jedes Jetzt ist auch schon ein Soeben bzw. Sofort. Hält sich die Zeitcharakteristik primär und ausschließlich *an diese Folge*, dann läßt sich in ihr als solcher grundsätzlich kein Anfang und kein Ende finden." (HEIDEGGER GA 2, 559 f.) Es bleibt nur, die Zeit als das seltsam freischwebende An-sich eines vorhandenen Jetzt-Ablaufs einfach hinzunehmen.

[197] HEIDEGGER GA 38, 136.

[198] Vgl.: „Wir dürfen uns selbst nicht mehr als in der Zeit Vorkommende verstehen, wir müssen uns erfahren als die, die von früher her wesend über sich selbst hinausgreifend aus der Zukunft sich bestimmen, d.h. aber: als die, die *selbst die Zeit sind*. Wir sind die Zeitigung der Zeit selbst." (HEIDEGGER GA 38, 120).

Phänomen ist nicht die Welt, der Raum, die Zeit oder die Geschichte, sondern das In-der-Welt-Sein des Daseins, seine Räumlichkeit, Zeitlichkeit und Geschichtlichkeit. Was zunächst aussieht wie ein durch ein Nomen bezeichnetes *Ding* oder wie eine *Substanz*, wird zu einer *Seinsweise des Daseins*, die durch ein Adjektiv oder Adverb („zeitlich", „geschichtlich") bezeichnet wird. Das Dasein wird ins Zentrum der Dinge versetzt. „Zeit ist Dasein"[199], sagt Heidegger, und nicht nur das: Zeit ist auch immer *meine* Zeit.[200]

Geschichte hat also vor allem zu tun mit der spezifischen *Bewegtheit* des Menschen, dem Daseins*geschehen*, das von Heidegger, wie schon erwähnt, Sorge genannt wird. Dieses Geschehen ist als solches nicht auf einen Gegenwartspunkt beschränkt, sondern zeitlich *erstreckt*. Im ursprünglichen Erlebnis der Zeit stehen die drei Dimensionen – Vergangenheit, Gegenwart, Zukunft – also nicht einfach nebeneinander da, aneinandergereiht, als ob die eine oder die andere fehlen könnte. Die Zukunft ist nicht etwas, in das wir gelegentlich hineinblicken, die Vergangenheit nicht das, was ab und zu vor Augen geführt wird, während wir sonst nur in der Gegenwart leben. Leben überhaupt, gemeint ist *bewußtes Leben*, heißt immer „zugleich" in Gegenwart, Zukunft und Vergangenheit zu leben, freilich nicht so, daß dabei die drei Dimensionen ihre Verschiedenheit verlören. Im Gegenteil, die Zeitlichkeit besteht gerade darin, daß sie sich unterscheiden und daß wir in ihnen gerade nicht je in der gleichen Weise leben. Vielmehr konstituiert sich durch ihren Unterschied ein Feld, das es möglich macht, etwas Zeitliches zu erleben, also das Geschehen von etwas zu erfahren.[201]

Die Zeitdimensionen Vergangenheit, Gegenwart und Zukunft sind in dieser erlebten Zeitlichkeit also immer schon zu einem Bedeutungsganzen, zu einem Zeithorizont vermittelt, so daß ein Zusammenhang nicht erst nachträglich auf der Grundlage einer neutralen Zeitreihe konstruiert werden muß.[202] Zudem ist das Geschehen des Daseins *endlich*. Noch bevor Geschichte als Universalgeschichte, Weltgeschichte, Geistesgeschichte, Menschheitsgeschichte oder sonstwie diskutiert werden kann, braucht es daher eine ontologische Analyse der *zeitlichen Erstreckung des Daseins zwischen Geburt und Tod*.[203] Denn nur in dieser eigentlichen Zeitlichkeit des endlichen Daseins, aus der die Vorstellung einer objektiven, endlosen Zeit (als Voraussetzung von Universal- und Weltgeschichte) erst durch Abstraktion, d.h. durch Reduktion phänomenaler Fülle hervorgegangen ist, wie Heidegger nachweisen will, zeigt sich der ursprüngliche Bezug von Dasein und Geschichte, die „eigentliche" Geschichte. Die Geschichtswissenschaft kann auf diesem Bezug allerhöchstens

---

[199] HEIDEGGER BZ, 26.

[200] Vgl. INWOOD 1999, 98.

[201] Vgl. CARR 1985, 420.

[202] Im Hintergrund steht hier selbstverständlich Husserls Phänomenologie des inneren Zeitbewußtseins. Wie Husserl geht es auch Heidegger um „gelebte", nicht um „gedachte" Zeitlichkeit, wenngleich Heidegger die Hauptbegriffe Husserls (Erlebnis und Bewußtsein) meidet. Auch Dilthey hatte sich schon in diese Richtung vorgearbeitet und gegen die Zeit als bloße Jetztfolge die Erlebniszeit in Anschlag gebracht, in der die Gegenwart nicht der bloße Umschlagpunkt von Zukunft in Vergangenheit, sondern in sich zukunfts- und vergangenheitsbezogen ist (DILTHEY GS VI, 315; GS VII, 73, 232).

[203] Vgl. HEIDEGGER GA 2, 310.

aufbauen. Sie kann ihn nicht selbst stiften, sondern muß ihn voraussetzen.[204] Sie lebt davon, daß im Vollzug des Daseins je schon Zukunft entworfen und Vergangenheit erschlossen, somit der Weg für den historischen Rückgang in letztere offen ist. Das historische Wissen (um Ontisches) gründet also in der zeitlich-horizontalen (ontologischen, d.h. seinserschließenden) Vor-Struktur des Daseins, deren genaue Beschaffenheit im folgenden darzulegen ist.

„Aus dieser Seinsart des Seienden, das geschichtlich existiert, erwächst die existenzielle Möglichkeit einer ausdrücklichen Erschließung und Erfassung von Geschichte. Die Thematisierung, das heißt die *historische* Erschließung von Geschichte ist die Voraussetzung für den möglichen »Aufbau der geschichtlichen Welt in den Geisteswissenschaften«. Die existenziale Interpretation der Historie als Wissenschaft zielt einzig auf den Nachweis ihrer ontologischen Herkunft aus der Geschichtlichkeit des Daseins. Erst von hier aus sind die Grenzen abzustecken ..."[205]

Heideggers negative Abgrenzung vom gewöhnlichen Verständnis von Geschichte und Zeit, das sich im Horizont von Sein als Vorhandenheit bewegt, soll also dazu beitragen, daß „das Problem der Geschichte seiner *ursprünglichen Verwurzelung* [im zeitlich erstreckten, endlichen Geschehen des Daseins (r.h.)] zugeführt"[206] wird. So kommt auch die „ontologische Eigenart [des Daseins (r.h.)] gegenüber allem Vorhandenen"[207] nachdrücklich zu Bewußtsein. Der Mensch ist in seiner Subjektivität ja gerade nicht als ein kompaktes „Vorhandenes" zu begreifen, sondern von seinem Selbstverständnis her vollzugsmäßig aufzufassen, d.h. als sich verstehender und welterschließender Selbstvollzug, als das Geschehen der Sorge, das sich „ausspannt zwischen" verschiedenen Verstehensmomenten, sich folglich in zeitlicher Erstreckung vollzieht. Es gehe ihm nicht um den Menschen (Anthropologie), sondern um das „D a s e i n (s)   i n   i h m"[208], also dessen Selbst- bzw. Seinsverständnis,

---

[204] Vgl. HEIDEGGER GA 40, 47. Daß die Historie als Wissenschaft ihre eigene Grundlage, den Bezug zur Geschichte, nicht selbst stiften und mit ihren eigenen Mitteln auch nicht selbst thematisieren kann, hängt mit einer Insuffizienz des wissenschaftlichen Denkens überhaupt zusammen. Wissenschaften „denken nicht", sagt der spätere Heidegger polemisch, sie haben keinen welterschließenden Charakter, sondern setzen die Erschließung von Welt (das Wahrheitsgeschehen, kraft dessen sich ein spezifischer Wahrheitsbereich öffnet) immer schon voraus: „Das Wesen ihrer Bereiche, die Geschichte, die Kunst, die Dichtung, die Sprache, die Natur, der Mensch, Gott – bleibt den Wissenschaften unzugänglich. Zugleich aber fielen die Wissenschaften fortgesetzt ins Leere, wenn sie sich nicht innerhalb dieser Bereiche bewegten. Das Wesen dieser Bereiche ist die Sache des Denkens. (HEIDEGGER WhD, 57) „Denn jede Wissenschaft ruht auf Voraussetzungen, die niemals wissenschaftlich begründbar sind, wohl dagegen philosophisch erweisbar. Alle Wissenschaften gründen in der Philosophie, aber nicht umgekehrt." (HEIDEGGER WhD, 90) „Dagegen ist die Wissenschaft kein ursprüngliches Geschehen der Wahrheit, sondern jeweils der Ausbau eines schon offenen Wahrheitsbereiches ... Wenn und sofern Wissenschaft über das Richtige hinaus zu einer Wahrheit und d.h. zur wesentlichen Enthüllung des Seienden als solchen kommt, ist sie Philosophie." (HEIDEGGER GA 5, 49 f.).
[205] HEIDEGGER GA 2, 497 f.
[206] HEIDEGGER GA 2, 499.
[207] HEIDEGGER GA 2, 412.
[208] HEIDEGGER GA 3, 229.

sagt Heidegger zwei Jahre nach *Sein und Zeit*, um die ontologische Sphäre aufzuzeigen, um die es ihm allein zu schaffen ist.

3.2.2 Existenziale Zeitlichkeit als Grund der Geschichtlichkeit

Wenn Heidegger sagt, das sich verstehende Dasein sei als *Sorge* „ausgespannt zwischen" verschiedenen Verstehensmomenten („Existenzialien"), meint er damit bekanntlich dreierlei: *erstens* daß es dem menschlichen Dasein, insofern es ist, immer um sein Seinkönnen geht (Existenzialität, Selbstheit, Verstehen, *Sich-vorweg-Sein* auf die eigensten Möglichkeiten, deren äußerste der Tod ist), daß es *zweitens* dadurch sogleich verwiesen ist auf das, wohinein es längst schon geworfen ist und was es in der Regel nicht selbst gewählt hat (Faktizität, Geworfenheit, Stimmung, *Schon-Sein-in* einer Welt) und daß es dabei *drittens* zunächst und zumeist wie aufgesogen ist von der Situation, in der es lebt (Verfallensein, Rede, das Man-Selbst, *Sein-bei* innerweltlich Zuhandenem). So also *„ist"* das Dasein; die genannten Verstehensmomente machen sein Selbstverständnis, sein Da-Sein aus und finden sich in allen Daseinsvollzügen aktualisiert.[209]

Als Möglichkeitsbedingung der so strukturierten Sorge macht Heidegger, wie gesagt, die Zeit geltend, natürlich nicht diejenige, die scheinbar unabhängig vom Dasein – objektiv – vergeht, in die der Mensch gestellt ist und die er bestenfalls „hat" oder „sich nimmt", sondern jene (erlebte) Zeit, die sich im bzw. als Vollzug seines Menschseins erst eigentlich zeitigt, sprich die Zeit als grundlegende Wesensverfassung des Daseins, von Heidegger „existentiale Zeitlichkeit" bzw. „ekstatisch-horizontale Zeitlichkeit" genannt. Sie ist es, welche in ihren drei Dimensionen („Ekstasen"), Zukunft, Gewesenheit, Gegenwart, die Einheit der verschiedenen Momente der Sorge verbürgt und sie zu einer Ganzheit, zu einem erstreckten Zeit- bzw. Verstehenshorizont, schließt. Jedes Moment der Sorge ist ja ganz offensichtlich von jeweils einer Zeitekstase getragen (Sich-vorweg = Zukunft / Schon-Sein-in = Gewesenheit / Sein-bei = Gegenwart). Gewesenheit und Zukunft sind hier demnach nicht primär Ereignisfolgen, sondern Dimensionen der (sich je ereignenden bzw. vollzogenen, nicht objektiv vorhandenen) Gegenwart (des Daseins).[210]

In ihren unterschiedlichen Weisen, sich im Sorgegeschehen des Daseins zu zeitigen, bildet die ekstatisch-horizontale Zeitlichkeit den Ursprung aller Modi geschichtlichen In-der-Welt-Seins, deren Anzahl sich aufgrund gleicher Strukturierung reduzieren läßt auf die grundlegende Alternative: entweder *eigentliche* Geschichtlichkeit („Geschichtlichkeit" i.e.S.) oder uneigentliche Geschichtlichkeit, von Heidegger „Innerzeitigkeit" genannt. Die Fundierungsverhältnisse sieht Heidegger also folgendermaßen: Wie alle Seinsweisen implizieren auch *Geschichtlichkeit* und *Innerzeitigkeit* als die spezifischen Seinsweisen des Men-

---

[209] Vgl. HEIDEGGER GA 2, 254 ff.

[210] Vgl.: „Unsere Gewesenheit und unsere Zukunft haben nicht den Charakter von zwei Zeiträumen, von denen der eine bereits verlassen ist, der andere erst besetzt werden soll, sondern das von früher her Wesende ist *als* Zukunft unser eigenes Sein. Unser Vorausgeworfensein in die Zukunft ist die Zukunft der Gewesenheit. Es ist die *ursprünglich einzige und eigentliche Zeit*" (HEIDEGGER GA 38, 118).

schen ein Zeitverständnis, das seinen Grund in der existentialen Zeitstruktur des Daseins hat. Somit ist die Geschichtlichkeit ein Modus der Zeitlichkeit und nicht umgekehrt! Früher hätte man gefolgert: Was eine Geschichte hat, muß offenbar in der Zeit sein. Nun heißt es: Was zeitlich ist, und das ist primär das Dasein, ist geschichtlich. Nur weil das Dasein in seinem eigentlichen Wesen zeitlich ist, weil es im „Sich-vorweg-auf-eigenste-Möglichkeiten" *zukünftig*, im „Schon-Sein-in-einer-Welt" immer schon *gewesen* und im „Sein-bei-innerweltlich-Zuhandenem" *gegenwärtig* ist, kann es geschichtlich existieren, eine Geschichte „haben" und sich herausgefordert sehen, in der Geschichte Stand zu gewinnen.[211]

Seine ekstatische Zeitlichkeit sieht Heidegger den Menschen also auf zweifache Weise vollziehen, was jeweils eine entsprechende Selbst- und Welterschließung impliziert, wie schon mehrfach anklang. Als Geschehen des *eigentlichen* Daseins zeitigt sich Zeit *ursprünglich*, so daß hier auch der Bezug von Dasein und Geschichte in seiner Ursprünglichkeit zu finden ist. Die lebensweltlich erste Weise des geschichtlichen In-der-Welt-Seins ist jedoch nicht die eigentliche, sondern die *uneigentliche* Geschichtlichkeit der an das „Man" verfallenden Alltäglichkeit samt dem dazugehörigen „vulgären" Begriffs der „Weltgeschichte", welcher auch der herkömmlichen Historie zugrunde liegt. Aus dieser uneigentlichen Seinsweise schwingt sich der Mensch erst nachträglich zu seiner Eigentlichkeit als der Hochform seiner Existenz empor. –

Was also heißt bei Heidegger „in der Geschichte Stand finden"? Der Name, den er dafür hat, ist „eigentliche Geschichtlichkeit". Es bleibt nun darzulegen, wie Heidegger diese Hochform (s.u. 3.3.2 und 3.3.3) gegen die Alltagsform menschlichen Daseinsvollzugs (s.u. 3.3.4) konturiert, wobei – nicht zu vergessen – die ontologische Struktur der Hochform als Grundlage auch der Alltagsform erkennbar werden soll.[212] Erinnert sei zuvor noch einmal daran, daß Heidegger mit „Dasein" natürlich nie das weltfreie transzendentale Subjekt meint oder das nach dem Modell der Vorhandenheit gedachte Seiende „Mensch", das erst nachträglich einen Bezug zur Geschichte findet bzw. im Verlauf seines Lebens eine Geschichte gewinnt, sondern immer die konkrete, faktische Existenz in ihrem als „In-der-Welt-Sein" gekennzeichneten Sich-selbst-Verstehen.[213] Daß Heidegger die entfaltete

---

[211] Vgl. HEIDEGGER GA 2, 497 f.

[212] Obzwar lebensweltlich später ist die eigentliche Geschichtlichkeit dennoch *ontologisch* früher, d.h. ursprünglicher, weil aus ihr als dem reicheren Phänomen alles weitere erst durch „Degeneration" (vgl. HEIDEGGER GA 2, 442) phänomenaler Fülle entsprungen ist. Insofern nun aber die herkömmliche Vorstellung von Zeit, wie sie die Historie kennt, aus dem uneigentlichen Daseinsvollzug resultiert, der als Phänomen tatsächlich ausweisbar und somit ein *echtes* Phänomen ist, behält sie bei Heidegger ihr Recht: „Gleichwohl muß das Dasein auch »zeitlich« genannt werden im Sinne des Seins »in der Zeit«. (...) In derselben Weise begegnen die Vorgänge der leblosen und lebenden Natur »in der Zeit«. Sie sind innerzeitig. (...) Sofern aber die Zeit als Innerzeitigkeit auch aus der Zeitlichkeit des Daseins »stammt«, erweisen sich Geschichtlichkeit [i.e.S. (r.h.)] und Innerzeitigkeit als gleichursprünglich. Die vulgäre Auslegung des zeitlichen Charakters der Geschichte behält daher in ihren Grenzen ihr Recht." (HEIDEGGER GA 2, 498).

[213] Wenn von existenzialer Struktur die Rede ist, so ist damit nichts Ontisches gemeint, sondern es handelt sich um Ontologisches, um seinserschließende Verstehensmomente des Daseins.

Seinsauslegung („Welt") unaufhebbar mit dem Dasein verklammert, läßt schon im vorhinein ahnen, wie Heidegger das Verhältnis von Dasein und Geschichte sieht: daß nämlich das konkrete Dasein, insofern es stets in der Welt und mit anderen ist, an keinem Punkt seiner Existenz ohne Geschichte sein kann, was für den uneigentlichen und eigentlichen Daseinsvollzug gleichermaßen gilt. Wenn es kein „weltfreie[s] Sein des Subjekts"[214] gibt, kann es auch kein Subjekt ohne Geschichte geben; wenn die Welt, in der das Subjekt lebt, mit diesem immer schon da gewesen ist, wenngleich zunächst nur in der Weise des Man, dann ist es auch die Geschichte, so der argumentative Zusammenhang. Als *Schon-Sein-in* ist das Dasein immer schon in einer historisch vorgegebenen Welt *gewesen* (Faktizität) und hat dadurch historisch-soziale Bestimmungen empfangen, eben darum ist es *notwendig geschichtlich*, wenngleich zunächst uneigentlich, da es sich aus der gemeinsamen Welt des Man noch nicht zu seiner Selbstheit aufgeschwungen hat. „Das Dasein ist in seiner jeweiligen Weise zu sein und sonach auch mit dem ihm zugehörigen Seinsverständnis in eine überkommene Daseinsauslegung hinein- und in ihr aufgewachsen."[215] Geschichte ist demnach nicht erst Produkt einer transzendental-phänomenologischen Konstitution. (Handlungs-)Subjekte ohne Geschichte, die rein anfangen könnten ohne Vorgeschichte und ohne Verstrickung in eine gemeinsame (Man-)Welt, gibt es demnach bloß als Abstraktion.[216] In der Tat besitzen wir ja auch keine Erfahrung des Anfangs unseres Daseins, wir waren bei unserer Geburt gewissermaßen „nicht dabei", sondern erleben uns in bezug auf den Anfang unserer Existenz als „schon gewesen". Auch das soll mit der Strukturformel „In-der-Welt-Sein" ausgedrückt sein.

3.3 „In der Geschichte stehen": endliches Sein zum Tode

Kennzeichen der spezifischen Bewegtheit des Menschen ist ihre zeitliche Erstreckung, sagt Heidegger. Damit ist nicht gemeint, daß das Dasein eine gegebene zeitliche Erstreckung durchhüpft wie eine Reihe von Jetztpunkten, vielmehr ist sein eigenes Sein als zeitliche Erstreckung konstituiert. Das Dasein lebt nicht eingeschränkt auf die bloße Gegenwart, sondern ist immer schon über sie hinaus. Es weiß um seine Herkünftigkeit, entwirft sich auf

---

[214] HEIDEGGER GA 20, 219.
[215] HEIDEGGER GA 2, 27.
[216] Heidegger erkennt, daß Menschen nicht als Handlungssubjekte aufzufassen sind, die dann nachträglich, etwa aufgrund des Zusammenspiels ihrer Handlungen mit zufällig eintretenden Ereignissen, nach und nach eine Geschichte hinzugewinnen. Vielmehr ist Geschichte notwendiges Moment der Daseinsstruktur. Subjekte ohne Geschichte gibt es nicht. Auch ist etwas als Geschehnis bzw. Ereignis ja nur deshalb identifizierbar, weil es in einer schon vorausbestehenden Geschichte zu stehen kommt. Vgl.: „In welcher Weise gehört dieses Geschehen der Geschichte zum Dasein? Ist das Dasein zuvor schon faktisch »vorhanden«, um dann gelegentlich »in eine Geschichte« zu geraten? *Wird* das Dasein erst geschichtlich durch eine Verflechtung mit Umständen und Begebenheiten? Oder wird durch das Geschehen allererst das Sein des Daseins konstituiert, so daß, *nur weil Dasein in seinem Sein geschichtlich ist*, so etwas wie Umstände, Begebenheiten und Geschicke ontologisch möglich sind?" (HEIDEGGER GA 2, 501 f.).

die Zukunft und nimmt seinen Tod vorweg. Weil das Dasein solchermaßen entrückt ist in die Zeitekstasen, wurde seine spezifische Zeitlichkeit „ekstatisch-horizonal" genannt.

„Die Macht der Zeit zeitigt ursprünglich und nicht nachträglich die Entrückung des Daseins in die Zukunft und Gewesenheit."[217]

Daß es sich bei diesem Zeitgeschehen in jedem Fall um ein endliches Geschehen handelt, welches in Geburt und Tod seine äußersten Grenzen hat, leuchtet ein. Dasein ist Ausspannung zwischen Geburt und Tod. „Als Sorge *ist* das Dasein das »Zwischen«."[218] Demzufolge sind die gesuchten Zeitigungsweisen zugleich Weisen, in denen das Dasein sein Ausgespanntsein zwischen Geburt und Tod vollzieht.

Heidegger will jedoch Geburt und Tod nicht als „Ereignisse" thematisiert wissen, die von außen her das Geschehen des Daseins treffen. Das Dasein läuft nicht innerhalb einer objektiven Zeit ab. Deshalb ist eine objektive Betrachtung von Geburt und Tod der Existenz grundsätzlich unangemessen. Sie interessieren nicht als biologische Phänomene, als biologische Vorgänge, die mit dem körperlichen Dasein zusammenhängen, noch als allgemeines Schicksal. Ontisch „erfahrbar" im Vollsinn des Wortes sind der eigene Tod und die eigene Geburt ja sowieso nicht. Heidegger bringt sie deshalb als reine Verstehensmomente ins Spiel. Gefragt wird, welche Rolle sie im Selbstverständnis des Daseins spielen. Tod und Geburt haben „den Charakter von etwas, *wozu* das Dasein *sich verhält*"[219]. Wichtig ist das Verhältnis, welches das Dasein ihnen gegenüber einnimmt bzw. einnehmen kann. Weil es nun aber vor allem die Zukunft ist, der nach Heidegger die entscheidende Bedeutung innerhalb des ekstatischen Zeitgeschehens des Daseins zukommt, weil sich im Verhältnis zu ihr alles weitere entscheidet, wie sich sogleich zeigen wird, konzentriert sich seine Daseinsanalyse auf den Bezug des Daseins zu seinem eigenen Tod. Die Beziehung zur anderen Grenze der Existenz, der Geburt, wird dagegen nur beiläufig im Zusammenhang des Verhältnisses des Daseins zu seiner Gewesenheit (Faktizität) erwähnt. Dies hängt auch damit zusammen, daß das Faktum Geburt innerhalb der Gewesenheit nicht in derselben Weise eine äußerste (Verstehens-)Grenze setzt, wie es beim Tod in bezug auf die Zukunft des Daseins der Fall ist. Durch sein Schon-Sein-in einer gemeinsamen Welt steht das Dasein ja immer schon in einer Weltgeschichte und versteht sich aus einer gemeinsamen Tradition, die über die Zäsur seiner Geburt hinaus weiter in die Vergangenheit zurückreicht, auch wenn es sie – ontisch – nicht selber miterlebt hat.

3.3.1 Geschichte als das Sichüberliefern eigener Möglichkeiten

Daß der Zukunft der Vorrang unter den Zeitdimensionen gebühren soll, hängt nun zusammen mit der Grundstruktur der Sorge, die ja, wie schon eigens dargelegt wurde, durch eine elementare Form von „Denken", nämlich das Verstehen geleitet ist. Das Verstehen hat grundsätzlich Entwurfscharakter, und darin liegt immer schon, wie Heidegger in *Sein und*

---

[217] HEIDEGGER GA 38, 155.
[218] HEIDEGGER GA 2, 495.
[219] HEIDEGGER GA 2, 332.

Zeit herausarbeitet,[220] ein Moment von Zukunft beschlossen: Seiendes hat Sinn, die Welt hat Sinn, indem das Dasein ihr Sein entwirft, d.h. auf ihr Woraufhin auffaßt. Dies geschieht dadurch, daß das Dasein sich selbst entwirft, d.h. sich selbst als Seinkönnen – als Möglichkeit – auffaßt. Verstehen heißt also, einen Möglichkeitshorizont aufzuspannen, innerhalb dessen das zu Verstehende seinen Sinn empfängt. Für das Dasein steht die Möglichkeit gewissermaßen höher als die Wirklichkeit. Erst indem es in seinen eigenen Möglichkeiten auf sich selbst zukommt, versteht es seine Wirklichkeit. Die Existenz überschreitet also unaufhörlich ihre gegenwärtige Wirklichkeit und begreift sie im Lichte von Möglichkeiten, auf die hin es sich entwerfen kann. In diesem Sinn „ist das Dasein je schon sich-selbst-vorweg"[221]. Es läuft sich selbst und seiner Gegenwart voraus und versteht seine Welt, alles Seiende und sich selbst im Horizont seiner zukünftigen Möglichkeiten, deren äußerste, unüberholbare und gewisseste natürlich der Tod ist. Den Vorrang der Zukunft zu behaupten, meint also nicht, das Dasein müsse statt in der Gegenwart bzw. im Augenblick möglichst in der Zukunft leben, um eigentlich es selbst zu sein. Es geht vielmehr darum aufzuzeigen, daß aufgrund des Entwurfscharakters des Verstehens das Dasein seine Gegenwart stets von der Zukunft her, d.h. innerhalb eines Möglichkeitshorizontes auslegt.

„Das in der Zukunft gründende Sichentwerfen auf das »Umwillen seiner selbst« ist ein Wesenscharakter der *Existenzialität. Ihr primärer Sinn ist die Zukunft.*"[222]

Nun wird freilich durch das Vorlaufen nicht allein die Gegenwart, sondern auch die Vergangenheit – die „Gewesenheit" – in das Verstehen des Daseins eingeholt und ausgelegt über die Zukunft. Denn woher sollte das Dasein seine Seinsmöglichkeiten erschließen, wenn nicht „aus dem Erbe"[223], d.h. aus seinem faktischen Schon-gewesen-Sein, das es als Geworfenes zu übernehmen hat?! Die Möglichkeiten, auf die das Dasein sich entwirft, setzt es demnach nicht selbst, sie kommen ihm vielmehr aufgrund seiner Faktizität schon zu: Über die Gegenwart hinaus vorlaufend in meine Seinsmöglichkeiten *komme ich auf mich zu* als schon *gewesen seiend,* und in diesem Zurückkommen auf den Umkreis meines Erbes geschieht ein „Sichüberliefern überkommener Möglichkeiten"[224], kraft deren sich mir die Gegenwart und das in ihr zu Tuende augenblicklich erschließt. Auf diese Weise, als Sichüberliefern eigener Möglichkeiten, ist Geschichte für mich ursprünglich da, so Heidegger.

Im Vorlaufen zeigt sich, daß das Dasein Zukunft hat, insofern es auf sich zurückkommt. Die in der Überlieferung gewesener Möglichkeiten involvierte Art von Zu-kunft, nämlich das in meinen eigenen, durch meine Gewesenheit bedingten Möglichkeiten Auf-mich-Zukommen, macht nach Heidegger auch das ursprüngliche Phänomen der Zukunft aus. Zukunft meint offenbar nicht ein Jetzt, das noch nicht wirklich geworden ist, „sondern die

---

[220] Siehe HEIDEGGER GA 2, § 65.
[221] HEIDEGGER GA 2, 417.
[222] HEIDEGGER GA 2, 433.
[223] HEIDEGGER GA 2, 507.
[224] HEIDEGGER GA 2, 507.

Kunft, in der das Dasein in seinem eigensten Seinkönnen auf sich zukommt. Das Vorlaufen macht das Dasein *eigentlich* zukünftig."[225]

„Wir ersehen, daß Gewesenheit, sofern sie über uns weggreift und auf uns zukommt, Zukunft hat. Aber zu sagen, Vergangenheit habe Zukunft, wäre Unsinn. Das Übergreifen selbst ist die Zukunft."[226]

Indem also das Dasein vorlaufend in seine Möglichkeiten seine Geworfenheit entschlossen übernimmt, „ent-schließt" es sich für den Augenblick. Wozu sich das Dasein im einzelnen entschließt und welches *in concreto* zu ergreifende Möglichkeiten sind, kann die existenziale Analyse natürlich nicht erheben. Das Dasein hat sie selbst zu bestimmen. Es besteht hier ein Freiheitsspielraum im Dasein.[227] Auch ist das Dasein frei, seine eigenen Möglichkeiten zu ergreifen oder sie zu verfehlen. Die existenziale Analyse beschränkt sich hier ganz aufs Formale. Sie gibt nur zu erkennen, daß das Zeitgeschehen des Daseins in jedem Fall als ein Ineinander von Geworfenheit und Entwurf, als (unausdrückliche) Überlieferung bzw. (explizite) Wieder-holung von gewesenen Möglichkeiten aufzufassen ist. Für Heidegger ist das Dasein also weder ein völlig von der Welt bedingtes Seiendes, noch absolute Freiheit, es ist vielmehr endliche Freiheit. Zwar ist es auf sich selbst gestellt und sein Selbstverhalten ist als ein „Entwerfen", als Selbstkonstitution zu verstehen, doch nicht im Sinne zeitloser Setzung, sondern als sich zeitigend, d.h. als zukünftig auf sich zurückkommend und sich in seiner Gewesenheit übernehmend.[228]

„Die Bestimmung dieser Zukunft unterliegt aber nicht einer Voraussage, sie kann nicht freischwebend erdacht und ersonnen werden. Sie bestimmt sich vielmehr aus dem von früher her Wesenden."[229] „Diese Bestimmung der Zukunft unterliegt nicht der Willkür, sie ist auch nicht Sache des theoretischen Scharfsinns, sondern sie ergibt sich aus dem von früher her Wesenden, der Überlieferung. Geschichte überliefert sich in die Zukunft, gibt von dort her vor, wer und was sie sein kann."[230]

Von Bedeutung ist vor allem, daß Heideggers Rückbindung der Geschichte an die Subjektivität und ihre Gegenwart nie direkt erfolgt, sondern immer über die Zukunft. Darin erfüllt Heideggers Dasein genau die Desiderate von Nietzsches „kräftiger Lebendigkeit". Wir können also „das von früher her Wesende überhaupt nicht wie etwas Vorliegendes aufgreifen; es bestimmt sich vielmehr aus dem, wozu wir uns als geschichtlich Seiende entscheiden:

---

[225] HEIDEGGER GA 2, 431.
[226] HEIDEGGER GA 38, 119.
[227] Das Dasein muß sich „seinen Helden" selbst wählen (so HEIDEGGER GA 2, 509). Oder: „Die existenziale Interpretation wird nie einen Machtspruch über existenzielle Möglichkeiten und Verbindlichkeiten übernehmen wollen." (HEIDEGGER GA 2, 414).
[228] Heidegger spricht diesbezüglich davon, daß sich eigentliches Selbstsein als „*Nachholen einer Wahl*" vollzieht (HEIDEGGER GA 2, 356).
[229] HEIDEGGER GA 38, 117.
[230] HEIDEGGER GA 38, 124.

aus unserer Zukunft, aus dem, wozu wir uns unter Befehl stellen, aus dem, wozu wir uns als die Künftigen bestimmen."[231]

„Die Zugangsmöglichkeit zur Geschichte gründet in der Möglichkeit, nach der es eine Gegenwart jeweils versteht, zukünftig zu sein. Das ist der erste Satz aller Hermeneutik."[232]

In diese Richtung wollte Heideggers Zeitanalyse ja auch verstanden werden: Sie tritt an als Gegenzug gegen jene Zeitanalysen, die die kontemplative, nicht mehr lebensweltlich motivierte, d.h. „reine" Schau der Vergangenheit, die antiquarische Historie, ins Zentrum stellten. In der Grundstruktur der Sorge ist dagegen stets der Zukunfts- und Handlungsbezug bestimmend. Auch wo sich das Dasein explizit der Vergangenheit zuwendet, geht es ihm um sein eigenes Seinkönnen, also seine zukünftigen Möglichkeiten.

Vergangenheit wird demzufolge grundsätzlich von der Zukunft her aktualisiert als *Überlieferung* ererbter Seinsmöglichkeiten bzw. als explizite *Wiederholung*. Auf der Ebene von *Sein und Zeit* streicht Heidegger vor allem den Entwurfscharakter des Daseinsgeschehens und die vorgreifend-zurückblickende Struktur existenzialer Zeitlichkeit heraus, aufgrund deren allererst ein Zugang zur Geschichte als Vergangenheit möglich ist. In seinen späteren Denkansätzen wird er dann ausdrücklicher auf die uns heute faktisch gegebene geschichtliche Situation eingehen, durch die jedes Dasein in seinem Entwurfsbereich nachhaltig bedingt ist (zur „Seinsgeschichte" s.u. Abschn. 4.1). Kehren wir nun zu der eingangs aufgeworfenen Frage zurück, worin sich die Vollzugsweisen eigentlicher und uneigentlicher Geschichtlichkeit bei gleicher Grundstruktur gegeneinander abheben. Es wird sich zeigen, daß es gerade die Art und Weise des Vorlaufens in die Zukunft ist, die den gesuchten Unterschied ausmacht. Es folgt zunächst die Struktur eigentlicher Geschichtlichkeit.

3.3.2 Eigentliche Geschichtlichkeit als vorlaufende Entschlossenheit (zum endlichen Selbst)

Der Bezug zur Zukunft, so hieß es, konstituiert sich in jedem Fall als Entwurf. Dem menschlichen Dasein ist sein eigenes Sein zur Aufgabe gegeben, es ist nicht in sich abgeschlossen, sondern hat sich zu entwerfen und zu bestimmten Seinsmöglichkeiten zu entschließen. Dabei geht es dem Dasein natürlich immer auch um seine Ganzheit. Diese wird nicht etwa vorgefunden, sondern kann nur vom Dasein selbst erwirkt werden, indem es sich zu bestimmten Seinsmöglichkeiten *entschließt*.[233]

---

[231] HEIDEGGER GA 38, 124.

[232] HEIDEGGER BZ, 26.

[233] Daß es Heidegger besonders um die Ganzheit des Daseins zu tun ist, weist auf ein methodologisches Problem hin: Eine ontologische Interpretation kann nur dann als ursprünglich gelten, wenn sie von vornherein das Ganze des Thematischen in die Vorhabe zu bringen vermag, das nicht erst nachträglich aus Teilen zusammengesetzt werden kann. Die Ganzheit kann jedoch nicht einfach metaphysisch postuliert werden. Es ist vielmehr – phänomenologisch – Rechenschaft abzulegen, von welcher Warte aus das Ganze in den Blick geraten soll bzw. kann (siehe HEIDEGGER GA 2, § 45).

> *„Die Frage nach dem Ganzseinkönnen ist eine faktisch-existenzielle. Das Dasein beantwortet sie als entschlossenes."*[234]

Man wäre geneigt, die im Entwurfscharakter des Daseins gelegene Offenheit und Unabgeschlossenheit, das Nicht-festgestellt-Sein des Daseins, dafür verantwortlich zu machen, daß es eben nie ganz (wirklich) ist. Bei genauerer Hinsicht zeigt sich nun aber, daß das Strukturmoment des Sich-vorweg-Seins zu Möglichkeiten die Ganzheit des Daseins nicht etwa in unerreichbare Ferne rückt, sondern die Möglichkeit des Ganzseinkönnens gerade umgekehrt überhaupt erst in Reichweite bringt. Im Vorlaufen in seine eigenen Möglichkeiten stößt nämlich das Dasein, so Heidegger, unweigerlich an eine unüberholbare Grenze, seinen Tod, das Ende seines In-der-Welt-Seins. Der Tod markiert dem Dasein die *äußerste* seiner Möglichkeiten, nämlich das Ende jeder eigenen Möglichkeit und insofern auch die Grenze seines Verstehens, das ja, wie gesehen, nur innerhalb eines aufgespannten Möglichkeitshorizontes gelingen kann. Der Tod führt dem Dasein die äußerste seiner Möglichkeiten vor Augen als die Möglichkeit *„der Unmöglichkeit der Existenz überhaupt"*[235], mit anderen Worten: Er konfrontiert das Dasein mit seiner Nichtigkeit, mit der Tatsache, daß es nicht notwendig, nicht unbedingt, sondern endliche Freiheit ist. Solcherweise vor das Nichts gestellt, hat das Dasein die Aufgabe, einen Bezug dazu zu gewinnen. Heidegger meint nun, daß sich das Dasein, wo es sich vorlaufend auf den Tod bezieht, kraft seines Vorlaufens in vorweggenommener Ganzheit verstehen kann, wodurch es überhaupt erst in die Möglichkeit gesetzt ist, auch faktisch sein Ganzsein zu erwirken, indem es nämlich seine Gewesenheit entschlossen ergreift, sich auf die darin verwahrten eigensten Möglichkeiten entwirft und sein In-der-Welt-Sein dementsprechend gestaltet. Das heißt für Heidegger *eigentlich geschichtlich*, d.h. selbständig zu existieren. Ontisch erfahren kann das Dasein natürlich weder seinen Tod, noch seine daraus resultierende Ganzheit. Denn solange das Dasein eksistiert, steht der Tod noch aus, ebenso gibt es noch Daseinsmöglichkeiten, die ausstehen. Wenn es sein Zu-Ende- und Ganz-Sein nicht zu erleben vermag, so aber doch sein „*Sein-zum-Ende*"[236]; genau daraus versucht Heidegger für die Suche nach der (tätig und frei zu erwirkenden) Ganzheit des Daseins Profit zu schlagen.

Der Tod wird hier ganz verinnerlicht, er kommt als reines Verstehensmoment in den Blick, als eine noch ausstehende, aber gewiß bevorstehende Möglichkeit. „Der Tod ist eine Seinsmöglichkeit, die je das Dasein selbst zu übernehmen hat"[237] und die „ungeschwächt *als Möglichkeit ... ausgehalten*"[238] sein will, weil sie, solange das Dasein existiert, nicht Wirklichkeit wird. Als Bevorstand ist der Tod allerdings wesentlich für die Existenz, insofern sie – vorlaufend – begreift, daß zum Dasein unabdingbar das Sterbenmüssen gehört. Existieren heißt Sterbenmüssen, „Sein-zum-Tode". Das Ende seines In-der-Welt-Seins, der Tod, stößt dem Dasein also nicht erst nach einer gewissen Lebensspanne von außen zu,

---

[234] HEIDEGGER GA 2, 409 f.
[235] HEIDEGGER GA 2, 348.
[236] HEIDEGGER GA 2, 326.
[237] HEIDEGGER GA 2, 333.
[238] HEIDEGGER GA 2, 347.

sondern gehört ihm – infolge der ekstatischen Struktur seiner Zeitlichkeit – immer schon an, seit seiner Geburt. Das Sein zum Tode als äußerste Möglichkeit ist ein Konstituens des Daseins, wie das Verstehen auch, ein Existenzial, das dieses jeden Augenblick in all seinem Tun und Lassen bestimmt. Existieren ist das Sein zum Ende, zu dem sich der Einzelne aufzuraffen hat.

Im Alltag ist das Dasein allerdings eher geneigt, vor dieser Existenzweise zu fliehen, die Endlichkeit seiner Zukunft zu verdrängen und sich in der Welt zu zerstreuen bzw. zu sichern. Die Konfrontation mit dem vorweggenommenen Ende seines In-der-Welt-Seins jedoch löst das Dasein (immer wieder neu) aus der alltäglichen Vergesellschaftung des Man heraus. Im Blick auf seine schlechthinnige Unmöglichkeit entgleitet ihm seine Welt. Diese Erfahrung bereitet Angst. Die Grundbefindlichkeit der Angst enthüllt das Nichts. Das Dasein erfährt sich als offensichtlich grund- und haltlos in sein Existieren geworfen. Allerdings befreit die Erfahrung eigener Endlichkeit und Nichtigkeit auch von dem Glauben, sich an etwas in der Welt anklammern und sich von dem, was man in der Welt gegenwärtig besorgt, ganz verstehen zu können. Das Dasein bemerkt seine bisherige Verlorenheit an die Welt des Man, holt sich aus dieser Zerstreuung zurück und beginnt, sein *eigenstes* Seinkönnen in Sorge zu nehmen. Der Tod ist als äußerste Möglichkeit des Daseins ja zugleich auch dessen *eigenste* Möglichkeit. Er kann ihm – im Gegensatz zu anderen seiner Möglichkeiten – in keiner Weise abgenommen werden, „er *beansprucht* dieses [das Dasein (r.h.)] *als einzelnes*"[239]. In der Konfrontation mit dieser noch ausstehenden eigensten Möglichkeit, die es dereinst radikal dem Man entreißen wird, versteht das Dasein, daß es „vorlaufend sich je schon ihm entreißen kann"[240], daß es je schon ganz auf sich selbst zurückkommen und sich mit sich und seinen eigensten Möglichkeiten zusammenschließen kann, als endliches, vereinzeltes Sein-zum-Tode. Die Konfrontation mit dem Tod als seiner äußersten Möglichkeit individuiert also das Dasein: Es entlarvt seine Zerstreuung in die Welt, „befreit von der Verlorenheit in die zufällig sich andrängenden Möglichkeiten"[241], wirft es auf es selbst und seine individuellen Möglichkeiten zurück, läßt es sich als ganzes vom vorweggenommenen Ende her verstehen und sich auf ausgewählte eigenste Möglichkeiten des In-der-Welt-Seins hin entwerfen, so daß es dann tatsächlich ganz es selbst sein bzw. werden kann.

„Mit dem Tod steht sich das Dasein selbst mit seinem *eigensten* Seinkönnen bevor."[242] Nur indem das Dasein sein Sein zum Tode entschlossen vollzieht, und sich als ganzes von da her versteht, vermag es seine Zukunft, Gegenwart und Gewesenheit zu einem Ganzen zusammenzufügen. Dies ist allerdings kein begriffliches Erkennen, es geschieht vielmehr als „Erschlossenheit". Erschlossen wird durch das Einholen von Zukunft und Gewesenheit natürlich die aktuelle, augenblickliche Situation, in der das Dasein sich jeweils befindet, so daß es in die Lage gesetzt ist, *situationsangemessen* zu reagieren, zu wählen und zu ent-

---

[239] HEIDEGGER GA 2, 349.
[240] HEIDEGGER GA 2, 349.
[241] HEIDEGGER GA 2, 350.
[242] HEIDEGGER GA 2, 333.

scheiden. So verstanden, macht die vorlaufende Erschlossenheit die eigentlich geschichtliche Existenz aus, in ihr hat die Zukunft Vorrang, aber nur als endliche.

Dem Nichts, das sich in der Erfahrung endlicher Zukunft enthüllt, wird hier die Funktion zugesprochen, die Vermittlung des Daseins mit sich selbst und allem Seienden zu leisten: Indem ich in der Erfahrung des Nichts hinaus bin über alles Seiende (Transzendenz), geschieht eine Gegenbewegung. Das Seiende im ganzen, einschließlich meiner selbst, kehrt sich mir gerade wieder zu: Ich erfahre die Last meines Daseins und den darin liegenden Auftrag, daß ich als ich zu existieren habe. Es erschließt sich mir aber auch die Gunst der Stunde: daß ich als sterbliches Wesen in der augenblicklichen Welt zu sein habe, nicht im Gestern oder Morgen.

>>Sich hineinhaltend in das Nichts ist das Dasein je schon über das Seiende im Ganzen hinaus. Dieses Hinaussein über das Seiende nennen wir die Transzendenz. Würde das Dasein im Grunde seines Wesens nicht transzendieren, d.h. jetzt, würde es sich nicht im vorhinein in das Nichts hineinhalten, dann könnte es sich nie zu Seiendem verhalten, also auch nicht zu sich selbst. Ohne ursprüngliche Offenbarkeit des Nichts kein Selbstsein und keine Freiheit.<<[243]

Gerade das Dasein, das dem Tod in die Augen sieht, sich solchermaßen dem Nichts stellt, sich seiner eigensten Möglichkeit, dem endlichen Sein zum Tode, überliefert, dadurch zugleich seine Gewesenheit übernimmt, die darin liegenden Möglichkeiten eigenen In-der-Welt-Seins wiederholt und sich so für den jeweiligen geschichtlichen Augenblick entschließt, ist in Heideggers Augen das eigentlich geschichtliche Dasein, endliche Freiheit, d.h. Freiheit zum Tode. Geschichtlichkeit ist >>zukünftig-gewesenes Sichentscheiden<<[244].

>>Die Charakteristik des existenzial entworfenen eigentlichen Seins zum Tode läßt sich dergestalt zusammenfassen: *Das Vorlaufen enthüllt dem Dasein die Verlorenheit in das Man-selbst und bringt es vor die Möglichkeit, auf die besorgende Fürsorge primär ungestützt, es selbst zu sein, selbst aber in der leidenschaftlichen, von den Illusionen des Man gelösten, faktischen, ihrer selbst gewissen und sich ängstigenden F r e i h e i t z u m T o d e .*<<[245] >>*Dasein ist eigentlich selbst* in der ursprünglichen Vereinzelung der verschwiegenen, sich Angst zumutenden Entschlossenheit.<<[246]

3.3.3 Die Selbstständigkeit geschichtlichen Daseins: "existenzielle Ständigkeit" im Schicksal

Die Zukunft ist für uns Menschen nicht ein ins Unendliche reichender, offener Horizont, sondern sie terminiert im Tode, in dem äußerste Seinsmöglichkeit und Nichtsein zusammenfallen. Eigentlich verstanden und wahrhaft gelebt wird die Zukunft sowie überhaupt die existenziale Zeitlichkeit nur da, wo ihre grundsätzliche Endlichkeit anerkannt wird und daraus kein resignativer Rückzug in die Innerlichkeit[247] folgt, vielmehr ein

---

[243] HEIDEGGER GA 9, 115.
[244] HEIDEGGER GA 38, 165.
[245] HEIDEGGER GA 2, 353.
[246] HEIDEGGER GA 2, 427.
[247] Vgl. HEIDEGGER GA 2, 410 f.

entschlossenes „Sichüberliefern an das Da des Augenblicks"[248]. Des weiteren zeichnet sich die Eigentlichkeit, auch das ist klar geworden, vor allem durch Selbstheit bzw. Selbständigkeit[249] aus. Die „*Ständigkeit des Selbst*"[250] verdankt sich dabei allerdings nicht der Abfolge momentaner Erfahrung auf der Grundlage eines sich durchhaltenden Subjekts – das ist noch zu sehr von der alten Substanzontologie[251] und der als Jetztfolge vorgestellten Zeit her gedacht –, sondern allein dem Daseinsgeschehen, meint Heidegger. Das Geschehen des eigentlichen Daseins ist *in sich* ein erstrecktes Sicherstrecken, das die Dimensionen der Zeit, Gewesenheit, Gegenwart und Zukunft, im Entschluß zusammenhält und dadurch Standfestigkeit verleiht.

> „... die Entschlossenheit gibt unserem Sein eine ganz bestimmte Prägung und Beständigkeit. Damit ist keine Beschaffenheit gemeint, die einer mit sich herumträgt ... In der Entschlossenheit ist der Mensch vielmehr in das *künftige Geschehen eingerückt*. Die Entschlossenheit ist selbst ein Geschehnis, das, jenem Geschehen vorgreifend, das Geschehen ständig mitbestimmt. ... die Entschlossenheit hat ihre eigene Beständigkeit in sich, so daß ich gar nicht nötig habe, den Entschluß zu wiederholen. Wenn ich den Entschluß wiederholen muß, beweise ich, daß ich noch nicht entschlossen bin."[252]

Ein Zeitzusammenhang, ein „ganze[r] »Zusammenhang« des Daseins von seiner Geburt bis zu seinem Tode"[253], ist in der Entschlossenheit demnach immer schon gegeben und muß nicht erst nachträglich durch die Verkettung von Erlebnissen konstruiert werden; „*erstreckte Ständigkeit*"[254] geschieht im Vorlaufen zum Tod und in der Rückkehr auf die Gewesenheit, durch die entschlossene Wahl einer Möglichkeit im gegenwärtigen Augenblick und im Festhalten daran, wohl wissend, daß es sich bei dieser Wahl um den Entwurf auf eine ganz *bestimmte*, d.h. endliche Form des In-der-Welt-Seins handelt und andere Möglichkeiten hätten mit gutem Recht vielleicht ebenso ergriffen werden können. Das entschlossene Ergreifen einer wesentlichen Daseinsmöglichkeit erfolgt also immer im Bewußtsein der Endlichkeit, d.h. Vorläufigkeit und Provisorität dieser Entscheidung. Deshalb auch hat in der Entschlossenheit gewonnen Ständigkeit nichts mit einem halsstarrigen Festhalten an einmal getroffenen Entscheidungen zu tun. Wahre geschichtliche Entschlossenheit weiß um die Endlichkeit und Kontingenz einmal getroffener Entschlüsse, sie weiß, daß die im Vorlaufen zum Tode gewonnene Antizipation eigener Ganzheit immer auch „vorläufig" ist und unter anderen, neuen Umständen gegebenenfalls *wiederholt*, d.h. revidiert werden muß, wenn das Dasein „*a u g e n b l i c k l i c h   s e i n* [will (r.h.)] *für »seine Zeit«*"[255]. Wiederholung meint ja bekanntlich nicht bloß Repetition eines Vergangenen, sondern immer auch

---

[248] HEIDEGGER GA 2, 510.
[249] Vgl. HEIDEGGER GA 2, § 64.
[250] HEIDEGGER GA 2, 427, 496.
[251] Vgl. HEIDEGGER, GA 2, 422.
[252] HEIDEGGER GA 38, 77.
[253] HEIDEGGER GA 2, 511.
[254] HEIDEGGER GA 2, 516.
[255] HEIDEGGER GA 2, 509.

„Erwiderung" und „Widerruf".[256] Es kann also sein, daß das Dasein eine gewesene Seinsmöglichkeit manchmal nur dadurch wiederholen und retten kann, indem es das, was sich als Vergangenes im Heute immer noch auswirkt, ausdrücklich zurückweist, d.h. widerruft.[257]

„Wenn im *Vorlaufen* zum Tode erst alle faktische *»Vorläufigkeit«* des Entschließens eigentlich verstanden, das heißt existenziell *eingeholt* wäre?"[258]

Zur eigentlichen Geschichtlichkeit des Daseins gehört offensichtlich auch „die Freiheit für das möglicherweise situationsmäßig geforderte *Aufgeben* eines bestimmten Entschlusses"[259], wodurch die erstreckte Ständigkeit der Existenz nicht etwa verloren oder unterbrochen wird, sondern sich nachgerade „augenblicklich bewährt"[259]. Vornehmstes Kennzeichen echter Geschichtlichkeit ist also gerade nicht der Fortschritt, die bruchlose Kontinuität mit dem Gestern im Fortschreiben einer aus der Vergangenheit kommenden Traditionslinie ins Heute, sondern *die adäquate Überlieferung einer gewesenen Möglichkeit in die augenblickliche Situation*. Echten geschichtlichen Zusammenhang gibt es nicht kraft des bloßen Weiterbestehens von schon Wirklichem, sondern einzig durch „die »Wiederkehr« des Möglichen"[259], sagt Heidegger, durch die immer neue Wieder-holung gewesener Daseinsmöglichkeiten in die augenblickliche Erstrecktheit der entschlossenen Existenz. Dabei muß das Dasein gar nicht unbedingt um die Herkunft seiner eigensten Möglichkeiten „wissen", um sie zu überliefern. Die Überlieferung muß also nicht notwendigerweise in voller Bewußtheit erfolgen, sprich als Wiederholung. „Die *Wiederholung ist die ausdrückliche Überlieferung*"[260], d.h. der bewußte „Rückgang in Möglichkeiten des dagewesenen Daseins"[260]. In der Regel überliefert sich die „stille Kraft des Möglichen"[261] sogar eher in einem vorbewußten Raum. Die echte Übernahme eigenen Schicksals und der darin gegebenen Seinsmöglichkeiten erfolgt in einer gewissen „*Verschwiegenheit*"[262], formuliert Heidegger, sie hat mehr den Charakter eines angstbereiten, unausgesprochenen Annehmens, denn einer spektakulären Entscheidung, was freilich ihrem Freiheitscharakter keinen Abbruch tut.

„Die Entschlossenheit konstituiert die *Treue* der Existenz zum eigenen Selbst. Als *angstbereite* Entschlossenheit ist die Treue zugleich mögliche Ehrfurcht vor der einzigen Autorität, die ein freies Existieren haben kann, vor den wiederholbaren Möglichkeiten der Existenz."[263]

Als Sammelbegriff für die Fülle je eigener Daseinseinsmöglichkeiten, die als gewesene wiederholt werden können, setzt Heidegger das Wort „Schicksal" ein. Damit ist keinem

---

[256] Siehe dazu KIERKEGAARD, Die Wiederholung. Kopenhagen 1843.

[257] HEIDEGGER GA 2, 510. Oder: „Alles Überkommen der echten und unechten Überlieferung muß in den Schmelztiegel der Kritik der geschichtlichen Entschlossenheit." (HEIDEGGER GA 38, 165).

[258] HEIDEGGER GA 2, 401.

[259] HEIDEGGER GA 2, 516 f.

[260] HEIDEGGER GA 2, 509.

[261] HEIDEGGER GA 2, 521.

[262] HEIDEGGER GA 2, 392.

[263] HEIDEGGER GA 2, 516.

Fatalismus das Wort geredet, denn das Dasein ist ja, wie gesehen, frei, das Erbe seiner individuellen Möglichkeiten zu ergreifen oder auch zu verweigern, um statt dessen den nächstbesten Angeboten des Man zu verfallen. Eigentlich geschichtlich, d.h. zukünftig, lebt es freilich nur, wenn es seinen eigentlichen Möglichkeiten hinterher ist und nicht bloß das in der Mitwelt schon Wirkliche mitnimmt.

„Nur das Vorlaufen in den Tod treibt jede zufällige und »vorläufige« Möglichkeit aus. (...) Die ergriffene Endlichkeit der Existenz reißt heraus aus der endlosen Mannigfaltigkeit der sich anbietenden nächsten Möglichkeiten des Behagens, Leichtnehmens, Sichdrückens zurück und bringt das Dasein in die Einfachheit seines *Schicksals*."[264]

Nur wer ein Schicksal in diesem Sinn hat, wer „in einer ererbten, aber gleichwohl gewählten Möglichkeit"[265] steht, kann auch Schicksalsschläge erleiden. Eine unentschlossene Person, die sich nicht (als ganze) entwirft, nicht angesichts der Endlichkeit entschlossen einige wesentliche Möglichkeiten ergreift, sich vielmehr treiben läßt und sich alle Optionen offenhält, kann wohl Pech haben, nicht aber Schicksalsschläge. Sie vermag auch nicht „für die Zufälle der erschlossenen Situation hellsichtig zu werden"[266] und sie zu nutzen. Damit sind wir schließlich bei der Charakterisierung der uneigentlichen, unentschlossenen Existenz angelangt.

3.3.4 Uneigentliche Geschichtlichkeit als „Innerzeitigkeit"

Als „Uneigentlichkeit", „Unentschlossenheit" oder auch „Alltäglichkeit" bezeichnet Heidegger diejenige „Seinsart des Menschen ..., die es ihrem Wesen nach darauf angelegt hat, das Dasein und dessen Seinsverständnis, d.h. die ursprüngliche Endlichkeit, in der Vergessenheit niederzuhalten"[267]. Die Geschichtlichkeit des uneigentlichen Dasein unterscheidet sich in dreierlei Hinsicht von der des eigentlichen:

Sie läuft *erstens* nicht bis zu ihrem Tod vor, weil sie den Blick auf die Endlichkeit der eigenen Zukunft scheut. Statt dessen flieht sie in eine Existenzweise, die die Zukunft einfach als eine endlose Reihe kommender Gegenwarten betrachtet. Heidegger nennt dies „das Gewärtigen"[268], also eine Weise, die Zukunft zu verunendlichen und damit zu verfälschen. Das Zukunftsverhältnis des uneigentlichen Daseins ist vor allem durch „Neugier"[269] geprägt. Man erwartet gierig das Ankommen des Neuen und Modernen in der Gegenwart, erpicht darauf, nichts Ankommendes zu versäumen. Statt sich im Bewußtsein seines Schicksals und der darin eröffneten Möglichkeiten zu etwas Bestimmtem zu entschließen, schwimmt man haltlos bei allem und jedem mit und erscheint darin seltsam aufenthalts- und konturlos.

---

[264] HEIDEGGER GA 2, 507. Vgl. auch HEIDEGGER GA 38, 118.
[265] HEIDEGGER GA 2, 507.
[266] HEIDEGGER GA 2, 508.
[267] HEIDEGGER GA 3, 234.
[268] HEIDEGGER GA 2, 446.
[269] Vgl. HEIDEGGER GA 2, 458 f.

Das uneigentliche Dasein läuft nicht bis in seine äußerste Zukunft, den Tod, vor. Infolgedessen vermag es – *zweitens* – seine Gewesenheit nicht in ihrer zukünftigen Bedeutung zu begreifen, geschweige denn zu ergreifen. Überhaupt versteht es Vergangenheit nicht in Begriffen von Zu-kunft, sondern legt sie ganz von der Gegenwart her aus als das Nichtmehr-jetzt. Ohne das Vorauslaufen in Möglichkeiten wird die uneigentliche Existenz natürlich unfähig, Gewesenes zu überliefern bzw. explizit zu wiederholen. Daher muß sie sich zwangsläufig an das noch übriggebliebene Wirkliche, die in der Gegenwart noch vorhandenen Restbestände vergangener Zeiten, die Relikte, klammern. Von ihnen her versucht sie, die Vergangenheit zu rekonstruieren, erreicht auf diesem Weg aber nie eine Wiederkehr der Möglichkeiten[270], sondern belädt sich bloß „mit der ihr selbst unkenntlich gewordenen Hinterlassenschaft der »Vergangenheit«"[271]. Ihre Auffassung von Zukunft, von Vergangenheit und Geschichte entnimmt die uneigentliche Existenz nicht der erstreckten, zukunftsgeprägten Zeitlichkeit ihres eigenen geschichtlichen Daseins, so ist zu resümieren, sondern der bloßen Gegenwartserfahrung, die völlig von den Gegenständen des alltäglichen Besorgens, dem Zuhandenen, und dem Vorhandenen dominiert ist. Vergangenheit und Zukunft sind für sie deshalb vorrangig das *nicht mehr* bzw. *noch nicht Vorhandene*.[272]

Ohne Gespür für die Erstrecktheit ihrer Existenz muß die uneigentliche Existenz natürlich – *drittens* – den Zusammenhang in der Abfolge ihrer Gegenwartserfahrungen nachträglich suchen oder sogar konstruieren. Sie hat ja keine Ständigkeit ihres Selbst durch eine im Blick auf den geschichtlichen Augenblick getroffene Entscheidung gewonnen, sondern geht ganz darin auf, besorgendes In-der-Welt-Sein zu sein.[273] Sie versteht sich selbst aus dem, *was* sie gerade besorgt. In ihrem Sein beim Besorgten läßt sie dieses auf sich zukommen, nicht aber sich selbst in ihrem eigensten Seinkönnen. An das Vorhandene und Zuhandene verloren, ihr eigenes Seinkönnen nicht aus sich selbst, sondern aus den sich zufällig andrängenden Möglichkeiten und dem Besorgbaren entwerfend und solchermaßen von sich selbst abgefallen, hält sie sich ganz in der durchschnittlichen Ausgelegtheit des „Man-selbst". Das uneigentliche Dasein übersieht, daß es sich selbst erst von seinen eigensten Möglichkeiten her aneignen muß, um sich in seiner Geworfenheit zu besitzen.

---

[270] Vgl.: „Nur faktische eigentliche Geschichtlichkeit vermag als entschlossenes Schicksal die dagewesene Geschichte so zu erschließen, daß in der Wiederholung die »Kraft« des Möglichen in die faktische Existenz hereinschlägt, das heißt in deren Zukünftigkeit auf sie zukommt." (HEIDEGGER GA 2, 521 f.).

[271] HEIDEGGER GA 2, 517.

[272] Vgl.: „Die Alltäglichkeit lebt immer in der Gegenwart, auf sie hin wird die Zukunft berechnet und die Vergangenheit vergessen." (HEIDEGGER KV, 170).

[273] Vgl.: „Der Wurf des Geworfenseins in die Welt wird zunächst vom Dasein nicht eigentlich aufgefangen; die in ihm liegende »Bewegtheit« kommt nicht schon zum »Stehen« dadurch, daß das Dasein nun »da ist«. Das Dasein wird in der Geworfenheit mitgerissen, das heißt, als in die Welt Geworfenes verliert es sich an die »Welt« in der faktischen Angewiesenheit auf das zu Besorgende. Die Gegenwart, die den existenzialen Sinn des Mitgenommenwerdens ausmacht, gewinnt von sich aus nie einen anderen ekstatischen Horizont, es sei denn, sie werde im Entschluß aus ihrer Verlorenheit zurückgeholt, um als gehaltener Augenblick die jeweilige Situation und in eins damit die ursprüngliche »Grenzsituation« des Seins zum Tode zu erschließen" (HEIDEGGER GA 2, 461).

„Unständig als Man-selbst gegenwärtigt das Dasein sein »Heute«. Gewärtig des nächsten Neuen hat es auch schon das Alte vergessen. Das Man weicht der Wahl aus."[274]

Die uneigentliche Existenz verfällt an das in der Welt gegenwärtig Vorhandene. Diese Verfallenheit an die Welt vollendet sich, wenn man schließlich die Zeit gar nicht mehr von der Existenz her versteht als ekstatische Zeitlichkeit, sondern sie ebenso wie das Vorhandene als objektive Gegebenheit ansieht. Es ist der vulgäre Zeitbegriff, der hier herrscht. Er deutet die Zeit „als eine Folge von ständig »vorhandenen«, zugleich vergehenden und ankommenden Jetzt. Die Zeit wird als ein Nacheinander verstanden, als »Fluß« der Jetzt, als »Lauf der Zeit«"[275], deren Zusammenhang erst eigens gesucht werden muß.

„Man sieht, daß in dieser Konzeption Heidegger nicht nur die als Nacheinander der Jetztpunkte aufgefaßte Zeit, sondern auch den Vorrang der Gegenwart einer Kritik unterzieht. Und beide werden nicht nur theoretisch verworfen, sie werden vielmehr auf eine Verfassung des Daseins zurückgeführt, die Heidegger die uneigentliche nennt. Die Bevorzugung der Gegenwart, die wir in der ganzen philosophischen Tradition finden, einschließlich Husserl, ist nicht etwa ein kollektiver Fehler; sie ist vielmehr der Ausdruck einer vor- und außerphilosophischen Tendenz, die Endlichkeit des Seins und der Zeit nicht anerkennen zu wollen und dazu noch beides im Lichte des innerweltlichen Seienden zu interpretieren. (...) In der Theorie der Zeitlichkeit, die wir in »Sein und Zeit« finden, macht Heidegger die ersten Schritte seiner Kritik der philosophischen Tradition als métaphysique de la présence."[276]

3.3.5 Kritik

Geschichte ist für Heidegger „nicht mehr ein Objekt ..., ein Seiendes, nach dem wir fragen"[277], sondern *unsere spezifische Art zu sein*, d.h. das Geschehen unseres Daseins. Wenn also „das Sein unseres Selbst ein Geschehen und damit Geschichte ist"[278], und zwar die *Geschichte im eigentlichen Sinn*, dann kann „in der Geschichte stehen" folglich nur heißen, im endlichen Zeitgeschehen unseres eigenen Daseins Stand zu gewinnen, ohne dabei in eine Schein-Unendlichkeit auszuweichen. Heidegger meint, daß dies nur gelingen kann, wenn man seinen Tod nicht verdrängt, sondern im „Augenblick" von seiner endlichen Zukunft und bestimmten Gewesenheit her auf die Gegenwart zurückkommt, die so zur eigenen wird und Selbststand und Schicksal verleiht. Leider bleiben Heideggers Aussagen zur „Ständigkeit des Daseins" vieldeutig. Kann diese denn wirklich als *Produkt* des eigentlichen Vorlaufens betrachtet werden? Oder liegt diesem existenziellen Charakter nicht doch ein ontologischer zugrunde: nämlich die vor-existenzielle, alias – horribile dictu! – substanzielle Ständigkeit? Und selbst, was den existenziellen Einheitsentwurf betrifft: Es wäre von Heidegger zu explizieren, wie er „greifen" kann. All dies läßt Heidegger offen.

---

[274] HEIDEGGER GA 2, 517.
[275] HEIDEGGER GA 2, 557.
[276] CARR 1985, 424.
[277] HEIDEGGER GA 38, 115.
[278] HEIDEGGER GA 38, 110.

Es bleibt nun abschließend zu fragen, wie eine wissenschaftliche Historie nach Heidegger beschaffen sein müßte, die dem eigentlichen Daseinsgeschehen entspricht, die also, um mit Nietzsche zu reden, dem Leben dient, dessen Selbständigkeit und schöpferische Produktivität fördert und vor vorzeitiger Vergreisung bewahrt. Es wird sich zeigen, daß Heidegger den positiven Gewinn der *wissenschaftlichen* Historie (im Unterschied zu bloßen Legenden, geschichtlichen Mythen etc.) zwar praktisch, aber keineswegs theoretisch zu würdigen weiß. Warum wohl? *Kann* Heidegger ihn nicht würdigen, wie es auch Nietzsche nicht konnte? Jedenfalls ist der Sinn der modernen wissenschaftlichen Historie nicht wesentlich „technisch", wie Heidegger meint, und diese folglich nicht bloß eine Form des Willens zur Macht.

3.4 Existenziale Interpretation der Historie als Wissenschaft

Die Idee einer dem eigentlichen Dasein entsprechenden Historie dürfte nicht aus dem faktischen Wissenschaftsbetrieb bloß abstrahiert werden, ist Heidegger klar. Das würde nur die Bodenlosigkeit der Historie als Wissenschaft perpetuieren.[279] Eine lebensdienliche Historie wüßte vielmehr um ihren Ursprung im „Leben", in der Geschichtlichkeit des je eigenen Daseins, und würde sich deshalb hüten wollen, im Eifer ihres Betriebes das Geschehen des Daseins, zu dem selbst schon eine „Kunde", d.h. eine vorwissenschaftliche Art von Offenbarkeit gehört – theoretisch zu verstellen.

„Die durch die Geschichtswissenschaft geordnete Historie kann in der Tat abseits von der Geschichte stehen, ihrer Erfassung Abbruch tun und demgemäß nicht in der Geschichte stehen, sie hemmen und unterbinden. (...) Andererseits ergibt sich, daß die Geschichtswissenschaft, wie sie ein hemmendes Verhältnis haben kann, auch ein förderndes haben kann. Es kommt nur darauf an, ein solches Verhältnis zu *schaffen*. Voraussetzung dafür ist, daß Klarheit darüber herrscht, wie Geschichtswissenschaft zur Kunde sich verhält, ob Wissenschaft die höhere Form der Kunde darstellt oder umgekehrt ..."[280]

3.4.1 Die Verwurzelung der Historie in der eigentlichen Geschichtlichkeit des Daseins

Wenn nun ursprünglich allein das Dasein geschichtlich ist, weil es allein den Zugang zur Geschichte als Vergangenheit eröffnet, bleibt der Historie keine andere Wahl: Will sie echt sein, muß sie sich auch primär als *Wissenschaft von der Geschichte des Daseins* verstehen, des eigenen sowie des fremden, das ist ihr Forschungs„gegenstand". Die Historie hätte überhaupt kein ontologisch klar umrissenes Thema, wenn nicht dieses. Anders als die herkömmliche Geschichtswissenschaft wüßte Heideggers Historie demnach darum, daß sie vor allem Wissenschaft von der Geschichte gewesenen Daseins zu sein hat und höchstens sekundär die Geschichte beliebiger nichtdaseinsmäßiger historischer Gegenstände. Nun sind allerdings „Da-sein" und „Welt"[281] gleichursprüngliche Phänomene, wie Heidegger schon

---

[279] Vgl. HEIDEGGER GA 2, 519.
[280] HEIDEGGER GA 38, 91 f.; vgl. auch 90-92, 98.
[281] Vgl.: „Das Sein im Ganzen, wie es uns durchwaltet und umwaltet, die waltende Ganzheit dieses Ganzen, ist die *Welt*." (HEIDEGGER GA 38, 168).

auf den ersten Seiten von *Sein und Zeit* aufzeigt. Deshalb ist die Geschichte des Daseins immer die Geschichte auch seiner Welt,[282] sprich „Welt-Geschichte", d.h. die Geschichte der jeweiligen Weltentwürfe und entfalteten Seinsauslegungen. Wenn Heidegger sagt, das Dasein existiere *welt-geschichtlich* und daher sei das zentrale Thema der Historie auch „*Welt-Geschichte*"[283], ist damit natürlich weniger der Geschichtsschreibung als vielmehr der nachmetaphysischen Philosophiegeschichte, namentlich der Seinsgeschichte des späteren Heidegger ihr systematischer Ort angewiesen. Sie ist es, die das „Walten von Welt", die Geschichte der Weltentwürfe und Seinsauslegungen bedenkt. Welt-Geschichte in *diesem* Sinn ist also die Geschichte, die zur eigentlichen Existenz gehört, die Geschichte der Entschlossenheit des Daseins.[284]

Doch der Ausdruck „Welt-Geschichte" ist bei Heidegger gewollt doppeldeutig. Er bezieht sich ebenso auf das, was Heidegger das „*Weltgeschichtliche*" nennt und was auch den herkömmlichen (vulgären) Begriff von Welt- bzw. Universalgeschichte ausmacht, mit dem die Historie arbeitet.[285] „Weltgeschichtlich" in diesem zweiten Sinn sind für Heidegger alle Ereignisse und Vorgänge, alle nichtdaseinsmäßigen Seienden, die „*in*" einer Welt jeweils (ontisch) begegnen bzw. geschehen. Deshalb wird dieses Weltgeschichtliche von Heidegger auch das „Innerweltliche" genannt. Sofern ein Dasein faktisch existiert und somit Welt entworfen ist, ist ja auch schon Innerweltliches entdeckt und erschlossen, nämlich das zuhandene Zeug, die vorhandenen Gegenstände oder auch die Umweltnatur als geschichtlicher Boden. Mit ihnen „geschieht" ja auch permanent etwas. Heidegger spricht diesbezüglich vom „Geschehen des Innerweltlichen" oder vom „Fortschritt des Wirklichen". Nimmt man *dieses* Geschehen in seiner *Totalität*, so erreicht man den herkömmlichen Begriff von Weltgeschichte. Das Geschehen des innerweltlich Begegnenden hat aufgrund seiner Zugehörigkeit zu einer konkreten geschichtlichen Welt natürlich ebenfalls geschichtlichen Charakter. Allerdings ist es nicht primär, sondern nur „sekundär geschichtlich", wie Heidegger sich ausdrückt. Den Charakter der Geschichtlichkeit hat es nicht aus sich, sondern *infolge seiner Zugehörigkeit zur Welt eines geschichtlichen Daseins*. Unbeschadet ihrer ontologischen Priorität ist die Welt natürlich faktisch existent nur *als Welt für innerweltlich Seiendes*. Eine Welt ohne Innerweltliches kann nicht aktuell sein.

---

[282] Vgl.: „*Geschehen der Geschichte ist Geschehen des In-der-Welt-seins.* Geschichtlichkeit des Daseins ist wesenhaft Geschichtlichkeit von Welt, die auf dem Grunde der ekstatisch-horizontalen Zeitlichkeit zu deren Zeitigung gehört." (HEIDEGGER GA 2, 513).

[283] Vgl.: „Mit dem faktischen Dasein als In-der-Welt-sein *ist* je auch Welt-Geschichte. Wenn jenes nicht mehr da ist, dann ist auch die Welt dagewesen. Dem widerstreitet nicht, daß das vormals innerweltlich Zuhandene gleichwohl noch nicht vergeht und als Unvergangenes der dagewesenen Welt für eine Gegenwart »historisch« vorfindlich wird." (HEIDEGGER GA 2, 520).

[284] „Entschlossenheit" und „Welt" gehören für Heidegger zusammen. Entschlossenheit gibt es nur im Zusammenhang des Aufstellens eines Möglichkeitshorizontes, sprich einer Welt. Und Welt waltet nur dort, wo eigentliche Geschichte, d.h. Entschlossenheit geschieht: „Wo die wesenhaften Entscheidungen unserer Geschichte fallen, von uns übernommen und verlassen, verkannt und wieder erfragt werden, da waltet Welt." (HEIDEGGER GA 5, 31) Welt waltet also als Geschichte.

[285] HEIDEGGER GA 2, 504 u. 513 f.

247

„Geschichtliche Welt ist faktisch nur als Welt des innerweltlich Seienden. Was mit dem Zeug und Werk als solchem »geschieht«, hat einen eigenen Charakter von Bewegtheit, der bislang völlig im Dunkel liegt."[286]

Fassen wir zusammen: *„Welt-Geschichte"* ist zunächst ein existenzial-ontologischer Ausdruck, der zu verstehen gibt, daß das geschichtlich sich zeitigende Dasein kraft seiner impliziten Verstehensstrukturen jeweils eine Welt entwirft, innerhalb deren erst weltgeschichtliches Geschehen (innerweltlich und innerzeitlich) begegnen kann, das dann natürlich auch in seiner Totalität als „Weltgeschichte" vorstellbar wird. Für Heidegger bedeutet der Begriff „Weltgeschichte" demnach „einmal das Geschehen von Welt in ihrer wesenhaften, existenten Einheit mit dem Dasein. Zugleich aber meint er, sofern mit der faktisch existenten Welt je innerweltliches Seiendes entdeckt ist, das innerweltliche »Geschehen« des Zuhandenen und Vorhandenen."[287] Durch diese eigenwillige Verwendung des Begriffs „Weltgeschichte" macht Heidegger deutlich, daß das, was noch Dilthey mit dem Wort „Weltgeschichte" vorrangig assoziierte, nämlich die reale Universalgeschichte, sekundär ist: Sie verdankt sich der Geschichtlichkeit des Daseins als In-der-Welt-Sein. Weltgeschichte im Diltheyschen Sinn ist innerweltliches und innerzeitliches Geschehen, das, so wie es begegnet, nur dank eines vorgängigen Entwurfs von Welt begegnet. Die Zeit dieser Weltgeschichte ist abkünftig aus der zeitlichen Verstehensstruktur des Daseins und damit eine sekundäre, selber geschichtlich bedingte und keineswegs notwendige Weise, innerweltliches Geschehen zeitlich sinnhaft zu organisieren. Indem Heidegger nicht nur Diltheys Weltgeschichte, sondern jedem Geschichtsdenken, das mit einem totalisierenden Weltentwurf arbeitet, das Attest universaler Jeweiligkeit ausstellt, stößt er sich von dieser Art des Geschichtsdenkens ab. Was Dilthey und viele andere mehr mit dem Ausdruck „Weltgeschichte" im Blick hatten, ist für Heidegger fortan nur mehr innerweltliches (ontisches) Geschehen, Oberflächengeschichte, uneigentliche Geschichte. Dahinter hervor tritt als *die eigentliche Geschichte* nun das Zustandekommen und *Walten von Welt*.

3.4.2 Aufgabe der Historie: gewesenes Dasein in seinen eigensten Möglichkeiten zu Gesicht bringen

Ursprünglich zeitlich und geschichtlich ist allein das Dasein und seine Welt. Wenn ein Dasein stirbt, ist auch seine Welt gewesen. Das sekundär Geschichtliche, das Weltgeschichtliche dieser gewesenen Welt, kann dann freilich immer noch vorhanden sein. Es begegnet dann als das „Vergangene", d.h. das jetzt noch vorhandene Innerweltliche einer Welt, die

---

[286] HEIDEGGER GA 2, 514. Was Heidegger hier in Aussicht stellt, ist eine phänomenologische Ontologie des welt-geschichtlichen Geschehens, das an den sogenannten geschichtlichen Gegenständen abzulesen ist: Was geschieht eigentlich mit einem innerweltlichen Ding, beispielsweise einem Ring, der überreicht und getragen wird? Und was geschieht mit ihm, wenn die Menschen, zu deren Welt der Ring gehörte, sterben? Welche Veränderungen erleidet er? Die spezifische Bewegtheit dieses Geschehens ist im Paradigma der Ortsveränderung überhaupt nicht zu verstehen. Ausführlicher geht Heidegger diesen Fragen nach in dem Vortrag „Das Ding" (HEIDEGGER, GA 7, 165-187) und im Kunstwerkaufsatz bezüglich eines Gemäldes von van Gogh (GA 5, 18 ff.).

[287] HEIDEGGER GA 2, 514.

als solche schon untergegangen ist. Es begegnet als sogenannter „historischer Gegenstand" innerhalb einer neuen, nämlich der Welt noch lebender Menschen.

„Im Museum aufbewahrte »Altertümer«, Hausgerät zum Beispiel, gehören einer »vergangenen Zeit« an und sind gleichwohl noch in der »Gegenwart« vorhanden. Inwiefern ist dieses Zeug geschichtlich, wo es doch *noch nicht* vergangen ist? (...) Was ist »vergangen«? Nichts anderes als die *Welt*, innerhalb deren sie, zu einem Zeugzusammenhang gehörig, als Zuhandenes begegneten und von einem besorgenden, in-der-Welt-seienden Dasein gebraucht wurden. Die *Welt* ist nicht mehr. Das vormals *Innerweltliche* jener Welt aber ist noch vorhanden. (...) Der geschichtliche Charakter der noch erhaltenen Altertümer gründet also in der »Vergangenheit« des Daseins, dessen Welt sie zugehörten."[288]

Heidegger weist ausdrücklich darauf hin, daß das innerweltliche Geschehen des Zuhandenen und Vorhandenen „geschichtlich ist" nicht erst infolge einer nachträglichen „historischen Objektivierung"[289], wie die moderne narrativistische Geschichtstheorie beteuert, „sondern *als das Seiende,* das es, innerweltlich begegnend, an ihm selbst ist"[289]. Den Charakter der Geschichtlichkeit empfängt das weltgeschichtliche Geschehen also nicht erst im nachhinein, wenn es vorbei ist und aus der Retrospektive zur (Erzähleinheit) „Geschichte" umorganisiert wird, wie Droysen als Stammvater der analytischen und (transzendental-) narrativistischen Geschichtstheorie als erster darlegte. Geschichtlich ist das innerweltliche Geschehen nicht erst aufgrund einer bestimmten *historischen* Erkenntnisart, sondern *immer schon,* und zwar *allein schon aufgrund seiner Zugehörigkeit zur Welt* eines konkreten geschichtlichen Daseins, innerhalb deren es begegnet. Als innerweltliches ist es zugleich als *geschichtliches* Geschehen für ein Verstehen *erschlossen.*[290] Die im Gefolge des Neukantianismus verhandelte Problematik der „Konstitution historischer Gegenstände" ist also nach Heideggers Dafürhalten höchst sekundär und typischer Ausdruck eines uneigentlichen Umgangs mit Geschichte. Sie verstellt den Blick dafür, wie Geschichte und Tradition vorwissenschaftlich, ohne das Zutun explizit historischer Erkenntnis, allein dank des Waltens

---

[288] HEIDEGGER GA 2, 502 f.

[289] HEIDEGGER GA 2, 504.

[290] H. M. Baumgartner wendet dagegen ein, die Zeit der Geschichte sei das Früher und Später im Vergangenen und nicht die Einheit von Vergangenheit und Zukunft in der Gegenwart. Vgl.: „Menschliches Leben und Handeln ist bestimmt durch die (von Heidegger analysierten) Zeitekstasen, denen gemäß sich die Dimensionen der im Vorgriff entworfenen Zukunft und der dadurch eröffneten Vergangenheit in der Gegenwart der jeweiligen Lebenseinheit bzw. Lebensfigur überlappen und durchdringen. Interpretiert man dieses Ineinander der Zeitdimensionen als Geschichtlichkeit des menschlichen Daseins, und versteht man Geschichte als (abkünftigen) Modus der Geschichtlichkeit des Daseins, so verwechselt man unversehens eine Bedingung der geschichtlich-historischen Konstruktion mit Geschichte selbst. Die Zeitigung des menschlichen Daseins aus der Zukunft und das dadurch bestimmte Erinnern des Vergangenen ist eine transzendentale Struktur der Lebenswelt, nicht der Geschichte." (BAUMGARTNER 1976, 280 f.) Baumgartner will das Wort „Geschichte" für das Produkt retrospektiver Konstruktion reserviert wissen. Daß aufgrund der ekstatischen Zeitlichkeit des Daseins die Dimension des Vergangenen überhaupt erst eröffnet und allein damit erst die Möglichkeit einer narrativen Konstruktion gegeben ist, die allein im Vergangenen spielt (Geschichte als Erzählung vergangenen Geschehens), hat für Baumgartner mit Geschichte selbst nichts zu tun. Es gehört nur zur inneren Strukturiertheit der Lebenswelt.

von Welt immer schon da bzw. erschlossen sind und darauf warten, auf ihre aktuellen Seinsmöglichkeiten hin eigentlich verstanden und im Entschluß ergriffen bzw. widerrufen zu werden.

„Auf Grund der zeitlich fundierten Transzendenz der Welt ist im Geschehen des existierenden In-der-Welt-seins je schon Welt-Geschichtliches »objektiv« da, *ohne historisch erfaßt zu sein.*"[291]

Auf das Weltgeschichtliche, die noch vorhandenen Überreste, Denkmäler und Berichte vergangener Zeiten, scheint es nun der herkömmlichen Historie besonders anzukommen; kein Wunder, denn sie sind ja mögliches Material für die Erschließung dagewesenen Daseins oder, wie es heute heißt, für die historische Rekonstruktion einer vergangenen Welt. Dieses „erhaltene" Material, so stellt Heidegger nochmals eigens klar, eröffnet aber nicht erst den Rückweg zu einer ansonsten völlig unbekannten Vergangenheit, wie man vielleicht meinen könnte. Vielmehr gründet jedweder Versuch, mit Hilfe historischen Materials in eine bestimmte Vergangenheit zurückzugehen, immer schon auf dem Vorverständnis des jeweiligen Historikers, der das ihm zur Verfügung stehende Material *im vorhinein* schon als *Innerweltliches einer gewesenen Welt* aufgefaßt hat. Jeder Rückgang in eine Vergangenheit setzt das geschichtliche Sein des Historikers, aufgrund dessen er schon in Beziehung steht zu dagewesenem Dasein und dessen Welt, voraus. Der geschichtliche Bezug wird also über das erhaltene Material nicht erst hergestellt, sondern ist schon da; anders könnte das erhaltene Material gar nicht als historisches Material identifiziert werden.[292] Deswegen auch kann der Historiker seine durch ekstatisch-horizontale Zeitlichkeit geprägte Subjektivität, infolge deren geschichtliche Bezüge überhaupt erst möglich sind, nicht einfach zurücklassen, sondern tut gut daran, sie in ihrer konkreten geschichtlichen Situiertheit als das Fundament seiner explizit historischen Erschließung vergangener Welten ins Spiel zu bringen.[293]

Der ursprüngliche „Gegenstand" historischer Forschung hat „die Seinsart von *dagewesenem Dasein*"[294] und In-der-Welt-sein. Dies zeitigt natürlich, wie sich schon andeutete, unmittelbare Konsequenzen für die Frage nach der spezifischen Objektivität der Historie als Wissenschaft. Die Historie darf ihre Objektivität nicht zuerst in der Allgemeingültigkeit ihrer Erkenntnisse und Aussagen suchen, sondern darin, daß sie gewesenes Dasein samt

---

[291] HEIDEGGER, GA 2, 514. Heidegger führt an anderer Stelle ausführlicher aus, daß das „Begegnenlassen" ein nicht weiter auflösbares Urphänomen ist, nämlich der „Aufenthalt beim Unverborgenen", der nicht gleichgesetzt werden kann mit dem ausdrücklichen „Sichbeschäftigen mit", das oft genug das Seiende schon in eine bestimmte (wissenschaftliche) Fragerichtung drängt und es nicht mehr freiläßt, so zu begegnen, wie es von ihm selbst her ist (s.o. Abschn. 2.1.1). Die Unverborgenheit des Seienden variiert freilich je nach der Seinsart des zu Erkennenden (Vorhandenheit, Zuhandenheit, Dasein als Existieren, Leben der Pflanzen und Tiere, Bestand von Raum und Zahl); dazu vgl. HEIDEGGER GA 27, 72. Dem wissenschaftlichen „Vorstellen" gegenüber gibt es demnach eine „*viel fundamentalere Möglichkeit*", nämlich „das Sein bei" (HEIDEGGER GA 27, 70; GA 20, 146), welches das Seiende so frei gibt, daß allein die Würdigkeit des Seienden darüber entscheidet, wie es zu befragen ist (vgl. HEIDEGGER GA 17, 102 und HAEFFNER 1998, 114).

[292] Vgl. Fußnote 216.

[293] Vgl. HEIDEGGER GA 2, 520.

[294] HEIDEGGER GA 2, 520.

seiner jeweiligen Welt ursprünglich zu Gesicht bringt und sich begegnen läßt.[295] Dies ist freilich immer nur dann der Fall, wenn sie das gewesene Dasein „in seiner gewesenen eigentlichen Möglichkeit"[296] vergegenwärtigt. „Welt" und „Möglichkeit" gehören ja für Heidegger, wie sich schon zeigte, eng zusammen.[297] Die Historie hat also das gewesene Dasein inklusive seines damaligen Horizontes existenzieller Möglichkeiten zu erschließen, denn nur dann hat sie es so erschlossen, wie es damals „tatsächlich" in der Welt gewesen ist, nämlich innerhalb derjenigen Möglichkeiten, die sein Schicksal ausmachten. Historie ist also entgegen der landläufigen Meinung weit davon entfernt, bloß „Fakten", bloß „wirklich Gewesenes" zu thematisieren. Sie hat vielmehr Seins*möglichkeiten* gewesenen Daseins zu erheben, die unter Umständen auch gegenwärtig noch in Frage kommen. Das Verstehensinteresse, mit dem sich das eigentliche Dasein vorwissenschaftlich der Vergangenheit zuwendet, liegt ja auch genau hier: Es will im Rückblick auf gewesene Möglichkeiten sein augenblickliches Sein*können* in Erfahrung bringen. Zentrales Thema der Historie ist daher nicht der „Fortschritt des Wirklichen", sondern die „Wiederkehr des Möglichen" *in das Selbstverständnis derjenigen Gegenwart*, die im historischen Rückgang auf faktisch gewesenes Dasein und dessen damalige Möglichkeiten sich ihrer selbst, d.h. ihrer aktuellen Seinsmöglichkeit vergewissert.

> „Historie soll also das *Mögliche* zum Thema haben? Steht nicht ihr ganzer »Sinn« einzig nach den »Tatsachen«, nach dem, wie es tatsächlich gewesen ist? (...) Wenn das Dasein »eigentlich« nur wirklich ist in der Existenz, dann konstituiert sich doch seine »Tatsächlichkeit« gerade im entschlossenen Sichentwerfen auf ein gewähltes Seinkönnen. Das »tatsächlich« eigentlich Dagewesene ist dann aber die existenzielle Möglichkeit, in der sich Schicksal, Geschick und Welt-Geschichte faktisch bestimmten."[298]

Heidegger will das objektgeschichtliche theoretische Erkennen der historischen Geisteswissenschaften, das sogenannte „historische Vorstellen", das sich auf neutrale wissenschaftliche Objektivität versteift hat und deshalb die sogenannten *Tatsachen*, also „das, was am ersten und leichtesten zum Objekt gemacht werden kann"[299], als das eigentlich Geschichtliche ausgibt, unbedingt an seinen lebensweltlichen Ursprung zurückgebunden wissen, an

---

[295] Vgl.: „In keiner Wissenschaft sind die »Allgemeingültigkeit« der Maßstäbe und die Ansprüche auf »Allgemeinheit«, die das Man und seine Verständigkeit fordert, *weniger* mögliche Kriterien der »Wahrheit« als in der eigentlichen Historie." (HEIDEGGER GA 2, 522).

[296] HEIDEGGER GA 2, 521.

[297] Beim späteren Heidegger wird im Kontext des „Gevierts" erst richtig deutlich, daß mit „Welt" im Grunde Kierkegaards Möglichkeit gegenüber der „Erde" als Wirklichkeit gemeint ist: „Indem eine Welt sich öffnet, stellt sie einem geschichtlichen Menschentum Sieg und Niederlage, Segen und Fluch, Herrschaft und Knechtschaft zur Entscheidung. Die aufgehende Welt bringt das noch Unentschiedene und Maßlose zum Vorschein und eröffnet so die verborgene Notwendigkeit von Maß und Entschiedenheit. (...) Welt verlangt ihre Entschiedenheit und ihr Maß und läßt das Seiende in das Offene ihrer Bahnen gelangen." (HEIDEGGER GA 5, 50 f.).

[298] HEIDEGGER GA 2, 521.

[299] HEIDEGGER GA 38, 96.

„das historische Erfahren"[300] der faktischen Existenz. Der eigentlich faktischen Existenz geht es nämlich im Umgang mit Geschichte ebenfalls um Wahrheit, aber nicht um Wahrheit im Sinne der Allgemeingültigkeit historischer Aussagen. Es sorgt sich nicht um Wahrheit für jedermann und zu jeder Zeit, sondern vielmehr darum, wie es in der Konfrontation mit den faktisch existent gewesenen Möglichkeiten gewesen Daseins echte, authentische und wahrhaftige Möglichkeiten *je seines augenblicklichen In-der-Welt-Seins* erschließen und verantworten kann; Nietzsches monumentalische Historie klingt hier nach oder, wie Heidegger formuliert: Es geht der Existenz im Umgang mit Gewesenem vor allem um „Bekümmerungserneuerung"[301]. In dem Maße, wie wissenschaftliche Historie bei ihrer kritischen Suche nach dem, was gestern wirklich gewesen ist, dieses Ziel nicht völlig aus den Augen verliert, also „den Gewissens- und Verantwortungssinn, der im Historischen selbst liegt"[302], nicht übergeht, sich dabei allerdings hütet, (bestimmte) faktisch existent *gewesene* Möglichkeiten „in die Blässe eines überzeitlichen Musters"[303] zu verkehren, um auf dieses blutleere Muster alle Gegenwarten ohne Widerruf zu verpflichten,[304] kann sie dem Leben,

---

[300] HEIDEGGER GA 9, 33.

[301] HEIDEGGER GA 9, 33. Oder mit Gadamer etwas eingängiger: „Hier liegt die Aufgabe, die Kontinuität der Geschichte zu leisten. Für den Menschen in der Geschichte ist die Erinnerung, die bewahrt, wo alles ständig entsinkt, kein vergegenständlichendes Verhalten eines wissenden Gegenüber, sondern der Lebensvollzug der Überlieferung selber. Ihm geht es nicht darum, den Vergangenheitshorizont ins Beliebige endlos auszuweiten, sondern die Fragen zu stellen und die Antworten zu finden, die uns von dem her, was wir geworden sind, als Möglichkeiten unserer Zukunft gewährt sind." (GADAMER 1993, 145).

[302] Heidegger vermißt an dem objektivwissenschaftlichen Umgang mit Geschichte vor allem das Gespür für den *Verantwortungscharakter*, den das Geschichtliche für den Menschen deshalb stets hat, weil Geschichte vor allem ein Existenzphänomen ist: „Das Historische ist heute fast ausschließlich ein Objektives, Gegenstand des Wissens und der Neugier, Gelegenheit und Ort zum Gewinnen praktischer Anweisungen für künftiges Verhalten, Gegenstand objektiver Kritik und der Zurückweisung als eines Überlebten, Stoff- und Exempelsammlung, ein Konglomerat von »Fällen« für allgemeine systematische Betrachtungen. Weil wir heute die Existenzphänomene nicht eigentlich sehen, erfahren wir nicht mehr den Gewissens- und Verantwortungssinn, der im Historischen selbst liegt, das nicht nur etwas ist, wovon man Kenntnis hat und worüber es Bücher gibt, das wir vielmehr selbst sind, an dem wir selbst tragen. Daher sind auch die Motive zum Rückgang in das Historische durch die eigene Geschichte hindurch unlebendig und verdeckt." (HEIDEGGER GA 9, 33 f.) „Das Existenzphänomen erschließt sich also nur einem radikal angestrebten historischen, nicht einstellungsmäßig betrachtend gerichteten und auf regional objektivierendes Ordnen es absehenden, vielmehr wesentlich selbst bekümmerten Erfahrungsvollzug." (HEIDEGGER, GA 9, 33) „Mit dem Hinweis auf den Sinnzusammenhang historischen Erfahrens mit dem Phänomen des Gewissens ist der Begriff des Historischen nicht etwa erweitert, sondern auf seine eigentliche Sinnquelle zurückverstanden, aus der sinngemäß und in verdeckter Weise auch faktisch das historische Erfahren in der Ausformung objektivgeschichtlichen Erkennens (historische Geisteswissenschaften) entspringt." (HEIDEGGER GA 9, 33) Vgl. dazu auch HEIDEGGER GA 38, 121 u. 125.

[303] HEIDEGGER, GA 2, 521.

[304] Dies scheint wohl eher ein Problem theologischer Historie zu sein. Echte Wiederholung gewesener Möglichkeiten, die ja immer auch kritischer Widerruf ist, beruft sich nicht auf abstrakte, immergültige Verhaltensmuster, die irgendwann aus konkreten, faktisch existent gewesenen Mög-

sprich dem Vollzug eigentlicher Geschichtlichkeit und darin gewiß auch der Wahrheit im Sinne des Wahrseins zu Diensten sein. Daß damit keinem Individualismus und Subjektivismus das Wort geredet ist, tritt in den seinsgeschichtlichen Denkansätzen des späteren Heidegger sehr viel deutlicher noch zutage. Dort wird nämlich der Entwurfsbereich des einzelnen – sein Schicksal – ausdrücklich ein- und rückgebunden in das „Geschick" größerer menschlicher Gemeinschaften und Epochen.

„Wenn aber das schicksalhafte Dasein als In-der-Welt-sein wesenhaft im Mitsein mit Anderen existiert, ist sein Geschehen ein Mitgeschehen und bestimmt als *Geschick*. Damit bezeichnen wir das Geschehen der Gemeinschaft, des Volkes. Das Geschick setzt sich nicht aus einzelnen Schicksalen zusammen ... Im Miteinandersein in derselben Welt und in der Entschlossenheit für bestimmte Möglichkeiten sind die Schicksale im vorhinein schon geleitet. (...) Das schicksalhafte Geschick des Daseins in und mit seiner »Generation« macht das volle, eigentliche Geschehen des Daseins aus."[305]

Nur der eigentlich geschichtlichen, d.h. der ihr eigenstes Seinkönnen in Sorge nehmenden Existenz erschließt sich Geschichte ursprünglich. Nur sie erkennt, daß sie es in der Geschichte nicht mit „Vergangenem" zu tun hat, sondern mit gewesenem Dasein, mit „eigentlicher Geschichtlichkeit", die *wiederholbar* ist, zwar nicht in ihrem „Was", aber doch in ihrem „Wie", in dem Wie ihres In-der-Welt-Seins.

„Nur das Wie ist wiederholbar. Vergangenheit – als eigentliche Geschichtlichkeit erfahren – ist alles andere denn das Vorbei. Sie ist etwas, worauf ich immer wieder zurückkommen kann. (...) Vergangenheit als eigentliche Geschichte ist wiederholbar im Wie."[306]

Die herkömmliche Betrachtung der Geschichte indes, die nicht vorlaufend-zukünftig und augenblicklich, sondern ganz „in der Gegenwart aufwächst"[307] und somit nicht eigentlich geschichtlich ist, reicht in ihrer „Zeitlichkeit der Gegenwart" gar nicht an diese Art von Vergangenheit heran. Sie kennt bloß das Gegenwärtige, das Vorhandene und Zuhandene, und faßt infolgedessen auch die Geschichte bloß als eine Art von Gegenwart auf: als das *nicht mehr* Gegenwärtige. Sie „sieht in ihr nur unwiederbringliche Betriebsamkeit: das, was los war. Die Betrachtung dessen, was los war, ist unerschöpflich. Sie verliert sich im Stoff."[307] Die uneigentliche Geschichtlichkeit sammelt – ganz auf das *Was* konzentriert – historische Fakten ohne Ende und weiß doch nie, was aus der Fülle des Materials auszuwählen und was wegzulassen wäre. Ihr bleibt die Vergangenheit in ihrer zukünftigen Bedeutung so lange verschlossen, als sie nicht selbst geschichtlich ist.

„Nur faktisch eigentliche Geschichtlichkeit vermag als entschlossenes Schicksal die dagewesene Geschichte so zu erschließen, daß in der Wiederholung die »Kraft« des Mögli-

---

lichkeiten destilliert worden sind, sondern findet in der Konfrontation mit einer konkreten, gewesenen Seinsmöglichkeit zu der ihrer geschichtlichen Stunde allein aufgegebenen eigensten Möglichkeit zu sein. Wiederholbar, sagt Heidegger, ist nur das Wie der gewesenen geschichtlichen Existenzmöglichkeit, nicht das Was.

[305] HEIDEGGER GA 2, 508.
[306] HEIDEGGER BZ 25 f.
[307] HEIDEGGER BZ 24 f.

chen in die faktische Existenz hereinschlägt, das heißt in deren Zukünftigkeit auf sie zukommt. (...) Die »*Auswahl*« dessen, was für die Historie möglicher Gegenstand werden soll, *ist schon getroffen* in der faktischen, existenziellen *Wahl* der Geschichtlichkeit des Daseins, in dem allererst die Historie entspringt und einzig *ist*."[308]

Es wundert nicht, daß die heutige Generation meint, sie sei überlastet mit Geschichte, fährt Heidegger fort. Man jammert über den Historismus und übersieht, daß die aus der uneigentlichen Geschichtlichkeit entsprungene Historie hier etwas Geschichte nennt, was gar nicht Geschichte ist. Statt sich nun endlich auf die eigentliche Geschichte zu besinnen, meine man, den verbliebenen Rest echter daseinsmäßiger Zeitlichkeit dazu benutzen zu sollen, um sich ganz aus der Zeit und dem Dasein fortzustehlen in die vermeintliche Sicherheit einer Übergeschichtlichkeit.[309]

3.4.3 Überwindung des Historismus: Geschichtlichkeit nicht nach dem Leitbild des ungeschichtlich Immerseienden denken

Fragen wir nun abschließend, welcher Beitrag in Heideggers Theorie existenzialer Geschichtlichkeit zur „Überwindung des Historismus" geleistet ist, so läßt sich wie folgt zusammenfassen: Für Heidegger ist allein schon das Aufkommen eines Problems des Historismus ein deutliches Anzeichen dafür, daß die wissenschaftliche Historie das Dasein zu weiten Teilen seiner eigentlichen Geschichtlichkeit entfremdet hat, darin geht er mit Nietzsche einig. Die Historie belädt das Dasein mit einer Fülle von neutralem Wissen um Vergangenes, dessen zu-künftige Bedeutung für augenblickliches In-der-Welt-Sein häufig genug im Unklaren bleibt. Dem Objektivitätsideal naturwissenschaftlicher Erkenntnis nacheifernd, glaubt die Historie, hauptsächlich die Allgemeingültigkeit ihrer Erkenntnis sichern zu sollen. Das tut sie, indem sie die volle geschichtliche Subjektivität des Historikers – gemeint ist dessen eigentlicher Existenzvollzug – möglichst aushängt und Geschichte zum Objekt für ein gegenständliches Vorstellen macht. Dieses Unternehmen muß sich jedoch zwangsläufig in den Auswegslosigkeiten des Relativismus verfangen, da sich Geschichte nicht ohne weiteres nach dem Muster eines „vorhandenen Gegenstandes" durchbuchstabieren läßt. Geschichte ist nämlich nicht zuerst ein Objekt, ein Seiendes, nach dem wir fragen und das wir feststellen können (ein *Was*), sondern eine Art und Weise zu sein und zu denken (ein *Wie*: Geschichtlichkeit), und zwar die spezifisch menschliche.[310] Deshalb folgert schon der junge Heidegger: Die Historie darf

„... für sich nicht eine im Sinne der historischen Erkenntnis überhaupt phantastische Objektivität beanspruchen, als träfe sie ein »Ansich«. Danach überhaupt nur fragen, heißt den Gegenstandscharakter des H i s t o r i s c h e n verkennen. Aus der Nichtvorfindbarkeit eines solchen »Ansich« auf Relativismus und skeptischen Historismus schließen, bedeutet nur die Kehrseite d e s s e l b e n Verkennens."[311]

---

[308] HEIDEGGER GA 2, 521 f.
[309] Vgl. HEIDEGGER BZ, 25 bzw. Fußnote 100.
[310] HEIDEGGER GA 38, 115 und GA 9, 34.
[311] HEIDEGGER AE, 252.

Mit anderen Worten: Heidegger erkennt, daß der Relativismus, vor dem sich Dilthey und viele andere fürchten, nur die Kehrseite eines überzogenen und lebensfremden Objektivismus ist, der auf dem Glauben beruht, daß die objektive Geltung der historischen Geschehnisse deren wahres Sein sei, und daß die Wahrheit alle Zeiten übergreifen muß. Heidegger legt dar, daß die erste Annahme falsch ist; der geschichtlich Existierende versteht mehr von Geschichte als der unbeteiligte Historiker. Die zweite Annahme hingegen ist nicht nötig; denn warum sollte Wahrheit, die basal Existenzwahrheit ist und erst *darin* auch die Wahrheit allgemeiner Sätze, nicht geschichtlich sein? Was spricht dagegen? Heidegger unterläuft also die Alternative von verlaufender Jetztzeit und ewiger Wahrheit zugunsten einer Geschichtlichkeit des Wahrheitsanspruchs.

Hinter dem problematischen Dioskurenpaar *Objektivismus* und relativistischer *Historismus* macht Heidegger demnach als das tiefere Problem eine durch die Jahrhunderte unbefragt hingenommene Vorentscheidung der abendländischen Ontologie aus. Das Geschichtliche wird in der traditionellen Seinsauslegung stets im Gegensatz zum zeitlos Immerseienden gedacht, demgegenüber es an ontologischer Stabilität und Wirklichkeit nur zu wünschen übriglassen kann. Mit Konnotationen flüchtigen Wandels versehen, bleibt das Geschichtliche unweigerlich hinter der Seinsfülle des „wirklich Seienden", zurück, als das im Rahmen wissenschaftlicher Erkenntnis natürlich das „vorhandene Objekt" gilt, das ja hintergründig nach dem Vorbild des Immerseienden, des Ungeschichtlichen bzw. Übergeschichtlichen konzipiert ist. Odo Marquard expliziert dies ganz im Sinne Heideggers, wenn er sagt:

„Das metaphysische Seinsverständnis hat sich herausgestellt als ein Staatsstreich der Gegenwart im Reiche der Zeit. Das herkömmliche Seinsverständnis privilegiert eine Minderheit von Tatbeständen durch Zuspruch des „ist" und zwar das Gegenwärtige, das Verfügbare; und zwar zunächst, griechisch, das ihm selber Verfügbare, dessen Eminenzgestalt das metaphysisch gewordene Christentum als Gott mißverstand, dann aber, in der modernen Welt, das dem Menschen (schließlich technisch) Verfügbare. Das Unverfügbare hingegen wird nichtig, zu einem Nichts."[312]

Heidegger weigert sich nun, die Geschichtlichkeit des Daseins weiterhin im Gegensatz zur Ungeschichtlichkeit oder Übergeschichtlichkeit zu denken, vielmehr bringt er umgekehrt das geschichtliche Dasein als Ursprungsboden all dieser Begriffe und Erkenntnisweisen in Anschlag.[313] Indem er die Zeitlichkeit und Geschichtlichkeit als die umfassende Seinsweise menschlicher Existenz radikal zu Ende denkt, etabliert er sie als Fundament auch noch der Erfahrung des Immerseienden als Vorhandensein. Insofern nun die Geschichtlichkeit des Daseins bei Heidegger auch noch die Erkenntnis des Ungeschichtlichen – z.B. der sogenannten „ewigen Wahrheiten" – in sich begreift und aus sich entläßt, gibt es bei ihm in der Tat kein Relativismusproblem im herkömmlichen Sinne mehr. Denn das ungeschichtlich Immerseiende ist ja nun als „Vorhandensein" an die Geschichtlichkeit des Daseins zurück-

---

[312] MARQUARD 1978a, 244 f.
[313] Vgl. in *Kapitel I: Wilhelm Dilthey* die Fußnote 31.

gebunden: Es ist *eine Weise unter möglichen anderen*, in der sich endliches, geschichtliches Dasein Seiendes begegnen läßt, nämlich als jederzeit Vorhandenes.

In dem Ausdruck „*sich*-begegnen lassen als" zeigt sich *zum einen* Heideggers Nähe zu idealistischen Entwürfen, die ihn vehement argumentieren läßt gegen einen weithin herrschenden Faktenpositivismus: Dem geschichtlichen Dasein ist *Seiendes* nicht unabhängig von seiner *Auslegung* gegeben; es entwirft ja eine Welt, innerhalb deren Seiendes erst als solches begegnen kann. Deshalb lassen sich für Heidegger auch *Wahrheit* und (Lebens-)*Bedeutsamkeit* nicht mehr scharf unterscheiden.[314] *Andererseits* stellt der Ausdruck „Begegnen*lassen*" aber auch sicher, daß hier das Seiende, im vorliegenden Fall „das Geschichtliche", nicht vorab schon in die Fragerichtung der Wissenschaft gedrängt wird, sondern freigelassen ist, sich so zu zeigen, wie es an ihm selber ist, nämlich nicht als Objekt, sondern als lebensbedeutsames Seiendes, das wir – im Falle des Existenzphänomens „Geschichte" – sogar *selber sind*. Für das Dasein kommt es nicht nur hier, sondern grundsätzlich darauf an, daß es vor allem ausdrücklichen Sichbeschäftigen-mit zuerst Aufenthalt beim Unverborgenen nimmt, damit dieses sich so zeigen kann, wie es an ihm selber ist.[315] Den Aufenthalt beim Unverborgenen noch genauer zu bedenken, nimmt sich Heideggers Philosophie nach der Kehre vor.

Wo nun mit Heidegger die endliche ekstatisch-horizontale Zeitlichkeit des weltentwerfenden Daseins als Apriori gedacht wird für ausnahmslos *alle* Weisen, in denen Seiendes innerweltlich begegnet, muß der herkömmliche Objektivismus fallen und mit ihm das ungeschichtliche Wahrheitsverständnis, aufgrund dessen Historismus und Relativismus überhaupt erst möglich wurden. Fortan von der *Geschichtlichkeit der Wahrheit* zu sprechen, heißt deshalb gerade nicht, die Wahrheit dem historischen Relativismus auszuliefern. Denn „relativ" ist eine Hinsicht, die mit der anderen, der Hinsicht auf das Absolute, immer zusammengehört, wie schon Hegels Philosophie klarstellt. Es hat gar keinen Sinn, vom Relativen zu sprechen, es sei denn im Blick auf das Absolute als Maßstab. Der Relativismus ist also stets die Verzweiflung am Absoluten, welches gleichwohl der Maßstab bleibt.[316] Historismus und Relativismus sind demnach Kennzeichen einer nur halbherzigen Bejahung der Geschichtlichkeit. Das geschichtlich Seiende wird nicht wirklich als es selbst und aus sich selbst gedacht, sondern immer noch als defiziente Form des Immerseienden vorverstanden.

„Die vorbildliche platonische Gestalt des Aprioriproblems wurde auch dann nicht einer radikalen Revision unterzogen, als das Geschichtliche in seiner Eigentümlichkeit in den Gesichtskreis der Philosophie trat. Vielmehr hat die Weise der Aprioribetrachtung auch abgefärbt auf die Weise der Betrachtung und Ansetzung des Geschichtlichen »mit Rücksicht auf« das Apriori. Dem Apriori steht gegenüber das Veränderliche, der historische Prozeß als das Werden und Vergehen in der Zeit. (...) So ergeben sich immer wieder zwei scharf gegeneinander abgesetzte Bereiche. Von ihnen aus wird dann zum Problem, wie

---

[314] Vgl. HAEFFNER 1985, 370 f.
[315] Vgl. HAEFFNER 1998, 114.
[316] So VOLKMANN-SCHLUCK 1998, 144 f.

sie eigentlich zusammenhängen und wie die Teilnahme des Empirischen, Vergänglichen und Historischen am ideal Apriorischen aufzufassen sei."[317]

Daß der Historismus trotz gegenteiligen Anscheins letztlich immer noch ungeschichtlich denkt, zeigt sich in seinem hintergründigen Festhalten an dem Ideal zeitlos „ewiggültiger Wahrheiten in den Sternen"[318], demgegenüber erst alles nur Geschichtliche offenbar nicht genug „gilt". Wenn Heidegger nun darauf verzichtet, die Wahrheit auf *Immergleichheit* hin zu schematisieren, schafft er die Voraussetzung dafür, daß das Denken sein Angewiesensein auf ein Sich-zeigen des Seienden, sein Verwiesen- und Eingebundensein in die jeweilige „epochale" Offenbarkeit des Seienden bemerken und bedenken kann (s.u. Abschn. 4).

„Es hat keinen Sinn, die mittelalterliche Geschichtsauffassung auf unser Zeitalter zu übertragen; ebenso sinnlos ist es, jene Geschichtsauffassung als falsch zu bezeichnen. – Aber dann gibt es ja keine absolute Wahrheit! Allerdings nicht. Es ist an der Zeit, daß wir uns das Befremden darüber abgewöhnen und endlich damit Ernst machen, daß wir vorerst noch Menschen sind und keine Götter. Daraus aber, daß es keine absolute Wahrheit für uns gibt, dürfen wir nicht folgern, daß es überhaupt keine Wahrheit für uns gibt. Unter Wahrheit verstehen wir die Offenbarkeit von Seiendem, welche Offenbarkeit uns in das Sein des Seienden einfügt und bindet – jeweils nach der Seinsart des Seienden, das hier in die Offenbarkeit eingeht. Was für uns wahr ist in diesem Sinne von Wahrheit, das genügt vollauf für ein Menschenleben."[319]

Hegels idealistische Geschichtsphilosophie konnte die Erkenntnis des Geschichtlichen und Relativen noch getrost am Leitbild des Immerseienden und Absoluten ausrichten, insofern sein subjektiver Geist noch die Möglichkeit besaß, seine Bedingtheit vollständig abzuarbeiten und sich zur Freiheit des absoluten Geistes aufzuschwingen, dadurch daß er im Laufe eines geschichtlichen Ganges alle Verhältnisse zu anderem in Selbstverhältnisse seiner zu sich selbst verwandelte und sich solchermaßen zum Inbegriff aller Relationen, zur absoluten Wahrheit, entwickelte. Für Heideggers „endliches Dasein", das unaufhebbar in eine konkrete geschichtliche Situation geworfen ist, deren Implikationen es nie ganz in Wissen aufarbeiten kann, fällt diese Möglichkeit aus. Es kann sich nicht mehr bis zur Kenntnis eines absoluten, nicht mehr geschichtlich bedingten Maßstabes emporarbeiten. Es ist nämlich mittlerweile die Voraussetzung des Hegelschen Lösungsansatzes fragwürdig geworden, die abendländische Onto-Theo-logie[320], ohne die Hegel den menschlichen Geist nicht nach dem Vorbild des absoluten, göttlichen, sich selbst denkenden Denkens (νόησις νοήσεως) hätte vorstellen können. Hegels Philosophie beruhte demnach, wie alles Philosophieren, auf konkreten historischen Voraussetzungen, die ihr selbst nicht vollständig durchsichtig wurden.

---

[317] HEIDEGGER GA 59, 71 f.

[318] Vgl.: „Der Relativismus ist wirklich erst entstanden – dies sieht auch Troeltsch sehr richtig – als Korrelat der Forderung eines absolut überzeitlichen Maßstabes, der nunmehr an das Historische herangebracht werden sollte. Man empfindet eine jede konkrete, material erfüllte Aussage und Entscheidung erst dann wirklich als relativ, wenn man sie auf eine Absolutheit bezieht und diese Absolutheit so setzt, daß sie wesensmäßig ohne Kontakt mit dem Werden des geschichtlichen flutenden Materials ist." (MANNHEIM 1964, 301).

[319] HEIDEGGER GA 38, 79 und auch 88.

[320] Vgl. HEIDEGGER IuD, 35-73, insbesondere 51 ff.

> „Jede philosophische Problematik hat etwas im Rücken, das sie selbst und trotz ihrer
> höchsten Durchsichtigkeit nicht erreicht, denn die Durchsichtigkeit hat sie gerade daher,
> daß sie um jene Voraussetzung nicht weiß. Und es ist ein naiver und noch kein philoso-
> phischer Boden, wenn philosophische Untersuchung meint, für alle Ewigkeit die Wahr-
> heit erreicht zu haben, statt zu verstehen, daß sie nur dazu da ist, damit eine neue Nähe
> nicht willkürlichen sondern sachlichen Fortgangs möglich wird."[321]

Heidegger kann das Geschichtliche nicht mehr ins Absolute aufheben. Er muß vielmehr umgekehrt das geschichtliche In-der-Welt-Sein als Fundament auch noch für die Frage nach dem Immerseienden und der (nicht mehr geschichtlich bedingten, d.h. absoluten) Wahrheit einsetzen. In dieser Beleuchtung erscheint die Wahrheit dann nicht mehr zuerst als Allgemein- und Immergültigkeit von Sätzen und Aussagen, sondern als Existenzwahrheit, d.h. als *ein geschichtliches Geschehen*, das mit dem Aufrichten einer Welt, d.h. einem vor jeder Einzelerkenntnis schon eröffneten *Wahrheitsbereich* zu tun hat, innerhalb dessen Seiendes sich überhaupt nur zeigen bzw. in seiner Wahrheit verbergen kann, oder wie Heidegger nach der Kehre und dem Zurücklassen der Transzendentalphilosophie argumentiert: Wahrheit hängt zusammen mit dem *Walten einer Welt*, das sich jetzt nicht mehr allein einem freien Entwerfen von Welt von seiten des Menschen verdankt, sondern das vielmehr als Entsprechung von faktischer Geworfenheit und subjektivem Entwurf zu denken ist. Wahrheit ist die aus dem Zusammenspiel von Schickung des Seins und freier Übernahme durch den Menschen sich ergebende *Unverborgenheit*, in die der Mensch eingefügt und an die er gebunden ist. Gemeint ist das Wahrheitsgeschehen der *Lichtung*, kraft dessen sich Seiendes dem endlichen Menschen zeigt und zugleich verbirgt. Das geschichtlich immer neu und immer andere „Walten von Welt", das im Raum des Wahrheitsgeschehens erfolgt, gilt fortan als die eigentliche Geschichte, als das Geschehen, das die Philosophie zu bedenken hat.[322]

> „Aber die Wahrheit ist nicht zuvor irgendwo in den Sternen an sich vorhanden, um sich
> dann nachträglich sonstwo im Seienden unterzubringen. Dies ist schon deshalb unmög-
> lich, weil doch erst die Offenheit des Seienden die Möglichkeit eines Irgendwo und einer
> von Anwesendem erfüllten Stätte ergibt. Lichtung der Offenheit und Einrichtung in das
> Offene gehören zusammen. Sie sind dasselbe eine Wesen des Wahrheitsgeschehens. Die-
> ses ist in mannigfaltigen Weisen geschichtlich."[323]

Wodurch unterscheidet sich Heideggers Position nun von der des Historismus? Vor allem dadurch, daß Heideggers Denken in seine eigene Bedingtheit einwilligt und auf die „Anmaßung alles Unbedingten"[324] verzichtet, d.h. auf den Anspruch, das „Gültige" mit dem *immer und überall gleich* Gültigen zu identifizieren, welches aus einem zeitlosen Prinzip, in dessen Kenntnis man sich vermeint, abgeleitet werden könnte.

> „Der relativistische Nihilismus des Historismus ist die Folge seines Objektivismus, dieser
> wiederum ergibt sich aus dem essentialistischen Ansatz, welcher seinerseits das Produkt

---

[321] HEIDEGGER GA 21, 280.
[322] Vgl. KUSCHBERT-TÖLLE 1962/63, 140 und MARX 1961, 185.
[323] HEIDEGGER GA 5, 49.
[324] HEIDEGGER GA 7, 182.

einer Flucht aus der »faktisch« gelebten Geschichte in die Theorie ist. Dilthey hat, weil er die metaphysischen Implikationen seines Lebens-Begriffes nicht ernst nahm, diese Zusammenhänge nicht durchschaut und konnte so keine echte Lösung der Verlegenheiten vorbereiten, in die uns die Entdeckung der Geschichtlichkeit gebracht hat."[325]

4 Der Heidegger der Seinsgeschichte

4.1 Radikaleres Bedenken der Geworfenheit allen Denkens

Der Weg, den Heideggers Geschichtsdenken nach der sogenannten Kehre nimmt, versteht sich, wenn man ihn nicht als Korrektur, sondern als radikalisiertes Zuendedenken von schon im Frühwerk angelegten Tendenzen begreift. Dort hatte Heidegger erklärt, daß die Geschichtlichkeit als die Seinsverfassung des Daseinsgeschehens vorgängig sei in bezug auf alles Weltgeschichtliche und all das, was man „Geschichte" nennt.[326] Die Geschichte als die Veränderungsbewegung der Menschenwelt und die Mannigfaltigkeit des aus ihr geschichtlich in die Gegenwart Überkommenen ist dadurch – noch ganz im Sinne transzendentalphilosophischen Denkens – an einem Ort festgemacht, der als Möglichkeitsbedingung geschichtlichen Wandels diesem selber enthoben ist: in den konstitutiven Strukturen der zeitlichen Erstrecktheit des Daseins. Sie sind es, die Geschichte als die Einheit eines Geschehensablaufs überhaupt erst möglich, d.h. erfahrbar sein lassen. Der Begriff der Geschichte ist hier also vollständig auf das Dasein und seine immanenten Verstehensstrukturen bezogen.

Man hat Heidegger, häufig in Verkennung seines eigentlichen ontologischen, nicht anthropologischen Anliegens, vorgeworfen, die Reduzierung der Geschichtlichkeit auf einen formalen Strukturzusammenhang neutralisiere die faktische Geschichte. Diese gerate so zum Arsenal nicht mehr *wesentlichen* Materials für eine immer gleiche Existenzform, die Entschlossenheit. Wozu man sich inhaltlich entschließe, sei im Grunde egal, Hauptsache man sei entschlossen. Gewiß ruhe jetzt ein Höchstmaß geschichtlicher Verantwortung auf dem einzelnen; er allein entscheide, was zu geschichtlicher Wirksamkeit gelange. Auch sei durch die Einholung des Vergangenen in die Entschlossenheit gegenwärtiger Existenz die historische Kontemplation überwunden, als welche sich das Verhältnis des Menschen zur Vergangenheit noch in Diltheys Anthropologie bestimmte. Diese Errungenschaften könnten aber nicht wettmachen, daß Heidegger den einzelnen völlig allein lasse mit der Frage, was er denn aus dem Erbe übernehmen und was verwerfen solle. Heidegger beteure zwar, der einzelne finde, vom Ende auf seine Geworfenheit zurückkommend, eindeutig seinen Weg. Das Vorlaufen in den Tod treibe jede zufällige Möglichkeit aus und bringe in die Einfachheit des Schicksals. Die bleibende Inhaltsleere dieser rein formalen Bestimmung von Geschichtlichkeit befördere jedoch einen unguten Dezisionismus, dessen fatale Konsequenz Heidegger selbst vorgeführt habe, als er in der Frühphase des Nationalsozialismus von einer

---

[325] HAEFFNER 1985, 377 f.
[326] Vgl. HEIDEGGER GA 2, 27 f.

sich dort anbietenden Art existenzieller Entschlossenheit (Jugendbewegung) einen konstruktiven geschichtlichen Aufbruch erwartete.

Daran ist sicherlich nichts zu beschönigen. Das Ungenügen eines strikt formal gefaßten Konzepts existenzialer Geschichtlichkeit, welches die Position des Menschen in der Geschichte unter Absehung jeder inhaltlichen Aussage zur Geschichte zu bestimmen versucht, liegt deutlich zutage. Was man von der Warte der Nachgeborenen aus an Hegel allzu gern kritisierte, nämlich die Verquickung seiner Geschichtstheorie mit der Faktengeschichte, d.h. sein Steckenbleiben in einer *materialen* Geschichtsphilosophie, die sich vor dem Hintergrund des Aufklärungsoptimismus und der Französischen Revolution konkrete inhaltliche Festlegungen bezüglich des Wesens der Geschichte zutraute (Geschichte als Fortschritt im Bewußtsein der Freiheit), scheint nun angesichts der Schwächen einer rein formalen Geschichtsphilosophie, die von der „wirklichen" Geschichte wenn überhaupt nur die Philosophiegeschichte berücksichtigt, verzeihlicher.

In Rudolf Bultmanns existenzialer Interpretation eines entmythologisierten Neuen Testaments kommt die Tendenz zur Vergleichgültigung der inhaltlichen Aspekte faktischer Geschichte wohl radikaler noch zum Austrag als bei Heidegger selbst. Indes könnte man mit gleichem Recht auch auf Eugen Drewermanns therapeutische Theologie verweisen. Zwar versteht sich Drewermann anders als Bultmann nicht von Heidegger her, dafür aber um so mehr von Kierkegaards „Stadien auf des Lebens Weg". Mit der latenten Versuchung, den Menschen aus der Verstrickung in faktische, sich nie wiederholende Geschichte herauszunehmen und ihm vor dem Hintergrund einer idealtypischen Existenzform – oder bei Drewermann durch die Unterlegung einer idealtypischen Verlaufsform existenzieller Erkrankung bzw. Gesundung – „vorgeschichtliche Standfestigkeit"[327] zu verleihen, muß man wohl überall dort rechnen, wo Geschichte radikal rückgebunden wird an wie auch immer beschaffene anthropologische Strukturen.[328]

Daß eine *rein formale* Positionsbestimmung des Menschen in der Geschichte nicht möglich sein würde, dessen war sich Heidegger natürlich bewußt. So hat er sich selbst gefragt, ob hinter der formalen Struktur existenzialer Geschichtlichkeit von *Sein und Zeit* nicht doch *seine* geschichtliche Geworfenheit, d.h. die faktische Besonderheit seiner Existenz als eines geschichtlichen d.h. selbst wieder vergehenden Standorts auftaucht, – ob im Hintergrund der ontologischen Interpretation des Daseins nicht doch ein konkretes „ontisches Ideal" stehe.[329] Heidegger wußte nur zu gut, daß die Einsicht in die Geschichtlichkeit selbst nicht ungeschichtlich und überzeitlich gegeben ist, sondern im Rahmen einer konkreten ge-

---

[327] KRÜGER 1949, 125.

[328] Die Konjunktur des Ereignisbegriffes als geschichtsphilosophischer Kategorie läßt sich als Gegenschlag dazu verstehen, zuerst bei Heidegger, dann im Rahmen narrativistischer Geschichtstheorie, welche Geschichte zunächst zentral von Sprachstrukturen her versteht. Der Begriff des „Ereignisses" verschärft und intensiviert die Einsicht in den spezifischen Charakter des Geschichtlichen, insofern in ihm das Unableitbare, das Neuartige, das Einmalige wie auch das Herausfordernde der Geschichte eindeutiger akzentuiert ist, als dies allein auf der Basis des Strukturbegriffs möglich wäre (SCHEFFCZYK 1982, 213 und BAUMGARTNER 1982, 176 ff.).

[329] Vgl. HEIDEGGER GA 2, 411.

schichtlichen Situation erfolgt, in die jeder Denker zunächst geworfen ist und deren Implikationen er sich wohl nie ganz zu Bewußtsein bringen kann. Die Herausbarbeitung des Wesens der Endlichkeit, die ja anfänglich noch mit der Absicht auf Neubegründung der Metaphysik erfolgte, selber endlich sein zu lassen, hat Heidegger sich von Beginn an bemüht. Seine Hermeneutik der Faktizität motiviert sich ja vorrangig aus dem Anliegen, alles Erkennen *in der konkreten geschichtlichen Geworfenheit des Erkennenden* zu gründen.

„Allerdings bleibt zu bedenken, daß gerade die in Absicht auf die Begründung der Metaphysik geforderte Herausarbeitung des innersten Wesens der Endlichkeit grundsätzlich selbst immer endlich sein muß und nie absolut werden kann. Daraus folgt aber nur dieses: die je erneute Besinnung auf die Endlichkeit kann nicht gelingen durch ein gegenseitiges Ausspielen und vermittelndes Ausgleichen von Standpunkten, um schließlich doch noch die versteckterweise angesetzte »an sich wahre« absolute Erkenntnis der Endlichkeit zu gewinnen. Es bleibt vielmehr nur die Ausarbeitung der Problematik der Endlichkeit als solcher, die sich ihrem eigensten Wesen nach offenbart, wenn sie durch einen unentwegt von der ursprünglich begriffenen Grundfrage der Metaphysik geleiteten Einsatz zugänglich gemacht wird, der freilich n i e als der e i n z i g mögliche beansprucht werden kann."[330]

In diesen, den eigenen Ansatz relativierenden Äußerungen aus dem Jahr 1929 kündigt sich deutlich das zweite Stadium von Heideggers Auseinandersetzung mit dem Historismus an: die Herausarbeitung der formalen Struktur existenzialer Geschichtlichkeit geschieht als „phänomenologische Konstruktion" nicht auf absolutem Boden, sondern vom Standpunkt einer konkreten geschichtlichen Geworfenheit aus; sie ist „geworfener Entwurf", also selber in eine vermutlich nicht ganz durchschaute Denktradition eingelassen, von schon Seiendem getragen, d.h. geschichtlich bedingt, prinzipiell überholbar und keineswegs überzeitlich gültig. Heidegger bemüht sich also, sein eigenes denkerisches Bemühen zu historisieren: Es gilt für jetzt, nicht für alle Zeiten, Es gibt keine absolute Wahrheit.

„Aller Entwurf – und demzufolge auch alles »schöpferische« Handeln des Menschen – ist g e w o r f e n e r , d.h. durch die ihrer selbst nicht mächtige Angewiesenheit des Daseins auf das schon Seiende im ganzen bestimmt."[331]

Was Heidegger hier in Fortsetzung seines Denkwegs vollzieht, ist der endgültige Abschied von der Transzendentalphilosophie. Diese konnte zwar – in ihrer phänomenologischen Fassung von *Sein und Zeit* – den Entwurfcharakter und damit die Subjektzugehörigkeit der Seinsauslegung „Welt" als das Apriori jeder Einzelerkenntnis aufdecken, sie hat jedoch keine geeigneten Mittel, faktisch erfolgte Seins- und Denkentwürfe selbst noch einmal eigens als *geschichtlich bedingte*, d.h. als „geworfene Entwürfe" zu thematisieren und nicht bloß als subjektive Setzungen mit universaler Gültigkeit zu behaupten. Was sich auf den

---

[330] HEIDEGGER GA 3, 236 f.
[331] HEIDEGGER GA 3, 235. Vgl.: „Sein lichtet sich dem Menschen im ekstatischen Entwurf. Doch dieser Entwurf schafft nicht das Sein. Überdies aber ist der Entwurf wesenhaft ein geworfener. Das Werfende im Entwerfen ist nicht der Mensch, sondern das Sein selbst, das den Menschen in die Ek-sistenz des Da-seins als sein Wesen schickt. Dieses Geschick ereignet sich als die Lichtung des Seins, als welche es ist." (HEIDEGGER GA 9, 337).

ersten Blick als die Stärke der Transzendentalphilosophie erwies, ihr Anspruch auf Universalität und ihre Überlegenheit über bloße Geschichten und Traditionen und über bloß Tatsächliches, erweist sich auf den zweiten Blick als ihre Schwäche: ihre nicht genug mitreflektierten Voraussetzungen aus nicht beliebig verallgemeinerungsfähigen kulturspezifischen Traditionen und geschichtlichen Zusammenhängen.[332] Die Mittel, die geschichtliche Bedingtheit allen Denkens, sein Geführtsein durch schon Gewesenes zu thematisieren, soll nun das neue, seinsgeschichtliche Denken bereitstellen, indem es das Eigenste des Denkers, seine (Seins-)Entwürfe, nicht länger als „sein Besitztum" auffaßt, sondern als „das Eigentum des Seins, dessen Zuwurf das Denken in seine Entwürfe auffängt, welche Entwürfe aber nur die Befängnis im Zugeworfenen eingestehen."[333] Das seinsgeschichtliche Denken will mit dem *geschichtlichen* zugleich auch den *rezeptiven* Charakter des Denkens zur Geltung bringen. Es will deutlich machen, daß alles Denken verwiesen bleibt auf die Weise, wie sich ihm Sein geschichtlich jeweils zeigt und zuschickt, ohne dabei freilich das Mittun des Denkens beim Zustandekommen dieser Offenbarkeit zu unterschlagen.

4.2 Der „Schritt zurück" in das in allem Denken ungedacht Gebliebene

Die konkrete *Geworfenheit* aller menschlichen Denkentwürfe fortan noch radikaler zu bedenken, ist das Anliegen der Heideggerschen Kehre, wozu nun freilich auch die Bereitschaft gehört, die Geworfenheit nicht mehr bloß in ihrer Formalstruktur zu charakterisieren wie in *Sein und Zeit*, sondern konkrete geschichtliche Weisen des Geworfenseins philosophischen Denkens (in je ein Seinsverständnis bzw. eine Weltauslegung) vorzuführen, inhaltlich zu diskutieren und aufeinander zu beziehen.[334] Diese Absicht steht hinter Heideggers zahlreichen, oft kritisierten philosophiegeschichtlichen Interpretationen, die im Zusammenhang seiner Destruktion der Metaphysikgeschichte auf die ihr zugrundeliegende Geschichte der Seinsschickungen erfolgen. Das „Gespräch mit einem [früheren] Denker"[335] soll nach Heidegger vorrangig die Geworfenheit von dessen Denken aufdecken, d.h. sein Eingelassensein in (ihm „zugeschickte") Denkvoraussetzungen, die ihm selber nicht durchsichtig geworden sind und die als das „Ungedachte" seines Denkens sein eigenes sowie in der Regel auch das Denken seiner Nachfolger um so mehr „durchherrschen"[336] konnten.

---

[332] So OELMÜLLER 1977a, 284.

[333] HEIDEGGER GA 6.2, 443.

[334] Darin zeigt sich zugleich, daß Heidegger die Vorstellung von Geschichte als eines größeren Zusammenhangs nicht vollends verabschiedet hat, wie es in Anbetracht seiner Überführung aller Geschichtsphilosophie in eine Fundamentalontologie der Geschichtlichkeit zunächst scheinen mochte. Das Geschehen ganzer Kulturen bezieht nun seine innere Einheit daraus, daß es ein jeweils bestimmtes Welt- und Seinsverständnis expliziert, welches sich in den ontologischen Entwürfen der Philosophen am deutlichsten ausspricht. Hier zeichnet sich bei Heidegger eine gewisse Wiederaufnahme einzelner geschichtsphilosophischer Motive ab.

[335] HEIDEGGER IuD, 37.

[336] Vgl. HEIDEGGER WiPh, 25.

Das sich darin äußernde *philosophiegeschichtliche* Anliegen – kühn genug wird hier eine Auseinandersetzung mit der gesamten Geschichte der Philosophie gewagt – verbindet Heidegger mit Hegel. Doch anders als Hegel meint Heidegger nicht, daß ein Denker „in die Kraft und den Umkreis des von den früheren Denkern Gedachten"[337] eingehen sollte, um von innen her in spekulativer Konstruktion die geschichtlichen Etappen nachzuzeichnen, in denen sich dieses generationenübergreifende Denkgebäude stufenweise ausbaut bis zur Höhe gegenwärtiger Vollendung.[338] Heidegger will keine Neuauflage des Hegelschen Denkens, in welchem die Geschichte der abendländischen Philosophie als das nach dem Gesetz der Dialektik erfolgende Vorwärtstreiben und Perfektionieren bestimmter Problemkonstellationen und Sich-Überbietens entsprechender Lösungsversuche aufgefaßt ist, wodurch am Ende eingeholt sein soll, was Hegel für den Anfang der Geschichte voraussetzte, nämlich die nicht mehr geschichtlich bedingte, absolute Selbstdurchsichtigkeit des Geistes. Zur gegenwärtigen geschichtlichen Stunde steht auf dem Weg der *Überbietung des schon Gedachten* kein Erkenntnisfortschritt mehr zu erwarten, der über das von Hegel grundsätzlich schon Durchschaute wesentlich hinausreiche, ist Heidegger überzeugt. Mit der Prozeßlogik, die nur den „Einbezug des vormals Gedachten in eine immer noch höhere und es überholende Entwicklung und Systematik"[339] kennt, ist die Herrschaft der Metaphysik nicht zu überwinden, wohl aber durch einen *Rückgang* in ihre bislang stets ungedacht gebliebenen Voraussetzungen, die als *das noch zu Denkende* zur primären Aufgabe gegenwärtiger Philosophie werden sollten.

Den Traditionszusammenhang des abendländischen Denkens will Heidegger nicht im herkömmlichen Sinn problem-, ideen- oder begriffsgeschichtlich denken – wie Hegel als Rekapitulation des zuvor von anderen schon Begriffenen, das dann in das eigene System „aufgehoben" wird –, sondern durch den Rückgang, den „Schritt zurück"[340] in das in allem Gedachten und Begriffenen bislang stets ungedacht Gebliebene. Das Gedachte soll nicht in eine höhere Synthese überführt, sondern auf seine verborgene Wahrheit hin abgefragt werden, auf seine impliziten Setzungen, die latent immer da waren, aber bisher *noch nie ausdrücklich bedacht und diskutiert* worden sind. Dem Denken wird abverlangt, „denkender" zu werden, so drückt Heidegger sich aus. Es soll seine Voraussetzungsstruktur einholen, die, gerade weil sie bislang ungedacht geblieben ist, sich in allen Gestalten des abendländischen Denkens wie ein Schicksal wiederholen dürfte. *In ihr* kommen vermutlich selbst diejenigen Gestalten des metaphysischen Denkens überein, die bislang als unvereinbar galten und die Dilthey nur typologisch zu sortieren wußte.

Nicht mehr in den Wesensraum des bislang Gedachten eingehen, sondern dasjenige aufdecken, „von dem her das [bislang (r.h.)] Gedachte seinen Wesensraum empfängt"[341], und

---

[337] HEIDEGGER IuD, 43.
[338] Vgl. HEIDEGGER IuD, 40.
[339] HEIDEGGER IuD, 44.
[340] HEIDEGGER IuD, 45; ebenso GA 9, 343.
[341] HEIDEGGER IuD, 44.

zwar notfalls mit einer gewissen interpretativen „Gewaltsamkeit"[342], so lautet fortan Heideggers Projekt. Die dadurch vollzogene Relativierung bzw. Destruktion aller vergangenen Denkveranstaltungen auf ihre bislang immer übersehene, gemeinsame Strukturvoraussetzung, ohne welche sie gar nicht hätten stattfinden können (Heidegger wird die „Lichtung" und Entbergung des Seins als eine solche Bedingung *sine qua non* ausmachen), will Heidegger freilich nicht selbst wieder fixiert wissen. Wie gesagt, seine kritische Auseinandersetzung mit der vorausliegenden Geschichte des Denkens ist als „Andenken"[343] an die dort ungedacht gebliebenen Voraussetzungen selbst geschichtlich, d.h. in ihren Ergebnissen vorläufig und unabschließbar.[344] Heideggers Geschichtsentwurf ist einer, „dem die eigene Überholungs-Bedürftigkeit aus ihm selbst heraus zugehört"[345]. Er versteht sich nicht wie Hegels Denken als *Resultat* alles Vorhergehenden, das die Prinzipien alles Vorhergehenden in sich vereint. Er kann daher auch nicht wie bei Hegel den Namen „Liebe zur Weisheit" ablegen und Weisheit als absolutes Wissen selbst sein. Sondern er fordert den „Abstieg in die Armut seines vorläufigen Wesens"[346], den tastenden Schritt zurück in das Ungedachte, sich öffnend für die Ankunft des bislang immer noch ungedachten Seins.[347]

4.3 Das Seinsgeschick: Lichtung des Seienden bei gleichzeitiger Verbergung des Seins

Wo immer Seiendes begegnet, wird Heidegger nicht müde zu beteuern, ist zuvor schon Sein entworfen und waltet Welt. Daß unsere Weltentwürfe und Seinsauslegungen nicht zunächst in unserer Wahl stehen, daß wir vielmehr in sie geworfen sind und sie in der Regel unbedacht übernehmen und weitertragen, war für Heidegger freilich schon 1927 klar. Die unaufhebbare Geworfenheit, die Faktizität, macht ja in *Sein und Zeit* die spezifische Geschichtlichkeit des (zunächst uneigentlichen) Daseins gerade mit aus. Zur faktischen Vorstruktur

---

[342] Vgl. HEIDEGGER GA 2, 413, 432.

[343] Vgl. HEIDEGGER GA 10, 89.

[344] Was Heidegger anstrebt, ist eine radikalisierte, aber gleichwohl „vorläufige" Form von Aprioriforschung, die das Apriori nicht mehr bloß als ein älteres, vormals entstandenes, gewesenes und nun nicht mehr anwesendes *Seiendes* kennt. Als Apriori einzig ein in der Zeitfolge früher existierendes Seiendes gelten zu lassen, bedeutet nämlich, den Aprioribegriff in seiner ursprünglichen Weite zu verengen und „sein *zeit*haftes Wesen" (HEIDEGGER GA 6.2, 195) im Sinne von Innerzeitigkeit mißzuverstehen. So konzipiert wäre das Apriori bloß ein Anstoß, der, sobald das Spätere einmal in Gang gebracht ist, im Grunde überflüssig wird und verschwindet. Heideggers Aprioriforschung will nicht die schon hinlänglich bekannte „Folgeordnung der Entstehung von Seiendem aus Seiendem" bedenken, sondern die ontologische „*Aufbaufolge im Sein des Seienden, in der Seinstruktur des Seins*" (HEIDEGGER GA 20, 102; GA 6.2, 192 ff.). Hier wird das strukturmäßig Frühere, gemeint ist die *Lichtung des Seins*, als die Voraussetzung des Späteren, gemeint ist das in seinem Sein sich zeigende Seiende, im Ausgehen gerade nicht zurückgelassen, sondern es trägt und durchherrscht alles Spätere und dies zumeist unerkannt und undurchschaut (vgl. HEIDEGGER WiPh 24 f.; GA 7, 11 f., GA 6.1, 405).

[345] MÜLLER-LAUTER 1962, 245.

[346] HEIDEGGER GA 9, 364.

[347] Zu Heideggers Konzeption von Philosophiegeschichte vgl. MARION 1983.

des verstehenden In-der-Welt-Seins gehört, daß es sich innerhalb vorgegebener Perspektiven befindet, in die es mehr auf dem Weg der Gewohnheit hineingeraten ist als daß es sie sich ausdrücklich zugeeignet hätte. Nie hat Heidegger geglaubt, diese Geworfenheit ließe sich komplett in Wissen und damit in völlige Disponibilität aufarbeiten, d.h. in ein souveränes Stehen *vor* bzw. *über* der Geschichte, das alle geschichtliche Begrenzung unter sich gelassen hat und überblickt.[348] Die Geworfenheit als bleibendes Eingelassensein in Tradition und Überlieferung war im Grunde auch nicht Heideggers Problem. Ihn beschäftigte weniger das Daß, als vielmehr das *Wie* eines adäquaten Umgangs mit diesem Faktum.[349] Diesbezüglich gab es in *Sein und Zeit* einmal das Man-Selbst, das sich in seiner Geworfenheit undurchsichtig blieb und sich deshalb geschichtlicher Verpflichtung ledig wähnen konnte, wohingegen sich das eigentliche Dasein – im freien Entwurf auf seine eigensten Möglichkeiten – sein Geworfensein ausdrücklich zuzueignen bemühte. Allerdings konnte es infolge der starken Betonung des Entwurfscharakters alles Verstehens in *Sein und Zeit* bisweilen den Anschein haben, das Dasein sei für Heidegger der alleinige Urheber seiner Seinsentwürfe. Nach der Kehre stellt Heidegger nun unmißverständlich klar: Das Dasein entwirft seine Weltentwürfe und Seinsauslegungen, kraft deren sich Seiendes und Innerweltliches überhaupt erst zeigen kann, nicht autonom, sondern empfängt sie als „Geschick" von einer meist unterschwelligen Seinsgeschichte, deren Aufklärung für Heidegger ab sofort allererste Aufgabe des philosophischen Denkens ist.

> „Wir nehmen ein solches Verhältnis zwischen Seinsgeschick und Geschichte des Denkens an. Die Rede vom An-nehmen sagt hier: in Empfang nehmen, was das Denken überkommt; (...) Das Annehmen und Nehmen hat jetzt den Sinn des erhörenden und erblickenden Entsprechens."[350]

Oft als unverständlicher Abschied von der Aufklärung, als „mythologisches Raunen" verpönt, ist Heideggers Eingehen auf Seinsgeschick und Seinsgeschichte doch nichts anderes als die Fortsetzung der von *Sein und Zeit* geforderten Destruktion der Denktradition im Sinne einer reflexiven Aneignung unserer geschichtlichen Verstehenssituation, in die wir eingelassen sind. Heideggers Philosophie der Kehre erwächst also nicht in Korrektur seines früheren Ansatzes, sondern aus einem *radikalen Zuendedenken* der von der Faktizitätshermeneutik strukturtheoretisch schon herausgearbeiteten Geworfenheit des Daseins, welche jetzt auch *inhaltliches* Profil gewinnt. Das Dasein wird nun thematisiert nicht mehr als der

---

[348] Vgl.: „Alles Verhalten zum Seienden bezeugt so ein Wissen vom Sein, zugleich aber das Unvermögen, von sich aus im Gesetz der Wahrheit dieses Wissens zu stehen. Diese Wahrheit ist die Wahrheit über das Seiende. Die Metaphysik ist die Geschichte dieser Wahrheit. (...) In der Seiendheit des Seienden denkt die Metaphysik das Sein, ohne doch in der Weise ihres Denkens die Wahrheit des Seins bedenken zu können, ... die ihr metaphysisch gesprochen, der unbekannte ungegründete Grund bleibt." (HEIDEGGER GA 9, 304).

[349] Vgl.: „Die lediglich schon durch den konkreten Vollzug der Destruktion entspringende Kritik gilt dabei nicht der Tatsache, daß wir überhaupt in einer Tradition stehen, sondern dem Wie. Was wir nicht ursprünglich auslegen und ebenso ausdrücken, das haben wir nicht in eigentlicher Verwahrung." (HEIDEGGER AE, 249 f., ebf. 241).

[350] HEIDEGGER GA 10, 126.

souveräne Urheber, sondern als der willfährige *Empfänger konkreter Verstehens- bzw. Seinsentwürfe*, die geschichtlich wechseln und deren Implikationen es nie ganz durchschauen kann. Sie werden ihm zugespielt, und zwar dadurch, daß sich das Sein selbst geschichtlich je anders ereignet, d.h. dem Verstehen zuschickt, infolgedessen sich Seiendes für das Denken lichtet. Die Schickungen des Seins haben dabei *„epochalen"* Charakter, sie prägen jeweils eine ganze Epoche weltgeschichtlichen, d.h. innerweltlichen Geschehens, wie Heidegger meint. Die das Menschsein auszeichnende Fähigkeit, Seiendes im Horizont eines vorgängigen Seins- bzw. Weltentwurfs begegnen zu lassen und zu verstehen, interpretiert Heidegger demnach ab sofort als „die Bereitschaft, dem Anspruch zu entsprechen, als welcher sich das Sein ... dem Denken zuschickt und die Epoche ... in der entscheidenden Weise vorprägt."[351]

„Das Sein ist seinem eigenen Wesen nach das πρότερον, das Apriori, das Frühere, obzwar nicht in der Ordnung des Erfaßtwerdens durch uns, vielmehr hinsichtlich dessen, was *auf uns zu* sich selbst zuerst zeigt, was von sich aus zu uns her zuvor ins Offene anwest."[352]

Die Wendung des Heideggerschen Denkens vom menschlichen Dasein zum Sich-Entbergen des Seins sei noch einmal Schritt für Schritt rekapituliert:

Seiendes lichtet und zeigt sich *im Horizont eines vorgängigen Seins- bzw. Weltentwurfs*, welcher mit dem Auftreten von Dasein faktisch gegeben ist, so hieß es in *Sein und Zeit*. Daß Seiendes innerhalb einer Welt begegnet, darf freilich nicht statisch verstanden werden, sondern muß als Geschehen aufgefaßt werden. Deshalb formulierte Heidegger denselben ontologischen Sachverhalt sofort auf das Geschehen von Geschichte hin aus. So lautete es: Das Geschehen des innerweltlich Seienden, das Weltgeschichtliche, *setzt das Geschehen von Welt voraus*, das selber eine Geschichte hat, nämlich die *Welt-Geschichte*, die Abfolge geschichtlicher Welten, d.h. Seinsauslegungen (s.o. Abschn. 3.4.1). Als die eigentliche Geschichte galt Heidegger schon in *Sein und Zeit* nicht mehr das innerweltliche Geschehen, auf das sich die konkrete Historiographie und die Geschichtsphilosophie beziehen, sondern die *ontologische Welt-Geschichte*, das Weltwerden. Dieses Geschehen, das als *Wahrheitsgeschehen* aufzufassen ist, weil sich vermittels seiner so etwas wie „Unverborgenheit" (ἀλήθεια) überhaupt erst ereignet, wird nun von Heideggers Seinsdenken eigens in den Blick genommen. Allerdings wird das „Walten von Welt"[353] jetzt nicht mehr allein aus der menschlichen *Fähigkeit zum Welt-Entwurf* gedeutet, sondern im *„Geschick des Seins"* begründet, auf das hin das Walten von Welt, d.h. die gelichtete Offenbarkeit von Seiendem fortan ausgelegt wird. Das menschliche Seinsverständnis und jeder Entwurf von Welt ist demzufolge getragen davon, daß das Sein sich dem menschlichen Seinsverständnis *zuschickt* und übereignet, womit jeweils eine geschichtliche Welt ausgeprägt, d.h. ein Wahr-

---

[351] HEIDEGGER GA 10, 127.

[352] HEIDEGGER GA 6.2, 195.

[353] Das Walten von Welt und damit das Geschehen von Geschichte bindet Heidegger jetzt ausdrücklich an die Sprache: „Nur wo Sprache, da ist Welt, das heißt: der stets sich wandelnde Umkreis von Entscheidung und Werk, von Tat und Verantwortung, aber auch von Willkür und Lärm, Verfall und Verwirrung. Nur wo Welt waltet, da ist Geschichte." (HEIDEGGER GA 4, 38).

heitsbereich eingeräumt ist, innerhalb dessen sich Seiendes dem Denken zeigen kann. Der Mensch, den *Sein und Zeit* als „Geworfenheit" charakterisierte, steht nun „in der Geworfenheit"[354], d.h. in einem Seinsgeschick, so drückt Heidegger sich aus. Er steht im „Da des Seins"[355], in einer Lichtung, in einer Offenbarkeitsdimension, die er nicht autonom gesetzt, sondern von der er in Anspruch genommen wird und um deren jeweilige geschichtliche Partikularität er nicht vollständig wissen kann. „Lichtung"[356] ist *mutatis mutandis* die Nachfolgegestalt dessen, was in *Sein und Zeit* noch als „Welt" bezeichnet wurde, die jeweilige Offenbarkeit des Seienden im ganzen.[357] Der Ruf der Phänomenologie „zur Sache selbst" zielt fortan auf die Lichtung, sie ist „die Sache selbst" der Philosophie, für die allerdings die Philosophie bisher wenig Gespür zeigte.[358]

> „Und dennoch: über das Seiende hinaus, aber nicht von ihm weg, sondern vor ihm her, geschieht noch ein Anderes. Inmitten des Seienden im Ganzen west eine offene Stelle. Eine Lichtung ist. Sie ist, vom Seienden her gedacht, seiender als das Seiende. Diese offene Mitte ist daher nicht vom Seienden umschlossen, sondern die lichtende Mitte selbst umkreist wie das Nichts, das wir kaum kennen, alles Seiende."[359] „Die Lichtung selber aber ist das Sein."[360] „Das Stehen in der Lichtung des Seins nenne ich die Ek-sistenz des Menschen. Nur dem Menschen eignet diese Art zu sein."[361] „Aber wir stehen in dieser Lichtung keineswegs unangesprochen herum, sondern stehen in ihr als die vom Sein des Seienden in dessen Anspruch Genommenen. Wir sind als die in der Lichtung des Seins Stehenden die Beschickten, die in den Zeit-Spiel-Raum Eingeräumten."[362] „Nur insofern der Mensch seinem Wesen nach in einer Lichtung des Seins steht, ist er ein denkendes Wesen. Denn von altersher besagt in unserer Geschichte Denken so viel wie: dem Geheiß des Seins entsprechen und aus dieser Entsprechung das Seiende in dessen Sein durchsprechen."[363]

---

[354] Vgl.: „Aber hier zeigt sich das Rätselhafte: der Mensch ist in der Geworfenheit. Das sagt: der Mensch ist als der ek-sistierende Gegenwurf des Seins." (HEIDEGGER GA 9, 342).

[355] Heidegger interpretiert nun das in *Sein und Zeit* Gesagte um: Das Dasein ist jetzt nicht mehr Titel für das Seiende, das wir selbst sind, sondern „Wesensbereich", in dem der Mensch steht: „Um sowohl den Bezug des Seins zum Wesen des Menschen als auch das Wesensverhältnis des Menschen zur Offenheit (»Da«) des Seins als solchen zugleich und in e i n e m Wort zu treffen, wurde für den Wesensbereich, in dem der Mensch als Mensch steht, der Name »Dasein« gewählt." (HEIDEGGER GA 9, 372) Ebenso: „Das Da-sein, worin der Mensch als Mensch ek-sistiert" (HEIDEGGER GA 7, 57 f.).

[356] Vgl. HEIDEGGER ZSD, 71-80.

[357] Vgl.: „Das Sein im Ganzen, wie es uns durchwaltet und umwaltet, die waltende Ganzheit dieses Ganzen, ist die *Welt*. (...) Kraft der Sprache und nur kraft ihrer waltet Welt – *ist* Seiendes. (...) Die Sprache ist als je geschichtliche nichts anderes als das Geschehnis der an das Sein überantworteten Ausgesetztheit in das Seiende im ganzen." (HEIDEGGER GA 38, 168).

[358] Vgl. HEIDEGGER ZSD, 73.

[359] HEIDEGGER GA 5, 39 f.

[360] HEIDEGGER GA 9, 332.

[361] HEIDEGGER GA 9, 323 f.

[362] HEIDEGGER GA 10, 128.

[363] HEIDEGGER GA 10, 128.

Auf der Ebene von *Sein und Zeit* verdankte sich die Gelichtetheit des Seienden dem Entwurf von Welt. Jetzt wird umgekehrt gedacht: Das verstehende Entwerfen von Sein, das dem Menschen eigen ist, wird von der Lichtung her gedacht als das, was von der Lichtung in Gebrauch genommen wird, um als Lichtung selbst sein zu können. Die Grundstellung des Menschen zum Seienden (sein Weltverhältnis), ist jetzt mehr als nur ein menschlich Gewordenes und in diesem Sinne Endlich-Geschichtliches, sie ist jetzt *Schickung* bzw. *Entzug des Seins* selbst. Die berühmte „Kehre" des Heideggerschen Denkens besteht demzufolge darin, daß es sich von der *Offenheit des Daseins* für Sein eigens der *Eröffnung des Seins* selbst zuwendet und diese als vorgängig behauptet, ohne dabei jedoch das für das Sein geöffnete Dasein ganz aus dem Blick zu verlieren; es wird gebraucht, damit überhaupt Lichtung sein kann. Darin ist zugleich der Übergang vollzogen vom neuzeitlich transzendentalen, souverän entwerfenden Denken[364] in *das andere*, das sogenannte „andenkende" Denken; andenkend an die Wahrheit des Seins, die Unverborgenheit, die Lichtung, in der alles Seiende und auch das Dasein selbst je schon stehen.[365]

In seinen Frühwerken hat Heidegger das Denken und sein Gedachtes aus den besonderen Strukturen der dem Dasein eigenen *Zeitlichkeit* und *Geschichtlichkeit* bestimmt, jetzt werden beide als vom Sein „ereignet" aufgefaßt. In der durchgehend transzendentalphilosophisch geprägten Fundamentalontologie kam das Sein nur aus der Perspektive der *Transzendenz des Daseins* in den Blick. Jetzt wird die Offenheit des Daseins für Sein rückgegründet in der vorgängigen *Eröffnung des Seins* selbst, die freilich vom Dasein übernommen und ausgetragen wird. Was hat sich damit verändert? Offensichtlich hält Heidegger die Grenzen der *Offenständigkeit des Daseins für Sein* nicht länger für die *Offenheit des Seins* selbst, wovon Metaphysik und Fundamentalontologie aber durchaus ausgegangen waren.

Warum Heidegger in der Offenständigkeit des Denkens für Sein das Sein immer nur als *verborgenes* Sein anwesen sieht, das sich nie *völlig* entbirgt, sondern mit sich *zurückhält*, erklärt sich unter anderem aus folgendem Motiv: Heidegger kann nicht mehr wie selbstverständlich annehmen, daß sich in einer konkreten geschichtlichen Form von Offenständigkeit des Daseins für Sein, d.h. in einer bestimmten Seinsauslegung, die *ganze* Wahrheit des Seins erschöpft. In Umkehrung auf das Sein hin formuliert heißt dies: Das Sein entbirgt sich dem menschlichen Denken wohl nie vollständig. Es muß vielmehr damit gerechnet werden,

---

[364] Vgl.: „Kein Versuch, das Wesen der Unverborgenheit in der »Vernunft«, im »Geist«, im »Denken«, im »Logos«, in irgendeiner Art von »Subjektivität« zu begründen, kann je das Wesen der Unverborgenheit retten." (HEIDEGGER GA 9, 238).

[365] Vgl.: „Die Frage: »Was ist Metaphysik?« versucht nur das eine: die Wissenschaften [und die Metaphysik (r.h.)] zum Nachdenken darüber zu bringen, daß sie notwendig und darum jederzeit und überall auf das ganz Andere zum Seienden ... treffen. Sie stehen ohne *ihr* Wissen schon im Bezug zum Sein. Sie empfangen nur aus der jeweils waltenden Wahrheit des Seins ein Licht, um das von ihnen vorgestellte Seiende *als ein solches* erst sehen und betrachten zu können." (HEIDEGGER GA 9, 420 f.).

daß in jeder Entbergung das Sein auch an sich hält.[366] Damit ist nun der Weg frei für die These, dem menschlichen Verstehen zeige sich Sein in *geschichtlich wandelnder* Weise, wodurch sich jeweils eine andere Welt ausprägt.[367] Dieser Gedanke, der das Herzstück von Heideggers Seinsgeschichte ausmacht, weil in ihm der Anspruch auf Wahrheit des Denkens und die Einsicht in dessen Geschichtlichkeit und Endlichkeit vermittelt sind, sei für einen Augenblick noch zurückgestellt zugunsten der Frage, welche Konsequenzen Heideggers neues, seinsgeschichtliches Denken für seine Einstellung zur Fundamentalontologie und zur abendländischen Metaphysik hat.

4.4 Verwindung der Metaphysik in ihren bislang unbedachten Ursprung

Die Offenbarkeit des Seienden gründet nun nicht mehr wie in *Sein und Zeit* in der ekstatisch-horizontalen Zeitlichkeit des Daseins, sondern diese entspringt umgekehrt aus der Lichtung des Seins, allerdings so, daß das Dasein infolge seines ekstatischen Offenstehens für die Lichtung diese als seinen eigenen Aufenthaltsbereich übernimmt. Mit der Kehre tritt Heideggers Denken also ein in den Bereich der vorgängigen *Offenbarkeit,* der ἀλήθεια, der Un-Verborgenheit und Lichtung, kraft deren sich Seiendes für ein Denken erst lichtet. In dieser Zukehr zur *Wahrheit des Seins* vollzieht Heidegger zugleich eine Abkehr von der Metaphysik,[368] welche das Sein immer nur von der Transzendenz des Daseins aus dachte. Zwar bemerkte die Metaphysik zu Recht, daß das Sein als das „*transcendens schlechthin*"[369] zu denken ist. Doch entging ihr, daß das Sein selbst ganz und gar *kein Seiendes* ist, sondern „das ganz Andere zum Seienden"[370], sprich die *Bedingung* für dessen Sich-Zeigen. Deshalb irrte sie, als sie das Sein einfach als das *höchste Seiende* ansetzte. Sie versäumte die *ontologische Differenz* von Sein und Seiendem in der notwendigen Schärfe zu beden-

---

[366] Vgl.: „Von der recht gedachten »Existenz« her läßt sich das »Wesen« des Daseins denken, in dessen Offenheit das Sein selbst sich bekundet und verbirgt, gewährt und entzieht, ohne daß sich diese Wahrheit des Seins im Dasein erschöpft oder gar mit ihm sich in eins setzten läßt nach der Art des metaphysischen Satzes: alle Objektivität ist als solche Subjektivität." (HEIDEGGER GA 9, 373 f.); ebenso HEIDEGGER GA 6.2, 443. Zum Verhältnis von Verbergung und Entbergung siehe *Heidegger GA 9*, 177 ff.; zu Heidegger und Parmenides vgl. HELD 1980.

[367] Als Apriorismus aufgefaßt, gibt Heideggers Philosophie folgende Neuerung zu erkennen: Während traditionell ein Apriori durch Notwendigkeit und (diachronische) Universalität (d.h. Ewigkeit und Unveränderlichkeit) gekennzeichnet war, verzichtet Heidegger auf die letzte Eigenschaft. Aprioris sind nur mehr synchron (als epochale Paradigmen) verbindlich (vgl. LAFONT 1994, 337). Diese Ansicht bereitet sich schon in *Sein und Zeit* vor, wo Heidegger die gängige Meinung kritisiert, Aprioriforschung sei Spezifikum nur der Transzendentalphilosophie: „Der »Apriorismus« ist die Methode jeder wissenschaftlichen Philosophie, die sich selbst versteht. Weil er nichts mit Konstruktion zu tun hat, verlangt die Aprioriforschung die rechte Bereitung des phänomenalen Bodens." (HEIDEGGER GA 2, 67, Anm. 9).

[368] HEIDEGGER GA 9, 380.

[369] HEIDEGGER GA 2, 51, vgl. GA 9, 336 f.

[370] HEIDEGGER GA 9, 419.

ken. So geriet ihr, ausgehend von der Transzendenz des Daseins, das Sein zu einer Art „absolutem Dasein", zum höchsten Seienden, zum zeitlos immergleichen Seienden.[371]

Indem also die Metaphysik alles Seiende im Sein gründete, gründete sie dieses zugleich im höchsten Seienden. Diese Art des Denkens ist für Heidegger nun Ausdruck des „Willens zur Macht", mit anderen Worten: Es handelt sich um eine „Produktion des Seins"[372], die von vornherein das Sein reduziert auf das, „was vom Seienden her vorgestellt, dieses übersteigt und innerhalb des Überstiegs auf das Seiende zurückwirkt, sei es als der Grund des Seienden, sei es als dessen Verursachung"[373]. Hier wird also das Sein für die absolute Gründung des Seienden verzweckt, weil nur das so gegründete Seiende als verfügbarer Bestand für ein Ge- und Verbrauchen von seiten des Menschen herhalten kann. Um deutlich zu machen, daß Sein nicht darin aufgeht, (zeitlos gleicher, immer*seiender*) Grund des Seienden zu sein, schreibt Heidegger es nun für eine gewisse Zeit mit Ypsilon.

„Aus dem Seienden ist das Seyn nie erklärbar [obschon die Ontotheologie dies versucht (r.h.)], weil die Wesung des Seyns in das Abgründige weist [d.h. weil das Sein selbst nicht gegründet werden kann, z.B. im höchsten Seienden (r.h.)], das jede Berufung auf Seiendes versagt, indem der Abgrund einzig in das Seyn nötigt."[374]

Insofern nun die Fundamentalontologie von *Sein und Zeit* das Sein immer noch von der Transzendenz des Daseins aus denkt, muß Heidegger sie ab sofort für eine Form von Metaphysik halten.[375] Heideggers Übergang von der Fundamentalontologie zur Seinsgeschichte ist demzufolge beides: Entthronung der neuzeitlichen Subjektivität und ineins damit Zurücklassen des ontotheologischen Seinsbegriffs der abendländischen Metaphysik zugunsten eines Denkens, das nun eigens die Wahrheit des Seins (bzw. Seyns) bedenkt, ohne sie sogleich als die Wahrheit des Seienden mißzuverstehen. Weil die Metaphysik die Wahrheit des Seins, das Geschehen der Unverborgenheit, stets als etwas Selbstverständliches hingenommen hatte, blieb es ihr verborgen, obgleich es doch der Grund war, in dem sie immer schon wurzelte. Das seinsgeschichtliche Denken versucht nun, die Metaphysik in diesen ihren Grund, die Wahrheit des Seins, zurückzunehmen. Die Metaphysik kann fortan nicht mehr als die Geschichte der Wahrheit überhaupt gelten, sondern nur noch als *jene* Geschichte, in der das Denken das Sein als die Wahrheit des *Seienden* dachte, die Wahrheit des *Seins selbst* jedoch ungedacht ließ. Und da nun ferner das „historische Verrechnen" des Seienden, das den Historismus kennzeichnet, auf der Voraussetzung dieser herkömmlichen metaphysischen Art des Denkens beruht, kann einzig durch das Zurücklassen dieser auch jener überwunden werden.

---

[371] Vgl.: „Die Metaphysik anerkennt zwar: Seiendes ist nicht ohne Sein. Aber kaum gesagt, verlegt sie das Sein wiederum in ein Seiendes." (HEIDEGGER GA 6.2, 312).

[372] HEIDEGGER GA 9, 413.

[373] HEIDEGGER GA 9, 413.

[374] HEIDEGGER GA 66, 83.

[375] Der transzendentale Grundzug der hermeneutischen Phänomenologie des Daseins ist für den späten Heidegger Indiz für deren Zugehörigkeit zur Geschichte der metaphysischen Seinsprägung. Denn das Wesen der Metaphysik ist ja (das Dasein als) *Transzendenz* (s.o. Fußnote 73).

„Die Herrschaft der Historie wird nur durch die Geschichte, durch eine neue Entscheidung und erstmalige Erfragung der Wahrheit des Seyns überwunden; ja diese »Überwindung« ist schon etwas wesentlich anderes und Eigenes, so daß ihr die Überwindungsleistung gleichgültig sein und bleiben kann."[376]

4.5 Die Seinsgeschichte als Geschichte von Seins*vergessenheit* bzw. Seins*entzug* und Heideggers Stellung in ihr

Vor dem Hintergrund des bislang Erörterten kann nun endlich eine Antwort gewagt werden, auf die entscheidende Frage, was es für den späteren Heidegger heißt, in der Geschichte zu stehen. Der Heidegger der „Seinsgeschichte" denkt sozusagen nur die „Geschichtlichkeit" aus *Sein und Zeit* zu Ende, allerdings derart radikalisiert, daß nun auf dem Grunde des Daseinsvollzugs bzw. -geschehens die „Seinsgeschichte" entdeckt wird, d.h. die Geschichtlichkeit der apriorischen Entwürfe und darin der Seinswahrheit selbst. Das ist *die* Geschichte, in die sich der Denker Heidegger wie in ein Schicksal gestellt sieht. Es ist dies natürlich die Geschichte des abendländischen Denkens. Heidegger will sie aus dem Geschick des Seins verstehen, das bei aller Entbergung sich selbst entzieht und zurückhält. Historismus und Nihilismus werden so – selber historisiert – als Folge der „Seinsverlassenheit" verständlich.

„Die seinsgeschichtliche Erinnerung mutet dem geschichtlichen Menschentum zu, dessen inne zu werden, daß *vor* aller Abhängigkeit des Menschen von Mächten und Kräften, Vorsehungen und Aufträgen, *das Wesen des Menschen in die Währnis des Seins eingelassen ist.*"[377]

Das weltgeschichtliche Geschehen sieht Heidegger also über seine Zentrierung im Daseinsgeschehen hinausweisen auf den Vorgang gleichzeitiger Entbergung und Verbergung des Seins, auf das *Wahrheitsgeschehen*, die *Lichtung*, infolge deren überhaupt erst so etwas wie eine Welt waltet, d.h. ein Bereich eingeräumt ist für das Erscheinen von Seiendem. Weil sich nun aber das Sein dem Verstehen geschichtlich je anders zuschickt und ereignet, erscheint natürlich auch das Seiende je anders gelichtet, es prägt sich *epochal* je anders aus.

„In der Rede vom Seinsgeschick besagt »Sein« nichts anderes als: Sichzuschicken der lichtenden Einräumung des Bereiches für ein Erscheinen des Seienden in je einer Prägung bei gleichzeitigem Entzug der Wesensherkunft des Seins als solchen."[378]

Das Geschehen der Wahrheit ist also ein Vorgang des gleichzeitigen Eröffnens und Verbergens von Sein, d.h. von Sinn und Wirklichkeit, wodurch jeweils eine neue Weltsicht, ein neues Verständnis von Sein in die Wege geleitet ist, das zugleich andere Möglichkeiten des Seins- und Selbstverständnisses verbirgt. Es handelt sich bei der Seinsgeschichte demnach um ein grundlegendes, Welt und Wirklichkeit jeweils neu erschließendes, schicksalhaftes Geschehen, das allen anderen Geschehnissen und Vorkommnissen, die nun in dieser neuen

---

[376] HEIDEGGER GA 66, 169 f.
[377] HEIDEGGER GA 6.2, 440.
[378] HEIDEGGER GA 10, 131.

Weltsicht möglich werden, zugrunde liegt. Die konkrete Beschaffenheit einer epochalen Prägung ist natürlich abzulesen nicht *irgendwo*, sondern an der jeweiligen Art der *Offenheit des Daseins* für Sein. Die Offenständigkeit des Daseins und das epochale Sichzuschicken des Seins korrelieren einander, Dasein und Sein brauchen einander.[379]

Heideggers Philosophie überschreitet also durch ein radikalisiertes Weitertreiben der Seinsfrage die Orientierung am Seinsverständnis des menschlichen Daseins und damit die transzendentale Fragestellung und gelangt dazu, das Da des Seins im (Seinsverständnis des) Menschen als ein *Seinsgeschehen* aus der *Seinsgeschichte* zu verstehen. Diese Veränderung zeitigt natürlich unmittelbare Konsequenzen in Heideggers Terminologie. Der Begriff „Geschichte" wird fortan nicht mehr zuerst auf das Dasein bezogen, sondern auf das Sein selbst. Des weiteren soll Geschichte, wo vom Sein die Rede ist, nicht mehr als ein „Geschehen" aufgefaßt werden, es muß als „Geschick" verstanden werden, als das Sich-Schicken des Seins, das freilich der freien Übernahme durch den Menschen bedarf, um als Lichtung zu sein. Dementsprechend treten bei Heidegger nun auch die Worte „Geschichtlichkeit" und „Geschehen" zurück und werden durch andere Begriffe ersetzt wie „Geschicklichkeit" und „Geschick". Dies hatte sich bereits in den Geschichtlichkeitsparagraphen von *Sein und Zeit* angedeutet, wo das Schicksal des einzelnen rückgebunden wurde in das Geschick überindividueller Größen.[380]

Alles Geschehen der Geschichte beruht nun im Seinsgeschick, dem ursprünglich Geschichtlichen. Sich schickend, steht es nicht etwa – platonisch – über den geschichtlichen Konkretionen und entläßt diese aus sich, sondern es ist selbst das Sich-Schicken, es ist selbst geschichtliche Konkretion, sich allerdings dabei stets auch zurückhaltend.[381] Heidegger legt Wert darauf, daß das „Un-" der Unverborgenheit, d.h. der Rückbezug auf eine Verborgenheit, von welcher alles Entbergen und Zutagetreten des Seins seinen Ausgang nimmt, stets mitgedacht wird. Warum Heidegger so denkt, hatte sich oben bereits angedeutet. Die epochalen Seinsschickungen müssen deshalb immer auch als Seinsverbergungen verstanden werden, weil sie, indem sie das Seiende in je einer Weise lichten, es in anderer Weise verbergen. Die Entbergung erfolgt in geschichtlich wechselnder Weise, aber nie vollständig. Das Seiende steht demzufolge immer im „Urstreit von Lichtung und Verbergung"[382]. Dieses Wahrheitsgeschehen wird von Heidegger fortan auch als ein „Geviert" thematisiert; es

---

[379] Vgl. HEIDEGGER GA 5, 338.

[380] Vgl. HEIDEGGER GA 2, 508.

[381] Vgl.: „Das eigentliche Rätsel der Geschichte aber besteht darin, daß sie, die als ein das Menschsein wandelndes, ihm überlegenes Schicksal erscheint, doch immer nur *im Menschen* geschieht. Was sich hier schicksalhaft gibt oder versagt, ist ja nichts anderes als die uns aufgehende oder sich verbergende Möglichkeit, das Seiende zu verstehen, also die »Lichtung«, von der Heidegger spricht, und innerhalb deren allein der Mensch als solcher »existieren« kann. Die Geschichte ist, so verstanden, das Sich-Ereignen der »Wahrheit«, so wie es sich im »Gestaltwandel« der Götter und der Menschentümer vollzieht." (KRÜGER 1949, 126).

[382] HEIDEGGER GA 5, 42.

ist dies der Streit von *Erde* und *Welt* (Himmel), *Sterblichen* und *Göttlichen*.[383] In sich ein Geschehen von Wahrheit und Entbergung, kann Geschichte so ein Raum zugleich auch der *Verbergung* des Seins sein, der *Verstellung* des Seienden durch anderes Seiendes und des Sich-Versehens des Menschen, kurzum ein Raum der Irre und Beirrung, als welcher die Geschichte lebensweltlich ja für gewöhnlich auch erfahren wird.

„Die offene Stelle inmitten des Seienden, die Lichtung, ist niemals eine starre Bühne mit ständig aufgezogenem Vorhang, auf der sich das Spiel des Seienden abspielt. Vielmehr geschieht die Lichtung nur als ... Verbergen. Unverborgenheit des Seienden, das ist nie ein nur vorhandener Zustand, sondern ein Geschehnis."[384]

Heideggers Spätphilosophie vollzieht sich als Rückgriff auf ein transsubjektives Sein, das sich geschichtlich wechselnd entbirgt, seinen Reichtum in unterschiedlichen Welten ausprägt, sich selbst dabei aber stets zurückhält. Weil es selbst kein *Seiendes* ist, tritt es nicht sichtbar ins Spiel, sondern hält sich von allem Anfang an verborgen. Alle Entbergung geht einher mit einem dem Sein eigenen Entzugscharakter – das Sein gewährt sich, indem es sich entzieht. Die Aufeinanderfolge einzelner Schickungen bildet nicht selbst wieder eine Geschehenseinheit nach Art einer Übergeschichte oder gar Fortschrittsgeschichte. Vom Paradigma des Geschehens aus ist die Seinsgeschichte überhaupt nicht zu verstehen, beteuert Heidegger.[385] Deshalb will er unbedingt das Prozeßhafte aus dem Geschichtsbegriff ausgemerzt wissen, wo er sich auf die Seinsgeschichte bezieht. Geschehen, d.h. Werden und Vergehen, gibt es nur auf der *einen* Seite der ontologischen Differenz, der Ebene des Seienden, des Ontischen, in der sogenannten „Folgeordnung des Seienden"[386], welche Gegenstand des naturwissenschaftlichen und historischen Erklärens ist und auch der herkömmlichen Philosophiegeschichte, die ja in Vergessenheit der ontologischen Differenz immer nur Seiendes, nicht aber die Wahrheit des Seins bedenkt.[387] Demgegenüber soll die Aufeinanderfolge von

---

[383] Der hier genannte Urstreit macht nach Heidegger auch den Inhalt des Kunstgeschehens als eines Wahrheitsgeschehens aus, vgl. HEIDEGGER GA 5, 25 ff. Zum „Geviert" vgl. die Aufsätze im II. Teil von HEIDEGGER, GA 7, 127-204.

[384] HEIDEGGER GA 5, 41; vgl. auch HEIDEGGER GA 38, 158.

[385] Vgl.: „Wir stellen die Geschichte in den Bereich des Geschehens, statt die Geschichte nach ihrer Wesensherkunft aus dem Geschick zu denken. Geschick aber ist wesenhaft Geschick des Seins, so zwar, daß das Sein selber sich schickt und je als ein Geschick west und demgemäß sich geschicklich wandelt." (HEIDEGGER GA 79, 69) Auch: „Die Geschichte geschieht nicht zuerst als Geschehen. Und dieses ist nicht Vergehen. Das Geschehen der Geschichte west als das Geschick der Wahrheit des Seins aus diesem." (HEIDEGGER GA 9, 335).

[386] HEIDEGGER GA 20, 102. Alles genealogische Denken versperrt den Weg zum ursprünglichen Geschick, weil das, was es im Rückgang als Ursprung herausarbeitet, stets relativ bleibt auf das aus ihm Entsprungene. Es verrechnet nur die zeitliche Entstehungsfolge von Seiendem aus Seiendem innerhalb eines Seinsentwurfs, nämlich desjenigen der Metaphysik. Der Ursprung (der Metaphysik) wird so nicht an ihm selbst gedacht (vgl. MARION 1983, 182).

[387] Vgl.: „Mit dem Entwurf des Seyns als Ereignis ist erst auch der Grund und damit das Wesen und der Wesensraum der Geschichte geahnt. Die Geschichte ist kein Vorrecht des Menschen, sondern ist das Wesen des Seyns selbst. Geschichte spielt allein im Zwischen der Entgegnung der Götter

Seinsschickungen der Seinsgeschichte gerade nicht als *Geschehen* aufgefaßt werden, über das „Seinsgeschichten"[388] erzählbar wären, sondern als *Geschick*. Mit „Seinsgeschichte" ist kein gegenständlich vorstellbarer, „abrollender Verlauf von Verwandlungen eines losgelöst für sich bestehenden Seins"[388] gemeint, vielmehr handelt es sich um „Stöße des Seins"[389], die jeweils eine Wahrheit des Seins, d.h. eine Welt gründen, also um je einmalige, aus den Strukturen vorhergehender, früherer Formen der Schickung nicht ableitbare Ereignisse. Solche Stöße des Seins sind selten, betont Heidegger.

„»Geschichtszahlen« sind lediglich das herzugebrachte Leitband, an dem menschliches Rechnen die Begebenheiten aufreiht. Diese besetzen immer nur den Vordergrund der Geschichte, der allein der Erkundung (ἱστορεῖν) zugänglich bleibt. Dieses »Historische« ist aber nie die Geschichte selbst. Geschichte ist selten. Geschichte ist nur dann, wenn je das Wesen der Wahrheit anfänglich entschieden wird."[390]

Heidegger versucht nun, einzelne epochale Momente der Geschichte des abendländischen Denkens als ein solches Zusammenspiel von Seinsgeschick und Übernahme in den Weltentwurf des Denkers zu lesen. Die Philosophie gerät so für Heidegger zu einem „Andenken an die Geschichte", d.h. zur Philosophie-Geschichte, doch, wie gesagt, nicht aus rein *historischem* Interesse, sondern allein deshalb, weil die Wahrheit des Seins selbst als Geschick geschieht.

„Die Geschichte des Denkens ist noch Anderes als nur Historie wechselnder Meinungen und Lehren der Philosophen. Die Geschichte des Denkens ist die Beschickung des Wesens des Menschen aus dem Geschick des Seins."[391] „Wenn Platon das Sein als ἰδέα und als κοινωνία der Ideen vorstellt, Aristoteles als ἐνέργεια, Kant als Position, Hegel als den absoluten Begriff, Nietzsche als Willen zur Macht, dann sind dies nicht zufällig vorgebrachte Lehren, sondern Worte des Seins als Antworten auf einen Zuspruch, der in dem sich selber verbergenden Schicken, im »Es gibt Sein« spricht. Jeweils einbehalten in der sich entziehenden Schickung wird das Sein mit seiner epochalen Wandlungsfülle dem Denken entborgen."[392]

Für Heidegger gibt es nicht ein „systematisches" Denken und *daneben* zur Illustration eine Historie der vergangenen Meinungen. Es gibt aber auch nicht, wie Hegel meinte, *nur* eine Systematik, die das Gesetz ihres Denkens zum Gesetz der Geschichte machen und diese zugleich in das System aufheben könnte. „Es gibt, anfänglicher gedacht, die Geschichte des Seins, in die das Denken als Andenken dieser Geschichte, von ihr selbst ereignet, gehört."[393] Wie ist nun aber der Zusammenhalt der Epochen dieser Seinsgeschichte zu denken, wenn nicht nach Art einer Geschehenseinheit? Worin kommen sie überein? Indem

---

und Menschen als dem Grund des Streites von Welt und Erde; sie ist nichts anderes als dieses Zwischen. Historie erreicht daher niemals die Geschichte." (HEIDEGGER GA 65, 479).

[388] HEIDEGGER GA 10, 1139; vgl. auch HEIDEGGER ZSD, 9.
[389] Vgl. HEIDEGGER GA 66, 251.
[390] HEIDEGGER GA 4, 76.
[391] HEIDEGGER GA 10, 128 f.
[392] HEIDEGGER ZSD, 9 f.
[393] HEIDEGGER GA 9, 335.

Heidegger alles Ontische in der Philosophiegeschichte einklammert – das Aufzählen der Lehren und das Bedenken der Begriffe – und die ganze Geschichte des abendländischen Denkens auf die ihr zugrundeliegende Wahrheit des Seins destruiert, die es ja als Geschick zu denken gilt, wird der tiefe Zusammenhang des abendländischen Denkens sichtbar. Bei aller Unterschiedlichkeit haben die einzelnen epochalen Momente ihren gemeinsamen Nenner darin, daß sie im Denken des *Seienden* das *Sein* selbst stets ungedacht lassen; in *dieser Irre* kommen sie ausnahmslos überein. Allesamt haben sie die ausdrückliche Frage nach dem Sein als solchem vergessen zugunsten der (onto-theo-logischen) Organisation des Seienden in seinem Sein, derzufolge das Sein und das höchste Seiende sich wechselseitig begründen unter dem Seinsideal immergleicher, ewiger Anwesenheit.

„Ohne die Irre wäre kein Verhältnis von Geschick zu Geschick, wäre nicht Geschichte. Die chronologischen Abstände und die kausalen Aufreihungen gehören zwar zur Historie, sind aber nicht die Geschichte."[394] „Die Folge der Epochen im Geschick von Sein ist weder zufällig, noch läßt sie sich als notwendig errechnen. Gleichwohl bekundet sich das Schickliche im Geschick, das Gehörige im Zusammengehören der Epochen. Diese überdecken sich in ihrer Folge, so daß die anfängliche Schickung von Sein als Anwesenheit auf verschiedene Weise mehr und mehr verdeckt wird."[395]

Heidegger liest nun die Geschichte der Philosophie bis hin zum Historismus und Nihilismus seiner Gegenwart als eine „Verdeckungsgeschichte"[396], als eine Überlagerung von Epochen der Vergessenheit des Seins, die er nun von der Gegenwart aus rückwärts Schritt für Schritt abtragen will, um so an ihren Anfang zu gelangen, dahin, wo das Wesen der Wahrheit „anfänglich entschieden" wurde, zur „anfänglichen Schickung", die das abendländische Denken, die Metaphysik, auf ihren Weg brachte und alle späteren Epochen offenbar zu Epochen der Seinsvergessenheit bestimmte.

„Die Geschichte ist »das Geschick«, wie das Gebirg für die Berge, der ursprünglich einigende und bestimmende Grundzug der Geschicke des Schicksals."[397] „Die Geschichte des Seins beginnt mit der Seinsvergessenheit, damit, daß das Sein mit seinem Wesen, mit dem Unterschied zum Seienden, an sich hält. Der Unterschied entfällt. Er bleibt vergessen."[398]

Weil die abendländische Metaphysik eine Aufeinanderfolge von Figuren des Nichtgedachtseins des Seins zu sein scheint, ist sie offenbar seit Anbeginn latent nihilistisch.[399] Diese Seinsvergessenheit interpretiert Heidegger indes nicht als *Mangel des Denkens*, sondern

---

[394] HEIDEGGER GA 5, 337.

[395] HEIDEGGER ZSD, 9.

[396] HEIDEGGER GA 63, 75.

[397] HEIDEGGER GA 4, 106.

[398] HEIDEGGER GA 5, 364.

[399] Vgl.: „Aber wo ist der eigentliche Nihilismus am Werk? Dort, wo man am geläufigen Seienden klebt und meint, es genüge, das Seiende wie bisher als das Seiende zu nehmen, das es nun einmal ist. Damit weist man aber die Frage nach »dem Sein zurück und behandelt das Sein wie ein Nichts (nihil), was es auch in gewisser Weise »ist«, sofern es west. In der Vergessenheit des Seins nur das Seiende betreiben – das ist Nihilismus." (HEIDEGGER GA 40, 212).

noch einmal eigens als Geschick, als *das* Geschick schlechthin, in dem alle Epochen der Metaphysik übereinkommen. Daß der Unterschied zwischen dem gelichteten Seienden und seiner Voraussetzung – dem Sein – in der abendländischen Denkgeschichte bislang unerkannt blieb, gründet nicht in der Mangelhaftigkeit menschlichen Erkenntnisvermögens. Es ist kein Fehler des menschlichen Denkens, sondern Geschick des Seins selbst. Es ist kein bloßer Irrtum des Menschen, sondern eine *Beirrung,* die zustande kommt dadurch, daß sich das Sein, indem es sich schickt, zugleich verbirgt. Es gehört zum Wesen des Seins, an sich zu halten und sich zu entziehen.[400] Hinter dem Nihilismus, aufgefaßt als ein „Nicht-Bedenken des Seins", steht also das sich verbergende Sein selbst. In aller Schickung hält es mit sich zurück zugunsten seiner Gabe, der Lichtung des *Seienden.* Erst sein Verbergen veranlaßte seine Auslassung durch das Denken.[401] Nur weil es sich selbst entzog, wurde es vergessen bzw. mißdeutet. Wenn bislang die Wahrheit des Seins, in der alles Seiende und auch das Dasein immer schon steht, nie eigens bedacht wurde, so ist offenbar genau dies das Geschick, welches dem abendländischen Denken beschieden war und welches es am Ende der Metaphysik ausdrücklich zu bedenken, in welches es einzukehren hat. Der Nihilismus ist als „Geschichte ... das Geschick des Seins selbst"[402].

„Seinsgeschichte heißt Geschick von Sein, in welchen Schickungen sowohl das Schicken als auch das Es, das schickt, an sich halten mit der Bekundung ihrer selbst. An sich halten heißt griechisch ἐποχή. Daher die Rede von Epochen des Seinsgeschickes. Epoche meint hier nicht einen Zeitabschnitt im Geschehen, sondern den Grundzug des Schickens, das jeweilige An-sich-halten seiner selbst zugunsten der Vernehmbarkeit der Gabe, d.h. des Seins im Hinblick auf die Ergründung des Seienden."[403]

Daß im Anbeginn der abendländischen Philosophie das sich dem Denken zuschickende Sein zugunsten der Vernehmbarkeit seiner Gabe – des gegründeten Seienden – an sich hielt, interpretiert Heidegger nun als „*das Ereignis*". Es ist jener selten ergehende, ja im Grunde bislang nur einmal ergangene „Stoß des Seins", die Voraussetzung schlechthin, die alles nachfolgende Denken noch trägt, auch den scheinbaren philosophischen Neuanfang bei

---

[400] Wenn Heidegger nach der Kehre den Verborgenheitscharakter der Offenbarkeitsdimension „Welt" eigens bedenkt – die Lichtung verbirgt sich zugunsten des gelichteten Seienden – so gelangt darin auch die Phänomenologie in ihr Ziel. Das zeigt HELD 1988, 111-139: „Aus der Forschungsmaxime »Zu den Sachen selbst« ... konnte man zwar den Verbergungscharakter schon heraushören; denn die Aufforderung, die Sachen selbst, die Phänomene, ans Licht zu bringen, war nur unter der Voraussetzung sinnvoll, daß eben diese Sachen normalerweise verborgen bleiben. Husserl hatte diese Verborgenheit aber der Gegenstandsbefangenheit des Bewußtseins in natürlicher Einstellung zugeschrieben. Und auch Heidegger lokalisiert zunächst, in *Sein und Zeit,* die Verborgenheit noch in der Verfassung des an die Stelle des Bewußtseins getretenen Daseins, nämlich in seiner Verfallenheit. Erst mit der Kehre durchschaut Heidegger, daß die Verborgenheit zur »Sache selbst« gehört" (ebd. 124), nämlich zum Wesen der Offenbarkeitsdimension „Welt".
[401] Vgl. HEIDEGGER 6.2, 333.
[402] HEIDEGGER GA 6.2, 333.
[403] HEIDEGGER ZSD, 9.

Descartes, auch die Lebensphilosophie des 19. Jahrhunderts, die im Rückgang auf „das Leben" vermeinte, Descartes überwunden zu haben.[404]

„Die Vergessenheit des Unterschiedes, mit der das Geschick des Seins beginnt, um in ihm sich zu vollenden, ist gleichwohl kein Mangel, sondern das reichste und weiteste Ereignis, in dem die abendländische Weltgeschichte zum Austrag kommt. Es ist das Ereignis der Metaphysik. Was jetzt ist, steht im Schatten des schon vorausgegangenen Geschickes der Seinsvergessenheit."[405]

Jetzt versteht sich auch, warum in bezug auf die Seinsgeschichte nicht von einem prozeßhaften Geschehen, von Werden und Vergehen geredet werden kann. Der Stoß des Seins, der die Metaphysik und mit ihr die Wissenschaften und schließlich die „Technik"[406] auf den Weg brachte, ist nämlich kein einfacher Beginn, der heute längst aufgehört hätte. Als Anfang fängt er vielmehr unentwegt an. Er hört nicht auf anzufangen. Als *das Ereignis schlechthin* ist es das Geschick, in dem wir immer noch stehen und das immer noch auf uns zukommt. Es ist mit anderen Worten jene Konstellation von Erde und Himmel, Sterblichen und Göttlichen, die immer noch die unsrige ist.

„Der Anfang *ist* noch. Er liegt nicht *hinter uns* als das längst Gewesene, sondern er steht *vor* uns. Der Anfang ist als das Größte im voraus über alles Kommende und so auch über uns schon hinweggegangen. Der Anfang ist in unsere Zukunft eingefallen, er steht dort als die ferne Verfügung über uns, seine Größe wieder einzuholen."[407]

Für den Philosophen, der eingesehen hat, daß die ganze abendländische Denkgeschichte immer noch in dieser anfänglichen Schickung steht, ergibt sich daraus die Aufgabe, einem zukünftigen *anderen* Anfang entgegenzudenken, dafür vorzubereiten und somit zur „Gründerschaft der Wahrheit des Seins" zu gehören,[408] wohl wissend, daß *erstens* dieser mögliche andere Anfang nicht erzwungen werden kann, weil er nicht menschliches Gemächte ist, sondern Geschick des Seins, und *zweitens* das bisherige Denken sich im Wesen der Technik so sehr versteift und gegen jede Beunruhigung abgesichert hat, daß es zur Besinnung vermutlich erst dann fähig sein wird, wenn es seinen Lauf vollendet hat, wenn es ausnahmslos alles Seiende als Objekt vorgestellt und verrechnet hat, so daß ihm nur noch das Nichts bleibt, d.h. das Nichtige des von ihm selbst vorgestellten *Seienden*, wodurch der verborgene Nihilismus dieses Denkens endlich offenkundig wird.

„Erst dann wird die bisherige Geschichte im Ganzen an den nächsten Rand des Nichts gerückt, wenn in ihr das Seiende im Ganzen in die Berechnung eingegangen und in den

---

[404] Vgl. HEIDEGGER GA 66, 67.

[405] HEIDEGGER GA 5, 365.

[406] Der Ausdruck „Technik" meint die moderne, sich mehr und mehr totalitär gebärdende, rein funktionalistische Weltinterpretation, die ihren nächsten Grund im wissenschaftlichen Denken hat, aber ohne die Vorgeschichte der Metaphysik gar nicht möglich gewesen wäre.

[407] HEIDEGGER GA 16, 110.

[408] Vgl.: „Die Geschichtlichkeit des Menschentums aber gründet im Ereignis-Charakter *des Seyns*. Deshalb ist je nach der Zugehörigkeit zum Sein (Seinsvergessenheit oder Gründerschaft der Wahrheit des Seins) die *Geschichtlichkeit* des Menschen ... eine verschiedene." (HEIDEGGER GA 66, 182).

Willen verzwungen ist; dann nämlich verliert plötzlich, wenn es – im Wesen – vollendet ist, alles vor- und herstellende Berechnen jegliche Stütze an dem, was ihm noch bevorstehen könnte als Aufgabe. Fällt diese Stütze und geheime Zuflucht dahin, dann bleibt die Berechnung, d.h. das historische Tier mit sich allein inmitten des Seienden, das ihm nichts mehr zu erklären gibt. In diesem Augenblick wird alles plötzlich zu einer einzigen Leere umgestülpt. Diese aber ist gleichwohl nur die Kehrseite des Nichts, sein Unwesen, das selbst die Abgründigkeit des Nichts als Wesung des Seyns verhüllt. Doch jenes Nichts der Leere ist der erste, aber noch nicht *als solcher* vernehmbare Stoß des Seyns."[409]

4.6 Ergebnis

Die Geschichtsphilosophie der *Aufklärung* hat stets der Selbstermächtigung des Menschen das Wort geredet, die sich dann auch in Herrschaftsstrategien und verschiedenen Formen technischen Zugriffs auszeitigte. Geschichte, das war für sie das Feld des souveränen menschlichen Entwerfens und (Geschichte-)Machens, auch des Entwerfens von Sein und geschichtlicher Welt. Die konstruktivistische Geschichtstheorie des Narrativismus verschärft diese Tendenz, wenn sie sagt, Geschichte sei für uns da als Produkt freier narrativer Konstruktion. Der spätere Heidegger jedoch will Geschichte, geschichtliche Welten und alles innerweltliche geschichtliche Geschehen nur mehr im Ausgang vom Seinsgeschick gedacht wissen. Selbst den von Nietzsche diagnostizierten Nihilismus des abendländischen Denkens will er nicht zuerst als einen Mangel des Denkens auslegen, als „Seinsvergessenheit"[410], sondern aus dem Geschick des Seins und *als* Geschick des Seins deuten: als „Seinsverlassenheit"[411]. Es ist das Sein selbst, das sich entzieht und dadurch erst den menschlichen „Willen zur Macht" auf den Weg bringt, der in der späten Neuzeit schließlich unbändig wird. Indem der späte Heidegger die These vom sich entziehenden Sein in seine Philosophie hineinholt, gelingt es ihm, nicht nur die Endlichkeit des Menschen zu denken, sondern *auch noch die Endlichkeit des modernen Verlustes seiner Endlichkeit* – die geschichtliche Bedingtheit und Kontingenz der neuzeitlichen Autonomieposition –, und zwar dadurch, daß er das menschliche „Sein zum Tode" (von *Sein und Zeit*) nun obendrein als ein „Sein zum *sich verbergenden* Sein" begreift. Für den Philosophen ergibt sich von daher die Aufgabe zu erörtern, ob im Ausbleiben der Unverborgenheit des Seins nicht doch eine (neue) Ankunft des Seins geschieht.[412] Das Zurückdenken in die Wahrheit des Seins gibt sich so als ein Weg nach vorn in eine andere Zu-kunft des Denkens zu erkennen, das eventuell auch „einen Wandel des Wesens des Menschen mitveranlassen"[413] kann.

Heidegger ist sich offenbar des *geworfenen* Charakters des Menschen und seines Verstehens so sehr bewußt, daß er sein Geschichtsdenken fast völlig in der Auslegung und Aus-

---

[409] HEIDEGGER GA 66, 250 f.; vgl. GA 5, 112 f.; GA 6.2, 21.
[410] HEIDEGGER GA 9, 371.
[411] HEIDEGGER GA 6.2, 320.
[412] Vgl. HEIDEGGER GA 6.2, 332, GA 9, 415 f.
[413] HEIDEGGER GA 9, 368.

einandersetzung der uns bestimmenden und im Seinsgeschick rückgegründeten ontologischen Tradition aufgehen läßt – von der er glaubt, daß sie unseren Weltaufenthalt nachhaltig präformiert, zumal sie in Gestalt der Technik zu universaler Herrschaft gelangt ist. Die im destruktiv-erschließenden Durchgang durch die Geschichte des abendländischen Seinsverstehens gewonnene Selbstdurchsichtigkeit ist freilich nicht als *Selbsttransparenz* zu denken, sie ist vielmehr als *Einsicht in die eigenen Grenzen*, in unsere unaufhebbare Geworfenheit zu verstehen, ja als Bewußtsein unserer Endlichkeit angesichts dessen, was sich uns innerhalb der Seinsgeschichte als „Sein" zuschickt und als geschichtliche Welt zu leben aufgibt.

Durch die starke Betonung des Schicksals- bzw. Geschickcharakters menschlichen In-der-Welt-Seins[414] will Heidegger darauf aufmerksam machen, daß die Grundzüge unseres Weltaufenthalts nicht leicht veränderbar sind. Das Element der Wahl besteht hier nicht, wie es beispielsweise im Annehmen und Ablehnen wissenschaftlicher Paradigmen besteht.[415] Man gelangt zu einem bestimmten Typ von Weltauslegung eher aufgrund von Lebenserfahrung und gemeinsamer Bedeutung, als daß man ihn wählt. Man wird in eine konkrete geschichtliche Sinngestalt hineingeboren und erfindet sie nicht *ab ovo* nach eigenem Gutdünken. Anders als für viele heutige Zeitgenossen war für Heidegger stets klar, daß nur ein abstraktes Denken meinen kann, der Mensch vermöchte die eigene geschichtliche Welt abzuwählen, um sich statt dessen in andere, räumlich oder zeitlich entfernte und aus der Außenperspektive scheinbar attraktivere Sinngestalten einzuleben. Heidegger muß deshalb auch Diltheys Philosophie der Philosophie, die nicht mehr „in", sondern als historisch aufgeklärte „vor" jeder Begrenzung durch und Bindung in eine konkrete geschichtliche Welt zu stehen und alle (philosophischen) Weltdeutungen historistisch auf dem Ladentisch der Vorstellung aufreihen zu können meint, für eine ziemlich unwirkliche und abstrakte Position halten, die zudem bezüglich der Wahrheit der einzelnen Weltentwürfe ebenso großzügig wie permissiv ist. Heidegger hat sich durchaus mit anderen geschichtlichen Welten und teils auch mit fremden Kulturkreisen auseinandergesetzt. Doch es hieße, die Absicht seines seinsgeschichtlichen Denkens gehörig zu verkennen, meinte man, Heidegger beabsichtige damit, die synchrone Vielfalt der Kulturen irgendwie theoretisch einzuholen; und „Vielfalt" ist sein Problem auch diachronisch nicht, sondern gerade die Selbigkeit.

Im Historischen liegt, wenn ursprünglich erfahren, ein Gewissens- und Verantwortungssinn, formulierte Heidegger schon 1919/21. Heidegger erfährt offensichtlich die Welt, in die er geschichtlich gestellt ist, als *Schicksal* und *Anspruch* zugleich, dem es durch „Inständig-

---

[414] Vgl. „Daß diese Abfolge [geschichtlicher Welten (r.h.)] aber von der Ebene der »Weltgeschichte« auf diejenige der »Seinsgeschichte« verlagert worden ist, provozierte mannigfache Kritik. Eingewendet wurde vor allem, daß Heidegger im Zuge der Zurückweisung eines überzogenen, neuzeitlichen Autonomiebegriffs ins andere Extrem geraten ist und den Menschen nur mehr als ausgeliefert an ein Geschehen sehen kann, daß er ihm »– diesseits aller Täterschaft – einzig [...] die pure Ohnmacht des Betroffenseins übrigläßt«." (NAGL-DOCEKAL 1996, 14; zitiert wird dabei MARQUARD 1973, 25).

[415] Zum Unterschied von Paradigma und Weltanschauung vgl. MAKKREEL 1983, 57-73, bes. 63 ff.

keit"[416] zu entsprechen gilt. Freiheit ist für ihn nicht die „Ungebundenheit des Tuns und Lassens"[417], sondern das „Übernehmen des geschichtlichen Seins"[417] Der Mensch hat sich zu bewähren in derjenigen Welt, in die er geschichtlich gestellt ist. „Aufgeschlossene Bindung in das Unumgängliche bedeutet Freiheit."[417]

> „Heidegger hält die Differenz zwischen der besonderen, endlichen Sinngestalt, die zu leben uns heute möglich ist, zu anderen Sinngestalten (»Welten«) und damit zur Idee des Seins-Sinnes überhaupt durchaus offen. Aber er erfährt die erstere als ein Schicksal, in das wir uns schicken müssen und, wenn auch vielleicht im Modus der Abwehr, auch schon gefügt haben. Das Schicksal ist mächtiger als wir, vor allem weil es auch noch die Art und Weise unseres Wollens und selbst Widerstehens be-stimmt (ohne doch ein deterministisches Prinzip zu sein). Insofern können wir uns nicht wirklich über es erheben, sondern können die Zu-mutung unseres geschichtlichen Seins nur noch eigens annehmen oder nicht, sie »gelassen« sein-lassen oder vor ihr ins Irreale fliehen, wozu auch das »Ideale« gehört."[418]

In der Gegenüberstellung zu Hegels Geschichtsphilosophie wird das Besondere der Heideggerschen Lösung am deutlichsten:

> „Woher hat der Philosoph nun die Horizonte, auf die hin er das Gesamt des Erfahrbaren jeweils interpretierend entwirft? Wenn hier nicht die bloße Willkür herrschen soll, gibt es nur zwei Möglichkeiten. Entweder ist die Philosophie Rückkehr zu einem anfänglichen Beisichsein des Geistes, welches so auch der Maßstab des stufenweise vorrückenden Erkennens wäre. Das ist Hegels Lösung, nach der das Sein absolute Subjektivität und das menschliche Denken nachvollziehend-zuschauende Teilnahme daran ist. Oder aber die Philosophie ist im Grunde der Entwurf einer Welt als Entsprechung zu einem je anders »gestimmten« Anspruch des Seins, – ein Versuch der Entsprechung, der durch keine dialektischen Kriterien mehr abgesichert werden kann, jedenfalls nicht im Entscheidenden. Das ist Heideggers Lösung. Diese Lösung ist durch die historische Skepsis gegenüber der Idee ewiger Wahrheiten hindurchgegangen. Im Unterschied zu Dilthey jedoch, der alle Wahrheit in der Irrationalität des »Lebens« untergehen läßt und sich mit der Freiheit des kontemplativen Blicks tröstet, der in alle Meinungen der Vergangenheit schlüpfen kann, bleibt Heidegger, aufgrund seines Primats der Praxis (des jetzt zu lebenden Lebens) positiv auf die Idee der Wahrheit bezogen. Daß die Erschlossenheit ein Grundzug des Seins ist, ist eine These, die Heidegger mit der Metaphysik teilt, gegen allen subjektivistischen Immanentismus. Freilich kann diese These nur gehalten werden, wenn diese Erschlossenheit nicht als etwas verstanden wird, was ein für allemal ins Wissen aufgearbeitet werden kann, – sondern nur, wenn zu dieser Erschlossenheit eine ursprüngliche Verborgenheit gehört. Denn dann kann ihr Reichtum in geschichtlich wechselnden, je anderen »Welten«

---

[416] Vgl.: „Dieses Bestehen, Aus- und Durchstehen des Seins, dem wir überantwortet sind, das Stehen im Seienden als solchem, nennen wir die »Inständigkeit«. Das menschliche Sein hat seine Dauer als geschichtliches nicht dadurch, daß es wie anderes Seiendes nur fortwährend vorhanden ist, sondern indem es die Ausgesetztheit seines Seins ausdauert und in der Entschlossenheit begründet. Die Inständigkeit ist die Art und Weise, wie wir jeweils unsere Bestimmung bestehen." (HEIDEGGER GA 38, 163).
[417] HEIDEGGER GA 38, 164.
[418] HAEFFNER 1985, 377 f.

sich entfalten, von denen man sagen kann, daß sie vom Dasein jeweils entworfen werden, – aber nur deswegen, weil dieses Entwerfen in sich ein Übernehmen ist."[419]

Die Behandlung der beiden mittlerweile klassisch gewordenen Lösungsversuche auf die Frage nach dem Stehen in der Geschichte (Dilthey und Heidegger) ist nun abgeschlossen. Es folgen jetzt drei jüngere Antwortversuche, nämlich diejenigen Marquards, Baumgartners und Rüsens.

---

[419] HAEFFNER 1985, 370 f. Vgl.: „Einzig west das Seyn in der Lichtung, die es selbst ist, welche Lichtung aber nur ausstehbar bleibt in einem Entwurf, der in ihr Offenes sich wirft und der Offenheit dieses Offenen sich übereignet und ihre Gründung wagt. Dieser gründende Entwurf er-denkt die Wahrheit des Seyns und wird dabei doch nur – so anders und gegenteilig dies scheinen mag – vom Seyn selbst er-eignet." (HEIDEGGER GA 66, 50).

Kapitel III: Odo Marquard

Fast alle großen Kulturrevolutionen der westlichen Welt nach dem Zweiten Weltkrieg sind – so ein Wort Jürgen Busches – von direkten und indirekten Heideggerschülern mitinspiriert worden; also etwa die Studentenbewegung durch Herbert Marcuse und Jean Paul Sartre; die ökologische Welle durch Günther Anders und Hans Jonas; die Friedensbewegung zumindest auch durch Ernst Tugendhat. Die Postmoderne ist nicht ohne den Beitrag von Jacques Derrida vorstellbar. Auch Karl-Otto Apel und Jürgen Habermas haben in Bonn geistig bei Martin Heidegger begonnen. Zwar verstehen sich die sogenannten „Ritterschüler"[1] gerade nicht als Kulturrevolutionäre, dennoch sind auch sie, wie Odo Marquard herausstreicht, durch ihren Lehrer Joachim Ritter „weniger Cassirer-Enkel"[2] (Ritter promovierte 1925 in Hamburg bei Ernst Cassirer) als vielmehr „Heidegger-Enkel"[2]; wobei Marquard nicht ohne Selbstironie für sich beansprucht, durch seine Promotion, die aufgrund eines Auslandsaufenthaltes Joachim Ritters – Ritter lehrte von 1953 bis 1955 in Istanbul – bei Max Müller in Freiburg erfolgte, „potenziert ein Heidegger-Enkel"[3] zu sein. Der geistige Anfang bei Heidegger hat offensichtlich einer ganzen Generation von heute höchst unterschiedlichen Denkern auf die Sprünge und zu sich selbst geholfen, so nach eigenem Bekunden auch Odo Marquard.

Hat Heideggers Denken tatsächlich nachhaltig die *philosophische* Landschaft geprägt? – also nicht bloß äußerlich; die Erbfolge von Lehrer zu Schüler besagt ja an sich noch gar nichts. Marquard meint ja. In den Problemstellungen der Gegenwartsphilosophie weiß er Heideggers Denken allenthalben gegenwärtig, freilich *nur inkognito*: Man sei sich zumeist gar nicht bewußt, daß es im Grunde Heideggerthemen sind, die man bearbeite. Heideggers Fragen lassen sich offenbar nicht leicht ad acta legen; und wo sie verdrängt wurden, kehren sie pseudonym wieder; das ist es, worauf Marquard aufmerksam machen will.

> „Ich meine: diese drei Heideggerthemen und Heideggerthesen – Endlichkeit, ontologische Differenz, Seinsverbergung, aber beileibe nicht nur sie – sind im philosophischen Gegenwartsgespräch mindestens pseudonym präsent und müssen auf- und gegebenenfalls abgearbeitet werden. Heidegger, der scheinbar Vergangene, horribile dictu: er steht uns noch bevor."[4]

Wenn nun im folgenden herauszuarbeiten ist, was es speziell für Odo Marquard heißt, in der (Denk-)Geschichte zu stehen, darf die Gegenwart gewisser Heideggerscher Problemkonstellationen wohl auch für Marquard präsumiert werden. Marquardsche Philosophie vor dem Hintergrund Heideggerscher Philosophie zu lesen, scheint insofern legitim, weil ja Marquard selbst es ist, der mit der ihm eigenen Selbstironie diesen Wink zum Verstehen

---

[1] Baumgartner nennt als die wichtigsten Vertreter der Ritterschule: Lübbe, Marquard, Oelmüller, Rohrmoser und Spaemann (BAUMGARTNER/SASS 1978, 14). Hinzufügen wären Bien, Hogrebe, Maurer, Oeing-Hanhoff, Sandkühler und Willms.
[2] MARQUARD 1989b, 282; ebenso MARQUARD 1986, 67.
[3] MARQUARD 1989b, 282 f.
[4] MARQUARD 1978a, 245.

seines Werks gab. Wenn nämlich das Leben gerade auch des Philosophen sterblich ist, sagt der Skeptiker Marquard,

„... dann ist es stets zu kurz, um sich von dem, was er schon ist, in beliebigem Umfang durch Ändern zu lösen: er hat schlichtweg keine Zeit dazu. Darum muß er stets überwiegend das bleiben, was er geschichtlich schon war: er muß »anknüpfen«. Zukunft braucht Herkunft ..."[5]

1 Marquards indirekte Auseinandersetzungen mit der Philosophie Heideggers

1.1 Die Moderne als die bewahrenswerteste der uns historisch erreichbaren Welten

Marquard versucht also auf seine Weise an Heidegger anzuknüpfen. Und wo er dieses oder jenes am Heideggerschen Erbe explizit für sich „abwählt", hat er – so steht zu hoffen – seine Gründe dafür. Worin weicht Marquard von Heidegger vornehmlich ab?

Der bisherige Gang unserer Untersuchung hat gezeigt, wie Heidegger die Probleme des Historismus – die Frage nach der Geschichte, der menschlichen Endlichkeit und der Wahrheit – ontologisch radikalisierte, wie er die herkömmlichen Problemansätze auf die ihnen zugrundeliegenden, bislang unbedachten metaphysischen Vorentscheidungen destruierte und schließlich den inneren Zusammenhang des Seinsdenkens der ganzen abendländischen Philosophie noch einmal von Beginn an auf der Grundlage der nun freigelegten Prämissen – bspw. „Sein gleich Vorhandensein bzw. Anwesenheit" – aufzurollen versuchte als eine Geschichte der Seinsvergessenheit bzw. als Geschick der Seinsverbergung. Das metaphysische Denken des Abendlandes, das im Verlauf der Neuzeit in Gestalt von Wissenschaft und „Technik" zur Weltherrschaft gelangte, wurde Heidegger auf diesem Weg immer problematischer.

Marquard vollzieht dies alles nicht mit. Ontologisches Vokabular findet sich bei ihm nur vereinzelt. Auch beschränken sich seine geschichtsphilosophischen Analysen auf die *neuzeitliche* Philosophie, die nicht etwa auf ihre ontologischen Prämissen destruiert wird, wie sich zeigen wird, sondern auf verborgene *Theodizeemotive*. Vom spätmittelalterlichen Nominalismus bis zur sogenannten „Postmoderne" reicht dabei der Bogen. Auseinandersetzungen mit antiker und mittelalterlicher Philosophie (bspw. der frühchristlichen Gnosis) erfolgen nur am Rande. Als Modernitätstheoretiker ist Marquard zudem „Modernitätstraditionalist"[6]. Er will durch sein Denken dazu beitragen, daß die Moderne – auch die philosophische Moderne – als „die bewahrenswerteste der uns historisch erreichbaren Welten"[7] geschützt wird, und zwar vor überzogener Kritik und vor gegenneuzeitlichen bzw. antimodernistischen Tendenzen. Als „historisch unselbstverständliche und darum ruinierbare – Errungenschaft"[8] darf die Moderne nicht leichtfertig aufs Spiel gesetzt werden durch vage

---

[5] MARQUARD 1989, 16.
[6] MARQUARD 1989, 11; MARQUARD 1995, 94.
[7] MARQUARD 1983, 82; ebenso MARQUARD 1984b, 34; und MARQUARD 1995, 94 f. u. 107.
[8] MARQUARD 1995, 85.

„Weltverbesserungsillusionen"⁹, meint Marquard und zählt zu diesen vor allem linkshegelianische Philosophien, aber auch das postmoderne Denken.¹⁰ Bei allem gutgemeinten Willen zur Weltverbesserung gebe es nämlich für den Versuch, die Moderne zugunsten einer neuen, vermeintlich besseren Zeit hinter sich zu bringen, „keine Nichtverschlechterungsgarantie"¹¹.

Während sich also für Heidegger im Prozeß der Neuzeit der Horizont immer mehr zuzieht, weil er die technisch-wissenschaftliche Weise des Entbergens von Seiendem – das „*Ge-stell*"¹² – zur universalen Alleinherrschaft gelangen sieht, wodurch selbst noch das Ausbleiben des Seins in Vergessenheit gerät und nicht einmal mehr die Frage aufbrechen kann, ob das Sein ursprünglich (z.B. im „Geviert"¹³) nicht etwas ganz anderes sagt, nimmt Marquard die einseitig instrumentell-funktionalistisch ausgerichtete moderne Weltauslegung gleichmütig hin: Der Prozeß der neuzeitlichen Modernisierung hat gewiß schwerwiegende Defizite und Gefahren: „in der modernen Welt wird immer schneller immer mehr zur Sache"¹⁴. „Die – durch die experimentellen Wissenschaften vorangetriebene – Modernisierung verursacht lebensweltliche Verluste".¹⁵ Die geschichtlichen Herkunftswelten werden neutralisiert und Traditionen radikal aufgelöst, was einen immensen „lebensweltlichen Vertrautheitsbedarf"¹⁶ zur Folge hat. Gleichwohl findet sich bei Marquard kein Kulturpessimismus. Die Lage ist zugegebenermaßen ernst, aber nicht hoffnungslos, denn die Modernisierungsfolgeschäden erscheinen Marquard *leidlich kompensiert*. „Wer Sorgen hat, hat auch Likör"¹⁷, zitiert er heiter „Die fromme Helene" (1872) von Wilhelm Busch. Darum auch gilt Marquard die Moderne als die beste der uns lebensweltlich erreichbaren Welten. Sicher-

---

⁹ MARQUARD 1981, 15.

¹⁰ Marquard hat unmißverständlich dargelegt: Er will (trotz aller Dialektik der Aufklärung) nicht als Trommler der deutschen Postmoderne, sondern als offensiver Verteidiger sowohl der Moderne als auch der Aufklärung verstanden werden, der die Moderne allen „Postismen" (MARQUARD 1989, 18) gegenüber zu verteidigen gewillt ist, da diese offenbar einzig eine „Schwundstufe des futurisierten Antimodernismus" (ebd., 19) zu sein scheinen: Sie wollen – wie die marxistische Revolutionstheorie – die gegenwärtige Welt überwinden; nicht restaurativ zugunsten vormoderner, vermeintlich „heiler" Zustände, sondern wie diese vorwärts gerichtet, allerdings nicht mehr revolutionär, denn das postmoderne Denken verzichtet ja ausdrücklich auf alle moderne „Überwindungslogik". Gleichwohl bleibt es ihr verhaftet und ist deshalb eine ihrer „Schwundstufen".

¹¹ MARQUARD 1981, 10; ebenso MARQUARD 1983, 82.

¹² HEIDEGGER GA 7, 20; vgl. auch: „Das Geschick der Entbergung ist als solches in jeder seiner Weisen und darum notwendig *Gefahr*. (...) Waltet jedoch das Geschick in der Weise des Ge-stells, dann ist es die höchste Gefahr. (...) Wo dieses herrscht, vertreibt es jede andere Möglichkeit der Entbergung." (ebd., 27 f.).

¹³ Zum „Geviert" vgl. HEIDEGGER GA 5, 50 f.; GA 7, 174-184 und HEIDEGGER GA 12, 202-204.

¹⁴ MARQUARD 1986, 104. Marquard spielt hier weniger auf Heidegger, als vielmehr auf die Fortschreibung einer These Joachim Ritters durch Hermann Lübbe an.

¹⁵ MARQUARD 1986, 102 f.

¹⁶ MARQUARD 1986, 106.

¹⁷ MARQUARD 1986, 26.

lich dominiert in ihr die (natur-)wissenschaftlich-technische Weise des Entbergens, die „instrumentelle Vernunft"[18], wie es heute heißt. Doch zum Glück gibt es in ihr auch die Geisteswissenschaften, zu denen Marquard wie Dilthey auch die Philosophie zählt. Sie sind es, die sich vehement zur Wehr setzen gegen die Überformung aller Lebensbereiche und Denkweisen durch naturwissenschaftlich-technisches Denken. Wo sie – philosophisch-phänomenologisch – die wissenschaftliche Weltauslegung an ihren geschichtlichen Ort zurückbinden (nämlich an den Schreibtisch im neuzeitlichen Labor), brechen sie durch diese Rekontextualisierung deren Allgewalt; und wo sie – hermeneutisch-narrativ – die geschichtlichen Herkunftswelten interpretieren und wieder vertraut machen, helfen sie, die Folgeschäden der Modernisierung zu kompensieren.

„... die Gleichförmigkeiten siegen. (...) Das aber wäre – unkompensiert – ein menschlich unaushaltbarer Verlust, weil zunehmend der lebensweltliche Bedarf der Menschen nicht mehr gedeckt wäre, in einer farbigen, vertrauten und sinnvollen Welt zu leben."[19]

„Die Geisteswissenschaften helfen den Traditionen, damit die Menschen die Modernisierungen aushalten können ... Dafür brauchen sie die Kunst der Wiedervertrautmachung fremd werdender Herkunftswelten. Das ist die hermeneutische Kunst, die Interpretation: durch sie sucht man in der Regel für Fremdgewordenes einen vertrauten Kram, in den es paßt; und dieser Kram ist fast immer eine Geschichte. ... und je mehr versachlicht wird, desto mehr – kompensatorisch – muß erzählt werden: sonst sterben die Menschen an narrativer Atrophie. Das unterstreicht und präzisiert meine Grundthese: Je moderner die moderne Welt wird, desto unvermeidlicher werden die Geisteswissenschaften, nämlich als erzählende Wissenschaften."[20]

Wenn es also augenblicklich tatsächlich eine Krise der Geisteswissenschaften geben sollte,[21] so ist dies eine Wachstums- bzw. „Überforderungskrise"[22], meint Marquard. Die Geisteswissenschaften sterben nicht etwa ab, sondern können nur noch nicht mithalten mit den wachsenden Anforderungen, die infolge immer schnellerer Modernisierungen und Neutralisierungen[23] an sie gestellt werden. Der Bedarf an Kompensierung modernisierungsbedingter Vertrautheitsverluste und damit die Nachfrage nach Geisteswissenschaften, welche das durch die Auflösung der geschichtlichen Herkunftswelten heraufgeführte Sinndefizit zu kompensieren verstehen, wächst schneller als das geisteswissenschaftliche Leistungspotential.

Anders als Heidegger, der erst mit zunehmendem Alter skeptisch wird, ob gegen den universalen Siegeszug der metaphysisch-technischen Ausprägung des menschlichen Welt-

---

[18] Vgl. LÜBBE 1975, 75-120.
[19] MARQUARD 1986, 104.
[20] MARQUARD 1986, 105; vgl. auch MARQUARD 2000, 60-65.
[21] Dazu MARQUARD 1981, 23-38.
[22] Der Ausdruck „Überforderungskrise" erfolgt bei Marquard im Anschluß an LÜBBE 1978, VII, der von ihm dort zur Kennzeichnung der Gegenwartslage der Philosophie eingeführt wurde.
[23] Vom „Zeitalter der Neutralisierungen" spricht SCHMITT 1963, 79 ff.; vgl. auch MARQUARD 1983, 81.

verhältnisses überhaupt ein Ankommen ist,[24] zumal selbst die Geisteswissenschaften Ausprägungen der „Technik" zu sein scheinen, hält der Skeptiker Odo Marquard die besagte Entwicklung von vornherein für unausweichlich und freundet sich mit ihr an: Der Trend zur Versachlichung im Umgang mit allem Seienden läßt sich nicht stoppen und soll auch nicht gestoppt werden, insofern er Modernisierung, d.h. *tatsächliche Verbesserung* der Lebensverhältnisse verspricht – allerdings auch *nur* insofern er dies tut. Das sieht wohl auch Heidegger so, dessen ontologische Kritik der „Technik" ja nicht grundsätzliche Technikfeindlichkeit oder gar Antimodernismus besagt. Anders als Heidegger meint Marquard nun aber, daß die Einseitigkeit der metaphysisch-technischen Weltauslegung sowie die resultierenden Schäden und Defizite des modernen Fortschritts – Marquard spricht von bislang noch nicht getilgten bzw. grundsätzlich nicht tilgbaren *negativen* „Resten"[25] – wie von selbst einen angemessenen Ausgleich, eine Kompensation *erzwingen*. Recht besehen, meint er, sei die Lage der Dinge in der modernen Wohlstandswelt so schlecht nicht. Sie sollte daher auch nicht künstlich schlechtgeredet oder gar auf ein apokalyptisches Ende zugespitzt werden.[26] Zwischen Natur- und Geisteswissenschaften (aber nicht allein zwischen ihnen) macht Marquard also die Zusammengehörigkeitsform der Kompensation geltend. Daß die Geisteswissenschaften erst *nach* den Naturwissenschaften entstehen und sich universitär etablieren, geschieht nicht ohne Grund: Sie entstehen mindestens auch zur Ausbalancierung der Kräfteverhältnisse im Haushalt der Moderne.

„... die Geisteswissenschaften sind nicht das Opfer, sondern sie sind das Resultat der Modernisierung. Von dieser Verursachungsvermutung her riskiere ich folgende Prognose: Auch jeder weitere Fortschritt der harten Wissenschaften – der Naturwissenschaften und ihrer Umsetzung in Technologie, aber auch der experimentellen Humanwissenschaften – wird (in immer kürzerem Abstand) einen zunehmend erweiterten Bedarf an Geisteswissenschaften erzwingen; oder eben, anders gesagt: je moderner die moderne Welt wird, desto unvermeidlicher werden die Geisteswissenschaften."[27]

In Marquards Plädoyer für die Vorzüge der Moderne radikalisiert sich die Kompensationstheorie der Geisteswissenschaften seines Lehrers Joachim Ritter[28] und weitet sich zugleich

---

[24] Man denke an die viel zitierten Sätze des Spiegel-Interviews: „Nur noch ein Gott kann uns retten." (HEIDEGGER GA 16, 671).

[25] Vgl. MARQUARD 1994, 99-109.

[26] Vgl.: „Die kulturellen Entlastungen des Menschen durchlaufen – scheint es – drei Stadien: erst werden sie begrüßt; dann werden sie selbstverständlich; schließlich ernennt man sie zum Feind. ... die Entlastung vom Negativen – gerade sie – disponiert zur Negativierung des Entlastenden. Was ich mit dieser abstrakten Formel meine, erläutere ich zunächst durch drei Beispiele: Je mehr Krankheiten die Medizin besiegt, desto größer wird die Neigung, die Medizin selber zur Krankheit zu erklären; je mehr Lebensvorteile die Chemie der Menschheit bringt, um so mehr gerät sie in den Verdacht, ausschließlich zur Vergiftung der Menschheit erfunden zu sein; und: je länger Kriege vermieden werden, desto gedankenloser gilt die vorhandene Friedensvorsorge als pure Kriegstreiberei." (MARQUARD 1986, 89).

[27] MARQUARD 1986, 101.

[28] RITTER, Die Aufgabe der Geisteswissenschaften in der modernen Gesellschaft (1963); in RITTER 1974, 105-140.

aus zu einem leidenschaftlichen Plädoyer für „Gewaltenteilung" auch im Reich des Denkens: Man muß nicht das eine tun – die harte Wissenschaft und den technologischen Fortschritt – und das andere lassen – die lebensweltliche und historische Orientierung –, sondern man muß zusehen, daß beides getan wird und ein Gleichgewicht der Kräfte herrscht. So werden die Einseitigkeiten der einen durch die Stärken der jeweils anderen Seite kompensiert. Dementsprechend versteht Marquard auch seine eigene Position philosophischer Skepsis als „Sinn für Gewaltenteilung"[29], die ihm als eine der besten Errungenschaften der politisch-gesellschaftlichen Moderne gilt. Philosophische Skepsis zu vertreten, bedeutet für Marquard also so viel wie „Rechtstaatlichkeit im Bereich des Geistes" zu etablieren versuchen.

„Der skeptische Zweifel ist – wie das Wort Zweifel verrät, das mit der »zwei« auch die Vielheit enthält – jenes (schulmäßig »isosthenes diaphonia« genannte) Verfahren, zwei gegensätzliche Überzeugungen aufeinanderprallen und dadurch beide so sehr an Kraft einbüßen zu lassen, daß der Einzelne – divide et fuge! – als lachender oder weinender Dritter von ihnen freikommt in die Distanz, die je eigene Individualität."[30]

Damit ein freiheitsförderliches und individualitätsfreundliches, ausbalanciertes Kräfteverhältnis innerhalb der modernen, säkularisierten Welt und ihrer Geistesauffassung noch radikaler zum Tragen kommt, müßte nach Marquard vor allem zweierlei geschehen: Es müßte erstens der *Machbarkeitswahn* im Gefolge der naturwissenschaftlichen Weltauslegung in Schach gehalten werden durch den unausrottbaren (geisteswissenschaftlichen) Sinn für das Lebensbedeutsame, die geschichtlichen Herkunftswelten sowie für das Unveränderliche und das Unverfügbare: das Schicksal und den Zufall. Gerade letztere sind ja Kennzeichen der bleibenden Endlichkeit menschlichen Lebens, von der zu erwarten steht, daß kein wissenschaftlicher Fortschritt und kein „Programm der Absolutmachung des Menschen"[31] sie je werden überwinden können. Des weiteren müßte die oftmals intolerante und wenig selbstkritische Überheblichkeit des neuzeitlichen Geschichtsdenkens, das seit seinen Anfängen in der Fortschrittsphilosophie der Frühaufklärung die eigene Zeit, die Neuzeit, euphorisch als den einen großen Prozeß der Entmythologisierung zu inszenieren pflegt, ernüchtert werden durch den kritischen Hinweis darauf, daß auch sie nur ein „Mythos", d.h. für Marquard eine „Geschichte" unter anderen ist: nämlich die Geschichte von der „nackten, wissenschaftlichen Wahrheit"[32], die in der Umsetzung in technologische Innovation zwar höchst erfolgreich von vielen Übeln entlasten und die bewahrenswerteste der uns historisch lebensweltlich erreichbaren Welt mit heraufführen konnte, der gegenüber es gleichwohl noch andere Geschichten bzw. Weltauslegungen gibt, deren Wahrheitswert nicht zu gering veranschlagt werden sollte. Die neuzeitliche „Universalgeschichte" vom Siegeszug der wissenschaftlichen Vernunft müßte dringend aufgebrochen werden zur „Multiversalgeschichte", die auch

---

[29] MARQUARD 1986, 7; auch MARQUARD 1988a, ferner MARQUARD 1994a.
[30] MARQUARD 1986, 7.
[31] MARQUARD 1986, 123.
[32] Als solche analysiert bei BLUMENBERG 1960, 47-58.

die Perspektive der Opfer mit einbezieht, d.h. in eine Vielzahl von Geschichten, fordert Marquard.[33]

1.2 Drei Marquardthemen: Endlichkeit, Kompensation, Theodizee

Wenn wir nun zur eingangs geäußerten Vermutung zurückkehren, bei Marquard seien drei Heideggerthemen inkognito gegenwärtig – nämlich Endlichkeit, ontologische Differenz und Seinsverbergung –, so läßt sich nun in der Tat folgender Befund aufweisen:

a) Auch Marquard ist es um eine Philosophie der *Endlichkeit* zu tun. Endlichkeit wird dabei verstanden nicht mehr als Kreatürlichkeit, sondern *nachtheologisch* als die Verfassung ausschließlich des Menschen, des *homo mortalis*. Endlichkeit ist zugleich Signum des menschlichen Denkens, das keine Absolutheit für sich beanspruchen kann. In eine nicht von ihm ausgesuchte Situation „geworfen", hat der sterbliche Mensch das Vorgegebene zu „übernehmen" und zur Grundlage seines Weiterlebens in einer Spanne befristeter Zeit zu machen. „Kontingenz" lautet das moderne Stichwort für das Seinmüssen mit Unverfügbarem, das Existieren als endliches, geschichtliches Freiheitswesen. Ähnlich Heidegger gilt daher auch Marquards Kritik allen philosophischen Programmen zur Absolutmachung des Menschen und seines Denkens (s.u. Abschn. 2), wozu Marquard anfangs die klassische *Metaphysik* rechnet, aber dann hauptsächlich die spekulative *Geschichtsphilosophie* der Aufklärung und des Deutschen Idealismus (insbesondere Hegels) samt ihrer Nachfolgeformationen und „Schwundstufen" (von Marx über die Frankfurter Schule bis zur Postmoderne).[34] Insofern jedoch die Moderne die endliche Zeitlichkeit des Menschen und seines Denkens respektiert und sie zu existieren anleitet (z.B. in Gestalt der philosophischen *Anthropologie* oder des sog. *historischen Sinns*), gilt sie ihm als bewahrenswert (s.u. Abschn. 3).

b) Wenn Heideggers Philosophie auf der *Fundamentaldifferenz von Seiendem und Sein* beruht, so läßt sich immerhin eine gewisse Analogie dazu auch in Marquards Philosophie finden. Denn das *Ontische* ist für Marquard wie für Heidegger das „Verfügbare", also das, was sich dem Zugriff des Menschen beugt und als vorhandenes „Seiendes" in den Horizont menschlicher Machbarkeitsbegabung eintritt. Dazu gehört freilich auch die „Messbarkeits- und Verfügbarkeitsversion der Zeit"[35], die gezählte Zeit. Das *Ontologische* hingegen ist für Marquard das grundsätzlich „Unverfügbare", dessen man sich nicht bemächtigen kann, mit anderen Worten: das Nicht-Vorhandene, wozu Marquard im Anschluß an Yorck von Wartenburg und den *frühen* Heidegger vor allem „das Historische"[36] oder genauer: das „eigent-

---

[33] Vgl. dazu insbesondere MARQUARD 1981, 91-116, und MARQUARD 1986, 54-75.

[34] Vgl.: „Der Skeptiker zersetzt nicht, er mäßigt. Drum auch ist sein skeptischer Zweifel niemals absolute Intervention, sondern nur Intervention gegen Absolutes. (...) Die Skepsis ist – rekurrierend auf Lebenserfahrung – Respektierung der Endlichkeit und insofern Einwilligung in das Zufällige." (MARQUARD 1982, 219 f.).

[35] MARQUARD 1978a, 243.

[36] Yorck von Wartenburg war es, der Heidegger die Notwendigkeit einer exakten „Herausarbeitung der »generischen Differenz zwischen Ontischem und Historischem«" einschärfte (vgl.

lich Geschichtliche" zählt. Gemeint ist die *Faktizität des Vorgegebenen*, das sogenannte „Gewesene", und die *eigentliche Zu-kunft,* als deren Eschaton der Tod zu gelten hat. Beide sind bei Marquard pseudonym präsent unter den Titeln „Schicksal" und „Zufall". Ähnlich Heidegger beabsichtigt auch Marquard *en Detail* aufzuzeigen, daß der herkömmlichen Philosophie das „Unverfügbare", das sich dem menschlichen „Willen zur Macht" entzieht, bislang nichts galt. Es „ist" für sie nicht. Die philosophische „Vernunft etabliert sich durch Exklusionen"[37]. Sie intendiert „das Seiende und sonst – nichts"[38]. Gerade dieses Sonstige aber, das die Vernunft ausschließt, weil es für sie „nichts" ist, muß man – so meinen Heidegger und Marquard gleichermaßen – wieder ins Spiel bringen.

c) Als Grund für die Mißachtung, die dem Unverfügbaren in der klassischen Ontologie widerfuhr, machte Heidegger das „an sich haltende und sich verbergende Sein" namhaft: Nur weil sich das Sein selbst verbirgt, konnte der Mensch meinen, es gäbe allein das ihm Verfügbare und *sonst nichts.* Marquard knüpft an diese Argumentation an, *retheologisiert* allerdings den Heideggerschen Gedanken der Seinsverbergung – es ist das *göttliche* Sein, das sich dem Menschen hier entzieht –, um sodann *Theodizeemotive* für die herkömmliche Mißachtung des dem Menschen Unverfügbaren verantwortlich zu machen: Dem neuzeitlichen Menschen, sagt Marquard, blieb gar keine andere Wahl, als sich zur (transzendentalphilosophischen bzw. idealistischen) Position des absoluten „Ich" bzw. „Subjekts" aufzuschwingen, welches selbstherrlich *nur dem ihm Verfügbaren* – dem vorgestellten Seienden, dem Objekt – das Siegel des Seins gewährte und alles andere als nichtig abtat. Denn nur indem der neuzeitliche Mensch sich selbst zum autonomen Schöpfer seiner Welt und seiner Geschichte erklärte, war es ihm möglich, Gott von dem Verdacht zu entlasten, *er* sei der Schöpfer dieser mit einer ganzen Reihe von Übeln und Negativitäten durchzogenen Welt. Die Autonomieposition des neuzeitlichen Subjekts und seiner absoluten Vernunft, die auch Heidegger so sehr kritisiert, versteht sich nach Marquard also nicht allein aus dem „Willen zur Macht", sondern – wie bei Nietzsche – auch aus Theodizeemotiven: Sie entsteht mindestens auch zur Rettung des Glaubens an die Güte Gottes, der nach dem Zusammenbruch der Leibniz-Theodizee nicht anders zu retten war. Um seinen Glauben an einen gütigen Schöpfergott angesichts der nicht wegzuleugnenden Mißstände in der Welt zu bewahren, mußte der neuzeitliche Mensch die *Nichtexistenz* Gottes (hier zeigt sich die pseudonyme Präsenz der Heideggerschen „Seinsverbergung") postulieren, um sich sodann in der Form des absoluten Subjekts selbst zum Schöpfer und Seinsgeber der Welt zu stilisieren, was allerdings zur Folge hat, daß er fortan auch selbst die Verantwortung für die Übel der Welt zu übernehmen hat, resümiert Marquard. „Gott ist – angesichts der Übel – gerechtfertigt nur dann,

---

HEIDEGGER GA 2, 532 u. 528). In dieser Urformulierung ist die ontologische Differenz in ihren Intentionen noch durchschaubarer als in späteren Äußerungen Heideggers, wo nicht mehr von Ontischem und Historischem, sondern nur noch von Seiendem und Sein gesprochen wird.

[37] MARQUARD 1995, 41 f.
[38] HEIDEGGER GA 9, 105.

wenn es ihn nicht gibt: wenn nicht er, sondern ein anderer der Schöpfer ist, nämlich der Mensch. So werden die Menschen entendlicht und zur Allmacht verurteilt."[39]

Die Theodizeefrage verklammert nach Marquard das neuzeitliche Denken insgesamt: Zumeist nur latent gegenwärtig, bilden laut Marquard Theodizeemotive einen Zusammenhang zwischen dem spätmittelalterlichen Nominalismus und seinem an keine Vernunft mehr gebundenen Willkürgott und der daraus resultierenden Autonomieposition des neuzeitlichen Subjekts. Theodizeemotive stehen auch hinter der Geschichtsphilosophie. Aus Gründen der Theodizee rechnet schließlich Nietzsche mit der Autonomieposition des neuzeitlichen Subjekts ab; selbst das Denken des frühen Habermas sowie Dorothee Sölles weiß Marquard noch von Theodizeemotiven geprägt.[40] Es folgt nun ein längeres Zitat, das die pseudonyme Präsenz der genannten drei Heideggerthemen – *Endlichkeit, ontologische Differenz* von Verfügbarem und Unverfügbarem und *Seinsverbergung* alias Theodizee – in Marquards Philosophie bekundet. Es ist unseres Wissens die einzige Stelle, an der Marquard sein Verhältnis zu Heideggers Denken in dieser Ausdrücklichkeit expliziert.

„Seinsbestimmungen sind immer Zeitbestimmungen. Aber die abendländische Metaphysik – von Parmenides bis zum Wiener Kreis – verdrängt das Historische, die Unverfügbarkeitsdimension der Zeit – Zukunft als Tod, Gewesenheit als Faktizität der Vorgaben – und läßt nur das Ontische, die Gegenwart gelten: das metaphysische Seinsverständnis ist im Reiche der Zeit der Staatsstreich der Gegenwart. Zeit wird entendlicht zum Staffellauf der Gegenwart: es gab Gegenwart, es wird Gegenwart geben, da darf kein Tod dreinreden. Das Gegenwärtige ist das in Reichweite: das Verfügbare. Das metaphysische Seinsverständnis privilegiert eine Minderheit von Tatbeständen durch Zuspruch des »ist«: eben das Gegenwärtige, das Verfügbare; und zwar zunächst – griechisch – das ihm selber Verfügbare, dessen Eminenzgestalt das metaphysisch gewordene Christentum als Gott mißverstand, dann aber – in der modernen Welt – das dem Menschen (schließlich technisch) Verfügbare. Das Unverfügbare wird nichtig, zu einem Nichts. Aber warum ist das so? (...) Auf diese Frage ... antwortet Heidegger mit dem Mythos vom an sich haltenden und sich verbergenden Sein. ... das Sein entzieht sich: für die Menschen unverfügbar entmächtigt es sich selber und ermöglicht gerade dadurch die Prävalenz des Verfügbaren und ermächtigt gerade dadurch die Menschen zur Eigenmacht. (...) er reformuliert Gedanken Hölderlins und eine Erfahrung, als deren Klassiker Nietzsche gilt durch sein Diktum „Gott ist tot". Todesursache Gottes, meinte Nietzsche, ist sein Mitleid. Mitleid setzt Leid voraus: die Übel in der Welt. An dieser Frage – der Frage seines Mitleids: der Theodizeefrage Gottes an sich selber – ist Gott gestorben; denn weil es die Übel gibt, ist Gott – auch vor sich selber – nur durch seine Ohnmacht, deren Grenzfall sein Nichtsein ist, zu rechtfertigen: durch seinen Rückzug und seinen Tod. Diese philosophische Theologie des Gottestodes fing nicht bei Nietzsche an, sondern – Vorsicht!: Nominalismuslegende! – vielleicht schon dort, wo im Spätmittelalter die Allmacht Gottes überzeichnet wurde zu der eines Gottes, der die Welt nicht mehr begründet, sondern nur noch irritiert: dieser Gott entzieht sich der Welt in seine Verborgenheit und überläßt sie dadurch sich selber."[41]

---

[39] MARQUARD 1978a, 245.
[40] Vgl. MARQUARD 1978a, 245 ; MARQUARD 1981, 72-74.
[41] MARQUARD 1978a, 244 f.

Versucht sei nun eine erste, vorläufige Antwort auf die Frage, was es für Odo Marquard heißt, in der Geschichte zu stehen. Ultrakurz gesagt, läßt sich Marquards Antwort auf drei Stichworte reduzieren: Endlichkeit, Kompensation und Theodizee. Marquard selbst versteht sie als Transformationen der drei „Heideggerthemen": Endlichkeit, ontologische Differenz, Seinsverbergung. In ausführlicherer Fassung besagt dies: Zur gegenwärtigen Stunde hat der Mensch jeder Versuchung zur Absolutmachung seiner selbst zu widerstehen. Die Position des absoluten Subjektes, das sich von keiner Geschichte bedingt weiß, war erstmals in der Neu- bzw. Sattelzeit nicht zuletzt auch aus Theodizeegründen attraktiv geworden und hatte sich in der idealistischen Geschichtsphilosophie und deren Nachfolgegestalten ihren wirksamsten philosophischen Ausdruck verliehen (s.u. Abschn. 2). Insbesondere den als solche kaum kenntlichen Schwundstufen absoluten Denkens gilt Marquards Kritik. Des weiteren hat der heutige Mensch die sogenannte „conditio humana", gemeint ist die Endlichkeit und Geschichtlichkeit seiner selbst und seines Denkens, ausdrücklich anzuerkennen (s.u. Abschn. 3), wohl wissend, daß er vermutlich nicht in der besten aller möglichen Welten lebt, wohl aber in einer Welt, in der das nicht ausräumbare Grundübel, leben zu sollen mit ihm selber Unverfügbarem und Undurchschaubarem, durch die Gestaltungs- und Erkenntnismöglichkeiten, welche die endliche Freiheit im Bereich des Verfügbaren besitzt, kompensatorisch wettgemacht werden kann. Der Mensch ist nach Marquard wesensmäßig ein „homo compensator"[42], und zwar so sehr, daß sich selbst die Geschichte seines (neuzeitlichen) Denkens noch nach dem Verlaufsgesetz der Kompensation verstehen läßt (s.u. Abschn. 4.1). Im folgenden soll nun der bislang bloß skizzierte Denkweg des Skeptikers Odo Marquard, in dessen Verlauf sich geschichtsphilosophisches und anthropologisches Denken wechselseitig ausbalancieren, ausführlicher dargelegt werden.

2 Marquard als Kritiker spekulativ-metaphysischen Geschichtsdenkens

Wenn wir uns anschicken, Marquard als einen Kritiker des spekulativen Geschichtsdenkens, in dem sich die Autonomieposition des neuzeitlichen Subjekts am entschiedensten in Anschlag brachte, zu verbuchen, so wird eine prompte Stornierung solcher Kategorisierung nur insofern vermieden werden können, als von Anfang an in Rechnung gestellt wird, daß Marquards kritische Distanzierung bestimmter Weisen geschichtsphilosophischen Denkens immer zugleich auch die Verabschiedung einer frühen Etappe seines eigenen Denkwegs

---

[42] Marquards begriffsgeschichtliche Untersuchungen zum Terminus „Kompensation" kommen, verkürzt gesagt, zu folgendem Ergebnis: „der – philosophisch derzeit hochaktuelle – Kompensationsbegriff kommt nicht erst aus dem Umkreis der Psychoanalyse, er kommt als prägnantes philosophisches Konzept vielmehr aus der Theodizee des 18. Jahrhunderts: Gott nämlich – das meint die optimistische Theodizee – hat nicht nur die Übel »zulassen« müssen, er hat auch für ihre Kompensation gesorgt. Freilich: erst durch den Zusammenbruch der optimistischen Leibnizgestalt der Theodizee wurde der Kompensationsgedanke zum eigenständigen philosophischen Fundamentalgedanken: also – begriffsgeschichtlich nachweisbar – um 1750, d.h. just da, wo – durch Baumgarten – auch die Ästhetik entstand, übrigens gleichzeitig mit der Geschichtsphilosophie." (MARQUARD 1989, 113); vgl. auch MARQUARD 1989, 35-46; ferner MARQUARD 1986, 24 ff.

markiert. Hatte sich doch Marquard selbst zunächst (seine Habilitationsschrift[43] dokumentiert nach eigenen Angaben diese Phase[44] seines Denkens) mit der schwierigen, „eigentlich nicht vertretbar[en]"[45] Formation „Geschichtsphilosophie" identifiziert, da sie in ihrer Aufklärungsintention generell, also nicht bloß gegenüber der weithin ungeschichtlich sich verstehenden klassischen Metaphysik, recht zu haben und sofern die Wahrheit zu sein schien: „das war also zunächst – mit wenig Vorsicht, etwas Hegel und viel Leichtsinn – des Verfassers Absicht."[45] Diese Identifizierung ging jedoch, wie Marquard betont, nie über einen nur „indirekten Hegelianismus"[46] hinaus, sie wurde stets unter Vorbehalten vollzogen und sollte deshalb als eine Notlösung verstanden werden: „unvermeidlich, scheint es, gehören Aporien zur philosophischen Gegenwartslage, in welcher ... die Schwierigkeiten beim Versuch, ein Hegelianer zu sein, nur noch übertroffen werden durch die Schwierigkeiten beim Versuch, kein Hegelianer zu sein."[47]

Um die Rechnung nicht ohne den Wirt zu machen, gilt es demnach im Falle der Marquardschen Endlichkeitsphilosophie zur Kenntnis zu nehmen, daß „Kritik spekulativen Geschichtsdenkens" bei Marquard zunächst und zumeist *Selbstkritik*, kritische Überprüfung und nachträgliche Schwerpunktverlegung seines eigenen Denkwegs indiziert. Anderes wäre bei einem aus der hermeneutischen Schule Joachim Ritters kommenden und ihr nie ganz entlaufenen Skeptiker wohl auch nicht zu erwarten gewesen, meint Skepsis wohlverstanden doch gerade und vor allem Argwohn in bezug auf die eigenen Denkvoraussetzungen:

„Je mehr jemand selber auf dem Wege ist, die Geschichtsphilosophie zu verlassen, muß er – solange er sich dessenungeachtet mit ihr identifiziert – gerade jene Formationen kritisieren, die ihm ähnlich sind, da sie auf Wegen wandeln, auf denen er selber wandelt; er wirft ihnen vor, daß sie sind, was auch er sein könnte oder sogar ist; er moniert an ihnen sich selber."[48]

Dessen ungeachtet ist Marquard allerdings überzeugt, daß ohne jedes vorgängige geschichtsphilosophische Muster zu denken so gut wie unmöglich ist. So einfach läßt sich die Geschichtsphilosophie nicht abschütteln. Eben darum mutmaßt er, weiterhin – selbst nach längst vollzogenem Abschied von der Geschichtsphilosophie – noch stets offene Rechnungen mit dem spekulativen Geschichtsdenken begleichen zu müssen. Inwiefern dieser Ver-

---

[43] ODO MARQUARD, Über die Depotenzierung der Transzendentalphilosophie – einige philosophische Motive eines neueren Psychologismus in der Philosophie (Münster 1963), veröffentlicht als MARQUARD 1987.

[44] Vgl. dazu MARQUARD 1981, 9-14; ferner MARQUARD 1973, 24. Der „frühe" Marquard, d.h. *vor* dem Abschied von der Geschichtsphilosophie, ist antreffbar auch in den in MARQUARD 1973 enthaltenen Aufsätzen „Hegel und das Sollen" (1963), „Idealismus und Theodizee" (1965), ferner in den beiden Aufsätzen „Kant und die Wende zur Ästhetik" (1962) und „Zur Bedeutung der Theorie des Unbewußten für eine Theorie der nicht mehr schönen Kunst" (1968) aus MARQUARD 1989, 21-46.

[45] MARQUARD 1973, 20.

[46] MARQUARD 1973, 21.

[47] MARQUARD 1973, 51.

[48] MARQUARD 1973, 24.

dacht seine Berechtigung hat, ist im folgenden dann genauer auszumachen. Die Destruktion der Geschichtsphilosophie ist offenbar ein langwieriges Unterfangen.

„Seit ich die Geschichtsphilosophie offiziell verabschiedet habe, treibe ich offenbar inoffiziell nun gerade und immer mehr Geschichtsphilosophie. Diese merkwürdige Dialektik muß ich irgendwann einmal einholen, aber ich weiß noch nicht wie."[49]

2.1 Marquards Inventur der nachidealistischen Metaphysikkritik

Daß sich Marquard mit der philosophischen Formation „Geschichtsphilosophie" in ihrer linkshegelianischen Fassung anfreundete, geschah, weil sie ihm im Vergleich zur ungeschichtlich sich gebärdenden Metaphysik mit ihrer Aufklärungsintention im Recht zu sein schien. Seine Dissertation, die seit 1958 in stark gekürzter Druckfassung unter dem Titel „Skeptische Methode im Blick auf Kant"[50] vorliegt, dokumentiert seinen Ablösungsprozeß von der Metaphysik hin zur Geschichtsphilosophie.[51] Dort bemüht sich Marquard zunächst um eine Inventarisierung der von verschiedenen Seiten aus bereits gegen die Metaphysik erhobenen Einwände. Die *leitende* Perspektive, in der die Metaphysik (bei Kant) erörtert wird – *materialiter* versteht Marquard die Metaphysik als „eine gedankliche Wiederholung alles dessen, was ist"[52] –, sei allerdings diejenige Heideggers, bekundet Marquard. Marquard fragt vom Standpunkt des von Nietzsche und Marx inaugurierten und durch Heidegger etablierten Verdachts[53] aus, Metaphysik sei gerade nicht *Verwirklichung* des Menschen, sondern „mangelerzwungen[er]"[54] Ausdruck menschlicher *Selbstverfehlung*.

„Ist Metaphysik Verwirklichung oder Surrogat? Vollstreckt oder verhindert sie den Lebensvollzug? Treibt der Mensch Metaphysik, *um* oder *anstatt* Mensch zu sein? Braucht er sie, um *er selbst*, oder gerade, um *nicht er selbst* zu sein? Ist sie Beisichsein oder Selbstverfehlung?"[55]

Die Frage nach der Metaphysik werde gegenwärtig mehrheitlich zu deren Ungunsten beantwortet, resümiert Marquard. „Metaphysik ist Surrogat. Diese Antwort ist nachgerade zur Konkordienformel des gegenwärtigen Selbstverständnisses geworden".[56] Seine Dissertation

---

[49] Diskussionsvotum in OELMÜLLER 1979, 351.

[50] MARQUARD 1958.

[51] Marquards Dissertation hatte ursprünglich noch ein indirektes Votum für die Metaphysik, ein Plädoyer für die Metaphysik aus den Folgen ihrer Preisgabe, beabsichtigt. Davon hatte sie sich in der Folge jedoch verabschiedet, vgl. MARQUARD 1958, 54 (Anm. 10).

[52] Vgl. MARQUARD 1958, 11, Anm. 1. Marquard interpretiert Metaphysik, wie vor ihm auch Hegel, Feuerbach, Marx und Heidegger, mit Hilfe des „Verdopplungsbegriffs"; vgl. MARQUARD 1958, 21 (Anm. 32) u. 36 (Anm. 56).

[53] Vgl. dazu den ursprünglichen Titel der Dissertation: „Zum Problem der Logik des Scheins im Anschluß an Kant. Über Möglichkeiten und Grenzen einer kompromittierenden Genealogie der Metaphysik".

[54] MARQUARD 1958, 11 (Anm. 1).

[55] MARQUARD 1958, 11.

[56] MARQUARD 1958, 13.

beabsichtigt nun, die von seiten der nachhegelschen Philosophie allgemein gegen die Metaphysik vorgebrachten Verdachtsmomente auf gemeinsame Motive hin zu untersuchen.

Die Front der gegen die Metaphysik vorgebrachten Argumente ist komplex und vielschichtig. Die zum Teil rivalisierenden Argumente gegen die Metaphysik kommen nach Marquard jedoch in der Überzeugung überein, daß Metaphysik „die Wirklichkeit nicht zu ihrem Recht kommen läßt, vergißt, verdrängt"[57]. Metaphysik „ist Surrogat, sagen ihre Kritiker, sie verhindert durch ihren metaphysischen Text, daß in den Text der Philosophie aufgenommen wird, was aufgenommen werden muß: die Wirklichkeit und ihr Problem"[58]. Deshalb fragt Marquard weiter: „Aber was ist das – die Wirklichkeit?"[59] Ohne die den gegen die Metaphysik geltend gemachten Einwänden zugrundeliegenden Wirklichkeitsbegriffe *in extenso* zu analysieren, findet Marquard in der Geschichtlichkeit das allen nachhegelschen Wirklichkeitsbegriffen gemeinsame Motiv. So besteht offenbar zumindest in formaler Hinsicht Einigkeit unter den Metaphysikkritikern, denn Wirklichkeit wird von allen als wesentlich *geschichtlich* verstanden. Da nun aber Metaphysik als „Ousia-Denken"[60] und gedankliche Wiederholung all dessen, was ist, die Wirklichkeit zwar berücksichtigt, „die Wirklichkeit in ihrer Bestimmung als Geschichte"[61] jedoch ersetzt durch die Schau ihres immergleichen Wesens, ist sie Surrogat, denn Surrogate wollen ersetzen, und was ersetzt werden soll, fehlt. Metaphysik ist Surrogat der fehlenden, weil verweigerten Geschichte.

Darum fragt Marquard weiter: „Aber was ist das – die Geschichte?"[62] Ein eindeutiger, allen Metaphysikkritiken zugrundeliegender Geschichtsbegriff läßt sich, so fährt Marquard fort, einzig in *formaler* Hinsicht bestimmen: Geschichte ist die „Veränderung der Gegenwart zum Besseren"[63]. Formal betrachtet wäre dementsprechend die Metaphysik „Surrogat der Wendung zum Besseren"[64]. Warum aber muß die Gegenwart überhaupt zum Besseren hin verändert werden, erst dadurch wird ja die Metaphysik als Surrogat der Wendung zum Besseren nötig? Welcher Defekt läßt „ein so prominentes Surrogat wie die Metaphysik"[65] nötig werden? Es ist der Defekt schlechthin, sagt der junge Marquard mit den Worten der Linkshegelianer, nämlich die gegenwärtige „Entfremdung" des Menschen von sich selbst. Hinter ihr zeichnet sich – deutlich genug – schon die „Endlichkeit" ab, die der spätere Marquard zu seinem Thema machen wird.[66]

---

[57] MARQUARD 1958, 17.
[58] MARQUARD 1958, 16 f.
[59] MARQUARD 1958, 17.
[60] MARQUARD 1958, 13.
[61] MARQUARD 1958, 17.
[62] MARQUARD 1958, 23.
[63] MARQUARD 1958, 19 ; weiteres s.u. Abschn. 2.2.1.
[64] MARQUARD 1958, 19.
[65] MARQUARD 1958, 19.
[66] Marquard erblickt in Arnold Gehlens Bestimmung des Menschen als „Mängelwesen" eine das geschichtliche Entfremdungsproblem weiterführende biologische bzw. anthropologische Reflexion

"... die Gegenwart ist durch einen Defekt bestimmt; der gegenwärtige Mensch ist Defektwesen. Ihm fehlt, was am meisten zu ihm gehört: er selbst fehlt sich selbst. In verschiedenster Hinsicht ist er seiner eigenen Wirklichkeit fremd geworden. Diese »Selbstentfremdung« ist Selbstverweigerung im möglichen Doppelsinn dieses Wortes: Der Mensch verweigert sich selbst oder wird sich verweigert. Die verweigerte Wirklichkeit ist Geschichte. *Geschichtsverweigerung* ist die Definition der entfremdeten Gegenwart."[67]

Mit „Entfremdung" ist hier die nachhegelianische Zuspitzung jenes Problems gemeint, das Hegel selbst noch als „Entzweiung"[68] bezeichnete. Hegel spricht von der „Zerrüttung des Zeitalters"[69], in dem „die Macht der Vereinigung aus dem Leben der Menschen verschwindet"[70] und die Zeit die Totalität endgültig „zerrissen hat"[71]. Im Blick hat er dabei den nicht aufzuhaltenden Zerfall der alten Welt: des antik-mittelalterlichen Kosmos, der entsprechenden Gesellschaftsordnung sowie der Einheit des Wissens. Für Hegel ist die moderne Kultur deshalb mit sich entzweit, weil sie zu keiner neuen Einheit (mehr) fähig ist, weil sie das Göttliche und die Totalität „*neben* sich oder sich *neben* sie"[72] stellt. Nun hat aber die weitere Entwicklung aus der Entzweiung längst *Selbstentfremdung* werden lassen, meinen die Nachhegliana, was nun? Die gegenwärtige Zeit bringt das Bedürfnis nach versöhnender Veränderung zwar hervor, kann es aber nicht mehr befriedigen. Deshalb ruft sie nach zumindest philosophischer Verarbeitung der Entfremdung. So erklärt sich das Fortleben des längst überlebten Placebos „Metaphysik". Sie suggeriert eine Versöhnung, die sie selbst gar nicht leisten kann, meinen die Linkshegelianer im kritischen Rückblick auf Hegel.[73]

Die Metaphysik originiert also gerade nicht, wie meistens angenommen, im Staunen „über das Wohlsein der Welt", vielmehr stehen „Wunden" an ihrem Anfang; sie ist mangelerzwungen.[74] Ihre Aufgabe ist daher offenbar nicht Wahrheitsfindung, sondern „Linde-

---

(vgl. GEHLEN GA 3, 31 ff.; vgl. auch GEHLEN GA 4, 366-379: „Über die Geburt der Freiheit aus der Entfremdung" (1952)).

[67] MARQUARD 1958, 19.

[68] N.B.: „Entzweiung" (Hegel) ist nicht einfachhin „Entfremdung": In *jener* bleibt die Zusammengehörigkeit des Getrennten als auch die Trennung des Zusammengehörigen als eine Weise, wie sich die Vernunft in der Gegenwart zeigt, erhalten, während in *dieser* nur der Widerspruch gesehen wird, den es in neuer bzw. der Wiederherstellung alter, ursprünglicher Einheit zu überwinden gilt.

[69] HEGEL, Differenz des Fichteschen und Schellingschen Systems der Philosophie (1801). In: HEGEL Bd. 2, 121.

[70] HEGEL Bd. 2, 22.

[71] HEGEL Bd. 2, 121.

[72] HEGEL Bd. 2, 23.

[73] Ritter macht darauf aufmerksam, daß diese Interpretation der Hegelschen Metaphysik Unrecht tut: Hegel selbst „hat weder diese Entzweiung und ihre reale Macht über die Menschen und ihr Bewußtsein noch den Schmerz wegzuinterpretieren versucht, der das in sie verstrickte Dasein erfüllt. Sie ist für ihn die Grundverfassung der neuen Zeit. Von dem Leiden an ihr geht seine Philosophie aus" (RITTER 1977, 213).

[74] Vgl.: „Entzweiung ist der Quell *des Bedürfnisses der Philosophie*" (HEGEL Bd. 2, 20).

rung"; ihr Pensum ist „nicht Erkenntnis, sondern Kompensation"[75]. Darin kommen laut Marquard die Kritiker der Metaphysik überein. Nötig wird die Metaphysik, weil die geschichtsentfremdete Gegenwart sich weder ertragen noch ändern kann oder ändern mag. Das mit sich selbst entzweite gegenwärtige Zeitalter ist so schlimm, „daß jede Wiederholung – und sei's in Gedanken – zur ersehnten Chance fürs Bessere wird."[76]

Metaphysik fungiert als Kompensationsorgan, folgert Marquard für sich selbst daraus. Als gedankliche Wiederholung alles dessen, was ist, verdoppelt sie die Wirklichkeit, statt sie zu ändern. Sie ist der prominenteste Typ eines faulen Kompromisses zwischen Geschichtspflicht und Geschichtsverweigerung: Sie versucht, der beschädigten Gegenwart Geschichte durch ihre Verweigerung zu präsentieren. Kurzum: „Metaphysik ist schlechte Präsenz des Verweigerten"[77]. Metaphysik ist unter der Bedingung der Geschichtsverweigerung ein unredliches Surrogat, d.h. eine nur schlechte Präsenz der verweigerten Geschichte, sprich der Wendung zum Besseren.

2.2 Marquards Schwierigkeiten mit der spekulativen Geschichtsphilosophie

Gegenüber der Ungeschichtlichkeit der Metaphysik scheint die Geschichtsphilosophie der Aufklärung und des Deutschen Idealismus, obgleich auch sie noch metaphysisch denkt, zunächst im Recht zu sein. Immerhin versucht sie, die Wirklichkeit als geschichtliche zu Bewußtsein zu bringen. Doch auch ihr und ihren Nachfolgegestalten gegenüber empfindet Marquard zunehmend Unbehagen. Seine *Schwierigkeiten mit der Geschichtsphilosophie* drückte Marquard erstmals in einem gleichnamigen Aufsatzband aus dem Jahr 1973 aus, für den er sechs einzelne, anderwärts bereits publizierte Vorträge zusammenstellte, welche in dem Jahrzehnt nach der Abfassung der Habilitationsschrift, d.h. in den Jahren von 1962 bis 1971 entstanden waren und dort bereits vertretene Thesen entfalten und aktualisieren. Dazu kommt eine eigens für diesen Band neu verfaßte einheitsstiftende Einleitung *Schwierigkeiten mit der Geschichtsphilosophie*. Sie vor allem setzt gegenüber den Positionen des frühen Marquard neue Akzente: Mit ihr versucht der Verfasser seine „Tendenzwende"[78], die Entwicklung – weg von der Geschichtsphilosophie, hin zu anthropologischen Fragestellungen – die sein Denken in diesen Jahren genommen hat, retrospektiv zu deuten. Auch die Problematik der Publikation kommt dort zur Sprache: „Also einerseits: wo alles druckt, kann Marquard sich nicht drücken; andererseits: alles, was daher von ihm bekannt geworden, ist nur das Bruchstück einer großen Konfusion".[79] Hinter diesem Bonmot verbirgt sich natürlich das Bekenntnis zu einem in sich durchaus konsequenten Denkweg: Der Band soll die problematische Identifikation mit der Geschichtsphilosophie, d.h. „die Linksabweichung

---

[75] MARQUARD 1958, 20.
[76] MARQUARD 1958, 11 (Anm. 1).
[77] MARQUARD 1958, 21.
[78] MARQUARD 1981, 14.
[79] MARQUARD 1973, 149.

des Verfassers von sich selber und deren Ende" darstellen – eben „drum auch erscheint er bei Suhrkamp"[80] und nicht, wie für den späteren Marquard üblich, bei Reclam.

2.2.1 Geschichtsphilosophie als Nachfolgegestalt der Theodizee

Was nun Marquard im einzelnen unter dem Etikett *Geschichtsphilosophie* als Teil auch seiner eigenen Denkbiographie gebündelt wissen will, liegt freilich nicht immer offen zutage, läßt sich aber aus dem Gesamt seiner Publikationen präzise erschließen.[81] Es geht ihm dabei nicht um das, was sinnvollerweise ebenfalls Geschichtsphilosophie genannt werden könnte:[82] beispielsweise die philosophische Betrachtung von Geschichte nach Art von Maximen und Reflexionen angesichts irgendwie auffälliger geschichtlicher Geschehnisse, wie sie für den Historiker Jacob Burckhardt charakteristisch ist; oder die Rickertsche Wissenschaftstheorie der Geschichte; oder die regionale Ontologie der ontologischen Region „Geschichte" eines Nicolai Hartmann; oder etwa die Heideggersche Fundamentalphänomenologie der Geschichtlichkeit des Menschen. Nicht die je neu zu leistende philosophische Auseinandersetzung mit dem stets heiklen Gegenstandsbereich *Geschichte*, sondern etwas ganz Bestimmtes, eine historisch präzise datierbare philosophische Formation hat Marquard im Sinn, wenn er von Geschichtsphilosophie spricht, nämlich

> „... diejenige, die die eine Weltgeschichte proklamiert mit dem einen Ziel und Ende, der Freiheit aller; diejenige also, die gegen das scheinbar Unvermeidliche antritt, daß Menschen vom Leiden anderer Menschen leben; diejenige, die Fortschritt sieht und will und Kritik der vorhandenen Wirklichkeit als Unterscheidung zwischen dem, was ihn fördert, und dem, was ihn nicht fördert, und die dabei mit einer letzten Krise rechnet und mit ihrer definitiven Lösung; kurz: es ist diejenige, die aufruft zum Ausgang der Menschen aus ihrer selbstverschuldeten Unmündigkeit dadurch, daß sie sich aus Heteronomien befreien und sich selber autonom zum Herrn ihrer Welt machen. Geschichtsphilosophie: das ist der Mythos der Aufklärung. Ist sie also Mythos oder ist sie Aufklärung? Da steckt die Zweideutigkeit, da liegt ihre Aporie."[83]

„Geschichtsphilosophie" meint bei Marquard somit jenes philosophische Denken, das erstmalig akut wurde zu einem bestimmten geschichtlichen Zeitpunkt: Geschichtsphilosophie ist ganz und gar Produkt der neuzeitlichen Aufklärung, ein Erzeugnis genau *dieser* Zeit, welche sich in ihrem Höhepunkt als „Fortschritt auf dem Weg der Freiheit" zelebriert. Reinhart Koselleck bestimmte sie als die sogenannte *Sattelzeit*. Seine begriffsgeschichtli-

---

[80] MARQUARD 1973, 33.

[81] Vgl. MARQUARD 1958, 23 f. u. 40-45; MARQUARD 1987, 24-26 u. 87-99; MARQUARD 1973, 14-19 u. 67-72 u. 128; MARQUARD 1981, 40 f. u. 56-58 u. 82 f. u. 133 f.; MARQUARD 1986, 77 f. u. 118-121; MARQUARD 1973a; MARQUARD 1973b und MARQUARD 1983a, 162.

[82] Eine fünfgliedrige Unterscheidung des Bedeutungsspektrums von „Geschichtsphilosophie" bietet MARQUARD 1973, 14, auf deren letzte – nämlich das genuin neuzeitliche Projekt, die Entwicklung der Menschheit als ganzer philosophisch zu deuten – es Marquard hier allein abgesehen hat. Baumgartner katalogisiert drei verschiedene Bedeutungen von „Geschichtsphilosophie" mit jeweils weiteren Ausdifferenzierungen (BAUMGARTNER 1996, 152-158); vgl. auch NAGL-DOCEKAL 1996, 7.

[83] MARQUARD 1973, 14.

chen Analysen,[84] die weitestgehend das Fundament für Marquards geschichtstheoretische Thesen bilden,[85] so sehr, daß Marquard spaßeshalber Koselleck gar als seinen „geschichtstheoretischen Hausgötzen und modernitätstheoretischen Penaten"[86] bezeichnet, konnten zeigen, daß vom Jahr 1750 an einige denkwürdige philosophische Neuerungen gleichzeitig geschehen. Zu diesem Zeitpunkt machen nämlich begriffsgeschichtlich nachweisbar sowohl der Begriff „Geschichtsphilosophie" als auch „die Geschichte" im Singular philosophisch Konjunktur. Darin deutet sich die Entstehung einer im weiteren Verlauf sogar zur Fundamentalphilosophie avancierenden, neuen Disziplin an, die sich selbst bei Voltaire „Philosophie de l'histoire" (1765) nennt und die eben nicht an den vielen einzelnen, sondern gerade an der einen universalen Menschheitsgeschichte interessiert ist, jener Geschichte, die deshalb universal ist, weil sie alle Geschichten in eine wendet, in die eine einzige Fortschritts- und Vollendungsgeschichte der Menschheit.

„Seither – seit diesem »Zeitalter der Singularisierungen«, in dem aus den Fortschritten »der« Fortschritt, aus den Freiheiten »die« Freiheit, aus den Revolutionen »die« Revolution und eben aus der Geschichte »die« Geschichte wird – darf die Menschheit sich nicht mehr in Sondergeschichten verzetteln, indem sie multiindividuell oder multikulturell je eigene Wege zur Humanität geht, sondern sie hat fortan zielstrebig diese eine einzige Fortschrittsgeschichte zu durcheilen als einzig möglichen Weg zum Ziel der Menschheit: Durch diese hohle Gasse muß sie kommen: es führt kein andrer Weg zur Freiheit ..."[87]

Die in der Mitte des 18. Jahrhunderts neu entstehende Geschichtsphilosophie bildet das philosophische Rückgrat der Aufklärung. Einheit der Menschheit und Machbarkeit der Geschichte sind ihre beiden Grundvoraussetzungen. Sie faßt Geschichte als die „Veränderung der Gegenwart zum Besseren"[88], zu einem Mehr an Emanzipation, Freiheit und Selbstbestimmung. „Geschichte ist, geschichtsphilosophisch definiert, Emanzipation: die Hervorbringung menschlicher Autonomie"[89], Fortschritt im Bewußtsein der Freiheit, Fortführung des Programms humaner Selbstbehauptung. Geschichtsphilosophie ist also jene Theorie, die die Menschheitsemanzipation zu ihrem Programm erhebt. Veränderlichkeit wird hier erstmalig und nun fast ausschließlich *ontologisch positiv* bewertet als Fortschritt und Entwicklung. Ebenso wesentlich wie das Interesse an einer besseren Zukunft gehört zur Geschichtsphilosophie „die Meinung, Veränderung sei eo ipso Verbesserung"[90], einer der erfolgreichsten und folgenreichsten Mythen der Moderne, wie Marquard nach seinem Abschied aus dieser Denkart betont. Infolge der optimistischen Geschichtsphilosophie, deren Vergangenheitsverhältnis allerdings unterexpliziert bleibt, und durch ihr „Weltverbesserungspathos" inspiriert, ereignet sich sattelzeitgemäß somit vor allem dies:

---

[84] Vgl. KOSELLECK 1979; KOSELLECK 1975, 658 ff.; weiteres s.o. *Erster Teil*: Kap. I, 4 u. 5.
[85] Vgl. MARQUARD 1973, 67; MARQUARD 1981, 39-42 u. 99 f.; MARQUARD 1986, 56-60 u. 77; MARQUARD 1989, 64.
[86] MARQUARD 1986, 60.
[87] MARQUARD 1981, 99.
[88] MARQUARD 1958, 19.
[89] MARQUARD 1973, 67.
[90] MARQUARD 1973, 32; ebenso MARQUARD 1981, 69.

"... daß der Mensch seine geschichtlichen Angelegenheiten emphatisch selber in die Hand nimmt. Mit diesem Autonomieanspruch tritt der Mensch – mit der Absicht, es gewesen zu sein – geschichtsphilosophisch ein in jene Stelle des Subjekts und Täters der Geschichte (mit fast allen ihren Rollenzumutungen), die geschichtstheologisch – also mindestens von Augustinus bis Bossuet – Gott innehatte."[91]

Die idealistische *Autonomiethese* (d.h. die These von der autonomen, sich selbst setzenden *Ich-Vernunft*) ist das Kernstück der Geschichtsphilosophie, so daß diese nachgerade definiert werden kann als der Versuch, den „Nachweis der autonomen Täterschaft des Menschen"[92] zu führen. Die emphatische Verabsolutierung humaner Autonomie durch die Geschichtsphilosophie ergeht jedoch nicht von ungefähr. Sie wird angesichts des Zusammenbruchs der Leibniz-Theodizee *geradezu unvermeidlich*, meint Marquard. Geschichtsphilosophie ist darum nur oberflächlich betrachtet eine philosophische Innovation, subkutan übernimmt sie ein philosophisches Pensum, das zuvor von der philosophischen Schöpfungstheologie, der Leibniz-Theodizee, bearbeitet wurde und das nun nach deren Scheitern *neu angegangen werden muß*, nämlich die Rechtfertigung Gottes angesichts der zahllosen Übel in der Welt. Die Geschichtsphilosophie entschuldigt Gott, indem sie das absolute Ich zum Schöpfer der Welt und den Menschen zum Täter der Geschichte und damit zur Ursache der Übel avancieren läßt. Die Geschichtsphilosophie ist also stets theodizeeimprägniert, sie ist radikalisierte, säkularisierte Theodizee. Formal wird dieser Erbgang allein schon dadurch deutlich, sagt Marquard, daß die Geschichtsphilosophie zuerst in Gestalt der Transzendentalphilosophie das forensische Paradigma der Theodizee – ihr Rechtfertigungsvokabular – übernimmt und noch bis zu Hegel beibehält.[93] Als Säkularisat besetzt sie die nach dem Zusammenbruch der Theodizee freigewordene „philosophische Systemstelle", sie leistet als Prozeß-Philosophie fortan, was die Theodizee nicht vermochte: die Rechtfertigung Gottes. Sie führt das Aufgabenpensum der Theodizee weiter und erfüllt es für eine kurze historische Zeitspanne sogar bis zur Perfektion:

„... der Idealismus Kants, Fichtes, Schellings mindestens zwischen 1781 und 1800 ist ... eine »Phase« im Theodizeeproblem: nämlich jene Phase, in der das Theodizeeproblem radikal gelöst ist."[94]

Die Abkehr von der philosophischen Schöpfungstheologie, der optimistischen Leibniz-Theodizee, und die Wendung zur ebenso optimistischen Position des autonomen, selbstverantwortlichen *Ich* der Transzendentalphilosophie und des nachfolgenden Idealismus ist deshalb nach Marquard, selbst wenn es oberflächlich so scheinen mag, gerade *keine Abkehr*

---

[91] MARQUARD 1973, 68.

[92] MARQUARD 1973, 70.

[93] Die verdeckten Struktursymmetrien von Theodizee und Geschichtsphilosophie versucht Marquard, einem Hinweis Hegels folgend, der seine Geschichtsphilosophie als die wahrhafte Theodizee bezeichnete, des weiteren nachzuweisen mittels einer Analyse des für beide Formationen zentralen Kompensationsbegriffs. Vgl. dazu den Artikel ‚Kompensation' in: RITTER/GRÜNDER 1971 ff., Bd. IV, 912-18. Ferner MARQUARD 1981, 42-47; MARQUARD 1986, 24-28; MARQUARD 2000, 11-29 und MARQUARD 1989, 64-81.

[94] MARQUARD 1973, 58; vgl. auch BAUMGARTNER 1996, 166.

von Gott, „sondern (als Theodizee) die Abkehr einzig von jener verhüllten Weise der Blasphemie, die angesichts einer schlimmen Welt in der Aussage steckt, Gott habe sie geschaffen"[95]. In Anbetracht der Antinomien der Welt und der Güte Gottes *mußte zwingend* auf Gottes Nichtexistenz geschlossen werden. Die geschichtsphilosophische Ermächtigung des Ich geschah mit „Rücksicht auf Gott", fortan ist nämlich nicht mehr der Schöpfergott, sondern der Schöpfermensch zur Rechenschaft zu ziehen. Dadurch löst sich das Theodizeeproblem auf. Denn wenn die transzendentale, geschichtsphilosophische Vernunft mittels kopernikanischer Wende darauf verzichtet, die Welt als Schöpfung des *intellectus archetypus* anzusehen, um statt dessen im *Ich* der Transzendentalphilosophie das eigentliche Prinzip der Welt zu finden und die Welt als durch das autonome *Ich* konstituiert zu begreifen, gehen auch die Unvollkommenheiten der Welt zunächst und zumeist zu Lasten des *Ich*:

> „Gott hat das Schaffen bleiben lassen, denn nicht Gott ist der Schöpfer der Welt, sondern – autonomistisch – der Mensch, und zwar – so Kant – als Schöpfer der artifiziellen Experimentalwelt der exakten Wissenschaften ... sowie der autonom selbstgegebenen sittlichen Normenwelt ... und – so Fichte – als Schöpfer der Geschichte. Ich unterstreiche: diese ungemein wirkungsreiche These – die Autonomiethese ... – wurde aus Theodizeegründen nötig: zur Entlastung Gottes durch seine Entpflichtung als Schöpfergott ..."[96]

Die absolute Verantwortungsübernahme von seiten des Menschen, wie sie sich im Deutschen Idealismus vollzieht, ist kein Akt menschlicher Hybris, sondern angesichts des scheiternden Theodizeeprozesses *der einzig gangbare Weg*, den Schöpfergott wirksam zu exkulpieren. Als „Eliminierung Gottes" ist die idealistische Autonomieposition deshalb, wenn schon Atheismus, dann höchstens ein methodischer „Atheismus ad maiorem Dei gloriam"[97], angebrachter wäre wohl von einer „Theologie des Deus emeritus"[98] zu sprechen, resümiert Marquard.[99]

2.2.2 Degeneration der Geschichtsphilosophie zur Gegenneuzeit

Der zur Entlastung Gottes geschichtsphilosophisch in die Rolle des Geschichtstäters eingesetzte neuzeitlich autonome Mensch, so erklärt Marquard weiter, ist allem Anschein nach mit der für die Geschichte übernommenen Verantwortung überfordert. Er lebt über seine Verhältnisse. Der „Schritt von Kant zu Fichte"[100], infolge dessen die Menschen selber das Absolute werden, ist ein Schritt „ins Ende der Bescheidenheit"[100]. Das kann nicht gutgehen.

---

[95] MARQUARD 1973, 59.
[96] MARQUARD 1986, 18.
[97] MARQUARD 1973, 65 und 70; MARQUARD 1981, 48 und 75; MARQUARD 1986, 18; MARQUARD 1989, 118 f.; MARQUARD 1995, 18; MARQUARD 1983a, 163; MARQUARD 1990a, 97. Bereits in seiner Dissertations- und Habilitationsschrift wurde die idealistische Geschichtsphilosophie als Nachfolgegestalt der Theodizee thematisiert: MARQUARD 1958, 83 f. u. 99 ff.; MARQUARD 1987, 77-83.
[98] MARQUARD 1981, 75.
[99] Vgl. Baumgartners Zusammenfassung der Marquardschen Argumentation (s.o. *Erster Teil*, Kap II,1, Fußnote 20).
[100] MARQUARD 1981, 80.

Die Rolle des Weltschöpfers und Geschichtstäters ist menschlich „unlebbar" und „unaushaltbar". Die erhoffte Erfüllung der Geschichte, die nun nicht mehr in Gottes, sondern in des Menschen Regie steht, muß *zwangsläufig* ausbleiben. Das selbst gesteckte Geschichtsziel der Menschheitsemanzipation ist so schnell nicht einzulösen, mehr noch: Im Scheitern der Französischen Revolution mißrät die selbstinitiierte absolute Weltverbesserung zur Weltkonfusion. Angesichts der nicht auszumerzenden Antinomien der Welt kann die emanzipatorische Naherwartung der modernen Geschichtsphilosophie nur scheitern. Die Wirklichkeit bleibt hinter den geschichtsphilosophischen Erwartungen zurück. So sieht sich der Mensch am Ende fast schutzlos mit jener Anklage konfrontiert, die er dem *Schöpfergott* ersparen wollte. In Anbetracht der Antagonismen der nur mehr selbstgesetzten Welt erscheint der Geschichte machende Mensch fortan als Täter von Untaten, und er wird dafür zur Rechenschaft gezogen. Die Geschichtsphilosophie als eine radikalisierte Form von Theodizee hat, wie sich im nachhinein herausstellt, den autonomen Menschen und mit ihm die gesamte neuzeitliche Wirklichkeit einem „totalen Rechtfertigungs- und Legitimationszwang" unterworfen. Obwohl die Rolle des Angeklagten dem Menschen an sich nicht neu ist, führt sie doch durch den neuzeitlichen „Verlust der Gnade"[101] zu einer geschichtsphilosophischen „Tribunalisierungspotenzierung", einer philosophischen Parallelaktion zur Tribunalisierungssucht der Französischen Revolution, der der Mensch zunächst nichts entgegenzusetzen hat. Der Geschichtstäter Mensch erfährt sich gnadenlos und in völlig überzogener Weise angeklagt und zur Rechtfertigung gezwungen; dafür prägt Marquard das Wort „Übertribunalisierung". Die „Philosophie des Selbermachens"[102] kippt um in radikale Selbstanklage.

Nun kommt es offenbar *unter dem Druck dieser Lage* zu einem „dubiosen Fundamentalarrangement"[103]. Der Mensch entwickelt – zu seiner eigenen Entlastung – eine Strategie, mit deren Hilfe es ihm gelingt, sich über ein Alibi seiner Identität als verantwortlicher *Schöpfermensch* wieder zu entledigen und sich der Rechenschaftspflicht zu entziehen. Marquard spielt hier auf jenes seltsame Phänomen der „Identitätsverweigerung" an, das von jeher, schon seit ihren klassischen Anfängen, ein geheimer Zug der Geschichtsphilosophie zu sein scheint. Gemeint ist die Unbestimmtheit des eigentlichen Geschichtssubjekts. Wen setzt denn die Geschichtsphilosophie tatsächlich als „Geschichtstäter" ein? Bei Hegel scheint der „Weltgeist" eine anonyme Formel für den Täter der Geschichte zu sein, bei Marx das „Proletariat". Da aber das Proletariat – so die marxistische Theorie – seines Klassenbewußtseins immer noch nicht eingedenk ist, ist es auch seiner Schlüsselgewalt über die Geschichte noch nicht mächtig und darum nicht rechenschaftspflichtig. Bei den sich auf Marx berufenden Theorien führt dies dazu, erklärt Marquard, daß einstweilig andere – die *Protagonisten* und *Avantgardisten* – meinen, die dem Proletariat zustehende, aber ihm von

---

[101] MARQUARD 1981, 50. Vgl.: „Christlich gerät der Mensch gerade nicht unter absoluten Rechtfertigungsdruck, denn seine Rechtfertigung – die christlich nicht vom Menschen erwartet wird, weil dieser sie selber gar nicht leisten kann – ist je schon geschehen: durch die Erlösungstat Gottes per Christentum." (ebd., 49).

[102] MARQUARD 1981, 82.

[103] MARQUARD 1973, 73.

seinen Gegnern verweigerte Schlüsselgewalt über die Geschichte verwalten zu sollen. Deshalb erlauben sie sich, im Namen des noch zu wenig selbstbewußten Proletariats den angeblich allmächtigen Klassengegner als „absoluten" Gegner zu kritisieren.

Marquard nennt diesen seltsamen Zug, der zur Geschichtsphilosophie offenbar immer schon gehört, sich aber erst bei Marx unverhohlen zeigt, „die Kunst, es nicht gewesen zu sein"[104], die Kunst, es andere gewesen sein zu lassen, eine Schontechnik also, ein Ersparungsverfahren: Dem Tribunal entkommt man, indem man es selbst wird und es den jeweils anderen gewesen sein läßt;[105] der Anklage entgeht man am ehesten, indem man selbst zum Ankläger wird. Wenn man sich selbst zum Kritiker erhebt, ist die Chance am größten, von keiner Kritik getroffen zu werden, denn *rechenschaftspflichtiger Geschichtstäter* ist dann letztendlich immer ein anderer: ein Anonymus oder ein (Klassen-)Gegner. Die geschichtsphilosophieimmanente Selbstüberforderung des Menschen wird demnach kompensiert, indem sich die Geschichtsphilosophie selber zum eigentlichen Agenten der philosophischen Übertribunalisierung erhebt.[106] Sie klagt andere an, um von sich selbst und ihrer Unfähigkeit zu echter Geschichte abzulenken. Das ist die Einsicht, die Marquard aus dem Fortgang der Geschichtsphilosophie von Hegel zu Marx zieht.

„Die Geschichte ist so – unterm Druck der Übertribunalisierung – die Flucht nach vorn in das absolute Anklagen, das das absolute Angeklagtsein hinter sich läßt als die Verfassung derer, die nicht die Avantgarde sind; ihr – nur wenig später »Dialektik« genanntes – Bewegungsgesetz der geschichtlichen Avantgarde ist, angesichts der Übel, die Flucht in das schlechte Gewissen, das man für die anderen *wird*, um es die anderen *haben* zu lassen, damit man es selber nicht mehr zu *haben* braucht."[107]

Es scheint, daß gleich der Theodizee, die mit der *Eliminierung Gottes* perfekt wurde, die im Namen des Menschen absolut gewordene Geschichtsphilosophie nachgerade mit der *Eliminierung des* für die Geschichte verantwortlichen *Menschen* perfekt wird. Dies gelte, so Marquard, auch für die neo-geschichtsphilosophische *Kritische Theorie* der Frankfurter Schule, für die der „menschliche Mensch" nur noch eine vakante Stelle ist, deren Vakanz

---

[104] MARQUARD 1973, 73.

[105] MARQUARD 1973, 76; desgleichen MARQUARD 1986, 18 u. 63; MARQUARD 1984b, 35.

[106] Marquard schlägt nun den Bogen rückwärts und vergleicht den Zustand der Übertribunalisierung in der Sattelzeit mit dem Zustand eschatologischer Weltnegation, wie er für die frühchristliche Gnosis kennzeichnend war. Ferner erklärt er die Konjunktur, die die Ästhetik in der Sattelzeit nimmt, als kompensatorischen Gegenschlag zum ansonsten herrschenden Rechtfertigungszwang: „Diese Übertribunalisierung ist der spezifisch moderne Aggregatzustand der eschatologischen Weltnegation. Sie ist unlebbar: denn niemand kann sich ständig total zur Disposition stellen. Darum entsteht – gegenläufig zur Übertribunalisierung – gerade und erst ab Mitte des 18. Jahrhunderts jener enorme Entlastungsbedarf, der das Ästhetische lanciert: ein Antitribunalverlangen nach Rechtfertigungsunbedürftigkeit. Die moderne Übertribunalisierung erzwingt den Ausbruch in die Unbelangbarkeit. Dazu gehört die gerade modern expandierende Kultur legitimationsdiesseitiger Besonderheiten: die Karriere des Geschmacks ... ein Kompensat der verlorenen Gnade." (MARQUARD 1989, 119 f.).

[107] MARQUARD 1981, 57.

sie für sich geltend macht (s.u. Abschnitte 2.2.3 u. 3.1).[108] In letzter Konsequenz führt die Geschichtsphilosophie offenbar dazu, daß der Mensch als menschlicher Geschichtstäter anonym und schließlich ersetzt wird; „kommissarische Absolute" treten an seine Stelle: die absoluten Kritiker – die Protagonisten und Avantgardisten – bzw. die absoluten Gegner – das Establishment.[109] Es scheint, daß der Autonomieanspruch des Menschen, seine Absicht, es gewesen sein zu wollen, zugleich einen erhöhten Heteronomiebedarf erzeugt: die Kunst, es doch nicht gewesen sein zu wollen. Darin offenbart sich für Marquard ein *gegenneuzeitlicher* Zug: Die Geschichtsphilosophie bewirkt im Namen der Emanzipation deren Gegenteil. In ihr mißlingt die Neuzeit; deshalb ist sie *antimodernistisch*.

„Die Geschichtsphilosophie ist die Gegenneuzeit: sie ist der Mythos der Emanzipation, gerade deswegen ist sie keine Emanzipation."[110]

2.2.3 „Schwundstufen" der Geschichtsphilosophie in der Gegenwart

In einem Aufsatz aus dem Jahr 1971 „Wie irrational kann Geschichtsphilosophie sein?" „geschrieben von einem von ihr sehr enttäuschten Anhänger"[111], zog Marquard erstmals die Entwicklungslinie von der philosophischen Schöpfungstheologie, der Theodizee, über die idealistische und marxistische Geschichtsphilosophie bis zur seiner Ansicht nach jüngsten Wiederauferstehung der Geschichtsphilosophie in der Kritischen Theorie der Frankfurter Schule. Die Konjunktur, zu welcher die Geschichtsphilosophie in der Frankfurter Schule unerwartet aufläuft, wurde für ihn zum Anlaß, sich von der Geschichtsphilosophie entschieden zu distanzieren. Die Geschichtsphilosophie ist nach Marquards Auffassung nunmehr in recht zweideutiger Manier der *Mythos der Aufklärung*. Zwar ist sie einerseits ein typisches Produkt der Neuzeit, andererseits ist sie jedoch durch ihre Neuzeitlichkeit nicht spezifisch definiert. Denn besonders in der Ausgestaltung, die sie in der Negativen Theorie erfahren hat, wird sie zu einem Phänomen der Gegenneuzeit: Sie will die Neuzeit partout hinter sich bringen. Sie will ein Ende machen mit der Neuzeit. Als Befürworterin der Neuzeit setzt sich Marquards Skepsis deshalb zunehmend in Gegensatz zur Geschichtsphilosophie. Die revolutionär emanzipierende Geschichtsphilosophie, zu welcher die Kritische Theorie alsbald (gerade auch in der Generation der *68er*) – zum Teil gegen den Widerstand ihrer Erfinder und Protagonisten – weiterentwickelt wurde, erscheint ihm als „das schlimme Ende einer guten Zeit"[112]: Während in der Theologie zunächst Gott über die Welt zu Gericht gesessen hatte, sitzen in der Theodizee die Menschen über Gott und in der Kritischen Theorie

---

[108] MARQUARD 1973, 18.

[109] Die Geschichtsphilosophie verfällt nach Marquards Einsicht einem Neomanichäismus, d.h. einer Dichotomie von nur gut und nur böse: Sie kennt nur noch die absoluten Rechthaber und die absoluten Unrechthaber, die absolut kritisierenden Erlösermenschen und die absolut zu kritisierenden Schöpfermenschen, nur noch diejenigen, die für das kommende Heil tätig sind, und die, die für das vorhandene Übel verantwortlich sind, die Täter der Zukunft und die Verräter der Zukunft. Die Geschichtsphilosophie offenbart sich als Neognosis.

[110] MARQUARD 1973, 19.

[111] MARQUARD 1973, 21.

[112] MARQUARD 1973, 16.

schließlich die Menschen über sich selbst zu Gericht. Die Geschichtsphilosophie verfällt in die Ambiguität aller Abenteuer der Dialektik. Sie ist offenbar konstitutionell polemogen. Sie hält ein formales Freund-Feind-Raster parat, dessen sie sich freizügig bedient, um anfallende Feindbedürfnisse zu befriedigen. So endet schließlich der Ausgang der Menschen aus ihrer selbstverschuldeten Unmündigkeit mit der Schlüsselgewalt ihrer selbstverschuldeten Vormünder, der Kritiker, der „Dunkelmänner der Durchsichtigkeit"[113], die sich selbst zum Richter der Geschichte erheben. Die Geschichtsphilosophie, die einstmals als Kritik der Religion begann, endet als Religion der Kritik: „der Gott dieser neuen Religion ist das Alibi; sein Gottesdienst ist die Polemik"[114].

„Die Kritik: das sind Ferien vom Über-Ich dadurch, daß sie selber jenes Über-Ich wird, das die anderen nur haben, und das selber kein Über-Ich hat."[115]

Mit dieser Flucht in die absolute Richterposition will Marquard nun für sich selbst ein Ende machen. Er will in der Folge versuchen, „den bösen Blick der Kritik auf die Kritik selber zu richten"[116]. Weil die Geschichtsphilosophie besonders in der Form des (durch Lukács und die Frankfurter Schule) *rephilosophisierten* Marxismus (gegenüber der vormals nur soziologischen und ökonomischen Marx-Deutung) im Namen der Autonomie offenbar „Heteronomie in Gestalt eines Zwangsbedarfs an Alibis, an Gegnerfurcht und Kampfespflicht"[117] lanciert, ist sie für Marquard *irrational*. Deshalb kommt es ihm nun darauf an, zu philosophischen Positionen zu finden, die das der Geschichtsphilosophie immanente Potential an Irrationalität und illusionärer Weltverbesserungsutopie zu reduzieren imstande sind, denn Weltveränderung ist nicht *eo ipso* Weltverbesserung. Es gibt keine „Nichtverschlechterungsgarantie". Es könnte durchaus sein, daß eine gut gemeinte Weltverbesserung eine Wendung zum Schlechteren bringt. Deshalb empfiehlt sich im Zweifelsfall der Verzicht auf Veränderung.

„Die Geschichtsphilosophen haben die Welt nur verschieden verändert; es kömmt darauf an, sie zu verschonen."[118]

Der Schutz der Moderne wird für Marquard um so dringlicher, als die Moderne in sich – ohne das ausdrückliche Zutun einzelner – schon ein Zeitalter zunehmender Beschleunigung der Veränderungsbewegungen zu sein scheint. Marquard schließt sich damit einer Deutung der Neuzeit an, die zuerst von Reinhart Koselleck[119] und Hermann Lübbe[120] im Rückgriff auf eine Generalisierung der Krisentheorie aus Jacob Burckhardts *Weltgeschichtlichen Betrachtungen* vertreten wurde. Burckhardt deutete geschichtliche Krisenzeiten als „beschleu-

---

[113] MARQUARD 1989, 57.
[114] MARQUARD 1981, 80.
[115] MARQUARD 1989, 52. Nietzsche würde vielleicht eine Fehlform kritischer Geschichtsschreibung diagnostizieren und vom „Kritiker ohne Noth" sprechen (vgl. NIETZSCHE KSA 1, 264 f., 270).
[116] MARQUARD 1989, 53.
[117] MARQUARD 1973, 80.
[118] MARQUARD 1973, 13.
[119] Vgl. KOSELLECK 1979, 368 ff.
[120] Vgl. LÜBBE 1975, 32 ff.

nigte Prozesse".[121] Wenn nun die Moderne insgesamt zu einer geschichtlichen Krise geworden zu sein scheint, dann sollte sie vielleicht auch insgesamt als ein beschleunigter Prozeß zu Verständnis gebracht werden, folgert Marquard im Rekurs auf Koselleck und Lübbe:

„Ihre Wandlungsgeschwindigkeit steigt, ihr Innovations- und Veraltungstempo wächst, ihre Komplizierungsrasanz nimmt zu; das Änderungstempo der Lebensverhältnisse – des Abbaus von Vertrautheit und der Produktion von Fremdheit – zieht an: alles fließt, und zwar immer schneller. Das verlangt nach Beschleunigungsbewältigung."[122]

Eine schlechte Form von Beschleunigungsbewältigung bieten nach Marquard nun die Geschichtsphilosophie und ihre Derivate, die Beschleunigung durch „Beschleunigungskonformismus" zu parieren beabsichtigen. Sie versuchen, den ohnehin schon zügig erfolgenden Wandel der modernen Lebenswelt noch zu forcieren, indem sie nicht nur Wandel, sondern Revolution fordern.

„Meine These ist nun: Die – geschichtsphilosophisch in Gang gebrachte, revolutionistisch radikalisierte ... – Universalgeschichte ist der Versuch einer Beschleunigungsbewältigung durch Beschleunigungskonformismus."[123]

Was Marquard an der Geschichtsphilosophie insbesondere des marxistischen Typs mißfällt, ist ihre künstliche Temposteigerung der Geschichtsvollendung. Sie kann nicht abwarten, sie will den kurzmöglichsten Abstand zwischen der Gegenwartslage und ihrer zukünftigen Vollendung herstellen und bedient sich dazu der Revolution. Das eigentliche Übel – die Revolution – wird so „zum geschichtlich Superbesten als Sprung in das vollendete Ende der Geschichte ... Aus der Not der Wandlungsbeschleunigung wird die Tugend der Revolution: durch Beschleunigungskonformismus."[124] Deshalb wird Marquard auch das „Gesetz der geschichtlichen Avantgarde", das innerhalb der (theodizeeimprägnierten) Geschichtsphilosophie zu gelten scheint, suspekt:

„... wo ... die Menschen ihre Geschichte immer mehr selbst machen, übernehmen sie von Gott mit seiner Schöpferrolle auch die Rolle als Angeklagter der Theodizee: wo es weiterhin Weltübel gibt, liegt ... ihre aussichtsreiche Entschuldigung dann nur noch in der Versicherung, daß zwar die Menschen es waren, aber stets nur die anderen Menschen. Zum Beweis müssen darum diese anderen Menschen, die – als die langsamen Menschen widersetzlich gegen das wachsende Tempo des Geschichtslaufs – für das Vorhandene einstehen, identifiziert und zur unverzüglichen Vergangenheit verurteilt werden durch jene geschichtsgemäß schnellen Menschen, die – mit der universalgeschichtlichen Garantie, bei den definitiven Siegern der Geschichte zu sein – Agenten der guten Zukunft schon in der Gegenwart zu sein prätendieren. Die Menschen entgehen der Anklage ..., indem sie zur Avantgarde werden, denn diese – stets schneller als die Anklage – entkommt dem Tribunal ... Aus der Not der Beschleunigung wird die Tugend der Beschleunigungsbewältigung ...: durch Beschleunigungskonformismus."[125]

---

[121] Vgl. BURCKHARDT 1978, 159.
[122] MARQUARD 1986, 60 f.
[123] MARQUARD 1986, 61.
[124] MARQUARD 1986, 62.
[125] MARQUARD 1986, 63.

Weil die Geschichtsphilosophie offenbar stets eine Avantgarde züchtet, die als „Vorhut der heilen Zukunft in der Gegenwart" gar nicht anders kann, als „Menschen die Menschlichkeit abzusprechen und dadurch selber unmenschlich zu werden"[126], bekräftigt Marquard mehrfach seinen Ausstieg aus ihr als einer „antimodernistischen Gegenwartsverneinung im Namen der Zukunft"[127] und plädiert nunmehr für „Wandlungsträgheit": „Human ist das Ritardando."[128]

3 Endlichkeitsphilosophie: Kompensation der Fortschrittsschäden durch Vertrautmachung der Herkunftswelten

So kommt es, daß Marquard der „List der Trägheit" ein Lob aussprechen zu müssen meint. Denn wenn modern das Innovationstempo wächst, dann steigt damit auch die Veraltungsgeschwindigkeit des Neuen und die wachsende Geschwindigkeit der Veraltungen der Veraltungen. Je schneller also eine Neuigkeit auf die andere folgt, desto schneller wird das Neue wieder zum Alten und desto schneller kann das Alte seinerseits wieder zum Neuesten werden, meint Marquard.

„Wo die Ressource Veränderlichkeit bei den Menschen sterblichkeitsbedingt knapp bleibt, sollte man sich beim Dauerlauf der Geschichte – je schneller sein Tempo wird – unaufgeregt überholen lassen und warten, bis der Weltlauf – von hinten überrundend – wieder bei einem vorbeikommt: vorübergehend gilt man dann – in immer kürzeren Abständen – bei denen, die überhaupt mit Avantgarden rechnen, ebenso irrtümlich wie wirksam wieder als Spitzengruppe."[129]

3.1 Mäßigung der Geschichtsphilosophie zur Position des historischen Sinns

Die Kunst, derlei Invertierungen und die daraus resultierenden „Reaktivierungschancen fürs Alte" zu bemerken, ist nach Marquard *der historische Sinn*, der als *ein Beispiel für eine nonkonformistische Beschleunigungsbewältigung* gelten darf. Die durch die Geschichtsphilosophie in Gang gebrachte und revolutionär radikalisierte Universalgeschichte, d.h. der Monomythos von der einen Geschichte als der einen, allgemeinen Fortschritts- und Vollendungsgeschichte der Menschheit wird nach Marquard

„... menschlich erst durch den Historismus, also durch jenen späteuropäischen Selbstdistanzierungsmodus des historischen Sinns, der den Menschen – allen Menschen zusammen und jedem einzelnen Menschen – nicht nur eine Geschichte, sondern viele Geschichten zu haben erlaubt, in die die Menschen verstrickt sind und die sie erzählen können und

---

[126] MARQUARD 1986, 64.
[127] MARQUARD 1989, 18.
[128] MARQUARD 1986, 65.
[129] MARQUARD 1986, 68 f.

müssen ..."[130] „... die Universalgeschichte ist menschlich nur durch ihre historistische Aufhebung: als Multiversalgeschichte."[131]

Die Geschichtsphilosophie bedarf nach Marquards Auffassung unbedingt der Mäßigung zur Position des historischen Sinns, zum Historismus. Wo sich – modern – die Veränderungsbewegungen beschleunigen, das Innovationstempo *und die Veraltungsgeschwindigkeit* der menschlichen Lebensverhältnisse steigert, vermag nur der lange Atem des historischen Sinns geschichtliche Kontinuitäten aufzuzeigen. Nur er kann die „tachogene Weltfremdheit"[132] des modernen Menschen, seine nervöse Unbehaustheit in der sich hektisch wandelnden Welt, wo das gestern noch Neue heute schon wieder alt ist, angemessen kompensieren. Denn er interessiert sich für die „immergleichen Lebensrätsel" und die „Reaktivierungschancen des Alten"[133]. Durch sein hermeneutisches Interpretationsgeschick vermag der historische Sinn scheinbar hoffnungslos Veraltetes wieder attraktiv zu machen und für die Gegenwart zu adaptieren. Er spendet Ruhe im Sturm der Veränderung und fördert „Wandlungsträgheit". Da er das geschichtsphilosophische System verschmäht, um statt dessen die Kategorie der Individualität herauszustellen, schützt er zudem die Buntheit der geschichtlichen Herkunftswelten (von Marquard auch „Polymythie" genannt) und bewahrt sie vor einer nivellierenden Einpassung in die eine Universalgeschichte („Monomythie"). Darin stärkt er zugleich die Freiheit des Individuums angesichts des Sogs zunehmender Vermassung. Ferner kann er sogar einen „Startpunkt für eine Philosophie menschlicher Mitmenschlichkeitsbedürftigkeit" lancieren, was eine echte Alternative zur alles dominierenden Kommunikationstheorie darstellt:

„Wenn wir nämlich – was zutrifft – nur ein einziges Leben haben, aber mehrere Leben haben müssen, um wirklich viele Geschichten haben zu können: dann brauchen wir die Anderen, unsere Mitmenschen, die ja mehrere sind und darum mehrere Leben leben. Die Kommunikation mit den Anderen ist unsere einzige Möglichkeit, mehrere Leben und dadurch viele Geschichten zu haben: und zwar nicht nur die – simultane – Kommunikation mit gleichzeitigen Anderen, sondern auch die – historische – Kommunikation mit Anderen anderer Zeiten und fremder Kulturen, wobei gerade ihre bunte Andersartigkeit gebraucht wird und wichtig ist, die in der Kommunikation mit ihnen also nicht getilgt, son-

---

[130] MARQUARD 1986, 72.

[131] MARQUARD 1986, 74.

[132] MARQUARD 1986, 82.

[133] Was daraus innerphilosophisch folgt, gibt Marquards Plädoyer für die („polymythische") Metaphysik zu verstehen: „Skeptiker sind – meine ich – Leute, die wissenschaftstheoretische Ärgernisse verschmerzen zugunsten menschlicher Normalität: für sie ist Metaphysik – das Nichtfertigwerden – gerade kein Gegner, sondern das Menschliche; so kann es für Skeptiker – die für das Menschliche optieren – niemals zuviel Metaphysik geben. Es existieren menschliche Probleme, bei denen es gegenmenschlich, also ein Lebenskunstfehler wäre, sie nicht zu haben, und übermenschlich, also ein Lebenskunstfehler, sie zu lösen. ... professionelle Metaphysiker sind Leute, die sorgfältig und erfolgreich gelernt haben, mit Problemen nicht fertigzuwerden ... Beantwortungsabstinenz und Beantwortungsmonismus sind schädlich; nützlich ist ein exzessiv ausschweifendes Beantwortungsleben, das es meist schon gibt: als Geschichte der Metaphysik, die darum das Organon der Skepsis ist." (MARQUARD 1986, 28 f.; auch 48).

dern gepflegt und geschützt werden muß. Das freilich unterscheidet diese – sozusagen multiversalistische – Kommunikation von jener – universalistischen – Kommunikation, die (im Sinne von Apel und Habermas) der ideale Diskurs ist: denn im idealen Diskurs – dem Analogon der Universalgeschichte – ist Buntheit nur als Anfangskonstellation gestattet ... und sein Endzustand – der universalistische Konsens – ist einer, in dem niemand mehr anders ist als die Anderen, so daß dort im Grunde alle Teilnehmer überflüssig werden bis auf jenen einen, der genügt, um jene Meinung zu hegen, die dann sowieso als einzige herrscht. So holt jener transzendentale Solipsismus, gegen den das kommunikative Handlungsmodell des idealen Diskurses erfunden wurde, diesen Diskurs an seinem Ende wieder ein: der diskursive Konsens selbst ist die Rache des Solipsismus an seiner diskursiven Überwindung."[134]

3.2 Rückgriff auf die Anthropologie als der zweiten neuzeitlichen Innovation

Die zur Bewahrung der Moderne aussichtsreichste philosophische Formation scheint nach Marquards Einsicht ein pluralitätsfreundlicher Historismus zu sein, allerdings in philosophischer Koalition mit der zweiten großen Innovation der Sattelzeit, der Anthropologie.[135] Es entstanden nämlich, weil die geschichtsphilosophische Übertribunalisierung des Menschen und seiner Wirklichkeit nach Entlastungs- und Kompensationsformen rief, begriffsgeschichtlich nachweisbar ebenfalls um das Jahr 1750 zwei weitere philosophische Disziplinen, die philosophische Anthropologie und die philosophische Ästhetik. Als weniger dramatischen und weniger prekären neuzeitlichen Formationen fällt ihnen das Pensum zu, den durch die Tribunalisierung entstandenen und durch die Geschichtsphilosophie verschärften „Lebensweltverlust" zu kompensieren. In ihrem Gefolge kommt es deshalb zur Konjunktur der Natur (als einem Ausbruch in die Unbelangbarkeit), der Individualität (zur Deckung des Anonymitätsbedarfs), des Reisens (als dem Enthusiasmus der Abwesenheit), der Krankheit (als einem Absenzsurrogat), des Geschmacks (als einem Refugium menschlicher Rechtfertigungsunbedürftigkeit) und der Grund- und Menschenrechte (als vorbeugenden Maßnahmen zum Schutz vor Tribunalisierungsfolgen).

Die großen „Simultaninnovationen" der Sattelzeit – Geschichtsphilosophie, philosophische Anthropologie und philosophische Ästhetik – sind für Marquard zwar allesamt Phänomene der *„Flucht aus der gerade dort einsetzenden »Übertribunalisierung« der Menschenwelt: sie sind Versuche ihrer Kompensation durch »Ausbruch in die Unbelangbarkeit«"*[136]. Unter all diesen Fehl- bzw. Kompensationsformen ist ihm die sich

---

[134] MARQUARD 1986, 73.

[135] Vgl. „Insofern mag – im Zeichen der schon erwähnten Koalition zwischen philosophischer Anthropologie und Historismus – gelten, was ich ... für eine Quintessenz der Erfahrung mit der Geschichte halte, nämlich: daß nur die erste Erfahrung mit ihr – durch die freilich jeder hindurch muß – diese ist: wieviel hat sich selbst dort geändert, wo sich fast gar nichts geändert hat; die zweite und nachhaltigere Erfahrung aber diese: wie wenig hat sich selbst dort geändert, wo sich fast alles geändert hat. Der historische Sinn ist vor allem Inertialsinn, Sinn für Trägheiten: die Grunderfahrung des Geschichtlichen ist – meine ich – mehr als die der Veränderlichkeit die ihrer Grenzen." (MARQUARD 1986, 69).

[136] MARQUARD 1981, 42.

selbst zur Avantgarde erhebende Geschichtsphilosophie jedoch die unerfreulichste. Sie ist eindeutig gegenneuzeitlich.[137]

3.3 Usualismus und Modernitätstraditionalismus

Die Koalition von Anthropologie und Historismus zum Schutz der Neuzeit transformiert Marquard für sich selbst nun zu einer *Philosophie der Endlichkeit* im weitesten Sinn. Diese bringt angesichts des „Gottwerdungsdrucks", unter dem der Mensch grundsätzlich steht, nachdem die „Stelle Gottes" im Gedankenhaushalt der Moderne vakant geworden ist, die menschliche Endlichkeit neu zur Geltung. Dazu definiert sie den Menschen durch seine Sterblichkeit und zwar existenzphilosophisch mit Heidegger als „Sein zum Tode" bzw. anthropologisch mit Gehlen als „stets nur befristete Entlastung vom Umkommen". Die Bestimmung menschlicher Endlichkeit als Sterblichkeit impliziert für Marquard nun aber – diese Akzentuierung weist auf Gehlen, Heidegger, aber auch auf Joachim Ritter zurück[138] – nicht nur die *Sicherheit des Endes*, sondern insbesondere auch die Unverfügbarkeit des Anfangs, d.h. die *Unverfügbarkeit der Vorgaben* menschlichen Lebens. Angesichts menschlicher Sterblichkeit nehmen sie quasi schicksalhafte und alles weitere bestimmende Züge an. Denn wenn das Leben des Menschen sterblich ist,

> „... dann ist es stets zu kurz, um sich von dem, was er schon ist, in beliebigem Umfang durch Ändern zu lösen: er hat schlichtweg keine Zeit dazu. Darum muß er stets überwiegend das bleiben, was er geschichtlich schon war: er muß »anknüpfen«. Zukunft braucht Herkunft: »die Wahl, die ich bin«, wird »getragen« durch die Nichtwahl die ich bin; und diese ist für uns stets so sehr das meiste, daß es – wegen unserer Lebenskürze – auch unsere Begründungskapazität übersteigt: Darum muß man, wenn man – unter Zeitnotbedingungen unserer vita brevis – überhaupt begründen will, nicht die Nichtwahl begründen, sondern die Wahl (die Veränderung): die Beweislast hat der Veränderer. Indem sie diese Regel übernimmt, die aus der menschlichen Sterblichkeit folgt, tendiert die Skepsis zum Konservativen."[139]

Weil die vorgegebene Wirklichkeit stets nur in recht begrenztem Ausmaß der menschlichen Verfügbarkeit untersteht, gibt es für den Menschen, so Marquard, kein *absolutes* Anfangen, weder im Denken noch im Handeln: „Kein Mensch ist der absolute Anfang: jeder lebt mit unverfügbaren Vorgaben."[140] Ähnlich Heidegger ermuntert auch Marquard dazu, auf die „Anmaßung alles Unbedingten"[141] zu verzichten. Als Kronzeugen für den gegenwärtig angezeigten *Abschied vom Prinzipiellen* zugunsten des *Anknüpfens an Üblichkeiten* – und der damit einhergehenden metaphysikkritischen Abwehr der absoluten Anfangsfrage und ihres

---

[137] Vgl. „Die Neubestimmung des Menschen in der Philosophie des 18. Jahrhunderts – wo sie nicht anthropologisch und ästhetisch moderat bleibt, sondern geschichtsphilosophisch radikal wird – bestimmt den Menschen zum Ende seiner Menschlichkeit." (MARQUARD 1981, 57 f.).
[138] Zu Ritters Theorem des „Anknüpfenmüssens" (Hypolepsis) vgl. BIEN 1974.
[139] MARQUARD 1981, 16.
[140] MARQUARD 1981, 76.
[141] So HEIDEGGER GA 7, 182.

modernen Derivats, der (diskursethischen) absoluten Legitimationsfrage[142] – führt Marquard sodann Hans Blumenberg und Martin Kriele ins Feld. Die bei Blumenberg theoretisch und bei Kriele praktisch orientierte „Beweislastregel" will dazu beitragen, daß theoretische Begründungs- und praktische Handlungslasten auf endliche, d.h. menschlich einlösbare Größen reduziert werden.

So gilt es nach Blumenberg fortan *theoretisch* nicht mehr zu begründen, warum etwas überhaupt ist und nicht vielmehr nicht ist, sondern es gilt zu begründen, *warum etwas anders wird* bzw. werden soll. Weil die sterblichkeitsbedingt knapp bemessene Zeit für absolute Begründungsgänge und Totallegitimationen und für absolute Veränderungen und Neuanfänge[143] stets zu kurz[144] ist, gilt die widerlegliche Vermutung für das zureichende Begründetsein all dessen, was ist. Die Präsumption steht für die Suffizienz des Bestehenden.[145] Es bedürfen also nicht mehr das Bestehende und die Traditionen philosophischer Rechtfertigung, sondern erklärungsbedürftig sind nur mehr die Veränderungen, d.h. die Epochenwechsel, die Traditionsbrüche, die großen und kleinen geschichtlichen Umbrüche. Auf die konkrete – bei Kriele auch juridische – *Praxis* appliziert bedeutet dies, daß fortan der Veränderungswillige die Begründungs- bzw. Beweislast, der Legitimationsverlanger die Legitimationslast tragen muß. Er muß Argumente beibringen, die die Insuffizienz des Bestehenden beweisen, und seinen Veränderungswillen legitimieren, während dem Bestehenden „Widerruf-Vernünftigkeit a priori" zukommt.

Eine solche Akzeptanz der unverfügbaren Vorgaben menschlichen Lebens[146] ist nach

---

[142] Vgl. „Der Tod aber – wie lange er auch zögert – kommt immer allzubald: das Menschenleben ist zu kurz für die Durchführung des Programms der Absolutmachung des Menschen, denn der Tod läßt uns nicht die Zeit, auf das Ergebnis der absoluten Wahl aller lebensnötigen Orientierungen zu warten ... Darum kann man sagen, das Programm der Absolutmachung des Menschen ist für die Menschen die Philosophie für ihr Leben nach dem Tode, die die Frage einer Philosophie für ihr Leben vor dem Tode offenläßt." (MARQUARD 1986, 123 f.).

[143] Niklas Luhmanns Systemtheorie argumentiert laut Marquard ganz ähnlich, wenn sie Komplexitätsreduktionen niemals pauschal, sondern immer nur in Teilbereichen des Systems und nur sukzessive zuläßt; desgleichen auch Ritters hermeneutischer Ansatz, der sich auf die Hypolepsis, das Anknüpfenmüssen – oder wie Marquard sagt: das „Antiprinzip Anknüpfung" verpflichtet weiß (vgl. MARQUARD 1981, 77 f.).

[144] Vgl. MARQUARD 1988, 5-7.

[145] Vgl. „Tradition gilt nicht wegen ihrer erwiesenen Richtigkeit, sondern wegen der Unmöglichkeit, ohne sie auszukommen" und: „Durch die Lasten der Neuorientierung (werden wir) an die Geltung der orientierungspraktischen Verfahrensregel erinnert, daß für die Tradition die Primärvermutung ihrer Vernünftigkeit gelten muß und die Last expliziter Begründung bei demjenigen liegt, der sie verwirft." (LÜBBE 1977, 329 f.).

[146] Sartres Formel, der Mensch habe mangels wesensmäßiger Vorgaben ganz und gar das Ergebnis seiner freien Wahl zu sein - «le choix que je suis» (SARTRE 1943, 638) – kontrapunktiert Marquard eher im Sinn der Heideggerschen Faktizität mit einer anderen Formel Sartres: „Je suis mon passé." (SARTRE 1943, 159). Der Mensch ist keineswegs ausschließlich nur das Resultat seiner freien Wahl und seiner Absichten. Seine Wahl wird vielmehr stets getragen durch seine herkunftsgeschichtliche Vergangenheit, durch sein Schicksal, d.h. durch „die Nichtwahl, die ich bin" (MARQUARD 1981, 16 u. 122; MARQUARD 1986, 119), die den Horizont der Wahlmöglichkeiten

Marquard nun gerade keine vernichtende Einschränkung, sondern die Lebenschance für den Menschen schlechthin.[147] Es ist die Möglichkeitsbedingung des Handelns und Denkens in Reichweiten, in denen Menschen überhaupt nur sinnvoll handeln, denken und verantworten können. Nur endliche Reichweiten können Menschen denkend überblicken und sinnvoll gestalten, alles andere ist Anmaßung. Sie können nur *etwas* verändern, nicht aber alles. Es kommt darauf an, das wenige, das sterblichkeitsbedingt möglich ist, auch wirklich zu tun und es vor allem gut zu tun.

„Es braucht also jeder Mensch viel Fatalismus, der kein Fatalist sein will ... Dieser (wie mir scheint vernünftige) Fatalismus – und seine Agenten: etwa die Institutionen – reduziert Handlungslasten auf die Größenordnung menschlicher Handlungskapazität: er bringt das, was zu tun ist, in die Reichweite menschlicher Täterbegabung. Menschliche Praxis macht stets nur das Wenige, was noch zu machen ist: damit sie möglich sei, muß in einem sehr beträchtlichen Umfang schon »nichts mehr zu machen« sein."[148]

Zur Bewahrung der Neuzeit gehören also nicht nur die „Bereitschaft zur eigenen Kontingenz" und der „Sinn für Gewaltenteilung und Pluralität", sondern immer auch der „Sinn fürs Usuelle, für die Unvermeidlichkeit von Üblichkeiten"[149]. Innerhalb der Marquardschen Skepsis wird jetzt gleichgewichtig mit dem „Zweifel" und der „Ernstnahme des Einzelnen" jener Zug, den die Skepsis historisch belegbar stets auch gehabt hat, nämlich die Bereitschaft, gemäß den „Sitten der Väter" zu leben, d.h. – wo es keine zwingenden Gründe fürs Abweichen gibt – nach *Üblichkeiten* zu handeln, welche in den gesellschaftlichen *Institutionen* objektive Gestalt angenommen haben. Den ausgeprägten Sinn für das Institutionelle teilt Marquard mit den Rechtshegelianern, aber auch mit Dilthey, Gehlen und Ritter.[150]

4 Marquards Geschichte der neuzeitlichen Philosophie

Das bisher Gesagte hat deutlich werden lassen, wie sich Marquard ein „Stehen in der Geschichte heute" vorstellt und welche Haltungen ihm dabei für unerläßlich scheinen. Es bleibt zu erörtern, in welches Verhältnis der *Denker* Marquard zur Tradition seiner eigenen Disziplin tritt, speziell zur Geschichte der *neuzeitlichen* Philosophie. Dabei ist zunächst die eingangs (vgl. Abschn. 2) aufgeworfene Frage nach dem Stellenwert spekulativen Ge-

---

vorzeichnet. Eigentlich geschichtlich existiert das Dasein, wenn es sich selbst „in einer ererbten, aber gleichwohl gewählten Möglichkeit *überliefert*" (HEIDEGGER GA 2, 507).

[147] Vgl. „kein Mensch hat die Zeit, sich von allem, was vorgegeben ist, zu distanzieren ... Darum gibt es das *Undistanzierbare*: je meine Vergangenheit ... Sie ist Faktizität: das »nur Faktische«, das Kontingente, aber nicht im Sinne einer wählbaren und beliebig abwählbaren Beliebigkeit, sondern im Sinne eines schwer- oder gar kaumentrinnbaren Schicksals ... aber – indem sie je mich und je meine Zukunft immer schon trägt – ist sie selber Freiheit; man könnte sagen: im Unterschied zur *Zukunftsfreiheit* ist sie *Herkunftsfreiheit*. Auch die Herkunftsfreiheit ist wirklich Freiheit: ich bin nicht nur dadurch frei, daß ich mich mir ... zur Disposition stelle, sondern ich bin auch dadurch frei, daß ich mich nicht zur Disposition stellen muß." (MARQUARD 1979, 338).

[148] MARQUARD 1981, 79.
[149] MARQUARD 1986, 7 f.
[150] Weiteres s.o. Kap. I, 3.1.

schichtsdenkens im Gesamt des Marquardschen Philosophierens wieder aufzugreifen: Es muß abschließend beurteilt werden, ob bei Marquard tatsächlich ein *Abschied* und wenn ja, *von welchen Weisen* geschichtsphilosophischen Denkens gelungen ist, oder ob Marquard tatsächlich immer noch „offene Rechnungen", wie er sagt, mit der Geschichtsphilosophie zu begleichen hat.

Marquards Kritiker, als solche seien hier mehr oder weniger willkürlich Wolfgang Kersting[151] und Birgit Recki[152] ins Feld geführt, kommen in der Regel darin überein, ihm eine *unter dem Deckmantel der Geschichtsphilosophiekritik* erfolgende *Ästhetisierung*, d.h. eine Klitterung der Geschichte der neuzeitlichen Philosophie anzulasten. Die Geschichtsphilosophie werde von Marquard heftig kritisiert, zum Teil zu Recht, weil sie die Disparität der tatsächlichen Geschichte übergehe und in ein apriorisches Verlaufsschema presse. Seine Kritik bediene sich dabei jedoch selber geschichtsphilosophischer Denkmuster und Verlaufsmodelle, welche sie die Positionen anderer Philosophen teilweise nur verzerrt wahrnehmen ließen. Treibt Marquard tatsächlich den Diabolus in philosophia – die „emphatische" Geschichtsphilosophie – mit dem Beelzebul aus? Hauptangriffspunkt bilden in der Regel Marquards Kompensationstheorie und das von Kersting so genannte „Stellenäquivalenzmodell", mittels dessen Marquard ganze Epochen übergreifende Funktionsäquivalenzen verschiedenster historischer Gestalten von Philosophie *konstruiere*. Dazu folgende Erläuterungen:

4.1 Marquards Stellenäquivalenzmodell und sein Konzept der Kompensation

Schon der Marquard der Dissertationsschrift verstand Philosophie zentral von ihrer Funktion her: Wozu, so hieß es, ist Metaphysik nötig? In Marquards Habilitationsschrift „Transzendentaler Idealismus – romantische Naturphilosophie – Psychologismus" präsentiert sich die Funktionsanalyse in ihrer ausgereiften Form. Dort werden philosophische Formationen vom späten 18. bis zum frühen 20. Jahrhundert danach befragt, welche Funktion sie im philosophischen Gedankenhaushalt der Moderne erfüllen. Wie Niklas Luhmann die *Gesellschaft*, so begreift offenbar Odo Marquard die *Philosophie der Neuzeit* als ein großes, offenes Funktionssystem, dessen Komplexität und innere Differenzierung im Laufe der Zeit ständig zunimmt. Im Innern des Systems herrschen gewisse Gesetzmäßigkeiten: Eventuelle Veränderungen einer Systemstelle zeitigen – wie in einem System üblich – Konsequenzen für alle anderen Systemstellen. Gewichtsverschiebungen der einen ziehen ausbalancierende Gegenmaßnahmen der anderen Seite nach sich. Die einzelnen Funktionsstellen dieses Systems können im Laufe der Zeit natürlich von unterschiedlichen philosophischen Trägern besetzt werden. Wenn aber unterschiedliche Träger – gemeint sind konkrete, datierbare Formationen philosophischen Denkens, die bei Marquard zum Teil historisch weit auseinanderliegen – äquivalente Systemfunktionen auszuüben in der Lage sind, dann sind sie sich offenbar ähnlich. Dies ist die entscheidende Schlußfolgerung. So gelingt es Marquard, über

---

[151] KERSTING 1989.
[152] RECKI 1992.

die Äquivalenz der ausgeübten Funktionen im Gesamthaushalt der Philosophie geschichtliche Kontinuität zwischen verschiedenen historischen Gestalten von Philosophie nachzuweisen. Marquards systemtheoretisch inspiriertes, geschichtsphilosophisches Interpretationsmuster wird deshalb wohl zu Recht *Stellenäquivalenzmodell* genannt.

Nun ein konkretes Beispiel: Betrachten wir die von Marquard (bzw. von Hans Blumenberg) isolierte Funktionsstelle „radikale Gegenwartsverneinung im Namen einer ganz anderen, perfekten Zukunft". In der Antike wurde sie von der frühchristlichen *Gnosis* besetzt: Weil sie als unheilbar schlecht galt, hatte die Gegenwart einzig den alsbaldigen Untergang verdient; je zeitiger dieser eintreffen würde desto besser, um so früher würde die heile Zukunft heraufziehen, hieß es. Marquard fragt nun: Gefielen sich in der jüngeren Vergangenheit nicht einige Revolutionstheoretiker in eben dieser Rolle? Er zeigt sogleich weitere Strukturanalogien auf: Einst spielte die manichäistische Gnosis den nur bösen Schöpfergott, der für die schlechte Lage der Gegenwart verantwortlich zeichnete, gegen den nur guten Erlösergott, den Bringer der heilen Zukunft aus. Erinnert das nicht an den Kampf der revolutionären Avantgarde gegen das konservative Establishment? Handelt es sich hier nicht um die Fortsetzung desselben Streits mit anderen Mitteln? Ist deshalb ähnlich der Gnosis auch die Revolutionstheorie irrational, zumindest gegenneuzeitlich? – Zur Genese der Tiefenstrukturen des Marquardschen Funktionsmodells (in ihm wird deutlich, daß Marquard über seinen Lehrer Joachim Ritter auch „Cassirer-Enkel" ist) und zu seinen impliziten Axiomen folgende Überlegungen:

Die Anregung zu Marquards Verständnis von Geschichtsphilosophie geht nach eigenem Bekunden auf eine Randbemerkung Heideggers zurück. Heidegger war der Ansicht, „der »Apriorismus« ... [sei (r.h.)] die Methode jeder wissenschaftlichen Philosophie, die sich selbst versteht."[153] Heidegger macht so auf den Tatbestand aufmerksam, daß die neuzeitliche Transzendentalphilosophie, die für gewöhnlich schlicht als „Apriorismus" bezeichnet wird, durch dieses Prädikat gar nicht *spezifisch definiert* ist. Jede echte Philosophie ist in gewisser Hinsicht Aprioridenken. Marquards Habilitationsschrift gelingt es nun, dieses Explikationsdefizit aufzuarbeiten, indem sie die Transzendentalphilosophie als „Apriorismus mit Nötigkeitsprinzip"[154] interpretiert. Damit ist folgendes gemeint: In der transzendentalphilosophischen Aprioriforschung wird das Seiende überstiegen in Richtung auf die im Subjekt liegenden *Bedingungen seiner Möglichkeit*. Als Apriori gilt hier demnach das, was *notwendig* und *unentbehrlich* ist. Daß dieses Apriori den Charakter auch der *Ewigkeit* und *Unveränderlichkeit* zu besitzen hätte, wird hier – anders als in der klassischen Metaphysik – nicht gefordert! *Wozu* nun, fragt Marquard weiter, ist das transzendentalphilosophische Apriori notwendig und unentbehrlich? Offenbar zu einem bestimmten *Zweck*. Transzendentalphilosophische Aprioris sind „Bedingungen der Möglichkeit", sie sind *notwendige Bedingungen für einen bestimmten Zweck*. Was aber für einen Zweck gebraucht wird, ist offenbar ein *Mittel*, ein Werkzeug, so fährt Marquard fort. Die transzendentalen Aprioritäten sind also (Denk-)Mittel bzw. Werkzeuge zur Verwirklichung eines Zwecks. Im Zweck-

---

[153] HEIDEGGER GA 2, 67 (Anm. 9).
[154] Vgl. MARQUARD 1987, 25 u. 12. u. 84 ff.

Mittel-Denken zeigt sich für Marquard, daß die an der Geschichte noch relativ wenig interessierte Transzendentalphilosophie einen entscheidenden Schritt in Richtung auf ein *geschichtliches Denken* wagt. Das Zweck-Mittel-Denken – das Vermittlungsdenken – entstammt nämlich weniger dem theoretischen als vielmehr dem praktischen, dem geschichtsphilosophischen Flügel der Transzendentalphilosophie: Notwendiges Mittel ist dort etwas, was zur Verwirklichung eines bestimmten, *geschichtlich noch ausstehenden* Zwecks dient. So kommt es, daß Marquard nicht erst die ins Praktische gewendete, sondern schon die *theoretische* Denkform „Transzendentalphilosophie" als eine Form von Geschichtsphilosophie meint auffassen zu dürfen. Sie bedient sich nämlich einer dem Handlungs- bzw. Herstellungskontext entlehnten Denkfigur.

Da nun aber zum „Nötigkeitsprinzip" des transzendentalphilosophischen Aprioridenkens *erstens* (semantisch) der auch in der Theodizee zentrale Begriff „Bedingung der Möglichkeit"[155] gehört und *zweitens* (formal) die „genealogische" Argumentation, eine, wie Marquard meint, typisch geschichtsphilosophische Operation, so ergibt sich daraus für Marquard eine Funktionsäquivalenz und somit eine geschichtliche Kontinuität zwischen der Transzendentalphilosophie und der Theodizee.[156] In der Habilitationsschrift zieht Marquard die Verbindungslinie über einige Zwischenetappen sogar weiter aus bis zum philosophischen Psychologismus, den Husserl bekämpfte.

Indem Marquard nun ferner das Selbstverständnis der Hegelschen Philosophie – Hegel versteht seine Geschichtsphilosophie als die „wahre Theodizee" – über Hegel hinaus ausweitet, eröffnet sich ihm die Möglichkeit, die *Philosophiegeschichte insgesamt* (von Kant über den Deutschen Idealismus, den Psychologismus bis zum frühen Marquard und weiter bis zur Postmoderne) als eine Geschichte zu deuten, in der trotz aller Veränderungen „immer noch das gleiche Stück ... gespielt wird"[157], nämlich das Stück *Geschichtsphilosophie*. Da nun die Geschichtsphilosophie ihrerseits „theodizeeimprägniert" ist – die Theodizeestruktur geschichtsphilosophischer Theorie freigelegt zu haben, ist ja u.a. auch Marquards Verdienst – wird offenbar auch immer noch das Stück *Theodizee* gespielt, was für Marquard nichts anderes ist denn das Stück *Erlösung*.

---

[155] Vgl. hierzu auch Marquards Untersuchungen zur Begriffsgeschichte der „Kompensation" (MARQUARD 1989, 65-81; und in: RITTER/GRÜNDER 1971 ff., Bd. IV, 912-918).

[156] Einer genealogischen Operation bedienen sich im übrigen auch die romantische Naturphilosophie (Schelling) und der Psychologismus (Freud etc.). Anders als die Wesensphilosophie verstehen sie das Denken nicht unmittelbar aus dem Denken bzw. dem Gedachten, sondern aus seiner Genese (MARQUARD 1987, 20). Letzte Instanz des Bewußtseins ist für sie nicht das Bewußtsein, sondern seine (ggf. unbewußte) Geschichte. Darum sind auch sie für Marquard Spielformen von Geschichtsphilosophie (ebd., 12 f.), denn Geschichtsphilosophien verstehen das Denken aus seiner Genese (ebd., 24). Da sie aber, um die Genese des Bewußtseins zu verstehen, nicht auf einen Geschichtsbegriff, sondern auf einen Naturbegriff („Romantiknatur" bei Schelling, „Triebnatur" bei Freud) zurückgreifen, sind romantische Naturphilosophie und Psychologismus für Marquard bloß „geschichtsferne" Geschichtsphilosophien (ebd., 45 f.). Nicht die Geschichte, sondern die Natur sagt ihnen, was die Geschichte letztlich ist.

[157] MARQUARD 1973, 17.

Hinzu tritt sodann die durch Arnold Gehlen zu philosophischer Anthropologie kondensierte „Psychologie der prekären Stellung des Menschen im Kosmos", die das menschliche Dasein zentral von seinen Störungen her versteht. Das Mängelwesen „Mensch" operiert nicht zielstrebig, sondern „defektflüchtend", es will nicht ein bestimmtes Ziel erreichen, sondern vor allem seine mangelhafte Ausstattung wettmachen und kompensieren (bspw. durch die Generierung von „entlastenden" Institutionen). So funktioniert schließlich die bei Marquard auf das Alphabet der Geschichtsphilosophie und Theodizee hin freigelegte Philosophie der Neuzeit nicht nur wie ein Luhmannsches System, sondern auch wie ein *psychischer Apparat*, der freilich nicht mehr „tentativ", d.h. zielstrebig und teleologisch vorgeht (wie es die klassische Form der Geschichtsphilosophie voraussetzte), sondern nur noch „fugativ", d.h. defektflüchtend. Es handelt sich bei Marquard also um eine gemäßigte Form von Geschichtsphilosophie, eine „Schwundstufe", welche auf Teleologie und somit auf die Erörterung eines möglichen Geschichtsziels verzichtet. Angesichts der „Insuffizienz des Bestehenden" wird in der Philosophie der Neuzeit lediglich noch kompensatorisch und „äquilibristisch" nach „Auswegen" gesucht. Angesichts der Einseitigkeit bestimmter philosophischer Formationen bilden sich andere heraus, die für Ausgleich sorgen. Der menschlichen Psyche ähnlich können einmal ausgebaute Funktionsstellen dieses Apparats nur schwer wieder abgebaut werden, zumindest nicht „ohne das Bedürfnis nach Ersatz"[158], so daß überall mit Surrogaten zu rechnen ist, welche leer gewordene Funktionsstellen zumeist inadäquat besetzen.[159]

Die Marquardsche Neuzeit ist nicht die beste aller Welten, aber immerhin eine Welt, in der Defizite leidlich kompensiert werden können. Defizite auszubalancieren, ist das Movens der Geschichte. Das Stellenäquivalenzmodell, dessen beliebig oft umbesetzbare Funktionsstellen zwar von unterschiedlichen Trägern übernommen, nicht aber ohne weiteres in ihrer Komplexität reduziert werden können und bei dem es sich niemals um ein „Ganzes", sondern immer nur um eine „Ergänzung ohne Ganzes"[160] handeln soll, wird von Marquard im Laufe seiner Denkgeschichte vielfach verfeinert und präzisiert. Wie gesehen, handelt es sich dabei gerade nicht um ein „vorgefertigtes Schema", das auf das geschichtliche Material einfach nur appliziert würde. Marquard hat sich seine Einsicht in die Geschichte der Philosophie in einem lebenslangen Denkweg und in ihresgleichen suchender, präziser Detailanalyse mühsam erworben. Auch Hans Blumenberg operiert mit einem Stellenäquivalenzmodell, als er Karl Löwiths These diskutierte, die Geschichtsphilosophie der Neuzeit sei das Resultat einer Säkularisierung des jüdisch-christlichen Heilsgeschehens. Wie Marquard will auch Blumenberg die Neuzeit „exkulpieren" und vor illegitimen „Übertribunalisierungen" schützen, die sich seines Erachtens aus der genannten Säkularisierungsthese ergäben. Mar-

---

[158] MARQUARD 1987, 91.

[159] „Nicht leer bleiben könnende Funktionsstellen" sind für Marquard natürlich gleichbedeutend mit „nicht unbefriedigt bleiben könnenden menschlichen Sinnansprüchen", von daher versteht sich seine Aufforderung zu einer „Diätetik der Sinnerwartung" (vgl. MARQUARD 1986, 33-53).

[160] MARQUARD 1989, 66.

quard geht indes darin über Blumenberg hinaus, daß er mit der Neuzeit nicht zugleich auch die Geschichtsphilosophie verteidigen möchte.

„Problematisch an Blumenbergs Säkularisierungskritik ist also nicht ihre Intention: die Verteidigung der »Legitimität der Neuzeit« d.h. ihre Rechtfertigungsunbedürftigkeit. Problematisch an ihr ist nur, daß er durch seinen Angriff zuviel verteidigen wollte: nämlich mit der Neuzeit zugleich die Geschichtsphilosophie. Deren Schwierigkeit aber ist nicht, daß durch sie ... die biblische Eschatologie zu wenig säkularisiert wurde. ... es ist bei der Geschichtsphilosophie das Schlimme weder die Säkularisation noch das Operieren mit dem Begriff Säkularisation, sondern vielmehr dies: daß in ihr die Säkularisation nicht oder zu wenig stattfand, daß sie in ihr nicht gelang ... Die Geschichtsphilosophie ist die Gegenneuzeit."[161]

Marquards Apologie der Neuzeit will die für sie anfänglich einmal charakteristisch gewesene Äquidistanz zu Geschichtsphilosophie und Anthropologie nicht aufrechterhalten. Letztendlich gibt sie die Geschichtsphilosophie als eine gegenneuzeitliche Formation der Kritik anheim. Einzig in zu einem pluralitätsfreundlichen Historismus reduzierter Fassung ist sie ihm noch akzeptabel. Es bleibt zu fragen, ob in Marquards originellem Umgang mit der Geschichte der Philosophie das Hören auf die *Logik der Sache* nicht doch insgeheim zu einer *Sache der Logik* geronnen ist. Jedenfalls müßte im konkreten Einzelfall geprüft werden, darin haben Marquards Kritiker vermutlich recht, inwiefern der von Marquard vorgebrachte Vorwurf des geschichtsphilosophischen Antimodernismus seinen Gegner wirklich trifft und nicht vielmehr eine Konsequenz des Marquardschen Verfahrens ist, das zunächst – funktionalistisch – alle philosophischen Formationen auf verborgene geschichtsphilosophische Tiefenstrukturen hin zuspitzt, um sie hernach als Geschichtsphilosophie zu enttarnen. Der Selbstironiker Marquard würde hier wohl ohne Umstände zugeben, daß es ein voraussetzungsloses, vorgriffsfreies Philosophieren kaum geben kann, und schmunzelnd würde er hinzufügen: „Wer ohne absolute Position Philosoph sein will, begeht unsägliche fallacies. I like fallacy."[162]

4.2 Ergebnis und Kritik

Marquard knüpft im Grunde nur äußerlich etwas an Heidegger an; sein eigentliches Feld ist vorgegeben durch die Diskussion um Links- und Rechtshegelianer. Marquard, der anfänglich selbst ein linkshegelianisch gestimmter Geschichtsphilosoph war, nimmt seit 1973 davon Abschied. Seine Position ist rechtshegelianisch in dem Sinne, daß die Errungenschaften der Neuzeit (Rechtsstaat, Geschichtssinn und philosophische Anthropologie) als der bisher besten Epoche unserer Geschichte verteidigt werden. Von daher prägt er einen ganz positiven Begriff der Moderne. Alles, was in der Moderne in Spannung dazu steht, nennt Marquard „antineuzeitlich". Dazu rechnet er in erster Linie die Geschichtsphilosophie, insofern diese ein enormes Zukunfts- und damit tendenziell nihilistisches Kritikpathos in sich trägt, das Marquard genealogisch deutet: Durch das „Scheitern" der Theodizee (vgl. das Erdbeben

---

[161] MARQUARD 1983, 80.
[162] MARQUARD 1981, 138.

von Lissabon in der Deutung Voltaires) sei es „kompensatorisch" zu einer Übertragung der Rolle des Schöpfers auf den Menschen gekommen. Der Mensch könne diese Rolle jedoch nur so tragen, daß eine Spaltung der Menschheit in Gute (Avantgardisten) und Böse (Reaktionäre) vorgenommen wird: Wenn es Unheil gibt, sind es die ersteren nie, die anderen aber immer. Geschichtsphilosophisches Bewußtsein sei also der Trick, „es nicht gewesen zu sein", es ist m.a.W. ein falsches Bewußtsein. Heute werde die Geschichtsphilosophie (die Marquard offenbar im Marxismus repräsentiert sieht) nur in „Schwundstufen" vertreten, sei aber im Bildungsbewußtsein immer noch virulent. Immer noch sei sie „mangelerzwungener Ausdruck menschlicher Selbstverfehlung".

Von dieser Geschichtskonstruktion abgesehen, vertritt Marquard eher zeitlose anthropologische Weisheiten im Umgang mit Erbe und Kritik: Die Knappheit der Lebenszeit zwischen Geburt und Tod bringe in sich schon ein Übergewicht des Erbes gegen die mögliche Zukunft mit sich, wogegen man also nicht prinzipiell kämpfen sollte; es gilt, sich mit der Endlichkeit anzufreunden und nicht im „Machbarkeitswahn" wie Gott werden zu wollen; die Pluralität der Individuen und Kulturen ist nicht aufhebbar in die Einheit der Menschheit. Gegen das abstrakte, monistische Ideal der universalen Kommunikationsgemeinschaft setzt Marquard das endliche Gespräch. Gegen den Satz, die Veränderung sei in sich schon etwas Gutes, erinnert er an die alte Weisheit, nach der nicht das Hergebrachte, sondern das Neue begründungspflichtig ist.

Im Gegenüber zu Heideggers echter, rein wahrheitsbezogener, absolut gestimmter Metaphysik (im weitesten Sinn) nimmt sich Marquards Denken aus wie ein die Philosophie letztlich ablehnender, sich selbst skeptisch nennender Funktionalismus nach ökonomischem Vorbild, dem Denken Cassirers und Gehlens nicht unähnlich. Sein Anwendungsgebiet ist das Innerseelische ebenso wie das Gesellschaftliche. Der Mensch als Mängelwesen kann seine Defizite zwar zu kompensieren versuchen, insbesondere durch den Reparaturbetrieb namens „Geisteswissenschaften"[163], kann sich aber von ihnen nicht befreien. Er ist – gegen den Aufklärungsglauben – unverbesserlich. Doch die Kompensationen soll man nicht verachten. Obwohl eigentlicher geistiger Kern der Neuzeit die Naturwissenschaften sind, sind doch nicht nur sie, sondern auch die Geisteswissenschaften, zu denen Marquard auch die Philosophie zählt, typisch und legitim neuzeitlich. Der durch sie gepflegte „historische Sinn" relativiert den inhaltlich dauernd wechselnden Druck der Gegenwart; wo sie – hermeneutisch-narrativ – die geschichtlichen Herkunftswelten interpretieren und wieder vertraut machen, helfen sie, die Folgeschäden der Modernisierung zu kompensieren und so die Lebenswelt zu schützen.

Die Hypothese, auf der Marquards geschichtsphilosophische Konstruktion aufruht, ist der Gedanke der Kompensation des verlassenen (oder meint Marquard: widerlegten?) Vorsehungsglaubens durch einen atheistischen Glauben an das eigene Schöpfertum. Dagegen ließe sich zweierlei einwenden: (a) Auch die Geschichtsphilosophien kommen nicht ohne die übermenschliche Vernunft im Geschehen aus; und (b) wie Gott dadurch gerechtfertigt wird, daß ihm, wie das schon die Gnosis tat, die Verantwortung für die Realität, d.h. sein

---

[163] Vgl. SEUBOLD 1986, 232 f.

Schöpfertitel abgenommen wird, ist in etwa verständlich; nicht aber, wie seine Güte dadurch gerettet wird, daß ihm (und damit ihr) die Existenz abgesprochen wird.

Kapitel IV: Hans Michael Baumgartner

Der konsequente Ausbau der Geschichte zum letzten, unhintergehbaren Horizont des neuzeitlichen Selbst- und Weltverständnisses führte die Philosophie gegen Ende des 19. Jahrhunderts in die Aporien des Relativismus und Historismus. Nun verlor auch das Aufklärungsfundament – die allgemeine Menschenvernunft – den überzeitlichen Status der Immerselbigkeit und rückte in die Geschichte ein. Dadurch erfuhr das bisherige Selbstverständnis der Philosophie eine Erschütterung. Ist nämlich selbst die Vernunft geschichtlich wandelbar und somit Moment und Ergebnis von Geschichte, kann sie die Geschichte nicht mehr ohne weiteres *objektiv begreifen*. Deshalb begann die Philosophie, sich und ihren Vernunftanspruch zu behaupten, indem sie nun umgekehrt die Geschichte als (retrospektives) Konstitutionsprodukt *transzendentaler Vernunft* nachzuweisen versuchte, so geschehen anfänglich bei Droysen, dann in Rickerts Wertphilosophie und in der jüngeren Vergangenheit – konsequenter und radikaler – in Baumgartners narrativistischem Konstruktivismus. Baumgartners Versuch, dem Historismus mit streng transzendentalphilosophischen Denkmitteln beizukommen, kann im Gegensatz zum Neukantianismus (s.o. *Erster Teil*, Kap. II. Abschn. 3) sogar zugestehen, daß die Vernunft selbst im Bereich ihrer *formalen Strukturen* in die Geschichte (gemeint ist: in den geschichtlichen Wandel) eingesenkt ist. Doch sei sie dies *nicht in derselben Weise wie ihre Erkenntnisgegenstände*, beteuert er und gibt sodann auch die entscheidenden Gründe dafür an.

1 Die Vernunft ist in der Geschichte, aber anders als die historischen Gegenstände

Daß die erkennende Vernunft *anders* in die Geschichte eingelassen gedacht werden muß als ihre Erkenntnisgegenstände, begründet Baumgartner mit einem Argument zur Vermeidung von „Paralogismen der historischen Vernunft"[1]: Die Vernunft kann *deshalb* nicht in derselben Weise in die Geschichte verwoben sein wie ihre Objekte, weil sonst unweigerlich die typischen *Fehlschlüsse* des Historismus entstünden. Würde nämlich, so Baumgartner weiter, auch die Menschenvernunft, mittels deren die Geschichte erkannt werden soll, geschichtlich vergegenständlicht, so ergäbe sich die inkonsistente Vorstellung eines Ganzen der Geschichte, in der sowohl die geschichtlichen Gegenstände als auch das sie erkennende bzw. sie konstituierende Subjekt – jetzt zu einem geschichtlichen Objekt unter anderen geworden – zu einer Totalität zusammengeschlossen wären. Inkonsistent wäre diese Vorstellung einer Gesamtgeschichte aus zwei Gründen: *erstens* weil nun die Geschichte unweigerlich den Charakter eines *objektiven* Geschehens annähme.[2] Indem nämlich die Vernunft

---

[1] BAUMGARTNER 1976, 285.

[2] Die Herausbildung der neuzeitlichen Idee der Geschichte als eines objektiven Gesamtprozesses geht Hand in Hand mit der sprachlichen Herausbildung des Kollektivsingulars „die Geschichte". Parallel zu diesem Kollektivsingular lassen sich noch weitere Singularbildungen nachweisen. Koselleck nennt diese Zeit die „Sattelzeit" (ca. 1750-1790), die „große Zeit der Singularisierungen" (KOSELLECK 1979, 54), wo aus vielen Geschichten „die" Geschichte, aus den Fortschritten „der"

vergeschichtlicht, also selber zu einem Moment des geschichtlichen Geschehens wird und somit nicht mehr als ein der Geschichte gegenüberstehendes Bezugssystem verwendbar ist, kann die Geschichte, bar dieses Gegenübers, gar nicht mehr anders denn als *objektiver Wirkungszusammenhang* verstanden werden, in welchen Gegenwart und Zukunft in gleicher Weise integriert sind wie die Vergangenheit. *Zweitens* wäre die auf diese Weise, d.h. durch Ausfall bzw. durch Integration der subjektiven Seite, entstandene objektive Geschichte zugleich auch tendenziell *vernünftig*, da ja die Vernunft nun eines ihrer entscheidenden Momente ist. Wo immer also die Vernunft vorbehaltlos historisiert, d.h. zum Moment des geschichtlichen Geschehens gemacht wird und dementsprechend nicht mehr als Appellationsinstanz zur Kritik des Geschehens zu Verfügung steht, besteht die Gefahr, daß die Vernunft zur *Gesetzmäßigkeit der Geschichte* mutiert,[3] warnt Baumgartner. Die Weltgeschichte würde so zur einer Art überparteilicher Rechtsinstanz, zum Weltgericht.[4]

Es sind demnach auch praktisch-politische Erwägungen, die Baumgartner veranlassen, gegen eine, wie er sagt, „objektivistische" Konzeption des Geschichtsbegriffs anzutreten. Mit einer objektivistischen Fassung des Geschichtsbegriffs ginge nämlich dessen kritische Funktion verloren: In Renaissance und Aufklärung hatte das Verweisen auf Geschichte ursprünglich die kritische Funktion, die Menschen aus ihren (vermeintlich) irrationalen Traditionen zu befreien, welche allerdings erst durch die Thematisierung der Geschichte seitens der Vernunft *als solche* sichtbar wurden. Durch den Rekurs auf das Normensystem „Vernunft" sollte innerhalb der Geschichte unterscheidbar werden, was gute und was schlechte Geschichte bzw. Tradition ist. Wenn nun aber, wie seit Hegel, die Vernunft *in* die Geschichte gehört, wird sie zur Gesetzmäßigkeit der Geschichte selbst. Der ursprünglich neuzeitliche Begriff von Geschichte als vernunftgeleiteter „Prozeß der Aufklärung" wird dadurch in eine metaphysisch-dogmatische Lehre des Geschichtsprozesses verwandelt, so Baumgartner. Geschichte kann nicht länger als Titel für eine kritische Destruktion verhängnisvoller Zusammenhänge ausgegeben werden.

Daß Geschichte wie ein „objektiver Geschichtsprozeß" vorstellbar ist, worin die Idee einer *alles* (also auch die Vernunft) umfassenden sowie die Zeitdimensionen integrierenden Universalgeschichte[5] schon beschlossen liegt, drängt sich immer da unwillkürlich auf, wo die subjektive Konstitutionsleistung der Vernunft beim Zustandekommen des Sinngebildes

---

Fortschritt, aus den Revolutionen „die" Revolution und aus den Freiheiten „die" Freiheit wird.

[3] Vgl. HEGEL Bd. 12, 19 ff.

[4] So bei HEGEL Bd. 7, 503. Im Hintergrund steht ein Gedicht des jungen Friedrich Schiller mit dem Titel „Resignation" (1784): „Genieße, wer nicht glauben kann. Die Lehre / Ist ewig wie die Welt. Wer glauben kann, entbehre. / Die Weltgeschichte ist das Weltgericht."

[5] Man kann eine objektive Prozessualität der Geschichte denken, ohne damit zugleich schon – wie es in der von Baumgartner kritisierten spekulativen Geschichtsphilosophie der Fall war – eine universale Entwicklungsgeschichte mit Anfang und Ziel anzunehmen. Diese Unterscheidung macht Baumgartner leider nicht. Darum verwirft er mit der Möglichkeit einer Universalgeschichte als universaler Entwicklungsgeschichte zugleich auch die Geschichte als objektiv kontinuierlichen Zusammenhang, d.h. die reale Prozessualität der Geschichte. Aber könnte man nicht statt dessen von der Einheit einer objektiven, aber als Einheit insgesamt nicht objektivierbaren Geschichte ausgehen?, so fragt HARDTWIG 1974, 388 f.

„Geschichte" übersehen bzw. eingeebnet und mit dem Inhalt der Geschichte – unkritisch – zu einem homogenen Ganzen, zu „der Geschichte" im Singular, verschmolzen wird, erklärt Baumgartner weiter.[6] Mit anderen Worten: Wo – historistisch, d.h. in diesem Fall im Schatten Hegels – das Geschichte konstituierende *Stehen* der Vernunft *vor* der Geschichte als Möglichkeit ausfällt, weil die Vernunft selbst vorrangig als Produkt und inhaltliches Moment der Geschichte in den Blick kommt, kann Geschichte nur mehr objektives Geschehen sein, zu dessen nur schwer noch kritisierbaren Bestandteilen eben auch Vernunft und damit Sinnhaftigkeit und Einheit gehören.

Natürlich, so Baumgartner weiter, steht es frei, unter dem Wort „Geschichte" eine solche Totalität zu verstehen, die sowohl das umfaßt, was in ihr an Ereignissen geschieht, als auch die Erkenntnis dieser Ereignisse und ihrer Totalität. Ohne weiteres kann man dem die Geschichte erkennenden Subjekt selbst wieder einen Ort in der erkannten Geschichte zuweisen und es durch diese geschichtliche Lokalisierung nahtlos in die Geschichte integrieren, wie es die Geschichtswissenschaft in der Nachfolge Droysens auch stets getan hat. Dann wäre jedoch unweigerlich der Boden der kritischen Philosophie Kants verlassen und erneut eine Position im Umkreis der spekulativen Geschichtsphilosophie Hegels erreicht, nämlich eine Schwundstufe derselben. Die kritische Absicht wäre zugunsten einer metaphysisch-dogmatischen Lehre des Geschichtsprozesses aufgegeben, die Kritik unterderhand – wenigstens der Tendenz nach – zur absoluten Reflexion transponiert. Geschichte erschiene wiederum als eine Einheit von Sein und Wissen, die jedes wirkliche Erkennen dieser Einheit gerade in Frage stellt, da man das Erkennen ja in Abhängigkeit gebracht hat vom Wandel und von der Veränderung des Ganzen. Solche Denkversuche führen also nicht über Hegel hinaus, sondern sind als Subtraktionsstufen Hegelscher Philosophie immer nur der neue Anfang eines Weges zu Hegel, will Baumgartner offenbar sagen.

Die historistische These, wonach das *Subjekt* der historischen Disziplinen, ihrer Erkenntnisinteressen und Methoden prinzipiell *auch zu deren Objektbereich* gehöre, so daß jeder Wandel *innerhalb* des Objektbereichs „Geschichte" wiederum das Erkennen des Subjekts bedingt, war für Droysen und Dilthey noch eine große Errungenschaft. Denn nur so ließ sich die universale Zugänglichkeit des historischen Materials für das Verstehen sichern. Das Erkenntnissubjekt konnte davon ausgehen, daß es in der Geschichte mit seinesgleichen oder doch zumindest mit ihm kongenialem Material zu tun haben würde. Weil diese – hermeneutische – Position nach Baumgartners Dafürhalten jedoch langfristig mehr Probleme aufwirft, als sie zu lösen vermag, entschließt er sich zu einer dezidiert anti-historistischen und somit auch anti-hermeneutischen Position. Freilich weiß auch Baumgartner nur zu gut um die *Standortgebundenheit* alles historischen Wissens. Daß das forschende Verstehen der geschichtlichen Welt *selbst etwas Geschichtliches* ist und damit unweigerlich Zeitabstände, Deutungsgewohnheiten und verschiedenartige kulturelle Perspektiven als kontingente Parameter mit im Spiel sind, will Baumgartner allerdings so in die Theorie des historischen Erkennens eingetragen wissen, daß der geschichtliche Standpunkt, von dem aus Geschichte erkannt wird, gerade *kein Punkt innerhalb der erkannten Geschichte* ist. Dies gelingt ihm

---

[6] Vgl. ANACKER/BAUMGARTNER 1973, 550.

durch die These von der *grundsätzlichen Retrospektivität* alles historischen Erkennens. Auch das Erkennen, das besagt diese These, ist Teil der Geschichte, aber nie als aktuell erkennendes, sondern immer nur hinsichtlich seiner vergangenen Leistungen (s.u. Abschn. 2). Zu zerstören ist die die naive, schlecht-metaphysische Vorstellung einer das Vergangene, Gegenwärtige und Zukünftige umfassenden Prozesstotalität, die man nur anzuschauen bräuchte, nicht aber erst konstruieren müßte, womit sich Baumgartner nicht bloß gegen Gadamer[7], sondern natürlich vor allem auch gegen Marx wendet.

Fassen wir zusammen: Baumgartner ist überzeugt: Um mit Hegel fertig zu werden, reicht es nicht aus, bloß einige nicht mehr nachvollziehbare geschichtsmetaphysische „Essentials" zu eliminieren. Es genügt nicht, den Gedanken des Systems zugunsten der Kategorie der Individualität fallenzulassen. Es reicht auch nicht, Hegels absolutes Wissen zu kappen, das die Vernunft *in* der Geschichte und die Vernunft *vor* der Geschichte systematisch zur Einheit aufzuheben wußte, um ansonsten kraft des von Hegels Geschichtsverständnis noch übriggebliebenen Restes die Geschichte weiterhin als einen *objektiv geschehenden Gesamtprozeß* zu verstehen, in den auch die Vernunft und deren Wandel homogen integriert sind. Auch wo – wie generell in der nachhegelschen Philosophie – Hegels Überstieg ins absolute Wissen aus metaphysikkritischer Absicht abgelehnt wird, ist nichtsdestotrotz eine kaum weniger problematische Position bezogen. Einmal bis zum objektivistischen Geschichtsverständnis gelangt, lassen sich nämlich die bekannten historistischen Fehlschlüsse nicht mehr aufhalten.

„In der Konsequenz einer solchen Ansicht von Geschichte liegen sämtliche Paradoxien des (relativistischen) Historismus, die die Möglichkeit einer vernünftigen Rede von Geschichte und ihrer Erkenntnis inhibieren. Eine Lösung dieser Problematik erscheint nur dadurch möglich, daß diese inkonsistente Vorstellung eines Ganzen der Geschichte aufgegeben wird. Mindestens muß gewährleistet sein, daß das erkennende Subjekt als solches, obgleich es immer auch in Geschichten verstrickt ist, nicht oder jedenfalls nicht in derselben Weise als geschichtlich gedacht ist wie der Gegenstand seiner Erkenntnis. Dies setzt jedoch voraus, daß die Totalität zunächst auf das transzendental konstituierte Objekt, den geschichtlichen Gegenstand, eingeschränkt wird. Geschichte wäre dann ein Ganzes, das zwar erkennende Subjekte mit umfaßt, aber nicht in dem Sinne, daß auch die Bedingungen der Möglichkeit der Erkenntnis dieses Ganzen noch durch es selbst [d.h. das Ganze (r.h.)] bedingt wären."[8]

Als *einzig möglicher Lösungsweg* bleibt nur, die ebenso *inkonsistente* wie typisch *neuzeitliche* Vorstellung von Geschichte als einem objektiv geschehenden, immanent kontinuierlichen, Vergangenheit und Gegenwart verbindenden und in die Zukunft sich weiterspannenden *Gesamtprozeß*, zu dem sich die Vernunft in keine wirkliche Außenposition setzen kann, weil sie selbst ein Moment dieses Prozesses ist, überhaupt preiszugeben. Das ist es, was

---

[7] In Gadamers universaler Hermeneutik wird Geschichte nach dem interpersonalen Dialogmodell als Überlieferungsgeschehen rekonstruiert: „Die Geschichte als Geschehen der Überlieferung gedacht ist noch immer prozessual gedachte und in Kategorien objektiven Geistes deutbare Universalgeschichte." (ANACKER/BAUMGARTNER 1973, 553).

[8] BAUMGARTNER 1976, 285.

Baumgartner von der Geschichtstheorie generell fordert; darin schließt er sich ganz an den Narrativismus Arthur Dantos an.[9] Um die Einheit des Geschichtsbegriffs widerspruchsfrei denken zu können, muß auf „die eine Geschichte" verzichtet werden.[10]

2 Die grundsätzliche Retrospektivität des historischen Wissens

Die für die klassische Geschichtsphilosophie unverzichtbare Idee einer *Universalgeschichte* („die Geschichte" im Kollektivsingular) will Baumgartner ein für allemal destruieren. Überhaupt ist jede Vermittlung von Vergangenheit, Gegenwart und Zukunft zu einem *realen, kontinuierlichen Werdeprozeß*, von dem man annehmen könnte, daß er unabhängig von jeder subjektiven Auffassungsweise stattfindet, fallenzulassen zugunsten einer *konstruktivistischen* Auffassung der Geschichte. Diese würde die Geschichte als objektives Geschehen stets *nur in Abhängigkeit von einer konkreten, subjektiven, formgebenden Konstitutionsleistung* – der „erzählenden Erinnerung" – und deren geschichtlicher Situiertheit begreifen. Die metaphysische Voraussetzung fast aller nachhegelschen Geschichtstheorien, nämlich die Unterstellung einer der (narrativen) Geschichtskonstruktion schon vorausliegenden Sinneinheit „Geschichte", die nur rezipiert zu werden bräuchte, wäre damit aus der Geschichtstheorie eliminiert.

„Geschichte hat keine andere Daseinsweise als die lebendige Gegenwart der erzählenden Erinnerung."[11] „Die Formgebung der Geschichte erweist sich als Erzählkonstruktion, als Sinnzusammenhänge und Sinngebilde stiftende Konstruktion über der ... Grundstruktur menschlicher Lebenswelt."[12]

Der logische Ort für die Konstitution von Geschichte, die jetzt immer als eine „narrative Rekonstruktion des vergangenen Geschehens unter Maßgabe der Vernunft nach Gesichtspunkten der jeweiligen Gegenwart" angesehen werden müßte, kann nun nicht mehr mit dem Geschehen selbst identifiziert oder als ein Teil des geschichtlichen Geschehens ausgegeben werden. Indem das *subjektive Wissen* vom objektiv Geschehenen jetzt als *erzählte Erinnerung* aufgefaßt wird, die nur retrospektiv möglich ist, ist es *herausgestellt aus dem objektiven Geschehen*, das seinen Inhalt ausmacht. Es entzieht sich so der Gefahr, als in die erzählte Geschichte selbst eingelassen und von ihr bedingt gedacht zu werden. Das Kontinuum, zu dem das objektiv Geschehene und das subjektive Wissen davon spekulativ, d.h. unkritisch,

---

[9] Vgl. Dantos Kritik an „substantialistischen Geschichtsphilosophien", die Geschichte als einen gegebenen Zusammenhang unterstellen und sich so über den konstruktiven Charakter von Geschichte hinwegtäuschen. Sie bedienen sich dazu eines Geschichtsbegriffs, den Baumgartner „objektivistisch" nennt (DANTO 1980, 11 ff.).

[10] Es gilt, die Einheit des Begriffs der Geschichte nicht zu verwechseln mit der Einheit der Geschichte. Der Kollektivsingular „die Geschichte" bezieht sich auf die Einheit der Geschichte. Er ist nicht ein Name für den Begriff, dem wir die vielen Geschichten, sofern sie Geschichten sind, zuordnen. Vielmehr ist er der Name der einen (Welt-)Geschichte selbst, deren reale Teile die vielen Partikulargeschichten sind.

[11] BAUMGARTNER 1976, 282.

[12] BAUMGARTNER 1976, 279.

verschweißt worden waren,[13] wäre ein für allemal aufgesprengt. Die Hypostasierung des von der menschlichen Vernunft vertretenen universalen Sinnanspruchs zu einer *objektiven Totalität* („Universalgeschichte") würde vermieden. Die Einheit „Geschichte" würde jetzt das sie erkennende bzw. sie konstituierende Subjekt nicht länger mit umfassen.

Baumgartner ist sich sicher, durch diese kritische Restriktion aller Einheitskonzepte und Vorstellungen sinnhafter Totalität, die im Zusammenhang des Geschichtsproblems Verwendung finden, jedem heimlichen Hegelianismus von vornherein einen Riegel vorgeschoben zu haben. Mit anderen Worten: Eine philosophische Theorie der Geschichte ist für ihn nur dann konsistent vertretbar, wenn jedes Stehen (der Vernunft) *in* der Geschichte und jede Vernünftigkeit des geschichtlichen Geschehens gedacht wird als immer schon umgriffen von einem vorgängigen Stehen (der Vernunft) *vor* der Geschichte, durch welches die Geschichte überhaupt erst konstituiert wird als sinnhafte und vernünftige Einheit und das als solches nicht Inhalt der Geschichte ist. *Zugänglich* würde eine solche „geschichtsbildende", d.h. formgebende, Sinn, Kontinuität und Totalität intendierende narrative Konstitutionsleistung der Vernunft nur durch eine transzendentale Reflexion. Es müßte in einem eigenen Verfahren auf die im Subjekt gelegenen Bedingungen der Möglichkeit der erzählten Geschichte zurückgegangen werden, beispielsweise auf das jeweilige „Erzählinteresse", aus dem heraus eine bestimmte Geschichte so und nicht anders konstituiert wurde. *Inhaltliches Moment einer Geschichte*, also geschichtliches Ereignis, könnte diese subjektive „Konstitutionsleistung" höchstens in einer zukünftigen Retrospektive werden, indem sie selbst samt ihrer geschichtlichen Situiertheit im Medium einer nachfolgenden, durch einen zweiten, neuen Narrationsakt getragenen Geschichte thematisch wird, indem also die Geschichte von einem späteren Zeitpunkt aus im Kontext einer neuen Situation neu konstituiert, d.h. neu geschrieben bzw. erzählt wird.

Wenn eingangs gesagt wurde, die Vernunft sei für Baumgartner in die Geschichte eingelassen, aber nicht in derselben Weise wie die geschichtlichen Gegenstände, so kann diese Position jetzt wie folgt präzisiert werden: Die Vernunft ist geschichtlich wandelbar; aber anders als die geschichtlichen Gegenstände ist sie nicht *innergeschichtlich* in dem Sinn, daß sie von der Geschichte als einem unüberholbar letzten Horizont umschlossen wäre, weil sie diesen Horizont – gemeint ist damit jetzt der Sinn und Einheit stiftende *Zeitrahmen der historischen Erzählung* mit Namen „Universalgeschichte" – gerade selber erst aufstellt. Was Geschichte unabhängig und vorgängig zur historischen Erzählung eigentlich ist, ist müßig zu fragen, weil es sie außerhalb des Mediums Erzählung gar nicht gibt, ist Danto überzeugt. Baumgartner schließt sich ihm an.

Ist einmal sichergestellt, daß unter „Geschichte" ein *narratives Konstitutionsprodukt ex post* zu verstehen ist und sonst nichts, kann Baumgartner wieder folgendes Zugeständnis machen: Die *eine* Geschichte, die Universalgeschichte, so räumt er ein, muß nicht völlig preisgegeben werden. Sie wäre als *regulatives Prinzip* durchaus akzeptabel.[14] Denn auch

---

[13] So vor allem bei HEGEL Bd. 12, 83 f.
[14] Auch Marquard gibt die Universalgeschichte nicht auf. Für ihn ist sie als eine mögliche Geschichte unter vielen anderen akzeptabel, als solche ist sie ihm sogar unverzichtbar (vgl. MARQUARD

die *eine* Geschichte ist ja eine *Geschichte*, also eine der vielen Geschichten, die dem allgemeinen Begriff von Geschichte zuzuordnen sind. Die Totalität, von der in dieser einen Universal- oder Weltgeschichte die Rede ist, wäre dann verstanden nicht als objektives Universum von Tatsachen, sie wäre nicht Realität, sondern *Idee*; und zwar diejenige Idee, von welcher sich die Vernunft bei der Konstitution, d.h. beim Erzählen von Geschichte immer schon leiten läßt.

„»Geschichte« ist darin Symbol der Idee von Totalität und Einheit und wiederholt den transzendentalen Status als eines apriorischen Leitfadens, der nicht selber als realer Gegenstand noch als tatsächlicher Zusammenhang einer objektiven Geschichte gedacht werden darf. Als regulatives Prinzip hat Geschichte selbst ausschließlich praktische, d.h. auf Sinngebung und Handlungsorientierung im interpersonalen Diskurs bezogene Bedeutung. Mit all ihren Implikationen ist darum die Theorie der Geschichte in besonderer Weise ein Thema der praktischen Philosophie."[15]

Der Gedanke einer Totalität und Einheit des geschichtlichen Geschehens geht bei Baumgartner demnach nicht völlig unter, er lebt weiter in der Weise der regulativen Idee aller Geschichtskonstitution: Was auch immer einen konkreten Konstitutionsakt von Geschichte im Einzelfall leiten mag, letztes Erzählinteresse ist stets das *Interesse an historischer Kontinuität*, d.h. an der Einheit des Geschehenszusammenhangs „Geschichte". Kontinuität ist – so Baumgartner – ein „Ingrediens der Idee der Totalität"[16]; es ist das, was eine *kritische* Geschichtstheorie an Totalitätsvorstellung einzig noch akzeptieren kann. Ganz aufgegeben werden kann die Idee der Totalität nicht, weil sie ihrerseits Konstituens und Regulativ des menschlichen Strebens nach Wissen überhaupt ist. Denn Streben nach Wissen ist immer Streben nach größtmöglichem Zusammenhang. Totalität ist somit ein Anthropologicum. Da jedoch ein dieses Interesse an Kontinuität und Totalität befriedigender objektiver Gegenstand – z.B. die Universalgeschichte – bestenfalls bloß imaginiert und die Idee der Totalität daher nicht *realisiert* werden kann, ist Totalität nie Begriff, sondern nur regulative *Idee* im kantischen Sinn. Im Sprechen von „der Geschichte" im Singular drückt sich folglich symbolisch jenes Interesses an Totalität aus, das auch allen realisierbaren Einzelgeschichten zugrunde liegt. Insofern hat auch dieses Sprechen für Baumgartner seine Berechtigung.[17]

3 In-der-Geschichte-Sein nur noch als „Sein mit erzählten Geschichten"

Für Baumgartner steht beim Plädoyer zugunsten des transzendentalen Apriorismus mehr auf dem Spiel als nur die Rettung der Transzendentalphilosophie. Es geht ihm um die Sicherstellung eines aporiefreien, nicht-spekulativen Umgangs mit Geschichte überhaupt. Das Problem der Geschichte, davon ist Baumgartner überzeugt, kann letztlich nur in transzendentalphilosophischer Perspektive aporiefrei gedacht werden, also nur dann, wenn man ein wie auch immer beschaffenes Vernunftresiduum aus der Geschichte enthebt, von dem aus

---

2000, 79-93, speziell 89 f.).
[15] ANACKER/BAUMGARTNER 1973, 556.
[16] BAUMGARTNER 1972a, 266.
[17] Vgl. BAUMGARTNER 1972a, 265-267.

die Geschichte konstituiert wird und das als solches, obgleich es selbst dem Wandel unterliegt, dennoch nicht in derselben Weise geschichtlich vergegenständlicht werden kann wie die innergeschichtlichen Gegenstände, da es jede Vergegenständlichung selber trägt und ermöglicht.[18] Dieser letzte transzendentale Reduktionspol würde heute freilich nicht mehr „ich denke" genannt werden können. Man müßte ihn, um der inzwischen stattgehabten Transformation der Philosophie[19] als dem Wandel der Kritik der *reinen* Vernunft zu einer Kritik der *sprachlich* verfaßten Vernunft gerecht zu werden, wohl „ich erzähle" nennen. Sprache wäre dann als das Medium ernstgenommen, in dem menschliche Lebenswelt nicht nur ihren Ausdruck findet, sondern sich allererst bildet. Erzählung wäre dann der Grundbegriff der Geschichte, nicht bloß eine mögliche Weise ihrer Darstellung, wie noch Droysen meinte.[20]

> „Nur eine Theorie, welche sich von jedem außergeschichtlichen Fundament [gemeint ist hier wohl: von der Annahme einer unabhängig von der *erzählten* Geschichte gegebenen Sinneinheit (r.h.)] lossagt und Geschichte in einem radikalen Sinn als Konstruktion versteht, vermag nach ihm [Baumgartner (r.h.)] den Geschichtsbegriff konsistent zu formulieren. Die Kontinuität, auf welche geschichtliches Denken aus ist, steht zu überhaupt keinem Vorgegebenen, zu keiner Geschehens-, Handlungs- oder Erlebensform in Abbildfunktion, sondern ist Resultat einer reinen Konstruktion, die allein vom praktischen Interesse her aufzuhellen ist, das ihr als Konstitutionsakt zugrunde liegt ..."[21]

3.1 Geschichte: Produkt einer narrativen, sinnverleihenden Reorganisation ausgewählter Ereignisse

Aller Voraussicht nach fiele Baumgartners Position eines radikalen Konstruktivismus unter das, was Herbert Schnädelbach indiziert hat als typisch „Kantischen Purismus"[22], der es nicht hinnehmen will, daß immer schon, wenngleich rudimentär, Vernunft (bzw. Kontinuität) in der geschichtlichen Welt ist und nicht erst durch die narrative Systematisierungsleistung der Subjektivität in sie hineingetragen wird. Schnädelbach würde Baumgartner möglicherweise vorwerfen, das geschichtliche Geschehen als das ganz Andere der Vernunft anzusehen. Wäre aber das Geschichtliche tatsächlich nur ein struktur- und sinnloses Chaos, bliebe es unserer Vernunft unzugänglich. Es gäbe da nichts zu verstehen und zu erklären, ist Schnädelbach überzeugt. Ohne alle Vernunftelemente wären die geschichtlichen Ereignisfolgen zudem von Naturprozessen ununterscheidbar. Angesichts des geschichtlichen Geschehens ist Vernunft also ein durchaus notwendiger Gedanke, so Schnädelbach. Bei aller berechtigten Vorsicht gegenüber einer unreflektierten Anwendung der Totalitätsidee im Gebiet des historischen Wissens sollte trotzdem diejenige Vernunft nicht gering geschätzt

---

[18] „Geschichtsphilosophie [ist (r.h.)] nur als formal-apriorische Theorie des historischen Wissens möglich." (BAUMGARTNER 1996, 163); vgl. ANACKER/BAUMGARTNER 1973, 548.
[19] Vgl. APEL 1976, Bd. 1, 77 ff.
[20] Vgl. DROYSEN 1977, 405.
[21] ANGEHRN 1985, 69.
[22] SCHNÄDELBACH 1987, 34.

werden, die schon in der Welt ist, bevor das (methodisch vernünftige) Geschichtenerzählen anhebt, durch welches Ereignisse zu einem Sinn-Ganzen geformt werden.[23]

„»Die Vernunft in der Geschichte« – das bedeutet bei Hegel eben nicht nur, daß die Vernunft geschichtlich ist, sondern daß auch die Geschichte selbst die Vernunft bezeugt. (...). Davor mag man zwar mit Kant ins Erkenntnistheoretische ausweichen und bestreiten, daß wir nur unter der Voraussetzung objektiver Vernünftigkeit das Objektive subjektiv-vernünftig zu erkennen vermögen; immerhin hat sich mit dem Argument, daß vernünftige Methoden genügen, die moderne Geschichtswissenschaft konstituiert. Diese einfache Opposition gegen Hegel hilft uns aber dann nicht weiter, wenn wir den Gedanken der Geschichtlichkeit unserer *eigenen* Vernunft weiterverfolgen. Eine Geschichte, die keinerlei Spuren von Vernünftigkeit aufwiese, könnten wir, sofern wir uns Vernunft zuschreiben, in keiner Weise als *unsere* Geschichte auffassen; wenn wir unsere Identität im Ernst mit der Geschichte verknüpfen, kann die Geschichte selbst nicht nur unvernünftig gewesen sein, weil dann Vernunft in unserer Identität gar nicht vorkäme. Man muß nicht Hegelianer sein, um das einzusehen; hermeneutische Überlegungen genügen."[24]

Baumgartner würde nun vermutlich Schnädelbach ohne weiteres zugestehen, daß es Vernunft in der Wirklichkeit gibt. Er würde aber darauf hinweisen, daß er diese Wirklichkeit gerade nicht „Geschichte" genannt wissen will, weil es ihm, in Nachfolge von Kants kritischer Restriktion des Totalitätsbegriffs, darum zu tun ist, strenge Verwendungsregeln für den Geschichtsbegriff durchzusetzen, die nicht nur jedes Abgleiten in die hybride Vorstellung von Geschichte als einem objektiven Gesamtprozeß[25] verhindern sollen, sondern darüber hinaus auch einer sprachanalytischen Untersuchung der historischen Aussagen standhalten müssen (s.u. Abschn. 3.2). Wenn also Schnädelbach mit Hegel darauf hinweist, daß die Geschichte, gemeint ist die geschichtliche Wirklichkeit, so vernunftlos gar nicht sei, wie der puristische Kantianer meine, so würde Baumgartner wahrscheinlich entgegnen: „Was ihr im Blick habt, wenn ihr von »Vernunft im geschichtlichen Geschehen« sprecht, nenne

---

[23] So SCHNÄDELBACH 1987, 9-13. Schnädelbachs Kritik an den radikal transzendentalphilosophischen Positionen (wozu auch diejenige Rickerts zu zählen ist, s.o. *Erster Teil, Kap. II. 3*) wiederholt, was bereits Hegel der Transzendentalphilosophie vorgeworfen hatte: Ihr wohne die Tendenz inne, mit einem wirklichkeitsunterbietenden Wirklichkeitsbegriff zu arbeiten, die Wirklichkeit also unvernünftiger anzunehmen, als sie eigentlich sei. So schlecht sei es aber um die Vernunft in der gegenwärtigen Wirklichkeit nicht bestellt, daß sie sich vor der geschichtlichen Lage in die bloße Subjektivität retten müßte, meint mit Joachim Ritter auch MARQUARD 1973, 46-49.

[24] SCHNÄDELBACH 1987, 10.

[25] Vgl: „Alle die Fragen, ob und wie Vernunft in der Geschichte anzutreffen sei bzw. sich in ihr realisiere, machen in irgendeiner Form die Voraussetzung, daß es die Geschichte als einen realen Geschehenszusammenhang, als einen Prozeß mit irgendwie auf einander folgenden Prozeßstadien, oder mindestens als ein Geschehen mit in sich zusammenhängenden Abschnitten und Epochen gibt. Zur Klärung des Verhältnisses von Vernunft und Geschichte erscheint es darum zweckmäßig, genau diese Voraussetzung eines inneren Geschehenszusammenhangs der Geschichte zu thematisieren. (...) [Dieses Problem ist (r.h.)] seit Droysen in geschichtstheoretischen Überlegungen immer wieder unter dem Titel der historischen Kontinuität behandelt [worden (r.h.)]." (BAUMGARTNER 1972a, 255) Und Baumgartner beabsichtigt darzulegen, daß Kontinuität nicht Charakteristikum des Geschichtsprozesses selbst, sondern *autonome gedankliche Konstruktion* ist.

ich nicht »Geschichte«, sondern »das Insgesamt der menschlichen Lebenswelt«[26], das als solches in sich gewiß schon bedeutungsvoll und sinnhaft strukturiert ist, auf dem allerdings das, was *ich* als »Geschichte« bezeichne, allererst aufruht."

„Was immer darum als Geschichte verstanden oder mit den Adjektiven »geschichtlich« bzw. »historisch« versehen wird, sind ihrem Skopus nach nicht die allerdings unverzichtbaren Elemente bzw. Ereignisse der sinnlich wahrnehmbaren Welt und deren kausale Verknüpfung, sondern durch eine autochthone Formgebung, durch eine Formgebung sui generis, konstruktiv erstellte Sinngebilde, die durch einen eigentümlichen Wertbezug mit Bedeutungen imprägniert sind und sich keineswegs der lückenlosen Ereignisfolge in Raum und Zeit, die den Geschehenszusammenhang der sinnlich wahrnehmbaren Wirklichkeit kennzeichnet, anschmiegen. (...) Geschichte ... setzt für ihre, Wirklichkeit *als* Geschichte erdeutende Konstruktion die Konstitution der sinnlich konkreten Lebenswelt des Menschen als Basis und Material voraus, ist aber keineswegs mit ihr identisch."[27]

Das Wort „Geschichte" ist bei Baumgartner also reserviert für etwas ganz Spezifisches. Geschichte ist nicht Realität, sie ist nicht identisch mit dem Sich-Ereignen von Ereignissen in Raum und Zeit, sondern sie ist eine *Beschreibungsart* dieser Ereignisse.[28] Als solche ist sie jedoch keineswegs Reproduktion der Vergangenheit, sondern eine nach Sinn-Gesichtspunkten konstruierende *Wiederanordnung* und *Selektion* des Vergangenen, dies freilich gemäß den Bedingungen dokumentarisch und quellenmäßig lokalisierbarer Daten, denn Geschichte will ja von Ereignissen berichten, die wirklich geschehen sind. Geschichte muß folglich aufgefaßt werden als eine *narrative Synthesis*, d.h. eine Sinn und Kontinuität verleihende temporale Reorganisation von ausgewählten, selbsterlebten bzw. durch andere übermittelten oder quellenmäßig bezeugten Ereignissen der Vergangenheit, die *innerhalb der menschlichen Lebens- und Handlungswelt* zusammen mit einer Fülle anderer, nicht selektierter Ereignisse stattgefunden haben.[29] Vorgängig zu und unabhängig von dieser narrativen Reorganisation sollten die *res gestae* nicht „Geschichte" genannt werden, fordert Baumgartner und münzt auf diese Weise die Ergebnisse der sprachanalytischen Untersuchungen historischer Aussagen, die Arthur Danto beigebracht hat, in konkrete Verwendungsregeln für den Geschichtsbegriff um.

„Daß Geschichte erzählt wird, war und ist eine Binsenweisheit. Daß aber geschichtliche Ereignisse selbst die Struktur von Erzählzusammenhängen besitzen, hat mit methodischer Stringenz erst *A. C. Danto* in seiner Theorie der narrativen Sätze herausgearbeitet. In ihr konnte gezeigt werden, daß der geschichtliche Gegenstand durch narrative Deskription, die zwei zeitdifferente Ereignisse zu einer temporalen Struktur verknüpft, allererst er-

---

[26] BAUMGARTNER 1976, 275.

[27] BAUMGARTNER 1976, 276 f.

[28] Baumgartner formuliert ganz im Sinne der Droysenschen Formel: „Die Geschichte ist nicht die Summe der Geschehnisse, nicht aller Verlauf aller Dinge, sondern ein Wissen von dem Geschehenen. Ohne dieses Wissen würde das Geschehene sein, als wäre es nicht geschehen." (DROYSEN 1977, 397).

[29] Im Hinblick auf das Geschehen ist die Geschichte eine Reduktion. Diese Reduktion folgt einem Sinn, den Baumgartner mit Simmels Worten wohl auch als „Hindurchlegen einer ideellen Linie" zu beschreiben bereit wäre.

zeugt wird. Aufgrund der interessebedingten Mannigfaltigkeit solcher temporaler Organisation des Vergangenen ergab sich die Einsicht, daß Geschichte weder identisch ist mit einer idealen Chronik aller vergangenen Ereignisse, noch daß sie im strikten Sinne auf Zeugenschaft und Beobachtung beruht. Es zeigte sich, daß Geschichte sich narrativen Konstruktionen verdankt und darum nur in der Erzählung von Geschichten sich realisiert."[30]

3.2 Dantos Analyse der Erzählsätze

Die Geschichte hat für Baumgartner keine andere Daseinsweise als die „lebendiger Gegenwart der erzählenden Erinnerung". Rückhalt für seine konstruktivistische These, daß Geschichte nicht nur von seiten der Erzählung her *begriffen* werden muß, sondern unabhängig von ihr *gar nicht existiert*, findet Baumgartner in Dantos Analyse der sogenannten „narrative sentences", welche den sprachlichen Grundbestand der Historie ausmachen.[31] Darin gelingt es Danto aufzuzeigen, daß die herkömmliche Auffassung von Historie einer sprachanalytischen Untersuchung nicht standhalten kann. Bislang war man überzeugt, es gäbe einen von der Narration unabhängigen Bereich von abstrakt immer gleich zu beschreibenden geschichtlichen Einzeltatsachen, den sogenannten „facts", mithin eine unabhängige Chronik. Historie sei daher stets zweiteilig: (neutrale) Reproduktion von Tatsachen einerseits, daran angehängte (wertende) Interpretation der Tatsachen andererseits. Demgegenüber beweist Danto, daß Historie immer homogen, d.h. „aus einem Guß"[32] ist. Die als getrennt vollziehbar unterstellten Verfahren – *Reproduktion* von Tatsachen und deren *Interpretation* bzw. Geschichts*forschung* und Geschichts*schreibung* – sind nur bedingt voneinander zu scheiden, sagt Danto. Die Analyse der Erzählsätze zeigt nämlich, daß die geschichtlichen Ereignisse nicht erst in Begriffen einer Beobachtungssprache als vermeintliche Fakten beschrieben und dann nachträglich interpretiert werden, sondern daß vielmehr der Gesichtspunkt der Interpretation bereits in die Beobachtungssprache konstitutiv mit eingeht und zwar kraft des *organisierenden Schemas*, das ein Ereignis vorweg in einen *zeitlichen Zusammenhang* eingliedert. Die geschichtlichen Ereignisse, die angeblich als reine Fakten in purer Deskription zugänglich sein sollen, sind also in Wahrheit *immer schon narrativ strukturiert* und damit interpretiert. Dies weist Danto wie folgt nach:

Das wesentliche Merkmal der erzählenden Sätze und ihrer Abbreviaturen, also der historischen Begriffe und Ausdrücke, besteht darin, daß sie sich stets auf mindestens zwei zeitlich voneinander getrennte Ereignisse beziehen und zwar selbst da, wo sie nur ein einziges Ereignis zu beschreiben beabsichtigen. Historische Sätze wie „Petrarca leitete die Renaissance ein" oder Ausdrücke für historische Ereignisse wie „der Ausbruch des Ersten Weltkrieges" scheinen zwar auf den ersten Blick nur ein historisches Einzelereignis in den Blick zu nehmen. Ein genaueres Betrachten gibt jedoch zu erkennen, daß es sich dabei keineswegs um eine punktuelle Zeitbestimmung des Ereignisses handelt. Der Zeithorizont des

---

[30] ANACKER/BAUMGARTNER 1973, 554 f.
[31] Vgl. DANTO 1980, 232-291 (Kap. VIII: „Erzählende Sätze").
[32] DANTO 1980, 190 u. 227 (= DANTO 1965, 115 u. 140).

Einzelfaktums ist vielmehr immer schon aufgesprengt und in Beziehung gesetzt zu einem zeitlich später eingetretenen Ereignis, wobei freilich beide Ereignisse im Hinblick auf den Zeitpunkt des Beschreibenden in der Vergangenheit liegen: Die Rede vom Ausbruch des Ersten Weltkrieges macht nur da Sinn, wo ein weiterer Weltkrieg gefolgt ist. Daß Petrarca die Renaissance eingeleitet hat, ist nur dann plausibel, wenn der Blick schon übergegangen ist auf diejenigen, die sich im Anschluß an Petrarca um eine Wiederaneignung der antiken Kultur bemüht haben. Die Analyse der Erzählsätze zeigt also, daß sie ein vergangenes Ereignis immer im Lichte wenigstens eines anderen, späteren, aber zum Zeitpunkt des Erzählens ebenfalls schon vergangenen Ereignisses beschreiben. Selbst da, wo sie sich auf einen einzelnen Zeitpunkt zu konzentrieren scheinen, stellen sie in Wahrheit eine Zeitrelation zwischen zeitlich auseinanderliegenden Referenzpunkten her. Durch das Beibringen einer solchen „zeitlichen Konstellation"[33] des erzählten Ereignisses zu späteren Ereignissen wird das Einzelereignis selber neu qualifiziert, ja es wird im strikten Sinn erst jetzt, also im nachhinein, zu dem so bestimmten Ereignis: Nur kraft der mit dem 1. September 1939 losgetretenen Geschehnisse wird der Mord von Sarajewo zum „Ausbruch des Ersten Weltkrieges". Narrative Sätze liefern somit eine Art von Beschreibung, unter der ein Ereignis von einem Augenzeugen *in eventu* gar nicht beobachtet werden konnte, weil ein Augenzeuge den Vorgriff auf ein erst später eintretendes Ereignis grundsätzlich nicht leisten kann. In der Klasse der Beschreibungen gibt es folglich solche, die möglich sind erst nach Eintreten weiterer Ereignisse, und Danto meint, daß gerade dies die spezifisch *historischen* Beschreibungen sind. Daraus ergibt sich, daß ein beliebiges Ereignis der Vergangenheit – ein Mord in Sarajewo – überhaupt erst dadurch zu einem *geschichtlichen* Ereignis wird – „zum Ausbruch des Ersten Weltkrieges" –, daß es im Rahmen narrativ entworfener temporaler Strukturen in Beziehung gerät zu zeitlich später eingetretenen Ereignissen, also in eine bestimmte Zeitstelle eingestellt wird.[34] Schon Droysen war sich dieses Sachverhalts im Prinzip bewußt.[35]

Die sogenannten „geschichtlichen Ereignisse" haben also die Struktur von Erzählzusammenhängen und haben Bedeutung nie als reine Fakten, sondern stets als Teil von bestimmt angeschnittenen Erzähl- und Deutungszusammenhängen. Dies erkennend, stellen sich für Danto unverzüglich zwei Konsequenzen ein: So wie die Geschichte heute einem

---

[33] KAULBACH 1977, 63.

[34] Anders als bei Rickert, wo die geschichtlichen Gegenstände allein schon durch ihren Wertbezug, d.h. ihre Integration in ein Bedeutung verleihendes Schema, konstituiert sind, erhalten die Gegenstände der menschlichen Erfahrungswelt bei Danto und Baumgartner erst dadurch eine geschichtliche Dimension, daß sie retrospektiv in *temporale* Einheits- bzw. Ganzheitsstrukturen eingeordnet werden.

[35] Vgl.: „Allerdings nennen wir die Geschichte objektiv einen Verlauf von Dingen. Wir sprechen von historischer Entwicklung, von organischem Zusammenhang, von Ursachen und Folgen, und beachten kaum, wie viel wir aus der antizipierten Kunde des Resultats hineintragen in den objektiven Verlauf der Dinge ... Indem wir nicht scharf den Weg unseres Forschens und Erkennens untersuchen, sondern der Gewöhnung [unseres Wahrnehmens und Denkens] auch in der Wissenschaft folgen, erfüllen wir uns die Nacht der Vergangenheiten mit schematischen Bildern, Vorstellungen, Zusammenhängen und nennen dies Geschichte ..." (DROYSEN 1977, 7).

Historiker aus der Retrospektive – *ex eventu* – erscheint, war sie seinerzeit für die am geschichtlichen Geschehen Beteiligten gar nicht wahrnehmbar, weil man damals nicht wissen konnte, was der Historiker aufgrund seines aposteriorischen Standortes heute weiß, daß z.B. noch ein Zweiter Weltkrieg ausbrechen würde. Umgekehrt folgt daraus, daß das, was der Erzähler bzw. Historiker tut, nicht eigentlich als „Nacherleben" bzw. „Nacherzählen" bezeichnet werden kann. Denn er kann das geschichtliche Geschehen von damals niemals so (nach-)erleben bzw. (nach-)vollziehen, wie es damals tatsächlich erlebt worden ist, weil er immer schon mehr bzw. anderes weiß, als ein damals am Geschehen Beteiligter wissen konnte.

Es lassen sich nun aber *grundsätzlich* – nicht nur unter Berücksichtigung der prinzipiell offen bleibenden Zukunft – *unendlich viel* mögliche Zeitstrukturen denken, in die ein einzelnes Ereignis eingefügt werden kann. Dasselbe Geschehen, der Mord von Sarajewo, könnte beispielsweise in Beziehung gebracht werden zum später erfolgten Ende des wilhelminischen Kaiserreiches. Dann wäre es neuqualifiziert als „der Anfang vom endgültigen Aus des Kaiserreiches". Aus der retrospektiven Neuqualifizierbarkeit jedes Ereignisses folgt, daß *die* Geschichte einer bestimmten Ereignisreihe ebensowenig möglich ist, wie *die* (endgültige) Geschichte der gesamten Vergangenheit, da dieselben Ereignisse nicht nur in vielerlei temporalen Strukturen erscheinen können, sondern auch aufgrund der offenen Zukunft kontinuierlich wieder-beschrieben und im Lichte späterer Informationen wiederbewertet werden können. Das Depot an Vergangenheit wächst also mit dem Fortrücken der Zeit nicht einfach nur an, sondern verändert sich auch inhaltlich. Darum kann Geschichte nicht nur von Zeit zu Zeit neu geschrieben werden, sondern sie *muß* es auch immer wieder. Sind nämlich erzählende Deskriptionen stets Beschreibungen früherer Ereignisse im Lichte später vergangener Ereignisse, so ist Vergangenheit niemals eine qualitativ abgeschlossene Welt, über die ein definitives Urteil schon jetzt gefällt werden könnte. Durch den Bezug auf neu eintretende Ereignisse und die durch diese mögliche Neubestimmung des Gewesenen ist sie vielmehr prinzipiell offen.[36]

> „Das ist eine Folge der zeitlichen Ganzheitsstruktur der Geschichte, innerhalb derer [sic! r.h.] ein Augenblick nur unter der Voraussetzung als bestimmt und erkennbar angesprochen werden kann, daß man in ihm das vorher und das nachher Geschehene vergegenwärtigt."[37]

---

[36] Auf die Einsicht in die prinzipielle Unabgeschlossenheit der Geschichte stützt sich die theologische Lehre des Zwischenzustands mit Namen „Fegefeuer": Mit dem Tod des Einzelnen sei die Bedeutung von dessen Lebensgeschichte noch nicht endgültig einsehbar. Sie sei erst vom Standpunkt des endgültigen Endes der Geschichte aus, also am Jüngsten Tag, definitiv beurteilbar. Deshalb gehe katholische Eschatologie von Weltgericht und Auferstehung *am Jüngsten Tag* aus (und nicht wie einige evangelische Theologen von einer „Auferstehung schon im Tod"). Das impliziert natürlich die Annahme eines Zwischen- bzw. Wartezustands zwischen individuellem Tod und Weltgericht. Eine solche geschichtstheoretische Plausibilisierung des sogenannten Zwischenzustandes versucht RATZINGER 1977, 152-157.

[37] KAULBACH 1977, 63.

Es zeigt sich darin freilich auch ein aus dem historischen Wissen nicht auszuschließender subjektiver Faktor, ein Element, wie Danto sich ausdrückt, von reiner *Willkür*, das in alle Erzählungen eingeht. Je nach Interessenlage des Geschichtsschreibers wird ein vergangenes Ereignis mal in diese, mal in jene Zeitrelation eingefügt werden. Der an so zentraler Stelle stehende Interessebegriff wird bei Danto leider nicht weiter verfolgt, was Baumgartner bedauert. Danto begnügt sich mit der Feststellung, daß es sich dabei um „non historical interests", letztlich um einen „unausrottbaren Faktor der Konvention und der Willkür"[38] handle.

Mit Danto und Baumgartner mündet Historie ein in die Subjektivität eines interessegebundenen Erzählens. Die geschichtlich-historische Konstruktion erfolgt ja allein im Medium der Erzählung. Daß die Grundfigur „Erzählen" mehr als nur kompositorischen Charakter hat, mehr leistet als nur eine vermeintliche Fakten-Historie anschaulich auszuschmücken, wurde bereits deutlich.[39] Der Vorgang des Erzählens umgreift hier als fundamentale Konstitutionsstufe, auf der die geschichtliche Gegenständlichkeit allererst erzeugt wird – eben daher die Bezeichnung „Narrativismus" –, *alle* anderen im Zusammenhang der Geschichte erfolgenden Bewußtseinsleistungen, das Verstehen wie das Erklären, das Rationalisieren wie überhaupt alles wert- und sinnorientierte Deuten. Die noch in vornarrativen Geschichtstheorien unterstellte Intangibilität der historischen Fakten wird als schlechte Metaphysik preisgegeben und die Geschichte, wie sie wirklich war, in eine Vielzahl möglicher Erzählungen von ihr aufgelöst. Danto kennt nicht den interessefreien historischen Gegenstand als historisches Faktum. Und selbst wenn es ihn gäbe: Eine historische Tatsache einschließlich ihrer Kausalverknüpfung mit anderen Tatsachen ist noch lange nicht „Geschichte". Daß Danto der herkömmlichen Geschichtswissenschaft die unreflektierte Verwendung eines objektivistischen Tatsachenbegriffs, der auf einer physikalistischen bzw. phänomenalistischen Reduktion beruhe, nachweist, verbindet Dantos analytische Philosophie mit fundamentalen Einsichten der phänomenologischen Schule. Daß Danto jedoch seine Überlegungen an der Stelle abbricht, wo es darauf ankäme, die der Narration zugrundeliegenden und ihre temporale Organisation und Selektion bestimmenden *praktischen Interessen*, denen Historiker folgen, deutlicher zu erhellen, kann nicht ganz befriedigen. Danto überweist diese Aufgabe an die praktische Philosophie. Seine Geschichtstheorie der Narrativität will sich ganz in der Dimension einer transzendentalen Rekonstruktion des historischen Wissens halten. Sie begnügt sich damit herauszustellen, daß *Historie, Erzählung und Interesse* unbedingt aufeinander verwiesen sind.

Daß die von der transzendentalen Subjektivität geleistete Geschichtskonstruktion und das ihr zugrundeliegende praktische Interesse an der Historie selbst wieder einen historisch auszumachenden Platz haben, weil sie ja zu einem empirischen Subjekt, einem konkreten, standpunktverpflichteten Historiker gehören, und dies doch zumindest als *formale Struktur*

---

[38] DANTO 1980, 34 (= DANTO 1965, 15) u. 231.

[39] Vgl.: „Der im hier vorgestellten Konzept transzendental gedeutete Begriff der Erzählung kann nicht als eine spezielle Darstellungsart des historisch Erforschten neben anderen Darstellungsarten verstanden werden. Vielmehr ist der historische Gegenstand als narratives Konstrukt ... vorgeordnet. (...) Erzählung ist eben der Grundbegriff des Historischen, nicht bloß eine Weise seiner Darstellung." (BAUMGARTNER 1976, 300).

in einer philosophischen Theorie der Geschichte zu berücksichtigen wäre, interessiert Danto nicht weiter. Er will weder im voraus noch nachträglich die Konstruktion selbst wieder geschichtlich relativieren, vermutlich weil er ahnt, daß er dabei unweigerlich auf die Ebene einer *materialen* Geschichtstheorie abgleiten würde. Wie anders sollte Danto dieses Problem auch lösen? Wie könnte ein interessegeleiteter narrativer Konstitutionsakt, kraft dessen Historie konstruiert wird, selbst wieder historisch situiert werden, und zwar rein formal, ohne Zuhilfenahme materialer Gehalte der Geschichte? Daß eine Bezugnahme auf ein Universum von vor aller Rekonstruktion gelegenen historischen Tatsachen für ihn entfallen muß, wurde oben dargelegt; und daß Danto an der Einordnung einer faktisch erfolgten geschichtlichen Konstruktion in einen inhaltlich gefüllten geschichtlichen Zusammenhang *als Philosoph* kein Interesse haben kann, leuchtet gleichermaßen ein. Es ist ihm ja um formale Strukturen zu tun. Ob auf diese Weise jedoch der – mit Dilthey gesprochen – „ganze Mensch" oder präziser der „ganze Geschichtswissenschaftler" und sein Verhältnis zur Geschichte schon formal vollständig rekonstruiert sind, ist zu bezweifeln.

Deshalb versucht Baumgartner, wenigstens einen Schritt noch weiterzukommen, indem er die *transzendentale* Dimension des Interessebegriffs freilegt. Das heißt, er begründet das partikulare Interesse an dem, *was* erzählt werden soll, transzendental aus einem *Interesse am Erzählen* überhaupt. Dieses ist, so Baumgartner, eine Form des allgemeinen Vernunftinteresses an Einheit, und zu diesem gehört die regulative Idee (*nur* Idee, wie bei Kant) der *einen* Geschichte, die bei Danto verlorengegangen war. Auf diese Weise wird die „Totalität der Geschichte" in der Weise einer regulativen Idee (und nicht als objektives Universum von Tatsachen oder dialektischer Bildungsprozeß der Menschengattung wie bei Hegel), d.h. als „das Interesse am Erzählen selbst" zum leitenden Interesse schlechthin, das alle Partikularinteressen, die im konkreten Einzelfall eine Geschichtskonstitution prägen, transzendental konstituiert (s.o. Abschn. 2).

3.3 Geschichte: ein sekundäres Sinnkonstrukt über der Struktur der Lebenswelt

Mit den soeben skizzierten Erkenntnissen der narrativistisch-analytischen Geschichtsphilosophie im Rücken kann die im ersten Teil unserer Untersuchung gestellte Frage wieder aufgegriffen und jetzt auch beantwortet werden, wie in transzendentalphilosophischer Perspektive die Vernunft als in die Geschichte eingelassen gedacht werden kann, ohne daß sich dabei die erwähnten relativistischen Aporien des Historismus einstellen (s.o. *Erster Teil*, Kap. II, 2 u. 3).

Es hat sich jetzt gezeigt, daß Baumgartner diese Frage mit Dantos Hilfe durch eine kritische Restriktion des Geschichtsbegriffs für sich löst. Die Vernunft ist zwar geschichtlich wandelbar, aber nicht eigentlich „in der Geschichte". Geschichte, das ist nun nicht mehr eine Ereignisfolge, sondern eine Darstellungsweise einer Ereignisfolge und insofern eine Konstitutionsleistung der historischen Vernunft, ein Gedanken- bzw. Sinn*gebilde*. „Die Frage ..., ob durch die Thematisierung von Geschichte diese erst entsteht, oder ob die Thematisierung das Bewußtwerden eines Prozesses ist, der als Prozeß auch gleichgültig gegen seine Thematisierung ist"[40], hat Baumgartner somit zugunsten der ersten Option entschieden. Geschichte entsteht erst kraft der retrospektiven narrativen Reorganisation von vergangenen Ereignissen der Lebenswelt. Geschichte ist dabei freilich nicht bloß *Reproduktion*, bloß Fakten-Historie, sondern allezeit eine Wiederanordnung und damit eine *Neuordnung* der Vergangenheit in temporalen Strukturen. Baumgartners rektifizierter Begriff von Geschichte ist also primär ein *Reflexionsbegriff*. Die Welt der Geschichte ist für ihn zunächst eine *Vorstellungswelt*, ein „durch die Erzählintention produziertes Realitätskonstrukt"[41], wovon die Lebenswelt, d.h. die Welt der „Geschäfte" und des Handelns, genau zu unterscheiden ist.[42] Baumgartners Wirklichkeitsbegriff – die Welt, *in der wir leben* – heißt infolgedessen nicht „Geschichte", sondern „Lebenswelt".

„Der erste und entscheidende Gesichtspunkt ist die fundamentale Differenz, der Hiatus zwischen Lebenswelt und Geschichte. Hier wäre an J. G. Droysens Unterscheidung von »Geschäften« und »Geschichte« zu erinnern, der gemäß »erst eine gewisse Art, das Geschehene nachmals zu betrachten« aus Geschäften Geschichte werden läßt."[43]

Was auch immer als das Objektive in der Geschichte intendiert wird, es ist stets ein Wissensentwurf „über der ... Grundstruktur menschlicher Lebenswelt"[44], ein Ergebnis der konstruktiven Auffassungsweise des Menschen, die auf ein apriorisches Interesse an Vernunft und Sinngebung zurückverweist. Selbst wo eine Geschichte so erzählt wird, „wie es eigentlich gewesen ist"[45], wird doch keineswegs derjenige Zusammenhang erzählt, der sich durch vergangene Geschehensabläufe und deren implizite Kausalität selbst hergestellt hat, sondern es handelt sich stets um die *Vorstellung* eines Zusammenhangs, der über das Geschehen hinweg konstruiert wird,[46] wodurch „die Gegenstände unserer Erfahrungs- und Le-

---

[40] ANACKER/BAUMGARTNER 1973, 548.

[41] BAUMGARTNER 1975, 56.

[42] Vgl. BAUMGARTNER 1972a, 267.

[43] BAUMGARTNER 1976, 280. Mit Droysen hebt auch Baumgartner die Welt der „Geschäfte" von der Welt der „Geschichten" ab und differenziert daher auch zwischen „Handlungszeit" und „historischer Zeit" (ganz ähnlich auch RÖTTGERS 1982).

[44] BAUMGARTNER 1976, 279.

[45] Leopold von Ranke lebte als Historiker noch von der Hoffnung, durch rastlose Forschung und unermüdliche „Divination" zu einem Zusammenfall von Geschehen und Geschichte sich erheben zu können. In jenem oft berufenen Wort von dem „bloß sagen, wie es eigentlich gewesen" ist (*Ranke* 1824, VI) bzw. „blos zeigen, wie es eigentlich gewesen ist" (RANKE 1883, VII, Vorrede zur ersten Ausgabe. October 1824) und jenem anderen von dem Wunsch, sein Selbst auszulöschen, um nur die Dinge in ihrer reinen Gestalt erscheinen zu lassen, hat diese Hoffnung ihren Ausdruck gefunden. Das Vertrauen auf die approximative Deckung von Geschehen und Geschichte weiß er als den Polarstern allen Tuns über seinem Haupt.

[46] Auch Ludwig Landgrebe denkt so: „Die Erinnerung vergegenwärtigt nicht alles und jedes, das einmal gewesen ist, sondern in erster Linie das, was als von Bedeutung im gegenwärtigen Leben gilt und das heißt, als der Sinnerfüllung dienend, nach der es strebt. Die Erinnerung macht also sozusagen Sprünge. (...) Wenn aber in dieser Weise Geschichte sich in Erinnerung konstituiert, und wenn die Erinnerung Sprünge macht, so folgt daraus für die *Zeit der Geschichte, daß sie nicht die Form*

benswelt die zusätzliche Qualität geschichtlicher Gegenständlichkeit gewinnen."[47] Es ist demnach historische Kontinuität, so Baumgartner abschließend, nicht Eigenschaft der Ereignisfolgen, sondern Resultat narrativer Reorganisation von Ereignisfolgen, d.h. „Konstituens jener Strukturen, die durch Erzählen erzeugt werden".[48] Historische Kontinuität gründet in den partikularen Sinnvorstellungen *des Erzählenden*, die im Kontext möglichen und sinnvollen Handelns, also nach bestimmten praktischen Interessen entworfen sind. Gegen Schnädelbach gewendet hieße dies: Man sollte die Kontinuität, d.h. „die Rationalität der Geschichte in der Logik ihrer narrativen Konstruktion"[49] suchen und nicht in der geschichtlichen Wirklichkeit selbst. Mehr noch: Die im lebensweltlichen Geschehen gegebenen Zusammenhänge rationaler Art werden infolge ihrer Umorganisation zur Geschichte nachgerade *zerstört* und aufgelöst.

„Analog ließe sich sagen: materielles Substrat für Erzählungen sind die raum-zeitlich lokalisierbaren Ereignisse und Geschehnisse innerhalb der transzendental konstituierten menschlichen Lebenswelt von Natur und Gesellschaft. Ihnen schließen sich Geschichte und Erzählung nicht bruchlos an; sie zerstören vielmehr die Kontinuität des lückenlos fließenden Lebensgeschehens. Nicht erst auf der Ebene von historischer Wissenschaft, sondern bereits im unmittelbaren Auffassen von Lebenswirklichkeit als Geschichte vollziehen wir – wenn auch mehr oder weniger unbewußt – einen konstruktiven Reflexionsakt, indem wir die Kontinuität des Lebens auflösen, um sie unter Gesichtspunkten von Bedeutung und Wertsetzung über die so entstandenen Lücken im Lebensgeschehen hinweg in einer neuen Formgebung als Sinnkontinuität neu zu stiften."[50] „Historische Kontinuität ist demgemäß Produkt einer Konstruktion, die sich über der Destruktion der realen Kontinuität eines Lebens in unter einem bestimmten Gesichtspunkt ausgewählte und isolierte Elemente erhebt. Sie vermittelt das in Diskontinuität aufgelöste Lebensganze zu einer neuen Einheit und bringt damit ursprünglich erst Geschichte hervor. Kraft der ihr zugrundeliegenden Konstruktion ist historische Kontinuität überdies gleichursprünglich mit Geschichte selbst."[51]

Hier gehen jetzt freilich metaphysische Prämissen fraglicher Provenienz in Baumgartners Theorie der über dem Humus der Lebenswelt sich wölbenden Geschichte ein, die indes nicht weiter reflektiert werden. Die Geschichte ist für Baumgartner immer eine die Lebenswirklichkeit, d.h. die Handlungsstruktur und ihre Zeitlichkeit umwandelnde, sie streng genommen sogar *zersetzende* theoretische Konstruktion. Die temporale Reorganisation von vergangenen Ereignissen, d.h. der Akt des Geschichtenerzählens, ist für Baumgartner immer ein *Anhalten* des Lebensflusses, eine „Destruktion des kontinuierlichen Lebensgeschehens"[52]. Hören wir noch einmal Baumgartner selbst:

---

eines kontinuierlichen Geschehens als eines Nacheinander des Erfolgens in lückenloser Kausalität ist." (LANDGREBE 1967, 198).

[47] BAUMGARTNER 1975, 56.
[48] BAUMGARTNER 1972a, 264.
[49] BAUMGARTNER 1972a, 267 f.
[50] BAUMGARTNER 1976, 280.
[51] BAUMGARTNER 1972, 118.
[52] BAUMGARTNER 1976, 280.

„Historische Kontinuität bleibt ... zwar auf die Kontinuität der Lebenswirklichkeit bezogen, da sie Elemente der lebensgeschichtlichen Kontinuitäten als Stoff in ihre Formung aufnimmt, sie unterscheidet sich aber grundsätzlich von dieser, sofern sie durch das Aufgreifen von in der Kontinuität der Lebenswirklichkeit weit auseinander liegenden Momenten gerade die Diskontinuität des Lebens erzeugt und damit dessen Kontinuität zerstört."[53]

Einen Übergang oder wenigstens eine Vermittlung scheint es zwischen diesen beiden Wirklichkeiten nicht zu geben – dem konkreten *Lebensvollzug* und seiner impliziten Prozessualität einerseits und der *Geschichte* und ihrer Kontinuität andererseits –, wenngleich doch eine Vermittlung in der Person des Historikers als eines „ganzen Menschen", der in einer schon geschichtlich gedeuteten Welt lebt, bereits geleistet zu sein scheint. Dessenungeachtet klafft für Baumgartners kritische, d.h. transzendentalphilosophische Geschichtstheorie hier nur mehr ein Bruch. Zwischen der Zeit des Handelns und der Zeit der Geschichte, zwischen der Erlebniswirklichkeit und ihrer Aneignung als (meine) Geschichte liegt immer eine Zäsur, ein Einstellungswechsel, obwohl uns unsere Alltagserfahrung von diesem anscheinend so wichtigen „Registerwechsel" oft genug gar nichts zu Bewußtsein bringt.

„Der entscheidende Gesichtspunkt dabei ist, daß der Hiatus zwischen Geschehen und Geschichte für eine kritische Reflexion nicht zu überbrücken ist, da ... das Problem des als bruchlos unterstellten Übergangs von Prozessualität zu Erinnerung und Geschichte sich philosophisch [nicht (r.h.)] lösen läßt."[54]

Setzt Baumgartners Zuordnung von „Handlung und Reflexion, Leben und Rekonstruktion des Lebens"[55], von Lebenswirklichkeit und ihrer nur nachträglich möglichen geschichtlichen Deutung nicht stillschweigend etwas voraus, nämlich eine ganz bestimmte Auffassung des Verhältnisses von Leben und Denken, wonach Denken immer nur als Reflexion, als eine das Leben zersetzende Operation ins Blickfeld gelangt? Muß jedes auf die geschichtliche Dimension des Lebens abzielende Denken den „Lebensfluß", d.h. den Zusammenhang der Lebenswelt notwendig anhalten und umorganisieren? Eine andere, *vortheoretische* Art des denkenden Sich-Verhaltens zum Leben und damit auch zu dessen Geschichte, die dem wissenschaftlichen Denken von der Geschichte vielleicht sogar – es fundierend[56] – vorausliegt, weil sie das Leben *er-lebt*, also mit der Bewegtheit des Lebens selbst mitgeht und diese nicht stillstellt und verobjektiviert, scheint Baumgartner gar nicht zu kennen;[57] viel-

---

[53] BAUMGARTNER 1972a, 261.

[54] BAUMGARTNER 1972a, 260 f.

[55] ANACKER/BAUMGARTNER 1973, 548. Ähnlich BAUMGARTNER 1972, 116.

[56] Vgl.: „Alles Erkennen ist nur Aneignung und Vollzugsart des schon durch andere primäre Verhaltungen Entdeckten. Erkennen hat gerade eher nur die Möglichkeit der Verdeckung des ursprünglich im nicht erkennenden Verhalten Entdeckten." (HEIDEGGER GA 20, 222).

[57] Heidegger würde vermutlich sagen, verantwortlich für diese Art von Versäumnis sei immer noch „der Begriff der Erkenntnis in der Kantisch transzendentalen Grundauffassung", infolge dessen von der Geschichte nichts ausgesagt werden kann, „es sei denn in theoretischer Formung, d.h. aber zugleich Zerstörung der Unmittelbarkeit in der Vermittlung durch den Verstand. (...) Mit diesem Erkenntnisbegriff wird gegen die Möglichkeit einer theoretisch philosophischen Erfassung des Erlebens argumentiert." (HEIDEGGER GA 59, 25 f.) Aufgrund des kantisch angesetzten Erkenntnisbegrif-

leicht deshalb, weil er sich von ihr keinen Beitrag zur Lösung der anstehenden Fragen verspricht oder weil sie ihn aus der Transzendentalphilosophie herausführen würde? Sie wird jedenfalls nicht weiter gesucht, im Gegensatz zu beispielsweise Dilthey oder auch dem jungen Heidegger, dessen Forschungsinteresse sich ganz in diese Richtung entfaltet.[58] Vielsagend ist an dieser Stelle auch Baumgartners Hinweis auf Georg Simmel.[59] Wie Simmels Lebensphilosophie[60] geht auch Baumgartners Geschichtstheorie von der grundlegenden Differenz von Lebenswirklichkeit und Geschichte aus, d.h. der *Welt des Handelns*, in der Zukunft die entscheidende Dimension ist, und der *Welt der Geschichte*, in der alles grundsätzlich nur unter dem Vorzeichen der Vergangenheit gesehen werden kann.[61]

„In einer etwas vereinfachenden Formulierung könnte man sagen: wir leben nie selber geschichtlich, nie *in* der Geschichte, aber stets oder doch meistens *mit* ihr."[62]

Für die Frage nach einem Stehen *in* der Geschichte, es ist die Leitfrage unserer Untersuchung, scheint unter Voraussetzung von Baumgartners streng konstruktivistischer Konzeption von Geschichte spätestens jetzt das Aus erreicht zu sein. Was auch immer Geschichte im einzelnen sein mag, eines ist nun für Baumgartner je schon klar: Wir leben nicht *in* ihr, sondern bestenfalls *mit* ihr; eben darum können wir auch nicht in ihr stehen. In unserer Handlungswelt kommen zwar Geschichten vor, aber die Welt dieser Geschichten ist nicht die, in der wir leben. Und der zum Handlungszusammenhang gehörende Entwurfs- und Antizipationsgehalt, in dem die Geschichte sich voraus ist, gehört für Baumgartner, anders als z.B. für Schapp,[63] Heidegger und Landgrebe,[64] nicht zur Geschichte, denn Geschichte ist

---

fes „kann es ... sein, daß die Geschichtswissenschaft nicht eigentlich der Geschichte nahekommt, daß für sie Geschichte ein totes Objekt bleibt" (HEIDEGGER GA 38, 99).

[58] Heidegger nimmt Diltheys Versuch, mittels des Erlebnisbegriffs ein solches vortheoretisches Daseins- und Geschichtsbewußtsein auszuformulieren, gegen Husserl in Schutz (vgl. HEIDEGGER GA 17, 92). Freilich wird Heidegger später Diltheys Erlebnisbegriff zurückweisen. Er selbst nennt den gesuchten nicht-theoretischen Zugang, den das geschichtliche Leben immer schon zu sich selbst hat, anfangs „Bekümmerung" (vgl. HEIDEGGER GA 60, 50 f.), später dann „Sorge" (vgl. HEIDEGGER GA 17, 104 f.).

[59] Vgl. BAUMGARTNER 1976, 280. Mehrfach bekräftigt Baumgartner Simmels Ansatz als einen den Ansprüchen einer kritischen Transzendentalphilosophie im großen und ganzen genügenden, vgl. BAUMGARTNER 1972a, 261 f.; vgl. auch BAUMGARTNER 1972, 114-139 u. 1996, 156.

[60] Vgl. SIMMEL 1997, 277 ff.

[61] Baumgartner spricht von einem „für Geschichte konstitutiven Bruch zwischen Vergangenheit und Zukunft" (BAUMGARTNER 1975, 65).

[62] BAUMGARTNER 1976, 280.

[63] Vgl.: „Diese Entwürfe, mit denen die Geschichte sich voraus ist, gehören zur Geschichte." (SCHAPP 1985, 158 f.).

[64] Heidegger und Landgrebe entwickeln ihr Verständnis von Geschichte in Analogie zum Handlungsbegriff und der Handlungszeit, in welcher Zukunft zweifelsohne die Vorrangstellung einnimmt (LANDGREBE 1967, 193 ff.). Baumgartner hingegen grenzt die Handlungszeit kategorisch von der Geschichtszeit ab. Seine Geschichtszeit wächst ja gerade nur, indem sie, wie deutlich wurde, die Handlungszeit zersetzt.

immer nur retrospektive Konstruktion.⁶⁵ Geschichte hat immer einen Vergangenheitsindex; es ist die Vergangenheit, mit (nicht in) der wir leben. Der prospektive Entwurf ist darum Bestandteil der Geschichte allenfalls im Medium der Vergangenheit, d.h. als *vergangene Zukunft*, als Zukunftshorizont einer gewesenen Gegenwart. Die Gegenwart selbst ist für Baumgartner grundsätzlich ungeschichtlich.

Wenn die Dinge bei Baumgartner so stehen, würde sich jetzt als sinnvolle Anschlußfrage höchstens noch die Frage nach dem praktischen Umgang mit theoretisch rekonstruierter Geschichte anbieten und die Suche nach den praktischen Interessen, die einem konkreten Geschichtsentwurf zugrunde liegen. Unmittelbar anschlußfähig wäre auch die praktische Frage, wie in der gegenwärtig stark beschleunigten Dynamik des geschichtlichen Wandels mittels geschichtlichen Wissens Halt zu gewinnen ist, wobei freilich immer zu bedenken wäre, daß der erlebte geschichtliche Wandel für Baumgartner nicht selbst schon Geschichte ist. Unter Voraussetzung von Baumgartners Geschichtstheorie müßte unsere Leitfrage reformuliert werden; sie müßte lauten: „Wie ist *im* lebensweltlichen Wandel *mittels* hergestellter Geschichte, d.h. in Kenntnis ihrer, Halt zu finden?" –

Fassen wir den bisher gegangen Weg zusammen: Der im Rahmen transzendentalphilosophischer Konstitutionslogik sich bewegende metaphysikkritische geschichtstheoretische Narrativismus (Danto, Baumgartner) kennt nur ein Stehen (der Vernunft) vor der Geschichte und kennt Geschichte nur als erzählte Geschichte: Er setzt den Vorgang des Geschichtenerzählens als fundamentale Konstitutionsstufe an, auf der (retrospektiv) die geschichtliche Gegenständlichkeit über dem Zusammenhang der Lebenswelt erst erzeugt wird. Alle anderen im Zusammenhang der Geschichte erfolgenden Bewußtseinsleistungen sind demgegenüber abkünftig. Auch die vermeintlich jeder Erzählung vorausliegenden historischen Fakten sind je schon narrativ vorkonstituiert. Die Geschichte, herkömmlich verstanden als gegebener Wirkzusammenhang, wird so in eine Vielzahl möglicher Erzählungen von ihr aufgelöst. Demgegenüber pochen Hegelianer darauf, daß es Geschichte als Sinnzusammenhang auch *vorgängig zu* und *unabhängig von* subjektiver Konstitutionsleistung gibt. Mit Heidegger kann darauf hingewiesen werden, daß generell die Konstitutionslogik nicht das ursprüngliche Verhältnis des Menschen zur Geschichte, das im Horizont der Praxis liegt, einfängt und zudem undurchschaute metaphysische Prämissen mitschleppt.

Völlig unterbestimmt bleibt bei Danto wie bei Baumgartner die innere Geschichtlichkeit des Lebenswelt, sowohl des Erzählers wie der Menschen, deren Leben er erzählt. Baumgartner reißt hier eine Kluft auf: Die Gegenwart ist für ihn grundsätzlich ungeschichtlich. Andere Geschichtstheoretiker versuchen deshalb, den bei Baumgartner absichtlich offengehaltenen Graben zwischen Lebenswelt und Geschichte zu überbrücken. Jörn Rüsen beispielsweise macht eine Anleihe bei der Physik und spricht von zwei „Aggregatzuständen" der Geschichte. Obgleich er Baumgartners konstitutionslogische Unterscheidung zwischen Lebenswelt und Geschichte grundsätzlich anerkennt, folgt er dennoch nicht dessen Sprach-

---

⁶⁵ Dantos Grundsatz von der „Asymmetrie der geschichtlichen Zeiten" ist für Baumgartner streng verpflichtend, wonach alles, was „Geschichte" heißen will, sich a priori im Bereich der Vergangenheit bewegen muß (vgl. DANTO 1980, 292 ff., bes. 314 f., 319 f.).

regelung, sondern verwendet das Wort „Geschichte" auch zur Benennung der Lebenswelt. Geschichte „im Aggregatzustand des lebensweltlichen Vollzuges" meint bei Rüsen die *gegenwärtig* als Handlungsvollzug sich ereignende Geschichte, in die wir verstrickt sind; hier wird Geschichte der Tendenz nach als Totalität verstanden. Geschichte „im Aggregatzustand des Tatsächlichen" hingegen bezieht sich auf erkennbare Tatsachenzusammenhänge *vergangenen* menschlichen Handelns und Leidens, also historische Gegenstände, die allein retrospektiv in den Blick geraten.[66]

Ludwig Landgrebe will seinerseits zeigen, daß geschichtlicher Zusammenhang sich nicht allein durch Erinnerung herstellt, sondern vor allem durch Handeln, das sich auf Erinnerung bezieht. Erst im Hinblick auf das, was getan werden kann und soll, wird nämlich in der rückwirkenden Besinnung Kontinuität erzeugt. Historische Kontinuität steht demnach im Interesse eines neuen, sinnvollen Handelns.

> „Wie ist danach die Kontinuität der Geschichte zu begreifen? Als die Einheit des Geschehens, so wie sie jederzeit in der Besinnung auf die Möglichkeiten des Handelns in seiner Situation im Rückgang auf die Bedingungen, unter denen sie diese *geworden* ist, erst immer wieder hergestellt wird, aus welchem Grunde auch die Geschichte immer wieder einmal neu geschrieben werden muß."[67]

Daß in der konkreten Handlungssituation geschichtliche Besinnung und planerische Prospektive immer schon vermittelt sind, sieht auch Rüsen:

> „Lebensweltlich gesehen, ist Erzählung nichts anderes, als kognitive Verarbeitung von Erinnerung für Handeln nach Maßgabe von dessen allgemeiner Sinnbestimmung. Durch Erzählen ist Vergangenheit als ein Ganzes so gegenwärtig und lebendig da, wie Zukunft als zweckhaft vorgestellte Vollendung von Geschichte in menschlichem Handeln gegenwärtig und lebendig da ist."[68]

Landgrebe und Rüsen verbindet also – gegen Baumgartner und Danto – die Absicht, vor dem Hintergrund der *Geschichtlichkeit des lebensweltlichen Daseins*, das in seinem Handeln immer schon auf eine Verbindung von Vergangenheit, Gegenwart und Zukunft verweisen kann, den zukunftsdominierten Handlungs- und den vergangenheitsdominierten Geschichtsbegriff ins Gespräch zu bringen. Für Baumgartner aber ist die im Handeln bereits vorausgesetzte Kontinuität von gestern und heute nicht schon *geschichtliche* Kontinuität. Diese ergibt sich für Baumgartner einzig aus der vom Handeln und der Handlungszeit strikt zu unterscheidenden Operation der retrospektiven Geschichts*konstitution*. Durch sie werden Geschichte, Geschichtszeit und geschichtliche Kontinuität erst erzeugt. Die narrative Konstitution von Geschichte erfolgt freilich stets in praktischer Absicht, doch ist sie selbst ein nach dem Vorbild der Gegenstandskonstitution zu denkender Vorgang. Allein über den Interessebegriff sind Handlungs- und Geschichtsbegriff, Handlungs- und Geschichtszeit und somit auch Gestern, Heute und Morgen für Baumgartner miteinander verbunden.

---

[66] Vgl. RÜSEN 1975a, 86.
[67] LANDGREBE 1967, 199.
[68] RÜSEN 1975a, 95.

4 Ergebnis und Kritik

Baumgartner war es gelungen, wie oben gezeigt werden konnte, die Historie als *objektive Wissenschaft* transzendentalphilosophisch dadurch zu retten, daß er falsche Erkenntnisideale abbaute, die bislang leitend im Hintergrund gestanden hatten. Dazu gehörte einerseits eine naiv „objektivistische" Auffassung von Geschichte, welche überzeugt war, daß es eine der Erzählkonstruktion vorausliegende Einheit der Geschichte gäbe, und zu welcher folglich auch das Ideal gehören mußte, Geschichte *abzubilden*, d.h. sie so zu schreiben, „wie es eigentlich gewesen" ist. Ferner widerlegte Baumgartner mit Dantos Hilfe ein reduktionistisches Verständnis historischer Fakten, die bislang als die vor-narrativen, vermeintlich neutralen Bausteine der Geschichte galten.[69] Eine phänomenologische Ausweisung der Hauptthese seiner Theorie des geschichtlichen Wissens – das Geschichte erkennende Subjekt kann nicht als in derselben Weise in die Geschichte eingelassen gedacht werden wie seine Objekte – bleibt Baumgartner allerdings schuldig. Den Eindruck, daß hier argumentiert wird entlang der inneren Konsequenz nicht vollständig ausgewiesener Prämissen „zur Vermeidung der Paralogismen der historischen Vernunft" kann seine Theorie deshalb nicht ganz ausräumen, selbst da, wo sie durch Dantos Analysen der erzählenden Sätze bekräftigt wird.

Die aus einer strikt transzendentalphilosophischen Argumentation gewonnene Überzeugung, das Subjekt könne nicht in derselben Weise in der Geschichte sein wie seine Gegenstände, bringt Baumgartner erstaunlicherweise in die Nähe grundlegender Einsichten der phänomenologischen Schule: Für Heidegger ist zweifelsohne klar, daß das Dasein nicht in derselben Weise in seiner geschichtlichen Welt ist, wie das Zeug in ihr zuhanden bzw. der Gegenstand in ihr vorhanden ist. Heidegger versucht jedoch, diese Differenzierungen zu plausibilisieren. Ferner will er zeigen, wie fremdes Dasein als „Mit-Dasein in einer geschichtlichen Welt" verstanden werden kann.[70] Baumgartner hingegen bleibt eine Ausweisung seiner zentralen, durchaus zustimmungsfähigen These schuldig. Er argumentiert rein konstitutionslogisch. Der Unterschied zwischen Heideggers „Hermeneutik der Faktizität" und Baumgartners Transzendentalphilosophie ist im Grunde methodologischer Art. Heidegger bekannte sich zur Phänomenologie, deren Ziel es ist, das, „was sich zeigt, so wie es sich von ihm selbst her zeigt, von ihm selbst her sehen [zu (r.h.)] lassen"[71]. Dabei ging es

---

[69] „Historische Objektivität" wird in Baumgartners transzendentaler Geschichtstheorie natürlich nach dem Muster apriorischer Gegenstandskonstitution gedacht; d.h. die Möglichkeitsbedingungen historischer Aussagen über historische Gegenstände sind zugleich die Bedingungen möglicher historischer Gegenstände. Die Strukturgleichheit von historischem Gegenstand und historischem Wissen ist damit prinzipiell gegeben. Gesucht werden muß dann freilich, nach welchen konkreten Bestimmungen historische Gegenstände konstituiert werden, denn davon hängt ja nun die Objektivität ab. Eben diese versucht Baumgartners konstruktivistische Theorie aufzuzeigen (vgl. BAUMGARTNER 1975, 48-67).

[70] Vgl. dazu auch Schapps analogen, aber eigenständigen Versuch über das „Wozuding" und die „Eigenverstrickung" bzw. „Fremdverstrickung" in Geschichten (SCHAPP 1985, 11 ff. u. 121 ff.).

[71] HEIDEGGER GA 2, 46.

ihm um die „Aufdeckung"⁷² der Grundstrukturen des Daseins, d.h. der Existenzialien, und um deren Beschreibung. Baumgartner hingegen will in der Tradition Kants Annahmen formulieren und sucht sie durch Argumente zu stützen. Angesichts dieser unterschiedlichen Theorieansätze wäre es wohl ein Mißverständnis, forderten wir mit Heidegger von Baumgartner ein, seine Grundannahmen müßten sich zeigen.

Wenn auch die fehlende phänomenologische Ausweisung seiner Grundthese Baumgartner nicht zum Vorwurf gemacht werden kann, so kann ihm doch *eine* Kritik nicht erspart werden: Die Problematik der Geisteswissenschaften und der Geschichte durch transzendentalphilosophisches Aprioridenken lösen zu wollen, ist so lange in sich widersprüchlich, als nicht dasjenige Verhältnis zur Geschichte als *das Apriori schlechthin* angesetzt wird, welches die faktische Lebenserfahrung prägt. Gemeint ist damit die vorwissenschaftliche (nicht schon methodisch-abstraktive) Lebens-, Welt- und Geschichtserfahrung des konkreten Menschen, die allem wissenschaftlich-theoretischen Sich-Beziehen auf Geschichte ursprünglich vorausliegt und die als das „vergessene Phänomen" in Baumgartners Geschichtstheorie einfach übersprungen wird,

„... wo doch die Aprioribetrachtung in ihrer eigentlichen Tendenz mit Rücksicht auf den konkret-faktischen Menschen ins Werk gesetzt sein will. Der [bei Baumgartner (r.h.)] im Aprioriproblem angesetzte Sinn von Geschichte besteht gerade auf Kosten der ausdrücklichen Abdrängung dessen, worauf das Problem selbst hinzielt. Das, worauf das Problem tendiert, läßt die Problemstellung gerade überhaupt nicht aufkommen. Das ist: der Mensch in seinem konkreten, individuellen historischen Dasein."⁷³

Sowohl bei Danto als auch bei Baumgartner wird zwar durch die herausragende Stellung, die der Interessebegriff in ihren Geschichtstheorien einnimmt, der konkrete Historiker und seine Gegenwart und somit der Mensch in seinem alltäglichen Selbstverständnis zu einem konstitutiven, apriorischen Bestandteil des historischen Wissens, doch wird dieses Wissen selbst letztlich doch nur nach Maßgabe desjenigen Verhältnisses konzipiert, das ein transzendental-logisches Subjekt zur Geschichte als seinem Gegenstand hat.⁷⁴ Baumgartners Modell erhellt nur – anti-naturalistisch – das geschichtliche Vorstellen, nicht aber das vortheoretische geschichtliche Leben und seine Interessen, ohne welche doch auch die Geschichtswissenschaft unverständlich bleibt. Friedrich Kaulbach bemüht sich, über Dantos und Baumgartners Restriktionen hinauszugelangen: Der Historiker ist doch nicht allein durch einen *zeitlichen* (Ab-)Stand des Nachher gegenüber seinem geschichtlichen Gegenstand ausgezeichnet, wie Danto meint, sondern der Stand, von dem aus der Historiker das geschichtliche Material zur Historie gestaltet, ist immer auch anderer *begrifflicher* Natur,

---

⁷² HEIDEGGER GA 2, 50.

⁷³ HEIDEGGER GA 59, 86.

⁷⁴ Vgl.: „Bei der Destruktion ... hat sich ein negatives Resultat ergeben: daß ... die aktuelle Selbstwelt [und das in ihr gegebene Verhältnis zur Geschichte, nämlich (r.h.)], das historisch vollzogene Dasein jedes Einzelnen als Einzelnen zum Verschwinden kommt; – daß das Selbst also in jeder Problematik sekundär ist ... Der aktuelle Selbstweltbezug spielt keine ursprüngliche Rolle. – Die Destruktion des Apriori-Problems ergab, daß die Transzendentalphilosophie unter dem Vergessen des unum necessarium, des aktuellen Daseins, ihren sicheren Gang geht." (HEIDEGGER GA 59, 169).

denn in der Zwischenzeit hat sich ja eine veränderte geschichtliche Welt herausgebildet. Der zeitliche Abstand des Historikers ist also immer auch der Stand eines anderen gedanklichen Koordinatensystems, einer *anderen Denksituation*. Der historische Gegenstand wird also nicht nur vom Standpunkt eines *zeitlichen* Nachher, sondern immer auch im Horizont von Theorien, Bedeutungswelten und *schon gegebenen Geschichtswelten* angesprochen, die zur Denksituation des Historikers gehören. All das wird bei Danto und Baumgartner auf den bloßen Interessebegriff verkürzt. Die Angst vor heraufziehender Geschichtsmetaphysik machen Danto und Baumgartner blind für den mit jeder faktischen Existenz immer schon gegebene geschichtliche Lebenswelt, welcher sie sich zugehörig weiß und die ihrem „Konstituieren" von Partikulargeschichten schon längst vorausliegt.[75] Auch Jürgen Habermas ist bemüht, Baumgartners radikalen Konstruktivismus zu einem gemäßigten Konstruktivismus aufzuweichen:

> „Baumgartner berücksichtigt nicht, daß Narrative nicht nur die Geschichten organisieren, die der Historiker erzählt, sondern auch die, *von denen* der Historiker erzählt: der Historiker trifft auf einen bereits konstituierten, und zwar narrativ vorkonstituierten Gegenstandsbereich. Insofern ist die Geschichte ein objektiver und nicht erst ein »theoretisch«, vom Geschichtsschreiber konstruierter Lebenszusammenhang. Die Konstruktionen des Geschichtsschreibers schließen vielmehr an die jeweils überlieferten Konstruktionen an."[76]

Nicht alle historische Kontinuität verdankt sich also der „Leistung" des Historikers. Es gibt auch, wie Dilthey richtig wußte, die „vorgefundene Einheit"[77], die sich der einheitsstiftenden Kraft der Lebenszusammenhänge verdankt. Für den Historiker heißt dies, daß er es mit schon geschehener und eventuell schon hundertfach geschriebener Geschichte zu tun hat. Stempel unterscheidet darum zwischen *primärer* und *sekundärer* Historiographie. Im ersten Fall stellt der Historiker unmittelbar Geschichte dar, im zweiten verwendet er Quellen, die meist bereits vorformulierte Geschichte enthalten; hier hat er Interpretationen zu interpretieren.[78]

Die Dimension des Praktischen ist bei Baumgartner gewiß fundamentaler angesetzt als noch bei Heinrich Rickert, den Baumgartner deswegen kritisiert.[79] Die narrative Konstitution der Geschichte erfolgt stets in praktischer Absicht, einen „interessefreien" historischen Gegenstand gibt es nicht. Aber was nützt es, wenn die Beziehung Mensch – Geschichte ganz in den Horizont interessegeleiteter Praxis eingebettet ist, doch selbst immer noch nach dem Modell einer rein theoretischen Gegenstandskonstitution ausbuchstabiert wird? Eine Rückbesinnung auf Heideggers hermeneutische Phänomenologie läßt aufdecken, was als die verschwiegene transzendentale Voraussetzung der Wissenschaftslogik in Baumgartners Geschichtstheorie eingegangen ist: nämlich die cartesisch-kantische Subjekt-Objekt-

---

[75] Vgl. KAULBACH 1977, 67 ff., bes. 76.
[76] HABERMAS 1976, 251 f.
[77] HABERMAS 1976, 206.
[78] STEMPEL 1973, 337.
[79] Vgl. BAUMGARTNER 1972, 143; vgl. auch oben Fußnote 46.

Relation.[80] Sie wird von Baumgartner als nicht weiter hinterfragtes Apriori hingenommen, und vermöge ihrer unhinterfragten Selbstverständlichkeit kann sie alle nicht nach *diesem* Muster rekonstruierbaren Weisen des Sich-Verhaltens zur Geschichte verdecken und überformen. In Baumgartners transzendentalphilosophischer Konstitutionslogik wird verschüttet, daß der Denkende aus dem Zusammenhang seines Lebens in einer immer schon geschichtlich erfahrenen Welt erst eigens heraustreten muß, um diejenige Haltung einzunehmen, die Baumgartner als das *grundlegende* und *ursprüngliche* Verhältnis des Menschen zur Geschichte voraussetzt: das Geschichte-Konstruieren. Erst im theoretischen Denken tritt der Mensch seiner Welt – Natur, Geschichte und menschlicher Gemeinschaft – gegenüber und gewinnt diejenige Distanz zur Welt, die es ihm gestattet, sie als wissenschaftlich befragbaren Gegenstand sicherzustellen oder – wie bei Baumgartner – als solchen überhaupt erst zu „konstruieren". Erst die Theorie trennt das lebensweltliche Verstricktsein in Geschichten radikal von der Erkenntnis der Geschichten. Aber diese Erhebung des Menschen über seine innerweltliche Stellung hinaus *vor* die Geschichte ist etwas Sekundäres; sie ist eine Haltung, die der Mensch immer erst und immer wieder bewußt einnehmen muß. Sie ist ein wissenschaftliches Ideal. Von selbst, von Natur aus, hat er diese Haltung nicht, weder in bezug auf sich selbst und seinen Leib noch bezüglich der menschlichen Gemeinschaft oder der Welt und ihrer gegebenen Ordnung.

Es hat sich also gezeigt, daß Baumgartners metaphysikkritische Geschichtstheorie bei der Verhältnisbestimmung von Mensch und Geschichte gar nicht ohne den Rückgriff auf *das Metaphysicum schlechthin* – das neuzeitliche Subiectum der Theorie – auskommt, und zwar konsequenterweise in seiner vorhegelschen Fassung. Das zeigt sich besonders da, wo Baumgartner das Interesse an Geschichte als ein *bloßes Interesse an Totalität* ins Spiel bringt. Hier wird die Vermittlung von Theorie und Praxis letztlich doch wieder nur in einem *reinen* Subjekt verankert, das der Sphäre von Arbeit, sozialer Verstrickung und Sprache absolut und autonom gegenübersteht und einzig auf Totalität aus ist. Wenn Baumgartner eine Rehabilitierung der *praktischen* Philosophie einfordert, so kann sein Plädoyer deshalb nicht ganz überzeugen. Das, was bei Baumgartner an partikularen Sinnvorstellungen von seiten des Erzählenden bei der Konstitution von Geschichte in Anspruch genommen wird, hat nämlich letztlich sowieso

> „... keinen anderen Stellenwert als den einer praktisch-sittlichen wie eventuell praktisch-technischen Idee. Ihre Einkleidung in die Erzählung von Geschichten – mag sie realisierbar sein oder nicht – ändert nichts an der Tatsache, daß sie allein diskutierbar sind auf dem Boden der praktischen Philosophie.[81]

Die Heideggersche Phänomenologie hatte die Stellung des theoretischen Denkens, d.h. die Position der „Vernunft" innerhalb des „ganzen Menschen" fraglich gemacht und so die

---

[80] Vgl.: „Im Gegenstandsein aber erschöpft sich das Sein des Seienden nicht. Eine solche Irrlehre konnte nur erwachsen, ja mußte entstehen dort, wo von vornherein die Dinge als Ob-jekte angesetzt wurden; und dieses setzte wiederum die Auffassung des Menschen als Subjekt voraus." (HEIDEGGER GA 38, 158).
[81] BAUMGARTNER 1972a, 268.

Möglichkeit eröffnet, die alte Streitfrage nach dem „Stand der Vernunft in der Geschichte", welche die Kantische und die Hegelsche Denktradition entzweite, auf eine neue Grundfrage zurückzuführen. Es konnte jetzt gefragt werden, wie sich das ursprüngliche, vorwissenschaftliche Daseinsbewußtsein des Menschen in der Geschichte weiß und wie sich daraus die Stellung des wissenschaftlichen Gedankens seinem geschichtlichen Gegenstand gegenüber erst ableitet. Die Suche nach dem, was Geschichte überhaupt ist und wie in ihr Stand zu finden ist, konnte so auf breiterer Grundlage, d.h. nicht allein im für die Neuzeit verbindlichen Paradigma der Subjekt-Objekt-Relation, wiederholt werden. Weil beide die Subjekt-Objekt-Relation immer noch unbefragt voraussetzten, hatte Heidegger schon 1920 gemutmaßt, die Mittel sowohl der Kantischen als auch der Hegelschen Denktradition würden nicht ausreichen, um mit dem Problem der Geschichte vorwärts zu kommen.[82] Bei allen Unterschieden im Detail hielt er die transzendentalphilosophische Auffassung (hier vertreten durch Baumgartner) und die dialektische Position (vertreten durch Schnädelbach) deshalb für wesensverwandt. Ferner vermutete Heidegger, daß aus einer radikal transzendentalphilosophischen Problemstellung immer wieder neu der Versuch geboren werden würde, „eine würdige Einigung und Aufhebung"[83] der transzendentalphilosophisch gesetzten Gegensätze zu erzielen, kurzum: eine dialektische Vermittlung. Unter der Voraussetzung der Subjekt-Objekt-Spaltung ist jeder Neubeginn bei Kant nur der Anfang eines neuen Weges zu Hegel, vermutete Heidegger, was die oben vorgestellten Versuche von Kaulbach, Rüsen, Stempel, Habermas etc., Baumgartners radikalen Konstruktivismus wieder zu mäßigen, wohl auch hinreichend belegen.

---

[82] Vgl.: „Ja, es wird gerade zur Entscheidung darüber kommen müssen, ob die begrifflichen Mittel und der Grundsinn der hierauf [auf die Geschichtsfrage (r.h.)] bezüglichen üblichen Problemstellung der Philosophie ausreichen oder geeignet sind zu einer solchen Problemauswicklung, und ob im Rahmen der Transzendentalphilosophie und der Dialektik überhaupt wesentlich mehr zu erreichen ist." (HEIDEGGER GA 59, 23).
[83] HEIDEGGER GA 59, 27.

Kapitel V: Jörn Rüsen

An den Grenzen des Beitrags von Baumgartner setzt Jörn Rüsen an. Er ist einer der wenigen Geschichtstheoretiker des deutschen Sprachraums, der nicht bloß eine „Historik"[1] vorlegen will, d.h. eine (Meta-)Theorie der Geschichts*wissenschaft*, sondern darin zugleich auch eine „Geschichtstheorie". Gegenüber einer bloßen Historik will diese mehr leisten.[2] Sie beschränkt sich nicht allein auf die Reflexion der fachlichen und methodischen Verfahren der *wissenschaftlichen* historischen Erkenntnis (Historie), sondern will auch die *lebensweltlichen Ursprünge* des historischen Denkens in den Blick bringen sowie seine lebenspraktischen Funktionen kultureller Orientierung. Um zu benennen, was es heißt, auf *wissenschaftliche* Weise historisch zu erkennen und dadurch in der Geschichte zu stehen, muß ja vorab geklärt werden, was es heißt, überhaupt historisch zu denken oder noch präziser – denn die lebensweltlich-existentielle Perspektive fragt ja nicht danach, wie Geschichte als Erkenntnisgegenstand *gedacht* wird –, es muß geklärt werden, wie Geschichte vortheoretisch *erlebt* oder wie ihr *begegnet* wird. Die Beschränkung auf die Reflexion der Fachwissenschaft und ihre methodischen Prinzipien sei daher, das betont Rüsen immer wieder, unbedingt aufzubrechen. Im folgenden gilt es also auszumachen, ob und inwiefern Rüsen seinen Anspruch einlösen kann, auch die lebensweltlichen Ursprünge der Historie unverstellt in den Blick zu bringen.

Wie für die Transzendentalphilosophen ist auch für Rüsen das „Geschichts*bewußtsein*" jener lebensweltliche Ort, wo so etwas wie Geschichte zuerst begegnet und von dem aus es überhaupt erst zum Sinngebilde einer Geschichte kommen kann.[3] Auch Rüsen setzt also voraus, daß es „Geschichte" nicht als einen Sachverhalt gibt, der außerhalb des menschlichen Bewußtseins daliegt und von diesem nur erkennend aufgenommen und angeeignet werden müßte, sondern daß sich Geschichte im Zusammenhang bestimmter Bewußtseins*leistungen* – einer bestimmten *subjektiven Auffassungsart*[4] – erst bildet; und als solche macht Rüsen – wie schon vor ihm der Narrativismus Dantos und Baumgartners – das „historische Erzählen" aus. Allerdings begnügt sich Rüsen nicht damit, das Vergangene als bloßes „ungeschichtliches" *Rohmaterial* für das erzählerisch zu erzeugende Sinnprodukt „Geschichte" hinzunehmen. Er geht vielmehr davon aus, daß das, was einem konkreten Erzählakt vorausliegt, schon die Eigenschaft hat, sinnvoll und geschichtlich strukturiert zu sein, so daß die Sinnbildungsleistung des historischen Bewußtseins daran anknüpfen und es zugleich (kontinuierend oder diskontinuierend) weiterführen kann.

Indem Rüsen die lebensweltliche Basis der historischen Wissenschaften, das existentielle Verhältnis des Menschen zur Geschichte anvisiert, gerät auch der Handlungs- und damit Zukunftsbezug vollständiger in den Blick, als dies bei Baumgartner der Fall war. Die *Handlungssituation* ist für Rüsen sogar derjenige Zusammenhang, in dem sich das Phänomen

---

[1] Siehe RÜSEN 1983, 1986, 1989.

[2] Zur Differenzierung *Historik – Geschichtstheorie* vgl. Einleitung, Abschn. 3, Fußnote 56.

[3] Vgl. RÜSEN 1983, 48 f.

[4] Vgl. DROYSEN 1977, 69.

„Geschichte" *zuerst* dem Bewußtsein zeigt und es dadurch überhaupt erst zu einem *Geschichts*bewußtsein werden läßt. Damit ist bei Rüsen (gegenüber Baumgartners begrifflicher Unterbestimmung der inneren Geschichtlichkeit der Lebenswelt) zugleich der Versuch unternommen, die volle Bedeutung des deutschen Wortes „Geschichte" zurückzugewinnen, das nicht nur einen retrospektiven Erzähl-, sondern auch einen Geschehens- und Handlungszusammenhang meint, der Vergangenheit, Gegenwart und Zukunft umgreift und in den verwickelt wir uns vorfinden. Allerdings wird dieser Sprachgebrauch auch bei Rüsen auf Retrospektivität hin präzisiert, wie sich zeigen wird: Der als Geschichte vorgestellte lebensweltliche Zusammenhang von Vergangenheit, Gegenwart und Zukunft geht an der *erinnerten Vergangenheit* auf, ist also nur *im Medium der Erinnerung* da (s.u. Abschn. 3.2).

Rüsens Geschichtstheorie sei hier in mehreren Etappen vorgestellt. In einem ersten Schritt soll aufgezeigt werden, wie Rüsen innerhalb des Handlungszusammenhangs ein Geschichtsbewußtsein wie von selbst entstehen sieht, welches als wesentliche Voraussetzung eines möglichen Stehens in der Geschichte zu gelten hat (s.u. Abschn. 1). Eine zusätzliche Vertiefung erfährt die Theorie, indem Rüsen Karl Jaspers Differenzierung von *geschichtlichem* und *historischem* Bewußtsein hinzunimmt (s.u. Abschn. 2 u. 3). Sodann muß deutlich gemacht werden, welche Transformationen dieses alltägliche Geschichtsbewußtsein Rüsen zufolge unterläuft, wenn es ausgearbeitet wird zu *wissenschaftlicher* Erkenntnis von Geschichte (s.u. Abschn. 4).

1 Das lebensweltliche Geschichtsbewußtseins hat seinen Ursprung im Handlungszusammenhang

Geschichtsbewußtsein hat seinen Entstehungsort im Kern des Handlungsbewußtseins, davon ist Rüsen überzeugt. Daher muß er nun diejenigen Momente der Handlungssituation herausheben, von denen er meint, daß sie menschliches (Handlungs-)Bewußtsein zu einem Geschichtsbewußtsein werden lassen, das dann in der Folge auch ausdrücklich zu dem Sinngebilde einer Geschichte vergegenständlicht, als gemeinsame Erfahrungs- und Geschichtswelt intersubjektiv geteilt und mit wissenschaftlichem Anspruch erforscht und dargestellt werden kann. Rüsen nennt diesen Vorgang die „lebenspraktische Konstitution des historischen Denkens"[5]. Die Frage ist also, worin genau dieses anfängliche Geschichtsbewußtsein besteht und wie es sich von anderen Formen, Prozessen und Inhalten des menschlichen Bewußtseins, insbesondere des ihm nahestehenden Zeitbewußtseins, unterscheidet; wie kommt es zustande, wie baut es sich auf, und welche Funktion erfüllt es im Lebensprozeß einzelner Subjekte?

Um das Ergebnis, zu dem Rüsen gelangt, vorwegzunehmen, sei gesagt: Geschichtsbewußtsein gründet in Zeiterfahrung; es ist selbst eine elaborierte Form von Zeitbewußtsein. Es entsteht für Rüsen als Transformation der erfahrenen bzw. erlittenen Veränderungen (von Rüsen „Naturzeit" genannt) in „humane Zeit" unter dem Willen zu *konkretem* (und nicht bloß abstrakt-normativem) Sinn, d.h. zukünftig zu realisierenden *Zwecken* einerseits

---

[5] RÜSEN 1983, 45.

und andererseits einer in die Vergangenheit reichenden *Identität* (Herkunft). Mit einfacheren Worten: Im Geschichtsbewußtsein bereitet der Mensch die erfahrenen und erlittenen Veränderungen der Welt und seiner selbst so auf, daß sie in zweifacher Hinsicht Sinn machen: Zum einen sollen sich konkrete Handlungsabsichten an sie anschließen lassen, zum anderen soll der Mensch sich angesichts der Veränderungen nicht nur nicht verlieren, sondern nachgerade erst gewinnen und seine Identität durch die geschichtlichen Wandlungen entfalten. Indem das Geschichtsbewußtsein eine Art Sinn- und Identitätsbildung über Zeiterfahrung leistet, überführt es „Naturzeit" in humane Zeit, in „Geschichtszeit", und das heißt natürlich immer auch gemeinschaftliche Zeit, also Kulturzeit. Zur Geschichte gehört demnach nicht nur das Interesse an *persönlicher* Identität und zeitlicher Handlungsorientierung, sondern ebenso auch das Interesse an einer *gemeinsamen* Welt oder besser an der Gemeinsamkeit einer Erfahrungswelt, die durch Geschichtenerzählen aufgebaut und erhalten wird.[6] Doch nun im einzelnen und Schritt für Schritt.

1.1 Differenzerfahrung bringt Zeit zu Bewußtsein

Am Anfang des Geschichtsbewußtseins, dessen Entstehung Rüsen darlegen will, steht die Erfahrung einer Differenz. Der Mensch erlebt das Anderswerden seiner Welt und seiner selbst darin. In der erlebten Veränderung ist ihm immer auch eine Erfahrung von Zeit gegeben. Die lebensweltliche Grundlage des Geschichtsbewußtseins ist somit die Erfahrung eines Unterschieds, eines Einschnitts, einer Diskontinuität im Geschehen. Rüsen expliziert hier nicht weiter, sondern nimmt dieses elementare und alltägliche Erlebnis, das selbst noch der seltenen Erfahrung eines Epochenwechsels zugrunde liegt,[7] nämlich die Erfahrung der *Zeitdifferenz von heute und damals*, einfach hin. Über Rüsen hinausgehend, ließe sich sagen, daß der Mensch die Differenzerfahrung nicht zwangsläufig schon als bedrohlich erleben muß. Das Widerfahrnis einer Veränderung kann als Verlust erlitten werden, muß es aber nicht in jedem Fall. Nichts spricht dagegen, davon auszugehen, daß ein Anderswerden seines Lebensumfelds den Menschen genauso gut aufatmen lassen und hoffnungsfroh stimmen kann.[8] Ob eine Differenz als erlittener Verlust oder erfahrener Gewinn eingeschätzt wird, hängt wohl vor allem davon ab, wie die jeweils gegenwärtige Lage erlebt worden war, bevor sie in der Veränderung eine Modifizierung erfuhr – als unbedingt be-

---

[6] Letzteres betont vor allem RÖTTGERS 1982.

[7] Vgl.: „Es gibt so etwas wie Diskontinuität im Geschehen. Wir kennen Diskontinuität im Geschehen in der Weise der Epochenerfahrung. Daß es so etwas wirklich gibt, d.h. daß das nicht nur unserem nachträglich ordnenden, klassifizierenden und auf Beherrschung gerichteten Erkenntnisinteresse entspringt, sondern eine echte Wirklichkeit der Geschichte selber meint, läßt sich mit phänomenologischen Mitteln erweisen. Es gibt so etwas wie die ursprüngliche Erfahrung eines Epocheneinschnittes. Die Epochen der Geschichte, die der Historiker unterscheidet, wurzeln in echten Epochenerfahrungen. (...) Darin liegt die Erfahrung eines Unterschieds und einer Diskontinuität, eines Anhaltens inmitten der Unaufhörlichkeit der Veränderungen." (GADAMER 1993, 136 f.).

[8] Jürgen Moltmann und mit ihm viele andere Theologen betonen, daß ein Interesse an Geschichte nicht allein aus Verlusterfahrungen entsteht, also aus der Erfahrung bedrohter Ordnung, sondern auch aus echter Zukunft, aus Verheißungen (vgl. BAUMGARTNER 1972, 28 f.).

wahrenswert oder höchst verbesserungsbedürftig. Es empfiehlt sich daher, von der inhaltlichen Qualität dieses Anderswerdens zunächst überhaupt abzusehen und – mit Rüsen ganz neutral – vom Ursprung des Geschichtsbewußtseins in einer als *Differenz*erfahrung erlebten Zeitwahrnehmung auszugehen. Hans Michael Baumgartners Versuch, den Ursprung des Zeiterlebens in einer von vornherein als bedrohlicher Verlust angesetzten Differenzerfahrung, nämlich eines „Risses im Kontinuum des Lebens", festzumachen, erscheint von daher einseitig und mit metaphysischen Vorentscheidungen belastet, als ob das Leben ursprünglich als Kontinuum erlebt würde bzw. erlebt werden müßte. Daß Baumgartner die Etymologie, welche die Wurzeln des Wortes „Zeit" in den Tätigkeiten des „Zerschneidens" und „Teilens" aufspürt, auf seine Seite bringt, macht seine Ansicht noch nicht zustimmungspflichtig.[9] Voraussetzungsloser als Baumgartner scheint darum Gadamer zu formulieren, wenn er darauf aufmerksam macht, daß die Ausbildung eines Bewußtseins von Zeit und Geschichte letztlich auf der Erfahrung eines Geschicks beruht, einer Differenz also, die nicht selbstgesetzt, sondern als Widerfahrnis hingenommen wird. Im Hinblick auf die Herkunft des Geschichtsbewußtseins ist damit, meint Gadamer, vor allem eines unstrittig, daß nämlich sein Beginn

> „... nicht in der wissenden Vergegenwärtigung des Geschehenen und der wissenden Beherrschung des Geschehens, sondern in der Erfahrung des Geschickes für uns gegeben ist. Die Erfahrung, die wir machen, daß etwas anders geworden ist, daß alles Alte alt und etwas Neues da ist, ist die Erfahrung eines Überganges, der nicht etwa Kontinuität garantiert, sondern im Gegenteil Diskontinuität aufweist und die Begegnung mit der Wirklichkeit der Geschichte darstellt."[10]

1.2 Nur innerhalb eines vorausgerichteten Handlungsbewußtseins kann ein Bewußtsein von Geschichte entstehen

Für Rüsen ist „Geschichtsbewußtsein" der „Inbegriff der mentalen Operationen ..., mit denen Menschen ihre Erfahrungen vom zeitlichen Wandel ihrer Welt und ihrer selbst so deuten, daß sie ihre Lebenspraxis in der Zeit absichtsvoll orientieren können"[11]. Das Geschichtsbewußtsein hat seinen Entstehungsort also da, wo unter Berücksichtigung gemachter Differenzerfahrungen Handlungsentwürfe gebildet werden. Diese These Rüsens läßt sich vertiefen durch einen Rückgriff auf Ludwig Landgrebe und damit auf die Husserlsche Unterscheidung der Wiedererinnerung von der Retention, die, anders als jene, ebenso wie die Protention zum Handlungsbewußtsein selbst gehört:

Das Geschichtsbewußtsein, so lautet vorweggenommen Landgrebes Erkenntnis, hängt zusammen mit spezifischen Zeiterfahrungen, die einsichtig werden nur im Zusammenhang des Handelns des Menschen: Nur wo – im Kontext des Handelns – die Zeit als „für ein bestimmtes Vorhaben benötigte Zeit" in den Blick gerät, wird sie so erfahren, daß daraus ein

---

[9] Vgl.: „Nicht der Beginn des möglichen Handelns, so ist zu vermuten, war der Ursprung der Zeit, sondern der Verlust einer Situation, die in Trauer versetzt." (BAUMGARTNER 1994a, 209 f.).
[10] GADAMER 1993, 140.
[11] RÜSEN 1983, 48 f.

geschichtliches Bewußtsein resultiert, das sich in der Folge zu einem auch historischen Bewußtsein ausgestalten kann. Oder mit Nietzsche formuliert: Es ist stets ein Bautrieb, welcher hinter dem historischen Trieb wirkt und diesen auf den Plan ruft.[12] Im Hintergrund von Landgrebes Gedankengang steht Husserls scharfsinnige Unterscheidung zwischen ausdrücklicher Erinnerung, also der Wieder-holung eines zwischenzeitlich ins Vergessen Gesunkenen, und dem retentionalen Bewußtsein des Soeben-gewesen, in dem das Bewußte als Entgleitendes für eine Weile noch festgehalten wird. Husserl zufolge darf der direkte Ursprung der Zeiterfahrung und damit auch des Geschichtsbewußtseins gerade nicht, wie man vielleicht spontan anzunehmen geneigt wäre, in der (Wieder-)Erinnerung angenommen werden, sondern er muß in der Retention gesucht werden. Gegenüber der Retention ist die Erinnerung als Reproduktion des schon ins Vergessen Gefallenen ein sekundäres Phänomen. Denn sie setzt schon voraus, was in der Retention erst ursprünglich erfahren werden kann, nämlich die für die Zeiterfahrung so charakteristische Erfahrung des Anderswerdens: die Differenz von „gegenwärtig" und „vergangen".

> „Das ins Soeben Zurücksinkende ist uns als uns entgleitendes bewußt. Man kann sich das an dem Beispiel der Rede verdeutlichen, der man folgt oder die man selbst äußert. Die einzelnen Phasen des Gesprochenen sind eine Strecke lang noch behalten, sie sind, um mit Husserl zu sprechen, noch »lebendige Gegenwart«; wo das Behalten nicht mehr gelingt, »verlieren wir den Faden«. Dann muß man absetzen und sich explizit des bereits Gesagten zu erinnern suchen. Das Bewußtsein der Erinnerung wird daher von Husserl scharf unterschieden von dem retentionalen Bewußtsein des Soeben-gewesen. Man kann also nicht sagen, die Unterscheidung von »gegenwärtig« und »vergangen« und damit das Bewußtsein der Aufeinanderfolge unserer Vorstellungen, welche diese Unterscheidung zur Voraussetzung hat, beruhte auf der Erinnerung. Vielmehr muß man fragen, wie es möglich ist, daß wir Vorstellungen von der Art der Erinnerung haben, und das sagt einer Reproduktion, in der das Bewußte als Gewesenes gewußt ist ... Die Antwort lautet: weil das Bewußtsein von »Vergangen« eben das Bewußtsein von dem ist, was einmal *war*, jetzt aber *nicht mehr* ist. Dieses »nicht mehr« ist ursprünglich erfahren in dem Entgleiten in das Soeben."[13]

Die Differenz von „gegenwärtig" und „vergangen", die das Anderswerden auszeichnet und als Differenzgeschick den Ursprung des Zeiterlebens als der Erfahrung eines Nacheinanders ausmacht, wird demnach ursprünglich erfahren gerade nicht als Gegensatz von Gegenwärtigem und Erinnertem, sondern *im retentionalen Zusammenhalt von Gegenwärtigem und gerade eben noch Gegenwärtigem*. Ein Nacheinander wird als Nacheinander erfahren, indem sich seine einzelnen Phasen ins Soeben und Soeben des Soeben entziehen. Die Erfahrung des sich Entfernens ist die Voraussetzung dafür, daß wir überhaupt von der Zeit als Form eines Nacheinanders unserer Vorstellungen sprechen können und uns einen Begriff von der Zeit bilden können. Sie ist damit die Bedingung auch noch für das Erinnern, das erst da einsetzen kann, wo trotz aller Retentionsbemühungen etwas endgültig aus dem Horizont der Gegenwart entglitten ist und darum aus dem Vergessen wiedergeholt werden muß.

---

[12] Vgl. NIETZSCHE KSA 1, 295 f.
[13] LANDGREBE 1967, 194 f.

Anknüpfend an die ursprüngliche Gegebenheit von Zeit im Zusammenhang der Retention entwickelt Landgrebe nun einen zweiten Argumentationsschritt, der ihn mit Heidegger über Husserl hinausführt und die entscheidende Einsicht in die Entstehung des Geschichtsbewußtseins bringt. Es läßt sich nämlich weiterfragen, ob nicht die Erfahrung des Zurücksinkens ins Soeben ihrerseits wieder auf bestimmten Voraussetzungen beruht. Tatsächlich, argumentiert Landgrebe, ist Bedingung dafür, etwas überhaupt als Entgleitendes erfahren zu können, das Behalten-Wollen.[14] Ein Interesse am Behalten dessen, was über das Soeben entgleitet, kann aber seinerseits nur da bestehen, wo das Entgleitende zu einem bestimmten Zweck noch benötigt wird, also im Zusammenhang eines Handelns. Nur da also, wo das menschliche Verhalten als ein Handeln von Absichten geleitet ist, nur da, wo der Mensch aus ist auf künftige Ziele, kann zu Bewußtsein gelangen, daß ein zur Verwirklichung dieser Absichten noch Benötigtes entgleitet. Oder auf die Zeit hin formuliert: Nur da, wo die Zeit an sich noch gebraucht würde als „Zeit für", kann zu Bewußtsein kommen, daß und wie sie entrinnt. Mit anderen Worten: Das nicht nur für die Zeiterfahrung, sondern auch für die Entstehung des Geschichtsbewußtseins so zentrale Entgleiten ins Soeben ist als ein solches erfahrbar nur für einen Menschen, der vorausgerichtet ist. Der Retention ist also ihrerseits die Protention als Bedingung ihrer Möglichkeit vorgeordnet, und diese hat ihren Ort im Handlungsbewußtsein.

„Retention und Protention stehen also nicht gleichgeordnet nebeneinander, wie es nach Husserls Analysen erscheinen mag; vielmehr das Streben zu behalten, im Hinblick auf das sich das Jetzt als zurücksinkendes, entgleitendes zeigt, hat seinen Grund in dem Hinausgerichtetsein auf das künftig zu Erwartende und zu Verwirklichende: Die Zeit zeitigt sich aus der Zukunft. (...) das Sein des Menschen ist ein Teleologisch-sein. Wenn nun Geschichte aus dem Handeln von Menschen hervorgeht, ist daher für die Erfahrung ihres Werdens *ein teleologisches Prinzip schon in der untersten Bedingung ihrer Möglichkeit angelegt.*"[15]

Scheinbar paradox spielt, wie sich jetzt gezeigt hat, die für das Handeln so charakteristische Zukunftsgerichtetheit, oder wie Jörn Rüsen sagt, der „Intentionalitätsüberschuß des menschlichen Handelns über seine Umstände und Bedingungen"[16] die entscheidende Rolle bei der Herausbildung des Zeit- und Geschichtsbewußtseins, von dem man doch angenommen hätte, daß es sich der unmittelbaren Erfahrung des Vergangenen verdankte. Nun gilt es zu zeigen, wie genau in diesem signifikanten Verhältnis des handelnden Menschen zur Zukunft

---

[14] Vgl.: „Es ist nämlich die Frage, worin der Grund der Möglichkeit des Bewußtseins des Jetzt als eines uns entgleitenden zu suchen ist. Das Beispiel der Rede kann einen Hinweis für die Antwort geben. Das Jetzt wird als ein entgleitendes erfahren, wo es darauf ankommt, das Entgleitende zu behalten, z.B. um in der Rede ans Ende zu kommen. Als entgleitendes wird etwas erfahren, weil sein Festhalten von Bedeutung ist für das, worauf hinaus unser Absehen gerichtet ist ... Die Zeit ist also als entgleitende erfahren, sofern sie die Zeit ist, die wir für ein Vorhaben brauchen ..." (LANDGREBE 1967, 196).

[15] LANDGREBE 1967, 196 f.

[16] RÜSEN 1983, 49.

Rüsen zufolge die Operationen des sowohl geschichtlichen als auch historischen Bewußtseins gründen.

2 Geschichtliches Bewußtsein: Erfahrene Zeit (Naturzeit) wird in sinnvolle Handlungsorientierung (humane Zeit) transformiert

Der Mensch ist als intentional handelnder immer über das hinaus, was gerade der Fall ist, und er muß dies sogar, wenn er in und mit dem, was der Fall ist, leben will. Er kann in der Welt, mit der Natur, mit anderen Menschen und mit sich selbst nur leben, wenn er sich und seine Welt nicht als pure Gegebenheit hinnimmt, sondern auf Absichten seines Handelns und Leidens hin interpretiert, in denen sie vorgestellt werden als etwas, was sie (noch) nicht sind, wohl aber eines Tages, kraft menschlichen Handelns, sein könnten. Durch diese Deutungsleistung denkt der Mensch seine Welt und sein Leben in ihr als in einer ausständigen, noch zu verwirklichenden Ordnung begriffen. Nur so kann er sich in ihr zurechtfinden. In der philosophischen Tradition wurde dieses Hinaussein des Menschen und seines Handelns über seine gegenwärtigen Umstände und Bedingungen generell „Geist" genannt. Kraft dieser Transzendenz ist, wie gesehen, dem Menschen zugleich ein Verhältnis zur Zeit und ihrer Dimensionalität gegeben. Indem nämlich der Mensch in seinen Handlungsentwürfen über sich und seine Welt deutend hinausgeht, kommt ihm zur Erfahrung, wie unterdessen seine Absichten und Ziele und die darin entworfene (humane) Sinn- und Zeitordnung konterkariert werden durch das unbeabsichtigte Anderswerden seiner Welt im Laufe der (natürlichen) Zeit. Wo sich die gemachten Erfahrungen den gehegten Absichten gegenüber als widerständig und insofern handlungshemmend erweisen, sind sie deutungsbedürftig. Der Mensch muß sich einen interpretatorischen Reim machen auf das, was ihm als unbeabsichtigte Veränderung seiner Welt und seiner selbst im Laufe der Zeit widerfährt, wenn er seine Handlungsfähigkeit bewahren will. Er muß die Veränderungen seiner Lebenswelt so deuten, daß sie sich wieder zu Handlungsabsichten integrieren lassen. Seine bisherigen Absichten erfahren dadurch gegebenenfalls eine Modifizierung. Die Handlungsraison wird umgestaltet. Nur das wechselseitige Bezogensein von gemachten Zeiterfahrungen und gehegten Handlungsabsichten, von real und fiktiv, von dinglich und intentional, von empirisch und normativ, von dem, was ist und dem, was sein soll, von dem, was widerfährt und dem, was beabsichtigt ist, gewährleistet die Chance, daß Absichten auch realisiert werden können.

„Der Mensch organisiert die für sein Handeln maßgebenden Absichten so, daß sie nicht durch den Lauf der Zeit ad absurdum geführt werden. Geschichtsbewußtsein ist die geistige Arbeit des Menschen daran, seine Handlungsabsichten zeiterfahrungskonform zu machen. Er leistet diese Arbeit in der Form einer Deutung von Zeiterfahrungen. Sie werden im Hinblick auf das gedeutet, was jeweils über die gegebenen Umstände und Verhältnisse des Lebens hinaus intendiert ist. Man kann die mentale Operation, in der Geschichtsbewußtsein sich konstituiert, auch als *Sinnbildung über Zeiterfahrung* beschreiben."[17]

---

[17] RÜSEN 1983, 50 f.

Der Mensch will das, was ihm erfahrungsmäßig gegeben ist, handelnd überbieten. Doch es kommt anders, als er denkt. Diese alltägliche und immer wiederkehrende Zeiterfahrung macht Deutungsanstrengungen nötig, die Rüsen als erste Form von Geschichtsbewußtsein auffaßt. Dieses elementare Geschichtsbewußtsein ist mit dem alltäglichen Vollzug menschlicher Praxis offenbar wie von selbst immer schon gegeben. Geschichtsbewußtsein ist so verstanden diejenige mentale Operation, mittels deren die Divergenz zwischen Handlungsabsichten und Zeiterfahrungen konstruktiv ausgetragen wird. Auf mögliche Handlungsabsichten hin anschlußfähig gemacht, rücken gemachte Zeiterfahrungen auf in den Rang derjenigen Kriterien, nach denen der Handelnde für gewöhnlich bemißt, welche Absichten und Zwecke er sich sinnvollerweise vornehmen kann und welche nicht. Über aktuellen Zeiterfahrungen Sinn zu bilden meint, ihnen zentrale Bedeutung für die Abschätzung von Handlungschancen zukommen zu lassen.

„Mit dem Terminus »Sinn« soll deutlich werden, um welche Dimension von Handlungsorientierung es beim Geschichtsbewußtsein geht; denn »Sinn« ist Inbegriff der Gesichtspunkte, die der Entscheidung über Zwecke zugrunde liegt."[18]

Das Geschichtsbewußtsein leistet demgemäß eine ganz spezifische Form von Handlungsorientierung. Es orientiert nicht in der Weise der Zuordnung von Mitteln zu Zwecken und Zwecken zu Mitteln, jedenfalls nicht primär. Geschichtsbewußtsein versucht vielmehr gemachte Zeiterfahrungen so zu Sinn zu verarbeiten, daß sie nicht erst bei der Frage nach der bestmöglichen Verwirklichung, sondern *schon im Vorfeld*, schon bei der Hegung von Absichten und Bestimmung von Zwecken zu Buche schlagen. Der Sinn, auf den das Geschichtsbewußtsein abzielt, ist also eine Kategorie vorrangig der *Zweckbestimmung* des Handelns, weniger der Mittelfindung angesichts schon anvisierter Handlungsziele. Das Geschichtsbewußtsein hat demnach seinen Entstehungsort, wie oben schon angeklungen, *im Kern des Handlungsbewußtseins*, da also, wo Handlungsentwürfe gebildet werden, und zwar vor dem Hintergrund und unter Berücksichtigung schon gemachter Erfahrungen. Das Geschichtsbewußtsein stellt hierbei sicher, daß Handlungsabsichten nicht allein nach normativen und wertorientierten Gesichtspunkten erfolgen, sondern auch unter Berücksichtigung dessen, was faktisch mit dem Menschen und seiner Welt schon der Fall (gewesen) ist. Durch seinen (erinnernden) Ausgriff auf das, was schon passiert (ist), werden mehr oder weniger aktuelle Zeiterfahrungen in einer Weise eingeholt, daß sie als Sinnbestimmungen die Ausrichtung von Erwartungen und Absichten orientieren, ohne daß dadurch der freie Handlungswillen schon vollständig auf die bereits gemachten Erfahrungen verpflichtet würde.

„Geschichtsbewußtsein arbeitet Erwartungen und Absichten an Erfahrungen ab und holt Erfahrungen in Erwartungen und Absichten ein, und damit richtet es den Vollzug der menschlichen Lebenspraxis an der Vorstellung einer zeitlichen Richtung dieser Praxis aus, die zugleich subjektiv und objektiv ist, also die Vorstellung eines realen Zeitverlaufs

---

[18] RÜSEN 1983, 51.

ebenso enthält wie die handlungsleitende Ausrichtung von Praxis an erwarteter und beabsichtigter Zukunft."[19]

Da nun, wie Rüsen bemerkt, nicht nur die gemachten Erfahrungen ein zeitliches Moment enthalten, sondern auch die gehegten Absichten – in ihnen ist der Mensch ja auch in zeitlicher Hinsicht hinaus über das, was er als Veränderung erfährt –, kann die das Geschichtsbewußtsein konstituierende Divergenz von Zeiterfahrung und Handlungsabsicht aufgefaßt werden auch als Divergenz zweier verschiedener Qualitäten von Zeit. Rüsen spricht diesbezüglich vom Gegenüber von *Zeit als Erfahrung* und *Zeit als Absicht*, von *Naturzeit* und *humaner Zeit*, von *äußerer* und *innerer Zeit*.[20]

Dabei sind mit Naturzeit diejenigen Zeitverläufe gemeint, die der Mensch im Anderswerden seiner und der Welt unmittelbar erfährt, ohne daß diese Veränderungen als solche primär beabsichtigt worden wären. Sie werden als Kontingenz erfahren, als ob sie sich – von außen – den Handlungsabsichten handlungshemmend entgegenstellten. Angesichts ihrer werden Absichten und Erwartungen, die den zeitlichen Verlauf des menschlichen Handelns betreffen, problematisch.[21] Demgegenüber kann die Zeit, die in den handlungsleitenden Absichten zunächst nur innerlich vorgestellt wird, dann aber auch handelnd verwirklicht werden soll, als humane Zeit bzw. Handlungszeit bezeichnet werden. Mit jeder Handlungsabsicht ist stets auch ein geordneter Zeitablauf vorgestellt, nach dem der handelnd herbeigeführte Wandel sich nach Möglichkeit vollziehen soll und der, weil beabsichtigt, im Gegensatz zur Naturzeit immer sinnbestimmt ist. Man kann darum sagen, daß der Mensch in und mit seinen Absichten Zeit als etwas entwirft, als was sie ihm in der Erfahrung nicht unbedingt schon gegeben ist, nämlich als einen Zeitverlauf, den der Mensch handelnd bestimmt und in dem und durch den er sich selbst zur Geltung bringt.[22]

Weil der Mensch die zeitliche Ordnung der Welt und mit ihr auch seines menschlichen Selbstverhältnisses nicht als selbstverständliche, konstante Größe voraussetzen kann, muß er der Naturzeit humane, geordnete Zeitverläufe abringen, die freilich dauernder Pflege bedürfen. Daß die sogenannte humane Zeit mehr ist als bloß eine Chimäre, die im Handlungsentwurf zwar innerlich vorgestellt wäre, äußerlich jedoch gegenüber der Naturzeit kaum zum Zuge käme, läßt sich durch einen Seitenblick auf die Kulturgeschichte, speziell

---

[19] RÜSEN 1994, 8.
[20] Vgl. RÜSEN 1983, 51 f. Ebenso: RÜSEN 1986, 100.
[21] Vgl.: „Ich möchte diese Zeit, die gleichsam quer zum Vollzug absichtsvoller Handlungen liegt, *Naturzeit* nennen und damit diejenige Qualität von Zeiterfahrung hervorheben, die die Betroffenen nicht auf sich beruhen lassen können, sondern auf die sie mit Sinnfragen reagieren müssen. (...) Diese Grunderfahrung von Naturzeit ..., manifestiert sich am deutlichsten in der Erfahrung des Todes ..." (RÜSEN 1990, 158 f.).
[22] Vgl.: „Hier kommt Zeit in der Form von Absichten ins Spiel, in denen der Wandel von Mensch und Welt nach Maßgabe frei gesetzter Zwecke gewollt und als freie Selbsthervorbringung der zwecksetzenden Subjekte vorgestellt wird. (...) Versteht man unter Humanität den Inbegriff solcher freien Zwecksetzung, solchen normativen Intentionalitätsüberschusses über vorgegebene Bedingungen und Umstände, dann handelt es sich hier um die *menschliche Fundamentalintention von humaner Zeit*. (Man könnte auch von Zeit als Geist reden, wenn man unter »Geist« die Transzendierungsfähigkeit des menschlichen Bewußtseins versteht.)" (RÜSEN 1990, 159 f.).

auf den Kalender, aufzeigen. Der Kalender demonstriert, in welcher Weise Zeit als Wandel der menschlichen Welt immer schon kulturell bewältigt und in humane Zeit transformiert worden ist. Sein Jahres- und Tagesrhythmus geht dabei noch ganz auf die Naturzeit zurück. Doch seine wirksamsten Ausdrucksformen, die Stunde und die Woche, sind nicht etwa an die Natur gebunden, sondern an kulturelle Vorgaben. Aufs Ganze gesehen ist der Kalender Ausdruck primär von Geschichte, also von humaner Zeit. Er ist an die religiösen Ursprünge der Menschheit gebunden (Fest), an technologische und wissenschaftliche Fortschritte (Zeitmessung), an die wirtschaftliche, soziale und kulturelle Entwicklung (Arbeitszeit und Mußezeit). Der Kalender zeugt von der permanenten Anstrengung, die zyklische Naturzeit in eine vornehmlich lineare Zeit der Geschichte, in humane Zeit, zu verwandeln.[23] Rüsen sieht darin die Bestätigung seiner These, daß sich menschliche Handlungspraxis ganz allgemein begreifen läßt als das Bemühen, (oftmals widersinnige) Zeiterfahrungen durch (sinnträchtige) Zeitabsichten zu überbieten.

3 Historisches Bewußtsein: Handlungsorientierung und Identitätsvergewisserung mittels narrativ erzeugter historischer Kontinuität

Der für das Geschichtsbewußtsein konstitutive Akt, Zeit*erfahrungen* im Hinblick auf Zeit*absichten* zu deuten, ist nun einsichtig geworden als geistige Transformation von Naturzeit in humane Zeit. Es geht in diesem Transformationsprozeß darum, daß Menschen sich nicht in der Veränderung der Welt und ihrer selbst verlieren, sondern sich in der „Behandlung" von erfahrenen Veränderungen der Welt und ihrer selbst geradezu erst gewinnen. Geschichtsbewußtsein ist gleichsam *Zeitgewinn* und insofern auch *Selbstgewinn*. Geschichtliche Erkenntnis ist gewonnene Zeit, Hinzugewinn humaner Zeit.[24] Dies wird um so deutlicher, wenn Rüsen nun zusätzlich zum geschichtlichen auch das – in Anlehnung an Jaspers' Unterscheidung – *historisch* genannte Bewußtsein in den Blick bringt und somit zwei aufeinander aufbauende „Aggregatzustände" des Zeitbewußtseins unterscheidet: das zum Leben und Handeln selbst unmittelbar gehörende „geschichtliche" und das nachträgliche „historische", das auch wissenschaftlich geformt sein kann. Während zum „geschichtlichen" Bewußtsein die Vergangenheitspräsentation durch die eigene Retention gehört, kommt das „historische" nicht ohne Erinnerung und Integration der Erinnerung anderer aus. In beiden wird humane „Zeit" „gewonnen", im zweiten natürlich viel mehr als im ersten – mehr als die eigene Lebenszeit hergibt.[25] Beide zusammen, geschichtliche sowie historische Bewußt-

---

[23] Vgl. LE GOFF 1992, 22.

[24] Vgl. RÜSEN 1983, 52.

[25] Vgl.: „So bedeutet z.B. Christ sein, sich in den Zeitkörper einer Religionsgemeinschaft hinein zu „begeben" (genauer: hineinzuwissen und hineinzufühlen), der – im Denkmuster der klassischen Heilsgeschichte – als corpus mysticum vom Anfang bis zum Ende der Welt reicht, zumindest aber von den Tagen des Jesus von Nazareth bis in die unvordenkliche Zukunft seiner Wiederkehr. Und so gehört es, um ein anderes Beispiel zu nennen, zu der üblichen historischen Vergewisserung und Artikulation nationaler Identität, den Ursprung des eigenen Volkes zeitlich möglichst weit zurück-

seinsleistungen, machen für Rüsen aus, was man für gewöhnlich undifferenziert „Geschichtsbewußtsein" nennt.

Was auch immer die Inhalte des *historischen* Bewußtseins im einzelnen sein mögen, in jedem Fall sind sie Produkt von *Erinnerungs*leistungen im Lichte von Erkenntnisinteressen, von Deutungs- und Orientierungsbedürfnissen.[26] Dies sei in drei Schritten expliziert:

3.1 Handlungsorientierung: Abgleichung von gehegter Erwartung mit gemachter Erfahrung

Wo im *historischen* Bewußtsein die Tiefe der Zeit präsent wird, geschieht dies in der Absicht – darin unterscheidet es sich in nichts vom geschichtlichen Bewußtsein –, sinnvolles Handeln in der Gegenwart zu ermöglichen. Auch die im Medium der Erinnerung vollzogene Einholung von Zeiterfahrungen hat darum grundsätzlich Gegenwartsbezug. Man will in Erfahrung bringen, welche konkreten Zukunftsmöglichkeiten in einer gegenwärtigen Situation beschlossen liegen. Es ist ein und derselbe Intentionalitätsüberschuß der menschlichen Handlungspraxis, von dem das sowohl geschichtliche als auch historische Bewußtsein zu seinen Orientierungsleistungen getrieben wird. Diese Grundstruktur bleibt selbst da erhalten, wo das vorwissenschaftliche Geschichtsbewußtsein zur Geschichtswissenschaft transformiert wird. Mit der historischen Erinnerungsleistung erbringt nämlich auch die Geschichtswissenschaft, wo sie sich nicht zu ihrem eigenen Schaden völlig von ihren lebensweltlichen Fundamenten abgeschnürt hat, eine gegenwartsbezogene Orientierungsleistung. Sie beteiligt sich, wenn sie sich mit der Vergangenheit befaßt, an den Vorgängen, in denen Zukunft als Handlungsperspektive, also als Möglichkeit entworfen wird.

> „Ohne Zukunft als Problem, als Herausforderung an das gegenwärtige menschliche Leben, gäbe es kein historisches Denken. (...) Ich behaupte, daß nur deshalb unverzichtbar und wichtig ist, sich mit der Vergangenheit zu beschäftigen, weil man Probleme mit der Zukunft hat."[27]

Von daher versteht sich auch, daß die Erinnerung nicht alles und jedes, das einmal gewesen ist, vergegenwärtigt, sondern in erster Linie das, was als von Bedeutung im gegenwärtigen Leben gilt, was der Sinnerfüllung dient, nach der das Leben strebt. Die Erinnerung macht sozusagen Sprünge, sie geht selektiv und interessegebunden vor (s.o. Kap. IV, Baumgartner, Abschn. 3.1 u. 3.2). Indem eine jeweils gegebene Situation, die aus Bedingungen geworden ist, welche im Gewesenen angelegt sind, daraufhin abgesucht wird, wie sie Möglichkeiten gegenwärtigen Handelns gibt oder versperrt, wird dasjenige Dagewesene

---

zuwissen: Die Weite und Zeitspanne zwischen Ursprung und Gegenwart entspricht der Tiefe und Intensität des eigenen nationalen Selbstwertgefühls." (RÜSEN 1994, 12 f.).

[26] Vgl. RÜSEN 1982, 296.

[27] RÜSEN 1982, 293. Vgl.: „Wie immer das Geschichtsbewußtsein in die Vergangenheit hineingeht, wie weit sich auch seine Zeitdimension in die Tiefe der Vergangenheit erstreckt und wie immer es scheinen könnte, als verlöre man im Gang durch die Archive der Erinnerung die Probleme der Gegenwart aus den Augen, – der Anstoß zu diesem Rückgang ... erfolgt immer von Zeiterfahrungen der Gegenwart her." (RÜSEN 1983, 54).

hinzuerinnert, von dem her sich die Möglichkeiten des aktuell Daseienden erschließen. Geschichte ist demnach genau diejenige Vergangenheit, auf die Menschen zurückblicken müssen, um mit ihrem Handeln vorwärtszukommen und sich Zukunft zu erobern. Als Inhalt des Geschichtsbewußtseins ist Geschichte keine „objektive" (im Sinne einer allein wirklichkeitsgetreuen) Abbildung der Vergangenheit, sondern stets eine „Konstruktionsleistung", d.h. Ergebnis einer „Reorganisation" vergangenen Geschehens unter bestimmten bedeutungsverleihenden Gesichtspunkten der Gegenwart.[28]

Indem nun aber historisches Denken die erwartete und beabsichtigte Zukunft über die Gegenwart an die Vergangenheit zurückbindet, funktioniert es – und das ist eine seiner nicht zu unterschätzenden handlungsorientierenden Nebenwirkungen – *utopiekritisch*. Es stellt sich jedem Überschwang an Zukunftshoffnungen entgegen. Es verweist die in die Absichten des menschlichen Handelns eingehenden *Erwartungen besserer Zustände* strikt zurück an diejenigen Erfahrungen vom Menschen und seiner Welt, die in der Erinnerung aufbewahrt sind, m.a.W. es weist menschliches Handeln in seine Grenzen ein. Zukünftige Handlungschancen werden danach beurteilt, ob sie und wie sie sich mit der geschichtlichen Erfahrung – mit dem Gelingen und Scheitern früherer Zukunftsprojekte – vereinbaren lassen. Hochtrabende Erwartungen werden auf diese Weise gedämpft und desillusioniert. Wenn man unter utopischem Denken ein solches Denken versteht, das um der Kraft der Hoffnung auf eine ganz andere, bessere Zukunft willen limitierende Erfahrung überspringt und außer Kraft setzt, dann darf historisches Denken als generell ernüchternd gelten. Es weist jeden Versuch einer Handlungsorientierung durch Hinzuziehung *erfahrungsüberhobener* Möglichkeiten menschlicher Weltgestaltung in die Schranken schon gemachter Erfahrungen ein. Damit ist offenbar ein Grundzug des Geschichtsdenkens selbst getroffen, mehr als nur ein Spezifikum des Historismus des 19. Jahrhunderts, welcher in konservativer Attitüde die spätbürgerlichen Gesellschaftsverhältnisse einem unbändigen sozialpolitischen Neuerungswillen gegenüber zur Geltung zu bringen bestrebt war.

Historisches Denken trägt einen Sinn für das Realistische in den Handlungsentwurf ein. Es zeigt auf, daß die Möglichkeiten der Zukunft begrenzt sind durch die in der gegenwärtigen Handlungssituation liegenden Handlungschancen. Dies heißt natürlich nicht, daß die Zukunft durch die historische Erinnerung ihre Offenheit verlöre und vollständig absehbar würde, sondern nur, daß der Blick in ihre Offenheit durch die Erinnerung eine Richtung erhält, die handlungsleitend sein kann.[29] Zukunftsausblicke werden durch historische Erfahrungen abgesichert. Geschichten geben die Probe der Vergangenheit auf die Exempel der möglichen Zukunft.[30]

Doch der Erfahrungsdruck, den die historische Erkenntnis auf die Zukunftsperspektivierung der Gegenwart ausübt, ist nur die halbe Wahrheit. Es vollzieht sich auch ein umgekehrter Vorgang, ein Einwirken der Zukunft auf die Vergangenheit, wobei „Zukunft" von Rüsen hier als ein offener, noch nicht durch Erfahrung zugänglicher, aber durch Normen

---

[28] Vgl. JAEGER 1998, 737 u. LANDGREBE 1967, 198.
[29] Vgl. RÜSEN 1982, 293.
[30] Vgl. RÜSEN 1990, 84.

und Werte gedeuteter Handlungs- und Erwartungsspielraum verstanden wird. Indem diese Zukunft in die erinnerte Vergangenheit eingetragen wird, wird auch deren einstmaliger Zukunftshorizont wieder zugänglich, betont Rüsen. Die Vergangenheit wird vergegenwärtigt als etwas, was – damals und vielleicht nicht nur damals – auf Zukunft hin offen war. So erscheint sie nicht länger als etwas Punktuelles, in sich Abgeschlossenes, rein der Vergangenheit Zugehöriges und von der Gegenwart und Zukunft schlechthin Abgeschnittenes.[31] Folgende Erkenntnisse können sich dabei für den gegenwärtig Handelnden ergeben. Es kann sich zeigen, daß die Zukunft von damals inzwischen zur *gewußten* Zukunft geworden ist. Man weiß über ihr Eintreten Bescheid, sie liegt als Erfahrung vor und ist als solche abrufbar. Es könnte aber auch sein, daß die Zukunftserwartung des damals Handelnden nicht eingetreten ist. Dann wird der gegenwärtig Handelnde herauszubringen versuchen, ob die vergangene Handlungsorientierung falsch war oder ob Unvorhersehbares dazwischengetreten ist. Nun könnte sich aber auch zeigen, daß es sich bei der damaligen Zukunft nicht um eine inzwischen vergangene Zukunft, sondern um eine *noch immer offene* Zukunft handelt, über die der jetzt Handelnde nichts weiß, weil es auch noch die Zukunft *seiner eigenen* Handlungsorientierung ist. Gerade in diesem Fall, so steht zu vermuten, wo es Elemente einer gemeinsamen Zukunft von erinnerter Vergangenheit und gegenwärtiger Handlungssituation gibt, ist das Interesse an der Vergangenheit am größten. Hier vor allem lohnt sich das Einholen der Vergangenheit als Erzählung, weil sie eine noch immer unabgegoltene Zukunft aufbewahrt, die als Zukunft auch noch der gegenwärtigen Handlungsorientierung von Bedeutung ist. Die gemeinsame Zukunft des Geschichtenerzählens und seiner Inhalte ist also vorrangiger Beweggrund, das Erzählen der Vergangenheit als Geschichte fortzusetzen. Freilich kann dabei der gemeinsame Zukunftshorizont von Vergangenheit und Gegenwart nicht im Modus des Wissens thematisch werden, wie die spekulative Geschichtsphilosophie meinte, sondern lediglich in der Weise der Erwartung. Doch immerhin sind Handlungsorientierungen ohne Erwartungen undenkbar.[32] Wenn also gesagt werden kann, daß die Erfahrungen der Vergangenheit in gewisser Hinsicht die Zukunftserwartungen limitieren, so ist auch das Umgekehrte der Fall: Die Zukunftserwartungen und der Möglichkeitshorizont gewesener Gegenwart können den Spielraum gegenwärtiger Zukunftsorientierung öffnen, weiten und ihm eine Richtung aufzeigen.

Mit der Erinnerung an die Vergangenheit werden, wie gesehen, immer auch Gegenwart und Zukunft als Dimensionen der aktuellen Lebenspraxis thematisch. Historisches Bewußtsein meint also gerade nicht, sich in die Vergangenheit zu versenken, sondern in der Gegenwart zu leben, dies freilich mit einer erhöhten Sensibilität für die Verankerung gegenwärtiger Lebensbezüge in der Tiefe der Zeit. Geschichtsbewußtsein, so ließe sich sagen, „ist immer Gegenwartsbewußtsein in historischer Perspektive"[33].

---

[31] Vgl. RÜSEN 1982, 295 f.
[32] Vgl. RÖTTGERS 1993, 234. Wo Röttgers von „Handlungszeit" spricht, bevorzugt Jörn Rüsen den Ausdruck „humane Zeit".
[33] FABER 1981, Bd. 2, 425 f. (Diskussionsvotum); vgl. RÜSEN 1994, 6.

3.2 Historische Kontinuität durch Erzählen

Indirekt ist damit neben der Handlungsorientierung schon eine zweite Wirkung historischen Denkens angesprochen, nämlich der üblicherweise *historische Kontinuität* genannte Zusammenhang, in welchen Vergangenheit, Gegenwart und Zukunft durch historisches Denken gesetzt werden. Das historische Bewußtsein paßt nämlich nicht einfach nur handlungsleitende Absichten und Erwartungen gegebenen Handlungsumständen an – dazu bedürfte es keines Rekurses in die Vergangenheit. Historisches Denken *bearbeitet* und *transformiert* vielmehr diese Umstände und Vorgaben geistig so, daß sie sich zu einer Vorstellung zeitlicher Erstreckung des menschlichen Lebens fügen, in der die Erfahrung vergangener Veränderungen des Menschen und seiner Welt den Absichten und Erwartungen zukünftiger Veränderungen entspricht. Das Entsprechungsverhältnis besteht also in der Vorstellung einer *zeitlichen Kontinuität in der Veränderung von Handlungssituationen*, sprich: in der Veränderung der menschlichen Lebenswelt. Nur mit der Vorstellung eines solchen Zusammenhangs aufeinanderfolgender Veränderungen können Menschen ihr Leben, ihre „Geschäfte", in der Zeit orientieren, meint Rüsen.

Historisches Denken bringt also die empirischen Handlungsbedingungen in die Bewegung einer *Verlaufsvorstellung*, die in die Vergangenheit zurückreicht und in die Zukunft vorgreift. Durch historisches Denken stellt sich der Mensch in einen Kontinuitätsduktus der Zeit, oder er stellt diesen Duktus, wo er ihn nicht schon vorfindet, selber her, indem er eine Geschichte erzählt. Das Erzählen einer Geschichte kann geradezu als die Basisoperation des historischen Denkens angesetzt werden, meint Rüsen im Unisono mit der narrativistischen Geschichtstheorie. Es repräsentiert denjenigen kulturellen Vorgang, in dem sich – im Medium des Rückblicks – die Vergangenheit zu einem für die Gegenwart lebenspraktisch relevanten Faktor zeitlicher Orientierung transformiert.

„Die reine Form, in der Geschichtsbewußtsein sich ausspricht und damit empirisch darstellt, ist diejenige einer Geschichte mit den klassischen Merkmalen Anfang, Mitte und Ende: Etwas veränderte sich so, daß das, was mit ihm in einer bestimmten Zeitspanne geschehen ist, erklärt, warum es am Ende dieser Spanne anders geworden ist, als es am Anfang war."[34]

Das Erzählen stellt eine derart allgemeine und elementare lebensweltliche Grundfunktion dar, daß es als Bestimmungsgrund auch in jeder Form des *historisch-wissenschaftlichen* Erzählens nachgewiesen werden kann, meint der Narrativismus. Das Erzählen einer Geschichte ist somit die lebensweltliche Grundlage *aller* historischen Erkenntnis.[35] Es ist sozusagen eine Sprachhandlung von anthropologischer Universalität. Dazu muß es freilich so

---

[34] RÜSEN 1994, 10. Indem Geschichtsbewußtsein sich in der Form einer Geschichte ausspricht, realisiert es zugleich schon die spezifisch historische Form des Erklärens, die sog. „narrative Erklärung". Sie erklärt den Unterschied zwischen einem Anfangs- und einem Endzustand, indem sie den Ablauf erzählt, der aus dem Anfangs- den Endzustand hat hervorgehen lassen (vgl. RÜSEN 1986, 22-46).

[35] Vgl. RÜSEN 1983, 52.

weit gefaßt werden, daß es kulturinvariant, also als Anthropologicum plausibel bleibt.[36] Droysens bekannte Frage, wie aus Geschäften Geschichte wird, hat hier demnach folgende Antwort gefunden: im Prozeß des Erzählens. Im Erzählen konstituiert sich die „Geschichte" genannte Qualität des Vergangenen; und jede Geschichte wird erzählt im Hinblick auf Kontinuität, auch und gerade da, wo die Geschichte offenbar nur Vergangenes erzählt.

„Geschichte als Inhalt von Geschichtsbewußtsein ist ein Zusammenhang von Gegenwart und Zukunft, der an und mit der erinnerten Vergangenheit erscheint. Geschichtsbewußtsein ist diesem Zusammenhang verpflichtet. Es ist der Balanceakt des Menschen auf dem Drahtseil der Zeit, das zwischen dem „Nicht mehr" und dem „Noch nicht" ausgespannt ist und auf dem sich konkretes und reales menschliches Leben vollzieht."[37]

3.3 Identitätsvergewisserung

Historisches Erzählen rekurriert – im Gegensatz zu fiktionalem – auf Erinnerung. Es stellt die erinnernd vergegenwärtigten Veränderungen der Vergangenheit als kontinuierliche Verläufe dar, an die die Zeiterfahrung der Gegenwart so angeschlossen werden kann, daß sich zugleich eine Zukunftsperspektive ergibt. Nun werden Kontinuitätsvorstellungen dieser Art nicht allein zur Handlungsorientierung gebildet. Im Blick steht immer auch die Identität derjenigen, die die Sinnbildungsleistung des historischen Erzählens vollbringen: Erzählen will zur Identitätsbildung beitragen. Es ist sogar ein ganz entscheidender Faktor bei der *Konstitution* von Subjektivität und Identität: Denn menschliche Identität ist nie fertig da, sondern baut sich im Laufe des geschichtlichen Geschehens erst schrittweise auf. Menschen sind dabei auf das Erzählen von Geschichten verwiesen, wenn sie sich ihrer Identität und Individualität vergewissern wollen. In Geschichten sagen Menschen (Individuen, Gruppen, Gesellschaften und ganze Kulturen) aus, wer sie selbst in den handelnd betriebenen und leidend erfahrenen Veränderungen ihrer Welt sind und bleiben wollen und wer die andern sind, mit denen sie zu tun haben. „Die Geschichte steht für den Mann"[38], auf diese einfache Formel hat der Phänomenologe Wilhelm Schapp den Zusammenhang von Identität, Individualität und Geschichte gebracht.

Geschichten sind demzufolge unentbehrlich für die Bildung menschlicher Identität, sie sind notwendige Medien menschlicher Identitätsvergewisserung.[39] Rüsen geht auf die aktuellen psychologischen, soziologischen oder philosophischen Theorien der Identität gar nicht ein. Es genügt, an den wohlgeregelten gemeinsprachlichen Gebrauch des Wortes „Identität" zu erinnern, wie er aus praktischen Zusammenhängen vertraut ist. Identität ist zunächst ein-

---

[36] Im Hintergrund von Rüsens Geschichtstheorie zeichnet sich deutlich eine historische Anthropologie ab, oder, wie Ankersmit präzisiert, eine „*trans*historical anthropology", insofern Rüsen davon ausgeht, daß seine historischen Konzepte applizierbar sind auf *alle* historischen Epochen (ANKERSMIT 1988, 91). Die Bedeutung „historischer Universalien" wird thematisiert in RÜSEN 1983, 121-124.
[37] RÜSEN 1990, 7.
[38] SCHAPP 1985, 103.
[39] Vgl. RÜSEN 1982, 297 f.

fach das, was als zutreffende Antwort auf die Frage erteilt wird, wer wir sind.[40] Mit Identität ist demzufolge das *Selbstverhältnis* gemeint, das Verhältnis also, in dem und als das sich ein Mensch oder eine Menschengruppe – wiedererkennbar – selber hat. Schon in seiner ursprünglichen, vortheoretischen Erscheinungsform ist dieses Selbstverhältnis kein unmittelbares Zusammenfallen mit sich, wie Descartes meinte, sondern es vollzieht sich als Prozeß, als Akt der Selbsterfahrung. Damit ist ein Moment der Zeitlichkeit je schon gegeben. Dies hat besonders die Phänomenologie herausgearbeitet. Sie hat damit das cartesianische Konzept der Selbstgewißheit, nach welchem das Ich sich im Akt der Reflexion unmittelbar hat, zurechtgerückt. Selbstgewißheit ist kein unmittelbarer Zugriff auf so etwas wie ein Selbst, sondern Ergebnis einer Dynamik, Resultat einer Selbstvergewisserung, die das Ich im Spiegel seines Ausdrucks, oder besser: seines In-der-Welt-Seins zu erfassen sucht. Nur auf einem geschichtlichen Erfahrungsweg gewinnt das Subjekt ein reales Selbstgefühl, ein Bewußtsein eigener Identität; und durch das immer neue Rekapitulieren eines solchen Erfahrungsweges im Erzählen einer Geschichte kann die Identität immer wieder neu vergegenwärtigt, zugeschrieben, übernommen und durch zwischenzeitlich eingetretene Veränderungen modifiziert fortgeschrieben werden.[41]

Unter Identität versteht man also die Fähigkeit des Menschen, zu einem in sich stimmigen und handlungsermöglichenden Deutungsmuster des eigenen Daseins zu gelangen und es – bei gewandelten Bedingungen – neu zu erringen. In dem Maße, in dem dieses daseinsorientierende Denkmuster zeitbezogen ist, also eine diachrone Dimension hat, kann man auch von *historischer Identität* sprechen.[42] Eine so konzipierte Identität ist natürlich niemals weltlos, sondern stets in den sozialen Lebenszusammenhang mit anderen Menschen eingebunden. Sie ist dem sozialen Prozeß wechselseitiger Interpretation miteinander interagierender und um Anerkennung ringender Subjekte anheimgegeben. Wer man ist, hängt immer auch davon ab, was andere einen sein lassen und was man im Verhältnis zu anderen selber sein will. Wo mittels historischen Denkens die je eigene Geschichte identitätsbildend eingeholt wird, ist darum immer auch ein Interesse an gemeinsamer Welt und Zeit, an Intersubjektivität und Intertemporalität mit im Spiel.[43]

Identität, die im Umgang mit Geschichte und Geschichten erlangt wird, setzt sich nicht über die Erfahrung der Veränderlichkeit hinweg, sondern braucht sie, um sich selbst auszuprägen, zu inhaltlicher Fülle und Reife und vor allem zu Stabilität zu gelangen. „Veränderung" und „Zeitdifferenz" sind also durchaus als *Kategorien der Kontinuität* anzusehen, was natürlich nicht ausschließt, daß man aus erfahrenen Veränderungen oft genug auch als anderer hervorgeht. Natürlich ist hier Identität nicht mehr als *bleibende Substanz*, sondern als eine *Verlaufsgestalt* begriffen, die sich im Akt des Erzählens von Geschichten – von Selbst-Geschichten – konstituiert und reproduziert.[44] Dieses Konzept einer narrativen, hi-

---

[40] Vgl. RÜSEN 1994, 12.
[41] Vgl. ANGEHRN 1985, 36 f.
[42] Vgl. RÜSEN 1994, 30.
[43] Vgl. RÜSEN 1994, 29.
[44] Das Konzept einer narrativen Identität, die sich im Akt des Erzählens von Selbst-Geschichten

storischen Identität ermöglicht es, am Identitätsbegriff festzuhalten, „ohne aus der modernen Erfahrung gesteigerter Kontingenz-, Differenz-, Alteritäts- und Ambiguitätserfahrungen gleich den Schluß ziehen zu müssen, die Form oder Struktur aller Subjekte müßte nun schleunigst als verabsolutiertes Nicht-Identisches gedacht werden."[45]

4 Geschichtswissenschaft – methodisch geregelte Aufarbeitung und Kritik lebensweltlich schon gegebener historischer Orientierungsmuster

Menschen, so wurde deutlich, müssen historisch denken, um sich im Wandel ihrer Zeit zu orientieren, sie müssen dies aber nicht unbedingt *wissenschaftlich* tun bzw. haben es bereits getan, bevor es Geschichtswissenschaft gab. Deshalb wandte sich Rüsen nicht zunächst der Wissenschaft zu, sondern den allgemein lebensweltlichen Formen des historischen Denkens.[46] Wo nun das historische Bewußtsein zum wissenschaftlichen gesteigert wird, geschieht für Rüsen nichts prinzipiell Neues. Es wird auch hier „Sinnbildung über Zeiterfahrung" bezweckt. Die Geschichtswissenschaft sieht Rüsen in derselben Bedürfnis- und Handlungsstruktur des Menschen verankert, welche auf geschichtliche Orientierung angewiesen ist, wenn der Intentionalitätsüberschuß menschlicher Praxis im Wandel der Zeit erfolgversprechend und identitätsbildend investiert werden soll. Sehr wohl aber unterscheidet sich der wissenschaftliche Umgang mit Geschichte durch seine *konzeptionelle und methodisch reflektierte Vorgehensweise*. Die narrative Abgleichung von Zeiterfahrungen und Zeitabsichten erfolgt hier nämlich nach methodisch so geregelten Denkoperationen, daß dabei Erkenntnisse mit *gesicherten* Geltungsansprüchen erzielt werden. „Wissenschaftliches historisches Denken unterscheidet sich von anderen Formen des historischen Denkens nicht dadurch, *daß* es allein Wahrheit für sich beanspruchen kann, sondern dadurch, *wie* es

---

konstituiert, wird entfaltet vor allem von RICŒUR 1990. Die Person ist nach Ricœur keine Totalität, sondern *ein Ganzes* im Sinne einer offenen Struktureinheit, die sich mit sich selbst identifizieren kann, obwohl sie – diachron wie synchron – ständig anders ist und sich permanent verändert. Diese ipse-Identität oder Ipseität (selfhood) unterscheidet Ricœur von der idem-Identität (mêmeté, sameness), die von der Annahme eines unveränderlichen, bleibenden Kerns ausgeht. Für die (substantialistische) Idem-Identität stellt die Zeit stets eine Bedrohung dar: Sie unterwandert und unterbricht die für den Erhalt der Identität notwendige Permanenz des Persönlichkeitskerns (RICŒUR 1990, 142). Die Ipseität kommt jedoch ohne ein solches Substrat aus, das gegen die Zeit behauptet werden müßte. Ipseität ist sogar in sich temporal strukturiert: Sie beruht auf einer Zeitdifferenz, sie braucht die Zeit bzw. Geschichte (als Geschehen sowie als Erzählung), um sich bilden zu können, dadurch nämlich, daß sich ein Selbst – in narrativer Präsentation – als ein anders Gewordenes wiedererkennt. Zeit, zeitlicher Wandel bzw. Geschichte kommen hier demnach nicht als Bedrohung in den Blick, sondern als Bedingungen für (narrative) Identität. Sie veranlassen, daß die in narrativen Konfigurationen vergegenwärtigte Identität immer neu und unter Einbezug erfolgter Veränderungen refiguriert und rektifiziert wird und ihre Offenheit für zukünftige Fortschreibungen bewahrt.

[45] STRAUB 1997, 187.
[46] Die lebensweltliche Fundierung des historischen Denkens wird in jüngerer Zeit thematisiert unter dem Titel „*historische Sinnbildung*" und „*kulturelles Gedächtnis*" (vgl. bspw. ASSMANN 1992 und LE GOFF 1992).

für sich Wahrheit beansprucht, nämlich durch seine methodische Regelung."[47] Zur Wissenschaft gehört stets Methode.

Doch noch in einem zweiten Punkt unterscheidet sich die wissenschaftliche Geschichtsschreibung vom historischen Denken des Alltags: Gleich diesem erwächst auch sie aus den lebensweltlichen Orientierungsbedürfnissen, doch geht sie nicht darin auf, diese Bedürfnisse und Erwartungen zu befriedigen. Sie produziert vielmehr einen *Erkenntnisüberschuß*, der über das zur Erfüllung der Orientierungsbedürfnisse handelnder Subjekte Nötige zum Teil weit hinausgehen kann. Gerade dadurch, daß die wissenschaftliche Geschichtsschreibung den Orientierungs- und Identitätsbedarf von Handlungssubjekten (übrigens auch in Richtung auf *gesicherte Objektivität* hin) transzendiert, gewinnt sie die Fähigkeit, die Partikularität lebensweltlicher, d.h. traditionell geltender Handlungsorientierungen und Identitätsmuster zu *kritisieren*. Wissenschaftliche Geschichtsschreibung ist sozusagen *a priori* „kritisierte Tradition". Als forschungsorientierte Geschichtsschreibung beschränkt sie sich nicht darauf, das historische Bewußtsein ihrer Zeitgenossen affirmativ zu reproduzieren, sie beabsichtigt, es zu erweitern und, wenn nötig, zu verändern.

„Diese Veränderungskapazität wird in ihrem Theorieüberschuß manifest. Mit ihm bringt sich der Geschichtsschreiber gegenüber seinem Adressaten zumindest in ein didaktisches »Gefälle«. Die Rezeption seiner Geschichtsschreibung erfolgt zwar im Rahmen des common sense, an dem er und seine Adressaten gleichermaßen partizipieren; durch die Rezeption soll aber zugleich dieser common sense verändert werden, – hinsichtlich seines Gehaltes an historischem Bewußtsein vernünftiger werden, als er es ohne diese Geschichtsschreibung wäre."[48]

4.1 Die spezifische Wissenschaftlichkeit der Historie: durchgängig begründendes Erzählen

„Sinnbildung über Zeiterfahrung", so nennt Rüsen den lebensweltlichen Grund aller Geschichte. Dieser im Medium der Narration erfolgende Vorgang gehört deshalb auch zur „disziplinären Matrix"[49] der Historie. Welche Modifizierungen erfährt er, wenn er ausdrücklich wissenschaftlich vollzogen wird? Oder anders gefragt: Wie lassen sich die Mo-

---

[47] RÜSEN 1983, 87 f.

[48] RÜSEN 1990, 120. Rüsen erweist sich hier als Vertreter der sog. „Bielefelder Schule". Er vertritt eine anti-historische Position in dem Sinne, daß er der Geschichte auch als Wissenschaft abverlangt, zur Erfüllung aktueller Orientierungsbedürfnisse beizutragen. Geschichtswissenschaft ist nach seinem Verständnis eine Form *historischer* Sozialwissenschaft. „Indeed, ... we can see him [Rüsen (r.h.)] as trying, in his advocacy of the paradigm of historical social science, to restore the specifically *critical* dimension that was important in the Enlightenment paradigm, but that was muted and then silenced in the historicist paradigm. In line with this critical spirit, Rüsen has devoted a great deal of attention to the project of historical didactics, aimed at improving citizens historical consciousness." (MEGILL 1994, 52) Zur Bielefelder Schule vgl. IGGERS 1978, darin besonders 97-156: 3. Kapitel „Vom Historismus zur »Historischen Sozialwissenschaft«. Die bundesdeutsche Geschichtsschreibung seit der Fischer-Kontroverse" und IGGERS 1993, 58 f.

[49] Vgl. JAEGER/RÜSEN 1992, 41-53. Ferner: RÜSEN 1983, 29 f. Rüsen übernimmt mit einigen Abwandlungen einen Ausdruck von KUHN 1970, „Postscript – 1969", 182-187.

mente dieses lebensweltlichen Vorgangs methodisch so operationalisieren, daß sie dem Anspruch auf Wissenschaftlichkeit genügen?

Wenn Wissenschaftlichkeit darin besteht – so argumentiert Rüsen –, daß Zweifel an Geltungsansprüchen von Aussagen nicht bloß von Fall zu Fall, sondern durchgängig, von Anfang bis Ende der jeweils ausgearbeiteten Aussagenzusammenhänge durch systematische Begründungen ausgeräumt werden, dann wird sich die spezifische Wissenschaftlichkeit der Historie wohl dadurch auszeichnen müssen, daß sie nicht nur erzählt, wie es gewesen ist, sondern zusätzlich auch Begründungen für die Geltungsansprüche des Erzählten liefert, sie sogar zum integralen Bestandteil der Erzählung selber werden läßt.[50] Lebensweltliche und wissenschaftliche Geschichten unterscheiden sich also nicht darin, *daß* sie erzählen und für das Erzählte Wahrheit beanspruchen, sondern in der Art und Weise, wie vollständig sie im Erzählen die erhobenen Wahrheitsansprüche einlösen. Von einer wissenschaftlichen Geschichte kann erwartet werden, daß sie im Erzählen nicht nur gelegentlich – wie die Alltagsgeschichte bei aufkommendem Zweifel –, sondern lückenlos begründend verfährt.

„Die Konstitution von Geschichte als Wissenschaft ist ein Vorgang, in dem das historische Denken der Regel unterworfen wird, Geschichten so zu produzieren und zu rezipieren, daß sie durch ihre Begründungen in ihren Wahrheitsansprüchen überprüfbar und gesichert werden."[51]

Um zu explizieren, wie sich *en detail* für die Historie als Wissenschaft die Verpflichtung zu durchgängiger Begründung ihrer Aussagen methodisch einlösen läßt, nimmt Rüsen den Vorgang der narrativen Sinnbildung über Zeiterfahrung nachträglich analytisch in seine drei Prozeßmomente auseinander. Diese drei, im lebensweltlichen Geschichtsbewußtsein ungetrennt vorliegenden Momente, so Rüsen weiter, erfolgen bei der wissenschaftlichen Konstitution von Geschichte schon seit langem durch drei jeweils *eigenständige, methodisch geregelte Operationen*, was freilich in der Vergangenheit auch dazu geführt hat, daß sich diese Operationen verselbständigten und gegeneinander abriegelten, so daß es gar nicht mehr zu Geschichtsschreibung im eigentlichen Sinne kam.

4.2 Wissenschaftliche Absicherung des Erfahrungs-, Bedeutungs- und Sinngehalts von Geschichten

In jeder Geschichte, so hieß es, geht es um gemachte *Zeiterfahrungen*, die mit aktuellen Handlungs- bzw. *Zeitabsichten* zu einem *Sinnzusammenhang*, nämlich zu einer Geschichte vermittelt werden. Jede Geschichte sagt folglich etwas aus *erstens* über Erfahrungen, *zweitens* über deren Beziehung zu (bzw. Bedeutung für) Handlungsabsichten oder – weil in Handlungsentwürfen Normen und Werte eine entscheidende Rolle spielen – zu geltenden Normen und beansprucht *drittens*, Erfahrungen und Normen so aufeinander zu beziehen, daß daraus die Einheit eines zeitlich erstreckten Sinnzusammenhangs, kurzum eine sinnvolle Geschichte resultiert, die in die Erschlossenheit des Menschen und seiner Welt ein- und

---

[50] Vgl. RÜSEN 1983, 89.
[51] RÜSEN 1990, 93.

darin aufgehen kann. Jede Geschichte, ob wissenschaftlich oder nicht, beansprucht also auf drei Ebenen Plausibilität und zwar auf jeder Ebene in einer ganz speziellen Weise.

„*Erfahrungsgehalt* von Geschichten heißt, daß das, was in den Geschichten darüber gesagt wird, was in der Vergangenheit sich ereignet hat, auch tatsächlich der Fall war. Prüfungsinstanz für diesen Wahrheitsanspruch ist die Erfahrung. *Bedeutungsgehalt* von Geschichten meint, daß das, was sie von der Vergangenheit an tatsächlich Geschehenem vergegenwärtigen, für die Gegenwart wichtig ist. Denn nicht alles, was einmal der Fall war, kann und muß erinnert werden. (Jede Erinnerungsleistung ist zugleich auch eine Leistung des Vergessens). Der *Sinngehalt* von Geschichten meint den inneren Zusammenhang von Erfahrung und Bedeutung, der im Prozeß des Erzählens realisiert wird."[52]

Die explizierten drei Wahrheitsaspekte können nun umgekehrt auch als Kriterien zur Wahrheitsprüfung von Geschichten herangezogen werden, so Rüsen weiter: Inwiefern darf eine konkret vorliegende Geschichte Geltung beanspruchen im Hinblick auf ihren Erfahrungs- bzw. Tatsachengehalt (*empirische Triftigkeit*), im Hinblick auf ihren normativen Gehalt (*normative Triftigkeit*) und im Hinblick darauf, wie sie ihren Erfahrungsgehalt und normativen Gehalt in die Einheit einer Erzählung bringt (*narrative Triftigkeit*)? Weist eine Geschichte in einem dieser Aspekte eklatante Defizite auf, so wird sie von ihren Hörern spontan als wahrheitswidrig empfunden. Umgekehrt wird jeder, der im Alltag eine wahre Geschichte zu erzählen beabsichtigt, seine Erzählung immer schon – unthematisch – so ansetzen, daß sie diese drei Kriterien erfüllt. Wenn ein Erzähler absehen kann, daß die Glaubwürdigkeit seiner Geschichte an einzelnen Punkten von seinen Hörern in Zweifel gezogen werden wird, wird er den entsprechenden Stellen von vornherein Begründungen beigeben oder diese gegebenenfalls nachreichen. Einem wissenschaftlichen Anspruch kann dies freilich noch nicht genügen. Dazu bedürfte es einer durchgängigen Begründung auf allen drei Wahrheitsebenen. Dementsprechend müßte nun, insofern hier ja die spezifische Wissenschaftlichkeit der Geschichte dargelegt sein soll, für jede dieser drei Konstitutionsmomente einer Geschichte diejenige methodische Regelung expliziert werden, mittels deren sich der Geltungsanspruch des jeweils auf dieser Ebene inhaltlich Ausgesagten begründen und damit allgemeingültig einlösen läßt. Sind kraft dieser drei methodischen Regelungen alle drei Wahrheitsansprüche abgesichert, kann von einer durchgängigen Begründung und damit von einer wissenschaftlich konstituierten Geschichte gesprochen werden, meint Rüsen. Es ist hier nicht der Ort, die Methodisierung der drei Konstitutionsmomente von Geschichte detailliert darzulegen. Lediglich die Richtung soll angezeigt werden, in die hinein sie erfolgen kann.

4.2.1 Überprüfung des Erfahrungsgehalts durch historische Forschung

Historische Geschichten gehen davon aus, daß das von ihnen erzählte Geschehen sich tatsächlich so ereignet hat, wie es erzählt wird. Geschichten sind immer dann *empirisch triftig*,[53] wenn die in ihnen behaupteten Tatsachen durch Erfahrungen gesichert sind. Dies ge-

---

[52] RÜSEN 1982, 297.
[53] Lübbe spricht analog von „Begründungsobjektivität" (vgl. LÜBBE 1977, 173 ff.).

schieht in der Regel durch Bezeugung, die freilich vom bloßen Hörensagen bis zu einer genauen Dokumentation reichen kann. Zu überprüfen, inwieweit der Erfahrungsgehalt einer Geschichte nach wissenschaftlichen Kriterien als bezeugt gelten kann, ist Aufgabe der *historischen Forschung*, speziell der Quellenkritik.[54]

Historische Forschung wird nun, anders als das historische Denken des Alltags, den *bloßen Tatsachengehalt* der in Frage stehenden Geschichte zu isolieren versuchen, legt Rüsen dar. Die Forschung ist also immer restriktiv: Sie blendet bewußt die für das historische Denken wesentlichen Momente der Bedeutung und Sinngebung aus, um zu eruieren, inwieweit allein der pure Tatsachengehalt Geltung beanspruchen kann, völlig unabhängig davon, welche Bedeutung ihm für die Sinnbestimmung der Lebenspraxis der Gegenwart zukommt bzw. beigemessen wird. „Wertfreiheit" ist die mißverständliche Bezeichnung des Geltungsanspruchs historischer Aussagen im Hinblick auf ihren bloßen Erfahrungsgehalt. Die historische Forschung kann demnach bezeichnet werden als „ein Prozeß der Auflösung lebenswirksamer Traditionen in vergegenständlichte Wissensinhalte"[55]. Wie die quellenkritische Methode im einzelnen funktioniert, kann hier vorausgesetzt werden. Festzuhalten bleibt, daß Autor und Rezipient einer historischen Interpretation durch die Verpflichtung auf Forschung dazu genötigt werden, den Tatsachengehalt ihrer Geschichte methodisch, d.h. quellenkritisch überprüfbar auszusagen, so daß dieser empirisch verbessert oder gegebenenfalls sogar widerlegt werden kann.[56]

4.2.2 Überprüfung des Normenbezugs durch Standpunktreflexion

Neben empirischer Triftigkeit, so Rüsen weiter, beanspruchen Geschichten immer auch, daß ihr Inhalt von Bedeutung ist für die Lebenspraxis ihrer Adressaten. Das gilt auch für wissenschaftliche Geschichten. Geschichten haben, wie gesehen, den Handlungsentwurf, die Zeitabsichten und das Selbstverständnis derjenigen Subjekte im Blick, an die sie sich wenden, und meinen, hier etwas von Belang beibringen zu können. Jede Handlungsabsicht ist nun aber, das wurde oben bereits angesprochen, normen- und wertegesteuert. Sie nimmt vorweg, was noch nicht ist, wohl aber – künftig – *sein soll*. Geschichten können darum im Zusammenhang einer solchen Zukunftsperspektivierung nur dann von Bedeutung sein, wenn der Erfahrungsschatz der Erinnerung, den sie beibringen, auch tatsächlich mit den maßgeblichen Werten und Normen zu tun hat, entlang deren die aktuelle Lebenspraxis ihre Zukunftsperspektive entwirft. Dies ist dann der Fall, wenn die erinnerten Zeitabläufe der Vergangenheit als *Vorgeschichte* gedacht werden können, in die hinein die Adressaten der Geschichte ihre Handlungsabsichten verwirklichen wollen. Der Erfahrungsschatz der Vergangenheit muß sich also auf das *handlungsanleitende Normensystem der Gegenwart* beziehen lassen, mit andern Worten: Die erinnerten Erfahrungen müssen geltenden Normen

---

[54] Vgl.: „Forschungsbezug ist das Kriterium, das zur Narrativität notwendig hinzugedacht werden muß, damit diejenige Geschichtsschreibung in den Blick kommt, die für die Geschichte als Wissenschaft charakteristisch ist." (RÜSEN 1990, 115).

[55] RÜSEN 1975a, 77.

[56] Vgl. RÜSEN 1990, 94.

entsprechen, was nicht heißt, daß sie die aktuell geltenden Normen immer fraglos bestätigen müßten. Gibt es an dieser Stelle keinerlei Entsprechung, wird der erinnerte Erfahrungsgehalt als *bedeutungslos*, als irrelevant für die fraglichen Probleme der Gegenwart ausgesondert. Er paßt nicht in den aktuellen Problemzusammenhang. *Normativ triftig*[57], d.h. relevant sind demgemäß nur diejenigen Geschichten, welche die Bedeutung der vergegenwärtigten Vergangenheit mit eben den Normen begründen, die auch den handlungsbestimmenden Absichten ihrer Adressaten zugrunde liegen.

Soll das Kriterium der normativen Triftigkeit *wissenschaftlich* eingelöst werden, so muß *begründet* werden, warum die jeweils vergegenwärtigte Vergangenheit gewußt und berücksichtigt werden sollte bei der Zeitorientierung der aktuellen Lebenspraxis. Das tut der Historiker, indem er aufzeigt, daß hier wie da – in den Handlungsentwürfen seiner Adressaten sowie in der durch sein Tun vergegenwärtigten Vergangenheit – dieselben Normen, oder um ein anderes Wort zu wählen, dieselben *Perspektiven* leitend sind. Dies geschieht in der Weise einer *Standpunktreflexion*, so Rüsen, die den Historiker sein eigenes Vorverständnis explizieren läßt. Der Historiker muß sich eingestehen, daß – auch bei ihm – Normen mit im Spiel sind, welche seine Auffassung von der Vergangenheit und seine Darstellung der Vergangenheit prägen. Er muß anerkennen, daß sein Geschäft *grundsätzlich* perspektivisch vorgeht. Geschichte verdankt sich stets einer bestimmten Hinsicht auf die Vergangenheit. Ohne (Retro-)Perspektive keine Geschichte.

Wie Rüsen in concreto das Problem der Standpunktgebundenheit und Perspektivenvielfalt in der Geschichtswissenschaft methodisch bändigen will, ohne einer Willkür beliebiger Parteilichkeit das Wort zu reden – ein weithin vermintes Gelände, das in der Vergangenheit der Disziplin oft genug zu heftigen Diskussionen Anlaß gab –, kann hier nur angerissen werden. Rüsen schlägt vor, dem Vorbild der praktischen Philosophie und der Geschichtsphilosophie Kants zu folgen und die historischen Perspektiven generell an dem Kriterium ihrer *Verallgemeinerungsfähigkeit* zu messen, sie also an der regulativen Idee der „Menschheit als ganzer" als Prinzip wechselseitiger Anerkennung auszurichten und demgemäß zu hierarchisieren.[58]

4.2.3 Überprüfung des Sinngehalts von Geschichten in theoriegeleiteter Historiographie

Haben die Historiker einmal das Erfahrungswissen der Vergangenheit in die leitenden Perspektiven eingearbeitet, also nach seiner Bedeutung für die Gegenwart sortiert, müssen sie es historiographisch formen, d.h. sie müssen endlich *Geschichte schreiben* und die gewonnenen Erkenntnisse als narrativ gefaßten Sinnzusammenhang präsentieren. In den so geschaffenen *Darstellungsformen* vermag die Geschichtswissenschaft ihr historisches Wissen in das kulturelle Leben ihrer Gegenwart einzubringen. Dort nimmt es dann die Funktionen

---

[57] Lübbe spricht analog von „Konsensobjektivität" (vgl. LÜBBE 1977, 177 ff.).

[58] So in RÜSEN 1994, 62 f. und RÜSEN 1982, 298-301. Als zu integralistisch und zu wenig postmodern pluralistisch wird dieser Vorschlag eines Wiederanknüpfens an die Tradition der Aufklärung von angelsächsischer Seite eher abgelehnt. Das klingt an bei MUNZ 1985, 99 und MEGILL 1994, 54-60.

historischer Daseinsorientierung und Identitätsbildung wahr, um derentwillen das Unternehmen „Historie" ja ursprünglich gestartet wurde. Rüsen mutet der Geschichtswissenschaft ohne weiteres zu –, darin unterscheidet er sich von vielen seiner Kollegen,[59] welche die Geschichtswissenschaft auf neutralerem, wertfreiem Boden halten und von den Sozialwissenschaften deutlicher abgegrenzt wissen wollen –, als *Sinnbildungsinstanz für ihr kulturelles Umfeld* zu fungieren, wodurch sie sich natürlich einer nicht unerheblichen Beweislast aussetzt. Es spielen nämlich, wo immer die Erfahrungen der Vergangenheit in ihrer perspektivierten Bedeutung für die Gegenwart zwecks Daseinsorientierung narrativ synthetisiert werden, leitende Ideen eine entscheidende Rolle, die begründet sein wollen. So hat beispielsweise die Geschichtsphilosophie der Aufklärung ihre Historiographie stets unter der Leitidee der Vernunft betrieben. Das macht sie aus heutiger Perspektive zu einer „materialen" Geschichtsphilosophie, wie man seit Ernst Troeltsch zu sagen pflegt. Im gewandelten Kontext heutiger Zeiterfahrung kann *diese* Idee von Geschichte nicht ohne weiteres wiederholt, sondern nur als *nicht legitimierte Erfahrungsrestriktion infolge metaphysischer Vorentscheidungen* kritisiert werden. Die sogenannte Postmoderne meint sogar, daß die Idee des menschlichen Vernunftgebrauchs als letztes Sinnkriterium des historiographischen Erzählens grundsätzlich preisgegeben werden sollte (s.u. Kapitel VI). Entscheidend ist nun aber die Frage, wie es laut Rüsen gelingen könnte, neben dem Erfahrungsgehalt und Normenbezug *selbst noch den Sinngehalt* von Geschichten methodisch zu disziplinieren. Wie lassen sich die leitenden sinnbildenden Gesichtspunkte, nach denen die narrative Konstruktion vorgeht und in denen sogenannte „Ideen" als oberste Gesichtspunkte menschlicher Daseinsorientierung eine Rolle spielen, wissenschaftlich bändigen?

Rüsen meint, daß die Historie die sinnbildenden Gesichtspunkte, die den Bezugsrahmen ihrer narrativen Synthesis von Erfahrung und Bedeutung ausmachen, nicht durch den puren Akt des Erzählens bloß präsentieren darf. Sie muß die Leitfäden ihrer historischen Interpretation eigens explizieren und diskutabel machen. Erst dann entsteht intersubjektiv nachprüfbar „narrative Triftigkeit" bzw. „Konstruktionsobjektivität". Der erste Schritt zur Theoretisierung der historiographisch leitenden Sinngesichtspunkte besteht auch hier wieder in ihrer Isolierung. Es muß also der „Leitfaden" expliziert werden, der als sinnbildender Faktor jeweils eine Geschichte zusammenhält. Die Explizierung des sinnbildenden Leitfadens eröffnet sodann die Möglichkeit, die isolierten Sinngesichtspunkte – in denen es ja letztlich immer um die Identität der Adressaten der Geschichte geht – zu historischen „Theorien", oder, da man unter Theorien herkömmlich nur streng gesetzesförmige Gebilde versteht, zu „theorieförmigen Konstrukten" auszubauen, die eine systematische Explikation und Begründung leitender Gesichtspunkte der Erkenntnis möglich machen.[60] Über die Möglichkeiten einer solchen Theoretisierung der forschungsbezogenen Historiographie wird gegenwärtig, gerade unter Vertretern der narrativer Geschichtstheorien, viel diskutiert.[61]

---

[59] So bspw. Hermann Lübbe (s.u. Abschn. 5).
[60] Vgl. RÜSEN 1994, 61.
[61] Vgl. RÜSEN 1990, 106-134.

Die Historiker vom Fach können sich nur schlecht anfreunden mit der von der Geschichtstheorie nachdrücklich herausgestrichenen Tatsache, daß auch sie *erzählen* (müssen), daß sogar die Operationen des Beschreibens, Analysierens und Erklärens, von denen man meint, sie allein würden die Wissenschaftlichkeit der Historiographie verbürgen, in der Historie als *Modi des historischen Erzählens* zu gelten haben, also als integrale Bestandteile einer narrativen Konstruktion. Sie sähen es lieber, wenn man den Vorgang der Sinnbildung durch Erzählen als eine „nur" literarische Angelegenheit, als eine Frage lediglich der ästhetischen Aufbereitung wissenschaftlicher Erkenntnisse ausgrenzte aus dem Kreis der für Geschichte als Wissenschaft konstitutiven Operationen.[62]

5 Ergebnis und Kritik

Rüsen konzipiert das Verhältnis zwischen Wissenschaft und Lebenspraxis als eine zirkuläre Bewegung, in der sich zunächst die kulturellen Orientierungsprobleme der Lebenspraxis zu historischen Fragen und Erkenntnisinteressen ausprägen. Diese werden dann von der Wissenschaft als lebenspraktische Herausforderungen ihrer Erkenntnisarbeit aufgegriffen und am Leitfaden theoretisch ausformulierter Vorstellungen darüber, was als Geschichte gelten soll, in den Sinnzusammenhang einer historischen Erzählung eingebracht. In der Erzählung finden sich die Anfragen der Gegenwart so mit den Erfahrungen der Vergangenheit konfrontiert, daß ersichtlich wird, auf welche Weise die lebensweltlichen Probleme der Gegenwart künftig eine Lösung finden könnten. Im Zuge eines methodisch geregelten Forschungsprozesses wird dieser theoretische Entwurf einer Geschichte natürlich der Prüfung durch die Fachwissenschaft unterzogen und in der Bestätigung durch Quellen mit historischem Erfahrungs- und Wirklichkeitsgehalt aufgeladen. Erst diese methodisch objektivierte Geschichte mündet in jene theoriegeleitete historiographische Darstellung, die dann auf die Lebenswelt zurückwirken und in ihr Funktionen der historischen Orientierung wahrnehmen soll, bevor sie durch die Entstehung neuer Orientierungsprobleme erneut fragwürdig wird und durch neue, orientierungsmächtigere Geschichten abgelöst werden muß.[63]

Der von Nietzsche erstmals beklagten Auflösung der Geschichte als lebensbedeutsamer Erinnerung durch die Geschichte als Wissenschaft läßt sich sicherlich gegensteuern, indem man wie Rüsen die Geschichtswissenschaft daran erinnert, daß sie erst in der Geschichts*schreibung* zu sich selbst kommt, sich daher auf Geschichts*forschung* allein nicht beschränken kann. Die Historie muß den hermeneutischen Zirkel – vom Leben über die Wissenschaft zurück zum Leben bzw. von der auf Zukunft ausgerichteten Gegenwart des Historikers in die Vergangenheit und wieder zurück zur Gegenwart – ganz ausschreiten, will sie nicht dem „Verlust von Geschichte"[64] zuarbeiten. Dies betont Rüsen sicherlich zu

---

[62] Vgl. RÜSEN 1986, 149. Eine Wiedererneuerung der alten historiographischen Tradition, die erst im 19. Jahrhundert zugunsten der Geschichte als Wissenschaft abgebrochen ist, fordert auch *Bubner* 1984, 51-71: „Geschichte als Literatur".
[63] Vgl. JAEGER 1998, 750 f. u. RÜSEN 1990, 119 f.
[64] Vgl. HEUß 1959.

Recht. Seine Geschichtstheorie wird nicht müde, die wissenschaftliche Historie auf ihre lebensweltlichen Ursprünge zu verweisen und sie zu konkreter Geschichtsschreibung im Blick auf lebensweltliche Orientierungsbedürfnisse anzuhalten. Ferner soll der durch die Historie bereitgestellte Bezug zur Vergangenheit nicht bloß der bestätigenden „Erbauung", sondern der kritischen „Erneuerung" der aktuellen Lebensvollzüge dienen. Demgegenüber erscheint Nietzsches eigener Versuch, allein durch eine gründliche Diskreditierung der Geschichts*forschung* die Lebensbedeutsamkeit der Historie zu retten, ungenügend. – Weil Rüsen an einer Einbindung der Historie in die Orientierungssuche der jeweiligen lebensweltlichen Gegenwart gelegen ist, zieht er für den wissenschaftstheoretischen Status der Historie folgende Konsequenzen:

Die Geschichtswissenschaft ist keine *rein empirische* Wissenschaft. Sie gründet zwar in Erfahrung, stützt sich im Vollzug aber nicht notwendigerweise auf *selber gemachte* Erfahrungen. Außerdem ist sie nicht aufs Faktische begrenzt, sondern transzendiert es. Das historische Urteil ist keine Aussage darüber, wie es eigentlich gewesen ist, sondern nur darüber, in welche Beziehung das Gewesene *zu uns* tritt, so daß wir verändert daraus hervorgehen. Die Geschichtswissenschaft thematisiert also die Beziehung, die zwischen dem Vergangenen, Gegenwärtigen und Zukünftigen immer *erst noch entsteht,* und zwar *durch unser geschichtliches Denken selbst.* Die Historie ist demnach eine Reflexionswissenschaft. Sie spiegelt die vergangene Wirklichkeit nicht bloß wider. Sie führt auch zu Einsichten, die neue Erfahrungen ermöglichen; sie soll Impulse vermitteln, die zukunftsgestaltendes Handeln freisetzen, in welchem Begonnenes fortgesetzt, korrigiert oder abgebrochen wird. In diesem Sinn begriff das Zeitalter der Aufklärung die Historie als eine praktische, kritische und emanzipatorische Wissenschaft. Daran knüpft Rüsen an.[65]

Im Gegenüber zu Diltheys (historistischer) Geschichtstheorie, die ganz aus der Perspektive des einzelnen Individuums konzipiert ist, das in der Betrachtung vergangenen Lebens mal sein Innenleben zu bereichern, mal zu stabilisieren trachtet, fällt das Eigentümliche von Rüsens Ansatz sofort ins Auge. Die „praktische Relevanz"[66] der Historie reicht bei Rüsen weit über das hinaus, was Dilthey mit „historischer Bildung" im Auge hatte. Rüsens Historie dient nicht bloß gegenwärtiger Identitätsvergewisserung, sie kann uns sogar sagen, was heute *zu tun* und *zu sagen* ist. Der Gegenwarts- und Zukunftsbezug der Historie als Wissenschaft erstreckt sich für Rüsen – darin folgt er Jürgen Habermas – auf das Feld *auch der Handlungsanweisungen* für die nicht nur private, sondern auch *gesellschaftliche und politische Praxis.* Die Schwierigkeiten, die sich ergeben, wenn die wissenschaftliche Historie sich aus lebensweltlichen Interessen nicht nur speist, sondern diesen mehr oder weniger direkt auch zu Diensten ist (Stichwort „Parteilichkeit" bzw. „Objektivität" des Historikers), glaubt Rüsen durch methodische Verfahrensregeln bei der Gewinnung historischer Erkenntnis und durch die Verpflichtung auf universalisierbare historische Perspektiven bewältigen zu können (s.o. Abschn. 4.2).

---

[65] Ebenso GOERTZ 1998a, 32.
[66] Zur Relevanz-Debatte bezüglich der Geschichtswissenschaft vgl. KOSELLECK 1971 u. OELMÜLLER 1977.

Aufschlußreich ist in dieser Hinsicht ein Vergleich mit der ebenfalls narrativistischen Geschichtstheorie Hermann Lübbes, dem allerdings – auf der Linie Diltheys und Marquards – an einer „Rehabilitierung des geschichtswissenschaftlichen Historismus in seiner unüberholten wissenschaftstheoretischen und kulturellen Substanz"[67] gelegen ist (Stichwort „Neohistorismus"[68]). Lübbe widersetzt sich jedweder „Konvergenz von Geschichtswissenschaft und Soziologie"[69]. Was Geschichte leiste, sei *lediglich Identitätsrepräsentation*. Durch (eine) Geschichte werde dem einzelnen seine Identität nur präsent, die er sich daraufhin, in einem zweiten, von der Identitätsrepräsentation abhebbaren Vorgang, zuschreibe oder auch nicht. Durch Geschichte, gemeint ist auch bei Lübbe die „erzählende Vergegenwärtigung vergangenen Geschehens", *hat* also ein Subjekt seine singuläre Identität; es versteht, wie es zu dem geworden ist, das es heute ist. „Historien sind Medien der Vergegenwärtigung eigener und fremder Identität."[70] Die Beibringung der Identität eines geschichtlichen Subjekts, aufgefaßt als sein singuläres und nicht rechtfertigungsfähiges[71] So-und-nicht-anders-Gewordensein, erfolgt laut Lübbe allerdings *völlig „parteilichkeitsneutral"*. Identität, eigene wie fremde, enthalte in den sie beschreibenden Sätzen keine Handlungsanweisungen. Aus Identitätsfeststellungen, die über historisch erhobene Geschichten erfolgten, ließen sich keine direkten praktischen Konsequenzen ziehen. Geschichten trügen materiell zur Beantwortung der Frage „Was zu tun sei?" gar nichts bei. Sie verhälfen lediglich zum *Verständnis der Situation*.[72] Über historische Argumentationen, sagt Lübbe, können wir zwar „alles verstehen, aber nichts rechtfertigen"[73]. In diesem präzisen Sinn sei die Historie „handlungsirrelevant"[74]. Sie gebe uns nur aus Geschichten zu wissen, „wer wir und andere sind"[75]. Solche „Lehre" und solches „Wissen" habe unmittelbar keinen normativen Charakter. Diejenigen praktischen Folgen, die sich in gewissen Fällen an eine konkrete Identitätsfeststellung knüpften, seien nicht in dem, *was* da festgestellt wird, normiert, sondern *im vorweg gegebenen Zusammenhang des Zwecks*, zu dem Identität festgestellt wird.[76]

Kurzum: Was aus der Identitätsrepräsentation an praktischen Konsequenzen individueller oder auch gesellschaftspolitischer Art zu ziehen wäre, fällt nach Lübbe nicht mehr in den Aufgabenbereich der Historie. Es ist „kein geschichtswissenschaftsimmenenter Vorgang"[77]

---

[67] LÜBBE 1977, 9 u. 7.
[68] Vgl. RÜSEN 1979.
[69] LÜBBE 1977, 43.
[70] LÜBBE 1977, 17.
[71] Vgl. LÜBBE 1977, 18 u. 240.
[72] Vgl. LÜBBE 1977, 234.
[73] LÜBBE 1977, 236.
[74] Vgl. LÜBBE 1977, 231.
[75] LÜBBE 1977, 211.
[76] Vgl. LÜBBE 1977, 225 u. 214 f.
[77] LÜBBE 1977, 164.

mehr, sondern eine Angelegenheit der Soziologie.[78] Die Historie verhalte sich in ihrer methodologischen Charakteristik als Wissenschaft daher neutral zu den politischen Subjekten, die ihre Ergebnisse in Anspruch nehmen bzw. ihre Arbeit in Auftrag geben.[79] „»Relevanz« ist dasjenige, was die Geschichtswissenschaft jeweils auch für die andere Partei hat."[80] –

Lassen wir die wissenschaftstheoretische Diskussion über die Organisation der Fachwissenschaft „Historie", die sich aufgrund der bleibenden lebensweltlichen Verwurzelung historischen Erkennens in der Tat nicht einfach gestaltet, beiseite, um zur eigentlich *philosophischen* Anfrage an Rüsens Geschichtstheorie zurückzukehren: Hat Rüsen das vorwissenschaftliche Verhältnis von Mensch und Geschichte tatsächlich unverstellt in den Blick gebracht? Was heißt für Rüsen „Stehen in der Geschichte?" Was ist dessen Subjekt?

Leider fällt die Antwort in diesem konkreten Punkt eher enttäuschend aus. Es ist wohl nach wie vor *nur das transzendentale Bewußtsein*, das hier handelt und – mehr oder weniger nachträglich – einen Bezug zur Geschichte herstellt. Zwar unterstreicht Rüsen zu Recht die lebensweltliche Basis des Geschichtsbewußtseins und gibt darin insbesondere der Zukunftsorientierung das gehörige Gewicht. Auch werden die lebenspraktischen Funktionen des historischen Erkennens in Erinnerung gerufen. Kurzum, es gibt eine Reihe von Gründen, die Rüsens Geschichtstheorie attraktiv wirken lassen. In dem einen, alles entscheidenden Punkt jedoch kann sie nicht befriedigen und gebärdet sich philosophisch weniger innovativ als vielmehr restaurativ: Bei aller Hochschätzung des „Lebensweltlichen" bleibt sie nämlich durchgehend *bewußtseinstheoretisch* orientiert. Immer noch nimmt hier eine Nachfolgegestallt des transzendentalen Bewußtseins, das sogenannte „lebensweltliche Geschichtsbewußtsein", die Stelle ein, die eigentlich dem mit Dilthey gesprochen „ganzen Menschen" gebührte – oder mit Heidegger „der faktischen Existenz", welche sich immer schon in Welt und Geschichte verstrickt vorfindet. Von der Faktizität der geschichtlichen Situation ist bei Rüsen nicht die Rede. In seiner Orientierung am „Geschichtsbewußtsein" ist die Frage, *wem* das Phänomen Geschichte eigentlich ursprünglich gegeben ist, immer schon beantwortet und auf die Seite gebracht. Rüsen bleibt der herkömmlichen transzendentalphilosophischen Konstitutionslogik und dem damit einhergehenden „transzendentalen Aktivismus" verhaftet. Es wird immer bloß gefragt, wie *das Geschichtsbewußtsein* Sinn über Zeiterfahrungen *bildet*, wie es nackten Fakten der Erfahrung mögliche Bedeutungen *hinzufügt*, wie es „Geschichtszeit" über bloßer „Naturzeit" *erzeugt*. Der vortheoretisch schon gegebene Bezug des faktisch existierenden Menschen zur immer schon bedeutsam erfahrenen Welt-als-Geschichte, dem die theoretische Bezugsform (nämlich die transzendental-konstitutionslogische) durch „Entlebung", d.h. durch Aufhebung der ursprünglichen Bedeutsamkeit erst entspringt, gerät so gar nicht in den Blick. Rüsen erwähnt zwar, daß die bedeutungserzeugenden Aufbauleistungen des Geschichtsbewußtseins an *schon vorhandene Sinnvorgaben* anknüpfen; worin diese in concreto bestehen und wie es um ihre Geschicht-

---

[78] Vgl. LÜBBE 1977, 165 f.
[79] Vgl. LÜBBE 1977, 193.
[80] LÜBBE 1977, 167.

lichkeit bestellt ist, wird allerdings nicht näher erörtert; vielmehr werden sie durch die Etikettierung „Naturzeit" als „ungeschichtlich" ad acta gelegt.

Heidegger würde vermutlich auch Rüsens Geschichtstheorie in die Reihe derjenigen Denkversuche einreihen, die sich der existenziellen Beunruhigung durch die Geschichte denkerisch dadurch zu entledigen versuchen, daß sie Geschichte schlichtweg zu einem „Produkt der freien formenden Subjektivität"[81] erklären.

---

[81] Vgl. HEIDEGGER GA 60, 41.

Kapitel VI: Ausblick auf die jüngste Phase des Geschichtsgedankens

Die ausgeprägte Fähigkeit zum historischen Denken, d.h. zum Erfassen der historischen Dimension aller Phänomene der Kultur und der Natur, wie sie sich im Laufe des 19. Jahrhunderts als die sogenannte „historische Kultur" entfaltete, ließ die Geschichte zum unüberholbar letzten Horizont menschlichen Lebens *und Denkens* aufsteigen. Dieser Prozeß, der gleichsam alles in Geschichte verwandelte, vollzog sich – wie Herbert Schnädelbach zeigt[1] – in wenigstens drei großen Historisierungsschüben:
 Zunächst (1.) erfolgte (in der nachhegelschen Geschichtsphilosophie bei Humboldt, Herder und Möser) die *Historisierung der Geschichte,* d.h. die Weigerung, geschichtlich-veränderliche Erscheinungen auf unwandelbare, immer gleiche, d.h. *ungeschichtliche* Bedingungen, z.B. logische, kausale oder teleologische Verlaufsmodelle, zu reduzieren. Sodann kam es (2.) zur *Historisierung auch der Geschichtswissenschaft* (bei Droysen): Man entdeckte die historische Standortgebundenheit aller historischen Untersuchungen und damit auch die historische Besonderheit des Geschichtsbewußtseins der eigenen Gegenwart. Schließlich folgte (3.) die *Historisierung auch aller anderen Wissenschaftssektoren,* d.h. die Weiterbestimmung des historischen Bewußtseins zu einer grundsätzlich *historischen* Vernunft, was (bei Dilthey) nicht bloß zu einer Ergänzung der Transzendentalphilosophie um eine Konstitutionslehre der historischen Gegenstände führte, sondern zu ihrer vollständigen Reformulierung unter Bedingungen des Historismus.
 Unterdessen ist freilich die Zeit schon wieder hinweggegangen über jene Epoche, da Geschichte als letzter Horizont gelten konnte und darum Geschichtsphilosophie die eigentliche Metaphysik, d.h. die Fundamentaldisziplin der Philosophie war. Heute ist die Geschichtsphilosophie längst wieder zu einer Bindestrichphilosophie neben anderen neutralisiert worden. Es läßt sich für das kulturelle Selbstverständnis sogar ein gewisses Ende der Zentralstellung des Problemtitels „Geschichte" konstatieren. Die Motive dafür sind vielfältig. Vier Hauptlinien zeichnen sich immerhin ab.

1 Neuentdeckung der Tiefenstrukturen der Geschichte

Zur Schwerpunktverschiebung kommt es vor allem infolge einer Neuentdeckung der Tiefenstrukturen von Sprache und Gesellschaft und somit auch von Geschichte. Im Blick auf diese Strukturen wird deutlich, daß selbst der radikalste Wandel auf immer oder lange Gleichbleibendem aufruht. Folgende Konsequenz stellt sich unmittelbar ein: Das Interesse an der Historie weicht dem Interesse an den sciences humaines (Foucault) oder auch der Anthropologie (Gehlen). Hier meint man jetzt die massiven Strukturfaktoren des geschichtlichen Geschehens ans Licht heben zu können, wohingegen sich die Historie eher mit der Unruhe der Oberflächengeschichte beschäftige. So nimmt der neuzeitliche Prozeß der Hi-

---

[1] Vgl. SCHNÄDELBACH 1977, 62-67; SCHNÄDELBACH 1974, 26 ff. u. SCHNÄDELBACH 1987, 48.

storisierung, der im Namen eines „historischen Bewußtseins" alles Statische in geschichtliche Veränderungsbewegung verwandelte, im Kontext des *(Post-)Strukturalismus* noch einmal eine ungeahnte Wendung. Parallel dazu löst der Blick auf die Strukturen auch innerhalb der *Geschichtstheorie* eine Schwerpunktverlagerung aus. Es kommt zur Herausbildung eines rein konstruktivistischen Verständnisses von Geschichte:

Schon bei Danto und Baumgartner zeigte sich, wie *vor* die Untersuchung der Geschichte die Analyse der Geschichts*sprache* und ihrer Strukturen geschaltet wurde. Beide beteuerten, daß es geschichtliches Geschehen nur in der Optik der erzählten Geschichte gebe, also im Medium des, wie Danto meint, narrativen Satzes. Wer die Vergangenheit erforsche, so hieß es, beschäftige sich mehr mit dem Sprachmedium „Erzählung", denn mit der Geschichte selbst. Philosophie der Geschichte wandelte sich hier zu einer Theorie der Geschichtssprache. Statt des Geschichtlichseins – und das heißt auch der Konzentration auf Autor, Subjekt und Intention – drängte sich in den Mittelpunkt des geschichtsphilosophischen Interesses, was Odo Marquard pointiert „das Sein zum Text"[2] nennt. An der Kette von Geschehen, Erzähler und Geschichte, die nun um das Element des Geschichtstextes erweitert ist, interessiert jetzt vorrangig das Verhältnis der einzelnen Glieder zum Text der Geschichte. Darunter verstand man mit Danto anfangs allein den narrativen *Satz*. Bald wurden jedoch auch größere narrative Einheiten jenseits des Satzes in Betracht gezogen. Die Ebene einer Satzanalyse mußte überschritten werden in Richtung auf den *Text*[3] bzw. den *Diskurs*[4], weil ein einzelner narrativer Satz als Minimalbasis erzählender Rede in der Tat zu schmal bemessen ist. Geschichte setzt als sprachliche Darstellung einer Veränderungsbewegung mindestens zwei zusammenhängende und als narrative Sequenz interpretierbare Erzählsätze voraus, wie Stempel darlegt.[5]

Welche Konsequenzen führt nun diese Wende zum Text und seiner Binnenstruktur für das Verstehen von Geschichte herauf? Vor allem kommt es zu einer ontologischen Umwertung der sogenannten „geschichtlichen Strukturen".

1.1 Vollständige Rückführung der Geschichtsstrukturen auf die Strukturen der Sprache

Geschichte als Veränderungsbewegung, so hieß es, läßt sich nur ablesen an etwas, was bei aller Veränderung identifizierbar und wiedererkennbar es selbst bleibt. Die Geschichtsphilosophie der Aufklärung konnte noch eine übergeschichtliche, allgemein verbindliche Menschenvernunft als das in allem geschichtlichen Wandel Gleichbleibende annehmen (s.o. Erster Teil, Kap. IV, 1). Nachmetaphysische Geschichtstheorien müssen auf jede substantialistische Auslegung der geschichtlich sich durchhaltenden Identität verzichten. Statt dessen fassen sie Geschichte auf als das Zusammenspiel von schnellrhythmischer Ereignisge-

---

[2] MARQUARD 1973b, 468.
[3] So bei STIERLE 1973, 347-375.
[4] So bei BARTHES 1966, 1-27.
[5] So STEMPEL 1973a, 525.

schichte und nur langsam sich verändernder Strukturgeschichte (s.o. Erster Teil, Kap. IV, 2). Der Realitätscharakter der geschichtlichen Tiefenstrukturen wurde anfangs nicht in Frage gestellt. Stets hielt man geschichtliche Strukturen für mehr als bloße Begriffskonstruktionen oder Gedankengebilde. Man ging davon aus, daß sie der Ordnung der geschichtlichen Wirklichkeit entsprachen und in geschichtlichen Ereignissen ihren letzten Ursprung hatten. Eben diese Überzeugung, es bei der Ereignis- und Strukturgeschichte mit der geschichtlichen Wirklichkeit selbst, mit *gedeuteten* Fakten zwar, aber nichtsdestotrotz mit Fakten zu tun zu haben, greift nun zunehmend ins Leere. Denn der Narrativismus beginnt, die Geschichtsstrukturen *vollständig* auf die Strukturen der Sprache zurückzuführen: Geschichte repräsentiere grundsätzlich keine Gegebenheiten mehr, sondern biete nur retrospektive *Vorstellungskonstrukte*. Geschichtliche Kontinuität, so heißt es schon bei Baumgartner, ist *ausschließlich* sprachlich hergestellte Kontinuität.

Danto war noch bereit, die verschiedenen temporalen Strukturen der Erzählung, die zunächst als freier Entwurf historischer Konstruktion gelten mußten, auf objektiv vorfindbare Strukturen zurückzuführen. Er verwies diesbezüglich auf eine noch zu konzipierende historische Ontologie. Baumgartner jedoch lehnt dies kategorisch ab. Auch war Danto überzeugt, daß es vor der Erzählung schon einen ihr entsprechenden einheitlichen Gegenstand geben müsse, der nicht erst, wie Baumgartner meint, durch die Erzählung erzeugt bzw. konstruiert wird.[6] Wo die narrativistische Geschichtstheorie jetzt mit Baumgartner über Danto hinausgeht, erreicht sie Positionen, die den im Kontext des Strukturalismus gefällten Grundsatzentscheidungen über das Verhältnis von Sprache und Wirklichkeit im großen und ganzen entsprechen:

- Von historischen Tatbeständen und Fakten hält Baumgartner wenig. Sie haben für ihn keinerlei vornarrativen Status. Der herkömmliche Ereignisbegriff beruhe vielmehr auf einer krypto-metaphysischen Verobjektivierung von Geschichte, welche die Abkunft der sogenannten historischen Ereignisse aus narrativer Konstruktion übersehen lasse.[7]
- Was die Zusammenhänge historischer Ereignisse anbelangt, erklärt Baumgartner weiter, daß auch sie keineswegs mit den vorgegebenen Verknüpfungen innerhalb der Lebenswelt identisch sind, sondern als narrativ, d.h. ex post erzeugte Kohärenz zu gelten haben.

„Die Kontinuität, auf welche geschichtliches Denken aus ist, steht zu überhaupt keinem Vorgegebenen, zu keiner Geschehens-, Handlungs- oder Erlebensform in Abbildfunktion,

---

[6] Ausführlicheres zu dieser Diskussion, in die auch Wolf-Dieter Stempel und Wolfhart Pannenberg eingetreten sind, bei RÜSEN 1975, 96.

[7] Baumgartner zieht hier eine allzu radikale Konsequenz aus der Einsicht, daß Tatbestände, die durch historische Forschung aus den Quellen überprüfbar erhoben werden, schon im Forschungsprozeß durch die historische Interpretation in Zusammenhänge eingefügt werden, die einen perspektivischen Charakter haben und bedingt sind durch Standpunkte, welche die Interpreten im gesellschaftlichen Leben ihrer Gegenwart einnehmen. Ereignisse sind also in der Tat alles andere denn nackte Fakten.

sondern ist Resultat einer reinen Konstruktion, die allein vom praktischen Interesse her aufzuhellen ist, das ihr als Konstitutionsakt zugrundeliegt."[8]

Es scheint jetzt also die Geschichte, verstanden als eine durch eine identifizierbare, relativ stabile Permanenz *auf der Ereignisseite* zusammengehaltene Veränderungsbewegung, d.h. die Vorstellung einer Einheit der Geschichte *vor* aller historischen Konstruktion als Residuum metaphysischer Geschichtsphilosophie entlarvt zu sein. Die Beziehungen zwischen Ereignissen, heißt es nun, können nur deshalb als Struktur dargestellt werden, weil in der Sprache Strukturen vorgegeben sind. Kohärenz ergibt sich demnach nicht aus einer chronologischen Abfolge von Geschehnissen, sondern allein aus der Darstellung. Die Struktur der Geschichte ist damit restlos auf die Struktur der Narration zurückgeführt und Geschichte zu einem freien Entwurf des Geschichtenerzählers geworden. Die Bedingungen der Möglichkeit historischer Erkenntnis sind allein in der narrativ konstruierenden Vernunft zu finden, nicht in der Vergangenheit als vorgegebenem Tatbestand, meint Baumgartner, und andere Geschichtstheoretiker folgen ihm, wie sich noch zeigen wird. Geschichte ist nicht länger beides zugleich, sowohl objektiver Geschehenszusammenhang, den es zu verstehen gilt,[9] als auch Erzählkonstruktion, in der das Geschehen sprachlich abgebildet vorliegt. Geschichte ist nur mehr sprachlicher Entwurf. Die Redeweise „Geschichtemachen"[10] erhält dadurch freilich eine neue Bedeutung, denn Geschichtemachen bedeutet nun vor allem deren narrative Herstellung.[11] Während die Geschichtskunde anfangs, bei Ranke, noch meinte darzustellen, wie es eigentlich gewesen ist,[12] so ist sie jetzt überzeugt vorzustellen, was so niemals gewesen ist. Die Geschichtskunde entdeckt darin nicht nur ihre Nachbarschaft zur Fiktion, sondern vor allem ihre Affinität zum Mythos, sie begreift sich als mythosnahes Denken.

---

[8] ANGEHRN 1985, 69.

[9] Vgl. dazu Baumgartners Kritik an Gadamers theoretisch-kontemplativer Verstehenslehre und der Konzeption einer Wirkungsgeschichte, in die der Verstehende einrückt; beide setzen nicht nur die Vorstellung einer objektiv geschehenden, immanent kontinuierlichen Geschichte voraus, sondern auch die Möglichkeit einer „bruchlosen Fortsetzung historischer Gespräche in das Gespräch mit der Überlieferung", was Baumgartner gerade bezweifelt, weil solche Gesprächsfusionen allenfalls in Einschränkung auf die jeweils eigene, ungebrochene Tradition möglich zu sein scheinen (BAUMGARTNER 1972, 186).

[10] Heidegger erläutert, was die metaphorische Redeweise vom „Geschichte-Machen" ursprünglich bedeuten könnte: „»Machen« heißt hier nicht herstellen in dem Sinne, wie man ein Ding herstellen und aufbewahren kann. Obgleich ein Volk seine Geschichte macht, ist diese Geschichte doch nicht das Gemächte des Volkes; das Volk seinerseits wird durch die Geschichte gemacht." (HEIDEGGER GA 38, 85).

[11] So auch CERTEAU 1991, 31-70.

[12] Ranke hat übrigens mit seinem berühmten Diktum, „bloß sagen, wie es eigentlich gewesen", wörtlich Thukydides zitiert, wenngleich ohne Anführungszeichen, wie Repgen erstmals nachweist. Ranke fühlte sich überhaupt von Thukydides Werk kongenial angesprochen: nackte Wahrheit ohne allen Schmuck, gründliche Erforschung des Einzelnen; das übrige Gott befohlen; nur kein Erdichten, auch nicht im Kleinsten, nur kein Hirngespinst, so lauteten die Erkenntnisideale, die Ranke schon bei Thukydides vorgebildet fand (REPGEN 1988, 289-298).

1.2 Geschichte als literarisches Artefakt

Rekapituliert sei noch einmal Baumgartners Argumentation: Baumgartner suchte mit transzendentalphilosophischen Mitteln nach den Grundlagen von Geschichtsschreibung im erzählenden Subjekt. Auf der Suche nach den Bedingungen der Möglichkeit der Historie fand er „eine ursprüngliche narrative Synthesis, ein apriorisches Schema für Geschichten"[13], das er „historische Vernunft" nannte. Damit stellte er Kants Totalitätsidee die Idee der Kontinuität an die Seite. Aufgrund dieses Schemas „unterstellen wir einen erzählbaren Zusammenhang der Ereignisse mit Anfang, Mitte und Ende"[14], wodurch wir erst in der Lage sind, konkrete Geschichten zu erzählen. Die in der Vorstellung von Geschichte als einem objektiven Prozeß implizierte Totalität bzw. Kontinuität wurde als regulative Idee transzendentalnarrativer Konstruktion nachgewiesen, sie „ist keine Gegebenheit, sondern ein Konstrukt"[15]. Diese Überlegungen gipfelten schließlich in der These, die so auch bei Arthur Danto und Hayden White stehen könnte: „Geschichte ist überhaupt nicht als ein Prozeß zu begreifen, sondern als ein Bewußtseinsphänomen menschlicher Bewältigung des Vergangenen im Hinblick auf mögliche Sinngebung für heute und morgen."[16] Nicht nur die Hegelsche „Vernunft in der Geschichte", sondern überhaupt jede Form historischen Zusammenhangs und Geschichtssinns ist damit vollständig in den Bereich der Vorstellung verlagert. Es gibt keine wie auch immer beschaffene sinnhaft-rationale Kohärenz auf der Ereignisseite der Geschichte. Es muß fortan vorausgesetzt werden, daß es sich bei dem im geschichtlichen Wandel Gleichbleibenden – narrativistisch, d.h. textbezogen – bloß um den *im Rahmen der Erzählung* sich durchhaltenden Sinnzusammenhang handelt, d.h. um eine „Sinnidentität", die auf das Konto des Historikers geht. Die Kontinuität verbürgende Identität ist hier also nicht mehr im *Sein des historischen Gegenstands* angesetzt. Nicht eine „Identität in der Zeit" gewährt Tradition, sondern nur „ein spezifischer Sinnzusammenhang, der als Intention im jeweiligen Thema der Geschichte festgehalten wird"[17].

„Die Identität, um die es der Geschichte geht, ist nicht mehr vorausgesetzte, sondern »hervorgebrachte Identität«; als solche ist sie nichts anderes als die »Einheit eines Erzählzusammenhangs« ... Denn wenn die spezifisch geschichtliche Einheit, die wir mit dem Begriff der Kontinuität benennen, nicht auf ein selber zeitliches Substrat abgestützt werden kann, so bleibt nur übrig – so Baumgartner –, ihr Einheitskriterium in der Einheit eines Sinnes, als »Sinnidentität« ... zu fassen. Die Einheit einer Geschichte wird nicht festgelegt durch die Individualität des Subjekts (und sei es des bloßen Referenzsubjekts), dessen Geschichte es ist, sondern durch die Einheit dessen, worum es in der Geschichte des Subjekts geht."[18]

---

[13] BAUMGARTNER 1976, 279.
[14] BAUMGARTNER 1976, 279.
[15] BAUMGARTNER 1996, 159.
[16] BAUMGARTNER 1972, 253.
[17] BAUMGARTNER 1972, 298.
[18] ANGEHRN 1985, 70. Freilich kennt Baumgartner auch eine Identität in der Zeit als Voraussetzung der geschichtlichen Identität, doch hat sie mit dieser nichts gemein. Sie ist Grundlage für Geschichte, ohne selbst schon zur Geschichte zu gehören. *Historische* Kontinuität bzw. *geschichtliche*

Wird Geschichte und geschichtliche Identität ganz auf die narrative Form reduziert, so erscheint sie – was bei Hayden White, der über den Narrativismus hinaus die Einsichten des Strukturalismus und Poststrukturalismus *in der Historik* zu etablieren bemüht ist, erst unverhohlen zutage tritt[19] – als *literarisches Artefakt*, dem jegliches Widerlager in der vornarrativen Wirklichkeit fehlt. White ebnet die Grenze zwischen literarischer Fiktion und Historiographie sowie zwischen Historiographie und spekulativer Geschichtsphilosophie sogar ausdrücklich ein, indem er – durch Überbetonung des Fiktionalen – eine gemeinsame fiktionale „metahistorische" Tiefenstruktur behauptet, in welcher der herkömmliche Unterschied zwischen fiktionaler Literatur und tatsächlicher Geschichte unterlaufen sei. Damit wird allerdings auch der „objektive" Wahrheitsanspruch von Geschichte hinfällig. Im einzelnen nimmt sich Whites Gedankengang wie folgt aus:

Schon immer war in den radikal narrativistischen Denkansätzen fraglich, wie das Substrat zu denken sei, also die Vergangenheit als die jeder narrativen Konstruktion „vorgegebene Realität". Sie wurde in der Regel – wenn nicht gleich zum formlosen Chaos, so immerhin zum Ereignis – minimalisiert. Hayden Whites Radikalisierung des konstruktivistischen Ansatzes bringt jedoch selbst noch dieses minimalistisch gefaßte Ereignis zum Verschwinden und erklärt das der historischen Konstruktion Vorgegebene zum „Ding an sich": Der Historiker, sagt White, bringe nicht nur die Geschichte, sondern auch das, was seiner Erzählung als „tatsächliche Vergangenheit" vorausliegt, selbst noch hervor. Denn was immer auch der Erzählung vorausliegen mag, es sei als möglicher Untersuchungsgegenstand sowieso *erst innerhalb eines „metahistorisch" schon präformierten historischen Feldes* zugänglich. Im Rückgriff auf Nietzsches poietischen Objektivitätsbegriff[20] meint White, die sogenannten „historischen Fakten" gingen auf einen poetischen, präkognitiven und vorkritischen, argumentativ nicht einholbaren, deshalb metahistorischen Akt der Präfigurierung zurück.[21] Der herkömmlichen Idee einer mit eigener Struktur versehenen Vergangenheit, die es sorgsam zu rekonstruieren gilt, wird durch die These von der Präfigurierung des historischen Feldes jeder Boden entzogen. Die Spannung zwischen Geschehen und Geschichte ist hier vollends zugunsten der Geschichte aufgelöst. Damit verschwindet aber letztlich, weil restlos zu einem Bewußtseinsphänomen erklärt, auch die Geschichte.[22] Es läßt sich in der Folge nicht mehr unterscheiden zwischen der Darstellung

---

Identität ist anderes und mehr als nur das Sich-Durchhalten einer abstrakten Identität (z.B. desselben physischen Subjekts) in der Zeit: „Historische Kontinuität setzt selbstverständlich Dauer in der Zeit voraus, ist aber nicht mit ihr identisch: sie verdankt sich einer retrospektiven, narrativen Konstruktion im Hinblick auf immer wieder antreffbare Subjekte und nicht deren bloßer Fortexistenz in der Zeit. Sie ist im selben Sinne wie Geschichte weder Reproduktion des Vergangenen, noch Imitation von dessen Dauer in der Zeit; und sie ist gleichwohl in eben dem Sinne wie Geschichte ohne Vergangenes und dessen Dauer sinnlos." (BAUMGARTNER 1972, 298).

[19] Vgl. WHITE 1991 u. ANKERSMIT 1996.
[20] S.o. *Einleitung*, Abschnitt 2, Fußnote 38.
[21] Vgl. WHITE 1991, 49 f.
[22] Vgl. NAGL-DOCEKAL 1996a, 27.

einer Vergangenheit und einer rein fiktiven Story.²³ Seither muß jeder Geschichte natürlich grundsätzlich mit Mißtrauen begegnet werden. Als Geschichtskonstruktionen, sprich als narrative Sinnsetzungen der historischen Vernunft in praktischer Absicht, unterliegen Geschichten fortan der Logik des Verdachts. Sie sind auf das verborgene praktische Interesse hin zu durchleuchten, das in ihre Interpretationsstrategien eingegangen ist, gerade da, wo sie eine Vergangenheit vorgeblich „nur darstellen" wollen.

Freilich wird auch weiterhin am Wahrheitsanspruch der Geschichte festgehalten. Die Geschichte will immer eine *wahre* Erzählung sein. Aber worin besteht der Wahrheitsanspruch, wenn nur die *Form* der Erzählung berücksichtigt wird, wenn also primär literarische Kriterien zur Beurteilung angelegt werden? In letzter Konsequenz entzieht sich hier die Geschichtstheorie der Epistemologie und wechselt in den Bereich der Literaturkritik über, welche zur neuen Fundamentalwissenschaft der Geschichtstheorie aufzusteigen scheint. Es blieb Ricœur vorbehalten, nachdrücklich auf die Restschwierigkeit aufmerksam zu machen, die diese narrativistischen und poststrukturalistischen Theorien nicht überzeugend lösen können: Wie kann der Anspruch der Geschichte eingelöst werden, die narrative Struktur zu einem Modell, zu einer Ikone der Vergangenheit zu machen, die fähig ist, *sie darzustellen*? Denn durch diesen Anspruch unterscheidet sich die Geschichte von bloßer Fiktion.²⁴

2 Postmoderne: Zersetzung der einen Geschichte zugunsten einer multifokalen Pluralität

Wenn Geschichtsbilder nicht länger erkenntnistheoretisch begründet bzw. begründbar sind, sondern ästhetischen, moralischen oder gar ideologischen Ursprungs sind, so ist es nur folgerichtig, wenn beispielsweise im Kontext der zeitgenössischen französischsprachigen Philosophie Jean-François Lyotard mit den sogenannten „Grandes Histoires" abrechnet, in specie der liberalen und marxistischen Fortschrittsgeschichte, zugunsten einer multifokalen Pluralität.²⁵ Ihm ist an einer Aufdeckung des im neuzeitlichen Fortschrittsdenken angelegten Unterdrückungspotentials gelegen. Lyotard will zeigen, wie um der Geschlossenheit beispielsweise der Erzählung von der „Genese der modernen Gesellschaft als eines überaus zustimmungsfähigen Prozesses" willen allerlei ausgeblendet und verzeichnet wurde, vor allem die Vielfalt der Lebensmuster und Kulturen. Außerdem eigne den großen Erzählungen meist der Charakter von „Legitimationserzählungen", denn sie ließen sich, so Lyotard weiter, als Rechtfertigungsinstanz für Zwang, Unterdrückung und sogar Vernichtung hernehmen; mitgemeint ist auch die Herrschaft über die innere wie äußere Natur im Namen einer vermeintlich besseren Zukunft. Lyotard sieht also in den Erzählkonstrukten der herkömmlichen Geschichtsschreibung den zunehmend problematischer erscheinenden „Egalitarismus" der Moderne am Werk, kurz gesagt eine totalisierende Homogenisierung von

---

²³ Vgl. RICŒUR 1996, 107-125.
²⁴ Vgl. RICŒUR 1996, 116 ff.
²⁵ LYOTARD 1982, 59-70.

Heterogenem. In und durch Geschichten tun sich Herrschaftsansprüche kund. Überhaupt scheint das Geschichtenerzählen eine Form subtiler Machtausübung zu sein.[26]

Mit seiner Kritik kommt Lyotard den verschiedenen Varianten des zeitgenössischen Differenzdenkens entgegen. Schon Walter Benjamin machte darauf aufmerksam, wie eine Geschichtsschreibung aus dem Blickwinkel der Sieger, d.h. der Protagonisten und Gewinner des Fortschritts, die Fortschrittsverlierer doppelt trifft: zum einen durch ihre tatsächliche Unterdrückung und Vernichtung, zum anderen dadurch, daß sie im Rückblick totgeschwiegen und in der Geschichtsdeutung übergangen werden. Dagegen erhebt er die Forderung, die Erinnerung wachzuhalten an Vorstellungen von Freiheit, die sich in der Vergangenheit nicht durchsetzen konnten.[27]

Auch Michel Foucault geht es um die Überwindung des in vielen Bereichen diagnostizierten Nivellierungsdrucks des herkömmlichen Geschichtsdenkens zugunsten des freien Spiels der Unterschiede.[28] Er fokussiert in seiner Kritik allerdings nicht den Fortschrittsbegriff, sondern die Konzeption einer inneren Einheit der Geschichte, die ihrerseits aus dem abendländischen Geistbegriff resultiert, dem sich die hermeneutisch orientierte Geschichtswissenschaft verpflichtet weiß. Durch eine „Austreibung des Geistes"[29] aus den Geisteswissenschaften will Foucault sowohl die innere Einheit der Geschichte als auch die Einheit des denkenden Subjekts zu Fall bringen und so zuletzt auch den Verstehensbegriff der hermeneutischen Geisteswissenschaften, der darauf angewiesen ist, das historische Material als „Dokument", d.h. als Ausdruck, Verobjektivierung und Spur eines *Inneren*, nämlich des Geistes lesen zu dürfen. Alternativ dazu entwirft Foucault seine eigene Methode als eine Archäologie, die das überlieferte Material nicht mehr als Dokument, sondern als „Monument" liest, d.h. als ein Sediment, das aus einer Vielfalt übereinanderliegender Schichten besteht, die jeweils einer spezifischen Zeit und eigenen Chronologie gehorchen und zwischen denen es zunächst keine Kontinuität gibt, sondern vor allem Diskontinuität, Sprünge und Brüche.

Mit den Hinweisen auf White, Lyotard und Foucault ist schließlich der *terminus ad quem* dieser Untersuchung erreicht. Philosophiegeschichtlich ist damit das Aufkommen der sogenannten „Postmoderne" gemeint – dem Dementi der Moderne. In ihr zeigt sich, daß das moderne Geschichtsdenken nicht allein aus theorieimmanenten Gründen in eine gewisse Krise geraten ist. Auch enttäuschende Erfahrungen mit den modernen Lebensverhältnissen ließen die bisherigen Muster der historischen Selbstverständigung und Weltdeutung der Moderne radikal in Frage stellen und den Ruf nach einer nach-modernen bzw. nachgeschichtlichen Verortung der Gegenwart laut werden:

---

[26] Zwei Tendenzen sind für die Postmoderne charakteristisch: die Abkehr von den großen Erzählungen, wie sie von Lyotard am energischsten vertreten wurde, und die Tendenz, Wirklichkeit ausschließlich in Abhängigkeit vom Beobachter zu sehen. Niklas Luhmann hat den Zusammenhang beider kurz und bündig formuliert: „Es gibt keinen metarécit, weil es keinen externen Beobachter gibt." (LUHMANN 1992, 8).

[27] Vgl. BENJAMIN 1977, 253.

[28] Vgl. FOUCAULT 1973, 7-30.

[29] Vgl. KITTLER 1980.

Angesichts der immer deutlicher ins Bewußtsein getretenen Folgewirkungen und Zerstörungspotentiale der neuzeitlichen Fortschrittsgeschichte sieht man nun das Versprechen der Neuzeit, durch Aufklärung und freien Gebrauch des menschlichen Verstandes humanere Lebensverhältnisse und ein Mehr an Freiheit herbeizuführen, diskreditiert. Ferner schätzt man künftige Möglichkeiten der Weltverbesserung durch Modernisierung desillusionierend gering ein, da das absichtsvolle, qualitativ Neues bewirkende Handeln menschlicher Subjekte im Rahmen der Selbstbewegung spätmoderner, zweckrationaler Megasysteme überhaupt keine Rolle mehr zu spielen und geschichtlich wirkungslos zu verpuffen scheint. Aus diesen Gründen wird die Modernität vielerorts als Bedrohung empfunden.

Wenn Modernität keine allgemein zustimmungsfähige Größe mehr ist und auch die Genese der hochtechnisierten Gesellschaft sich nicht mehr ohne weiteres als ein rundum zustimmungsfähiger Prozeß begreifen läßt, verliert natürlich auch das moderne Geschichtsverständnis an Kredit, mittels dessen sich die Moderne in eigener Sache als ein wünschenswerter, ökonomischen Reichtum, politische Partizipation und kulturelle Aufklärung versprechender Entwicklungsbogen der ganzen Menschheit präsentieren und zur Mitarbeit an dieser Geschichte gewinnen konnte. Je mehr sich also in den Krisenerfahrungen der Gegenwart die neuzeitliche, alles umfassende Veränderungsbewegung als ein Weg entweder in die Katastrophe der Selbstzerstörung der Menschheit oder in den umtriebigen Stillstand, wo sich alles bewegt, aber nichts mehr sinnträchtig verändert, erweist, desto fortsetzungsunfähiger erscheint auch die Art des Geschichtsdenkens, die sie auf den Weg gebracht hat. Von daher versteht sich der Aufruf, die Gegenwart aus den Horizonten der Modernität und deren geschichtlichen Richtungsbestimmungen der Handlungspraxis zu verlagern in eine grundsätzlich plural verfaßte und desintegrierte Postmoderne. Zukunft könne jetzt nur noch alternativ zu der Richtungsbestimmung der zeitlichen Veränderungen entworfen werden, die in die gegenwärtigen Lebensverhältnisse geführt habe, heißt es. Ein Anknüpfen an die herkömmlichen historischen Deutungsmuster und Kategorien historischer Erkenntnis (wie Fortschritt, Entwicklung, Evolution usw.) verbiete sich.[30]

Damit findet sich das aktuelle Geschichtsdenken in einer recht paradoxen Situation wieder: In dem Augenblick, da das, was sie bislang nie aufweisen, sondern immer nur unterstellen konnte – nämlich die Universalgeschichte mit der Menschheit als einzigem Referenzsubjekt –, erstmals in Reichweite gelangt, weil sich gegenwärtig auf der Basis von Industrialisierung und Technik tatsächlich so etwas wie eine Weltgesellschaft herausbildet, erscheint dem geschichtstheoretischen Bewußtsein die Universalgeschichte entbehrlich, ja als Vorstellung eines objektiven Entwicklungsgangs sogar schädlich. Die Vorstellung der *einen* Geschichte der Menschheit büßt also ihre theoretische Überzeugungskraft genau zu dem Zeitpunkt ein, wo sie erstmals in die Reichweite menschlicher Verfügungsgewalt zu gelangen scheint.

> „Einerseits scheint die Machbarkeit der Geschichte im gleichen Maße in greifbare Nähe gerückt, wie sich die Einheit der Welt, die „Weltgesellschaft" herausbildet. Mit deren Entstehen, so kann man sagen, entsteht auch „die" Geschichte ... Auf der anderen Seite

---

[30] Vgl. RÜSEN 1990, 231 ff.

aber ist, zugleich mit der Verwirklichung der geschichtsphilosophischen Prämissen, deren ideelle Überzeugungskraft verlorengegangen ... Totalität scheint im gleichen Zug real zum Schreckbild und für das theoretische Bewußtsein entbehrlich geworden zu sein."[31]

3 Posthistoire: Gegenwart ohne echte Zukunft

Die Postmoderne wird, geschichtsspezifisch formuliert, bisweilen auch „Posthistoire" genannt. Vom „Ende der Geschichte" spricht Francis Fukuyama;[32] Michel Foucault gesteht sogar, allerdings in anderem Zusammenhang, den „Mord der Geschichte"[33] ein. In der Tat scheint, wie das Wort „Posthistoire" suggeriert, die reale Geschichte der Menschheit ein gewisses Ende gefunden zu haben: einerseits durch eine globale Vernetzung der Märkte (Fukuyama), andererseits durch eine Organisation, die nur noch quantitativ innerhalb desselben Paradigmas (Wohlstand, Demokratie, Massenmedien) vorankommt, aber nicht mehr eine qualitativ verschiedene und bessere Zukunft vor sich hat (Gehlen). Dies ist eine dritte Richtung, in der sich das Krisenhafte des gegenwärtigen Geschichtsbewußtseins artikuliert.

Der Ausdruck „Posthistoire" fällt zuerst bei Arnold Gehlen im Zusammenhang der Nachgeschichte des Zweiten Weltkriegs.[34] Gehlen sagte damit einen Zustand der Überraschungslosigkeit voraus, das Sich-Einrichten im Umkreis der vorhandenen Leitvorstellungen ohne unkalkulierbare Alternativen. Geschichte reduziere sich in dieser Perspektive auf das bloße Funktionieren des technisch-sozialen Systems der Industriegesellschaft im Weltmaßstab. Gehlen nannte dies „Geschichte im Zustand der Kristallisation": bloßes Funktionieren der verwalteten Welt und ein Kulturbetrieb als Makulatur, der den Verlust intellektueller Innovationskraft und das Gleichgültigwerden von Lebenserfahrung maskiere.[35]

In dieser Richtung denkt Francis Fukuyamas weiter. Er ist der Auffassung, daß mit dem Jahr 1989, als dem demokratischen Ordnungssystem westlichen Zuschnitts eine allgemeinere Anerkennung als je zuvor zuteil wurde, der „endpoint of mankind's ideological evolution and the final form of human government" erreicht worden sei, was zugleich „the end of history"[36] bedeute:

„Das Ende der Geschichte wird eine sehr traurige Zeit sein. Der Kampf um Anerkennung, die Bereitschaft, sein Leben für ein völlig abstraktes Ziel einzusetzen, der weltweite ideo-

---

[31] ANGEHRN 1985, 88 f.; vgl. auch: „Auf der Basis der industrialisierten Gesellschaft und ihres technisch vermittelten Verkehrs ist die Interdependenz der politischen Ereignisse und die Integration der sozialen Beziehungen über das vor zwei Jahrhunderten auch nur vorstellbare Maß hinaus so weit fortgeschritten, daß innerhalb dieses Kommunikationszusammenhangs zum ersten Mal die partikularen Geschichten zur Geschichte der einen Welt zusammengewachsen sind. (...) Andererseits wird ... die von der Theologie philosophisch rezipierte Rahmenvorstellung der Geschichte als Totalität fragwürdig." (HABERMAS 1993, 278).
[32] FUKUYAMA 1989, 3-25.
[33] FOUCAULT 1973, 25.
[34] Vgl. GEHLEN 1975, 115-133: „Ende der Geschichte?", dort 126.
[35] Vgl. GEHLEN 1975, 127 f.
[36] Auf deutsch in FUKUYAMA 1989, 4.

logische Kampf, der Wagemut, Tapferkeit und Phantasie hervorbrachte, und der Idealismus werden ersetzt durch wirtschaftliche Kalkulationen, endloses Lösen technischer und Umweltprobleme, und die Befriedigung ausgefallener Konsumentenwünsche. In der posthistorischen Periode wird es weder Kunst noch Philosophie geben, sondern nur mehr bloß die ständige Pflege des Museums der Menschheitsgeschichte. Wir selber und andere um uns fühlen eine starke Nostalgie nach der Zeit, in der es noch Geschichte gab."[37]

Das „Ende der Geschichte" bedeutet hier also gerade nicht, daß die Geschichte an ihr wesentliches Ende und somit in die Fülle ihres Wesens gelangt ist. Vielmehr sieht man sie bloß „aufhören" und „verenden" in dem Sinne, daß sie nicht länger zu Neuem führt, sondern nur mehr den Status quo perpetuiert und universal ausbreitet. Was fortan herrscht, ist das bloße Und-so-weiter, das von der Zukunft nur schon Bekanntes erwarten läßt und sich ohne Bezug auf ein wesentliches Ende immer ziel- und sinnloser gebärdet.[38]

Der Gegenwart ermangelt es an echter Zukunft: So erhellend und tiefsinnig diese Diagnose auch sein mag, die sich hinter dem flotten Reden vom „Ende der Geschichte" verbirgt, darf sie nicht darüber hinwegtäuschen, daß es nicht darum gehen kann, ein tatsächlich erfolgtes Ende zu konstatieren. Kants kritische Beschränkung des Totalitätsgedankens bleibt nämlich auch in bezug auf die Rede vom „Ende der Geschichte" gültig. Auf dem Spiel steht vielmehr eine Option zur „Beendigung".

„Wo ereignet sich demgemäß das Ende der Geschichte, wenn seiner Vorstellung – und das bleibt bestehen – keine objektive Realität entspricht, weil sowohl Ende wie Endlosigkeit keine Gegenstände möglicher Erfahrung sind? Dazu ist zu sagen: *So wie ... es Geschichte nur durch das Handeln der Menschen gibt, ... kann über das Ende als Sinn und Ziel des Geschehens nur jeweils im Ereignis des Handelns entschieden werden.*"[39]

4 Was können Geschichtskonstruktionen noch zur Gegenwartsorientierung beitragen?

Was in den vielfältigen Weisen des Abgesangs auf die Geschichte gegenwärtig mit dem Präfix „Post" versehen und verabschiedet wird, ist unterschiedlichster Natur, das wurde deutlich.[40] Ihren gemeinsamen Nenner finden die genannten Positionen jedoch zumeist darin, daß sie ein Verständnis von Geschichte voraussetzen, welches unser Bild von der Vergangenheit ganz von gegenwärtigen Interessen und Sollensverpflichtungen her *konstruiert* weiß.

Die diesbezüglich radikalste Position vertritt gegenwärtig Hans Kellner. Er verneint sogar, daß es „da draußen"[41] überhaupt eine Geschichte gibt, die verlangte, dargestellt zu

---

[37] FUKUYAMA 1989, 25.

[38] Diese inhaltliche Übereinstimmung Fukuyamas mit postmodernen Positionen erstreckt sich nur auf Elemente des Befunds als solchen; die theoretischen Denkmittel, kraft deren er den Eintritt in eine Posthistoire diagnostiziert, entnimmt Fukuyama gänzlich Hegels Geschichtsphilosophie in der Interpretation von Kojève, also einer gerade nicht postmodernen Denkweise (vgl. PÖGGELER 1995).

[39] LANDGREBE 1967, 200.

[40] Vgl. RORTY 1996, 201-234.

[41] „Il n'y pas de hors-texte" lautete ein berühmtes strukturalistisches und auch im Poststrukturalismus noch gültiges Diktum von Jacques Derrida, das die Vorrangigkeit von Sprache und die

werden und die vom methodisch sorgfältig vorgehenden Historiker auch hätte dargestellt werden können. Kellners Programm lautet: „Getting the Story crooked"[42]. Darin verabschiedet er die Auffassung, die geschichtliche Wirklichkeit sei uns zugänglich und die Geschichtssprache biete „wie ein Brennglas" Durchblicke auf sie, also historische Repräsentationen. Sprachliche Vermittlung bedeutet für Kellner jetzt generell nicht mehr, daß eine beschreibbare und allgemein verbindliche „Realität" außerhalb der Sprache abgebildet wird, sondern daß Sprache Realität konstruiert. Kellner treibt die Versprachlichung so weit, daß er selbst noch die Umwelt eines Textes textualisiert. Selbst das Außen des (Geschichts-) Textes, der Kontext, sei nur mehr und überhaupt erst als Text da. Hinter Texten und außerhalb von Texten gebe es immer nur andere Texte und Sprachzeichen in endloser Folge, die sich im Dunkel der Vergangenheit verliere. Hinter den Zeichen gebe es ansonsten keine Realität. Nicht bloß die Vergangenheit, sondern Wirklichkeit überhaupt wird hier zum Produkt von Sprache, zum sprachlichen Artefakt. Etwas *ist* erst dann da, wenn darüber gesprochen wird, wenn es als Sprachtext vorhanden ist.[43] Kellner gesteht zwar zu, daß dieses Sprachapriori schwer nachvollziehbar ist, denn unsere Sprache scheint immer Dinge „da draußen" zu implizieren, und wir haben nur diese Sprache, um zu sagen, daß es dieses „da draußen" gar nicht gibt. Hellhörig werde man jedoch für die enorme Schlüsselstellung der Sprache, so Kellner weiter, wenn die Sprache einmal ihren Dienst einstelle, wenn sie aufhöre, wie sich mit Heidegger sagen ließe, „zuhanden zu sein", wenn also der durch die Geschichtssprache vermittelte Durchblick auf die historische Wirklichkeit sich trübe und unscharf werde. Damit es dazu komme, müsse gegebenenfalls nachgeholfen werden. Von daher lautet Kellners Programm: What counts is to get the story crooked.

Mit dieser Position gerät freilich mehr ins Wanken als nur die Geschlossenheit der „Grandes Histoires" und Makrogeschichten. Wo nicht nur aller Sinnzusammenhang dem der Historie vorgegebenen Material von der Gegenwart aus retrospektiv imputiert wird, sondern sogar verneint wird, daß es einen „hors-texte", eine Text-Umwelt überhaupt gibt, fragt sich, ob eine so verstandene Geschichte der Gegenwart bei ihrer Suche nach Selbstvergewisserung und Handlungsanleitung überhaupt noch dienlich sein kann:

Das moderne historische Denken vermochte noch eine Vergangenheit, Gegenwart und Zukunft übergreifende Richtungsbestimmung zeitlicher Veränderungen des Menschen und seiner Welt vorzulegen, es konnte den Zeitgenossen und seinen Standpunkt in dieser ihn

---

Nichthintergehbarkeit der Zeichen behauptet. Sprache sei unserer Wahrnehmung und der Welt immer schon vorgeschaltet, die Realität hinter den Zeichen unverfügbar (so DERRIDA 1988, 274). Durch die Überbetonung der Textualität löst sich freilich die besonders für die Alltagsgeschichte zentrale Kategorie der „Erfahrung" im interpretativen Säurebad auf wie schon zuvor die Prozeß- und Strukturkategorien besonders der Makrogeschichte.

[42] KELLNER 1989, VII f.

[43] Anzuerkennen, daß sprachliche Repräsentationen Realität schaffen und verändern können, impliziert nicht, daß umgekehrt nur das existiert, was als Repräsentation vorhanden ist. Bei aller berechtigten Betonung des wirklichkeitsstiftenden Charakters von Sprache muß dennoch gewarnt werden vor der „hubris of wordmakers who claim to be makers of reality", meint TOEWS 1987, 906.

umgreifenden Bewegung verorten;⁴⁴ dieses Wissen konnte sodann als wesentlicher Bestimmungsfaktor handlungsleitender Absichten und identitätsbildender Selbstverständigung der Lebenspraxis zur Verfügung gestellt werden. Eben dies wird im Rahmen der strukturalen Erzähltheorie nun für wissenschaftlich unzulässig erklärt, weil es ein „objektivistisches" Verständnis von Geschichte voraussetze. Umgekehrt scheint nun aber das, was im Zeichen von Narrativismus und Strukturalismus an retrospektiv entworfener Vergangenheit der Gegenwart noch andemonstriert werden kann, für aktuelle Handlungsorientierung nichts Erhebliches und vor allem nichts Neues mehr abzuwerfen, was nicht schon zuvor und viel unverblümter auf dem Boden gegenwärtiger Praxis hätte gesagt und entschieden werden können. Wenn es „da draußen" sowieso keine Geschichte gibt, die sich konsultieren ließe, und, gäbe es sie, Geschichts- und lebensweltlicher Handlungszusammenhang nicht ineinander geblendet werden könnten, ist nicht einzusehen, warum Handlungsabsichten nicht generell aus dem Stand entworfen werden sollten, d.h. ohne zuvor mit großem methodischem Aufwand eine Vergangenheit zu (er-)finden, an die anzuknüpfen wäre.

„Geschichte als reiner Rekonstruktion aus dem Horizont der Gegenwart fehlt wesentlich das [über das Interesse bloß an Totalität hinausreichende (r.h.)] praktische Interesse, denn sie leistet der Gegenwart nichts, was sie nicht besser in sich selbst fände. Nur so kann andererseits Historie als nicht-notwendige Tätigkeit des menschlichen Geistes gedeutet werden."⁴⁵

Ein Rekurs in die Vergangenheit scheint also – unter *diesen* Bedingungen – irgendwie überflüssig, denn sie böte uns nicht mehr das Andere zu unserem aktuellen Bewußtsein. Wo es gleichwohl – unter diesen Bedingungen – zu einer Rückschau in die Vergangenheit käme, würde sie, so steht zu vermuten, weniger nach rein immanenten geschichtstheoretischen Kriterien beurteilt, als vielmehr danach, ob sie den zur Zeit geltenden ethischen Standards politischer Korrektheit entspricht. Vergangenheit würde wohl immer nur vergegenwärtigt als Bestätigung und nicht als Korrektiv dessen, was die aktuelle Lebenspraxis als Absicht hegt. Nietzsches Forderung, die Historie müsse sich in den Dienst des Lebens stellen, und sein Wunsch, die Historie solle zum Kunstwerk werden,⁴⁶ schiene hier zwar eingelöst, insofern man bereit ist, das Herstellen von Vergangenheit als Kunst zu bezeichnen. Der alte Topos „historia magistra vitae" hätte sich – postmodern – umgekehrt in „historia ancilla vitae". Die Historie allerdings verlöre, wo sie ganz auf die Bedürfnisse des gegenwärtigen Lebens zugeschnitten ist, jede Eigenständigkeit und wissenschaftliche Beweiskraft. Sie

---

⁴⁴ Heidegger sieht darin gerade das Eigentliche des historischen Bewußtseins: „Erst wenn Geschichte so gesehen wird, daß die eigene Wirklichkeit in diesen Zusammenhang [von Vergangenheit, Gegenwart und Zukunft (r.h.)] mit hineingesehen wird, kann man sagen, daß das Leben um die Geschichte, in der es steht, weiß, daß ein historisches Bewußtsein da ist. Die eigene Epoche wird erfahren als Situation, in der die Gegenwart selbst steht, und das nicht nur gegenüber der Vergangenheit, sondern zugleich als Situation, in der sich die Zukunft entscheiden wird bzw. entschieden hat. So ist das Wachwerden und Wachsein des historischen Bewußtseins nicht selbstverständlich und dem Leben gegeben. Es ist vielmehr eine Aufgabe, es zu entwickeln." (HEIDEGGER KV, 145).

⁴⁵ HARDTWIG 1974, 390.

⁴⁶ S.o. *Einleitung*, Abschnitt 2, Fußnote 38.

könnte nach Bedarf als Sinnverstärker bezahlt und politisiert werden. „Geschichte ist hier bloß eine kulturelle Arabeske auf Herrschaftsinteressen."[47]

5 Ergebnis und Kritik

Je mehr man von Autoren wie Baumgartner, Rüsen usw. lernt, daß unser Bild von der Vergangenheit von gegenwärtigen Interessen und Sollensverpflichtungen her konstruiert wird, desto weniger erscheint sie als das Andere zu unserem aktuellen Bewußtsein, für das sich zu interessieren reizvoll und möglich wäre. Dies hat freilich unmittelbare Konsequenzen auch für die Frage „Was heißt in der Geschichte stehen?" Unter den Voraussetzungen des narrativistischen und poststrukturalistischen Denkens löst sie sich auf. Sie wird – im wahrsten Wortsinn – gegenstandslos, ohne doch wirklich gelöst zu sein. Es bliebe unter den genannten konstruktivistischen Voraussetzungen allenfalls die Frage, ob und wo das historische Denken gegenwärtig die Kraft hat, etwas aufzuzeigen, was über die Rekonstruktion der Genese seiner eigenen Abschaffung hinauswiese.

Die referierten Provokationen des postmodernen Denkens haben indes den harten Kern der historischen Normalwissenschaften nicht erreicht und bislang nicht zwingen können, die Idee von der Einheit der Geschichte oder etwa den Unterschied zwischen Geschichte und Fiktion aufzugeben. Zu sagen, das Geschichtsdenken sei gegenwärtig in einer Krise, ist sicher richtig, wenn man darunter versteht, daß die Geschichte der letzte Horizont sei und daß die Geschichtsphilosophie die eigentliche Metaphysik sein sollte. Aber in anderer Hinsicht ist das Geschichtsdenken nicht bedroht. Wenn unter dem Signum der Postmoderne beispielsweise Skepsis gegenüber der Idee einer Universalgeschichte und ihrer Rechtfertigungsfunktion aufkommt, dann nützt das gerade dem historischen Sinn. Und wenn der Strukturalismus die Priorität der synchronen vor der diachronen Analyse betont und die Rolle des Bewußtseins nicht so hoch ansetzt wie es im Transzendentalismus der Fall war, so schärft dies ebenfalls vor allem den historischen Sinn.

Dringlicher als die Rede von ihrem Ende ist daher in Anbetracht der Geschichte gegenwärtig ein anderes Problem: Es stellt sich die Frage, ob wir (und eine ebenso entscheidende Frage ist, *wer* damit sinnvollerweise jeweils gemeint sein kann) *unsere* Geschichte bzw. die geschichtliche gewordene Gegenwart als „zustimmungsfähig" sehen können und wollen und an welchen Teil unserer Geschichte wir „anknüpfen" sollen und auch können. Welche Tradition also sollten wir wählen?

Wenn es oben hieß, im postmodernen Empfinden und Denken löse sich das Problem „Was heißt in der Geschichte stehen?" auf – als ob diese Frage, so wie sie eines Tages aus einer bestimmten geistigen Lage entstand (s.o. *Erster Teil*, Kap. II.1), jetzt wieder verschwinde – so zeigt sich nun, daß sie nach wie vor aktuell ist, freilich in leicht gewandelter Form, die noch weniger gestattet, aus unserer faktischen Existenz ins Zeitlose auszuweichen: „Was heißt in unserer Geschichte stehen?"

---

[47] RÜSEN 1983, 62.

Schluß

Lange bevor Geschichte – in der Neuzeit – ausdrückliches Thema der Philosophie wurde, war sie bereits ein Thema der Theologie und wird dort auch künftig eine Angelegenheit ersten Ranges bleiben. Die ersten großen Geschichtsdenker waren Theologen. Wo sich in der Vergangenheit Philosophen ausdrücklich des Themas „Geschichte" annahmen, war ihr Denken zumindest „theologisch motiviert"; man denke an Hegel, Schelling, Schleiermacher, Kierkegaard, Dilthey, Nietzsche und Heidegger. Zum Teil ist dies noch heute der Fall, so bei Odo Marquard und Hermann Lübbe.

Vieles spricht dafür, daß das Konzept „Geschichte" letztlich der jüdisch-christlichen Glaubenstradition entstammt. Dort setzte sich zuerst die Einsicht durch, daß Menschsein verstanden und gelebt werden müsse als „Unterwegs-Sein zu einem Ziel". Dazu kam es freilich nicht aus bloß menschlicher Entscheidung. Die geschichtlichen Aufbrüche des alttestamentlichen Gottesvolkes hin auf ein Ziel erfolgten vielmehr stets in Reaktion auf ein theologisch gedeutetes Ereignis: Sie verstanden sich als Antwort auf einen zuvor von seiten Gottes ergangenen Ruf. Zum Aufkommen der eschatologischen Perspektive innerhalb der jüdischen Glaubenstradition gehört schließlich das Erwachen auch der Messias-Erwartung. Das Unterwegs-Sein des Volkes war so zudem getragen von der Überzeugung, der erwartete Messias werde von sich aus und zu seiner Zeit auf das Volk zukommen, als Zu-kunft im radikalen Sinn.

Wenn es also auf jüdisch-christlichem Boden erstmals zur Deutung menschlichen Seins als „Geschichte" kam, verdankte sich dies der wiederholten Erfahrung göttlicher Initiative. Sie war es, die immer wieder herausrief aus den Gewohnheiten des Alltags in zuvor ungeahnte Möglichkeiten. Die zu unterschiedlichen Zeiten ergangenen Rufe stellten diejenigen unvorhersehbaren und nicht ableitbaren „Widerfahrnisse" dar, die aus bloßem menschlichen Handeln erst Geschichte werden ließen. Solche Initiativen – in ihrer Zielgerichtetheit für die betroffenen Menschen häufig genug unverständlich und undurchschaubar – stachelten zur Sinnkreation auf und machten das Erlebte durchbuchstabieren als Geschichte, als Zusammenspiel von ergangenem Ruf und menschlichem Antwortversuch. Jede neue Initiative Gottes ließ dabei zu ihrer Verständlichmachung auf schon gewonnene Erfahrungen zurückgreifen. Jede neue Wendung im Fortgang der Geschichte, jeder Ruf in eine bislang ungeahnte Richtung konnte umgekehrt den Erfahrungsschatz der Vergangenheit in ein neues Licht rücken und seine Neuinterpretation provozieren. Heideggers Gedanke vom „Seinsgeschick" ist – rein formal betrachtet – diesem in der Bibel grundgelegten Verständnis von Geschichte wesensverwandt, insofern handelt es sich dabei durchaus um einen „frommen" Gedanken. Hier wie dort wird menschliches Denken und Tun als „Antwort" gelesen, hier wie dort wird der Sinnzusammenhang menschlicher Geschichte verstanden aus einem vorgängigen Geschick, das nie vollständig in die Helligkeit eines Wissens transponiert werden kann, das aber zu ständiger Neuinterpretation Anlaß gibt.

In ihrer vertikalen Ausrichtung auf göttliche Initiativen, die aus unergründlichen Höhen oder Tiefen immer wieder neu ins Irdische hineinbrechen, gewinnen die Personen der Bibel eine einzigartige geschichtliche Tiefe. Im Laufe eines schicksalreichen Lebens differenzieren sie sich zu voller Eigentlichkeit. Ständig stehen sie unter dem bisweilen harten Zugriff Gottes, der sie nicht nur einmal geschaffen und auserwählt hat, sondern dauernd an ihnen weiterbildet, sie biegt und knetet, ohne sie doch in ihrem Wesen zu zerstören, und schließlich aus ihnen Formen herausholt, die ihre Jugend kaum vorausahnen ließ. Diese Einzigartigkeit der biblischen Literatur und der in ihr bezeugten *geschichtlichen* Wirklichkeitswahrnehmung hat mit rein literaturwissenschaftlichen Mitteln Erich Auerbach in seinem Werk „Mimesis" herausgearbeitet. Durch die Gegenüberstellung zweier Passagen aus bekannten epischen Texten der Antike – der homerischen Odyssee und der elohistischen Abrahamsgeschichte – läßt er den Unterschied zwischen der flächig-zeitlosen homerischen Gegenwart und der tiefengeschichteten biblischen „Geschichte" unübersehbar hervortreten. „Man kann Homer analysieren, ... aber man kann ihn nicht deuten"[1], lautet schließlich Auerbachs Fazit. Warum im Gegensatz dazu die biblischen Erzählungen eine Deutungsarbeit provozieren, ja sogar einen Prozeß permanenter Neuinterpretation in Gang setzen, aus dem sich die Genese des biblischen Kanons verstehen läßt und der mit dem Abschluß der Kanonbildung nicht etwa abreißt, sondern unter anderem Namen, nämlich als „kirchliche Auslegungstradition", weitergeht, erklärt Auerbach ausführlicher. Das sei hier referiert:

Die in den homerischen Texten dargestellte Wirklichkeit enthält nichts weiter als sie selbst. Homers Welt kennt keinen Hintergrund und keine Schatten. Alles, was von ihr berichtet wird, steht lückenlos im Vordergrund und ist gleichmäßig ausgeleuchtet. Was erzählt wird, ist jeweils allein Gegenwart und füllt den Schauplatz des Geschehens ganz aus. Für Homer müssen alle Erscheinungen in allen ihren Teilen tastbar und sichtbar sein. Wo in der Erzählung von der Heimkehr des Odysseus zurückgegriffen wird auf Vergangenes, da wird dies nicht der Gegenwart als Vergangenheitshintergrund unterlegt oder dem Gegenwartsbewußtsein des Odysseus als Erinnerung beigesellt, so daß sich die Gegenwart als Vordergrund perspektivisch zur Vergangenheit hin öffnete und Spannung und Tiefendimension gewänne. Homer vereitelt jeden perspektivischen Eindruck im vornherein dadurch, daß er das Vergangene einfach für eine Weile als neue Gegenwart in den Vordergrund rückt und genauso gründlich ausleuchtet wie zuvor alles andere: „nirgends eine Fragment gebliebene oder nur halb beleuchtete Form, nirgends eine Lücke, ein Auseinanderklaffen, ein Blick in unerforschte Tiefen". Bei Homer ziehen alle geschilderten Erscheinungen stets im Vordergrund vorüber, „in voller örtlicher und zeitlicher Gegenwart"[2]. Auch das Bewußtseinsleben der dargestellten Personen ist hell ausgeleuchtet. Von ihren inneren Vorgängen bleibt nichts verborgen und unausgesprochen. „Ohne Rest, auch im Affekt wohldisponiert, geben die Menschen Homers ihr Inneres in der Rede kund; was sie nicht zu anderen sagen, das sprechen sie im eigenen Herzen, so daß es der Leser erfährt."[3] Das hat natürlich etwas Betörendes: Die Wirklichkeit, von der Homer spricht, ist so sinnlich und voll gegenwärtig, daß sie für sich selbst bestehen kann. Sie hat keine Geschichte und braucht wohl auch keine. Man

---

[1] AUERBACH 1994, 16.
[2] AUERBACH 1994, 9.
[3] AUERBACH 1994, 8.

kann sich in sie versenken und gleichwohl wissen, daß es sich dabei bloß um eine „Sage" handelt, wovon auch Homer selbst ausging. „Homer hat es nicht nötig, auf die geschichtliche Wahrheit seiner Erzählung zu pochen, seine Wirklichkeit ist stark genug."[4]

Wie anders dagegen die Welt des Alten Testamentes und ihrer Personen. An der Erzählung vom Opfer Isaaks (Gen 22, 1-19), deren historische Wahrheit nicht besser bezeugt ist als die der Odysseus-Geschichte, illustriert Auerbach die Beschaffenheit der biblischen Wirklichkeitswahrnehmung. Ähnlich der Erzählung von der Heimkehr des Odysseus, der von seiner Frau Penelope zunächst nicht erkannt wird, spitzt sich auch in der Erzählung vom Opfer Isaaks ein größerer Erzählzusammenhang auf einen dramatischen Punkt zu. Doch anders als bei Homer liegt in der biblischen Erzählung das meiste im Dunkel und bleibt unausgeformt. An welchem Ort sich die beiden Unterredner – Gott und Abraham – befinden, wird nicht mitgeteilt. Keiner erfährt, woher Gott kommt, als er sich Abraham zuwendet. Er kommt von „irgendwoher"; jedenfalls nicht wie Zeus oder Poseidon von den Äthiopen, wo er sich am Opfermahl erfreut hat. Auch wird nicht mitgeteilt, was ihn bewogen hat, Abraham so schrecklich zu versuchen. Gott gibt seinen Befehl, aber er verschweigt sein Motiv. Seine Gründe hat er nicht wie Zeus mit den anderen Göttern auf einer Ratsversammlung in geordneter Rede besprochen. Unvermutet und rätselhaft fährt er aus unbekannten Höhen oder Tiefen in die Szene hinein und ruft: „Abraham!". Auch von Abraham wird nur dasjenige beleuchtet, was unbedingt von ihm bekannt sein muß, damit hervortritt, wie schrecklich die Versuchung ist, in die er gestürzt wird, und daß Gott sich dessen wohl bewußt ist. Alle Zeitangaben sind in dieser Erzählung nur dazu bestimmt, das Pünktliche und Genaue seines Gehorsams darzulegen. Die Konzentration des Lesers ist ganz zugespitzt auf die gegenwärtige Krise.

Die Betrachtung des elohistischen Textes lehrt, wie einzelne Personen „hintergründig" dargestellt werden können. Gott ist es immer in der Bibel. Er ist nicht in seiner Gegenwart umgreifbar wie Zeus. Es erscheint immer nur „etwas" von ihm, er reicht stets in unauslotbare Tiefe. Auch die Menschen der biblischen Erzählungen sind hintergründiger als diejenigen Homers. Sie haben mehr Zeiten-, Schicksals- und Bewußtseinstiefe. Obgleich sie fast immer in einem sie in Anspruch nehmenden Ereignis befangen sind – dem Vordergrund der Erzählung – gehen sie doch nie ganz darin auf. Was früher und anderswo mit ihnen geschah, ist als Hintergrund stets präsent. So erklärt sich Abrahams Handlungsweise nicht allein aus dem, was ihm gegenwärtig widerfährt, auch nicht bloß aus seinem Charakter (wie die des Odysseus aus seiner Gewandtheit und klugen Berechnung), sondern *aus seiner früheren Geschichte*. Abraham erinnert sich, es ist ihm dauernd bewußt, was er zuvor schon mit Gott erfahren hat. Man ahnt, daß er während seines Schweigens an die ergangene Verheißung denkt und an das, was davon schon in Erfüllung gegangen ist. Weil Abrahams Vergangenheit und die ihm verheißene Zukunft in der Erzählung stets mit da ist, ist sein Seelenzustand vielschichtig, hintergründig, ja sogar abgründig: Er ist gespannt zwischen verzweifelter Empörung und hoffender Erwartung. Und schließlich wird er aus dieser Geschichte als ein anderer hervorgehen. Odysseus ist bei seiner Heimkehr im Grunde ganz

---

[4] AUERBACH 1994, 15.

derselbe, der, zwei Jahrzehnte zuvor, Ithaka verließ. Abraham indes ist in nur wenigen Tagen ein anderer geworden. Und so ergeht es fast allen biblischen Gestalten: Man denke an das Schicksal, das zwischen dem jungen Jakob liegt, der sich den Erstgeborenensegen erschlich, und dem alten, dessen Lieblingssohn ein wildes Tier zerrissen hat; oder an den jungen Harfenspieler David und den alten König, der in leidenschaftliche Intrigen verwickelt ist. „Schwer von ihrem Gewordensein, zuweilen bis zur Verwitterung gealtert, zeigen sie eine individuelle Ausprägung, die den homerischen Helden ganz fremd ist."[5] Das Vielschichtige innerhalb des einzelnen Menschen kennt demgegenüber Homer höchstens in der Form des bewußten Zweifels zwischen zwei möglichen Handlungsweisen; auch zeigt sich ihm die Vielfalt menschlichen Seelenlebens nur im Nacheinander, im Sichablösen der Affekte.

„… indes es den jüdischen Schriftstellern gelingt, die gleichzeitig übereinander gelagerten Schichten des Bewußtseins und den Konflikt derselben zum Ausdruck zu bringen. Die homerischen Gedichte, deren sinnliche, sprachliche und vor allem syntaktische Kultur so viel höher ausgearbeitet erscheint, sind doch in ihrem Bild vom Menschen vergleichsweise einfach; und sie sind es auch in ihrem Verhältnis zu der Wirklichkeit des Lebens, welche sie schildern, überhaupt …"[6]

Homers Texte kann man analysieren, aber nicht eigentlich deuten, weil die Wirklichkeit, die sie darstellen, ganz Gegenwart oder mit Heidegger gesprochen: immer nur Anwesenheit ist; nichts in ihr bleibt hintergründig und rätselhaft, nichts taucht aus fernen Tiefen auf, alles ist hinreichend ausgeleuchtet, im Vordergrund gegenwärtig, nach und nach aufmarschierend und einsehbar. Alles Querlaufende, aller Reibungswiderstand, alles Sonstige und Sekundäre ist ausgewaschen. Homers Welt hat keine Geschichte. Weil alles im Licht steht, enthalten Homers Texte auch keine Lehre und keinen geheimen zweiten Sinn. Ganz anders dagegen die biblischen Erzähltexte: Sie sind aus ihrem eigenen Inhalt heraus deutungsbedürftig, denn sie verschweigen das meiste. Doch indem sie eine grübelnde Vertiefung in ihre bloß lückenhaft dargestellte, dafür aber tiefgründige Wirklichkeit provozieren, die soviel Andeutungen über Gottes Wesen und die Haltung des Frommen macht, erheben sie zugleich einen absoluten Wahrheitsanspruch. Die biblischen Texte wollen uns nicht bloß – wie diejenigen Homers – unsere eigene Wirklichkeit für einige Stunden vergessen lassen, sie verlangen, daß wir unsere gegenwärtige Wirklichkeit ihnen, ihrer Wahrheit und ihrem weltgeschichtlichen Rahmen unterwerfen. Von der bei Homer dargestellten Wirklichkeitsfülle könnte man sich verzaubern lassen, aber man muß nicht an sie glauben. Der Verfasser der Erzählung von der Versuchung des Abraham mußte jedoch mit Leidenschaft an die Wahrheit seiner Geschichte und der dort dargestellten Welt glauben, und er verlangt dies auch von seinen Lesern. Deshalb auch waren seiner ausmalenden Phantasie enge Grenzen gesetzt. Er hatte die ihm vorausliegende fromme Überlieferung wirksam zu redigieren, so daß die Nachgeborenen ihr eigenes Leben in dieser Geschichte wiederfinden und ihre eigene Wirklichkeit in den dort gegebenen Rahmen, der sich im Anwachsen des alttestamentlichen Kanons

---

[5] AUERBACH 1994, 20.
[6] AUERBACH 1994, 15.

mehr und mehr zu einem weltgeschichtlichen Rahmen ausweitete, einfügen konnten. Die Welt der biblischen Geschichten tritt nicht bloß mit dem Anspruch auf, eine geschichtlich wahre Wirklichkeit zu bieten, sondern sie beansprucht, die einzig wahre Welt zu sein, in deren Rahmen sich alle anderen Wirklichkeitsbereiche einfügen lassen.

Infolge des unerbittlichen Wahrheitsanspruchs der Wirklichkeit des Alten Testaments, so resümiert Auerbach, wird das Deuten im Einzugsbereich der jüdischen Kultur zu einer allgemeinen Methode der Wirklichkeitsauffassung. Die jeweils neu in den Gesichtskreis tretende fremde Welt muß so ausgelegt werden, daß sie sich in den jüdisch-religiösen Rahmen einfügen läßt. Das wirkt freilich auf den Rahmen zurück, der entsprechender Erweiterung und Modifizierung und der ständigen deutenden Veränderung seines Inhalts bedarf, um seinen Anspruch einlösen zu können. Die eindrucksvollste Deutungsarbeit erfolgte, so Auerbach, in den ersten Jahrhunderten des Christentums, als die jüdische Überlieferung umgedeutet wurde in eine Reihe von Präfigurationen des Erscheinens Christi und sogar dem Römischen Reich ein Platz innerhalb des göttlichen Heilsplans zugewiesen wurde. Der Prozeß permanenter Neuinterpretation sei erst da ins Stocken geraten, so Auerbach weiter, wo – in der Neuzeit – durch radikale Veränderung der menschlichen Lebenswelt und durch das Erwachen des kritischen Bewußtseins der Herrschaftsanspruch der jüdisch-christlichen Wirklichkeitsauffassung ins Wanken geriet. Erst da wurde – im theologischen Rückzug – die Methode des Deutens mißachtet und preisgegeben zugunsten einer akademischen Beschäftigung mit vermeintlich auslegungsfreien „historischen Fakten" oder – im Gegenschlag – einem lehramtlichen Insistieren auf völlig „zeitlosen", immergleichen Lehrgehalten. Dadurch verkamen die biblischen Geschichten zu alten Sagen und die von ihnen losgelöste Lehre zu einem körperlosen Gebilde, das kaum mehr ins Sinnlich-Lebendige dringt, bestenfalls noch ins Persönlich-Schwärmerische abgleitet. –

Die Philosophie, so mutmaßte Heidegger, werde erst dann dahinterkommen, was Geschichte ist, wenn sie bedenkt, was es heißt, geschichtlich zu sein, und zwar im Leben und im Denken. Das gleiche gilt wohl auch für die Theologie. Auerbach hat am Beispiel des Patriarchen Abraham gezeigt, was es heißen könnte, geschichtlich zu sein; was es heißt, geschichtlich zu *denken*, veranschaulichen seine Hinweise auf die Tradition permanenter Neuinterpretation der in der Bibel bezeugten geschichtlichen Erfahrungen. Dabei denkt Auerbach als Literaturwissenschaftler den Interpretationsprozeß natürlich noch recht profan. Christlich gesprochen, haben wir es in den biblischen Schriften mit Dokumenten der Initiative Gottes zu tun, die nicht uns gehören. Es ist Gott selbst, der sich dort immerfort verdeutlicht nach Art von „geschichtlichen Schickungen", die, formal gesehen, den von Heidegger herausgestellten „Stößen des Seins" nicht unähnlich sind. Daß es dabei „immergleich" zugehen müsse, ist nicht gesagt. Faktisch sind die jeweiligen Initiativen Gottes jedenfalls stets als „Störfaktor" erlebt worden, als Aufruf zu einem Neueinsatz, zu einem radikalen Neubeginn und zum Bruch mit dem Bisherigen. Daß sich über solche Neueinsätze, Traditionsbrüche und Paradigmenwechsel hinweg eine Identität durchträgt, zeigt sich nicht an der Oberfläche, es ist nur für den Geübten erkennbar. Letztlich gehört es sogar zum Inhalt des christlichen Glaubens selbst: Man kann und darf es glauben.

Was läßt sich aus dem zuletzt Gesagten im Blick auf den Gang der ganzen Untersuchung resümieren? Unter den modernen Autoren, die sich von der „Natur" und der entsprechenden „Wesensmetaphysik" lösten und mit der „Geschichte" konfrontiert wurden, sind fast alle doch wieder der Macht der Zeitlosigkeit oder des Immergleichen erlegen,[7] auch die Narrativisten. Diese sehen zwar ganz richtig, daß Geschichte je in Geschichten da ist. Aber wie der Auerbachsche Hinweis zeigt, gehen sie nicht weit genug. Homer und der Verfasser der Abrahamsgeschichte erzählen beide, aber doch ganz anders! Die Narrativisten müssen sich konsequent mit den Feinheiten der literaturwissenschaftlichen Erzähltheorie befassen. Es geht ihnen aber nur, antinaturalistisch wie bei Kant, um die „Konstitution" von „Ereignissen" und „Ereigniszusammenhängen" überhaupt. Ihr Interesse ist rein erkenntnistheoretisch, „Geschichte" ist bloß der Anwendungsfall.

Einzig Heideggers Verständnis der Geschichte von den „Stößen" des „Geschicks" her hält im großen und ganzen den ursprünglichen Impuls durch, ohne ins Ungeschichtliche zu emigrieren. Da dieser Impuls einen Ursprung hat, der in der biblischen Tradition dokumentiert ist, kann es wohl nur in Rückbindung an diesen Ursprung für das Leben ebenso wie für Philosophie (und auch Theologie) „Geschichte" geben.

---

[7] Von seiten der Theologie erhofft man sich Mut zur Geschichte und Ermutigung zum Geschichtlichsein, das ja zum jüdisch-christlichen Proprium gehört. Aber manche, gar nicht auf die theologische, sondern auf die philosophische Vernunft ausgerichtete Passagen der päpstlichen Enzyklika *Fides et Ratio* von 1998 weisen eher in jene Richtung, die Rüdiger Brandner wie folgt charakterisiert: „Was ansteht, ist der Rückzug geschichtlichen Denkens aus sich selbst. Es mag seinen Preis nicht zahlen. Der Geschichtsbegriff wird auf einen Geltungsbereich begrenzt, seine Anwendung per Dekret eingeschränkt. Was ihm entzogen wird, ist die Vernunft selbst als maßgebliches Prinzip des Erkennens und Handelns. Geschichtlich sei allein der Prozess ihrer menschheitsgeschichtlichen Entfaltung, indem sie sich ihrer Alteration durch die Naturhaftigkeit des Menschen, ihre Affektion durch Trieb und Leidenschaft, Verblendung und Einbildungskraft, partikulären und gesellschaftlichen Interessen erst entwinden müsse." (BRANDNER 1994, 15 f.).

Literaturverzeichnis

Zitate wurden in der Regel nachgewiesen mit (1.) *Verfassernamen* und (2.) *Jahreszahl* der zitierten Ausgabe (der Erstausgabe, sofern diese mit der zitierten Ausgabe seitengleich ist) bzw. *Bandnummer* (bei Werkausgaben eines Autors) und (3.) *Seitenzahl*.

ANACKER, Ulrich / BAUMGARTNER, Hans Michael 1973: Art. „Geschichte", in: Krings, Hermann / Baumgartner, Hans Michael / Wild, Christoph (Hgg.), *Handbuch philosophischer Grundbegriffe* (6 Bde.). München 1973: Kösel, Bd. 1, 547-557.
ANGEHRN, Emil 1985: *Geschichte und Identität.* Berlin, New York 1985: De Gruyter.
ANKERSMIT, Frank R. 1988: Review of »J. Rüsen, Rekonstruktionen der Vergangenheit. Grundzüge einer Historik Bd. II«. In: *History and Theory* 27 (1988) 81-94.
— 1996: Die postmoderne „Privatisierung" der Vergangenheit. In: Nagl-Docekal 1996, 201-234.
ANTONI, Carlo 1973: *Dallo storicismo alla sociologia.* Firenze 1973: Sansoni.
ANZ, Heinrich 1982: Hermeneutik der Individualität. Wilhelm Diltheys hermeneutische Position und ihre Aporien. In: Birus, Hendrik (Hg.), *Hermeneutische Positionen: Schleiermacher, Dilthey, Heidegger, Gadamer.* Göttingen 1982: Vandenhoeck & Ruprecht, 59-88.
APEL, Karl-Otto 1976: *Transformation der Philosophie* (2 Bde.). Frankfurt 1976: Suhrkamp.
— 1979: *Die ‚Erklären:Verstehen'-Kontroverse in transzendentalpragmatischer Sicht.* Frankfurt 1979: Suhrkamp.
ARISTOTELES, *Die Lehrschriften* hrsg., übertragen und in ihrer Entstehung erläutert von Paul Gohlke. Paderborn 1947 ff.: Schöningh.
— *Poetik* (Lehrschriften Bd. 3, 2). Paderborn 1959.
— *Metaphysik* (Lehrschriften Bd. 5). Paderborn 1951.
— *Nikomachische Ethik* (Lehrschriften Bd. 7, 3). Paderborn 1956.
ASSMANN, Aleida 1997: Fluchten aus der Geschichte: Die Wiedererfindung von Tradition vom 18. bis zum 20. Jahrhundert. In: Müller / Rüsen 1997, 608-625.
AUERBACH, Erich 1994: *Mimesis. Dargestellte Wirklichkeit in der abendländischen Literatur.* Tübingen, Basel 1946, ^{9}1994: Francke Verlag.
BAMBACH, Charles R. 1995: *Heidegger, Dilthey, and the Crisis of historicism.* Ithaca, London 1995: Cornell University Press.
BARTHES, Roland 1966: Introduction à l'analyse structurale du récit. In: *Communications* [École pratique des Hautes Études Paris] 8 (1966) 1-27.
BAUMGARTNER, Hans Michael 1972: *Kontinuität und Geschichte. Zur Kritik und Metakritik der historischen Vernunft.* Frankfurt 1972: Suhrkamp.
— 1972a: Kontinuität als Paradigma historischer Konstruktion. In: *Philosophisches Jahrbuch* 79 (1972) 254-268.
— 1976: Thesen zur Grundlegung einer transzendentalen Historik. In: Baumgartner, Hans Michael / Rüsen, Jörn (Hgg.), *Seminar: Geschichte und Theorie. Umrisse einer Historik.* Frankfurt 1976: Suhrkamp, 274-302.

— 1978: / Saß, Hans-Martin, *Philosophie in Deutschland 1945-75. Standpunkte, Entwicklungen, Literatur.* Meisenheim a. Glan 1978: Hain.
— 1982: Ereignis und Struktur als Kategorien einer geschichtlichen Betrachtung der Vernunft. In: Luyten 1982a, 175-217.
— 1986: Art. „Geschichte, Geschichtsphilosophie". In: Görres-Gesellschaft (Hg.), *Staatslexikon.* Freiburg, Basel, Wien [7]1986: Herder, 924-936.
— 1993 (Hg.): *Das Rätsel der Zeit. Philosophische Analysen.* Freiburg, München 1993: Alber.
— 1994: (Hg.), *Zeitbegriffe und Zeiterfahrung.* Freiburg, München 1994: Alber.
— 1994a: Zeit und Zeiterfahrung. In: Baumgartner 1994, 189-211.
— 1996: Philosophie der Geschichte nach dem Ende der Geschichtsphilosophie. Bemerkungen zum gegenwärtigen Stand des geschichtsphilosophischen Denkens. In: Nagl-Docekal 1996, 151-172.
Benjamin, Walter 1977: *Illuminationen. Ausgewählte Schriften.* Frankfurt 1977: Suhrkamp.
Berger, Klaus 1996: Wahrheit und Geschichte. In: Borchmeyer 1996, 89-107.
Bien, Günther 1974: Art. „Hypolepsis". In: Ritter / Gründer 1971 ff., Bd. 3 (1974), Sp. 1252-1254.
Blanke, Horst Walter / Rüsen, Jörn 1984 (Hgg.): *Von der Aufklärung zum Historismus. Zum Strukturwandel des historischen Denkens.* Paderborn 1984: Schöningh.
Blumenberg, Hans 1960: Paradigmen zu einer Metaphorologie. In: *Archiv für Begriffsgeschichte* 6 (1960) 7-142 u. 301-305.
Bollnow, Otto Friedrich 1936: *Dilthey. Eine Einführung in seine Philosophie.* Stuttgart 1936, [3]1967: Kohlhammer.
Borchmeyer, Dieter 1996 (Hg.): *»Vom Nutzen und Nachteil der Historie für das Leben«: Nietzsche und die Erinnerung in der Moderne.* Frankfurt 1996: Suhrkamp.
Brandner, Rüdiger 1994: *Heideggers Begriff der Geschichte und das neuzeitliche Geschichtsdenken.* Wien 1994: Passagen-Verlag.
Braudel, Fernand 1958: Histoire et Sciences sociales. La longue durée. In: *Annales. Économies, Sociétés, Civilisation* 13 (1958) 725-753. Auf deutsch:
— 1976: Geschichte und Sozialwissenschaften. Die „longue durée". In: Wehler 1976, 189-215.
Brunner, Otto / Conze, Werner / Kosselleck, Reinhart 1972 ff. (Hgg.): *Geschichtliche Grundbegriffe. Historisches Lexikon zur politisch-sozialen Sprache in Deutschland* (8 Bde.). Stuttgart 1972-1997: Klett-Cotta.
Bubner, Rüdiger 1982: *Handlung, Sprache und Vernunft. Grundbegriffe praktischer Philosophie* [1976]. Neuauflage mit einem Anhang. Frankfurt [2]1982: Suhrkamp.
— 1984: *Geschichtsprozesse und Handlungsnormen. Untersuchungen zur praktischen Philosophie.* Frankfurt 1984: Suhrkamp.
Bultmann, Rudolf 1958: *Geschichte und Eschatologie.* Übersetzung der vom 7.2. bis 12.3.1955 in Edinburgh gehaltenen Gifford-Lectures. Tübingen 1958: Mohr.
Burckhardt, Jacob 1949 ff.: *Briefe. Vollständige und kritische Ausgabe.* Mit Benützung des handschriftlichen Nachlasses hergestellt von Max Burckhardt (11 Bde.). Basel, Stuttgart 1949 ff.: Schwabe.
— 1978: *Weltgeschichtliche Betrachtungen* [1905]. Hrsg. von Rudolf Marx. Stuttgart 1978: Alfred Kröner Verlag.

CARR, David 1985: Künftige Vergangenheit. Zum Vorrang der Zeitdimensionen bei Husserl, Dilthey und Heidegger. In: Orth (1985), 415-436.
CERTEAU, Michel de 1991: Das Machen von Geschichte. Methoden- und Sinnprobleme. In: Ders., *Das Schreiben der Geschichte*. Frankfurt 1991: Campus-Verlag, 31-70.
CICERO, Marcus Tullius 1990: *De oratore libri tres*. With introduction and notes by Augustus S. Wilkins. 2. Nachdruck der Ausg. Oxford 1892. Hildesheim, Zürich, New York 1990: Olms.
COMTE, Auguste 1979: *Rede über den Geist des Positivismus*. Übers., eingel. u. hrsg. von Iring Fetscher. Hamburg [1956] ³1979: Meiner.
— 1894: *Der Positivismus in seinem Wesen und seiner Bedeutung*. Übers. von E. Roschlau. Leipzig 1894: O. R. Reisland.
CRAMER, Konrad 1972: Art. „Erleben, Erlebnis". In: Ritter / Gründer 1971 ff., Bd. 2 (1972), Sp. 702-711.

DANTO, Arthur C. 1980: *Analytische Philosophie der Geschichte*. Übersetzt v. Jürgen Behrens. Frankfurt 1980: Suhrkamp. Original: Analytical Philosophy of History. Cambridge 1965.
DARWIN, Charles 1859: *On the origin of species by means of natural selection, or the preservation of favoured races in the struggle for life*. London 1860: Murray.
DERRIDA, Jacques 1988: *Grammatologie* [Paris 1967]. Übersetzt von Hans-Jörg Rheinberger und Hanns Hischler. Frankfurt [1974] ²1988: Suhrkamp.
DILTHEY, Wilhelm, *Gesammelte Schriften* (GS). Hrsg. von B. Groethuysen, G. Misch, H. Nohl u.a. Berlin, Leipzig 1913 ff.: B. G. Teubner; ab Bd. 10 Stuttgart, Göttingen: Vandenhoeck & Ruprecht.
— GS I: *Einleitung in die Geisteswissenschaften. Versuch einer Grundlegung für das Studium der Gesellschaft und Geschichte*. Hrsg. von B. Groethuysen. Stuttgart, Göttingen ⁸1979.
— GS II: *Weltanschauung und Analyse des Menschen seit der Renaissance und Reformation*. Hrsg. v. G. Misch. Stuttgart, Göttingen ¹⁰1977.
— GS IV: *Die Jugendgeschichte Hegels und andere Abhandlungen zur Geschichte des deutschen Idealismus*. Hrsg. v. H. Nohl. Stuttgart, Göttingen ⁵1975.
— GS V+VI: *Die geistige Welt: Einleitung in die Philosophie des Lebens*.
  GS V Erste Hälfte: *Abhandlungen zur Grundlegung der Geisteswissenschaften*. Hrsg. v. G. Misch. Stuttgart, Göttingen ⁸1990.
  GS VI Zweite Hälfte: *Abhandlungen zur Poetik, Ethik und Pädagogik*. Hrsg. v. G. Misch. Stuttgart, Göttingen ⁶1978.
— GS VII: *Der Aufbau der geschichtlichen Welt in den Geisteswissenschaften*. Hrsg. v. B. Groethuysen. Stuttgart, Göttingen ⁸1992.
— GS VIII: *Weltanschauungslehre. Abhandlungen zur Philosophie der Philosophie*. Hrsg. v. B. Groethuysen. Stuttgart, Götttingen ⁶1991.
— GS X: *System der Ethik*. Hrsg. v. H. Nohl. Stuttgart, Göttingen ⁴1981.
— GS XIII: *Leben Schleiermachers*. Erster Band in zwei Halbbänden. Hrsg. v. M. Redeker. Göttingen ³1979.
— GS XIV: *Leben Schleiermachers*. Zweiter Band in zwei Halbbänden. Hrsg. v. M. Redeker Göttingen 1985.

— GS XVIII: *Die Wissenschaften vom Menschen, der Gesellschaft und der Geschichte.* Vorarbeiten zur Einleitung in die Geisteswissenschaften (1865-1880). Hrsg. v. H. Johach u. F. Rodi. Göttingen ²2000.

— GS XIX: *Grundlegung der Wissenschaft vom Menschen, der Gesellschaft und der Geschichte.* Ausarbeitungen und Entwürfe zum zweiten Band der Einleitung in die Geisteswissenschaften (ca. 1870-1895). Hrsg. v. H. Johach u. F. Rodi. Göttingen 1982.

— GS XX: *Logik und System der philosophischen Wissenschaften.* Vorlesungen zur erkenntnistheoretischen Logik und Methodologie (1864-1903). Hrsg. v. H.-U. Lessing u. F. Rodi. Göttingen 1990.

— GS XXIII: *Allgemeine Geschichte der Philosophie.* Vorlesungen 1900-1905. Hrsg. v. G. Gebhardt u. H.-U. Lessing. Göttingen 2000.

DROYSEN, Johann Gustav 1977: *Historik* [1857]. Historisch-kritische Textausgabe hrsg. von Peter Leyh. Stuttgart, Bad Cannstatt 1977: Frommann-Holzboog.

DUX, Günter 1989: *Die Zeit in der Geschichte. Ihre Entwicklungslogik vom Mythos zur Weltzeit.* Frankfurt 1989: Suhrkamp.

— 1990/91: Das Problem der Logik im historischen Verstehen. Zur Kritik der Entscheidung als geschichtsphilosophischer und historischer Kategorie. In: *Dilthey-Jahrbuch für Geschichte der Philosophie und Geisteswissenschaften* 7 (1990/91) 44-70.

ENGELS, Otto 1975: Art. „Geschichte": III. Begriffsverständnis im Mittelalter. In: Brunner / Conze / Koselleck 1972 ff., Bd. 2 (1975), 610-624.

FABER, Karl-Georg 1975: Objektivität in der Geschichtswissenschaft? In: Rüsen 1975, 9-32.

— 1981: Geschichte in unserer Gegenwart. In: Conze, Werner / Faber, Karl-Georg / Nitschke, August (Hgg.), *Funk-Kolleg Geschichte* (2 Bde.). Frankfurt 1981: Fischer Taschenbuch Verlag, Bd. 1, 15-32.

— 1982: *Theorie der Geschichtswissenschaft.* München 1971, 5. erw. Aufl. 1982: Beck.

FOUCAULT, Michel 1973: *Archäologie des Wissens.* Frankfurt 1973: Suhrkamp.

FRÜCHTL, Josef 1992: Ethik und Ästhetik. Eine nachmetaphysische Attraktion. In: *Philosophische Rundschau* 39 (1992) 3-28.

FUKUYAMA, Francis 1989: Das Ende der Geschichte? In: *Europäische Rundschau* 17 (1989) 3-25.

GADAMER, Hans-Georg 1986: *Wahrheit und Methode.* Grundzüge einer philosophischen Hermeneutik [1960]. Tübingen ⁵1986: J. C. B. Mohr (Paul Siebeck).

— 1987: Der eine Weg Martin Heideggers. In: Ders., *Gesammelte Werke,* Bd. 3. Tübingen 1987: J. C. B. Mohr (Paul Siebeck), 417-430.

— 1993: *Hermeneutik II. Wahrheit und Methode.* Ergänzungen, Register [1986] Tübingen ²1993: J. C. B. Mohr (Paul Siebeck).

GANDER, Hans-Helmuth 1988: *Positivismus als Metaphysik. Voraussetzungen und Grundstrukturen von Diltheys Grundlegung der Geisteswissenschaften.* Freiburg, München 1988: Alber.

GEHLEN, Arnold
— GA 3: *Der Mensch. Seine Natur und seine Stellung in der Welt* [1940]. Hrsg. von Karl-Siegbert Rehberg (Gesamtausgabe Bd. 3). Frankfurt 1993: Klostermann.

— GA 4: *Philosophische Anthropologie und Handlungslehre.* Hrsg. von Karl-Siegbert Rehberg (Gesamtausgabe Bd. 4). Frankfurt 1993: Klostermann.
— 1975: *Einblicke.* Frankfurt 1975: Klostermann.
GEISELMANN, Josef Rupert 1962: Tradition. In: *Handbuch theologischer Grundbegriffe.* Hrsg. von Heinrich Fries. München 1962 f.: Kösel, Bd. 2, 686-696.
GIAMMUSSO, Salvatore 1990/91: »Der ganze Mensch«. Das Problem einer philosophischen Lehre vom Menschen bei Dilthey und Plessner. In: *Dilthey-Jahrbuch für Geschichte der Philosophie und Geisteswissenschaften* 7 (1990/91)112-138.
GOERTZ, Hans-Jürgen 1995: *Umgang mit Geschichte. Eine Einführung in die Geschichtstheorie.* Reinbek bei Hamburg 1995: Rowohlt.
— 1998 (Hg.): *Geschichte. Ein Grundkurs.* Reinbek bei Hamburg 1998: Rowohlt.
— 1998a: *Geschichte – Erfahrung und Wissenschaft. Zugänge zum historischen Erkenntnisprozeß.* In: Goertz 1998, 15-41.
GRONDIN, Jean 1991: *Einführung in die philosophische Hermeneutik.* Darmstadt ²2001: Wissenschaftliche Buchgesellschaft.
GROßHEIM, Michael 1995: Geschichtlichkeit gegen Gestalt. Ein Kapitel aus der Genese der Existenzphilosophie. In: *Philosophisches Jahrbuch* 102 (1995) 322-339.
GÜNTHER, Horst 1975: Art. „Geschichte": IV. Historisches Denken in der frühen Neuzeit. In: Brunner / Conze / Koselleck 1972 ff., Bd. 2 (1975), 625-647.

HABERMAS, Jürgen 1968: *Erkenntnis und Interesse.* Frankfurt 1968: Suhrkamp.
— 1976: *Zur Rekonstruktion des historischen Materialismus.* Frankfurt 1976: Suhrkamp.
— 1993: *Theorie und Praxis. Sozialphilosophische Studien* [1963]. Frankfurt ⁶1993: Suhrkamp.
HAEFFNER, Gerd 1985: Martin Heidegger (1889-1976). In: Höffe, Otfried (Hg.), *Klassiker der Philosophie.* München [1985] ³1995: Beck, Bd. 2, 361-384.
— 1990: Besprechung von M. Heidegger, Beiträge zur Philosophie (GA 65). In: *Theologie und Philosophie* 65 (1990) 448-460.
— 1998: Besprechung von M. Heidegger, Einleitung in die Philosophie (GA 27). In: *Theologie und Philosophie* 73 (1998) 114-117.
HARDTWIG, Wolfgang 1974: Geschichtsprozeß oder konstruierte Geschichte. Eine Auseinandersetzung mit H. M. Baumgartner, »Geschichte und Kontinuität«. In: *Philosophisches Jahrbuch* 81 (1974) 381-390.
HEGEL, Georg Wilhelm Friedrich: *Werke* [in 20 Bänden]. Auf d. Grundlage der *Werke* von 1832-1845 neu ed. Ausgabe. Redaktion Eva Moldenhauer und Karl Markus Michel; erschienen in der Schriftenreihe Suhrkamp-Taschenbuch-Wissenschaft. Frankfurt 1969 ff.
— Bd. 2: *Jenaer Schriften* (1801-1807). Darin: Differenz des Fichteschen und Schellingschen Systems der Philosophie (1801), 7-138.
— Bd. 3: *Phänomenologie des Geistes.*
— Bd. 7: *Grundlinien der Philosophie des Rechts oder Naturrecht und Staatswissenschaft im Grundrisse.*
— Bd. 12: *Vorlesungen über die Philosophie der Geschichte.*
— 1955: *Die Vernunft in der Geschichte.* Fünfte, abermals verbesserte Auflage. Hrsg. von Johannes Hoffmeister, Hamburg 1955: Meiner.
— 1959: *Einleitung in die Geschichte der Philosophie.* Hrsg. von Johannes Hoffmeister. 3. gekürzte Aufl. hrsg. von Friedhelm Nicolin. Hamburg 1959: Meiner.

HEIDEGGER, Martin, *Gesamtausgabe* (GA). Hrsg. v. F. W. v. Herrmann. Frankfurt 1975 ff.: Klostermann.
— GA 1: *Frühe Schriften* (1912-1916).
— GA 2: *Sein und Zeit* (1927).
— GA 3: *Kant und das Problem der Metaphysik* (1929).
— GA 4: *Erläuterungen zu Hölderlins Dichtung* (1936-1968).
— GA 5: *Holzwege* (1935-1946).
— GA 6.1: *Nietzsche I* (1936-1939).
— GA 6.2: *Nietzsche II* (1939-1946).
— GA 7: *Vorträge und Aufsätze* (1936-53).
— GA 9: *Wegmarken* (1919-1961).
— GA 10: *Der Satz vom Grund* (1955-1956).
— GA 12: *Unterwegs zur Sprache* (1950-1959).
— GA 16: *Reden und andere Zeugnisse eines Lebensweges* (1910-1976).
— GA 17: *Einführung in die phänomenologische Forschung* (Wintersemester 1923/24).
— GA 20: *Prolegomena zur Geschichte des Zeitbegriffs* (Sommersemester 1925).
— GA 21: *Logik. Die Frage nach der Wahrheit* (Wintersemester 1925/26).
— GA 24: *Die Grundprobleme der Phänomenologie* (Sommersemester 1927).
— GA 27: *Einleitung in die Philosophie* (Wintersemester 1928/29).
— GA 28: *Der deutsche Idealismus (Fichte, Schelling, Hegel) und die philosophische Problemlage der Gegenwart* (Sommersemester 1929).
— GA 29/30: *Die Grundbegriffe der Metaphysik. Welt – Endlichkeit – Einsamkeit* (Wintersemester 1929/30).
— GA 32: *Hegels Phänomenologie des Geistes* (Wintersemester 1930/31).
— GA 38: *Logik als die Frage nach dem Wesen der Sprache* (Sommersemester 1934).
— GA 40: *Einführung in die Metaphysik* (Sommersemester 1935).
— GA 56/57: *Zur Bestimmung der Philosophie*: 1. Die Idee der Philosophie und das Weltanschauungsproblem (Kriegsnotsemester 1919) 2. Phänomenologie und transzendentale Wertphilosophie (Sommersemester 1919) 3. Anhang: Über das Wesen der Universität und des akademischen Studiums (Sommersemester 1919).
— GA 58: *Grundprobleme der Phänomenologie* (Wintersemester 1919/20).
— GA 59: *Phänomenologie der Anschauung und des Ausdrucks. Theorie der philosophischen Begriffsbildung* (Sommersemester 1920).
— GA 60: *Phänomenologie des religiösen Lebens.* 1. Einleitung in die Phänomenologie der Religion (Wintersemester 1920/21) 2. Augustinus und der Neuplatonismus (Sommersemester 1921) 3. Die philosophischen Grundlagen der mittelalterlichen Mystik (Ausarbeitung und Einleitung zu einer nicht gehaltenen Vorlesung 1918/19).
— GA 61: *Phänomenologische Interpretationen zu Aristoteles. Einführung in die phänomenologische Forschung* (Wintersemester 1921/22).
— GA 63: *Ontologie. Hermeneutik der Faktizität* (Sommersemester 1923).
— GA 65: *Beiträge zur Philosophie (Vom Ereignis)* (1936-1938).
— GA 66: *Besinnung* (1938/39).
— GA 79: *Bremer und Freiburger Vorträge* (1949 und 1957).
— WhD: *Was heißt Denken?* (1951-1952). Tübingen ^{5}1997: Niemeyer (künftig GA 8).
— WiPh: *Was ist das – die Philosophie?* Pfullingen 1956: Neske (künftig in GA 11).

— IuD: *Identität und Differenz* (1955-1957). Stuttgart 1957: Neske (künftig in GA 11).
— ZSD: *Zur Sache des Denkens.* Tübingen 1969: Niemeyer (künftig GA 14).
— AE: Phänomenologische Interpretationen zu Aristoteles (1922). Hrsg. von Hans-Ulrich Lessing. In: *Dilthey-Jahrbuch für Geschichte der Philosophie und Geisteswissenschaften* 6 (1989) 235-269 (künftig in GA 62).
— BZ: *Der Begriff der Zeit.* Vortrag vor der Marburger Theologenschaft (Juli 1924). Tübingen 1989: Niemeyer (künftig in GA 64).
— KV: Wilhelm Diltheys Forschungsarbeit und der gegenwärtige Kampf um eine historische Weltanschauung. Zehn Vorträge gehalten in Kassel 1925. In: *Dilthey-Jahrbuch für Geschichte der Philosophie und Geisteswissenschaften* 8 (1992/93) 143-180 (künftig in GA 80).

HELD, Klaus 1980: *Heraklit, Parmenides und der Anfang von Philosophie und Wissenschaft. Eine phänomenologische Besinnung.* Berlin 1980: De Gruyter.
— 1988: Heidegger und das Prinzip der Phänomenologie. In: Gethmann-Siefert, Annemarie / Pöggeler, Otto (Hgg.), *Heidegger und die praktische Philosophie.* Frankfurt 1988: Suhrkamp, 111-139.

HENNIG, Johannes 1938: Die Geschichte des Wortes Geschichte. In: *Deutsche Vierteljahrsschrift für Literaturwissenschaft und Geistesgeschichte* 16 (1938) 511-521.

HERRMANN, Friedrich-Wilhelm von 1964: *Die Selbstinterpretation Martin Heideggers.* Meisenheim a. Glan 1964: Hain.

HERZBERG, Guntolf 1982: Historismus: Wort, Begriff, Problem und die philosophische Begründung durch Wilhelm Dilthey. In: *Jahrbuch für Geschichte* 25 (1982) 259-304.

HEUß, Alfred 1959: *Verlust der Geschichte.* Göttingen 1959: Vandenhoeck & Ruprecht.

HÜBINGER, Gangolf 1984: Wozu „Historik" und was heißt heute „Historische Vernunft"? Zu Jörn Rüsens systematischem Entwurf einer Historik. In: *Dilthey-Jahrbuch für Geschichte der Philosophie und Geisteswissenschaften* 2 (1984) 315-321.

HÜBNER, Kurt 1986: *Kritik der wissenschaftlichen Vernunft.* Freiburg, München 1978, 3. verb. Aufl. 1986: Alber.
— 1996: Vom theoretischen Nachteil und praktischen Nutzen der Historie. Unzeitgemäßes über Nietzsches unzeitgemäße Betrachtung. In: Borchmeyer 1996, 28-47.

HUNT, Lynn 1998: Psychologie, Ethnologie und »linguistic turn« in der Geschichtswissenschaft. In: Goertz 1998, 671-693.

HUMBOLDT, Wilhelm von 1946: *Über die Aufgabe des Geschichtsschreibers.* Vortrag vom 11.4.1821, gelesen in der Akademie der Wissenschaften zu Berlin. Leipzig 1946: Meiner, Philosophische Bibliothek; 3.

HUSSERL, Edmund, *Husserliana: Gesammelte Werke.* Aufgr. des Nachlasses veröffentlicht von H. L. van Breda. Den Haag: Nijhoff, später Dordrecht: Kluwer.
— Bd. I: *Cartesianische Meditationen und Pariser Vorträge.* Den Haag ²1963.
— Bd. V: *Ideen zu einer reinen Phänomenologie und phänomenologischen Philosophie III.* Den Haag 1952.
— Bd. XXV: *Aufsätze und Vorträge (1911-1921).* Den Haag 1987.

IGGERS, Georg G. 1971: *Deutsche Geschichtswissenschaft. Eine Kritik der traditionellen Geschichtsauffassung von Herder bis zur Gegenwart.* München 1971: dtv.
— 1978: *Neue Geschichtswissenschaft. Vom Historismus zur historischen Sozialwissenschaft. Ein internationaler Vergleich.* München 1978: dtv.

— 1993: *Geschichtswissenschaft im 20. Jahrhundert. Ein kritischer Überblick im internationalen Zusammenhang.* Göttingen 1993: Vandenhoeck & Ruprecht.
INWOOD, Michael 1999: *Heidegger.* Freiburg 1999: Herder.
ISIDOR von Sevilla: *Etymologiae.* Hrsg. von W. M. Lindsay. Oxford 1911: Typographeum Clarendonianum.
JAEGER, Friedrich 1998: Geschichtstheorie. In: Goertz 1998, 724-756.
JAEGER, Friedrich / RÜSEN, Jörn 1992: *Geschichte des Historismus. Eine Einführung.* München 1992: Beck.
JASPERS, Karl 1956: *Philosophie.* 3 Bde. (^{1}1932). Berlin, Heidelberg, New York ^{3}1956: Springer.
JEISMANN, Karl-Ernst 1997: Geschichtsbewußtsein. In: Bergmann, Klaus / Fröhlich, Klaus / Kuhn, Annette / Rüsen, Jörn / Schneider, Gerhard (Hgg.), *Handbuch der Geschichtsdidaktik.* Seelze-Velber ^{5}1997: Kallmeyer, 42-44.
KAMLAH, Wilhelm 1972: *Philosophische Anthropologie. Sprachkritische Grundlegung und Ethik.* Mannheim, Wien, Zürich 1972: Bibliographisches Institut.
KANT, Immanuel, *Werke* in sechs Bänden. Hrsg. von Wilhelm Weischedel. Darmstadt 1960: Wissenschaftliche Buchgesellschaft.
— Bd. 2: *Kritik der reinen Vernunft.*
— Bd. 6: *Schriften zur Anthropologie, Geschichtsphilosophie, Politik und Pädagogik.*
KAULBACH, Friedrich 1977: Analytische und transzendentale Begründung der Geschichtsschreibung. In: *Perspektiven der Philosophie* 3 (1977) 59-79.
KELLNER, Hans 1989: *Language and Historical Representation: Getting the Story Crooked.* Madison 1989: University of Wisconsin Press.
KERSTING, Wolfgang 1989: Hypolepsis und Kompensation. Odo Marquards philosophischer Beitrag zur Diagnose und Bewältigung der Gegenwart. In: *Philosophische Rundschau* 36 (1989) 161-186.
KIERKEGAARD, Sören 1967: *Die Wiederholung. Ein Versuch in der experimentierenden Psychologie von Constantin Constantius.* Kopenhagen 1843. Übersetzt von Emanuel Hirsch (Gesammelte Werke: 5. u. 6. Abteilung). Düsseldorf 1967: Diederichs.
KISIEL, Theodore 1993: *The Genesis of Heidegger's Being and Time.* Berkeley, Los Angeles, London 1993: University of California Press.
KITTLER, Friedrich A. 1980 (Hg.): *Austreibung des Geistes aus den Geisteswissenschaften. Programme des Poststrukturalismus.* Paderborn, München 1980: Schöningh.
KONRAD von Hirsau 1955: *Dialogus super auctores.* Hrsg. von R. B. C. Huygens. Brüssel-Berchem 1955: Latomus.
KOSELLECK, Reinhart 1967: Richtlinien für das Lexikon politisch-sozialer Begriffe in der Neuzeit. In: *Archiv für Begriffsgeschichte* 11 (1967) 81-99.
— 1971: Wozu noch Historie? In: *Historische Zeitschrift* 212 (1971) 1-18.
— 1972: Einleitung. In: Brunner / Conze / Koselleck 1972 ff., Bd. 1 (1972) XIII-XXVII.
— 1973: / STEMPEL, Wolf-Dieter (Hgg.), *Geschichte – Ereignis und Erzählung* (Poetik und Hermeneutik V). München 1973: Fink.
— 1973: Ereignis und Struktur. In: Koselleck / Stempel 1973, 560-571.
— 1975: Art. „Geschichte": I. Einleitung. V. Die Herausbildung des modernen Geschichtsbegriffs. VI. „Geschichte" als moderner Leitbegriff. In: Brunner / Conze / Koselleck 1972 ff., Bd. 2 (1975) 593-595.647-717.

— 1979: *Vergangene Zukunft. Zur Semantik geschichtlicher Zeiten*. Frankfurt 1979: Suhrkamp.
— 1997: Vom Sinn und Unsinn der Geschichte. In: Müller / Rüsen 1997, 79-97.
KRAUSSER, Peter 1968: *Kritik der endlichen Vernunft. Diltheys Revolution der allgemeinen Wissenschafts- und Handlungstheorie*. Frankfurt 1968: Suhrkamp.
KRÜGER, Gerhard 1949: Martin Heidegger und der Humanismus. In: *Studia philosophica* 9 (1949) 93-129.
— 1958: *Freiheit und Weltverantwortung*. Aufsätze zur Philosophie der Geschichte. Freiburg, München 1958: Alber.
— 1958a: *Grundfragen der Philosophie. Geschichte, Wahrheit, Wissenschaft*. Frankfurt 1958: Klostermann.
KUHN, Thomas S. 1970: *The Structure of Scientific Revolutions* [1962]. Chicago ²1970: University of Chicago Press.
KUSCHBERT-TÖLLE, Helga 1962/63: Heideggers Ansatz beim griechischen Seinsverständnis als Grundstruktur seines Denkens. In: *Philosophisches Jahrbuch* 70 (1962/62) 138-146.
LAFONT, Cristina 1994: *Sprache und Welterschließung. Zur linguistischen Wende der Hermeneutik Heideggers*. Frankfurt 1994: Suhrkamp.
LANDGREBE, Ludwig 1928: Wilhelm Diltheys Theorie der Geisteswissenschaften. In: *Jahrbuch für Philosophie und phänomenologische Forschung* 9 (1928) 237-366.
— 1967: *Phänomenologie und Geschichte*. Gütersloh 1967: Mohn.
LANGE, Friedrich Albert 1866: *Geschichte des Materialismus und Kritik seiner Bedeutung in der Gegenwart*. Iserlohn 1866: Baedeker.
LE GOFF, Jacques 1992: *Geschichte und Gedächtnis* [Paris 1988]. Aus dem Französischen von Elisabeth Hartfelder. Frankfurt, New York 1992: Campus.
LESSING, Hans-Ulrich 1984: *Die Idee einer Kritik der historischen Vernunft. Wilhelm Diltheys erkenntnistheoretisch-logisch-methodologische Grundlegung der Geisteswissenschaften*. Freiburg, München 1984: Alber.
LIEBER, Hans-Joachim 1965: Geschichte und Gesellschaft im Denken Diltheys. In: *Kölner Zeitschrift für Soziologie und Sozialpsychologie* 17 (1965) 703-741.
— 1966: Die deutsche Lebensphilosophie und ihre Folgen. In: *Nationalsozialismus und die deutsche Universität*. Universitätstage 1966. Berlin 1966: Gruyter, 92-108.
LITT, Theodor 1951: Hegels Begriff des Geistes und das Problem der Tradition. In: *Studium Generale* 4 (1951) 311-321.
LÖWITH, Karl 1984: *Heidegger – Denker in dürftiger Zeit. Zur Stellung der Philosophie im 20. Jahrhundert* (Sämtliche Schriften Bd. 8). Stuttgart 1984: Metzler.
LUBAC, Henri de 1979: *La postérité spirituelle de Joachim de Flore*. Paris – Namur 1979: Lethielleux.
LÜBBE, Hermann 1954: Das Ende des phänomenologischen Platonismus. Eine kritische Betrachtung aus Anlaß eines neuen Buches (Wilhelm Schapp, In Geschichten verstrickt). In: *Tijdschrift voor Philosophie Louvain* 16 (1954) 639-666.
— 1960/61: „Sprachspiele" und „Geschichten". Neopositivismus und Phänomenologie im Spätstadium. Zu Ludwig Wittgenstein „Philosophische Untersuchungen" und Wilhelm Schapp „Philosophie der Geschichten". In: *Kant-Studien* 52 (1960/61) 220-243.

— 1975: *Fortschritt als Orientierungsproblem. Aufklärung in der Gegenwart*. Freiburg 1975: Rombach.
— 1977: *Geschichtsbegriff und Geschichtsinteresse. Analytik und Pragmatik der Historie*. Basel, Stuttgart 1977: Schwabe & Co Verlag.
— 1978 (Hg.): *Wozu Philosophie? Stellungnahme eines Arbeitskreises*. Berlin, New York 1978: De Gruyter.
— 1989: *Die Aufdringlichkeit der Geschichte. Herausforderungen der Moderne vom Historismus bis zum Nationalsozialismus*. Graz, Wien, Köln 1989: Styria.
— 1992: *Im Zug der Zeit. Verkürzter Aufenthalt in der Gegenwart*. Berlin, Heidelberg, New York 1992: Springer.

LUHMANN, Niklas 1992: *Beobachtungen der Moderne*. Opladen 1992: Westdeutscher Verlag.

LUYTEN, Norbert A. 1982 (Hg.): *Wege zum Wirklichkeitsverständnis. Struktur und Ereignis I*. Freiburg, München 1982: Alber.
— 1982a: *Aufbau der Wirklichkeit. Struktur und Ereignis II*. Freiburg, München 1982: Alber.

LYOTARD, Jean-François 1982: Das postmoderne Wissen. In: *Theatro machinarum*, Heft 3/4 (1982) 59-70.

MAGAß, Werner 1982: Tradition – zur Herkunft eines rechtlichen und literarischen Begriffs. In: *Kairos. Zeitschrift für Religionswissenschaft und Theologie*, Salzburg 24 (1982) 110-120.

MAKKREEL, Rudolf A. 1983: Dilthey und die interpretierenden Wissenschaften. Die Rolle von Erklären und Verstehen. In: *Dilthey-Jahrbuch für Geschichte der Philosophie und Geisteswissenschaften* 1 (1983) 57-73.
— 1985: Lebenswelt und Lebenszusammenhang. Das Verhältnis von vorwissenschaftlichem und wissenschaftlichem Bewußtsein. In: Orth 1985, 381-413.

MALL, Ram Adhar 2000: *Mensch und Geschichte. Wider die Anthropozentrik*. Darmstadt 2000: Wissenschaftliche Buchgesellschaft.

MANNHEIM, Karl 1964: Historismus (1924). In: Ders., *Wissenssoziologie. Auswahl aus dem Werk*. Eingel. u. hrsg. von K. H. Wolf. Berlin 1964: Luchterhand, 246-307.

MARION, Jean-Luc 1983: Du pareil au même ou: comment Heidegger permet de refaire de l'»histoire de la philosophie«. In: *Les Cahiers de l'Herne* 45 (1983) 177-191.

MARQUARD, Odo 1958: *Skeptische Methode im Blick auf Kant* (Symposion Bd. 4). Freiburg, München 1958: Alber.
— 1971: Zur Funktion der Mythologiephilosophie bei Schelling. In: Fuhrmann, Manfred (Hg.), *Terror und Spiel. Probleme der Mythenrezeption* (Poetik und Hermeneutik Bd. 4). München 1971: Fink, 527-530.
— 1973: *Schwierigkeiten mit der Geschichtsphilosophie. Aufsätze*. Frankfurt [1973] ³1992: Suhrkamp.
— 1973a: Beitrag zur Philosophie der Geschichte des Abschieds von der Philosophie der Geschichte. In: Koselleck / Stempel 1973, 241-250.
— 1973b: Die Geschichtsphilosophie und ihre Folgelasten. In: Koselleck / Stempel 1973, 463-469.
— 1975: Schelling – Zeitgenosse inkognito. In: Baumgartner, Hans Michael (Hg.), *Schelling*. Freiburg, München 1975: Alber, 9-26.

— 1975a: Über positive und negative Philosophien, Analytiken und Dialektiken, Beamte und Ironiker und einige damit zusammenhängende Gegenstände. In: Weinrich, Harald (Hg.), *Positionen der Negativität* (Poetik und Hermeneutik Bd. 6). München 1975: Fink, 177-199.
— 1977: Hegels Einspruch gegen das Identitätssystem. In: *Hegel-Studien* Beiheft 17 (1977) 103-112.
— 1978: Skeptische Betrachtungen zur Lage der Philosophie. In: Lübbe 1978, 70-90.
— 1978a: Drei Bemerkungen zur Aktualität Heideggers. In: Dautzenberg, Gerhard / Schering, Ernst u.a. (Hgg.), *Theologie und Menschenbild*. Festschrift für Ehwald Link zum 65. Geburtstag am 15.4.1977 gewidmet. Frankfurt, Bern, Las Vegas 1978: Lang, 243-245.
— 1979: Freiheit und Zeit. Versuch, eine Frage zu stellen. In: Baumgartner, Hans Michael (Hg.), *Prinzip Freiheit. Festschrift zum 65. Geburtstag von Hermann Krings*. München 1979: Alber, 322-341.
— 1979a: Identität: Schwundtelos oder Mini-Essenz. Bemerkungen zur Genealogie einer aktuellen Diskussion. In: Marquard, Odo / Stierle, Karlheinz (Hgg.), *Identität* (Poetik und Hermeneutik Bd. 8). München 1979: Fink, 347-368.
— 1979b: Identität – Autobiographie – Verantwortung. Ein Annäherungsversuch. In: Marquard, Odo / Stierle, Karlheinz (Hgg.), *Identität* (Poetik und Hermeneutik Bd. 8). München 1979: Fink, 690-699.
— 1981: *Abschied vom Prinzipiellen. Philosophische Studien*. Stuttgart 1981: Reclam.
— 1981a: Bemerkungen zur Philosophie als »Grundlagenwissenschaft«. In: *Zeitschrift für Didaktik der Philosophie* 3 (1981) 196-98.
— 1981b: Laudatio auf Hans Blumenberg. In: *Jahrbuch der Deutschen Akademie für Sprache und Dichtung*. Jahrgang 1981, 53-56.
— 1981c: Felix culpa? Bemerkungen zu einem Applikationsschicksal von Genesis 3. In: Fuhrmann, Manfred / Jauß, Hans Robert / Pannenberg, Wolfhart (Hgg.), *Text und Applikation. Theologie, Jurisprudenz und Literaturwissenschaft im hermeneutischen Gespräch* (Poetik und Hermeneutik Bd. 9). München 1981: Fink, 53-71.
— 1981d: Schwacher Trost. In: Fuhrmann, Manfred / Jauß, Hans Robert / Pannenberg, Wolfhart (Hgg.), *Text und Applikation. Theologie, Jurisprudenz und Literaturwissenschaft im hermeneutischen Gespräch* (Poetik und Hermeneutik Bd. 9). München 1981: Fink, 117-127.
— 1982: Skeptiker. In: *Archiv für Begriffsgeschichte* 26 (1982) 218-221.
— 1983: Aufgeklärter Polytheismus – auch eine politische Theologie? In: Taubes, Jacob (Hg.), *Der Fürst dieser Welt. Carl Schmitt und die Folgen* (Religionstheorie und politische Philosophie Bd. 1). München, Paderborn 1983: Fink, 77-84.
— 1983a: Theodizee, Geschichtsphilosophie, Gnosis. In: Bolz, Norbert W. / Hübener, Wolfgang (Hgg.), *Spiegel und Gleichnis. Festschrift für Jacob Taubes*. Würzburg 1983: Königshausen & Neumann, 160-167.
— 1984: Leben und leben lassen. Anthropologie und Hermeneutik bei Dilthey. In: *Dilthey-Jahrbuch für Philosophie und Geschichte der Geisteswissenschaften* 2 (1984) 128-139.

— 1984a: Das Über-Wir. Bemerkungen zur Diskursethik. In: Stierle, Karlheinz / Warning, Rainer (Hgg.), *Das Gespräch* (Poetik und Hermeneutik 11). München 1984: Fink, 29-44.
— 1984b: Das gnostische Rezidiv als Gegenneuzeit. Ultrakurztheorem in lockerem Anschluß an Blumenberg. In: Taubes, Jacob (Hg.), *Gnosis und Politik* (Religionstheorie und politische Philosophie Bd. 2). München 1984: Fink, 31-36.
— 1984c: Miszelle: Zum Versuch einer positiven Psychologisierung der Religion: Hermann Siebeck. In: Oelmüller 1984, 110-111.
— 1984d: Zeitalter der Weltfremdheit? Die Industriegesellschaft in der Orientierungskrise. In: *Veröffentlichungen der Walter-Raymond-Stiftung*. Köln 1984: Verlag J. P. Bachem, 11-28.
— 1985:   Wirklichkeitshunger und Alibibedarf. Psychologisierung zwischen Psychologismus und Psychologie. In: *Schriften der Carl-Friedrich-von-Siemens-Stiftung* (Bd. 9). München 1985: Oldenbourg, 1-16.
— 1985a: Die Erziehung des Menschengeschlechts – eine Bilanz. In: *Der Traum der Vernunft – Vom Elend der Aufklärung*. Eine Veranstaltungsreihe der Akademie der Künste. Berlin. Erste Folge. Darmstadt, Neuwied 1985: Luchterhand, 125-33.
— 1985b: Das Veralten veraltet. Beobachtungen an Nostalgiewellen. In: Brehm, Gottfried / Stierle, Karlheinz / Winter, Gundolf (Hgg.), *Modernität und Tradition. Festschrift für Max Imdahl zum 60. Geburtstag*. München: Fink 1985, 195-196.
— 1986:   *Apologie des Zufälligen. Philosophische Studien*. Stuttgart 1986: Reclam.
— 1986a: Nach der Postmoderne. Bemerkungen über die Futurisierung des Antimodernismus und die Usance Modernität. In: Koslowski, Peter / Spaemann, Richard / Löw, Reinhard (Hgg.), *Moderne oder Postmoderne? Zur Signatur des gegenwärtigen Zeitalters*. Weinheim 1986: Acta Humaniora, VCH, 45-54.
— 1987:   *Transzendentaler Idealismus, romantische Naturphilosophie, Psychoanalyse* (Schriftenreihe zur philosophischen Praxis Bd. 3) Köln 1987: Dinter.
— 1987a: Neuzeit vor der Neuzeit? Zur Entdramatisierung der Mittelalter-Neuzeit-Zäsur. In: Beckmann, Jan P. / Honnefelder, Ludger u.a. (Hgg.), *Philosophie im Mittelalter. Entwicklungslinien und Paradigmen. Festschrift für Wolfgang Kluxen zum 65. Geburtstag*. Hamburg [1987] ²1996: Meiner, 369-373.
— 1987b: Temporale Positionalität. Zum geschichtlichen Zäsurbedarf des modernen Menschen. In: Herzog, Reinhart / Koselleck, Reinhart (Hgg.), *Epochenschwelle und Epochenbewußtsein* (Poetik und Hermeneutik Bd. 12). München 1987: Fink, 343-352.
— 1987c: *Die moderne Entwirklichung der Wirklichkeit*. Hrsg. von der Hochschule St. Gallen für Wirtschafts- und Sozialwissenschaften. St. Gallen 1987: Verlag Ostschweizer AZ.
— 1987d: Interview mit Odo Marquard. In: Rötzer 1987, 186-202.
— 1988:   Die Kürze des Lebens oder die Zeit als Frist. In: *Philosophia Naturalis* 25 (1988) 5-7.
— 1988a: Sola divisione fit individuum. Betrachtungen über Individuum und Gewaltenteilung. In: Frank, Manfred / Haverkamp, H. (Hgg.), *Individualität* (Poetik und Hermeneutik Bd. 13). München 1988: Fink, 21-34.

— 1988b: Das Individuum: Resultat oder Emigrant der Religion? In: Frank, Manfred / Haverkamp, H. (Hgg.), *Individualität* (Poetik und Hermeneutik Bd. 13). München 1988: Fink, 161-163.
— 1989: *Aesthetica und Anaesthetica. Philosophische Überlegungen.* Paderborn, München, Wien, Zürich 1989: Schöningh.
— 1989a: Über das Ausrangierte. Reflexionen auf einer Müllkippe. In: Ders. (Hg.), *Disiecta Membra. Studien. Festschrift für Karlfried Gründer zum 60. Geburtstag.* Basel 1989: Schwabe, 5-7.
— 1989b: Drei Betrachtungen zum Thema ‚Philosophie und Weisheit'. In: Oelmüller 1989, 275-287.
— 1990: Lebenszeit und Lesezeit. Bemerkungen zum Œuvre von Hans Blumenberg. In: *Akzente* 37 (1990) 268-271.
— 1990a: Schwierigkeiten beim Ja-Sagen. Willi Oelmüller zum 60. Geburtstag. In: Oelmüller 1990, 87-102.
— 1991: Philosophische Anthropologie. In: Koslowski, Peter (Hg.), *Orientierung durch Philosophie. Ein Lehrbuch nach Teilgebieten.* Tübingen 1991: J. C. B. Mohr (Paul Siebeck), 21-32.
— 1991a: *Lebenskürze und Informationsbeschleunigung.* Hrsg. Rektorat der Universität-Gesamthochschule-Paderborn. Paderborner Universitätsreden Nr. 23. Paderborn 1991.
— 1992: Exkulpationsarrangements. Bemerkungen im Anschluß an René Girards soziologische Theologie des Sündenbocks. In: Oelmüller 1992, 24-29.
— 1994: *Skepsis und Zustimmung. Philosophische Studien.* Stuttgart 1994: Reclam.
— 1994a: Die Denkformen und die Gewaltenteilung. Zur Aktualität der Philosophie von Hans Leisegang. In: Kolmer, Petra / Korten, Harald (Hgg.), *Grenzbestimmungen der Vernunft. Festschrift für H. M. Baumgartner.* Freiburg, München 1994: Alber, 457-468.
— 1994b: *Theodizeemotive in Fichtes früher Wissenschaftslehre.* Rede anläßlich der Ehrenpromotion an der Philosophischen Fakultät der Friedrich-Schiller-Universität Jena. Erlangen, Jena 1994: Palm & Enke.
— 1995: *Glück im Unglück. Philosophische Überlegungen.* München 1995: Fink.
— 1996: Finalisierung und Mortalität. In: Stierle, Karlheinz / Warning, Rainer (Hgg.), *Das Ende. Figuren einer Denkform* (Poetik und Hermeneutik 16). München 1996: Fink, 467-475.
— 2000: *Philosophie des Stattdessen. Studien.* Stuttgart 2000: Reclam.
— Artikel von Odo Marquard in: Ritter / Gründer 1971 ff.:

    - Anthropologie   Bd. 1, 362-74
    - Antriebsüberschuß   Bd. 1, 427 f.
    - Bionegativ   Bd. 1, 945
    - Ersatzbildung   Bd. 2, 724
    - Geist: VII. Der Geist-Begriff von Kant bis Schelling.   Bd. 3, 182-191
    - Genealogie   Bd. 3, 268 f.
    - Grenzbegriff   Bd. 3, 871-873
    - Hemmen / Enthemmen   Bd. 3, 1054-1056
    - Imputation: II. Moralische.   Bd. 4, 275 f.
    - Kompensation.   Bd. 4, 912-918
    - Lebenstrieb.   Bd. 5, 149

- Leerformel.	Bd. 5, 159 f.
- Lustprinzip.	Bd. 5, 564 f.
- Malum: 1. Einführung und Überblick.	Bd. 5, 652-656
- Neutralisierungen, Zeitalter der.	Bd. 6, 781 f.
- Philosophie: Deutsche Aufklärung.	
E. Von Kant bis zum Beginn des 20. Jh.	Bd. 7, 714-31
E. 1.	
E. 2. Beschränkung: Philosophie als Kritik	
E. 3. Überforderung: Philosophie als absolute Wissenschaft	
E. 4. Enttäuschung: Philosophie als Ideologiekritik	
E. 5. Ernüchterung: Philosophie als Wissenschaftswissenschaft	
E. 6. Wiederkehr des Verdrängten: Lebensphilosophie	
- Praxis, Philosophische.	Bd. 7, 1307 f.
- Realitätsprinzip.	Bd. 8, 211 f.
- Skandal der Philosophie.	Bd. 9, 938
- Sublimierung	Bd. 10, 476 f.

MARX, Werner 1961: *Heidegger und die Tradition. Eine problemgeschichtliche Einführung in die Grundbestimmungen des Seins.* Stuttgart 1961: Kohlhammer.

MASUR, Gerhard 1929: Geschehen und Geschichte. In: *Archiv für Kulturgeschichte* 19 (1929) 183-209.

MEGILL, Allan 1994: Jörn Rüsen's Theory of Historiography between Modernism and Rhetoric of Inquiry. In: *History and Theory* 33 (1994) 39-60.

MEIER, Christian (1975) Art. „Geschichte": II. Antike. In: Brunner / Conze / Koselleck 1972 ff., Bd. 2 (1975) 595-610.

MEINECKE, Friedrich 1936: *Die Entstehung des Historismus.* München [1936] ²1946: Oldenbourg.

MOXTER, Michael 1994: Gegenwart, die sich nicht dehnt. Eine kritische Erinnerung an Bultmanns Zeitverständnis. In: Georgi, Dieter / Heimbrock, Hans-Günter / Moxter, Michael (Hgg.), *Religion und Gestaltung der Zeit.* Kampen (NL) 1994: Kok Pharos Publishing House, 108-122.

MÜLLER, Klaus E. / RÜSEN, Jörn (1997) (Hgg.): *Historische Sinnbildung. Problemstellungen, Zeitkonzepte, Wahrnehmungshorizonte, Darstellungsstrategien.* Reinbek bei Hamburg 1997: Rowohlt.

MÜLLER, Max 1986: *Existenzphilosophie. Von der Metaphysik zur Metahistorik.* Freiburg, München [1949] ⁴1986: Alber.

MÜLLER-LAUTER, Wolfgang 1962: Konsequenzen des Historismus in der Philosophie der Gegenwart. In: *Zeitschrift für Theologie und Kirche* 59 (1962) 226-255.

MUNZ, Peter 1985: Besprechung von Rüsen 1983. In: *History and Theory* 24 (1985) 92-100.

NAGL-DOCEKAL, Herta 1996 (Hg.): *Der Sinn des Historischen. Geschichtsphilosophische Debatten.* Frankfurt 1996: Fischer.

— 1996a: Ist Geschichtsphilosophie heute noch möglich? In: Nagl-Docekal 1996, 7-63.

NIEBUHR, Barthold Georg 1845: *Geschichte des Zeitalters der Revolution.* Vorlesungen an der Universität zu Bonn im Sommer 1829 (2 Bde.). Hamburg 1845: Agentur des Rauhen Hauses.

NIETZSCHE, Friedrich (KSA): *Sämtliche Werke.* Kritische Studienausgabe in 15 Einzelbänden. Hrsg. v. Giorgio Colli u. Mazzino Montanari. Berlin, New York ²1988: dtv/de Gruyter.
— KSA 1: *Die Geburt der Tragödie; Unzeitgemäße Betrachtungen I-IV; Nachgelassene Schriften 1870-1873.*
— KSA 3: *Morgenröte; Idyllen aus Messina; Die fröhliche Wissenschaft.*
— KSA 12: *Nachgelassene Fragmente, 1885 bis 1887.*
NOTKER der Deutsche 1952: *Werke.* Hrsg. von Edward H. Sehrt und Taylor Starck. Halle a.d.S. 1952: Niemeyer.
OELMÜLLER, Willi 1977 (Hg.): *Wozu noch Geschichte?* München 1977: Fink.
— 1977a: Rekonstruktion historisch vorgegebener Handlungsbedingungen. In: Ders. 1977, 267-309.
— 1979 (Hg.): *Normen und Geschichte.* Materialien zur Normendiskussion Bd. 3. Paderborn, München, Wien, Zürich 1979: Schöningh.
— 1984 (Hg.): *Wiederkehr der Religion?* Kolloquien zur Gegenwartsphilosophie Bd. 7. Paderborn 1984: Schöningh.
— 1989 (Hg.): *Philosophie und Weisheit.* Kolloquien zur Gegenwartsphilosophie Bd. 12. Paderborn 1989: Schöningh.
— 1990 (Hg.): *Theodizee – Gott vor Gericht?* München 1990: Fink.
— 1992 (Hg.): *Worüber man nicht schweigen kann. Neue Diskussionen zur Theodizeefrage.* München 1992: Fink.
ORTH, Ernst Wolfgang 1985 (Hg.): *Dilthey und die Philosophie der Gegenwart.* Sonderband der Phänomenologischen Forschungen. Freiburg, München 1985: Alber.
OTTO, Stephan 1982: *Rekonstruktion der Geschichte. Zur Kritik der historischen Vernunft.* Erster Teil: Historisch-kritische Bestandsaufnahme. München 1982: Fink.
— 1984: Dilthey und der Begriff des „empirischen Apriori" im Kontext der „Kritik der historischen Vernunft". In: *Philosophisches Jahrbuch* 91 (1984) 376-382.
OVERBECK, Franz 1919: *Christentum und Kultur. Gedanken und Anmerkungen zur modernen Theologie.* Aus dem Nachlaß hrsg. von Franz Albrecht Bernoulli. Basel 1919: Schwabe & Co.
PETERSON, Erik 1994: Briefwechsel mit Adolf Harnack. In: Ders., *Theologische Traktate* [1951]. Hrsg. von Barbara Nichtweiß. Würzburg 1994: Echter, 179-181.
PFAFFEROTT, Gerhard 1985: Die Bedeutung des Begriffs Selbstbesinnung bei Dilthey und Husserl. In: Orth 1985, 351-380.
— 1988: Geschichtlichkeit und Selbstbesinnung. Zur Herkunft und Leistung des historischen Bewußtseins. In: Kluxen, Wolfgang (Hg.), *Tradition und Innovation.* XII. Dtsch. Kongreß für Philosophie. Hamburg 1988: Meiner, 27-35.
PITZ, Ernst 1964: Geschichtliche Strukturen. Betrachtungen zur angeblichen Grundlagenkrise der Geschichtswissenschaft. In: *Historische Zeitschrift* 198 (1964) 265-305.
PÖGGELER, Otto 1995: *Ein Ende der Geschichte? Von Hegel zu Fukuyama.* Opladen 1995: Westdeutscher Verlag.
POLYBIOS 1962: *Historiae.* Editionem a Ludovico Dindorfio curatum retractavit Thoedorus Buettner-Wobst (5 Bde.). Editio stereotypa editionis alterius [Leipzig 1893-1905], Stuttgart 1962: Teubner.

PRANTEDA, Maria Antonietta 1997: Psicologia, storia e tradizione nell'interpretazione heideggeriana di Dilthey. In: *Teoria – Rivista semestrale*, Pisa 17 (1997) 83-103.

RANFT, Joseph 1955: Depositum. In: *Reallexikon für Antike und Christentum*. Hrsg. von Theodor Klauser. Stuttgart: 1955 ff.: Hiersemann, Bd. 3, 778-784.

RANKE, Leopold von 1824: *Geschichten der romanischen und germanischen Völker von 1494 bis 1514*. Leipzig, Berlin ¹1824.

— 1885: *Geschichten der romanischen und germanischen Völker von 1494 bis 1514*. (Sämtliche Werke, Bd. 33) Leipzig ³1885: Duncker & Humblot.

RATZINGER, Joseph 1957: Tradition, systematisch. In: *Lexikon für Theologie und Kirche*. Hrsg. von Josef Höfer und Karl Rahner. Freiburg ²1957 ff.: Herder, Bd 10, 293-299.

— 1990: *Eschatologie – Tod und ewiges Leben* (Kleine katholische Dogmatik, hrsg. v. Johann Auer u. Joseph Ratzinger, Bd. 9). Regensburg 1977: Pustet.

RECKI, Birgit 1992: Aesthetica und Anaesthetica. Odo Marquards philosophische Überlegungen zur Ästhetik. In: *Zeitschrift für philosophische Forschung* 46 (1992) 395-402.

RENN, Joachim 1992/93: Dilthey und der Begriff der Geschichte. Hermeneutisch-phänomenologische Argumente gegen den Kollektivsingular. In: *Dilthey-Jahrbuch für Geschichte der Philosophie und Geisteswissenschaften* 8 (1992/93) 297-338.

RENTHE-FINK, Leonhard von 1964: *Geschichtlichkeit. Ihr terminologischer Ursprung bei Hegel, Haym, Dilthey und Yorck*. Göttingen 1964: Vandenhoeck & Ruprecht.

REPGEN, Konrad 1988: Über Rankes Diktum von 1824: »Bloß sagen, wie es eigentlich gewesen«. In: Ders., *Von der Reformation zur Gegenwart. Beiträge zu Grundfragen der neuzeitlichen Geschichte*. Paderborn, München, Wien, Zürich 1988: Schöningh, 289-298.

RICKERT, Heinrich 1926: *Kulturwissenschaft und Naturwissenschaft* [1899]. Tübingen ⁶⁺⁷1926: J.C.B. Mohr (Paul Siebeck).

RICŒUR, Paul 1977: Expliquer et comprendre. In: *Revue philosophique de Louvain* 75 (1977) 126-147.

— 1990: *Soi-même comme un autre*. Paris 1990: Éd. du Sueil.

— 1996: Geschichte und Rhetorik. In: Nagl-Docekal 1996, 107-125.

RIEDEL, Manfred 1981: Einleitung zu W. Dilthey, *Der Aufbau der geschichtlichen Welt in den Geisteswissenschaften*. Frankfurt [1970] 1981: Suhrkamp, 9-80.

— 1990: *Hören auf die Sprache. Die akroamatische Dimension der Hermeneutik*. Frankfurt 1990: Suhrkamp.

RITTER, Joachim 1974: *Subjektivität. Sechs Aufsätze*. Frankfurt 1974: Suhrkamp.

— 1977: *Metaphysik und Politik. Studien zu Aristoteles und Hegel*. Frankfurt ²1988: Suhrkamp.

— 1971 ff.: / GRÜNDER, Karlfried u.a. (Hgg.), *Historisches Wörterbuch der Philosophie*. Basel, Stuttgart 1971 ff.: Schwabe & Co.

RODI, Frithjof 1967: Die Lebensphilosophie und ihre Folgen. Zu zwei Aufsätzen von Hans-Joachim Lieber. In: *Zeitschrift für philosophische Forschung* 21 (1967) 600-612.

— 1969: *Morphologie und Hermeneutik. Zur Methode von Diltheys Ästhetik*. Stuttgart, Berlin, Köln, Mainz 1969: Kohlhammer.

— 1986: Die Rolle der Anthropologie in Wilhelm Diltheys Konzeption einer Grundlegung der Geisteswissenschaften. In: Singh, Ratnamala (Hg.), *Perspectives. A Collection of Essays in Honour of G. A. Rauche*. Durban 1986, 127-136.

— 1990: *Erkenntnis des Erkannten. Zur Hermeneutik des 19. und 20. Jahrhunderts.* Frankfurt 1990: Suhrkamp.
— 1998: Wilhelm Dilthey. Der Strukturzusammenhang des Lebens. In: Fleischer, Margot / Hennigfeld, Jochem (Hgg.), *Philosophen des 19. Jahrhunderts. Eine Einführung.* Darmstadt 1998: Primus Verlag, 199-219.
RÖTTGERS, Kurt 1982: *Der kommunikative Text und die Zeitstruktur von Geschichten.* Freiburg, München 1982: Alber.
— 1993: Die Handlungszeit vor ihrem Hintergrund. In: Baumgartner 1993, 213-251.
RÖTZER, Florian 1987 (Hg.): *Denken, das an der Zeit ist.* Frankfurt 1987: Suhrkamp.
RORTY, Richard 1991: *Kontingenz, Ironie und Solidarität* [Cambridge 1989]. Übersetzt von Christa Krüger. Frankfurt 1991: Suhrkamp.
— 1996: Die postmoderne »Pluralisierung der Vergangenheit«. In: Nagl-Docekal 1996, 201-234.
RÜSEN, Jörn 1975 (Hg.): *Historische Objektivität. Aufsätze zur Geschichtstheorie.* Göttingen 1975: Vandenhoeck & Ruprecht.
— 1975a: Werturteilsstreit und Erkenntnisfortschritt. Skizzen zur Typologie des Objektivitätsproblems in der Geschichtswissenschaft. In: Ders. 1975, 68-101.
— 1979: Zur Kritik des Neohistorismus. In: *Zeitschrift für philosophische Forschung* 33 (1979) 243-263.
— 1980 / SÜSSMUTH, Hans (Hgg.): *Theorien in der Geschichtswissenschaft.* Düsseldorf 1980: Pädagogischer Verlag Schwann.
— 1982: Möglichkeit und Wirklichkeit in der Geschichte. In: *Geschichtsdidaktik* 7 (1982) 291-304.
— 1983: *Historische Vernunft. Grundzüge einer Historik I*: Die Grundlagen der Geschichtswissenschaft. Göttingen 1983: Vandenhoeck & Ruprecht.
— 1986: *Rekonstruktion der Vergangenheit. Grundzüge einer Historik II*: Die Prinzipien der historischen Forschung. Göttingen 1986: Vandenhoeck & Ruprecht.
— 1989: *Lebendige Geschichte. Grundzüge einer Historik III*: Formen und Funktionen des historischen Wissens. Göttingen 1989: Vandenhoeck & Ruprecht.
— 1990: *Zeit und Sinn. Strategien historischen Denkens.* Frankfurt 1990: Fischer.
— 1994: *Historische Orientierung. Über die Arbeit des Geschichtsbewußtseins, sich in der Zeit zurechtzufinden.* Köln, Weimar, Wien 1994: Böhlau.
RUPP, Heinz / KÖHLER, Oskar 1951: Historia – Geschichte. In: *Saeculum* 2 (1951) 627-638.
SARTRE, Jean Paul 1943. *L'être et le néant. Essai d'ontologie phénoménologique.* Paris 1943: Gallimard.
SCHAPP, Wilhelm 1981: *Philosophie der Geschichten* [1959]. Neuausgabe hrsg. von Jan Schapp u. Peter Heiligenthal. Frankfurt ²1981: Klostermann.
— 1985: *In Geschichten verstrickt. Zum Sein von Mensch und Ding* [1953]. Frankfurt ³1985: Klostermann.
SCHARFF, Robert C. 1997: Heidegger's "Appropriation" of Dilthey before 'Being and Time'. In: *Journal of the History of Philosophy* 35 (1997) 105-128.
SCHEFFCZYK, Leo 1982: Struktur und Ereignis als theologische Kategorien. In: Luyten 1982, 187-212.

SCHELER, Max 1921: *Der Formalismus in der Ethik und die materiale Wertethik. Neuer Versuch der Grundlegung eines ethischen Personalismus.* Halle a.d.S. [1916] ²1921: Niemeyer.
— 1995: *Die Stellung des Menschen im Kosmos* [Darmstadt 1928]. Bonn ¹³1995: Bouvier.
SCHMITT, Carl 1963: *Der Begriff des Politischen.* [Hamburg 1933], Berlin ²1963: Duncker & Humblot.
SCHNÄDELBACH, Herbert 1974: *Geschichtsphilosophie nach Hegel. Die Probleme des Historismus.* Freiburg, München 1974: Alber.
— 1977: Wissenschaftsgeschichte und Historismus. Ein Diskussionsbeitrag. In: *Studia Leibnitiana,* Sonderheft 6 (1977) 62-72.
— 1983: *Philosophie in Deutschland 1831-1933.* Frankfurt 1983: Suhrkamp.
— 1987: *Vernunft und Geschichte. Vorträge und Abhandlungen.* Frankfurt 1987: Suhrkamp.
SCHULZ, Walter 1972: *Philosophie in der veränderten Welt.* Pfullingen 1972: Neske.
— 1994: *Der gebrochene Weltbezug. Aufsätze zur Geschichte der Philosophie und zur Analyse der Gegenwart.* Stuttgart 1994: Neske.
SEIFERT, Arno 1976: *Cognitio historica. Die Geschichte als Namensgeberin der frühneuzeitlichen Empirie.* Berlin 1976: Duncker & Humblot.
— 1977: Historia im Mittelalter. In: *Archiv für Begriffsgeschichte* 21 (1977) 226-284.
SEUBOLD, Günter 1986: *Heideggers Analyse der neuzeitlichen Technik.* Freiburg, München 1986: Alber.
SIMMEL, Georg 1997: *Kant. Die Probleme der Geschichtsphilosophie* [1905/07]. In: Gesamtausgabe Bd. 9, hrsg. von Guy Oakes u. Kurt Röttgers. Frankfurt 1997: Suhrkamp.
SLOTERDIJK, Peter 1986: *Der Denker auf der Bühne. Nietzsches Materialismus.* Frankfurt 1986: Suhrkamp.
— 1989: *Eurotaoismus.* Frankfurt 1989: Suhrkamp.
STEMPEL, Wolf-Dieter 1973: Erzählung, Beschreibung und der historische Diskurs. In: Koselleck / Stempel 1973, 325-346.
— 1973a: Linguistik und Narrativität. In: Koselleck / Stempel 1973, 523-525.
STIERLE, Karlheinz 1973: Geschichte als Exemplum – Exemplum als Geschichte. Zur Pragmatik und Poetik narrativer Texte. In: Koselleck / Stempel 1973, 347-375.
STRAUB, Jürgen 1997: Geschichte, Identität und Lebensglück. Eine psychologische Lektüre *unzeitgemäßer* Betrachtungen. In: Müller / Rüsen 1997, 165-194.
STRUBE, Claudius 1994: *Das Mysterium der Moderne. Heideggers Stellung zur gewandelten Seins- und Gottesfrage.* München 1994: Fink.
SUKALE, Michael 1991: Einleitung zu *Max Weber, Schriften zur Wissenschaftslehre.* Stuttgart 1991: Reclam, 5-20.

TAUBES, Jacob 1983: Zur Konjunktur des Polytheismus. In: Bohrer, Karl Heinz (Hg.), *Mythos und Moderne.* Frankfurt 1983: Suhrkamp, 457-70.
TOEWS, John E. 1987: Intellectual History after Linguistic Turn. The Autonomy of Meaning and the Irreducibility of Perspectives. In: *American Historical Review* 92 (1987) 879-907.
TROELTSCH, Ernst 1922: *Der Historismus und seine Probleme.* 1. Buch: Das logische Problem der Geschichtsphilosophie. Tübingen 1922: Mohr.

VICO, Giambattista 1977: *La scienza nuova.* A cura di Paolo Rossi, Milano 1977: Rizzoli.
VOLKMANN-SCHLUCK, Karl-Heinz 1965: *Einführung in das philosophische Denken.* Frankfurt 1965: Klostermann.
— 1996: *Die Philosophie Martin Heideggers. Eine Einführung in sein Denken.* Hrsg. v. Bernd Heimbüchel. Würzburg 1996: Königshausen & Neumann.
— 1998: *Hegel. Die Vollendung der abendländischen Metaphysik.* Hrsg. v. Herbert Edelmann. Würzburg 1998: Königshausen & Neumann.
WEBER, Max 1922: *Wirtschaft und Gesellschaft. Grundriß einer verstehenden Soziologie* [1922]. Tübingen ⁵1990: Mohr.
— 1991: Die »Objektivität« sozialwissenschaftlicher und sozialpolitischer Erkenntnis (1904). In: Ders., *Gesammelte Schriften zur Wissenschaftslehre.* Hrsg. u. eingeleitet von Michael Sukale. Stuttgart 1991: Reclam, 21-101.
WEHLER, Hans-Ulrich 1976: *Geschichte und Soziologie.* Köln [1972] ²1976: Kiepenheuer & Witsch.
WEINRICH, Harald 1971: *Tempus. Besprochene und erzählte Welt.* Stuttgart, Berlin, Köln 1964, zweite, völlig neu bearb. Auflage 1971: Kohlhammer.
— 1976: *Sprache in Texten.* Stuttgart 1976: Klett.
WELSCH, Wolfgang 1985: Postmoderne: Tradition und Innovation, modifizierter Begriff, philosophische Perspektiven. In: *Jahrbuch für Architektur* (1985/86) 93-108.
— 1989: Weisheit in einer Welt von Pluralität. In: Oelmüller 1989, 214-274.
— 1990: *Ästhetisches Denken.* Stuttgart 1990: Reclam.
WHITE, Hayden 1991: *Metahistory. Die historische Einbildungskraft im 19. Jahrhundert in Europa* [orig. Baltimore, London 1973]. Frankfurt 1991: Fischer.
WIEDENHOFER, Siegfried 1990: Art. „Tradition, Traditionalismus". In: Brunner / Conze / Koselleck 1972 ff., Bd. 6 (1990) 607-650.
WINCKELMANN, Johann Joachim 1825: Geschichte der Kunst des Altertums. In: *Sämtliche Werke*, hrsg. von Joseph Eiselein. Donaueschingen 1825-1835, Verlag Dt. Classiker, Bd. 3.
WITTKAU, Annette 1992: *Historismus. Zur Geschichte des Begriffs und des Problems.* Göttingen 1992: Vandenhoeck & Ruprecht.
WITTRAM, Reinhard 1968: *Das Interesse an der Geschichte.* Zwölf Vorlesungen über Fragen des zeitgenössischen Geschichtsverständnisses. Göttingen [1958] ³1968: Vandenhoeck & Ruprecht.
WÜSTEMEYER, Manfred 1980: Was lehrt die Strukturgeschichte? Zum theoretischen und didaktischen Gehalt der „Annales"-Historie. In: Rüsen / Süssmuth 1980, 118-137.
ZIMMERLI, Walther Ch. 1985: Das Theorem der Tatsachen des Bewußtseins und Diltheys Versuch der Überwindung des transzendentalen Idealismus oder: Wie Dilthey den Sack Fichte prügelte und den Esel Reinhold meinte. In: *Dilthey-Jahrbuch für Geschichte der Philosophie und Geisteswissenschaften* 3 (1985) 166-190.

Personenregister

Angehrn, E. 57, 152, 326, 360, 376, 377, 382
Apel, K. O. 125, 126, 282, 308, 326
Aristoteles 23, 29, 37, 38, 42, 63, 87, 105, 116, 123, 150, 223, 274
Auerbach, E. 388-392
Augustinus 40, 198, 299
Barthes, R. 374
Baumgartner, H. M. 14, 17, 30, 31, 32, 55, 58, 59, 69, 70, 73, 74, 80, 83, 84, 86, 95, 99, 100, 101, 102, 112, 113, 152, 170, 172, 183, 249, 260, 281, 282, 297, 299, 300, 319-348, 355, 374-378, 386
Benjamin, W. 380
Bien, G. 146, 282, 309
Blumenberg, H. 287, 310, 313, 315, 316
Bollnow, O. F. 169
Braudel, F. 103
Brentano, F. 133, 143
Bultmann, R. 260
Burckhardt, J. 42, 67, 105, 305
Cassirer, E. 282, 313, 317
Cicero, M. T. 38, 43, 60
Comte, A. 112, 114, 115, 116, 120, 121, 127, 192
Danto, A. C. 14, 17, 32, 68, 95, 98, 323, 324, 328, 329, 330, 332, 333, 338, 339, 340, 341, 342, 345, 374, 375, 377
Darwin, Ch. 70, 120
Derrida, J. 282, 383, 384
Descartes, R. 43, 71, 82, 112, 116, 117, 120, 123, 129, 131, 133, 138, 163, 164, 173, 188, 213, 277, 342, 360
Dilthey, W. 13, 28, 31, 32, 52, 58, 73, 74, 76, 77, 80, 83, 101, 105, 109-186, 187-191, 193-200, 202, 203-211, 215-218, 224-227, 229, 248, 255, 259, 263, 279, 280, 281, 285, 311, 321, 333, 337, 342, 369, 370, 371, 373, 387
Drewermann, E. 260
Droysen, J. G. 42, 57, 63, 69, 70, 73, 84, 86, 115, 120, 149, 173, 249, 319, 321, 326, 327, 328, 330, 334, 345, 359, 373
Faber, K.-G. 68, 101, 104, 105, 357
Feuerbach, L. 114, 293
Fichte, F. G. 29, 48, 54, 99, 112, 139, 295, 299, 300
Foucault, M. 373, 380, 382

Fukuyama, F. 382, 383
Gadamer, H.-G. 112, 147, 149, 153, 154, 163, 164, 167, 169, 171, 172, 173, 176, 191, 252, 322, 347, 348, 376
Gehlen, A. 146, 294, 295, 309, 311, 315, 317, 373, 382
Gottfried v. Straßburg 44
Habermas, J. 99, 150, 151, 152, 156, 172, 176, 282, 290, 308, 342, 344, 369, 382
Haeffner, G. 160, 250, 256, 259, 280, 281
Hartmann, N. 297
Haym, R. 113
Hegel, G. W. F. 29, 30, 31, 32, 39, 47, 48, 49, 52, 54, 60, 61, 66, 68, 73, 81, 90, 98, 99, 109, 110, 111, 112, 113, 114, 115, 117, 118, 119, 120, 133, 142, 143, 146, 151, 155, 157, 162, 169, 172, 173, 256, 257, 260, 263, 264, 274, 280, 284, 288, 292, 293, 294, 295, 299, 301, 302, 311, 314, 316, 320, 321, 322, 323, 324, 327, 333, 338, 343, 344, 373, 377, 383, 387
Heidegger, M. 13, 17, 21, 24, 27, 28, 30, 31, 67, 69, 71, 72, 76, 80, 82, 83, 86, 93, 102, 111, 116, 128, 130, 131, 134, 139, 142, 143, 147, 148, 149, 150, 158, 160, 161, 169, 175, 176, 182, 187-281, 282, 283, 284, 285, 286, 288, 289, 290, 291, 293, 297, 309, 310, 311, 313, 316, 317, 336, 337, 338, 340, 341, 342, 343, 344, 350, 371, 372, 376, 384, 385, 387, 390, 391, 392
Herder, J. G. 55, 373
Heuß, A. 25, 368
Hobbes, Th. 112
Humboldt, W. v. 51, 52, 113, 373
Husserl, E. 17, 107, 130, 140, 144, 169, 187, 188, 189, 191, 192, 193, 201, 206, 208, 209, 210, 211, 212, 213, 214, 215, 216, 217, 218, 219, 220, 222, 229, 245, 276, 314, 337, 348, 349, 350
Isidor v. Sevilla 39
Jaspers, K. 346, 354
Jesus v. Nazareth 354
Joachim v. Fiore 39
Kamlah, W. 91
Kant, I. 29, 30, 32, 41, 53, 54, 63, 65, 69, 70, 76, 80, 81, 83, 99, 114, 116, 117, 120, 123, 124, 125, 127, 128, 129, 130, 131,

133, 138, 141, 142, 152, 170, 172, 175, 186, 187, 188, 189, 192, 206, 209, 223, 249, 274, 292, 293, 299, 300, 302, 309, 314, 319, 321, 325, 326, 327, 333, 336, 341, 342, 344, 350, 366, 377, 383, 392
Kaulbach, F. 330, 331, 341, 342, 344
Kellner, H. 383, 384
Kersting, W. 312
Kierkegaard, S. 176, 217, 242, 251, 260, 387
Konrad v. Hirsau 39, 44
Koselleck, R. 37, 46, 49, 50, 51, 52, 53, 54, 55, 56, 57, 59, 60, 61, 62, 65, 70, 74, 79, 89, 90, 103, 104, 297, 298, 304, 305, 319, 369
Kriele, M. 310
Krüger, G. 13, 2171, 80, 97, 121, 260, 272
Kuhn, Th. S. 203, 362
Landgrebe, L. 71, 86, 109, 149, 169, 175, 223, 334, 335, 337, 339, 348, 349, 350, 356, 383
Lange, F. A. 114
Leibniz, G. W. 289, 291, 299
Litt, Th. 98, 99
Lotze, H. 133
Löwith, K. 315
Lubac, H. de 39
Lübbe, H. 14, 17, 30, 32, 77, 90, 91, 94, 117, 215, 282, 284, 285, 304, 305, 310, 364, 366, 367, 370, 371, 387
Luhmann, N. 310, 312, 315, 380
Luther, M. 46, 55, 174, 198
Lyotard, J.-F. 379, 380
Machiavelli, N. 65
Mannheim, K. 77, 83, 157, 257
Marion, J.-L. 264, 273
Marquard, O. 28, 30, 31, 72, 76, 80, 82, 113, 120, 126, 146, 167, 168, 255, 279, 281, 282-318, 324, 327, 370, 374, 387
Marx, K. 112, 116, 284, 288, 293, 301, 302, 303, 304, 305, 317, 322, 379
Meinecke, F. 74, 75, 77
Mill, J. St. 121
Moltmann, J. 347
Müller, M. 201, 282
Nagl-Docekal, H. 30, 279, 297, 378
Niebuhr, G. B. 49
Nietzsche, F. 15, 18-26, 30, 32, 33, 42, 67, 102, 109, 118, 123, 126, 127, 161, 189, 205, 236, 246, 252, 254, 274, 278, 289, 290, 293, 304, 349, 368, 369, 378, 385, 387
Notker der Deutsche 45, 46

Oelmüller, W. 262, 282, 293, 369
Parmenides 269, 290
Paulus v. Tarsus 19, 198
Platon 37, 160, 256, 272, 274
Plinius d. Ä. 38
Peterson, E. 76
Pöggeler, O. 383
Polybios 44
Ranke, L. v. 73, 105, 110, 115, 334, 376
Ratzinger, J. 97, 331
Recki, B. 312
Ricœur, P. 379
Ritter, J. 17, 117, 146, 282, 284, 286, 292, 295, 299, 309, 310, 311, 313, 314, 327
Rodi, F. , 125, 136, 169, 190
Rorty, R. 383
Rüsen, J. 14, 17, 30, 31, 32, 64, 77, 91, 95, 100, 101, 104, 281, 338, 339, 344, 345-372, 375, 381, 386
Sartre, J. P. 282, 310
Schapp, W. 15, 17, 337, 340, 359
Scheler, M. 81, 198
Schelling, F. W J. 29, 54, 61, 73, 99, 112, 118, 295, 299, 314, 387
Schiller, F. 52, 54, 320
Schleiermacher, F. 32, 149, 154, 387
Schmitt, C. 285
Schnädelbach, H. 24, 30, 68, 72, 74-78, 100, 102, 111, 173, 326, 327, 335, 344, 373
Schopenhauer, A. 136
Schulz, W. 111, 207
Sloterdijk, P. 28, 70
Sölle, D. 290
Spencer, H. 116, 120, 121
Spinoza, B. de 112
Stempel, W.-D. 342, 344, 374, 375
Thukydides 376
Troeltsch, E. 24, 73, 74, 75, 77, 123, 257, 367
van Gogh, V. 248
Vico, G. 43, 52, 112, 156
Volkmann-Schluck, K.-H. 29, 224, 256
Voltaire 55, 93, 112, 298, 317
Weber, M. 88, 105
Weinrich, H. 17, 18, 87
White, H. 49, 70377, 378, 380
Winckelmann, J. 50
Wittram, R. 70
Yorck v. Wartenburg, P. 176, 190, 205, 217, 288

Sachregister

Abbildtheorie 138
absolut 31, 48, 51, 72-76, 79, 81, 87, 100, 110, 111, 125, 156, 157, 165, 192, 193, 212, 213, 215, 219, 225, 236, 256-258, 261, 263, 264, 270, 274, 280, 287-289, 291, 299-304, 309, 310, 316, 317, 321, 322, 343, 361, 390
Abstraktion 13, 109, 116, 128, 130, 141, 175, 176, 187, 223, 227, 229, 233, 252, 279, 286, 317, 329, 341, 346, 378, 382
Angst 204, 239, 240, 242, 342
Anschauung 37, 82, 114, 163, 172, 183, 204, 205, 211, 212, 215, 216
Anthropologie 27, 31, 52, 63, 110, 122, 125, 139, 175, 187, 194, 200, 209, 218, 219, 230, 259, 288, 308, 309, 315, 316, 359, 373
Antike 29, 38, 39, 40, 42, 43, 44, 71, 74, 97, 131, 283, 313, 330, 388
antiquarisch 102, 126, 205, 222, 237
Apriori 53, 79, 83, 101, 124, 128, 130, 141, 142, 173, 201, 215, 218, 223, 256, 257, 261, 264, 266, 269, 271, 312, 313, 314, 325, 326, 334, 340, 341, 343, 377, 384
Augenblick 13, 23, 78, 80, 92, 97, 102, 137, 184, 235, 236, 239, 240, 241, 242, 244, 245, 251, 252, 253, 254, 269, 278, 285, 331, 381
Auslegung 71, 149, 150, 154, 162, 168, 188, 189, 191, 199, 200, 201, 202, 204, 206, 207, 208, 212, 214, 215, 219, 220, 232, 233, 235, 244, 247, 255, 256, 261, 262, 264, 265, 266, 278, 279, 284, 285, 286, 287, 374, 388, 391
Autonomie 61, 73, 115, 188, 278, 279, 289-291, 298-300, 303, 304
Bedeutung 19, 22, 27, 28, 30, 37, 39, 40, 41, 42, 43, 44, 45, 46, 47, 48, 49, 50, 55, 56, 57, 60, 61, 62, 73, 74, 81, 83, 86, 87, 88, 91, 92, 93, 96, 97, 102, 103, 105, 119, 127, 132, 139, 143, 148, 152, 160, 161, 166, 167, 170, 177, 180, 181, 182, 185, 225, 229, 234, 236, 244, 253, 254, 279, 292, 297, 325, 328, 330, 331, 334, 335, 342, 346, 350, 352, 355, 356, 357, 359, 363, 364, 365, 366, 367, 371, 376
Behavior(ismus) 87, 94
besorgen 196, 204, 219, 228, 239, 240, 244, 249

Beständigkeit 103, 187, 205, 206, 212, 241
Bewegtheit 82, 191, 193, 194, 195, 196, 197, 202, 204, 206, 211, 212, 213, 216, 219, 229, 233, 244, 248, 336
Chronik 38, 41, 329
Dasein 19, 22, 24, 28, 31, 64, 70, 92, 97, 111, 119, 134, 143, 149, 150, 161, 165, 175, 187, 190-198, 200-209, 211-214, 216-223, 226-257, 259-262, 264-271, 276, 281, 295, 311, 315, 323, 329, 337, 339-341, 344, 360, 367
Destruktion 33, 83, 148, 158, 190, 205, 207, 208, 209, 218, 262, 264, 265, 293, 320, 335, 341
Dezisionismus 120, 259
Diskontinuität 335, 336, 347, 348, 380
Endlichkeit 111, 112, 159, 163, 173, 176, 179, 180, 182, 191, 239, 240, 241, 243, 245, 261, 269, 278, 279, 282, 287, 288, 290, 291, 292, 294, 306, 309, 317
Entschlossenheit 173, 185, 223, 236, 237, 238, 239, 240, 241, 242, 243, 244, 247, 251, 253, 259, 260, 280
Entwurf 24, 53, 57, 88, 89, 91, 99, 175, 183, 188, 195, 201-203, 206, 227, 234-238, 241, 245, 248, 253, 258, 261, 264-266, 268, 273, 274, 280, 281, 334, 337, 338, 353, 356, 365, 368, 375, 376
epochal 39, 62, 74, 104, 112, 117, 139, 257, 266, 271, 272, 274, 275, 269
Epoche 20, 21, 42, 43, 64, 75, 98, 145, 172, 194, 253, 266, 274, 275, 276, 310, 312, 316, 327, 347, 359, 373, 385
Epoché 193
Erfahrungsraum 63, 65, 102
erfahrungswissenschaftlich 110, 114, 121, 140, 161, 121, 124
Ereignis 14, 17, 22, 24, 27, 29, 38, 44-47, 51, 52, 55-57, 61, 63, 67, 68, 70, 81, 85, 87, 88, 93-96, 100-103, 105, 113, 175, 185, 220, 222, 231, 233, 234, 247, 260, 273, 274, 276, 277, 321, 324, 326, 327, 328, 329-335, 374-378, 382, 383, 387, 389, 392
Erkenntniskritik 124, 125, 128, 131, 168, 169, 186

Erkenntnistheorie 31, 32, 40, 72, 79, 80, 81, 115, 120, 124, 125, 128, 129, 136, 139, 149, 169, 171, 173, 200, 209, 210, 214, 327, 379, 392
Erlebnis 25, 83, 93, 112, 113, 130-135, 137, 138, 140, 141, 144, 147-148, 169, 171, 172, 174, 176, 182, 204, 210, 211, 218, 222, 229, 241, 336, 337, 347
Erleben 13-134, 136, 137, 146-148, 150-154, 156, 170-176, 179, 180, 181, 183, 229, 233, 238, 288, 326, 331, 336, 347, 348, 349, 375
Erlebnistheorie 130
Erzähltheorie 32, 385, 392
Erzählung / erzählen 14, 15, 17, 18, 25, 28, 29, 32, 37, 38, 44, 46, 47, 48, 50, 51, 55, 58, 59, 60, 64, 66, 67, 68, 70, 84, 91, 93-96, 102, 103, 116, 151, 152, 181, 181, 217, 225, 249, 274, 285, 306, 323, 324-335, 338, 339, 340, 342, 343, 345-347, 357-364, 367, 368, 370, 374, 375-380, 385, 388-390, 392
Evolution 72, 104, 116, 120, 381, 382
Ewigkeit, ewig 23, 37, 54, 75, 83, 101, 112, 145, 165, 167, 179, 184, 185, 189, 255, 255, 257, 258, 269, 275, 280, 313, 320
Existenz 17, 18, 26, 33, 101, 104, 105, 109, 131, 132, 134, 136, 138, 150, 159-163, 183, 191, 193-199, 201, 202, 204, 206, 208, 218-220, 223, 226, 228, 232-235, 238, 240, 242-245, 247, 251-255, 259, 260, 269, 318, 342, 371, 386
existenziell 196, 230, 236, 238, 240, 242, 245, 251, 254, 260, 372
Existenzial 202, 227, 230, 231, 232, 235, 236, 237, 239, 240, 244, 246, 248, 254, 260, 261, 341
Existenzphilosophie 58, 309
Existenzweise 239, 243, 67, 113

Faktizität 158, 184, 185, 191, 193, 194, 199, 203, 206, 207, 210, 215, 221, 231, 233, 234, 235, 261, 264, 265, 289, 290, 310, 311, 340, 371
Fortschritt 39, 39, 53, 58, 59, 62, 64, 66, 84, 98, 99, 101, 119, 145, 184, 242, 247, 251, 260, 263, 273, 286, 287, 297, 298, 306, 319, 320, 354, 379, 380, 381
Freiheit 59, 76, 80, 92, 95, 104, 120, 129, 166, 167, 168, 172, 183, 184, 186, 201, 236, 238, 240, 242, 257, 260, 280, 287, 288, 291, 295, 297, 298, 307, 311, 320, 365, 380, 381

Fundamentalontologie 201, 202, 262, 268, 269, 270
Gefühl / gefühlsmäßig 97, 113, 126, 128, 129, 133, 134, 137, 143, 144, 159, 180, 183, 355, 360
Gegenständlichkeit 22, 25, 67, 79, 128, 129, 130, 133, 149, 163, 188, 194, 205, 209, 211, 215, 217, 220, 221, 222, 224, 225, 227, 252, 254, 274, 319, 326, 332, 335, 338, 346, 365
Gegenstandsbereich, -gebiet 38, 47, 52, 55, 63, 203, 212, 218, 222, 297, 342
Gegenstandskonstitution 129, 140, 209, 339, 340, 342
Gegenwart 13, 14, 20, 22, 25-28, 32, 41, 43, 47-49, 56, 60, 63-67, 75, 77-79, 86, 89, 92, 96, 111, 118, 158, 160, 165, 180, 181, 182, 184, 199, 207, 208, 217, 221-223, 225-227, 229, 231, 233, 235-237, 239, 241, 243-245, 247, 249, 251-253, 255, 259, 275, 282, 285, 290, 292, 294-296, 298, 303, 305, 306, 307, 313, 317, 320, 322, 323, 329, 338, 339, 341, 346, 349, 355-359, 364-369, 373, 375, 380-386, 388-390
Geist 21, 24, 26, 28, 40, 52, 54, 66, 68, 69, 77, 79, 98, 110, 112-117, 119-122, 126, 127, 131, 133, 140-143, 145-148, 150, 154-159, 161, 164-169, 171-173, 177, 188-190, 193, 201, 203, 205, 208, 211, 218, 220, 224, 257, 263, 268, 280, 282, 287, 317, 322, 351, 353, 354, 358, 380, 385, 386
Geistesgeschichte 83, 101, 112, 205, 229
Geisteswissenschaften 25, 30, 74, 75, 78, 81, 109, 110, 112, 114-117, 119-123, 126, 127, 130, 131, 136, 141-143, 146, 147, 149-155, 169, 171, 172, 175, 176, 206, 217, 222, 230, 251, 252, 285-287, 317, 341, 380
Geschichte der Vernunft 48, 58
Geschichtlichkeit 31, 52, 56, 58, 112-114, 143, 167, 168, 175, 185, 188, 200, 206, 207, 209, 214, 216-222, 227-232, 237, 240, 242-244, 246, 247, 249, 253-256, 259, 260-262, 264, 268, 269, 271, 272, 277, 291, 294, 296, 297, 327, 338, 339, 346
Geschichtsdarstellung 43
Geschichtsbewußtsein 25, 37, 39, 43, 56, 67, 68, 84, 112, 180, 184, 337, 345-359, 363, 371, 373, 382

Geschichtsforschung 40, 43, 75, 329, 368, 369
Geschichtsschreibung 20, 24, 25, 37-42, 44, 65, 68, 94, 102, 155, 205, 247, 304, 329, 362, 363, 365, 368, 369, 377, 379, 380
Geschichtstheologie 39, 40, 42, 43, 45, 46, 51, 57, 60, 64, 185, 252, 299, 331, 387, 392
Geschichtstheorie / geschichtstheoretisch 14, 16-18, 31, 32, 42, 47, 49, 52, 56, 69, 79, 84, 91, 94, 96, 100, 101, 103-105, 107, 152, 155, 169, 173, 175, 178, 182, 183, 249, 260, 278, 298, 323, 325, 327, 331-333, 336-338, 340-343, 345, 346, 358, 359, 367-372, 374, 375, 379, 381, 385
Geschichtsverständnis 17, 37, 39, 43, 44, 46, 60, 79, 207, 322, 381
Geschichtswissenschaft 16, 17, 20, 21, 32, 40-42, 46, 49, 50, 62, 63, 94, 95, 100, 101, 103, 109, 129, 209, 222, 227, 229, 246, 321, 327, 332, 333, 337, 341, 345, 355, 361, 362, 366-371, 373, 380
Geschichtszeit 52, 62, 63, 339, 347, 371, 337
Geschick 24, 38, 92, 188, 201, 203, 233, 251, 253, 261, 262, 264-267, 271-279, 283, 284, 307, 348, 349, 387, 392
Gesellschaft 59, 62, 64, 71, 77, 90, 96, 99, 100, 103, 109-112, 115, 117-119, 121, 122, 125-129, 131, 136, 138, 139, 142, 143, 145-148, 151, 156-158, 163, 164, 168, 177, 178, 184-186, 190, 193, 239, 286, 287, 295, 311, 312, 317, 335, 356, 359, 369, 370, 373, 375, 379, 381, 382, 392
Gewesenheit 223, 226, 231, 234, 235, 236, 238-241, 244, 245, 290
Geworfenheit 24, 203, 231, 235, 236, 239, 244, 257-262, 264, 265, 267, 278, 279, 288
Glück 23, 24, 91-93, 96, 144, 184, 285
Gnosis 283, 302, 303, 313, 317
Gott 39, 60, 61, 62, 72, 73, 75, 179, 230, 255, 286, 289-291, 299-305, 309, 313, 317, 376, 387-391
göttlich 45, 46, 51, 53, 61, 62, 73, 84, 257, 273, 277, 289, 295, 387, 391

Hermeneutik 149, 150, 153, 154, 158, 169, 173-176, 191, 194, 201, 202, 206, 207, 210, 215, 221, 237, 261, 265, 322, 340

hermeneutisch 32, 75, 101, 130, 143, 148, 149, 151, 152, 153, 155, 156, 169, 172, 173, 178, 181, 194, 195, 212, 213, 270, 285, 292, 307, 310, 317, 321, 327, 342, 368, 380
Historie / historia 14, 18-21, 24-26, 28, 32, 33, 37-47, 49-52, 54-57, 60, 63-68, 71, 81, 82, 93, 96, 101, 104, 105, 110, 143, 146, 149, 173, 184, 191, 209, 221-227, 230, 232, 237, 246-248, 250-252, 254, 271, 274, 275, 329, 332-334, 340, 241, 345, 362, 363, 367-371, 373, 377, 384, 385
Historiographie / historiographisch 40, 41, 50, 51, 52, 63, 94, 101, 105, 266, 342, 366-368, 378
Historische Schule 49, 54, 60, 110, 111
historische Vernunft 74, 77-85, 111, 112, 124, 125, 167, 169, 173, 319, 326-333, 340, 373, 377, 379
Historismus / historistisch 24, 30, 31, 58, 67, 68, 69, 73, 77, 78, 80-84, 97, 99, 101, 105, 111, 112, 114, 115, 187, 207, 208, 223, 225, 254, 255, 256, 257, 258, 261, 270, 271, 275, 279, 283, 306-309, 316, 319, 321, 322, 333, 356, 362, 369, 370, 373
Humanismus 42, 43

Ich 91, 117, 128, 137, 148, 155, 172, 193, 205, 209, 211, 213, 217, 218, 220, 221, 240, 289-300, 304, 360
Idealismus / (nach-)idealistisch 21, 29, 30, 32, 42, 47-49, 54, 58, 61, 67-69, 74, 77, 81, 84, 107, 109, 110, 112, 113, 116, 120, 121, 131, 133, 138, 150, 166, 173, 186, 199, 223, 256, 257, 288, 289, 291-293, 296, 299, 300, 303, 312, 314, 383
Idee 52-54, 59, 65, 68, 72, 77, 84, 113, 119, 120, 121, 123, 134, 155, 157-159, 162, 169, 171, 173, 185-187, 190, 192, 193, 206, 217, 219, 246, 263, 274, 280, 319, 320, 323, 325, 326, 328, 333, 343, 366, 367, 377, 378, 382, 386
Identität 17, 48, 64, 66, 80, 83, 97, 98, 100, 116, 144, 172, 301, 327, 347, 354, 359-362, 367, 369, 370, 374, 377, 378, 385, 391
immerseiend 193, 254-258, 270
Intentionalität, 87, 94, 133, 149, 188, 210-215, 350, 351, 353, 355, 361
Interpretation 48, 58, 59, 72, 78, 119, 123, 127, 133, 139, 142, 150, 169, 170, 175,

179, 181, 195, 196, 198, 201, 203, 212, 214, 215, 230, 236, 237, 246, 260, 262, 277, 285, 295, 307, 313, 329, 342, 360, 365, 367, 375, 379, 383, 387, 388, 391
Intersubjektivität 220, 360
irrational 118, 142 164, 184, 185, 280, 303, 304, 313, 320

Kategorie 51, 58, 83, 86, 87, 101, 102, 113, 117, 120, 124, 127, 147, 152, 153, 154, 170, 179-182, 185, 194, 211, 260, 307, 322, 352, 360, 381, 384
kausal 87, 87, 120, 138, 151, 188, 275, 328, 332, 334, 373, 335
Kausaltheorie der Wahrnehmung 127, 136, 140
Kirchengeschichte 39
Kollektivsingular 54-59, 61, 64, 68, 172, 319, 323
Kompensation 286, 288, 291, 296, 299, 306, 308, 312, 314, 317
konstruiert 113, 114, 122, 130, 136, 149, 151, 185, 210, 213, 227, 229, 241, 333, 334, 375, 383, 384, 386
Konstruktion 54, 110, 142, 152, 155, 170, 219, 249, 261, 263, 269, 278, 317, 323, 326-328, 332, 333, 335, 338, 367, 368, 375, 376-378
Kontingenz / kontingent 58, 86, 88-91, 93-96, 124, 125, 149, 241, 278, 288, 311, 321, 353, 361
Kontinuität 43, 65, 66, 143, 144, 146, 151, 160, 242, 252, 313, 314, 324-328, 335, 336, 339, 342, 348, 354, 358-360, 375, 377, 378, 380
Kosmos 63, 68, 71-74, 84, 295, 315
Kritische Theorie 302, 303

Lebenserfahrung 109, 144-147, 158, 160-162, 164, 187, 192, 193, 195, 198, 199, 201, 203, 208, 219, 279, 288, 341, 382
Lebensphilosophie / lebensphilosophisch 26, 109, 110, 116, 117, 126, 137, 142, 163, 172, 185, 187, 188, 196, 199, 204, 205, 206, 209, 277, 337
Lebenswelt / lebensweltlich 18, 19, 26-28, 32, 33, 64, 66, 68, 70, 86, 88, 102, 107, 109, 113, 116, 130, 139, 140, 143, 148, 183, 201, 211, 220, 222, 232, 237, 249, 251, 273, 284, 285, 287, 305, 308, 317, 323, 326, 328, 333-336, 338, 339, 342, 343, 345-347, 351, 355, 358, 361-363, 368, 369, 371, 375, 385, 391

Lebenszusammenhang 20, 24, 25, 127, 130, 139-142, 144, 147, 148, 150, 152, 159, 170, 180, 342, 360
Lichtung 24, 258, 261, 264, 265, 267-269, 271-273, 276, 281

Menschheit 13, 19, 38, 53, 58, 59, 60, 71, 73, 75, 84, 96, 98, 145, 148, 171, 172, 219, 229, 286, 297, 298, 301, 306, 317, 354, 366, 381, 382, 383, 392
Metaphysik 23, 29, 71-74, 100, 109, 111, 112, 114, 116, 119, 120, 122, 124, 130, 159, 165, 167, 169, 186, 187, 188, 192, 201, 205, 207, 224, 226, 261, 263, 265, 268-270, 273, 275-277, 280, 288, 290, 292-296, 307, 312, 313, 317, 332, 373, 386
Metaphysikkritik 293, 294, 309, 322, 338, 343
metaphysisch 30, 96, 112, 113, 128, 183, 201, 237, 255, 265, 285, 286, 290, 296, 320, 321
Methode 41, 78, 94, 117, 120, 130, 133, 135, 149, 158, 165, 166, 209-216, 222, 225, 227, 269, 293, 313, 321, 327, 362, 365, 380, 391
Mittelalter 29, 37-40, 43, 55, 56, 71, 72, 133, 257, 283, 290, 295
Mythos 116, 287, 290, 297, 303, 306, 376

nacherleben 152-154, 156, 171, 172, 174, 176, 331
nachmetaphysisch 205
Narration 324, 329, 332, 362, 376
Narrativismus 17, 94, 155, 278, 323, 332, 338, 345, 358, 375, 378, 385
Natur 23, 25, 27, 39, 41, 53, 57, 59, 67-75, 78, 79, 84, 98, 117, 120, 122, 127-129, 138, 142, 151, 154, 157, 159, 163, 164, 171, 174, 177, 178, 179, 201, 205, 207, 220, 224, 230, 232, 285, 286, 308, 314, 335, 341, 343, 351, 354, 373, 379, 383, 392
Naturwissenschaft 21, 72, 73, 75, 81, 95, 109, 110, 114, 116-120, 123, 130, 133, 169, 188, 203, 224, 254, 273, 285, 286, 287, 317
Neukantianer / Neukantianismus 30, 69, 80, 81, 114, 120, 138, 175, 187-189, 192, 206, 209, 249, 319
Neuzeit 38, 40-44, 54, 56, 59, 68, 71, 72, 123, 131, 137, 207, 223, 224, 227, 278, 283, 284, 287, 303, 304, 309, 311, 312, 315-317, 344, 381, 387, 391

Nichts 238-240, 249, 255, 267, 277, 278, 290, 347, 275
Nihilismus / nihilistisch 21, 26, 119, 187, 203, 206, 224, 258, 271, 275-278, 316
Nominalismus 72, 283, 290
Notwendigkeit 62, 98, 105, 140, 159, 163, 189, 193, 208, 251, 269, 288

Objektivation 142, 143, 147, 148, 150, 157, 160, 170-172, 174, 188, 205
Objektivierung 20, 26, 28, 145, 179, 184, 206, 218, 249, 375, 380
Objektivismus / objektivistisch 26, 71, 120, 130, 163, 187, 204, 206, 215, 255, 256, 258, 320, 322, 323, 332, 340, 385
ontologisch 32, 72, 82, 101, 166, 173, 178, 186, 196, 197, 200-202, 205, 206, 214, 215, 217, 218, 221, 222, 229-233, 237, 245-248, 255, 259, 260, 262, 264, 266, 269, 273, 279, 282, 283, 286, 288-291, 297, 298, 374
Ontologie 71, 187, 188, 202, 205, 209, 210, 214, 222, 248, 255, 289, 297, 375
Onto-Theo-logie / ontotheologisch 257, 270

Paradigma 79, 93, 203, 248, 273, 279, 299, 344
Person 76, 87, 88, 94, 103, 114, 122, 133, 134, 136, 156, 174, 206, 218, 243, 336, 361, 387-389
Phänomenologie 82, 115, 140, 188, 197, 206, 208-215, 219, 229, 267, 270, 276, 297, 340, 342, 343, 360
Physik 16, 71-73, 120, 338
Physikalismus 210
Poesie 37, 51, 163
Poetik 50, 149
Positivismus 109, 110, 114-116, 120, 121, 123, 166, 188, 211, 256
positivistisch 111, 115, 116, 121, 153, 161, 170, 176
postmodern 17, 25, 49, 282-284, 288, 314, 366, 367, 379-383, 385, 386
praktische Vernunft 61, 186, 379
Psychologie 101, 115, 119, 121, 124-126, 128, 149, 169, 197, 205, 206, 215, 315
Psychologismus 169, 170, 173, 211, 292, 312, 314

Reduktion 30, 81, 93, 123, 192, 202, 211-213, 220, 229, 310, 326, 328, 332, 340
Reflexion 13, 32, 47, 48, 51-53, 57, 79, 80, 97, 110, 124, 125, 147, 150, 152, 159, 160, 163, 164, 168, 185, 208, 223, 294, 321, 324, 336, 345, 360, 365, 366, 369
Reflexionsbegriff 50, 61, 62, 101, 324
Reflexionsphilosophie 132, 150
Rekonstruktion 41, 42, 93, 123, 133, 155, 250, 323, 332, 333, 336, 385, 386
Revolution 56, 58, 60, 61, 64, 65, 77, 96, 99, 104, 119, 192, 260, 282, 284, 298, 301, 303, 305, 306, 313, 320
Relativismus 21, 24, 31, 80-84, 167, 184, 187, 193, 204, 223, 225, 254, 255-257, 319
Renaissance 42, 43, 75, 115, 320, 329, 330
Rhetorik 38, 41, 42, 50, 63, 149

Sattelzeit 56-58, 60, 64, 66-68, 79, 84, 291, 297, 298, 302, 308, 319
Schicksal 53, 60, 61, 62, 71, 74, 79, 91, 92, 168, 176, 234, 240, 242-245, 251, 253, 259, 263, 271, 272, 275, 279, 280, 287, 289, 309-311, 388, 389, 390
Schickung 45, 61, 258, 262, 266, 268, 272-277, 391
Scholastik 29, 37
scientia 43, 47
Seiendes 27, 71, 72, 82, 97, 129, 132, 134, 195, 200-206, 209, 212-214, 216-220, 224, 225, 227, 228, 230, 232, 235, 236, 240, 245-251, 254-258, 261, 264-273, 275-278, 280, 284, 286, 288, 289, 313, 343, 356
Seinsmöglichkeit 238, 240, 242, 251, 253
Seinsregion 162, 188, 200, 201, 210, 213
Seinsverständnis 187, 201-204, 206, 207, 215, 230, 233, 243, 255, 262, 266, 272, 290
Selbigkeit 84, 96, 97, 156, 279, 319
Selbstbesinnung 121, 123-125, 128, 142, 158-160, 166, 168, 171, 206
Selbstbestimmung 26, 298
selbstdurchsichtig 19, 147, 151, 263, 279
Sinnzusammenhang 14, 22, 45, 46, 51, 68, 90, 92, 94, 140, 180, 181, 185, 252, 338, 363, 366, 368, 377, 384, 387
Skepsis 21, 24, 111, 118, 198, 280, 287, 288, 292, 303, 307, 309, 311, 386
Sorge 195-197, 199-204, 206-208, 216, 219, 229, 230, 231, 234, 237, 239, 253, 284, 337
Sozialwissenschaft / Soziologie 32, 87, 88, 93, 100, 101, 109, 115, 120, 151, 157, 167, 362, 367, 370, 371
Ständigkeit 129, 240, 241, 242, 244, 245

Strukturprinzip 152
Strukturtheorie 175, 176
Strukturzusammenhang 105, 122, 125, 127, 139, 142, 145, 163, 179, 259
Subjekt 17, 18, 48, 59, 60, 61, 71, 79, 82, 84, 98, 100, 116-118, 124, 125, 127-129, 131, 132, 135, 136, 138-141, 143, 147, 154, 155, 169, 170, 172, 174-177, 188, 200, 211, 213, 214, 217, 218, 226-228, 232, 233, 313, 319, 321, 322, 324, 332, 340-344, 360, 370, 371, 374 377
Subjektivismus / subjektivistisch 24, 71, 189, 253, 280
Subjektivität 24, 30, 90, 111, 118, 119, 128, 136, 141, 147, 151, 156, 170-172, 176, 184, 189, 192, 201, 206, 220, 230, 236, 250, 254, 268-270, 280, 326, 327, 332, 359, 372
Szientismus 187

Tat 25, 45, 68, 87, 90, 184, 185, 266
Technik 21, 65, 96, 187, 200, 224, 277, 279, 283, 286, 302, 381
Theodizee 43, 72, 283, 288-292, 297, 299-303, 305, 314-316
Theologie / theologisch 26, 40, 45, 51, 63, 64, 75-77, 97, 101, 115, 149, 164, 185, 252, 260, 288, 290, 300, 303, 331, 382, 387, 391, 392
Tod 64, 160, 182, 207, 222, 229, 231, 233-235, 238-245, 259, 278, 289, 290, 309, 310, 327, 331, 353
Totalität 55, 113, 115, 116, 122, 125, 128, 147, 152, 172, 173, 247, 248, 295, 319, 321, 322, 324-327, 333, 339, 343, 361, 377, 382, 383, 385
Tradition 24-26, 28, 29, 31-33, 54, 70, 71, 76-80, 84, 94, 96-99, 112, 116, 123, 127, 129, 130, 139, 145, 149, 158, 164, 176, 177, 186, 187, 190, 196-203, 205-208, 210, 214, 215, 218-220, 222, 226, 234, 242, 245, 249, 255, 261-263, 265, 269, 279, 283, 284, 285, 309-311, 320, 341, 342, 344, 351, 362, 365, 366, 368, 376, 377, 386, 387, 388, 391, 392
transzendentale Vernunft 30, 124, 128, 129, 186, 319-326, 333, 334, 338
Transzendentalphilosophie 29, 32, 69, 80, 81, 83, 127, 130, 131, 169, 186, 218, 258, 259, 261, 262, 268, 269, 289, 292, 299, 300, 313, 314, 319, 325, 327, 333, 336-338, 340, 341, 343-345, 371, 373, 377

Transzendenz / transzendieren 64, 196, 201, 202, 217, 240, 250, 268-270, 351, 353, 362, 369
Typologie 166, 167, 178, 208
Typus 59, 104, 105, 178, 179, 300

Überlieferung 28, 39, 44, 75, 97, 98, 119, 142, 154, 155, 160, 189, 198, 205, 223, 234-237, 240-242, 244, 252, 265, 311, 322, 342, 376, 380, 390, 391
überzeitlich 77, 83, 84, 252, 257, 260, 261, 319
Unbeständigkeit 146, 162, 163
Unendlichkeit 43, 172, 173, 176, 245
Universalgeschichte / Weltgeschichte 42, 46, 48, 51-54, 57-61, 63, 68, 75, 79, 113, 145, 170, 171, 216, 229, 232, 234, 247, 248, 277, 279, 287, 297, 305-308, 320, 322-325, 381, 386
Unverborgenheit 200, 250, 256, 258, 266, 268, 270, 272, 273, 278

Vergangenheit 13-15, 18, 20, 22, 25-27, 40-43, 47-49, 56, 58, 60, 63-68, 75, 76, 81, 84, 86, 92, 94, 96, 119, 149, 154, 155, 169, 179-182, 187, 199, 216, 217, 221, 222, 225-227, 229, 230, 234-237, 242, 244, 246, 249-253, 259, 280, 298, 305, 310, 311, 313, 319, 320-323, 328, 330, 331, 334, 337-339, 346, 347, 354-359, 363-369, 374, 376, 378-380, 383-389
Vernunft, 40, 48, 49, 52, 53, 54, 58, 59, 61, 63, 65, 68, 74-85, 96, 98-100, 102, 111, 113, 153, 173, 185, 193, 218, 268, 285, 287, 289, 290, 295, 299, 300, 317, 319, 327, 343, 367, 374, 376, 377, 392
Verstehen 13, 16, 24, 42, 52, 80, 82, 93, 109, 127, 128, 136, 142, 146-156, 169, 170, 171, 173-176, 178, 181, 182, 188, 195, 201, 202, 204, 206, 208, 212, 215, 221, 230-232, 234, 235, 238, 239, 248, 249, 251, 259, 265, 266, 269, 271, 278, 282, 321, 332, 374, 376, 380
Vorhandenheit 205, 225, 228, 230, 232, 250
Vorsehung 46, 53, 59, 61, 62, 84, 92, 271, 317
Vorstellung 52, 77, 87, 100, 101, 126, 128-130, 132, 133, 135-139, 173, 175, 180, 192, 194, 196, 222, 223, 225-229, 232, 262, 279, 319, 322, 324, 325, 327, 330, 334, 335, 343, 349, 352, 358, 359, 368, 375-377, 380-383

vorwissenschaftlich 16, 28, 123, 130, 147, 150, 151, 160, 161, 194, 217, 225, 228, 246, 249, 251, 341, 344, 355, 371

Wahrheit 22, 24, 25, 37, 40, 41, 44, 50, 69, 72, 74, 77, 79, 80, 84, 110, 127, 134, 157, 160, 167, 168, 187, 191, 193, 197-201, 206, 212-214, 216, 223, 230, 251-253, 255-258, 261, 263, 265, 266, 268-281, 283, 287, 292, 295, 317, 329, 330, 356, 361-364, 376, 378, 379, 389-391

Weltanschauung 32, 77, 114, 116, 118, 120, 157, 160, 162-168, 183, 189, 190, 192, 205-208, 279

Weltanschauungstypologie 164, 167

Weltgeist 301

Widerfahrnis 84, 89, 91, 92, 93, 95, 96, 347, 348, 387

Wirkungszusammenhang 25, 52, 68, 105, 131, 140, 142-144, 151, 153, 154, 170, 320

Wissenschaft 16, 19-21, 23-26, 30, 32, 38, 42-44, 46, 47, 49, 55, 58, 63, 65, 70, 74, 76, 78, 81, 91, 96, 97, 107, 109, 110 114, 116-126, 128, 130, 145, 160, 164-166, 172, 173, 187-192, 203, 206, 207, 209, 212-216, 222, 223, 225-227, 230, 246, 250, 251, 256, 283, 287, 330, 335, 340, 361-363, 365, 368, 369, 371

Wissenschaftstheorie / wissenschaftstheoretisch 32, 40, 49, 78, 115, 119, 122, 192, 209, 221, 297, 307, 369, 370, 371

Zeitigung 195, 196, 228, 234, 247, 249

Zeitlichkeit 69, 77, 83, 96, 102, 179, 180, 183, 201, 207, 209, 222, 223, 226-229, 231, 232, 234, 237, 239, 240, 244, 245, 247, 249, 250, 253-256, 258, 269, 288, 303, 335, 360

zeitlos 30, 69, 74, 75, 109, 123, 128, 129, 193, 214, 236, 255, 257, 258, 270, 317, 386, 388, 391, 392

Zufall 45, 46, 61, 92, 159, 219, 287, 289

Zukunft 13, 22-24, 27, 28, 40, 53, 56, 58-66, 89-92, 109, 179-182, 184-186, 199, 221, 223, 224, 226, 228-231, 234-237, 239-241, 243-245, 249, 252, 277, 283, 290, 298, 303, 305, 306, 309, 311, 313, 316, 317, 320, 322, 323, 331, 337-339, 345-347, 350, 353-359, 365, 368, 369, 371, 379, 381-385, 389

zukünftig 56, 61, 67, 80, 118, 144, 232, 235-237, 240, 243, 244, 253, 254, 277, 305, 322, 324, 346, 356, 358, 361, 369

Friedo Ricken (Hrsg.)
Religiöse Erfahrung
Ein interdisziplinärer Klärungsversuch

2004. 220 Seiten. Kart.
€ 20,–
ISBN 3-17-018367-2
Münchener philosophische Studien, Band 23

In den verschiedenen Disziplinen, die sich mit der Religion befassen, findet gegenwärtig der Begriff der Erfahrung ein breites Interesse. Grund dafür ist einmal die Vielzahl der Religionen: Läßt sich durch das Studium der religiösen Erfahrung, vor allem der Mystik der verschiedenen Weltreligionen, zeigen, daß allen Religionen die eine Erfahrung einer letzten Wirklichkeit zugrunde liegt?

Der zweite Grund ergibt sich aus der Situation der Religionsphilosophie nach Hume und Kant: Gegenüber den klassischen Gottesbeweisen gewinnt nun, vor allem durch Friedrich Schleiermacher und William James, der Begriff der Erfahrung für die Deutung und Rechtfertigung der religiösen Überzeugung an Bedeutung. Die Beiträge des Bandes diskutieren das Problem aus der Sicht der Religionswissenschaft, der Philosophie, der Theologie, der Religionspsychologie und der Religionssoziologie. Sie zeigen die Bedeutung des Erfahrungsbegriffs für den interreligiösen Dialog.

DER HERAUSGEBER:

Professor Dr. Dr. Friedo Ricken lehrt Ethik und Geschichte der Philosophie an der Hochschule für Philosophie München.

W. Kohlhammer GmbH
70549 Stuttgart · Tel. 0711/7863 - 7280 · Fax 0711/7863 - 8430

Bruno Niederbacher

Glaube als Tugend bei Thomas von Aquin

Erkenntnistheoretische und religionsphilosophische Interpretationen

2004. 196 Seiten. Kart.
€ 30,–
ISBN 3-17-018530-6
Münchener philosophische Studien, Band 24

Religiöse Überzeugungen gelten oft als Ausdruck intellektueller Laster wie Leichtgläubigkeit, Wunschdenken oder Ignoranz. Dagegen ist nach Thomas von Aquin Glaube eine Tugend. Ist diese Auffassung haltbar? Welche Funktion hat der Glaube als Tugend in einer Ethik gelingenden Lebens? Können wir uns entscheiden zu glauben? Welche Rolle spielen dabei Emotionen? Welche Mindestkriterien von Rationalität muss der religiöse Glaube erfüllen? Ist Unglaube ein Laster?

Ausgehend von diesen Fragen wird versucht, Thomas' Ausführungen über die Tugend des Glaubens für die aktuelle Debatte in Religionsphilosophie und Erkenntnistheorie fruchtbar zu machen.

Der Autor:

Dr. **Bruno Niederbacher** SJ lehrt Philosophie des Mittelalters und Ethik an der Universität Innsbruck.

Bestellen Sie unsere Prospekte

- »Fachverzeichnis Philosophie« (Art.-Nr. 90687)
- »Fachverzeichnis Theologie« (Art.-Nr. 90703)
- »Neuerscheinungsprospekt I/2005 Theologie, Religionswissenschaft, Philosophie« (Art.-Nr. 90774)

W. Kohlhammer GmbH
70549 Stuttgart · Tel. 0711/7863 - 7280 · Fax 0711/7863 - 8430